人民法院审判程序指引二

人民法院办理刑事案件程序指引

内蒙古自治区高级人民法院 ◎编

Procedural Guidelines For
Criminal Cases Handled By People's Courts

人民法院出版社

图书在版编目（CIP）数据

人民法院办理刑事案件程序指引／内蒙古自治区高级人民法院编． --北京：人民法院出版社，2022.7
（人民法院审判程序指引丛书）
ISBN 978 - 7 - 5109 - 3315 - 8

Ⅰ．①人… Ⅱ．①内… Ⅲ．①刑事诉讼—诉讼程序—研究—中国 Ⅳ．①D925.218

中国版本图书馆 CIP 数据核字（2021）第 212893 号

人民法院办理刑事案件程序指引
内蒙古自治区高级人民法院　编

责任编辑 路建华	**执行编辑** 杨 洁

出版发行 人民法院出版社
地　　址 北京市东城区东交民巷 27 号（100745）
电　　话 （010）67550562（责任编辑）　67550558（发行部查询）
　　　　　　65223677（读者服务部）
客 服 QQ 2092078039
网　　址 http://www.courtbook.com.cn
E - mail courtpress@ sohu.com
印　　刷 河北鑫兆源印刷有限公司
经　　销 新华书店

开　　本 787 毫米×1092 毫米　1/16
字　　数 740 千字
印　　张 45.25
版　　次 2022 年 7 月第 1 版　2023 年 6 月第 2 次印刷
书　　号 ISBN 978 - 7 - 5109 - 3315 - 8
定　　价 188.00 元

目　录

第一编　总　则

第二编 立 案

第三编 审 判

第四编 执 行

第五编　特别程序

第一编 总 则

第一章　管　辖

【工作内容】

（一）级别管辖

1. 基层人民法院管辖范围。（1）自诉案件；（2）基层人民法院管辖第一审普通刑事案件，但是依照《刑事诉讼法》由上级人民法院管辖的除外；（3）上级法院指定管辖的案件。

2. 中级人民法院管辖范围。（1）危害国家安全、恐怖活动案件；（2）可能判处无期徒刑、死刑的案件。人民检察院认为可能判处无期徒刑、死刑，向中级人民法院提起公诉的案件，中级人民法院受理后，认为不需要判处无期徒刑、死刑的，应当依法审判，不再交基层人民法院审判；（3）基层法院一审的上诉、抗诉案件的二审审理；（4）下级法院报请延长审限案件；（5）下级法院经审判委员会讨论的请示案件；（6）减刑、假释案件；（7）刑事申诉、抗诉案件的审查、审理；（8）依审判监督程序提起再审的案件（包括当事人申请、检察机关抗诉、院长提请、高级人民法院发回重审、高级法院指令再审的案件）；（9）上级法院指定管辖的案件。

3. 高级人民法院管辖范围。（1）全区性重大刑事案件的一审审理；（2）中级法院一审的上诉、抗诉案件的二审审理；（3）死刑、死缓复核案件；（4）下级法院报请延长审限案件；（5）经下级法院审判委员会讨论的请示案件；（6）减刑、假释案件；（7）刑事申诉、抗诉案件的审查、审理；（8）依审判监督程序提起再审的案件（包括当事人申请、检察机关抗诉、院长提请、最高人民法院发回重审、最高人民法院指令再审）；（9）刑事指定管辖案件。

4. 级别管辖的其他规定。（1）一人犯数罪、共同犯罪和其他需要并案审理的案件，其中一人或者一罪属于上级人民法院管辖的，全案由上级人民法院管辖。（2）几个同级人民法院都有权管辖的案件，由最初受理的人民法院审判。在必要的时候，可以移送主要犯罪地的人民法院审判。（3）上级人民法院在必要的时候，可以审判下级人民法院管辖的第一审刑事案件；下级人民法院认为案情重大、复杂，需要由上级人民法院审判的第一审刑事案件，可以请求移送上一级人民法院审判。（4）第二审人民法院发回重新审判的案件，人民检察院撤回起诉后，又向原第一审人民法院的下级人民法院重新提起公诉的，下级人民法院应当将有关情况层报原第二审人民法院。原第二审人民法院根据具体情况，可以决定将案件移送原第一审人民法院或者其他人民法院审判。

（二）地域管辖

1. 刑事案件由犯罪地的人民法院管辖。如果由被告人居住地的人民法院审判更为适宜的，可以由被告人居住地的人民法院管辖。《刑事诉讼法》规定的"犯罪地"，包括犯罪的行为发生地和结果发生地。针对或者主要利用计算机网络实施的犯罪，犯罪地包括用于实施犯罪行为的网络服务使用的服务器所在地，网络服务提供者所在地，被侵害的信息网络系统及其管理者所在地，犯罪过程中被告人、被害人使用的信息网络系统所在地，以及被害人被侵害时所在地和被害人财产遭受损失地等。

2. 几个同级人民法院都有权管辖的案件，由最初受理的人民法院审判。在必要的时候，可以移送主要犯罪地的人民法院审判。

3. 具有下列情形之一的，人民法院可以并案处理：（1）一人犯数罪的。（2）共同犯罪的。（3）共同犯罪的犯罪嫌疑人、被告人还实施其他犯罪的。（4）多个犯罪嫌疑人、被告人实施的犯罪存在关联，并案处理有利于查明案件事实的。（5）人民法院发现被告人还有其他犯罪被起诉的，可以并案审理；涉及同种犯罪的，一般应当并案审理。人民法院发现被告人还有其他犯罪被审查起诉、立案侦查、立案调查的，可以协商人民检察院、公安机关、监察机关并案处理，但可能造成审判过分迟延的除外。（6）第二审人民法院在审理过程中，发现被告人还有其他犯罪没有判决的，可以并案处理。第二审人民法院决定并案审理的，应当发回第一审人民法院，由第一审人民法院作出处理。

（三）移送管辖

1. 基层人民法院对可能判处无期徒刑、死刑的第一审刑事案件，应当移送中级人民法院审判。

2. 基层人民法院对下列第一审刑事案件，可以请求移送中级人民法院审判：（1）重大、复杂案件；（2）新类型的疑难案件；（3）在法律适用上具有普遍指导、适用意义的案件；（4）有管辖权的人民法院不宜行使管辖权的案件。

需要将案件移送中级人民法院审判的，应当在报请院长决定后，至迟于案件审理期限届满十五日前书面请求移送。中级人民法院应当在接到申请后十日内作出决定。不同意移送的，应当下达不同意移送决定书，由请求移送的人民法院依法审判；同意移送的，应当下达同意移送决定书，并书面通知同级人民检察院。

（四）指定管辖

1. 上级人民法院可以指定下级人民法院审判管辖不明的案件。有关案件，由犯罪地、被告人居住地以外的人民法院审判更为适宜的，上级人民法院可以指定下级人民法院管辖。

2. 上级人民法院指定管辖的，应当将指定管辖决定书送达被指定管辖的人民法院和其他有关的人民法院。

3. 原受理案件的人民法院，在收到上级人民法院指定其他人民法院管辖决定书后，不再行使管辖权。对于公诉案件，应当书面通知提起公诉的人民检察院，并将全部案卷材料退回，同时书面通知当事人；对于自诉案件，应当将全部案卷材料移送被指定管辖的人民法院，并书面通知当事人。

4. 管辖权发生争议的，应当在审理期限内协商解决；协商不成的，由争议的人民法院分别层报共同的上级人民法院指定管辖。

（五）申诉案件的管辖

1. 申诉由终审人民法院审查处理。

2. 第二审人民法院裁定准许撤回上诉的案件，申诉人对第一审判决提出申诉的，可以由第一审人民法院审查处理。

3. 上一级人民法院对未经终审人民法院审查处理的申诉，可以告知申诉人向终审人民法院提出申诉，或者直接交终审人民法院审查处理，并告知申诉人；案件疑难、复杂、重大的，也可以直接审查处理。

4. 对死刑案件的申诉，可以由原核准的人民法院直接审查处理，也可以交由原审人民法院审查。原审人民法院应当写出审查报告，提出处理意见，层报原核准的人民法院审查处理。

（六）特殊类型案件管辖

1. 信用卡诈骗犯罪案件。对以窃取、收买等手段非法获取他人信用卡信息资料后在异地使用的信用卡诈骗犯罪案件，持卡人信用卡申领地的公安机关、人民检察院、人民法院可以依法立案侦查、起诉、审判。

2. 网络犯罪案件。

（1）有多个犯罪地的网络犯罪案件，由最初受理的公安机关或者主要犯罪地公安机关立案侦查。有争议的，按照有利于查清犯罪事实、有利于诉讼的原则，由共同上级公安机关指定有关公安机关立案侦查。需要提请批准逮捕、移送审查起诉、提起公诉的，由该公安机关所在地的人民检察院、人民法院受理。

（2）具有下列情形之一的，有关公安机关可以在其职责范围内并案侦查，需要提请批准逮捕、移送审查起诉、提起公诉的，由该公安机关所在地的人民检察院、人民法院受理：一人犯数罪的；共同犯罪的；共同犯罪的犯罪嫌疑人、被告人还实施其他犯罪的；多个犯罪嫌疑人、被告人实施的犯罪存在关联，并案处理有利于查明案件事实的。

（3）对因网络交易、技术支持、资金支付结算等关系形成多层级链条、跨区域的网络犯罪案件，共同上级公安机关可以按照有利于查清犯罪事实、有利于诉讼的原则，指定有关公安机关一并立案侦查，需要提请批准逮捕、移送审查起诉、提起公诉的，由该公安机关所在地的人民检察院、人民法院受理。

（4）人民检察院对于公安机关移送审查起诉的网络犯罪案件，发现犯罪嫌疑人还有犯罪被其他公安机关立案侦查的，应当通知移送审查起诉的公安机关。人民法院受理案件后，发现被告人还有犯罪被其他公安机关立案侦查的，可以建议人民检察院补充侦查。人民检察院经审查，认为需要补充侦查的，应当通知移送审查起诉的公安机关。经人民检察院通知，有关公安机关根据案件具体情况，可以对犯罪嫌疑人所犯其他犯罪并案侦查。

（5）为保证及时结案，避免超期羁押，人民检察院对于公安机关提请批准逮捕、移送审查起诉的网络犯罪案件，第一审人民法院对于已经受理的网络犯罪案件，经审查发现没有管辖权的，可以依法报请共同上级人民检察院、人民法院指定管辖。

（6）部分犯罪嫌疑人在逃，但不影响对已到案共同犯罪嫌疑人、被告人的犯罪事实认定的网络犯罪案件，可以依法先行追究已到案共同犯罪嫌疑人、被告人的刑事责任。在逃的共同犯罪嫌疑人、被告人归案后，可以由原公安机关、人民检察院、人民法院管辖其所涉及的案件。

3. 电信网络诈骗案件。已确定管辖的电信诈骗共同犯罪案件，在逃的犯罪嫌疑人归案后，一般由原管辖的公安机关、人民检察院、人民法院管辖。

4. 非法集资犯罪案件。跨区域非法集资刑事案件，在查清犯罪事实的基础上，可以由不同地区的公安机关、人民检察院、人民法院分别处理。

5. 拐卖妇女儿童犯罪案件。（1）拐卖妇女、儿童犯罪案件依法由犯罪地的司法机关管辖。拐卖妇女、儿童犯罪的犯罪地包括拐出地、中转地、拐入地以及拐卖活动的途经地。如果由犯罪嫌疑人、被告人居住地的司法机关管辖更为适宜的，可以由犯罪嫌疑人、被告人居住地的司法机关管辖。（2）几个地区的司法机关都有权管辖的，一般由最先受理的司法机关管辖。犯罪嫌疑人、被告人或者被拐卖的妇女、儿童人数较多，涉及多个犯罪地的，可以移送主要犯罪地或者主要犯罪嫌疑人、被告人居住地的司法机关管辖。（3）相对固定的多名犯罪嫌疑人、被告人分别在拐出地、中转地、拐入地实施某一环节的犯罪行为，犯罪所跨地域较广，全案集中管辖有困难的，可以由拐出地、中转地、拐入地的司法机关对不同犯罪分子分别实施的拐出、中转和拐入犯罪行为分别管辖。（4）对管辖权发生争议的，争议各方应当本着有利于迅速查清犯罪事实，及时解救被拐卖的妇女、儿童，以及便于起诉、审判的原则，在法定期间内尽快协商解决；协商不成的，报请共同的上级机关确定管辖。

6. 流动性团伙性跨区域性犯罪案件。（1）流动性、团伙性、跨区域性犯罪案件，由犯罪地的公安机关、人民检察院、人民法院管辖。如果由犯罪嫌疑人、被告人居住地的公安机关、人民检察院、人民法院管辖更为适宜的，可以由犯罪嫌疑人、被告人居住地的公安机关、人民检察院、人民法院管辖。犯罪地包括犯罪行为发生地和犯罪结果发生地。其中犯罪行为发生地包括被害人接到诈骗、敲诈勒索电话、短信息、电子邮件、信件、传真等犯罪信息的地方，以及犯罪行为持续发生的开始地、流转地、结束地；犯罪结果发生地包括被害人向犯罪嫌疑人、被告人指定的账户转账或存款的地方，以及犯罪所得的实际取得地、藏匿地、转移地、使用地、销售地。犯罪嫌疑人、被告人居住地包括经常居住地、户籍所在地。（2）人民检察院对于公安机关移送审查起诉的案件，人民法院对于已进入审判程序的案件，当事人、法定代理人、诉讼代理人、辩护人提出管辖异议的，或者办案单位发现没有管辖权的，受案的人民检察院、人民法院经审查，可以报请与有管辖权的人民检察院、人民法院共同的上级人民检察院、人民法院指定管辖。

7. 网络赌博犯罪案件。（1）网络赌博犯罪案件的地域管辖，应当坚持以犯罪地管辖为主、被告人居住地管辖为辅的原则。犯罪地包括赌博网站服务器所在地、网络接入地，赌博网站建立者、管理者所在地，以及赌博网站代理人、参赌人实施网络赌博行为地等。（2）为保证及时结案，避免超期羁押，人民检察院对于公安机关提请审查逮捕、移送审查起诉的案件，人民法院对于已进入审判程序的案件，犯罪嫌疑人、被告人及其辩护人提出管辖异议或者办案单位发现没有管辖权的，受案人民检察院、人民法院经审查可以依法报请上级人民检察院、人民法院指定管辖，不再自行移送有管辖权的人民检察院、人民法院。

8. 证券期货犯罪案件。涉嫌证券期货犯罪的第一审案件，由中级人民法院管辖，同级人民检察院负责提起公诉，地（市）级以上公安机关负责立案侦查。

【常用法律、司法解释及相关规定】

《刑事诉讼法》（2018 年 10 月 26 日修正）

第二十条　基层人民法院管辖第一审普通刑事案件，但是依照本法由上级人民法院管辖的除外。

第二十一条　中级人民法院管辖下列第一审刑事案件：

（一）危害国家安全、恐怖活动案件；

（二）可能判处无期徒刑、死刑的案件。

第二十二条　高级人民法院管辖的第一审刑事案件，是全省（自治区、直辖市）性的重大刑事案件。

第二十三条　最高人民法院管辖的第一审刑事案件，是全国性的重大刑事案件。

第二十四条 上级人民法院在必要的时候，可以审判下级人民法院管辖的第一审刑事案件；下级人民法院认为案情重大、复杂需要由上级人民法院审判的第一审刑事案件，可以请求移送上一级人民法院审判。

第二十五条 刑事案件由犯罪地的人民法院管辖。如果由被告人居住地的人民法院审判更为适宜的，可以由被告人居住地的人民法院管辖。

第二十六条 几个同级人民法院都有权管辖的案件，由最初受理的人民法院审判。在必要的时候，可以移送主要犯罪地的人民法院审判。

第二十七条 上级人民法院可以指定下级人民法院审判管辖不明的案件，也可以指定下级人民法院将案件移送其他人民法院审判。

第二百四十七条 中级人民法院判处死刑的第一审案件，被告人不上诉的，应当由高级人民法院复核后，报请最高人民法院核准。高级人民法院不同意判处死刑的，可以提审或者发回重新审判。

高级人民法院判处死刑的第一审案件被告人不上诉的，和判处死刑的第二审案件，都应当报请最高人民法院核准。

第二百四十八条 中级人民法院判处死刑缓期二年执行的案件，由高级人民法院核准。

《最高人民法院关于适用〈中华人民共和国刑事诉讼法〉的解释》（2021年3月1日施行　法释〔2021〕1号）

第十三条 正在服刑的罪犯在判决宣告前还有其他罪没有判决的，由原审地人民法院管辖；由罪犯服刑地或者犯罪地的人民法院审判更为适宜的，可以由罪犯服刑地或者犯罪地的人民法院管辖。

罪犯在服刑期间又犯罪的，由服刑地的人民法院管辖。

罪犯在脱逃期间又犯罪的，由服刑地的人民法院管辖。但是，在犯罪地抓获罪犯并发现其在脱逃期间犯罪的，由犯罪地的人民法院管辖。

第十四条 人民检察院认为可能判处无期徒刑、死刑，向中级人民法院提起公诉的案件，中级人民法院受理后，认为不需要判处无期徒刑、死刑的，应当依法审判，不再交基层人民法院审判。

第十五条 一人犯数罪、共同犯罪或者其他需要并案审理的案件，其中一人或者一罪属于上级人民法院管辖的，全案由上级人民法院管辖。

第十六条 上级人民法院决定审判下级人民法院管辖的第一审刑事案件

的，应当向下级人民法院下达改变管辖决定书，并书面通知同级人民检察院。

第十七条 基层人民法院对可能判处无期徒刑、死刑的第一审刑事案件，应当移送中级人民法院审判。

基层人民法院对下列第一审刑事案件，可以请求移送中级人民法院审判：

（一）重大、复杂案件；

（二）新类型的疑难案件；

（三）在法律适用上具有普遍指导意义的案件。

需要将案件移送中级人民法院审判的，应当在报请院长决定后，至迟于案件审理期限届满十五日以前书面请求移送。中级人民法院应当在接到申请后十日以内作出决定。不同意移送的，应当下达不同意移送决定书，由请求移送的人民法院依法审判；同意移送的，应当下达同意移送决定书，并书面通知同级人民检察院。

第十八条 有管辖权的人民法院因案件涉及本院院长需要回避或者其他原因，不宜行使管辖权的，可以请求移送上一级人民法院管辖。上一级人民法院可以管辖，也可以指定与提出请求的人民法院同级的其他人民法院管辖。

第十九条 两个以上同级人民法院都有管辖权的案件，由最初受理的人民法院审判。必要时，可以移送主要犯罪地的人民法院审判。

管辖权发生争议的，应当在审理期限内协商解决；协商不成的，由争议的人民法院分别层报共同的上级人民法院指定管辖。

第二十条 管辖不明的案件，上级人民法院可以指定下级人民法院审判。

有关案件，由犯罪地、被告人居住地以外的人民法院审判更为适宜的，上级人民法院可以指定下级人民法院管辖。

第二十一条 上级人民法院指定管辖，应当将指定管辖决定书送达被指定管辖的人民法院和其他有关的人民法院。

第二十二条 原受理案件的人民法院在收到上级人民法院改变管辖决定书、同意移送决定书或者指定其他人民法院管辖的决定书后，对公诉案件，应当书面通知同级人民检察院，并将案卷材料退回，同时书面通知当事人；对自诉案件，应当将案卷材料移送被指定管辖的人民法院，并书面通知当事人。

第二十三条 第二审人民法院发回重新审判的案件，人民检察院撤回起诉后，又向原第一审人民法院的下级人民法院重新提起公诉的，下级人民法院应当将有关情况层报原第二审人民法院。原第二审人民法院根据具体情况，可以决定将案件移送原第一审人民法院或者其他人民法院审判。

第二十四条　人民法院发现被告人还有其他犯罪被起诉的，可以并案审理；涉及同种犯罪的，一般应当并案审理。

人民法院发现被告人还有其他犯罪被审查起诉、立案侦查、立案调查的，可以参照前款规定协商人民检察院、公安机关、监察机关并案处理，但可能造成审判过分迟延的除外。

根据前两款规定并案处理的案件，由最初受理地的人民法院审判。必要时，可以由主要犯罪地的人民法院审判。

第二十五条　第二审人民法院在审理过程中，发现被告人还有其他犯罪没有判决的，参照前条规定处理。第二审人民法院决定并案审理的，应当发回第一审人民法院，由第一审人民法院作出处理。

第二十六条　军队和地方互涉刑事案件，按照有关规定确定管辖。

第四百五十三条　申诉由终审人民法院审查处理。但是，第二审人民法院裁定准许撤回上诉的案件，申诉人对第一审判决提出申诉的，可以由第一审人民法院审查处理。

上一级人民法院对未经终审人民法院审查处理的申诉，可以告知申诉人向终审人民法院提出申诉，或者直接交终审人民法院审查处理，并告知申诉人；案件疑难、复杂、重大的，也可以直接审查处理。

对未经终审人民法院及其上一级人民法院审查处理，直接向上级人民法院申诉的，上级人民法院应当告知申诉人向下级人民法院提出。

第四百五十四条　最高人民法院或者上级人民法院可以指定终审人民法院以外的人民法院对申诉进行审查。被指定的人民法院审查后，应当制作审查报告，提出处理意见，层报最高人民法院或者上级人民法院审查处理。

第四百五十五条　对死刑案件的申诉，可以由原核准的人民法院直接审查处理，也可以交由原审人民法院审查。原审人民法院应当制作审查报告，提出处理意见，层报原核准的人民法院审查处理。

第四百五十六条　对立案审查的申诉案件，人民法院可以听取当事人和原办案单位的意见，也可以对原判据以定罪量刑的证据和新的证据进行核实。

必要时，可以进行听证。

《最高人民法院、最高人民检察院、公安部、国家安全部、司法部、全国人大常委会法制工作委员会关于实施刑事诉讼法若干问题的规定》（2013 年 1 月 1 日施行）

2. 刑事诉讼法第二十四条①中规定："刑事案件由犯罪地的人民法院管辖。"刑事诉讼法规定的"犯罪地"，包括犯罪的行为发生地和结果发生地。

3. 具有下列情形之一的，人民法院、人民检察院、公安机关可以在其职责范围内并案处理：

（一）一人犯数罪的；

（二）共同犯罪的；

（三）共同犯罪的犯罪嫌疑人、被告人还实施其他犯罪的；

（四）多个犯罪嫌疑人、被告人实施的犯罪存在关联，并案处理有利于查明案件事实的。

《最高人民法院关于规范上下级人民法院审判业务关系的若干意见》（2010 年 12 月 28 日施行　法发〔2010〕61 号）

第二条　各级人民法院在法律规定范围内履行各自职责，依法独立行使审判权。

第三条　基层人民法院和中级人民法院对于已经受理的下列第一审案件，必要时可以根据相关法律规定，书面报请上一级人民法院审理：

（一）重大、疑难、复杂案件；

（二）新类型案件；

（三）具有普遍法律适用意义的案件；

（四）有管辖权的人民法院不宜行使审判权的案件。

第四条　上级人民法院对下级人民法院提出的移送审理请求，应当及时决定是否由自己审理，并下达同意移送决定书或者不同意移送决定书。

第五条　上级人民法院认为下级人民法院管辖的第一审案件，属于本意见第三条所列类型，有必要由自己审理的，可以决定提级管辖。

第六条　第一审人民法院已经查清事实的案件，第二审人民法院原则上

---

①　编者注：现为第二十五条。

不得以事实不清、证据不足为由发回重审。

第二审人民法院作出发回重审裁定时，应当在裁定书中详细阐明发回重审的理由及法律依据。

第七条　第二审人民法院因原审判决事实不清、证据不足将案件发回重审的，原则上只能发回重审一次。

《最高人民法院、最高人民检察院、公安部关于信用卡诈骗犯罪管辖有关问题的通知》（2011 年 8 月 8 日施行　公通字〔2011〕29 号）

对以窃取、收买等手段非法获取他人信用卡信息资料后在异地使用的信用卡诈骗犯罪案件，持卡人信用卡申领地的公安机关、人民检察院、人民法院可以依法立案侦查、起诉、审判。

《最高人民法院、最高人民检察院、公安部关于办理网络犯罪案件适用刑事诉讼程序若干问题的意见》（2014 年 5 月 4 日施行　公通字〔2014〕10 号）

3. 有多个犯罪地的网络犯罪案件，由最初受理的公安机关或者主要犯罪地公安机关立案侦查。有争议的，按照有利于查清犯罪事实、有利于诉讼的原则，由共同上级公安机关指定有关公安机关立案侦查。需要提请批准逮捕、移送审查起诉、提起公诉的，由该公安机关所在地的人民检察院、人民法院受理。

4. 具有下列情形之一的，有关公安机关可以在其职责范围内并案侦查，需要提请批准逮捕、移送审查起诉、提起公诉的，由该公安机关所在地的人民检察院、人民法院受理：

（1）一人犯数罪的；

（2）共同犯罪的；

（3）共同犯罪的犯罪嫌疑人、被告人还实施其他犯罪的；

（4）多个犯罪嫌疑人、被告人实施的犯罪存在关联，并案处理有利于查明案件事实的。

5. 对因网络交易、技术支持、资金支付结算等关系形成多层级链条、跨区域的网络犯罪案件，共同上级公安机关可以按照有利于查清犯罪事实、有利于诉讼的原则，指定有关公安机关一并立案侦查，需要提请批准逮捕、移送审查起诉、提起公诉的，由该公安机关所在地的人民检察院、人民法院受理。

7. 人民检察院对于公安机关移送审查起诉的网络犯罪案件，发现犯罪嫌疑人还有犯罪被其他公安机关立案侦查的，应当通知移送审查起诉的公安机关。

人民法院受理案件后，发现被告人还有犯罪被其他公安机关立案侦查的，可以建议人民检察院补充侦查。人民检察院经审查，认为需要补充侦查的，应当通知移送审查起诉的公安机关。

经人民检察院通知，有关公安机关根据案件具体情况，可以对犯罪嫌疑人所犯其他犯罪并案侦查。

8. 为保证及时结案，避免超期羁押，人民检察院对于公安机关提请批准逮捕、移送审查起诉的网络犯罪案件，第一审人民法院对于已经受理的网络犯罪案件，经审查发现没有管辖权的，可以依法报请共同上级人民检察院、人民法院指定管辖。

9. 部分犯罪嫌疑人在逃，但不影响对已到案共同犯罪嫌疑人、被告人的犯罪事实认定的网络犯罪案件，可以依法先行追究已到案共同犯罪嫌疑人、被告人的刑事责任。在逃的共同犯罪嫌疑人、被告人归案后，可以由原公安机关、人民检察院、人民法院管辖其所涉及的案件。

《最高人民法院、最高人民检察院、公安部关于办理非法集资刑事案件适用法律若干问题的意见》（2014 年 3 月 25 日施行　公通字〔2014〕16 号）

八、关于跨区域案件的处理问题

跨区域非法集资刑事案件，在查清犯罪事实的基础上，可以由不同地区的公安机关、人民检察院、人民法院分别处理。

对于分别处理的跨区域非法集资刑事案件，应当按照统一制定的方案处置涉案财物。

国家机关工作人员违反规定处置涉案财物，构成渎职等犯罪的，应当依法追究刑事责任。

《最高人民法院、最高人民检察院、公安部关于办理电信网络诈骗等刑事案件适用法律若干问题的意见》（2016 年 12 月 19 日施行　法发〔2016〕32 号）

（八）对实施电信网络诈骗犯罪的被告人，应当更加注重依法适用财产刑，加大经济上的惩罚力度，最大限度剥夺被告人再犯的能力。

《最高人民法院、最高人民检察院、公安部、司法部关于依法惩治拐卖妇女儿童犯罪的意见》（2010 年 3 月 15 日施行　法发〔2010〕7 号）

4. 拐卖妇女、儿童犯罪案件依法由犯罪地的司法机关管辖。拐卖妇女、儿童犯罪的犯罪地包括拐出地、中转地、拐入地以及拐卖活动的途经地。如果由犯罪嫌疑人、被告人居住地的司法机关管辖更为适宜的，可以由犯罪嫌疑人、被告人居住地的司法机关管辖。

5. 几个地区的司法机关都有权管辖的，一般由最先受理的司法机关管辖。犯罪嫌疑人、被告人或者被拐卖的妇女、儿童人数较多，涉及多个犯罪地的，可以移送主要犯罪地或者主要犯罪嫌疑人、被告人居住地的司法机关管辖。

6. 相对固定的多名犯罪嫌疑人、被告人分别在拐出地、中转地、拐入地实施某一环节的犯罪行为，犯罪所跨地域较广，全案集中管辖有困难的，可以由拐出地、中转地、拐入地的司法机关对不同犯罪分子分别实施的拐出、中转和拐入犯罪行为分别管辖。

7. 对管辖权发生争议的，争议各方应当本着有利于迅速查清犯罪事实，及时解救被拐卖的妇女、儿童，以及便于起诉、审判的原则，在法定期间内尽快协商解决；协商不成的，报请共同的上级机关确定管辖。

正在侦查中的案件发生管辖权争议的，在上级机关作出管辖决定前，受案机关不得停止侦查工作。

《公安部、最高人民法院、最高人民检察院、国家安全部、工业和信息化部、中国人民银行、中国银行业监督管理委员会关于办理流动性团伙性跨区域性犯罪案件有关问题的意见》（2011 年 5 月 1 日施行　公通字〔2011〕14 号）

第一条　流动性、团伙性、跨区域性犯罪案件，由犯罪地的公安机关、人民检察院、人民法院管辖。如果由犯罪嫌疑人、被告人居住地的公安机关、人民检察院、人民法院管辖更为适宜的，可以由犯罪嫌疑人、被告人居住地的公安机关、人民检察院、人民法院管辖。犯罪地包括犯罪行为发生地和犯罪结果发生地。犯罪嫌疑人、被告人居住地包括经常居住地、户籍所在地。

前款中所称"犯罪行为发生地"包括被害人接到诈骗、敲诈勒索电话、短信息、电子邮件、信件、传真等犯罪信息的地方，以及犯罪行为持续发生的开始地、流转地、结束地；"犯罪结果发生地"包括被害人向犯罪嫌疑人、被告人指定的账户转账或存款的地方，以及犯罪所得的实际取得地、藏匿地、转移地、使用地、销售地。

第四条　人民检察院对于公安机关移送审查起诉的案件，人民法院对于已进入审判程序的案件，当事人、法定代理人、诉讼代理人、辩护人提出管辖异议的，或者办案单位发现没有管辖权的，受案的人民检察院、人民法院经审查，可以报请与有管辖权的人民检察院、人民法院共同的上级人民检察院、人民法院指定管辖。

第六条　办案地公安机关跨区域调取犯罪嫌疑人、被告人的户籍证明，可以通过公安机关信息化应用系统获取，加盖本地公安机关印章。调取时不得少于二人，并应当记载调取的时间、使用的电脑等相关信息，经审核证明真实的，可以作为诉讼证据。

有下列情形之一的，应当调取原始户籍证明，但犯罪嫌疑人、被告人没有户籍或者真实姓名无法查明的除外：

（一）犯罪嫌疑人、被告人可能是未满十八周岁或者已满七十五周岁人的；

（二）可能判处五年有期徒刑以上刑罚的；

（三）犯罪嫌疑人、被告人、被害人、辩护人和诉讼代理人对采取本条第一款规定方式所调取的户籍证明提出异议的。

第七条　对部分共同犯罪嫌疑人、被告人在逃的案件，现有证据能够认定已到案犯罪嫌疑人、被告人为共同犯罪的，可以先行追究已到案犯罪嫌疑人、被告人的刑事责任。

第八条　本意见所称的"流动性犯罪案件"，是指跨县级行政区域连续作案，或者在居住地作案后逃跑到其他县级行政区域继续作案；"团伙性犯罪案件"，是指二人以上共同作案或者三人以上交叉结伙作案；"跨区域性犯罪案件"，是指犯罪案件涉及两个以上县级行政区域。

《最高人民法院、最高人民检察院、公安部关于办理网络赌博犯罪案件适用法律若干问题的意见》（2010 年 8 月 31 日　公通字〔2010〕40 号）

四、关于网络赌博犯罪案件的管辖

网络赌博犯罪案件的地域管辖，应当坚持以犯罪地管辖为主、被告人居住地管辖为辅的原则。

"犯罪地"包括赌博网站服务器所在地、网络接入地，赌博网站建立者、管理者所在地，以及赌博网站代理人、参赌人实施网络赌博行为地等。

公安机关对侦办跨区域网络赌博犯罪案件的管辖权有争议的，应本着有利于查清犯罪事实、有利于诉讼的原则，认真协商解决。经协商无法达成一致的，报共同的上级公安机关指定管辖。对即将侦查终结的跨省（自治区、直辖市）重大网络赌博案件，必要时可由公安部商最高人民法院和最高人民检察院指定管辖。

为保证及时结案，避免超期羁押，人民检察院对于公安机关提请审查逮捕、移送审查起诉的案件，人民法院对于已进入审判程序的案件，犯罪嫌疑人、被告人及其辩护人提出管辖异议或者办案单位发现没有管辖权的，受案人民检察院、人民法院经审查可以依法报请上级人民检察院、人民法院指定管辖，不再自行移送有管辖权的人民检察院、人民法院。

《最高人民法院、最高人民检察院、公安部、中国证监会关于办理证券期货违法犯罪案件工作若干问题的意见》（2011 年 4 月 27 日 证监发〔2011〕30 号）

十、涉嫌证券期货犯罪的第一审案件，由中级人民法院管辖，同级人民检察院负责提起公诉，地（市）级以上公安机关负责立案侦查。

【相关法律文书】

改变管辖决定书（提审、指定管辖用）

指定管辖决定书（指定管辖用）

同意或者不同意移送管辖决定书

案件移送函（一审用）

调卷函（各类案件用）

退卷函（各类案件用）

××××人民法院
改变管辖决定书
（提审、指定管辖用）

（××××）……刑×……号

××××人民法院：

关于……（写明控辩双方名称、姓名和案由）一案，根据《中华人民共和国刑事诉讼法》第二十四条的规定，决定由本院依照第一审程序审理此案。你院收到此决定书后，即书面通知提起公诉的××××人民检察院。

××××年××月××日
（院印）

××××人民法院

指定管辖决定书

（指定管辖用）

（××××）……刑×……号

××××人民法院：

　　关于……（写明控辩双方名称、姓名和案由）一案，根据《中华人民共和国刑事诉讼法》第二十七条的规定，指定你院将该案移送人民法院审判。你院收到此决定书后，即书面通知提起公诉的人民检察院。

××××年××月××日

（院印）

×××× 人民法院

同意或者不同意移送管辖决定书

（××××）……刑×……号

×××× 人民法院：

你院××××年××月××日关于……（写明被告人姓名和案由）一案，请求移送本院审判的报告收到。经审查，根据《中华人民共和国刑事诉讼法》第二十六条的规定，同意将该案移送本院审判。你院收到此决定书后，即办理有关移送事宜，并书面通知提起公诉的×××× 人民检察院。经审查，认为该案不符合《中华人民共和国刑事诉讼法》第二十四条规定的移送条件，不应当移送本院审理，由你院依法审判。

××××年××月××日

（院印）

抄送：×××× 人民检察院

××××人民法院
案件移送函
（一审用）

（××××）……刑初……号

××××（受移送机关名称）：

关于……（写明当事人姓名或者名称和案由）一案，因……（写明移送的原因和理由）。根据……（写明有关法律、法规、司法解释和其他规范性文件的规定），现将该案移送你处，请查收。

附件：……

××××年××月××日

（院印）

第一联

××××人民法院

调卷函（稿）

（各类案件用）

（××××）……刑……号

××××人民法院：

　　你院审判的（××××）……刑……号一案，现因 ……（写明调卷原因），请将该案的全部案卷材料检送我院。

××××年××月××日

（院印）

　　签发人：×××　　　调卷人：×××

　　本联存卷

第二联

×××× 人民法院

调卷函

（××××）……刑……号

×××× 人民法院：

　　你院审判的（××××）……刑……号一案，现因……（写明调卷原因），请将该案的全部案卷材料检送我院。

××××年××月××日

（院印）

第一联

××××人民法院

退卷函（稿）

（各类案件用）

（××××）……刑……号

××××人民法院：

现将你院……一案的全部案卷材料退还，请查收。

附件：案卷×宗。

××××年××月××日

（院印）

签发人：×××　　调卷人：×××

本联存卷

第二联

××××人民法院

退卷函

（各类案件用）

（××××）……刑……号

××××人民法院：

　　现将你院……一案的全部案卷材料退还，请查收。

　　附件：案卷×宗。

××××年××月××日

（院印）

第二章　回　避

【工作内容】

（一）自行回避

审判人员有下列情形之一的，应当自行回避（当事人及其法定代理人有权申请其回避）：（1）是本案的当事人或者是当事人的近亲属的；（2）本人或者其近亲属与本案有利害关系的；（3）担任过本案的证人、鉴定人、辩护人、诉讼代理人、翻译人员的；（4）与本案的辩护人、诉讼代理人有近亲属关系的；（5）与本案当事人有其他利害关系，可能影响公正审判的。

（二）申请回避

1. 申请人包括当事人、法定代理人及辩护人。

2. 申请回避的人员包括审判人员、法官助理、书记员、翻译人员和鉴定人。

3. 申请回避的情形。除自行回避的情形之外，还有以下六种情形：（1）违反规定会见本案当事人、辩护人、诉讼代理人的；（2）为本案当事人推荐、介绍辩护人、诉讼代理人，或者为律师、其他人员介绍办理本案的；（3）索取、接受本案当事人及其委托人的财物或者其他利益的；（4）接受本案当事人及其委托人的宴请，或者参加由其支付费用的活动的；（5）向本案当事人及其委托人借用款物的；（6）有其他不正当行为，可能影响公正审判的。

（三）回避的提出方式

口头或者书面提出，并说明理由。

（四）回避的处理

1. 审判员、人民陪审员、法官助理、书记员、翻译人员和鉴定人的回避，由院长决定。

2. 院长自行申请回避，当事人及其法定代理人申请人民法院院长回避，应当由审判委员会讨论决定。审判委员会讨论时，由副院长主持，院长不得参加会议。

3. 当事人及其法定代理人对下列情形提出的回避申请，应当提供证明材料：（1）违反规定会见本案当事人、辩护人、诉讼代理人的；（2）为本案当事人推荐、介绍辩护人、诉讼代理人，或者为律师、其他人员介绍办理本案的；（3）索取、接受本案当事人及其委托人的财物或者其他利益的；（4）接受本案当事人及其委托人的宴请，或者参加由其支付费用的活动的；（5）向本案当事人及其委托人借用款物的；（6）有其他不正当行为，可能影响公正审判的。

4. 人民法院对当事人及其法定代理人提出的回避申请，可以口头或者书面作出决定，并将决定告知申请人；回避申请应在案件开始审理时提出，回避事由在案件开始审理后知道的，也可以在法庭辩论终结前提出。

5. 在法庭审理过程中申请回避的，同意或者驳回回避申请的决定及复议决定，由审判长宣布，并说明理由。必要时，也可以由院长到庭宣布。

6. 当事人及其法定代理人申请出庭的检察人员回避的，人民法院应当区分情况作出处理：（1）属于《刑事诉讼法》第二十九条、第三十条规定情形的回避申请，应当决定休庭，并通知人民检察院尽快作出决定；（2）不属于《刑事诉讼法》第二十九条、第三十条规定情形的回避申请，应当当庭驳回，并不得申请复议。

7. 应当回避的人员没有自行回避，当事人及其法定代理人也没有申请其回避的，院长或者审判委员会应当决定其回避。

8. 当事人及其法定代理人申请回避被驳回的，可以在接到决定时申请复议一次。不属于《刑事诉讼法》第二十九条、第三十条规定情形的回避申请，由法庭当庭驳回，并不得申请复议。

9. 辩护人、诉讼代理人可以依照《刑事诉讼法》第一编第三章的规定要求回避、申请复议。

10. 审判人员、法官助理、书记员、翻译人员、鉴定人被申请回避后，在人民法院作出是否回避的决定前，应当暂停参与该案的工作，但案件需采取紧急措施的除外。

（五）其他规定

1. 法庭应当依法告知当事人及其法定代理人有权申请回避，并告知其合议庭组成人员、独任审判员、法官助理、书记员、检察员、鉴定人员、翻译人员的名单。

2. 审判人员包括人民法院院长、副院长、审判委员会委员、庭长、副庭长、审判员和人民陪审员。

3. 近亲属包括与审判人员有夫妻、直系血亲、三代以内旁系血亲及近姻亲关系的亲属。

4. 参与过本案调查、侦查、审查起诉工作的监察、侦查、检察人员，调至人民法院工作的，不得担任本案的审判人员。

在一个审判程序中参与过本案审判工作的合议庭组成人员或者独任审判员，不得再参与本案其他程序的审判。但是，发回重新审判的案件，在第一审人民法院作出裁判后又进入第二审程序、在法定刑以下判处刑罚的复核程序或者死刑复核程序的，原第二审程序、在法定刑以下判处刑罚的复核程序或者死刑复核程序中的合议庭组成人员不受该规定的限制。

【常用法律、司法解释及相关规定】

《刑事诉讼法》（2018 年 10 月 26 日修正）

第二十九条 审判人员、检察人员、侦查人员有下列情形之一的，应当自行回避，当事人及其法定代理人也有权要求他们回避：

（一）是本案的当事人或者是当事人的近亲属的；

（二）本人或者他的近亲属和本案有利害关系的；

（三）担任过本案的证人、鉴定人、辩护人、诉讼代理人的；

（四）与本案当事人有其他关系，可能影响公正处理案件的。

第三十条 审判人员、检察人员、侦查人员不得接受当事人及其委托的人的请客送礼，不得违反规定会见当事人及其委托的人。

审判人员、检察人员、侦查人员违反前款规定的，应当依法追究法律责任。当事人及其法定代理人有权要求他们回避。

第三十一条 审判人员、检察人员、侦查人员的回避，应当分别由院长、检察长、公安机关负责人决定；院长的回避，由本院审判委员会决定；检察长和公安机关负责人的回避，由同级人民检察院检察委员会决定。

对侦查人员的回避作出决定前，侦查人员不能停止对案件的侦查。

对驳回申请回避的决定，当事人及其法定代理人可以申请复议一次。

第三十二条 本章关于回避的规定适用于书记员、翻译人员和鉴定人。

辩护人、诉讼代理人可以依照本章的规定要求回避、申请复议。

《最高人民法院关于适用〈中华人民共和国刑事诉讼法〉的解释》（2021年3月1日施行 法释〔2021〕1号）

第二十七条 审判人员具有下列情形之一的，应当自行回避，当事人及其法定代理人有权申请其回避：

（一）是本案的当事人或者是当事人的近亲属的；

（二）本人或者其近亲属与本案有利害关系的；

（三）担任过本案的证人、鉴定人、辩护人、诉讼代理人、翻译人员的；

（四）与本案的辩护人、诉讼代理人有近亲属关系的；

（五）与本案当事人有其他利害关系，可能影响公正审判的。

第二十八条 审判人员具有下列情形之一的，当事人及其法定代理人有权申请其回避：

（一）违反规定会见本案当事人、辩护人、诉讼代理人的；

（二）为本案当事人推荐、介绍辩护人、诉讼代理人，或者为律师、其他人员介绍办理本案的；

（三）索取、接受本案当事人及其委托的人的财物或者其他利益的；

（四）接受本案当事人及其委托的人的宴请，或者参加由其支付费用的活动的；

（五）向本案当事人及其委托的人借用款物的；

（六）有其他不正当行为，可能影响公正审判的。

第二十九条 参与过本案调查、侦查、审查起诉工作的监察、侦查、检察人员，调至人民法院工作的，不得担任本案的审判人员。

在一个审判程序中参与过本案审判工作的合议庭组成人员或者独任审判员，不得再参与本案其他程序的审判。但是，发回重新审判的案件，在第一审人民法院作出裁判后又进入第二审程序、在法定刑以下判处刑罚的复核程序或者死刑复核程序的，原第二审程序、在法定刑以下判处刑罚的复核程序或者死刑复核程序中的合议庭组成人员不受本款规定的限制。

第三十条 依照法律和有关规定应当实行任职回避的，不得担任案件的审判人员。

第三十一条 人民法院应当依法告知当事人及其法定代理人有权申请回避，并告知其合议庭组成人员、独任审判员、法官助理、书记员等人员的名单。

第三十二条 审判人员自行申请回避，或者当事人及其法定代理人申请审判人员回避的，可以口头或者书面提出，并说明理由，由院长决定。

院长自行申请回避，或者当事人及其法定代理人申请院长回避的，由审判委员会讨论决定。审判委员会讨论时，由副院长主持，院长不得参加。

第三十三条 当事人及其法定代理人依照刑事诉讼法第三十条和本解释第二十八条的规定申请回避的，应当提供证明材料。

第三十四条 应当回避的审判人员没有自行回避，当事人及其法定代理人也没有申请其回避的，院长或者审判委员会应当决定其回避。

第三十五条 对当事人及其法定代理人提出的回避申请，人民法院可以口头或者书面作出决定，并将决定告知申请人。

当事人及其法定代理人申请回避被驳回的，可以在接到决定时申请复议一次。不属于刑事诉讼法第二十九条、第三十条规定情形的回避申请，由法庭当庭驳回，并不得申请复议。

第三十六条 当事人及其法定代理人申请出庭的检察人员回避的，人民法院应当区分情况作出处理：

（一）属于刑事诉讼法第二十九条、第三十条规定情形的回避申请，应当决定休庭，并通知人民检察院尽快作出决定；

（二）不属于刑事诉讼法第二十九条、第三十条规定情形的回避申请，应当当庭驳回，并不得申请复议。

第三十七条 本章所称的审判人员，包括人民法院院长、副院长、审判委员会委员、庭长、副庭长、审判员和人民陪审员。

第三十八条 法官助理、书记员、翻译人员和鉴定人适用审判人员回避的有关规定，其回避问题由院长决定。

第三十九条 辩护人、诉讼代理人可以依照本章的有关规定要求回避、申请复议。

【相关法律文书】

对申请回避的决定书

对申请回避的复议决定书

××××人民法院
对申请回避的决定书

（××××）……刑×……号

申请人……（写明提出申请回避的当事人及其法定代理人的姓名和基本情况）。

本院在审理××××人民检察院指控被告人×××犯××罪（自诉案件写"自诉人×××指控被告人×××犯××罪"）一案中，申请人……（写明申请人申请回避的审判人员或者法官助理、书记员、翻译人员、鉴定人员等的姓名和申请其回避的理由）。

本院院长（或者本院审判委员会讨论）认为，……（写明准许回避申请或者驳回回避申请的理由）。依照《中华人民共和国刑事诉讼法》第三十一条第一款的规定，决定如下：

……（写明决定结果）。

如不服本决定，可以向本院申请复议一次（准许回避申请的不写此句）。

××××年××月××日
（院印）

××××人民法院

对申请回避的复议决定书

（××××）……刑×……号

申请复议人……（写明提出申请回避复议的当事人及其法定代理人的姓名和基本情况）。

本院在审理××××人民检察院指控被告人×××犯××罪（自诉案件写"自诉人×××指控被告人×××犯××罪"）一案中，申请人×××申请……（写明职务和姓名）回避。本院××××年××月××日作出（××××）……刑×……号《对申请回避的决定书》后，申请人×××不服，申请复议。

经本院复议，……（写明准许或者驳回复议申请的理由），依照《中华人民共和国刑事诉讼法》第三十一条第一款、第三款的规定，决定如下：

……（写明决定结果）。

本决定为最终决定。

××××年××月××日

（院印）

第三章 辩护与代理

【工作内容】

（一）辩护的方式及辩护人的范围

1. 被告人除自己行使辩护权以外，还可以委托一至二人作为辩护人，但一名辩护人不得为两名以上的同案被告人，或者未同案处理但犯罪事实存在关联的被告人辩护。

2. 可以被委托为辩护人的范围：（1）律师；（2）人民团体或者被告人所在单位推荐的人；（3）被告人的监护人、亲友。上述第（2）项、第（3）项人员被委托为辩护人的，法院应当核实其身份证明和授权委托书。

3. 审判期间，辩护人接受被告人委托的，应当在接受委托之日起三日内将委托手续提交人民法院。接受法律援助机构指派为被告人提供辩护的，适用该条规定。

4. 律师担任辩护人、诉讼代理人，经人民法院准许，可以带一名助理参加庭审。律师助理参加庭审的，可以从事辅助工作，但不得发表辩护、代理意见。

5. 对法律援助机构指派律师为被告人提供辩护，被告人的监护人、近亲属又代为委托辩护人的，应当听取被告人的意见，由其确定辩护人人选。

（二）禁止担任辩护人的范围

（1）正在被执行刑罚或者处于缓刑、假释考验期间的人；（2）依法被剥夺、限制人身自由的人；（3）被开除公职和被吊销律师、公证员执业证书的人；（4）人民法院、人民检察院、监察机关、公安机关、国家安全机关、监狱的现职人员；（5）人民陪审员；（6）与本案审理结果有利害关系的人；（7）外国人或者无国籍人；（8）辞去公职或者退休的人民法院、人民检察院领导班子成员，四级高级及以上法官、检察官，四级高级法官助理、检察官助理以上及相当职级层次的审判、检察辅助人员在离职三年内，其他辞去公职或退休的人民法院、人民检察院工作人员在离职二年内，不得到原任职人民法院、人民检察院管辖地区内的律师事务所从事律师职业或者担任"法律顾问"、行政人员等，不得以律师身份从事与原任职人民法院、人民检察院相关的有偿法律服务活动。其中第（3）项至第（7）项规定的人员，如果是被告人的监护人、近亲属，由被告人委托担任辩护人的，可以准许。

审判人员和人民法院其他工作人员从人民法院离任后二年内，不得以律师身份担任辩护人。审判人员和人民法院其他工作人员从人民法院离任后，不得担任原任职法院所审理案件的辩护人，但系被告人的监护人、近亲属进行辩护的除外。审判人员和人民法院其他工作人员的配偶、子女或者父母不得担任其任职法院所审理案件的辩护人，但系被告人的监护人、近亲属进行辩护的除外。对接受委托担任辩护人的，人民法院应当核实其身份证明和授权委托书。

（三）委托辩护的时间、形式

1. 自受理之日起三日以内，负责送达的工作人员应当书面告知被告人有权委托辩护人。被告人在押期间要求委托辩护人的，法官助理（书记员）应当在三日内根据被告人提供的有关人员的联系方式向其监护人、近亲属或者其指定的人员转达要求。有关人员无法通知的，应当告知被告人。

2. 被告人在押的，其监护人、近亲属可代为委托辩护人。

3. 法律援助机构可以在人民法院、看守所等场所派驻值班律师。被告人没有委托辩护人，法律援助机构没有指派律师为其提供辩护的，由值班律师为被告人提供法律咨询、程序选择建议、申请变更强制措施、对案件处理提出意见等法律帮助。

4. 被告人没有委托辩护人，法律援助机构也没有指派律师为其提供辩护的，人民法院应当告知被告人有权约见值班律师，并为被告人约见值班律师提供便利。告知可以采取口头或书面方式。

5. 人民法院在收到在押被告人提出的法律援助或者法律帮助申请，应当依照有关规定及时转交法律援助机构或者通知值班律师。

（四）应当提供法律援助的情形

没有委托辩护人，人民法院应当通知法律援助机构指派律师为其提供辩护的被告人范围：（1）盲、聋、哑人；（2）尚未完全丧失辨认或者控制自己行为能力的精神病人；（3）可能被判处无期徒刑、死刑的人。高级人民法院复核死刑案件，被告人没有委托辩护人的，应当通知法律援助机构指派律师为其提供辩护。死刑缓期执行期间故意犯罪的案件，适用上述规定。

（五）可以提供法律援助的情形

（1）共同犯罪案件中，其他被告人已经委托辩护人的；（2）案件有重大社会影响的；（3）人民检察院抗诉的；（4）被告人的行为可能不构成犯罪的；（5）有必要指派律师提供辩护的其他情形。

（六）通知开庭事宜

1. 对已委托辩护人的案件，应在开庭三日前通知辩护人开庭时间，如果辩护人是律师的，应要求其提供授权委托书、律师事务所出具的所函（前两项均须出具原件）和律师证的复印件以办理阅卷事宜，同时向其送达起诉书副本及开庭通知书。

2. 如果辩护人是《刑事诉讼法》第三十三条第二项、第三项中规定的律师以外的人，应按《刑事诉讼法》第三十三条及《最高人民法院关于适用〈中华人民共和国刑事诉讼法〉的解释》第三十五条、第三十六条、第三十七条的规定审查其主体资格，要求其提供身份证明、单位证明、户籍地公安机关出具的其不具有《刑事诉讼法》第三十三条第二款规定的情形的证明及授权委托书（以上材料均须原件）。

（七）辩护人的权利

1. 会见、通信权。辩护律师可同在押或被监视居住的被告人会见或通信；经承办法官许可，其他辩护人也可以同在押或被监视居住的被告人会见和通信。辩护律师会见被告人时不被监听。

2. 查阅案卷权。（1）自案卷移送至法院之日起，辩护律师、值班律师可查阅、摘抄、复制案卷材料。其他辩护人经承办法官许可，也可以查阅、摘抄、复制上述材料。合议庭、审判委员会的讨论记录以及其他依法不公开的材料不得查阅、摘抄、复制。辩护人查阅、摘抄、复制案卷材料的，人民法院应当提供便利，并保证必要的时间。无法当时安排的，应当向辩护律师说明原因并在无法阅卷的事由消除后三个工作日以内安排阅卷，不得限制辩护律师合理的阅卷次数和时间。有条件的地方可以设立阅卷预约平台，推行电子化阅卷，允许刻录、下载材料。（2）复制案卷材料可以采用复印、拍照、扫描、电子数据拷贝等方式。（3）对作为证据材料向人民法院移送的讯问录音录像，辩护律师申请查阅的，人民法院应当准许。

3. 申请调查取证、调查取证权。（1）辩护人认为在调查、侦查、审查起诉期间监察机关、公安机关、人民检察院收集的证明被告人无罪或者罪轻的证据材料未提交的，可向承办法官书面申请调取，并提供相关线索或者材料。人民法院接受申请后，应当向人民检察院调取。人民检察院移送相关证据材料后，人民法院应当及时通知辩护人。（2）辩护律师申请向被害人及其近亲属、被害人提供的证人收集与本案有关的材料，承办法官认为确有必要的，应当准许，并签发准许调查书。（3）辩护律师向证人或者其他有关单位和个人收集、调取与本案有关的材料，因证人或者有关单位、个人不同意，申请人民法院收集、调取证据或者通知证人出庭作证，承办法官认为确有必要的，应当同意。（4）辩护律师直接申请人民法院向证人或者有关单位、个人收集、调取证据材料，人民法院认为确有收集、调取必要，且不宜或者不能由辩护律师收集、调取的，应当同意。辩护律师提出调查取证的申请均应当以书面形式提出，并说明申请的理由，写明需要调取、收集证据的内容或者需要调查问题的提纲；对辩护律师的申请，承办法官应当在五日内作出是否同意、准许的决定，并通知申请人。决定不同意、不准许的，应当说明理由。

4. 申诉、控告权。辩护人认为人民法院及其工作人员阻碍其依法行使诉讼权利的，有权向同级或者上一级人民检察院申诉或者控告。

（八）诉讼代理人介入诉讼时间

公诉案件的被害人及其法定代理人或者近亲属，附带民事诉讼的当事人及其法定代理人，自案件移送审查起诉之日起，有权委托诉讼代理人。附带民事诉讼的当事人及其法定代理人，有权随时委托诉讼代理人。对已委托诉讼代理人的案件，应至迟在开庭三日前通知诉讼代理人开庭时间，并要求其提供被代理人签名或盖章的授权委托书，同时向其送达起诉书副本及开庭通知书。诉讼代理人的阅卷手续参照辩护人的相关规定执行。

（九）担任诉讼代理人的范围

参照可以被委托为辩护人的范围规定执行。

（十）诉讼代理人的权利

1. 律师担任诉讼代理人的，可以查阅、摘抄、复制案卷材料，其他诉讼代理人经人民法院许可，也可以查阅、摘抄、复制案卷材料。

2. 律师担任诉讼代理人，需要收集、调取与本案有关的证据材料的，参照适用辩护人的有关规定。

3. 诉讼代理人认为人民法院及其工作人员阻碍其依法行使诉讼权利的，有权向同级或者上一级人民检察院申诉或者控告。

（十一）刑事案件律师辩护全覆盖的规定

1. 被告人具有《刑事诉讼法》第三十五条、第二百七十八条规定的应当通知辩护情形，以及系其他适用普通程序审理的一审案件、二审案件、按照审判监督程序审理的案件，人民法院应当告知被告人，如果其不委托辩护人，将通知法律援助机构指派律师为其提供辩护。

2. 被告人具有应当通知辩护情形而拒绝法律援助机构指派的律师为其辩护的，人民法院应当查明拒绝的原因，有正当理由的应当准许，同时告知被告人需另行委托辩护人。被告人未另行委托的，人民法院应当及时通知法律援助机构另行指派律师为其提供辩护。除具有应当通知辩护情形外的其他适用普通程序审理的一审案件、二审案件、按照审判监督程序审理的案件的被告人，拒绝法律援助机构指派的律师为其辩护，人民法院准许的，法律援助机构应当作出终止法律援助的决定；对于有正当理由要求更换律师的，法律援助机构应当另行指派律师为其提供辩护。

3. 人民法院通知法律援助机构指派律师提供辩护的，应当将法律援助通知书、起诉书副本或者判决书送达法律援助机构；决定开庭审理的，除适用简易程序或者速裁程序审理的以外，应当在开庭十五日以前将上述材料送达法律援助机构。法律援助通知书应当写明案由、被告人姓名、提供法律援助的理由、审判人员的姓名和联系方式；已确定开庭审理的，应当写明开庭的时间、地点。

【常用法律、司法解释及相关规定】

《刑事诉讼法》（2018 年 10 月 26 日修正）

第三十三条 犯罪嫌疑人、被告人除自己行使辩护权以外，还可以委托一至二人作为辩护人。下列的人可以被委托为辩护人：

（一）律师；

（二）人民团体或者犯罪嫌疑人、被告人所在单位推荐的人；

（三）犯罪嫌疑人、被告人的监护人、亲友。

正在被执行刑罚或者依法被剥夺、限制人身自由的人，不得担任辩护人。

被开除公职和被吊销律师、公证员执业证书的人，不得担任辩护人，但系犯罪嫌疑人、被告人的监护人、近亲属的除外。

第三十四条　犯罪嫌疑人自被侦查机关第一次讯问或者采取强制措施之日起，有权委托辩护人；在侦查期间，只能委托律师作为辩护人。被告人有权随时委托辩护人。

侦查机关在第一次讯问犯罪嫌疑人或者对犯罪嫌疑人采取强制措施的时候，应当告知犯罪嫌疑人有权委托辩护人。人民检察院自收到移送审查起诉的案件材料之日起三日以内，应当告知犯罪嫌疑人有权委托辩护人。人民法院自受理案件之日起三日以内，应当告知被告人有权委托辩护人。犯罪嫌疑人、被告人在押期间要求委托辩护人的，人民法院、人民检察院和公安机关应当及时转达其要求。

犯罪嫌疑人、被告人在押的，也可以由其监护人、近亲属代为委托辩护人。

辩护人接受犯罪嫌疑人、被告人委托后，应当及时告知办理案件的机关。

第三十五条　犯罪嫌疑人、被告人因经济困难或者其他原因没有委托辩护人的，本人及其近亲属可以向法律援助机构提出申请。对符合法律援助条件的，法律援助机构应当指派律师为其提供辩护。

犯罪嫌疑人、被告人是盲、聋、哑人，或者是尚未完全丧失辨认或者控制自己行为能力的精神病人，没有委托辩护人的，人民法院、人民检察院和公安机关应当通知法律援助机构指派律师为其提供辩护。

犯罪嫌疑人、被告人可能被判处无期徒刑、死刑，没有委托辩护人的，人民法院、人民检察院和公安机关应当通知法律援助机构指派律师为其提供辩护。

第三十六条　法律援助机构可以在人民法院、看守所等场所派驻值班律师。犯罪嫌疑人、被告人没有委托辩护人，法律援助机构没有指派律师为其提供辩护的，由值班律师为犯罪嫌疑人、被告人提供法律咨询、程序选择建议、申请变更强制措施、对案件处理提出意见等法律帮助。

人民法院、人民检察院、看守所应当告知犯罪嫌疑人、被告人有权约见值班律师，并为犯罪嫌疑人、被告人约见值班律师提供便利。

第三十七条 辩护人的责任是根据事实和法律，提出犯罪嫌疑人、被告人无罪、罪轻或者减轻、免除其刑事责任的材料和意见，维护犯罪嫌疑人、被告人的诉讼权利和其他合法权益。

第三十八条 辩护律师在侦查期间可以为犯罪嫌疑人提供法律帮助；代理申诉、控告；申请变更强制措施；向侦查机关了解犯罪嫌疑人涉嫌的罪名和案件有关情况，提出意见。

第三十九条 辩护律师可以同在押的犯罪嫌疑人、被告人会见和通信。其他辩护人经人民法院、人民检察院许可，也可以同在押的犯罪嫌疑人、被告人会见和通信。

辩护律师持律师执业证书、律师事务所证明和委托书或者法律援助公函要求会见在押的犯罪嫌疑人、被告人的，看守所应当及时安排会见，至迟不得超过四十八小时。

危害国家安全犯罪、恐怖活动犯罪案件，在侦查期间辩护律师会见在押的犯罪嫌疑人，应当经侦查机关许可。上述案件，侦查机关应当事先通知看守所。

辩护律师会见在押的犯罪嫌疑人、被告人，可以了解案件有关情况，提供法律咨询等；自案件移送审查起诉之日起，可以向犯罪嫌疑人、被告人核实有关证据。辩护律师会见犯罪嫌疑人、被告人时不被监听。

辩护律师同被监视居住的犯罪嫌疑人、被告人会见、通信，适用第一款、第三款、第四款的规定。

第四十条 辩护律师自人民检察院对案件审查起诉之日起，可以查阅、摘抄、复制本案的案卷材料。其他辩护人经人民法院、人民检察院许可，也可以查阅、摘抄、复制上述材料。

第四十一条 辩护人认为在侦查、审查起诉期间公安机关、人民检察院收集的证明犯罪嫌疑人、被告人无罪或者罪轻的证据材料未提交的，有权申请人民检察院、人民法院调取。

第四十二条 辩护人收集的有关犯罪嫌疑人不在犯罪现场、未达到刑事责任年龄、属于依法不负刑事责任的精神病人的证据，应当及时告知公安机关、人民检察院。

第四十三条　辩护律师经证人或者其他有关单位和个人同意，可以向他们收集与本案有关的材料，也可以申请人民检察院、人民法院收集、调取证据，或者申请人民法院通知证人出庭作证。

辩护律师经人民检察院或者人民法院许可，并且经被害人或者其近亲属、被害人提供的证人同意，可以向他们收集与本案有关的材料。

第四十四条　辩护人或者其他任何人，不得帮助犯罪嫌疑人、被告人隐匿、毁灭、伪造证据或者串供，不得威胁、引诱证人作伪证以及进行其他干扰司法机关诉讼活动的行为。

违反前款规定的，应当依法追究法律责任，辩护人涉嫌犯罪的，应当由办理辩护人所承办案件的侦查机关以外的侦查机关办理。辩护人是律师的，应当及时通知其所在的律师事务所或者所属的律师协会。

第四十五条　在审判过程中，被告人可以拒绝辩护人继续为他辩护，也可以另行委托辩护人辩护。

第四十六条　公诉案件的被害人及其法定代理人或者近亲属，附带民事诉讼的当事人及其法定代理人，自案件移送审查起诉之日起，有权委托诉讼代理人。自诉案件的自诉人及其法定代理人，附带民事诉讼的当事人及其法定代理人，有权随时委托诉讼代理人。

人民检察院自收到移送审查起诉的案件材料之日起三日以内，应当告知被害人及其法定代理人或者其近亲属、附带民事诉讼的当事人及其法定代理人有权委托诉讼代理人。人民法院自受理自诉案件之日起三日以内，应当告知自诉人及其法定代理人、附带民事诉讼的当事人及其法定代理人有权委托诉讼代理人。

第四十七条　委托诉讼代理人，参照本法第三十三条的规定执行。

第四十八条　辩护律师对在执业活动中知悉的委托人的有关情况和信息，有权予以保密。但是，辩护律师在执业活动中知悉委托人或者其他人，准备或者正在实施危害国家安全、公共安全以及严重危害他人人身安全的犯罪的，应当及时告知司法机关。

第四十九条　辩护人、诉讼代理人认为公安机关、人民检察院、人民法院及其工作人员阻碍其依法行使诉讼权利的，有权向同级或者上一级人民检察院申诉或者控告。人民检察院对申诉或者控告应当及时进行审查，情况属实的，通知有关机关予以纠正。

《最高人民法院关于适用〈中华人民共和国刑事诉讼法〉的解释》（2021年3月1日施行　法释〔2021〕1号）

第四十条　人民法院审判案件，应当充分保障被告人依法享有的辩护权利。

被告人除自己行使辩护权以外，还可以委托辩护人辩护。下列人员不得担任辩护人：

（一）正在被执行刑罚或者处于缓刑、假释考验期间的人；

（二）依法被剥夺、限制人身自由的人；

（三）被开除公职或者被吊销律师、公证员执业证书的人；

（四）人民法院、人民检察院、监察机关、公安机关、国家安全机关、监狱的现职人员；

（五）人民陪审员；

（六）与本案审理结果有利害关系的人；

（七）外国人或者无国籍人；

（八）无行为能力或者限制行为能力的人。

前款第三项至第七项规定的人员，如果是被告人的监护人、近亲属，由被告人委托担任辩护人的，可以准许。

第四十一条　审判人员和人民法院其他工作人员从人民法院离任后二年内，不得以律师身份担任辩护人。

审判人员和人民法院其他工作人员从人民法院离任后，不得担任原任职法院所审理案件的辩护人，但系被告人的监护人、近亲属的除外。

审判人员和人民法院其他工作人员的配偶、子女或者父母不得担任其任职法院所审理案件的辩护人，但系被告人的监护人、近亲属的除外。

第四十二条　对接受委托担任辩护人的，人民法院应当核实其身份证明和授权委托书。

第四十三条　一名被告人可以委托一至二人作为辩护人。

一名辩护人不得为两名以上的同案被告人，或者未同案处理但犯罪事实存在关联的被告人辩护。

第四十四条 被告人没有委托辩护人的,人民法院自受理案件之日起三日以内,应当告知其有权委托辩护人;被告人因经济困难或者其他原因没有委托辩护人的,应当告知其可以申请法律援助;被告人属于应当提供法律援助情形的,应当告知其将依法通知法律援助机构指派律师为其提供辩护。

被告人没有委托辩护人,法律援助机构也没有指派律师为其提供辩护的,人民法院应当告知被告人有权约见值班律师,并为被告人约见值班律师提供便利。

告知可以采取口头或者书面方式。

第四十五条 审判期间,在押的被告人要求委托辩护人的,人民法院应当在三日以内向其监护人、近亲属或者其指定的人员转达要求。被告人应当提供有关人员的联系方式。有关人员无法通知的,应当告知被告人。

第四十六条 人民法院收到在押被告人提出的法律援助或者法律帮助申请,应当依照有关规定及时转交法律援助机构或者通知值班律师。

第四十七条 对下列没有委托辩护人的被告人,人民法院应当通知法律援助机构指派律师为其提供辩护:

(一) 盲、聋、哑人;

(二) 尚未完全丧失辨认或者控制自己行为能力的精神病人;

(三) 可能被判处无期徒刑、死刑的人。

高级人民法院复核死刑案件,被告人没有委托辩护人的,应当通知法律援助机构指派律师为其提供辩护。

死刑缓期执行期间故意犯罪的案件,适用前两款规定。

第四十八条 具有下列情形之一,被告人没有委托辩护人的,人民法院可以通知法律援助机构指派律师为其提供辩护:

(一) 共同犯罪案件中,其他被告人已经委托辩护人的;

(二) 案件有重大社会影响的;

(三) 人民检察院抗诉的;

(四) 被告人的行为可能不构成犯罪的;

(五) 有必要指派律师提供辩护的其他情形。

第四十九条 人民法院通知法律援助机构指派律师提供辩护的,应当将法律援助通知书、起诉书副本或者判决书送达法律援助机构;决定开庭审理的，除适用简易程序或者速裁程序审理的以外，应当在开庭十五日以前将上述材料送达法律援助机构。

法律援助通知书应当写明案由、被告人姓名、提供法律援助的理由、审判人员的姓名和联系方式；已确定开庭审理的，应当写明开庭的时间、地点。

第五十条 被告人拒绝法律援助机构指派的律师为其辩护，坚持自己行使辩护权的，人民法院应当准许。

属于应当提供法律援助的情形，被告人拒绝指派的律师为其辩护的，人民法院应当查明原因。理由正当的，应当准许，但被告人应当在五日以内另行委托辩护人；被告人未另行委托辩护人的，人民法院应当在三日以内通知法律援助机构另行指派律师为其提供辩护。

第五十一条 对法律援助机构指派律师为被告人提供辩护，被告人的监护人、近亲属又代为委托辩护人的，应当听取被告人的意见，由其确定辩护人人选。

第五十二条 审判期间，辩护人接受被告人委托的，应当在接受委托之日起三日以内，将委托手续提交人民法院。

接受法律援助机构指派为被告人提供辩护的，适用前款规定。

第五十三条 辩护律师可以查阅、摘抄、复制案卷材料。其他辩护人经人民法院许可，也可以查阅、摘抄、复制案卷材料。合议庭、审判委员会的讨论记录以及其他依法不公开的材料不得查阅、摘抄、复制。

辩护人查阅、摘抄、复制案卷材料的，人民法院应当提供便利，并保证必要的时间。

值班律师查阅案卷材料的，适用前两款规定。

复制案卷材料可以采用复印、拍照、扫描、电子数据拷贝等方式。

第五十四条 对作为证据材料向人民法院移送的讯问录音录像，辩护律师申请查阅的，人民法院应当准许。

第五十五条 查阅、摘抄、复制案卷材料，涉及国家秘密、商业秘密、个人隐私的，应当保密；对不公开审理案件的信息、材料，或者在办案过程中获悉的案件重要信息、证据材料，不得违反规定泄露、披露，不得用于办案以外的用途。人民法院可以要求相关人员出具承诺书。

违反前款规定的，人民法院可以通报司法行政机关或者有关部门，建议给予相应处罚；构成犯罪的，依法追究刑事责任。

第五十六条 辩护律师可以同在押的或者被监视居住的被告人会见和通信。其他辩护人经人民法院许可，也可以同在押的或者被监视居住的被告人会见和通信。

第五十七条 辩护人认为在调查、侦查、审查起诉期间监察机关、公安机关、人民检察院收集的证明被告人无罪或者罪轻的证据材料未随案移送，申请人民法院调取的，应当以书面形式提出，并提供相关线索或者材料。人民法院接受申请后，应当向人民检察院调取。人民检察院移送相关证据材料后，人民法院应当及时通知辩护人。

第五十八条 辩护律师申请向被害人及其近亲属、被害人提供的证人收集与本案有关的材料，人民法院认为确有必要的，应当签发准许调查书。

第五十九条 辩护律师向证人或者有关单位、个人收集、调取与本案有关的证据材料，因证人或者有关单位、个人不同意，申请人民法院收集、调取，或者申请通知证人出庭作证，人民法院认为确有必要的，应当同意。

第六十条 辩护律师直接申请人民法院向证人或者有关单位、个人收集、调取证据材料，人民法院认为确有必要，且不宜或者不能由辩护律师收集、调取的，应当同意。

人民法院向有关单位收集、调取的书面证据材料，必须由提供人签名，并加盖单位印章；向个人收集、调取的书面证据材料，必须由提供人签名。

人民法院对有关单位、个人提供的证据材料，应当出具收据，写明证据材料的名称、收到的时间、件数、页数以及是否为原件等，由书记员、法官助理或者审判人员签名。

收集、调取证据材料后，应当及时通知辩护律师查阅、摘抄、复制，并告知人民检察院。

第六十一条 本解释第五十八条至第六十条规定的申请，应当以书面形式提出，并说明理由，写明需要收集、调取证据材料的内容或者需要调查问题的提纲。

对辩护律师的申请，人民法院应当在五日以内作出是否准许、同意的决定，并通知申请人；决定不准许、不同意的，应当说明理由。

第六十二条 人民法院自受理自诉案件之日起三日以内，应当告知自诉人及其法定代理人、附带民事诉讼当事人及其法定代理人，有权委托诉讼代理人，并告知其如果经济困难，可以申请法律援助。

第六十三条 当事人委托诉讼代理人的，参照适用刑事诉讼法第三十三条和本解释的有关规定。

第六十四条 诉讼代理人有权根据事实和法律，维护被害人、自诉人或者附带民事诉讼当事人的诉讼权利和其他合法权益。

第六十五条 律师担任诉讼代理人的，可以查阅、摘抄、复制案卷材料。其他诉讼代理人经人民法院许可，也可以查阅、摘抄、复制案卷材料。

律师担任诉讼代理人，需要收集、调取与本案有关的证据材料的，参照适用本解释第五十九条至第六十一条的规定。

第六十六条 诉讼代理人接受当事人委托或者法律援助机构指派后，应当在三日以内将委托手续或者法律援助手续提交人民法院。

第六十七条 辩护律师向人民法院告知其委托人或者其他人准备实施、正在实施危害国家安全、公共安全以及严重危害他人人身安全犯罪的，人民法院应当记录在案，立即转告主管机关依法处理，并为反映有关情况的辩护律师保密。

第六十八条 律师担任辩护人、诉讼代理人，经人民法院准许，可以带一名助理参加庭审。律师助理参加庭审的，可以从事辅助工作，但不得发表辩护、代理意见。

《最高人民法院、司法部关于开展刑事案件律师辩护全覆盖试点工作的办法》（2017 年 10 月 11 日施行　司发通〔2017〕106 号）

第二条第二款 被告人具有刑事诉讼法第三十四条①、第二百六十七条②规定应当通知辩护情形，没有委托辩护人的，人民法院应当通知法律援助机构指派律师为其提供辩护。

第二条第三款 除前款规定外，其他适用普通程序审理的一审案件、二审案件、按照审判监督程序审理的案件，被告人没有委托辩护人的，人民法院应当通知法律援助机构指派律师为其提供辩护。

---

① 编者注：现为第三十五条。
② 编者注：现为第二百七十八条。

　　《最高人民法院、最高人民检察院、公安部、国家安全部、司法部、全国人大常委会法制工作委员会关于实施刑事诉讼法若干问题的规定》（2013 年 1 月 1 日施行）

　　4. 人民法院、人民检察院、公安机关、国家安全机关、监狱的现职人员，人民陪审员，外国人或者无国籍人，以及与本案有利害关系的人，不得担任辩护人。但是，上述人员系犯罪嫌疑人、被告人的监护人或者近亲属，犯罪嫌疑人、被告人委托其担任辩护人的，可以准许。无行为能力或者限制行为能力的人，不得担任辩护人。

　　一名辩护人不得为两名以上的同案犯罪嫌疑人、被告人辩护，不得为两名以上的未同案处理但实施的犯罪存在关联的犯罪嫌疑人、被告人辩护。

　　8. 刑事诉讼法第四十一条①第一款规定："辩护律师经证人或者其他有关单位和个人同意，可以向他们收集与本案有关的材料，也可以申请人民检察院、人民法院收集、调取证据，或者申请人民法院通知证人出庭作证。"对于辩护律师申请人民检察院、人民法院收集、调取证据，人民检察院、人民法院认为需要调查取证的，应当由人民检察院、人民法院收集、调取证据，不得向律师签发准许调查决定书，让律师收集、调取证据。

　　10. 刑事诉讼法第四十七条②规定："辩护人、诉讼代理人认为公安机关、人民检察院、人民法院及其工作人员阻碍其依法行使诉讼权利的，有权向同级或者上一级人民检察院申诉或者控告。人民检察院对申诉或者控告应当及时进行审查，情况属实的，通知有关机关予以纠正。"人民检察院受理辩护人、诉讼代理人的申诉或者控告后，应当在十日以内将处理情况书面答复提出申诉或者控告的辩护人、诉讼代理人。

【相关法律文书】

　　出庭通知书
　　指定辩护人通知书（公诉案件用）

---

　　① 编者注：现为第四十三条。
　　② 编者注：现为第四十九条。

××××人民法院

出庭通知书

（××××）……刑×……号

×××：

本院受理……一案，定于××××年××月××日××时××分在……开庭审理。根据《中华人民共和国刑事诉讼法》第一百八十七条第三款的规定，特通知你作为本案的×××人准时出庭。

××××年××月××日

（院印）

××××人民法院
指定辩护人通知书
（公诉案件用）

（××××）……刑×……号

××××（写明法律援助机构或司法行政机关的名称）：

我院受理的××××人民检察院指控被告人×××犯××罪一案，因被告人×××……（写明指定辩护人的事由），根据《中华人民共和国刑事诉讼法》第三十五条第×款和《最高人民法院关于适用〈中华人民共和国刑事诉讼法〉的解释》第四十七条（或者第四十八条第×项）之规定，本院决定为其指定辩护人。请在收到本通知书之日起三日内，指派承担法律援助义务的律师提供辩护，并于××××年××月××日前到本院×××审判庭查阅案卷，准备出庭辩护。

附：××××人民检察院起诉书副本一份

××××年××月××日

（院印）

第四章　证　据

第一节　一般规定

【工作内容】

（一）应当运用证据证明的案件事实

应当运用证据证明的案件事实包括：（1）被告人、被害人的身份；（2）被指控的犯罪是否存在；（3）被指控的犯罪是否为被告人所实施；（4）被告人有无刑事责任能力，有无罪过，实施犯罪的动机、目的；（5）实施犯罪的时间、地点、手段、后果以及案件起因等；（6）是否系共同犯罪或者犯罪事实存在关联，以及被告人在犯罪中的地位、作用；（7）被告人有无从重、从轻、减轻、免除处罚情节；（8）有关涉案财物处理的事实；（9）有关附带民事诉讼的事实；（10）有关管辖、回避、延期审理等的程序事实；（11）与定罪量刑有关的其他事实。

认定被告人有罪和对被告人从重处罚，适用证据确实、充分的证明标准。

（二）证据的认定

对一切案件的判处都要重证据，重调查研究，不轻信口供。只有被告人供述，没有其他证据的，不能认定被告人有罪和处以刑罚；没有被告人供述，证据确实、充分的，可以认定被告人有罪和处以刑罚。

证据确实、充分，应当符合以下条件：（1）定罪量刑的事实都有证据证明；（2）据以定案的证据均经法定程序查证属实；（3）综合全案证据，对所认定事实已排除合理怀疑。

（三）证据材料的收集与移送

1. 对提起公诉的案件，人民法院应当审查证明被告人有罪、无罪、罪重、罪轻的证据材料是否全部随案移送；未随案移送的，应当通知人民检察院在指定时间内移送。人民检察院未移送的，人民法院应当根据在案证据对案件事实作出认定。

2. 依法应当对讯问过程录音录像的案件，相关录音录像未随案移送的，必要时，人民法院可以通知人民检察院在指定时间内移送。人民检察院未移送，导致不能排除属于《刑事诉讼法》第五十六条规定的以非法方法收集证据情形的，对有关证据应当依法排除；导致有关证据的真实性无法确认的，不得作为定案的根据。

3. 行政机关在行政执法和查办案件过程中收集的物证、书证、视听资料、电子数据等证据材料，经法庭查证属实，且收集程序符合有关法律、行政法规规定的，可以作为定案的根据。根据法律、行政法规规定行使国家行政管理职权的组织，在行政执法和查办案件过程中收集的证据材料，视为行政机关收集的证据材料。

4. 监察机关依法收集的证据材料，在刑事诉讼中可以作为证据使用。对前述证据的审查判断，适用刑事审判关于证据的要求和标准。

5. 对来自境外的证据材料，人民检察院应当随案移送有关材料来源、提供人、提取人、提取时间等情况的说明。经人民法院审查，相关证据材料能够证明案件事实且符合刑事诉讼法规定的，可以作为证据使用，但提供人或者我国与有关国家签订的双边条约对材料的使用范围有明确限制的除外；材料来源不明或者真实性无法确认的，不得作为定案的根据。

当事人及其辩护人、诉讼代理人提供来自境外的证据材料的，该证据材料应当经所在国公证机关证明，所在国中央外交主管机关或者其授权机关认证，并经中华人民共和国驻该国使领馆认证，或者履行中华人民共和国与该所在国订立的有关条约中规定的证明手续，但我国与该国之间有互免认证协定的除外。

6. 控辩双方提供的证据材料涉及外国语言、文字的，应当附中文译本。

（四）证据的调查核实

1. 人民法院依照《刑事诉讼法》第一百九十六条的规定调查核实证据，

必要时，可以通知检察人员、辩护人、自诉人及其法定代理人到场。上述人员未到场的，应当记录在案。

2. 人民法院调查核实证据时，发现对定罪量刑有重大影响的新的证据材料的，应当告知检察人员、辩护人、自诉人及其法定代理人。必要时，也可以直接提取，并及时通知检察人员、辩护人、自诉人及其法定代理人查阅、摘抄、复制。

（五）不得担任见证人的情形

1. 生理上、精神上有缺陷或者年幼，不具有相应辨别能力或者不能正确表达的人。

2. 与案件有利害关系，可能影响案件公正处理的人。

3. 行使勘验、检查、搜查、扣押、组织辨认等监察调查、刑事诉讼职权的监察、公安、司法机关的工作人员或者其聘用的人员。

对以上人员是否属于见证人，人民法院可以通过相关笔录载明的见证人的姓名、身份证件种类及号码、联系方式以及常住人口信息登记表等材料进行审查。由于客观原因无法由符合条件的人员担任见证人的，应当在笔录材料中注明情况，并对相关活动进行全程录音录像。

（六）其他规定

1. 审判人员应当依照法定程序收集、审查、核实、认定证据。证据未经当庭出示、辨认、质证等法庭调查程序查证属实，不得作为定案的根据。

2. 公开审理案件时，公诉人、诉讼参与人提出涉及国家秘密、商业秘密或者个人隐私的证据的，法庭应当制止；确与本案有关的，可以根据具体情况，决定将案件转为不公开审理，或者对相关证据的法庭调查不公开进行。

【常用法律、司法解释及相关规定】

《刑事诉讼法》（2018 年 10 月 26 日修正）

第五十条　可以用于证明案件事实的材料，都是证据。

证据包括：

（一）物证；

（二）书证；

（三）证人证言；

（四）被害人陈述；

（五）犯罪嫌疑人、被告人供述和辩解；

（六）鉴定意见；

（七）勘验、检查、辨认、侦查实验等笔录；

（八）视听资料、电子数据。

证据必须经过查证属实，才能作为定案的根据。

第五十一条 公诉案件中被告人有罪的举证责任由人民检察院承担，自诉案件中被告人有罪的举证责任由自诉人承担。

第五十二条 审判人员、检察人员、侦查人员必须依照法定程序，收集能够证实犯罪嫌疑人、被告人有罪或者无罪、犯罪情节轻重的各种证据。严禁刑讯逼供和以威胁、引诱、欺骗以及其他非法方法收集证据，不得强迫任何人证实自己有罪。必须保证一切与案件有关或者了解案情的公民，有客观地充分地提供证据的条件，除特殊情况外，可以吸收他们协助调查。

第五十三条 公安机关提请批准逮捕书、人民检察院起诉书、人民法院判决书，必须忠实于事实真象。故意隐瞒事实真象的，应当追究责任。

第五十四条 人民法院、人民检察院和公安机关有权向有关单位和个人收集、调取证据。有关单位和个人应当如实提供证据。

行政机关在行政执法和查办案件过程中收集的物证、书证、视听资料、电子数据等证据材料，在刑事诉讼中可以作为证据使用。

对涉及国家秘密、商业秘密、个人隐私的证据，应当保密。

凡是伪造证据、隐匿证据或者毁灭证据的，无论属于何方，必须受法律追究。

第五十五条 对一切案件的判处都要重证据，重调查研究，不轻信口供。只有被告人供述，没有其他证据的，不能认定被告人有罪和处以刑罚；没有被告人供述，证据确实、充分的，可以认定被告人有罪和处以刑罚。

证据确实、充分，应当符合以下条件：

（一）定罪量刑的事实都有证据证明；

（二）据以定案的证据均经法定程序查证属实；

（三）综合全案证据，对所认定事实已排除合理怀疑。

《最高人民法院关于适用〈中华人民共和国刑事诉讼法〉的解释》（2021年3月1日施行 法释〔2021〕1号）

第六十九条 认定案件事实，必须以证据为根据。

第七十条 审判人员应当依照法定程序收集、审查、核实、认定证据。

第七十一条 证据未经当庭出示、辨认、质证等法庭调查程序查证属实，不得作为定案的根据。

第七十二条 应当运用证据证明的案件事实包括：

（一）被告人、被害人的身份；

（二）被指控的犯罪是否存在；

（三）被指控的犯罪是否为被告人所实施；

（四）被告人有无刑事责任能力，有无罪过，实施犯罪的动机、目的；

（五）实施犯罪的时间、地点、手段、后果以及案件起因等；

（六）是否系共同犯罪或者犯罪事实存在关联，以及被告人在犯罪中的地位、作用；

（七）被告人有无从重、从轻、减轻、免除处罚情节；

（八）有关涉案财物处理的事实；

（九）有关附带民事诉讼的事实；

（十）有关管辖、回避、延期审理等的程序事实；

（十一）与定罪量刑有关的其他事实。

认定被告人有罪和对被告人从重处罚，适用证据确实、充分的证明标准。

第七十三条 对提起公诉的案件，人民法院应当审查证明被告人有罪、无罪、罪重、罪轻的证据材料是否全部随案移送；未随案移送的，应当通知人民检察院在指定时间内移送。人民检察院未移送的，人民法院应当根据在案证据对案件事实作出认定。

第七十四条 依法应当对讯问过程录音录像的案件，相关录音录像未随案移送的，必要时，人民法院可以通知人民检察院在指定时间内移送。人民检察院未移送，导致不能排除属于刑事诉讼法第五十六条规定的以非法方法收集证据情形的，对有关证据应当依法排除；导致有关证据的真实性无法确认的，不得作为定案的根据。

第七十五条 行政机关在行政执法和查办案件过程中收集的物证、书证、视听资料、电子数据等证据材料，经法庭查证属实，且收集程序符合有关法律、行政法规规定的，可以作为定案的根据。

根据法律、行政法规规定行使国家行政管理职权的组织，在行政执法和查办案件过程中收集的证据材料，视为行政机关收集的证据材料。

第七十六条 监察机关依法收集的证据材料，在刑事诉讼中可以作为证据使用。

对前款规定证据的审查判断，适用刑事审判关于证据的要求和标准。

第七十七条 对来自境外的证据材料，人民检察院应当随案移送有关材料来源、提供人、提取人、提取时间等情况的说明。经人民法院审查，相关证据材料能够证明案件事实且符合刑事诉讼法规定的，可以作为证据使用，但提供人或者我国与有关国家签订的双边条约对材料的使用范围有明确限制的除外；材料来源不明或者真实性无法确认的，不得作为定案的根据。

当事人及其辩护人、诉讼代理人提供来自境外的证据材料的，该证据材料应当经所在国公证机关证明，所在国中央外交主管机关或者其授权机关认证，并经中华人民共和国驻该国使领馆认证，或者履行中华人民共和国与该所在国订立的有关条约中规定的证明手续，但我国与该国之间有互免认证协定的除外。

第七十八条 控辩双方提供的证据材料涉及外国语言、文字的，应当附中文译本。

第七十九条 人民法院依照刑事诉讼法第一百九十六条的规定调查核实证据，必要时，可以通知检察人员、辩护人、自诉人及其法定代理人到场。上述人员未到场的，应当记录在案。

人民法院调查核实证据时，发现对定罪量刑有重大影响的新的证据材料的，应当告知检察人员、辩护人、自诉人及其法定代理人。必要时，也可以直接提取，并及时通知检察人员、辩护人、自诉人及其法定代理人查阅、摘抄、复制。

第八十条 下列人员不得担任见证人：

（一）生理上、精神上有缺陷或者年幼，不具有相应辨别能力或者不能正确表达的人；

（二）与案件有利害关系，可能影响案件公正处理的人；

（三）行使勘验、检查、搜查、扣押、组织辨认等监察调查、刑事诉讼职权的监察、公安、司法机关的工作人员或者其聘用的人员。

对见证人是否属于前款规定的人员，人民法院可以通过相关笔录载明的见证人的姓名、身份证件种类及号码、联系方式以及常住人口信息登记表等材料进行审查。

由于客观原因无法由符合条件的人员担任见证人的，应当在笔录材料中注明情况，并对相关活动进行全程录音录像。

第八十一条 公开审理案件时，公诉人、诉讼参与人提出涉及国家秘密、商业秘密或者个人隐私的证据的，法庭应当制止；确与本案有关的，可以根据具体情况，决定将案件转为不公开审理，或者对相关证据的法庭调查不公开进行。

《最高人民法院、最高人民检察院、公安部、国家安全部、司法部、全国人大常委会法制工作委员会关于实施刑事诉讼法若干问题的规定》（2013 年 1 月 1 日施行）

27. 刑事诉讼法第三十九条①规定："辩护人认为在侦查、审查起诉期间公安机关、人民检察院收集的证明犯罪嫌疑人、被告人无罪或者罪轻的证据材料未提交的，有权申请人民检察院、人民法院调取。"第一百九十一条②第一款规定："法庭审理过程中，合议庭对证据有疑问的，可以宣布休庭，对证据进行调查核实。"第一百九十二条③第一款规定："法庭审理过程中，当事人和辩护人、诉讼代理人有权申请通知新的证人到庭，调取新的物证，申请重新鉴定或者勘验。"根据上述规定，自案件移送审查起诉之日起，人民检察院可以根据辩护人的申请，向公安机关调取未提交的证明犯罪嫌疑人、被告人无罪或者罪轻的证据材料。在法庭审理过程中，人民法院可以根据辩护人的申请，向人民检察院调取未提交的证明被告人无罪或者罪轻的证据材料，也可以向人民检察院调取需要调查核实的证据材料。公安机关、人民检察院应当自收到要求调取证据材料决定书后三日内移交。

31. 法庭审理过程中，被告人揭发他人犯罪行为或者提供重要线索，人民检察院认为需要进行查证的，可以建议补充侦查。

---

① 编者注：现为第四十一条。
② 编者注：现为第一百九十六条。
③ 编者注：现为第一百九十七条。

第二节　物证、书证的审查与认定

【工作内容】

（一）对物证、书证应当着重审查的内容

1. 物证、书证是否为原物、原件，是否经过辨认、鉴定；物证的照片、录像、复制品或者书证的副本、复制件是否与原物、原件相符，是否由二人以上制作，有无制作人关于制作过程以及原物、原件存放于何处的文字说明和签名。

2. 物证、书证的收集程序、方式是否符合法律、有关规定；经勘验、检查、搜查提取、扣押的物证、书证，是否附有相关笔录、清单，笔录、清单是否经调查人员或者侦查人员、物品持有人、见证人签名，没有签名的，是否注明原因；物品的名称、特征、数量、质量等是否注明清楚。

3. 物证、书证在收集、保管、鉴定过程中是否受损或者改变。

4. 物证、书证与案件事实有无关联；对现场遗留与犯罪有关的具备鉴定条件的血迹、体液、毛发、指纹等生物样本、痕迹、物品，是否已作 DNA 鉴定、指纹鉴定等，并与被告人或者被害人的相应生物特征、物品等比对。

5. 与案件事实有关联的物证、书证是否全面收集。

（二）物证、书证定案的依据

1. 据以定案的物证应当是原物。原物不便搬运、不易保存、依法应当返还或者依法应当由有关部门保管、处理的，可以拍摄、制作足以反映原物外形和特征的照片、录像、复制品。必要时，审判人员可以前往保管场所查看原物。

2. 物证的照片、录像、复制品，不能反映原物的外形和特征的，不得作为定案的根据。

3. 物证的照片、录像、复制品，经与原物核对无误、经鉴定或者以其他方式确认真实的，可以作为定案的根据。

4. 据以定案的书证应当是原件。取得原件确有困难的，可以使用副本、

复制件。

5. 对书证的更改或者更改迹象不能作出合理解释，或者书证的副本、复制件不能反映原件及其内容的，不得作为定案的根据。

6. 书证的副本、复制件，经与原件核对无误、经鉴定或者以其他方式确认真实的，可以作为定案的根据。

7. 对与案件事实可能有关联的血迹、体液、毛发、人体组织、指纹、足迹、字迹等生物样本、痕迹和物品，应当提取而没有提取，应当鉴定而没有鉴定，应当移送鉴定意见而没有移送，导致案件事实存疑的，人民法院应当通知人民检察院依法补充收集、调取、移送证据。

8. 在勘验、检查、搜查过程中提取、扣押的物证、书证，未附笔录或者清单，不能证明物证、书证来源的，不得作为定案的根据。

（三）收集程序、方式有瑕疵，经补正或者作出合理解释可以采用的物证、书证

1. 勘验、检查、搜查、提取笔录或者扣押清单上没有调查人员或者侦查人员、物品持有人、见证人签名，或者对物品的名称、特征、数量、质量等注明不详的。

2. 物证的照片、录像、复制品，书证的副本、复制件未注明与原件核对无异，无复制时间，或者无被收集、调取人签名的。

3. 物证的照片、录像、复制品，书证的副本、复制件没有制作人关于制作过程和原物、原件存放地点的说明，或者说明中无签名的。

4. 有其他瑕疵的。

物证、书证的来源、收集程序有疑问，不能作出合理解释的，不得作为定案的根据。

【常用法律、司法解释及相关规定】

《最高人民法院关于适用〈中华人民共和国刑事诉讼法〉的解释》（2021年3月1日施行　法释〔2021〕1号）

第八十二条　对物证、书证应当着重审查以下内容：

（一）物证、书证是否为原物、原件，是否经过辨认、鉴定；物证的照片、录像、复制品或者书证的副本、复制件是否与原物、原件相符，是否由二人以上制作，有无制作人关于制作过程以及原物、原件存放于何处的文字说明和签名；

（二）物证、书证的收集程序、方式是否符合法律、有关规定；经勘验、检查、搜查提取、扣押的物证、书证，是否附有相关笔录、清单，笔录、清单是否经调查人员或者侦查人员、物品持有人、见证人签名，没有签名的，是否注明原因；物品的名称、特征、数量、质量等是否注明清楚；

（三）物证、书证在收集、保管、鉴定过程中是否受损或者改变；

（四）物证、书证与案件事实有无关联；对现场遗留与犯罪有关的具备鉴定条件的血迹、体液、毛发、指纹等生物样本、痕迹、物品，是否已作 DNA 鉴定、指纹鉴定等，并与被告人或者被害人的相应生物特征、物品等比对；

（五）与案件事实有关联的物证、书证是否全面收集。

第八十三条　据以定案的物证应当是原物。原物不便搬运、不易保存、依法应当返还或者依法应当由有关部门保管、处理的，可以拍摄、制作足以反映原物外形和特征的照片、录像、复制品。必要时，审判人员可以前往保管场所查看原物。

物证的照片、录像、复制品，不能反映原物的外形和特征的，不得作为定案的根据。

物证的照片、录像、复制品，经与原物核对无误、经鉴定或者以其他方式确认真实的，可以作为定案的根据。

第八十四条　据以定案的书证应当是原件。取得原件确有困难的，可以使用副本、复制件。

对书证的更改或者更改迹象不能作出合理解释，或者书证的副本、复制件不能反映原件及其内容的，不得作为定案的根据。

书证的副本、复制件，经与原件核对无误、经鉴定或者以其他方式确认真实的，可以作为定案的根据。

第八十五条　对与案件事实可能有关联的血迹、体液、毛发、人体组织、指纹、足迹、字迹等生物样本、痕迹和物品，应当提取而没有提取，应当鉴定而没有鉴定，应当移送鉴定意见而没有移送，导致案件事实存疑的，人民法院应当通知人民检察院依法补充收集、调取、移送证据。

第八十六条　在勘验、检查、搜查过程中提取、扣押的物证、书证，未附笔录或者清单，不能证明物证、书证来源的，不得作为定案的根据。

物证、书证的收集程序、方式有下列瑕疵，经补正或者作出合理解释的，可以采用：

（一）勘验、检查、搜查、提取笔录或者扣押清单上没有调查人员或者侦查人员、物品持有人、见证人签名，或者对物品的名称、特征、数量、质量等注明不详的；

（二）物证的照片、录像、复制品，书证的副本、复制件未注明与原件核对无异，无复制时间，或者无被收集、调取人签名的；

（三）物证的照片、录像、复制品，书证的副本、复制件没有制作人关于制作过程和原物、原件存放地点的说明，或者说明中无签名的；

（四）有其他瑕疵的。

物证、书证的来源、收集程序有疑问，不能作出合理解释的，不得作为定案的根据。

第三节　证人证言、被害人陈述的审查与认定

【工作内容】

（一）对证人证言应当着重审查的内容

（1）证言的内容是否为证人直接感知。（2）证人作证时的年龄，认知、记忆和表达能力，生理和精神状态是否影响作证。（3）证人与案件当事人、案件处理结果有无利害关系。（4）询问证人是否个别进行。（5）询问笔录的制作、修改是否符合法律、有关规定，是否注明询问的起止时间和地点，首次询问时是否告知证人有关权利义务和法律责任，证人对询问笔录是否核对确认。（6）询问未成年证人时，是否通知其法定代理人或者《刑事诉讼法》第二百八十一条第一款规定的合适成年人到场，有关人员是否到场。（7）有无以暴力、威胁等非法方法收集证人证言的情形。（8）证言之间以及与其他证据之间能否相互印证，有无矛盾；存在矛盾的，能否得到合理解释。

处于明显醉酒、中毒或者麻醉等状态，不能正常感知或者正确表达的证人所提供的证言，不得作为证据使用。

证人的猜测性、评论性、推断性的证言，不得作为证据使用，但根据一般生活经验判断符合事实的除外。

（二）不得作为定案根据的证人证言

（1）询问证人没有个别进行的；（2）书面证言没有经证人核对确认的；（3）询问聋、哑人，应当提供通晓聋、哑手势的人员而未提供的；（4）询问不通晓当地通用语言、文字的证人，应当提供翻译人员而未提供的。

（三）收集程序、方式有瑕疵，经补正或者作出合理解释可以采用的证人证言

（1）询问笔录没有填写询问人、记录人、法定代理人姓名以及询问的起止时间、地点的；（2）询问地点不符合规定的；（3）询问笔录没有记录告知证人有关权利义务和法律责任的；（4）询问笔录反映出在同一时段，同一询问人员询问不同证人的；（5）询问未成年人，其法定代理人或者合适成年人不在场的。

（四）证人证言的采信

1. 证人当庭作出的证言，经控辩双方质证、法庭查证属实的，应当作为定案的根据。

2. 证人当庭作出的证言与其庭前证言矛盾，证人能够作出合理解释，并有其他证据印证的，应当采信其庭审证言；不能作出合理解释，而其庭前证言有其他证据印证的，可以采信其庭前证言。

3. 经人民法院通知，证人没有正当理由拒绝出庭或者出庭后拒绝作证，法庭对其证言的真实性无法确认的，该证人证言不得作为定案的根据。

（五）出庭作证申请的审查、处理

1. 出庭作证人员范围。依法需要出庭作证的证人、鉴定人、有专门知识的人、调查人员、侦查人员或者其他人员，另案处理的同案被告人或附带民事诉讼被告人、被害人。

2. 出庭作证申请的递交和处理。（1）控辩双方向法院申请证人、鉴定人等相关人员出庭作证的，应要求其制作上述人员名单，注明身份、住址、通讯处、联系方式及说明拟证明的事实，于开庭七日前或庭前会议时提出书面申请。被害人及其法定代理人、诉讼代理人，附带民事诉讼原告人及其诉讼代理人也可以提出上述申请。（2）人民法院收到申请后由合议庭进行评议，在三日内审查完毕，将评议结果及时告知申请方，并将告知情况记录在案。人民法院应依上述材料于开庭三日前通知证人、鉴定人、勘验检查笔录制作人出庭作证。若按提供的资料未能通知证人、鉴定人，或该证人、鉴定人表示拒绝出庭作证的，应于开庭前将此情况告知申请方。人民警察就其执行职务时目击的犯罪情况作为证人出庭作证，适用上述规定。

3. 人民法院认为相关证据对查明案件事实或定罪量刑具有重大影响，应当通知相关人员出庭作证的情形：（1）控辩双方对证人证言、被害人陈述或鉴定意见等存在重大争议的；（2）控辩双方对搜查、勘验、检查等侦查活动中形成的笔录及检验报告等存在争议或认为有瑕疵，需要相关人员出庭陈述有关情况的；（3）可能存在以非法方法收集证据情形，需要侦查人员、监所管理人员出庭说明情况的；（4）同一证人的证言、被害人的陈述内容反反复复或自相矛盾的；（5）多名证人的证言之间、被害人陈述之间或与其他在案证据之间存在矛盾的；（6）需进一步核实被告人自首、立功或被害人有过错等事实情节需要相关证人出庭作证的；（7）被告人或辩护人提供的证明被告人无罪或罪轻的证据，侦查机关未予调查核实，法庭应当通知相关证人及侦查人员出庭核实有关情况的；（8）控辩双方或其他诉讼参与人对鉴定机构所作鉴定意见提出异议，申请鉴定人或具有专门知识的人出庭的；（9）人民法院认为应当出庭作证的其他情形。

4. 相关人员出庭作证，人民法院可以要求控辩双方予以协助，根据职责严格依照法定程序督促出庭作证人员按时出庭，同时要依法保障出庭作证人员的合法权利和出庭作证人员及其近亲属的安全。

（六）强制出庭作证

1. 经人民法院通知，证人没有正当理由不出庭作证的，人民法院应当由院长签发强制证人出庭令强制其到庭，由法警执行，必要时，可以商请公安机关协助。但是被告人的配偶、父母、子女除外。

2. 证人没有正当理由拒绝出庭或出庭后拒绝作证的，予以训诫；情节严重的，经院长批准，处以十日以下的拘留。被处罚人对拘留决定不服的，可以向上一级人民法院申请复议。复议期间不停止执行。

（七）作证豁免及其他情形

1. 可以不强制出庭作证的情形：（1）被告人的配偶、父母、子女；（2）证明内容涉及国家秘密、军事秘密及侦查秘密的；（3）因职务或工作原因知晓当事人隐私的医生、律师等专业人员，就该隐私可不出庭作证，但所知晓的隐私影响到国家安全、公共利益等重大案件的除外。

2. 应出庭作证人员具有下列情形，无法按照出庭通知书确定的时间出庭，可视情况不强制其出庭作证或采取其他方式作证；对证明案件事实起关键证明作用的证人无法按时出庭作证的，可作出延期审理决定，待情形消失后再通知证人出庭作证：（1）因自然灾害等不可抗力或意外事件，无法按时出庭的；（2）因身患严重疾病或行动极为不便等原因，无法按时出庭的；（3）居所远离开庭地点且交通极为不便，或身在国外短期不回国，无法按时出庭的；（4）因其他客观原因确实无法出庭的。

（八）作证程序

1. 相关人员出庭作证的，法庭应当首先核实其身份及与当事人及本案的关系等，并告知其有关权利义务和法律责任。

2. 聋、哑人、外国人和需要使用本民族语言的人员出庭作证，应当为其聘请通晓聋哑手势的人员、翻译人员。未成年人出庭作证的，应当有其法定代理人或者合适成年人在场。

3. 出庭作证人员应当保证向法庭如实提供证言，并在保证书上签名。

4. 相关人员出庭后，一般先向法庭陈述证言；其后，经审判长许可，由申请通知相关人员出庭的一方发问，发问完毕后，对方也可以发问。法庭依职权通知相关人员出庭的，发问顺序由审判长根据案件情况确定。审判人员认为必要时，可以询问证人、鉴定人、有专门知识的人、调查人员、侦查人员或者其他人员。

5. 对出庭作证人员进行发问，应当围绕有争议的案件事实并以此为限。对于与案件无关或带有威胁、侮辱、诱导性的发问，法庭应当予以制止。

6. 控辩双方在庭审过程中申请新的相关人员出庭作证的，应当说明庭前没有提出申请的理由及所要证明的事实，并提供新证人的明确联系地址及通讯方式。法庭经审查认为理由成立的，应当立即通知新的相关人员到庭；如果相关人员不能立即到庭，应当宣布休庭，作出延期审理的决定；认为理由不成立的，应当当庭驳回申请，继续开庭审理。

7. 出庭作证人员除出庭作证外，在出庭前后均不得旁听该案件的审理，多名出庭作证人员出庭作证时，法庭应安排证人依次出庭，并应当在各证人出庭前采取隔离措施。

8. 为方便出庭作证人员核对笔录，出庭作证人员的证言或陈述可单独形成笔录。作证结束后，证人当庭阅看笔录，核对无误签字捺印后方可离开。

（九）司法保护

1. 告知权利。在通知出庭作证的同时告知出庭作证人员有权向人民法院申请司法保护。

2. 应予司法保护的人员。对于因出庭作证可能面临危险的出庭作证人员，人民法院应当给予司法保护：（1）危害国家安全犯罪、恐怖活动犯罪、黑社会性质组织犯罪、毒品犯罪等案件的知情人员及侦查人员；（2）涉及故意杀人、抢劫、强奸、放火、投放危险物质、以危险方法危害公共安全等犯罪或与上列犯罪危害程度相当的其他犯罪等案件的知情人员及侦查人员；（3）涉及特定身份背景及个人隐私的相关人员；（4）因出庭作证使本人或其近亲属的人身安全面临危险的；（5）其他具有充分理由申请司法保护的人员。

3. 司法保护申请的提出和处理。（1）出庭作证人员在出庭作证前如认为需要人民法院采取司法保护措施的，应当在开庭三日前向人民法院书面提出申请，并说明理由及具体要求。（2）人民法院应当及时审查，对符合保护条件的，明确负责实施保护措施的单位和责任人员及应当采取的具体保护措施，并告知申请人及控辩双方；经审查不符合保护条件的，应当向申请人说明理由。

4. 司法保护措施。人民法院依据出庭作证人员的司法保护申请或根据案件的具体情况，可分别或综合运用以下司法保护措施：（1）出庭作证人员使用与公众候庭区域隔离的候庭场所；出入法庭均使用与公众旁听区域隔离的专用通道，直接进入法庭内专设席位；或使用人民法院设置的出庭作证人员作证室，通过视频信号传输履行出庭作证义务，应对作证人员的图像、声音进行技术处理。（2）对于不准许公开个人信息的出庭人员，应当在开庭前核实其身份，对上述人员出庭作证的保证书不得公开，并在相关法律文书中隐去其姓名、住址、职业等个人信息。（3）控辩双方对因履行职务而获知的出庭作证人员信息应当采取保护措施，并承担保密义务与责任。（4）经法庭审查批准，出庭期间可由法庭提供可掩饰出庭作证人员身形相貌的服饰，并安排专门的车辆接送出庭，同时派法警进行人身保护。（5）对需要采取上述保护措施的出庭作证人员，根据案件的具体情况可同步采取面部遮挡、技术变声、模糊影像等方式进行保护。（6）可根据案件实际情况，安排专门的作证场地，并配备面部遮挡、技术变声、模糊影像、实时视频信号传输等技术设备。

对采取司法保护措施的出庭作证人员在其作证完毕后，人民法院应保证上述人员在履行相应法律手续后先行安全离开法庭。

5. 联合司法保护。（1）出庭作证人员因在诉讼中作证，本人及其近亲属的人身安全面临危险的，人民法院除采取相应的保护措施外，可以根据案件情况，书面通知人民检察院、公安机关采取必要的保护措施；也可以由人民法院召开庭前会议，邀请人民检察院、公安机关共同确定具体保护措施及责任单位。（2）对出庭作证人员及其近亲属进行威胁、侮辱、殴打或打击报复的，由公安机关进行侦查，构成犯罪的，应当依法追究刑事责任；尚不构成犯罪的，由公安机关依法给予治安处罚。（3）出庭作证人员就前述行为向公安机关、人民检察院或人民法院提出报案或控告的，公安机关、人民检察院和人民法院应当及时受理，并依法进行处理。

6. 对于证人、鉴定人、被害人因在诉讼中作证，本人或者其近亲属的人身安全面临危险的，经证人、鉴定人、被害人或其近亲属申请，视情况应当采取以下一项或者多项保护措施（由承办法官、庭长及主管院长逐级批准同意）：（1）不公开真实姓名、住址和工作单位等个人信息；（2）采取不暴露外貌、真实声音等出庭作证措施；（3）辩护律师经法庭许可，查阅对证人、鉴定人、被害人使用化名情况的，应当签署保密承诺书；（4）禁止特定的人员接触证人、鉴定人、被害人及其近亲属；（5）对人身和住宅采取专门性保护措施；（6）其他必要的保护措施。依法采取上述保护措施后，承办法官可通过发函或发通知的方式要求有关单位或个人予以配合。必要时，可以商请公安机关协助。

7. 人民法院受理黑社会性质组织犯罪案件后，应当及时了解在侦查、审查起诉阶段有无对证人、鉴定人、被害人采取保护措施的情况，确保相关保护措施在审判阶段能够紧密衔接。有必要禁止特定人员接触证人、鉴定人、被害人及其近亲属的，以及需要对证人、鉴定人、被害人及其近亲属的人身和住宅采取专门性保护措施的，应当及时与检察机关、公安机关协调，确保保护措施及时执行到位。依法决定不公开证人、鉴定人、被害人真实姓名、住址和工作单位等个人信息的，应当在开庭前核实其身份。证人、鉴定人签署的如实作证保证书应当列入审判副卷，不得对外公开。

8. 人民法院依法决定不公开证人、鉴定人、被害人的真实姓名、住址和工作单位等个人信息的，可以在判决书、裁定书、询问笔录等法律文书、证据材料中使用化名等代替证人、鉴定人、被害人的个人信息。但是，应当书面说明使用化名的情况并标明密级，单独成卷。

（十）出庭补助

1. 证人出庭作证所支出的交通、住宿、就餐等费用，人民法院应当给予补助。

2. 人民法院所支出的费用列入受案法院办案经费，由同级人民政府财政予以保障。

3. 补助范围应以出庭作证人员支出的误工费、交通费、住宿费、就餐费等实际支出为限。所申报的交通费、住宿费、就餐费等补助参照受案法院所在地党政机关普通人员差旅费的相关标准执行；误工费按照国家上年度职工日平均工资标准计算。

4. 对无正当理由拒绝作证或作伪证的出庭作证人员，不予经济补助。

【常用法律、司法解释及相关规定】

《刑事诉讼法》（2018 年 10 月 26 日修正）

第六十一条　证人证言必须在法庭上经过公诉人、被害人和被告人、辩护人双方质证并且查实以后，才能作为定案的根据。法庭查明证人有意作伪证或者隐匿罪证的时候，应当依法处理。

第六十二条　凡是知道案件情况的人，都有作证的义务。

生理上、精神上有缺陷或者年幼，不能辨别是非、不能正确表达的人，不能作证人。

第六十三条　人民法院、人民检察院和公安机关应当保障证人及其近亲属的安全。

对证人及其近亲属进行威胁、侮辱、殴打或者打击报复，构成犯罪的，依法追究刑事责任；尚不够刑事处罚的，依法给予治安管理处罚。

第六十四条 对于危害国家安全犯罪、恐怖活动犯罪、黑社会性质的组织犯罪、毒品犯罪等案件，证人、鉴定人、被害人因在诉讼中作证，本人或者其近亲属的人身安全面临危险的，人民法院、人民检察院和公安机关应当采取以下一项或者多项保护措施：

（一）不公开真实姓名、住址和工作单位等个人信息；

（二）采取不暴露外貌、真实声音等出庭作证措施；

（三）禁止特定的人员接触证人、鉴定人、被害人及其近亲属；

（四）对人身和住宅采取专门性保护措施；

（五）其他必要的保护措施。

证人、鉴定人、被害人认为因在诉讼中作证，本人或者其近亲属的人身安全面临危险的，可以向人民法院、人民检察院、公安机关请求予以保护。

人民法院、人民检察院、公安机关依法采取保护措施，有关单位和个人应当配合。

第六十五条 证人因履行作证义务而支出的交通、住宿、就餐等费用，应当给予补助。证人作证的补助列入司法机关业务经费，由同级政府财政予以保障。

有工作单位的证人作证，所在单位不得克扣或者变相克扣其工资、奖金及其他福利待遇。

《最高人民法院关于适用〈中华人民共和国刑事诉讼法〉的解释》（2021年3月1日施行 法释〔2021〕1号）

第八十七条 对证人证言应当着重审查以下内容：

（一）证言的内容是否为证人直接感知；

（二）证人作证时的年龄，认知、记忆和表达能力，生理和精神状态是否影响作证；

（三）证人与案件当事人、案件处理结果有无利害关系；

（四）询问证人是否个别进行；

（五）询问笔录的制作、修改是否符合法律、有关规定，是否注明询问的起止时间和地点，首次询问时是否告知证人有关权利义务和法律责任，证人对询问笔录是否核对确认；

（六）询问未成年证人时，是否通知其法定代理人或者刑事诉讼法第二百八十一条第一款规定的合适成年人到场，有关人员是否到场；

（七）有无以暴力、威胁等非法方法收集证人证言的情形；

（八）证言之间以及与其他证据之间能否相互印证，有无矛盾；存在矛盾的，能否得到合理解释。

第八十八条 处于明显醉酒、中毒或者麻醉等状态，不能正常感知或者正确表达的证人所提供的证言，不得作为证据使用。

证人的猜测性、评论性、推断性的证言，不得作为证据使用，但根据一般生活经验判断符合事实的除外。

第八十九条 证人证言具有下列情形之一的，不得作为定案的根据：

（一）询问证人没有个别进行的；

（二）书面证言没有经证人核对确认的；

（三）询问聋、哑人，应当提供通晓聋、哑手势的人员而未提供的；

（四）询问不通晓当地通用语言、文字的证人，应当提供翻译人员而未提供的。

第九十条 证人证言的收集程序、方式有下列瑕疵，经补正或者作出合理解释的，可以采用；不能补正或者作出合理解释的，不得作为定案的根据：

（一）询问笔录没有填写询问人、记录人、法定代理人姓名以及询问的起止时间、地点的；

（二）询问地点不符合规定的；

（三）询问笔录没有记录告知证人有关权利义务和法律责任的；

（四）询问笔录反映出在同一时段，同一询问人员询问不同证人的；

（五）询问未成年人，其法定代理人或者合适成年人不在场的。

第九十一条 证人当庭作出的证言，经控辩双方质证、法庭查证属实的，应当作为定案的根据。

证人当庭作出的证言与其庭前证言矛盾，证人能够作出合理解释，并有其他证据印证的，应当采信其庭审证言；不能作出合理解释，而其庭前证言有其他证据印证的，可以采信其庭前证言。

经人民法院通知，证人没有正当理由拒绝出庭或者出庭后拒绝作证，法庭对其证言的真实性无法确认的，该证人证言不得作为定案的根据。

第二百四十九条 公诉人、当事人或者辩护人、诉讼代理人对证人证言有异议，且该证人证言对定罪量刑有重大影响，或者对鉴定意见有异议，人民法院认为证人、鉴定人有必要出庭作证的，应当通知证人、鉴定人出庭。

控辩双方对侦破经过、证据来源、证据真实性或者合法性等有异议，申请调查人员、侦查人员或者有关人员出庭，人民法院认为有必要的，应当通知调查人员、侦查人员或者有关人员出庭。

第二百五十条 公诉人、当事人及其辩护人、诉讼代理人申请法庭通知有专门知识的人出庭，就鉴定意见提出意见的，应当说明理由。法庭认为有必要的，应当通知有专门知识的人出庭。

申请有专门知识的人出庭，不得超过二人。有多种类鉴定意见的，可以相应增加人数。

第二百五十一条 为查明案件事实、调查核实证据，人民法院可以依职权通知证人、鉴定人、有专门知识的人、调查人员、侦查人员或者其他人员出庭。

第二百五十二条 人民法院通知有关人员出庭的，可以要求控辩双方予以协助。

第二百五十三条 证人具有下列情形之一，无法出庭作证的，人民法院可以准许其不出庭：

（一）庭审期间身患严重疾病或者行动极为不便的；

（二）居所远离开庭地点且交通极为不便的；

（三）身处国外短期无法回国的；

（四）有其他客观原因，确实无法出庭的。

具有前款规定情形的，可以通过视频等方式作证。

第二百五十四条 证人出庭作证所支出的交通、住宿、就餐等费用，人民法院应当给予补助。

第二百五十五条 强制证人出庭的，应当由院长签发强制证人出庭令，由法警执行。必要时，可以商请公安机关协助。

第二百五十六条 证人、鉴定人、被害人因出庭作证，本人或者其近亲属的人身安全面临危险的，人民法院应当采取不公开其真实姓名、住址和工作单位等个人信息，或者不暴露其外貌、真实声音等保护措施。辩护律师经法庭许可，查阅对证人、鉴定人、被害人使用化名情况的，应当签署保密承诺书。

审判期间，证人、鉴定人、被害人提出保护请求的，人民法院应当立即审查；认为确有保护必要的，应当及时决定采取相应保护措施。必要时，可以商请公安机关协助。

第二百五十七条 决定对出庭作证的证人、鉴定人、被害人采取不公开个人信息的保护措施的，审判人员应当在开庭前核实其身份，对证人、鉴定人如实作证的保证书不得公开，在判决书、裁定书等法律文书中可以使用化名等代替其个人信息。

第二百五十八条 证人出庭的，法庭应当核实其身份、与当事人以及本案的关系，并告知其有关权利义务和法律责任。证人应当保证向法庭如实提供证言，并在保证书上签名。

第二百七十三条 法庭审理过程中，控辩双方申请通知新的证人到庭、调取新的证据，申请重新鉴定或者勘验的，应当提供证人的基本信息、证据的存放地点，说明拟证明的事项，申请重新鉴定或者勘验的理由。法庭认为有必要的，应当同意，并宣布休庭；根据案件情况，可以决定延期审理。

人民法院决定重新鉴定的，应当及时委托鉴定，并将鉴定意见告知人民检察院、当事人及其辩护人、诉讼代理人。

《全国部分法院审理黑社会性质组织犯罪案件工作座谈会纪要》（2015 年 10 月 13 日施行　法〔2015〕291 号）

人民法院受理黑社会性质组织犯罪案件后，应当及时了解在侦查、审查起诉阶段有无对证人、鉴定人、被害人采取保护措施的情况，确保相关保护措施在审判阶段能够紧密衔接。开庭审理时，证人、鉴定人、被害人因出庭作证，本人或其近亲属的人身安全面临危险的，应当采取不暴露外貌、真实声音等出庭作证措施。必要时，可以进行物理隔离，以音频、视频传送的方式作证，并对声音、图像进行技术处理。有必要禁止特定人员接触证人、鉴定人、被害人及其近亲属的，以及需要对证人、鉴定人、被害人及其近亲属的人身和住宅采取专门性保护措施的，应当及时与检察机关、公安机关协调，确保保护措施及时执行到位。依法决定不公开证人、鉴定人、被害人真实姓名、住址和工作单位等个人信息的，应当在开庭前核实其身份。证人、鉴定人签署的如实作证保证书应当列入审判副卷，不得对外公开。

《人民法院办理刑事案件第一审普通程序法庭调查规程（试行）》（2018年1月1日施行　法发〔2017〕31号）

第十二条　控辩双方可以申请法庭通知证人、鉴定人、侦查人员和有专门知识的人等出庭。

被害人及其法定代理人、诉讼代理人，附带民事诉讼原告人及其诉讼代理人也可以提出上述申请。

第十三条　控辩双方对证人证言、被害人陈述有异议，申请证人、被害人出庭，人民法院经审查认为证人证言、被害人陈述对案件定罪量刑有重大影响的，应当通知证人、被害人出庭。

控辩双方对鉴定意见有异议，申请鉴定人或者有专门知识的人出庭，人民法院经审查认为有必要的，应当通知鉴定人或者有专门知识的人出庭。

控辩双方对侦破经过、证据来源、证据真实性或者证据收集合法性等有异议，申请侦查人员或者有关人员出庭，人民法院经审查认为有必要的，应当通知侦查人员或者有关人员出庭。

为查明案件事实、调查核实证据，人民法院可以依职权通知上述人员到庭。

人民法院通知证人、被害人、鉴定人、侦查人员、有专门知识的人等出庭的，控辩双方协助有关人员到庭。

第十四条　应当出庭作证的证人，在庭审期间因身患严重疾病等客观原因确实无法出庭的，可以通过视频等方式作证。

证人视频作证的，发问、质证参照证人出庭作证的程序进行。

前款规定适用于被害人、鉴定人、侦查人员。

第十五条　人民法院通知出庭的证人，无正当理由拒不出庭的，可以强制其出庭，但是被告人的配偶、父母、子女除外。

强制证人出庭的，应当由院长签发强制证人出庭令，并由法警执行。必要时，可以商请公安机关协助执行。

第十六条　证人、鉴定人、被害人因出庭作证，本人或者其近亲属的人身安全面临危险的，人民法院应当采取不公开其真实姓名、住址和工作单位等个人信息，或者不暴露其外貌、真实声音等保护措施。

决定对出庭作证的证人、鉴定人、被害人采取不公开个人信息的保护措施的，审判人员应当在开庭前核实其身份，对证人、鉴定人如实作证的保证书不得公开，在判决书、裁定书等法律文书中可以使用化名等代替其个人信息。

审判期间，证人、鉴定人、被害人提出保护请求的，人民法院应当立即审查，确有必要的，应当及时决定采取相应的保护措施。必要时，可以商请公安机关采取专门性保护措施。

第十七条 证人、鉴定人和有专门知识的人出庭作证所支出的交通、住宿、就餐等合理费用，除由控辩双方支付的以外，列入出庭作证补助专项经费，在出庭作证后由人民法院依照规定程序发放。

《最高人民法院、最高人民检察院、公安部、国家安全部、司法部、全国人大常委会法制工作委员会关于实施刑事诉讼法若干问题的规定》（2013 年 1 月 1 日施行）

12. 刑事诉讼法第六十二条①规定，对证人、鉴定人、被害人可以采取"不公开真实姓名、住址和工作单位等个人信息"的保护措施。人民法院、人民检察院和公安机关依法决定不公开证人、鉴定人、被害人的真实姓名、住址和工作单位等个人信息的，可以在判决书、裁定书、起诉书、询问笔录等法律文书、证据材料中使用化名等代替证人、鉴定人、被害人的个人信息。但是，应当书面说明使用化名的情况并标明密级，单独成卷。辩护律师经法庭许可，查阅对证人、鉴定人、被害人使用化名情况的，应当签署保密承诺书。

28. 人民法院依法通知证人、鉴定人出庭作证的，应当同时将证人、鉴定人出庭通知书送交控辩双方，控辩双方应当予以配合。

29. 刑事诉讼法第一百八十七条②第三款规定："公诉人、当事人或者辩护人、诉讼代理人对鉴定意见有异议，人民法院认为鉴定人有必要出庭的，鉴定人应当出庭作证。经人民法院通知，鉴定人拒不出庭作证的，鉴定意见不得作为定案的根据。"根据上述规定，依法应当出庭的鉴定人经人民法院通知未出庭作证的，鉴定意见不得作为定案的根据。鉴定人由于不能抗拒的原因或者有其他正当理由无法出庭的，人民法院可以根据案件审理情况决定延期审理。

---

① 编者注：现为第六十四条。
② 编者注：现为第一百九十二条。

第四节　被告人供述和辩解的审查与认定

【工作内容】

（一）对被告人供述和辩解应当着重审查的内容

（1）讯问的时间、地点，讯问人的身份、人数以及讯问方式等是否符合法律、有关规定；（2）讯问笔录的制作、修改是否符合法律、有关规定，是否注明讯问的具体起止时间和地点，首次讯问时是否告知被告人有关权利和法律规定，被告人是否核对确认；（3）讯问未成年被告人时，是否通知其法定代理人或者合适成年人到场，有关人员是否到场；（4）讯问女性未成年被告人时，是否有女性工作人员在场；（5）有无以刑讯逼供等非法方法收集被告人供述的情形；（6）被告人的供述是否前后一致，有无反复以及出现反复的原因；（7）被告人的供述和辩解是否全部随案移送；（8）被告人的辩解内容是否符合案情和常理，有无矛盾；（9）被告人的供述和辩解与同案被告人的供述和辩解以及其他证据能否相互印证，有无矛盾；存在矛盾的，能否得到合理解释。

必要时，可以结合现场执法音视频记录、讯问录音录像、被告人进出看守所的健康检查记录、笔录等，对被告人的供述和辩解进行审查。

（二）不得作为定案根据的被告人供述

（1）讯问笔录没有经被告人核对确认的；（2）讯问聋、哑人，应当提供通晓聋、哑手势的人员而未提供的；（3）讯问不通晓当地通用语言、文字的被告人，应当提供翻译人员而未提供的；（4）讯问未成年人，其法定代理人或者合适成年人不在场的。

（三）讯问笔录有瑕疵，经补正或者作出合理解释可以采用的被告人供述

（1）讯问笔录填写的讯问时间、讯问地点、讯问人、记录人、法定代理人等有误或者存在矛盾的；（2）讯问人没有签名的；（3）首次讯问笔录没有记录告知被讯问人有关权利和法律规定的。

（四）被告人供述与辩解的审查与认定

（1）审查被告人供述和辩解，应当结合控辩双方提供的所有证据以及被告人的全部供述和辩解进行。（2）被告人庭审中翻供，但不能合理说明翻供原因或者其辩解与全案证据矛盾，而其庭前供述与其他证据相互印证的，可以采信其庭前供述。（3）被告人庭前供述和辩解存在反复，但庭审中供认，且与其他证据相互印证的，可以采信其庭审供述；被告人庭前供述和辩解存在反复，庭审中不供认，且无其他证据与庭前供述印证的，不得采信其庭前供述。

【常用法律、司法解释及相关规定】

《最高人民法院关于适用〈中华人民共和国刑事诉讼法〉的解释》（2021年3月1日施行　法释〔2021〕1号）

第九十三条　对被告人供述和辩解应当着重审查以下内容：

（一）讯问的时间、地点，讯问人的身份、人数以及讯问方式等是否符合法律、有关规定；

（二）讯问笔录的制作、修改是否符合法律、有关规定，是否注明讯问的具体起止时间和地点，首次讯问时是否告知被告人有关权利和法律规定，被告人是否核对确认；

（三）讯问未成年被告人时，是否通知其法定代理人或者合适成年人到场，有关人员是否到场；

（四）讯问女性未成年被告人时，是否有女性工作人员在场；

（五）有无以刑讯逼供等非法方法收集被告人供述的情形；

（六）被告人的供述是否前后一致，有无反复以及出现反复的原因；

（七）被告人的供述和辩解是否全部随案移送；

（八）被告人的辩解内容是否符合案情和常理，有无矛盾；

（九）被告人的供述和辩解与同案被告人的供述和辩解以及其他证据能否相互印证，有无矛盾；存在矛盾的，能否得到合理解释。

必要时，可以结合现场执法音视频记录、讯问录音录像、被告人进出看守所的健康检查记录、笔录等，对被告人的供述和辩解进行审查。

第九十四条　被告人供述具有下列情形之一的，不得作为定案的根据：

（一）讯问笔录没有经被告人核对确认的；

（二）讯问聋、哑人，应当提供通晓聋、哑手势的人员而未提供的；

（三）讯问不通晓当地通用语言、文字的被告人，应当提供翻译人员而未提供的；

（四）讯问未成年人，其法定代理人或者合适成年人不在场的。

第九十五条 讯问笔录有下列瑕疵，经补正或者作出合理解释的，可以采用；不能补正或者作出合理解释的，不得作为定案的根据：

（一）讯问笔录填写的讯问时间、讯问地点、讯问人、记录人、法定代理人等有误或者存在矛盾的；

（二）讯问人没有签名的；

（三）首次讯问笔录没有记录告知被讯问人有关权利和法律规定的。

第九十六条 审查被告人供述和辩解，应当结合控辩双方提供的所有证据以及被告人的全部供述和辩解进行。

被告人庭审中翻供，但不能合理说明翻供原因或者其辩解与全案证据矛盾，而其庭前供述与其他证据相互印证的，可以采信其庭前供述。

被告人庭前供述和辩解存在反复，但庭审中供认，且与其他证据相互印证的，可以采信其庭审供述；被告人庭前供述和辩解存在反复，庭审中不供认，且无其他证据与庭前供述印证的，不得采信其庭前供述。

【相关法律文书】

出庭通知书

××××人民法院
出庭通知书

（××××）……刑×……号

×××：

本院受理……一案，定于××××年××月××日××时××分在……（法庭审理的地点）开庭审理。根据《中华人民共和国刑事诉讼法》第一百八十七条第三款的规定，特通知你作为本案的×××人准时出庭。

××××年××月××日

（院印）

第五节　鉴定意见的审查与认定

【工作内容】

（一）刑事司法鉴定的范围

（1）法医类鉴定，包括法医病理鉴定、法医临床鉴定、法医精神病鉴定、法医物证鉴定和法医毒物鉴定。（2）物证类鉴定，包括文书鉴定、痕迹鉴定和微量鉴定。（3）声像资料鉴定，包括对录音带、录像带、磁盘、光盘、图片等载体上记录的声音、图像信息的真实性、完整性及其所反映的情况过程进行的鉴定和对记录的声音、图像中的语言、人体、物体作出种类或者同一认定。（4）其他根据诉讼需要由国务院司法行政部门商最高人民法院、最高人民检察院确定的其他应当对鉴定人和鉴定机构实行登记管理的鉴定事项。

（二）鉴定的启动

法庭审理过程中，当事人（被害人、被告人）及其辩护人、诉讼代理人申请鉴定，法庭认为有必要的，应当同意，并宣布延期审理。司法鉴定由法院司法辅助机构依据尊重当事人选择和人民法院指定相结合的原则，组织诉讼双方当事人进行司法鉴定的对外委托。诉讼双方当事人协商不一致的，由人民法院司法辅助机构在列入名册的、符合鉴定要求的鉴定人中选择受委托人鉴定。在案件审理过程中需要进行鉴定的，应当填写委托鉴定申请表，由分管领导签发后送交本院司法辅助部门。

（三）委托鉴定所需材料

委托人委托鉴定的，应当向司法鉴定机构提供真实、完整、充分的鉴定材料，并对鉴定材料的真实性、合法性负责。司法鉴定机构应当核对并记录鉴定材料的名称、种类、数量、性状、保存状况、收到时间等。

1. 声像鉴定需向鉴定机关提供如下材料：案卷材料（包括案情简介、既往鉴定情况、双方争议的焦点等）；检材、检材形成过程的陈述及与录制检材相关的器材；对比样本；与鉴定有关的其他材料。

2. 文检鉴定需要向鉴定机构提供如下材料：与委托鉴定事项有关的案卷

材料（包括案情简介、既往鉴定情况、双方争议的焦点等）；检材原件；检样原件（应提供尽可能多的检样并与检材标称时间相接近，且书写字迹清晰）；其他与鉴定有关的材料。

3. 法医类鉴定需要向鉴定机构提供如下材料：与委托鉴定事项有关的案卷材料（包括案情简介、起诉书或一审判决书、既往鉴定情况、双方争议的焦点等）；相关病历材料、临床检查材料（如 CT 片、MR 摄片、化验单等）、现场检验报告及照片、尸体检验报告、生物学检验报告、生化检验报告、组织病理切片等；其他与鉴定有关的材料。

（四）鉴定意见应着重审查的内容

（1）鉴定机构和鉴定人是否具有法定资质；（2）鉴定人是否存在应当回避的情形；（3）检材的来源、取得、保管、送检是否符合法律、有关规定，与相关提取笔录、扣押清单等记载的内容是否相符，检材是否可靠；（4）鉴定意见的形式要件是否完备，是否注明提起鉴定的事由、鉴定委托人、鉴定机构、鉴定要求、鉴定过程、鉴定方法、鉴定日期等相关内容，是否由鉴定机构盖章并由鉴定人签名；（5）鉴定程序是否符合法律、有关规定；（6）鉴定的过程和方法是否符合相关专业的规范要求；（7）鉴定意见是否明确；（8）鉴定意见与案件待证事实有无关联；（9）鉴定意见与勘验、检查笔录及相关照片等其他证据是否矛盾，存在矛盾的，能否得到合理解释；（10）鉴定意见是否依法及时告知相关人员，当事人对鉴定意见有无异议。

（五）鉴定意见不得作为定案依据的情形

（1）鉴定机构不具备法定资质，或者鉴定事项超出该鉴定机构业务范围、技术条件的；（2）鉴定人不具备法定资质，不具有相关专业技术或者职称，或者违反回避规定的；（3）送检材料、样本来源不明，或者因污染不具备鉴定条件的；（4）鉴定对象与送检材料、样本不一致的；（5）鉴定程序违反规定的；（6）鉴定过程和方法不符合相关专业的规范要求的；（7）鉴定文书缺少签名、盖章的；（8）鉴定意见与案件事实没有关联的；（9）违反有关规定的其他情形。

鉴定意见具有上述情形之一的，可以重新鉴定。

（六）对不出庭作证鉴定人及与其相关鉴定意见的处理

（1）经人民法院通知，鉴定人拒不出庭作证的，鉴定意见不得作为定案的根据。（2）鉴定人由于不能抗拒的原因或者有其他正当理由无法出庭的，人民法院可以根据情况决定延期审理或者重新鉴定。（3）鉴定人无正当理由拒不出庭作证的，人民法院应当通报司法行政机关或者有关部门。

（七）其他规定

（1）因无鉴定机构，或者根据法律、司法解释的规定，指派、聘请有专门知识的人就案件的专门性问题出具的报告，可以作为证据使用。对前述报告的审查与认定，参照适用《刑事诉讼法》鉴定意见的审查与认定的有关规定。经人民法院通知，出具报告的人拒不出庭作证的，有关报告不得作为定案的根据。（2）有关部门对事故进行调查形成的报告，在刑事诉讼中可以作为证据使用；报告中涉及专门性问题的意见，经法庭查证属实，且调查程序符合法律、有关规定的，可以作为定案的根据。

【常用法律、司法解释及相关规定】

《刑事诉讼法》（2018 年 10 月 26 日修正）

第一百四十七条　鉴定人进行鉴定后，应当写出鉴定意见，并且签名。

鉴定人故意作虚假鉴定的，应当承担法律责任。

第一百九十七条　法庭审理过程中，当事人和辩护人、诉讼代理人有权申请通知新的证人到庭，调取新的物证，申请重新鉴定或者勘验。

公诉人、当事人和辩护人、诉讼代理人可以申请法庭通知有专门知识的人出庭，就鉴定人作出的鉴定意见提出意见。

法庭对于上述申请，应当作出是否同意的决定。

第二款规定的有专门知识的人出庭，适用鉴定人的有关规定。

《全国人民代表大会常务委员会关于司法鉴定管理问题的决定》（2015 年 4 月 24 日修正）

一、司法鉴定是指在诉讼活动中鉴定人运用科学技术或者专门知识对诉讼涉及的专门性问题进行鉴别和判断并提供鉴定意见的活动。

二、国家对从事下列司法鉴定业务的鉴定人和鉴定机构实行登记管理制度：

（一）法医类鉴定；

（二）物证类鉴定；

（三）声像资料鉴定；

（四）根据诉讼需要由国务院司法行政部门商最高人民法院、最高人民检察院确定的其他应当对鉴定人和鉴定机构实行登记管理的鉴定事项。

法律对前款规定事项的鉴定人和鉴定机构的管理另有规定的，从其规定。

《最高人民法院关于适用〈中华人民共和国刑事诉讼法〉的解释》（2021年3月1日施行　法释〔2021〕1号）

第九十七条　对鉴定意见应当着重审查以下内容：

（一）鉴定机构和鉴定人是否具有法定资质；

（二）鉴定人是否存在应当回避的情形；

（三）检材的来源、取得、保管、送检是否符合法律、有关规定，与相关提取笔录、扣押清单等记载的内容是否相符，检材是否可靠；

（四）鉴定意见的形式要件是否完备，是否注明提起鉴定的事由、鉴定委托人、鉴定机构、鉴定要求、鉴定过程、鉴定方法、鉴定日期等相关内容，是否由鉴定机构盖章并由鉴定人签名；

（五）鉴定程序是否符合法律、有关规定；

（六）鉴定的过程和方法是否符合相关专业的规范要求；

（七）鉴定意见是否明确；

（八）鉴定意见与案件事实有无关联；

（九）鉴定意见与勘验、检查笔录及相关照片等其他证据是否矛盾；存在矛盾的，能否得到合理解释；

（十）鉴定意见是否依法及时告知相关人员，当事人对鉴定意见有无异议。

第九十八条　鉴定意见具有下列情形之一的，不得作为定案的根据：

（一）鉴定机构不具备法定资质，或者鉴定事项超出该鉴定机构业务范围、技术条件的；

（二）鉴定人不具备法定资质，不具有相关专业技术或者职称，或者违反回避规定的；

（三）送检材料、样本来源不明，或者因污染不具备鉴定条件的；

（四）鉴定对象与送检材料、样本不一致的；

（五）鉴定程序违反规定的；

（六）鉴定过程和方法不符合相关专业的规范要求的；

（七）鉴定文书缺少签名、盖章的；

（八）鉴定意见与案件事实没有关联的；

（九）违反有关规定的其他情形。

第九十九条 经人民法院通知，鉴定人拒不出庭作证的，鉴定意见不得作为定案的根据。

鉴定人由于不能抗拒的原因或者有其他正当理由无法出庭的，人民法院可以根据情况决定延期审理或者重新鉴定。

鉴定人无正当理由拒不出庭作证的，人民法院应当通报司法行政机关或者有关部门。

第一百条 因无鉴定机构，或者根据法律、司法解释的规定，指派、聘请有专门知识的人就案件的专门性问题出具的报告，可以作为证据使用。

对前款规定的报告的审查与认定，参照适用本节的有关规定。

经人民法院通知，出具报告的人拒不出庭作证的，有关报告不得作为定案的根据。

第一百零一条 有关部门对事故进行调查形成的报告，在刑事诉讼中可以作为证据使用；报告中涉及专门性问题的意见，经法庭查证属实，且调查程序符合法律、有关规定的，可以作为定案的根据。

第二百七十三条 法庭审理过程中，控辩双方申请通知新的证人到庭，调取新的证据，申请重新鉴定或者勘验的，应当提供证人的基本信息、证据的存放地点，说明拟证明的事项，申请重新鉴定或者勘验的理由。法庭认为有必要的，应当同意，并宣布休庭；根据案件情况，可以决定延期审理。

人民法院决定重新鉴定的，应当及时委托鉴定，并将鉴定意见告知人民检察院、当事人及其辩护人、诉讼代理人。

《人民法院对外委托司法鉴定管理规定》（2002 年 4 月 1 日施行 法释〔2002〕8 号）

第十条 人民法院司法鉴定机构依据尊重当事人选择和人民法院指定相结合的原则，组织诉讼双方当事人进行司法鉴定的对外委托。

诉讼双方当事人协商不一致的，由人民法院司法鉴定机构在列入名册的、符合鉴定要求的鉴定人中，选择受委托人鉴定。

《最高人民法院关于印发〈人民法院司法鉴定工作暂行规定〉的通知》

（2001 年 11 月 16 日施行　法发〔2001〕23 号）

第十一条　司法鉴定应当采用书面委托形式，提出鉴定目的、要求，提供必要的案情说明材料和鉴定材料。

第十四条　有下列情形之一需要重新鉴定的，人民法院应当委托上级法院的司法鉴定机构做重新鉴定：

（一）鉴定人不具备相关鉴定资格的；

（二）鉴定程序不符合法律规定的；

（三）鉴定结论与其他证据有矛盾的；

（四）鉴定材料有虚假，或者原鉴定方法有缺陷的；

（五）鉴定人应当回避没有回避，而对其鉴定结论有持不同意见的；

（六）同一案件具有多个不同鉴定结论的；

（七）有证据证明存在影响鉴定人准确鉴定因素的。

第十五条　司法鉴定机构可受人民法院的委托，对拟作为证据使用的鉴定文书、检验报告、勘验检查记录、医疗病情资料、会计资料等材料作文证审查。

《司法鉴定程序通则》（2016 年 5 月 1 日施行）

第十二条　委托人委托鉴定的，应当向司法鉴定机构提供真实、完整、充分的鉴定材料，并对鉴定材料的真实性、合法性负责。司法鉴定机构应当核对并记录鉴定材料的名称、种类、数量、性状、保存状况、收到时间等。

诉讼当事人对鉴定材料有异议的，应当向委托人提出。

本通则所称鉴定材料包括生物检材和非生物检材、比对样本材料以及其他与鉴定事项有关的鉴定资料。

第三十六条　司法鉴定机构和司法鉴定人应当按照统一规定的文本格式制作司法鉴定意见书。

第三十七条　司法鉴定意见书应当由司法鉴定人签名。多人参加的鉴定，对鉴定意见有不同意见的，应当注明。

第三十八条　司法鉴定意见书应当加盖司法鉴定机构的司法鉴定专用章。

第三十九条　司法鉴定意见书应当一式四份，三份交委托人收执，一份由司法鉴定机构存档。司法鉴定机构应当按照有关规定或者与委托人约定的方式，向委托人发送司法鉴定意见书。

　　第四十条　委托人对鉴定过程、鉴定意见提出询问的，司法鉴定机构和司法鉴定人应当给予解释或者说明。

　　第四十三条　经人民法院依法通知，司法鉴定人应当出庭作证，回答与鉴定事项有关的问题。

　　第四十五条　司法鉴定机构应当支持司法鉴定人出庭作证，为司法鉴定人依法出庭提供必要条件。

　　《公安部刑事技术鉴定规则》（1980 年 5 月 1 日施行）

　　第十五条　接到人民法院的出庭通知后，鉴定人应出庭作证。

　　本案当事人、辩护人，依照法律程序对鉴定提出的有关问题，鉴定人应予回答，并阐明鉴定结论的科学依据。对与鉴定无关的问题，鉴定人有权拒绝回答。

　　【相关法律文书】

　　鉴定委托书（委托鉴定用）

××××人民法院
鉴定委托书
（委托鉴定用）

（××××）……刑×……号

××××（受委托单位名称）：

我院审理的……（被告人姓名和案由）一案，因有……（写明需要鉴定的事项），根据《中华人民共和国刑事诉讼法》第一百四十六条、第一百四十七条的规定，特委托你单位予以鉴定。现将有关材料送去，请指派有专门知识的人进行鉴定。鉴定人进行鉴定后，应当写出鉴定意见，并在鉴定书上签名（对人身伤害的医学鉴定有争议需要重新鉴定或者对精神病的医学鉴定，由省级人民政府指定的医院进行。鉴定人进行鉴定后，应当写出鉴定意见，并且由鉴定人签名，医院加盖公章）。请将鉴定书寄送至我院。

我院送去的有关材料，请一并退还我院。

附件：……

××××年××月××日

（院印）

第六节　勘验、检查、辨认、侦查实验等笔录的审查与认定

【工作内容】

（一）对勘验、检查笔录的审查及认定

对勘验、检查笔录应着重审查以下内容：（1）勘验、检查是否依法进行，笔录制作是否符合法律、有关规定，勘验、检查人员和见证人是否签名或者盖章。（2）勘验、检查笔录是否记录了提起勘验、检查的事由，勘验、检查的时间、地点，在场人员、现场方位、周围环境等，现场的物品、人身、尸体等的位置、特征等情况，以及勘验、检查的过程；文字记录与实物或者绘图、照片、录像是否相符；现场、物品、痕迹等是否伪造、有无破坏；人身特征、伤害情况、生理状态有无伪装或者变化等。（3）补充进行勘验、检查的，是否说明了再次勘验、检查的原由，前后勘验、检查的情况是否矛盾。

勘验、检查笔录存在明显不符合法律、有关规定的情形，不能作出合理解释的，不得作为定案的根据。

（二）对辨认笔录的审查及认定

下列辨认笔录不得作为定案根据：（1）辨认不是在调查人员、侦查人员主持下进行的；（2）辨认前使辨认人见到辨认对象的；（3）辨认活动没有个别进行的；（4）辨认对象没有混杂在具有类似特征的其他对象中，或者供辨认的对象数量不符合规定的；（5）辨认中给辨认人明显暗示或者明显有指认嫌疑的；（6）违反有关规定，不能确定辨认笔录真实性的其他情形。

对辨认笔录应当着重审查辨认的过程、方法，以及辨认笔录的制作是否符合有关规定。

（三）对侦查实验笔录的审查及认定

对侦查实验笔录应当着重审查实验的过程、方法，以及笔录的制作是否符合有关规定。侦查实验的条件与事件发生时的条件有明显差异，或者存在影响实验结论科学性的其他情形的，侦查实验笔录不得作为定案的根据。

【常用法律、司法解释及相关规定】

《最高人民法院关于适用〈中华人民共和国刑事诉讼法〉的解释》（2021
年3月1日施行　法释〔2021〕1号）

第一百零二条　对勘验、检查笔录应当着重审查以下内容：

（一）勘验、检查是否依法进行，笔录制作是否符合法律、有关规定，勘
验、检查人员和见证人是否签名或者盖章；

（二）勘验、检查笔录是否记录了提起勘验、检查的事由，勘验、检查的
时间、地点，在场人员、现场方位、周围环境等，现场的物品、人身、尸体
等的位置、特征等情况，以及勘验、检查的过程；文字记录与实物或者绘图、
照片、录像是否相符；现场、物品、痕迹等是否伪造、有无破坏；人身特征、
伤害情况、生理状态有无伪装或者变化等；

（三）补充进行勘验、检查的，是否说明了再次勘验、检查的原由，前后
勘验、检查的情况是否矛盾。

第一百零三条　勘验、检查笔录存在明显不符合法律、有关规定的情形，
不能作出合理解释的，不得作为定案的根据。

第一百零四条　对辨认笔录应当着重审查辨认的过程、方法，以及辨认
笔录的制作是否符合有关规定。

第一百零五条　辨认笔录具有下列情形之一的，不得作为定案的根据：

（一）辨认不是在调查人员、侦查人员主持下进行的；

（二）辨认前使辨认人见到辨认对象的；

（三）辨认活动没有个别进行的；

（四）辨认对象没有混杂在具有类似特征的其他对象中，或者供辨认的对
象数量不符合规定的；

（五）辨认中给辨认人明显暗示或者明显有指认嫌疑的；

（六）违反有关规定，不能确定辨认笔录真实性的其他情形。

第一百零六条　对侦查实验笔录应当着重审查实验的过程、方法，以及
笔录的制作是否符合有关规定。

第一百零七条　侦查实验的条件与事件发生时的条件有明显差异，或者
存在影响实验结论科学性的其他情形的，侦查实验笔录不得作为定案的根据。

第七节 视听资料、电子数据的审查与认定

【工作内容】

（一）对视听资料应当着重审查的内容

（1）是否附有提取过程的说明，来源是否合法。（2）是否为原件，有无复制及复制份数；是复制件的，是否附有无法调取原件的原因、复制件制作过程和原件存放地点的说明，制作人、原视听资料持有人是否签名。（3）制作过程中是否存在威胁、引诱当事人等违反法律、有关规定的情形。（4）是否写明制作人、持有人的身份，制作的时间、地点、条件和方法。（5）内容和制作过程是否真实，有无剪辑、增加、删改等情形。（6）内容与案件事实有无关联。

对视听资料有疑问的，应当进行鉴定。

（二）视听资料不得作为定案根据的情形

（1）系篡改、伪造或者无法确定真伪的；（2）制作、取得的时间、地点、方式等有疑问，不能作出合理解释的。

（三）对电子数据应当着重审查的内容

（1）是否移送原始存储介质；在原始存储介质无法封存、不便移动时，有无说明原因，并注明收集、提取过程及原始存储介质的存放地点或者电子数据的来源等情况。（2）是否具有数字签名、数字证书等特殊标识。（3）收集、提取的过程是否可以重现。（4）如有增加、删除、修改等情形的，是否附有说明。（5）完整性是否可以保证。

（四）对电子数据是否完整的审查

电子数据是否完整，应当根据保护电子数据完整性的相应方法进行审查、验证：（1）审查原始存储介质的扣押、封存状态；（2）审查电子数据的收集、提取过程，查看录像；（3）比对电子数据完整性校验值；（4）与备份的电子数据进行比较；（5）审查冻结后的访问操作日志；（6）其他方法。

（五）对收集、提取电子数据是否合法，应当着重审查的内容

（1）收集、提取电子数据是否由二名以上调查人员、侦查人员进行，取

证方法是否符合相关技术标准。（2）收集、提取电子数据，是否附有笔录、清单，并经调查人员、侦查人员、电子数据持有人、提供人、见证人签名或者盖章；没有签名或者盖章的，是否注明原因；对电子数据的类别、文件格式等是否注明清楚。（3）是否依照有关规定由符合条件的人员担任见证人，是否对相关活动进行录像。（4）采用技术调查、侦查措施收集、提取电子数据的，是否依法经过严格的批准手续。（5）进行电子数据检查的，检查程序是否符合有关规定。

（六）收集、提取程序有瑕疵，经补正或者作出合理解释可以采用的电子数据

（1）未以封存状态移送的；（2）笔录或者清单上没有调查人员或者侦查人员、电子数据持有人、提供人、见证人签名或者盖章的；（3）对电子数据的名称、类别、格式等注明不清的；（4）有其他瑕疵的。

（七）电子数据不得作为定案根据的情形

（1）系篡改、伪造或者无法确定真伪的；（2）有增加、删除、修改等情形，影响电子数据真实性的；（3）其他无法保证电子数据真实性的情形。

（八）其他规定

对视听资料、电子数据，还应当审查是否移送文字抄清材料以及对绰号、暗语、俗语、方言等不易理解内容的说明。未移送的，必要时，可以要求人民检察院移送。

【常用法律、司法解释及相关规定】

《最高人民法院关于适用〈中华人民共和国刑事诉讼法〉的解释》（2021年3月1日施行 法释〔2021〕1号）

第一百零八条 对视听资料应当着重审查以下内容：

（一）是否附有提取过程的说明，来源是否合法；

（二）是否为原件，有无复制及复制份数；是复制件的，是否附有无法调取原件的原因、复制件制作过程和原件存放地点的说明，制作人、原视听资料持有人是否签名；

（三）制作过程中是否存在威胁、引诱当事人等违反法律、有关规定的情形；

（四）是否写明制作人、持有人的身份，制作的时间、地点、条件和方法；

（五）内容和制作过程是否真实，有无剪辑、增加、删改等情形；

（六）内容与案件事实有无关联。

对视听资料有疑问的，应当进行鉴定。

第一百零九条　视听资料具有下列情形之一的，不得作为定案的根据：

（一）系篡改、伪造或者无法确定真伪的；

（二）制作、取得的时间、地点、方式等有疑问，不能作出合理解释的。

第一百一十条　对电子数据是否真实，应当着重审查以下内容：

（一）是否移送原始存储介质；在原始存储介质无法封存、不便移动时，有无说明原因，并注明收集、提取过程及原始存储介质的存放地点或者电子数据的来源等情况；

（二）是否具有数字签名、数字证书等特殊标识；

（三）收集、提取的过程是否可以重现；

（四）如有增加、删除、修改等情形的，是否附有说明；

（五）完整性是否可以保证。

第一百一十一条　对电子数据是否完整，应当根据保护电子数据完整性的相应方法进行审查、验证：

（一）审查原始存储介质的扣押、封存状态；

（二）审查电子数据的收集、提取过程，查看录像；

（三）比对电子数据完整性校验值；

（四）与备份的电子数据进行比较；

（五）审查冻结后的访问操作日志；

（六）其他方法。

第一百一十二条　对收集、提取电子数据是否合法，应当着重审查以下内容：

（一）收集、提取电子数据是否由二名以上调查人员、侦查人员进行，取证方法是否符合相关技术标准；

（二）收集、提取电子数据，是否附有笔录、清单，并经调查人员、侦查人员、电子数据持有人、提供人、见证人签名或者盖章；没有签名或者盖章的，是否注明原因；对电子数据的类别、文件格式等是否注明清楚；

（三）是否依照有关规定由符合条件的人员担任见证人，是否对相关活动进行录像；

（四）采用技术调查、侦查措施收集、提取电子数据的，是否依法经过严格的批准手续；

（五）进行电子数据检查的，检查程序是否符合有关规定。

第一百一十三条 电子数据的收集、提取程序有下列瑕疵，经补正或者作出合理解释的，可以采用；不能补正或者作出合理解释的，不得作为定案的根据：

（一）未以封存状态移送的；

（二）笔录或者清单上没有调查人员或者侦查人员、电子数据持有人、提供人、见证人签名或者盖章的；

（三）对电子数据的名称、类别、格式等注明不清的；

（四）有其他瑕疵的。

第一百一十四条 电子数据具有下列情形之一的，不得作为定案的根据：

（一）系篡改、伪造或者无法确定真伪的；

（二）有增加、删除、修改等情形，影响电子数据真实性的；

（三）其他无法保证电子数据真实性的情形。

第一百一十五条 对视听资料、电子数据，还应当审查是否移送文字抄清材料以及对绰号、暗语、俗语、方言等不易理解内容的说明。未移送的，必要时，可以要求人民检察院移送。

第八节 技术调查、侦查证据的审查与认定

【工作内容】

（一）一般规定

1. 依法采取技术调查、侦查措施收集的材料在刑事诉讼中可以作为证据使用。

2. 采取技术调查、侦查措施收集的材料，作为证据使用的，应当随案移送。

3. 移送技术调查、侦查证据材料的，应当附采取技术调查、侦查措施的法律文书、技术调查、侦查证据材料清单和有关说明材料。

4. 移送采用技术调查、侦查措施收集的视听资料、电子数据的，应当制作新的存储介质，并附制作说明，写明原始证据材料、原始存储介质的存放地点等信息，由制作人签名，并加盖单位印章。

5. 采取技术调查、侦查措施收集的证据材料，应当经过当庭出示、辨认、质证等法庭调查程序查证。

6. 当庭调查技术调查、侦查证据材料可能危及有关人员的人身安全，或者可能产生其他严重后果的，法庭应当采取不暴露有关人员身份和技术调查、侦查措施使用的技术设备、技术方法等保护措施。必要时，审判人员可以在庭外对证据进行核实。

7. 采用技术调查、侦查证据作为定案根据的，人民法院在裁判文书中可以表述相关证据的名称、证据种类和证明对象，但不得表述有关人员身份和技术调查、侦查措施使用的技术设备、技术方法等。

8. 人民法院认为应当移送的技术调查、侦查证据材料未随案移送的，应当通知人民检察院在指定时间内移送。人民检察院未移送的，人民法院应当根据在案证据对案件事实作出认定。

（二）使用采取技术调查、侦查措施收集的证据材料的保护措施

（1）使用化名等代替调查、侦查人员及有关人员的个人信息；（2）不具体写明技术调查、侦查措施使用的技术设备和技术方法；（3）其他必要的保护措施。

（三）对采取技术调查、侦查措施收集的证据材料的审查

对采取技术调查、侦查措施收集的证据材料，除根据相关证据材料所属的证据种类，依照《最高人民法院关于适用〈中华人民共和国刑事诉讼法〉的解释》第四章第二节至第七节的相应规定进行审查外，还应当着重审查以下内容：（1）技术调查、侦查措施所针对的案件是否符合法律规定。（2）技术调查措施是否经过严格的批准手续，按照规定交有关机关执行；技术侦查措施是否在刑事立案后，经过严格的批准手续。（3）采取技术调查、侦查措施的种类、适用对象和期限是否按照批准决定载明的内容执行。（4）采取技术调查、侦查措施收集的证据材料与其他证据是否矛盾；存在矛盾的，能否得到合理解释。

【常用法律、司法解释及相关规定】

《最高人民法院关于适用〈中华人民共和国刑事诉讼法〉的解释》（2021年3月1日施行　法释〔2021〕1号）

第一百一十六条　依法采取技术调查、侦查措施收集的材料在刑事诉讼中可以作为证据使用。

采取技术调查、侦查措施收集的材料，作为证据使用的，应当随案移送。

第一百一十七条　使用采取技术调查、侦查措施收集的证据材料可能危及有关人员的人身安全，或者可能产生其他严重后果的，可以采取下列保护措施：

（一）使用化名等代替调查、侦查人员及有关人员的个人信息；

（二）不具体写明技术调查、侦查措施使用的技术设备和技术方法；

（三）其他必要的保护措施。

第一百一十八条　移送技术调查、侦查证据材料的，应当附采取技术调查、侦查措施的法律文书、技术调查、侦查证据材料清单和有关说明材料。

移送采用技术调查、侦查措施收集的视听资料、电子数据的，应当制作新的存储介质，并附制作说明，写明原始证据材料、原始存储介质的存放地点等信息，由制作人签名，并加盖单位印章。

第一百一十九条　对采取技术调查、侦查措施收集的证据材料，除根据相关证据材料所属的证据种类，依照本章第二节至第七节的相应规定进行审查外，还应当着重审查以下内容：

（一）技术调查、侦查措施所针对的案件是否符合法律规定；

（二）技术调查措施是否经过严格的批准手续，按照规定交有关机关执行；技术侦查措施是否在刑事立案后，经过严格的批准手续；

（三）采取技术调查、侦查措施的种类、适用对象和期限是否按照批准决定载明的内容执行；

（四）采取技术调查、侦查措施收集的证据材料与其他证据是否矛盾；存在矛盾的，能否得到合理解释。

第一百二十条 采取技术调查、侦查措施收集的证据材料，应当经过当庭出示、辨认、质证等法庭调查程序查证。

当庭调查技术调查、侦查证据材料可能危及有关人员的人身安全，或者可能产生其他严重后果的，法庭应当采取不暴露有关人员身份和技术调查、侦查措施使用的技术设备、技术方法等保护措施。必要时，审判人员可以在庭外对证据进行核实。

第一百二十一条 采用技术调查、侦查证据作为定案根据的，人民法院在裁判文书中可以表述相关证据的名称、证据种类和证明对象，但不得表述有关人员身份和技术调查、侦查措施使用的技术设备、技术方法等。

第一百二十二条 人民法院认为应当移送的技术调查、侦查证据材料未随案移送的，应当通知人民检察院在指定时间内移送。人民检察院未移送的，人民法院应当根据在案证据对案件事实作出认定。

第九节　非法证据排除

【工作内容】

（一）应予排除的非法证据

1. 采用殴打、违法使用戒具等暴力方法或者变相肉刑的恶劣手段，使被告人遭受难以忍受的痛苦而违背意愿作出的供述。

2. 采用以暴力或者严重损害本人及其近亲属合法权益等进行威胁的方法，使被告人遭受难以忍受的痛苦而违背意愿作出的供述。

3. 采用非法拘禁等非法限制人身自由的方法收集的被告人供述。

4. 采用暴力、威胁以及非法限制人身自由等非法方法收集的证人证言、被害人陈述。

5. 采用非法搜查、扣押等违反法定程序的方法收集物证、书证，可能严重影响司法公正的，应当予以补正或者作出合理解释；不能补正或者作出合理解释的，应当予以排除。认定"可能严重影响司法公正"，应当综合考虑收集证据违反法定程序以及所造成后果的严重程度等情况。

6. 采用刑讯逼供方法使被告人作出供述，之后被告人受该刑讯逼供行为影响而作出的与该供述相同的重复性供述，应当一并排除，但下列情形除外：（1）调查、侦查期间，监察机关、侦查机关根据控告、举报或者自己发现等，确认或者不能排除以非法方法收集证据而更换调查、侦查人员，其他调查、侦查人员再次讯问时告知诉讼权利和认罪的法律后果，被告人自愿供述的；（2）审查逮捕、审查起诉和审判期间，检察人员、审判人员讯问时告知诉讼权利和认罪的法律后果，被告人自愿供述的。

（二）审查范围

1. 开庭审理前，当事人及其辩护人、诉讼代理人提出排除非法证据书面申请的，承办法官应当阅卷，对证据收集的合法性进行审查：（1）被告人在侦查、审查起诉阶段是否提出排除非法证据的申请；提出申请的，是否提供相关线索或者材料。（2）侦查机关、检察院是否对证据收集的合法性进行调查核实；调查核实的，是否作出调查结论。（3）对于重大案件，人民检察院驻看守所检察人员在侦查终结前是否核查讯问的合法性，是否对核查过程同步录音录像；进行核查的，是否作出核查结论。（4）人民检察院在审查逮捕、审查起诉阶段排除的非法证据，是否随案移送并写明为依法排除的非法证据。（5）被告人提出排除非法证据申请，并提供相关线索或者材料的，是否已经委托辩护人或者办理法律援助。

人民法院对证据收集的合法性进行审查后，认为需要补充证据材料的，应当通知人民检察院在三日内补送。

2. 对于可能判处无期徒刑、死刑或者黑社会性质组织犯罪、严重毒品犯罪等重大案件，被告人在驻看守所检察人员对讯问的合法性进行核查询问时，明确表示侦查阶段没有刑讯逼供等非法取证情形，在审判阶段又提出排除非法证据申请的，应当说明理由。人民法院经审查对证据收集的合法性没有疑问的，可以不予启动非法证据排除程序。

驻看守所检察人员在重大案件侦查终结前未对讯问的合法性进行核查询问，或者未对核查询问过程全程同步录音录像，被告人及其辩护人在审判阶段提出排除非法证据申请，提供相关线索或者材料，人民法院对证据收集的合法性有疑问的，应当依法进行调查。

3. 法庭对证据收集的合法性进行调查的，应当重视对讯问录音录像的审查，重点审查以下内容：（1）讯问录音录像是否依法制作。对于可能判处无期徒刑、死刑的案件或者其他重大犯罪案件，是否对讯问过程进行录音录像。（2）讯问录音录像是否完整。是否对每一次讯问过程录音录像，录音录像是否全程不间断进行，是否有选择性录制、剪接、删改等情形。（3）讯问录音录像是否同步制作。录音录像是否自讯问开始时制作，至犯罪嫌疑人核对讯问笔录、签字确认后结束；讯问笔录记载的起止时间是否与讯问录音录像反映的起止时间一致。（4）讯问录音录像与讯问笔录的内容是否存在差异。对与定罪量刑有关的内容，讯问笔录记载的内容与讯问录音录像是否存在实质性差异，存在实质性差异的，以讯问录音录像为准。

（三）应当提供的线索材料

当事人及其辩护人、诉讼代理人申请排除非法证据，应当提供相关线索或者材料。（1）线索：内容具体、指向明确的涉嫌非法取证的人员、时间、地点、方式等。（2）材料：能够反映非法取证的伤情照片、体检记录、医院病历、讯问笔录、讯问录音录像或者同监室人员的证言等。（3）被告人及其辩护人申请排除非法证据，应当向人民法院提交书面申请。被告人书写确有困难的，可以口头提出申请，但应当记录在案，并由被告人签名或者捺印。

（四）处理方式

1. 人民法院向被告人及其辩护人送达起诉书副本时，应当告知其申请排除非法证据的，应当在开庭审理前提出，但庭审期间才发现相关线索或者材料的除外。

2. 开庭审理前，当事人及其辩护人、诉讼代理人申请人民法院排除非法证据的，人民法院应当在开庭前及时将申请书或者申请笔录及相关线索、材料的复制件送交人民检察院。

3. 在庭前会议中对证据收集的合法性进行审查的，按照以下步骤进行：（1）被告人及其辩护人说明排除非法证据的申请及相关线索或者材料；（2）检察员提供证明证据收集合法性的证据材料；（3）控辩双方对证据收集的合法性发表意见；（4）控辩双方对证据收集的合法性未达成一致意见的，审判人员归纳争议焦点。在庭前会议中，人民检察院可以通过出示有关证据材料等方式，对证据收集的合法性加以说明。必要时，可以通知调查人员、侦查人员或者其他人员参加庭前会议，说明情况。在庭前会议中，人民检察院可以撤回有关证据。撤回的证据，没有新的理由，不得在庭审中出示。当事人及其辩护人、诉讼代理人可以撤回排除非法证据的申请。撤回申请后，没有新的线索或者材料，不得再次对有关证据提出排除申请。

4. 在庭前会议中对证据收集的合法性达成一致意见的，法庭应当在庭审中向控辩双方核实并当庭予以确认。对于一方在庭审中反悔的，除有正当理由外，法庭一般不再进行审查。

5. 经法庭审理，具有下列情形之一的，对有关证据应当予以排除：（1）确认以非法方法收集证据的；（2）应当对讯问过程录音录像的案件没有提供讯问录音录像，或者讯问录音录像存在选择性录制、剪接、删改等情形，现有证据不能排除以非法方法收集证据的；（3）侦查机关除紧急情况外没有在规定的办案场所讯问，现有证据不能排除以非法方法收集证据的；（4）驻看守所检察人员在重大案件侦查终结前未对讯问合法性进行核查，或者未对核查过程同步录音录像，或者录音录像存在选择性录制、剪接、删改等情形，现有证据不能排除以非法方法收集证据的；（5）其他不能排除存在以非法方法收集证据的。对证人证言、被害人陈述、物证、书证等证据收集合法性的审查、调查程序，参照上述规定。

6. 具有下列情形之一的，第二审人民法院应当对证据收集的合法性进行审查，并根据《刑事诉讼法》和《最高人民法院关于适用〈中华人民共和国刑事诉讼法〉的解释》的有关规定作出处理：（1）第一审人民法院对当事人及其辩护人、诉讼代理人排除非法证据的申请没有审查，且以该证据作为定案根据的；（2）人民检察院或者被告人、自诉人及其法定代理人不服第一审人民法院作出的有关证据收集合法性的调查结论，提出抗诉、上诉的；（3）当事人及其辩护人、诉讼代理人在第一审结束后才发现相关线索或者材料，申请人民法院排除非法证据的。

7. 人民检察院应当在第一审程序中全面出示证明证据收集合法性的证据材料，在第一审程序中未出示证明证据收集合法性的证据，第一审人民法院依法排除有关证据的，人民检察院在第二审程序中不得出示之前未出示的证据，但在第一审程序后发现的除外。

8. 第一审人民法院对当事人及其辩护人、诉讼代理人排除非法证据的申请未予审查，并以有关证据作为定案的根据，可能影响公正审判的，第二审人民法院应当裁定撤销原判，发回原审人民法院重新审判。

（五）庭审程序

1. 召开庭前会议的案件，法庭应当在宣读起诉书后，宣布庭前会议中对证据收集合法性的审查情况，以及控辩双方的争议焦点。未召开庭前会议的，法庭宣布因被告人、辩护人书面提出申请，在法庭调查开始前，先对证据合法性进行调查。

2. 当事人及其辩护人、诉讼代理人说明排除非法证据的申请及相关线索或者材料。

3. 人民法院决定对证据收集的合法性进行法庭调查的，应当先行当庭调查。对于被申请排除的证据和其他犯罪事实没有关联等情形，为防止庭审过分迟延，可以先调查其他犯罪事实，再对证据收集的合法性进行调查。在对证据收集合法性的法庭调查程序结束前，不得对有关证据宣读、质证。

4. 证据收集合法性的举证责任由人民检察院承担，检察员出示证明证据收集合法性的证据材料，当事人及其辩护人、诉讼代理人可以对相关证据进行质证，经审判长准许，检察员、辩护人可以向出庭的调查人员、侦查人员或者其他人员发问。人民检察院未提供证据，或者提供的证据不能证明证据收集的合法性，经过法庭审理，确认以非法方法收集证据的或者不能排除以非法方法收集证据情形的，对有关证据应当予以排除。

5. 法庭决定对证据收集的合法性进行调查的，由公诉人通过宣读调查、侦查讯问笔录、出示提讯登记、体检记录、对讯问合法性的核查材料等证据材料，有针对性地播放讯问录音录像，提请法庭通知有关调查人员、侦查人员或者其他人员出庭说明情况等方式，证明证据收集的合法性。

讯问录音录像涉及国家秘密、商业秘密、个人隐私或者其他不宜公开内容的，法庭可以决定对讯问录音录像不公开播放、质证。公诉人提交的取证过程合法的说明材料，应当经有关调查人员、侦查人员签名，并加盖单位印章。未经签名或者盖章的，不得作为证据使用。上述说明材料不能单独作为证明取证过程合法的根据。

6. 控辩双方申请法庭通知调查人员、侦查人员或者其他人员出庭说明情况，法庭认为有必要的，应当通知有关人员出庭。根据案件情况，法庭可以依职权通知调查人员、侦查人员或者其他人员出庭说明情况。调查人员、侦查人员或者其他人员出庭的，应当向法庭说明证据收集过程，并就相关情况接受控辩双方和法庭的询问。

7. 控辩双方对证据收集的合法性进行辩论。

8. 合议庭应当庭作出是否排除有关证据的决定。必要时，可以宣布休庭，由合议庭评议或者提交审判委员会讨论，再次开庭时宣布决定。

9. 当事人及其辩护人、诉讼代理人在开庭审理前未申请排除非法证据，在庭审过程中提出申请的，应当说明理由。

10. 合议庭评议认为对证据收集的合法性无异议，该证据可以在法庭调查阶段继续出示。驳回排除非法证据的申请后，被告人及其辩护人没有新的线索或者材料，以相同理由再次提出申请的，不再审查。

11. 合议庭评议认为应当作为非法证据予以排除的，在法庭调查阶段不得再出示该证据。

【常用法律、司法解释及相关规定】

《刑事诉讼法》（2018 年 10 月 26 日修正）

第五十六条 采用刑讯逼供等非法方法收集的犯罪嫌疑人、被告人供述和采用暴力、威胁等非法方法收集的证人证言、被害人陈述，应当予以排除。收集物证、书证不符合法定程序，可能严重影响司法公正的，应当予以补正或者作出合理解释；不能补正或者作出合理解释的，对该证据应当予以排除。

在侦查、审查起诉、审判时发现有应当排除的证据的，应当依法予以排除，不得作为起诉意见、起诉决定和判决的依据。

第五十八条 法庭审理过程中，审判人员认为可能存在本法第五十六条规定的以非法方法收集证据情形的，应当对证据收集的合法性进行法庭调查。

当事人及其辩护人、诉讼代理人有权申请人民法院对以非法方法收集的证据依法予以排除。申请排除以非法方法收集的证据的，应当提供相关线索或者材料。

第五十九条 在对证据收集的合法性进行法庭调查的过程中，人民检察院应当对证据收集的合法性加以证明。

现有证据材料不能证明证据收集的合法性的，人民检察院可以提请人民法院通知有关侦查人员或者其他人员出庭说明情况；人民法院可以通知有关侦查人员或者其他人员出庭说明情况。有关侦查人员或者其他人员也可以要求出庭说明情况。经人民法院通知，有关人员应当出庭。

第六十条　对于经过法庭审理，确认或者不能排除存在本法第五十六条规定的以非法方法收集证据情形的，对有关证据应当予以排除。

《最高人民法院关于适用〈中华人民共和国刑事诉讼法〉的解释》（2021年3月1日施行　法释〔2021〕1号）

第一百二十三条　采用下列非法方法收集的被告人供述，应当予以排除：

（一）采用殴打、违法使用戒具等暴力方法或者变相肉刑的恶劣手段，使被告人遭受难以忍受的痛苦而违背意愿作出的供述；

（二）采用以暴力或者严重损害本人及其近亲属合法权益等相威胁的方法，使被告人遭受难以忍受的痛苦而违背意愿作出的供述；

（三）采用非法拘禁等非法限制人身自由的方法收集的被告人供述。

第一百二十四条　采用刑讯逼供方法使被告人作出供述，之后被告人受该刑讯逼供行为影响而作出的与该供述相同的重复性供述，应当一并排除，但下列情形除外：

（一）调查、侦查期间，监察机关、侦查机关根据控告、举报或者自己发现等，确认或者不能排除以非法方法收集证据而更换调查、侦查人员，其他调查、侦查人员再次讯问时告知有关权利和认罪的法律后果，被告人自愿供述的；

（二）审查逮捕、审查起诉和审判期间，检察人员、审判人员讯问时告知诉讼权利和认罪的法律后果，被告人自愿供述的。

第一百二十五条　采用暴力、威胁以及非法限制人身自由等非法方法收集的证人证言、被害人陈述，应当予以排除。

第一百二十六条　收集物证、书证不符合法定程序，可能严重影响司法公正的，应当予以补正或者作出合理解释；不能补正或者作出合理解释的，对该证据应当予以排除。

认定"可能严重影响司法公正"，应当综合考虑收集证据违反法定程序以及所造成后果的严重程度等情况。

第一百二十七条 当事人及其辩护人、诉讼代理人申请人民法院排除以非法方法收集的证据的，应当提供涉嫌非法取证的人员、时间、地点、方式、内容等相关线索或者材料。

第一百二十八条 人民法院向被告人及其辩护人送达起诉书副本时，应当告知其申请排除非法证据的，应当在开庭审理前提出，但庭审期间才发现相关线索或者材料的除外。

第一百二十九条 开庭审理前，当事人及其辩护人、诉讼代理人申请人民法院排除非法证据的，人民法院应当在开庭前及时将申请书或者申请笔录及相关线索、材料的复制件送交人民检察院。

第一百三十条 开庭审理前，人民法院可以召开庭前会议，就非法证据排除等问题了解情况，听取意见。

在庭前会议中，人民检察院可以通过出示有关证据材料等方式，对证据收集的合法性加以说明。必要时，可以通知调查人员、侦查人员或者其他人员参加庭前会议，说明情况。

第一百三十一条 在庭前会议中，人民检察院可以撤回有关证据。撤回的证据，没有新的理由，不得在庭审中出示。

当事人及其辩护人、诉讼代理人可以撤回排除非法证据的申请。撤回申请后，没有新的线索或者材料，不得再次对有关证据提出排除申请。

第一百三十二条 当事人及其辩护人、诉讼代理人在开庭审理前未申请排除非法证据，在庭审过程中提出申请的，应当说明理由。人民法院经审查，对证据收集的合法性有疑问的，应当进行调查；没有疑问的，驳回申请。

驳回排除非法证据的申请后，当事人及其辩护人、诉讼代理人没有新的线索或者材料，以相同理由再次提出申请的，人民法院不再审查。

第一百三十三条 控辩双方在庭前会议中对证据收集是否合法未达成一致意见，人民法院对证据收集的合法性有疑问的，应当在庭审中进行调查；对证据收集的合法性没有疑问，且无新的线索或者材料表明可能存在非法取证的，可以决定不再进行调查并说明理由。

第一百三十四条 庭审期间，法庭决定对证据收集的合法性进行调查的，应当先行当庭调查。但为防止庭审过分迟延，也可以在法庭调查结束前调查。

第一百三十五条 法庭决定对证据收集的合法性进行调查的，由公诉人通过宣读调查、侦查讯问笔录、出示提讯登记、体检记录、对讯问合法性的核查材料等证据材料，有针对性地播放讯问录音录像，提请法庭通知有关调查人员、侦查人员或者其他人员出庭说明情况等方式，证明证据收集的合法性。

讯问录音录像涉及国家秘密、商业秘密、个人隐私或者其他不宜公开内容的，法庭可以决定对讯问录音录像不公开播放、质证。

公诉人提交的取证过程合法的说明材料，应当经有关调查人员、侦查人员签名，并加盖单位印章。未经签名或者盖章的，不得作为证据使用。上述说明材料不能单独作为证明取证过程合法的根据。

第一百三十六条 控辩双方申请法庭通知调查人员、侦查人员或者其他人员出庭说明情况，法庭认为有必要的，应当通知有关人员出庭。

根据案件情况，法庭可以依职权通知调查人员、侦查人员或者其他人员出庭说明情况。

调查人员、侦查人员或者其他人员出庭的，应当向法庭说明证据收集过程，并就相关情况接受控辩双方和法庭的询问。

第一百三十七条 法庭对证据收集的合法性进行调查后，确认或者不能排除存在刑事诉讼法第五十六条规定的以非法方法收集证据情形的，对有关证据应当排除。

第一百三十八条 具有下列情形之一的，第二审人民法院应当对证据收集的合法性进行审查，并根据刑事诉讼法和本解释的有关规定作出处理：

（一）第一审人民法院对当事人及其辩护人、诉讼代理人排除非法证据的申请没有审查，且以该证据作为定案根据的；

（二）人民检察院或者被告人、自诉人及其法定代理人不服第一审人民法院作出的有关证据收集合法性的调查结论，提出抗诉、上诉的；

（三）当事人及其辩护人、诉讼代理人在第一审结束后才发现相关线索或者材料，申请人民法院排除非法证据的。

《最高人民法院、最高人民检察院、公安部、国家安全部、司法部关于办理刑事案件严格排除非法证据若干问题的规定》（2017 年 6 月 27 日施行 法发〔2017〕15 号）

第一条 严禁刑讯逼供和以威胁、引诱、欺骗以及其他非法方法收集证据，不得强迫任何人证实自己有罪。对一切案件的判处都要重证据，重调查研究，不轻信口供。

第二条 采取殴打、违法使用戒具等暴力方法或者变相肉刑的恶劣手段，使犯罪嫌疑人、被告人遭受难以忍受的痛苦而违背意愿作出的供述，应当予以排除。

第三条 采用以暴力或者严重损害本人及其近亲属合法权益等进行威胁的方法，使犯罪嫌疑人、被告人遭受难以忍受的痛苦而违背意愿作出的供述，应当予以排除。

第四条 采用非法拘禁等非法限制人身自由的方法收集的犯罪嫌疑人、被告人供述，应当予以排除。

第五条 采用刑讯逼供方法使犯罪嫌疑人、被告人作出供述，之后犯罪嫌疑人、被告人受该刑讯逼供行为影响而作出的与该供述相同的重复性供述，应当一并排除，但下列情形除外：

（一）侦查期间，根据控告、举报或者自己发现等，侦查机关确认或者不能排除以非法方法收集证据而更换侦查人员，其他侦查人员再次讯问时告知诉讼权利和认罪的法律后果，犯罪嫌疑人自愿供述的；

（二）审查逮捕、审查起诉和审判期间，检察人员、审判人员讯问时告知诉讼权利和认罪的法律后果，犯罪嫌疑人、被告人自愿供述的。

第六条 采用暴力、威胁以及非法限制人身自由等非法方法收集的证人证言、被害人陈述，应当予以排除。

第七条 收集物证、书证不符合法定程序，可能严重影响司法公正的，应当予以补正或者作出合理解释；不能补正或者作出合理解释的，对有关证据应当予以排除。

第八条 侦查机关应当依照法定程序开展侦查，收集、调取能够证实犯罪嫌疑人有罪或者无罪、罪轻或者罪重的证据材料。

第九条 拘留、逮捕犯罪嫌疑人后，应当按照法律规定送看守所羁押。犯罪嫌疑人被送交看守所羁押后，讯问应当在看守所讯问室进行。因客观原因侦查机关在看守所讯问室以外的场所进行讯问的，应当作出合理解释。

第十条 侦查人员在讯问犯罪嫌疑人的时候，可以对讯问过程进行录音录像；对于可能判处无期徒刑、死刑的案件或者其他重大犯罪案件，应当对讯问过程进行录音录像。

侦查人员应当告知犯罪嫌疑人对讯问过程录音录像，并在讯问笔录中写明。

第十一条 对讯问过程录音录像，应当不间断进行，保持完整性，不得选择性地录制，不得剪接、删改。

第十二条 侦查人员讯问犯罪嫌疑人，应当依法制作讯问笔录。讯问笔录应当交犯罪嫌疑人核对，对于没有阅读能力的，应当向他宣读。对讯问笔录中有遗漏或者差错等情形，犯罪嫌疑人可以提出补充或者改正。

第十三条 看守所应当对提讯进行登记，写明提讯单位、人员、事由、起止时间以及犯罪嫌疑人姓名等情况。

看守所收押犯罪嫌疑人，应当进行身体检查。检查时，人民检察院驻看守所检察人员可以在场。检查发现犯罪嫌疑人有伤或者身体异常的，看守所应当拍照或者录像，分别由送押人员、犯罪嫌疑人说明原因，并在体检记录中写明，由送押人员、收押人员和犯罪嫌疑人签字确认。

第十四条 犯罪嫌疑人及其辩护人在侦查期间可以向人民检察院申请排除非法证据。对犯罪嫌疑人及其辩护人提供相关线索或者材料的，人民检察院应当调查核实。调查结论应当书面告知犯罪嫌疑人及其辩护人。对确有以非法方法收集证据情形的，人民检察院应当向侦查机关提出纠正意见。

侦查机关对审查认定的非法证据，应当予以排除，不得作为提请批准逮捕、移送审查起诉的根据。

对重大案件，人民检察院驻看守所检察人员应当在侦查终结前询问犯罪嫌疑人，核查是否存在刑讯逼供、非法取证情形，并同步录音录像。经核查，确有刑讯逼供、非法取证情形的，侦查机关应当及时排除非法证据，不得作为提请批准逮捕、移送审查起诉的根据。

第十五条 对侦查终结的案件，侦查机关应当全面审查证明证据收集合法性的证据材料，依法排除非法证据。排除非法证据后，证据不足的，不得移送审查起诉。

侦查机关发现办案人员非法取证的，应当依法作出处理，并可另行指派侦查人员重新调查取证。

第十六条 审查逮捕、审查起诉期间讯问犯罪嫌疑人，应当告知其有权申请排除非法证据，并告知诉讼权利和认罪的法律后果。

第十七条 审查逮捕、审查起诉期间，犯罪嫌疑人及其辩护人申请排除非法证据，并提供相关线索或者材料的，人民检察院应当调查核实。调查结论应当书面告知犯罪嫌疑人及其辩护人。

人民检察院在审查起诉期间发现侦查人员以刑讯逼供等非法方法收集证据的，应当依法排除相关证据并提出纠正意见，必要时人民检察院可以自行调查取证。

人民检察院对审查认定的非法证据，应当予以排除，不得作为批准或者决定逮捕、提起公诉的根据。被排除的非法证据应当随案移送，并写明为依法排除的非法证据。

第十八条 人民检察院依法排除非法证据后，证据不足，不符合逮捕、起诉条件的，不得批准或者决定逮捕、提起公诉。

对于人民检察院排除有关证据导致对涉嫌的重要犯罪事实未予认定，从而作出不批准逮捕、不起诉决定，或者对涉嫌的部分重要犯罪事实决定不起诉的，公安机关、国家安全机关可要求复议、提请复核。

第十九条 犯罪嫌疑人、被告人申请提供法律援助的，应当按照有关规定指派法律援助律师。

法律援助值班律师可以为犯罪嫌疑人、被告人提供法律帮助，对刑讯逼供、非法取证情形代理申诉、控告。

第二十条 犯罪嫌疑人、被告人及其辩护人申请排除非法证据，应当提供涉嫌非法取证的人员、时间、地点、方式、内容等相关线索或者材料。

第二十一条 辩护律师自人民检察院对案件审查起诉之日起，可以查阅、摘抄、复制讯问笔录、提讯登记、采取强制措施或者侦查措施的法律文书等证据材料。其他辩护人经人民法院、人民检察院许可，也可以查阅、摘抄、复制上述证据材料。

第二十二条 犯罪嫌疑人、被告人及其辩护人向人民法院、人民检察院申请调取公安机关、国家安全机关、人民检察院收集但未提交的讯问录音录像、体检记录等证据材料，人民法院、人民检察院经审查认为犯罪嫌疑人、被告人及其辩护人申请调取的证据材料与证明证据收集的合法性有联系的，应当予以调取；认为与证明证据收集的合法性没有联系的，应当决定不予调取并向犯罪嫌疑人、被告人及其辩护人说明理由。

第二十三条 人民法院向被告人及其辩护人送达起诉书副本时，应当告知其有权申请排除非法证据。

被告人及其辩护人申请排除非法证据，应当在开庭审理前提出，但在庭审期间发现相关线索或者材料等情形除外。人民法院应当在开庭审理前将申请书和相关线索或者材料的复制件送交人民检察院。

第二十四条 被告人及其辩护人在开庭审理前申请排除非法证据，未提供相关线索或者材料，不符合法律规定的申请条件的，人民法院对申请不予受理。

第二十五条 被告人及其辩护人在开庭审理前申请排除非法证据，按照法律规定提供相关线索或者材料的，人民法院应当召开庭前会议。人民检察院应当通过出示有关证据材料等方式，有针对性地对证据收集的合法性作出说明。人民法院可以核实情况，听取意见。

人民检察院可以决定撤回有关证据，撤回的证据，没有新的理由，不得在庭审中出示。

被告人及其辩护人可以撤回排除非法证据的申请。撤回申请后，没有新的线索或者材料，不得再次对有关证据提出排除申请。

第二十六条 公诉人、被告人及其辩护人在庭前会议中对证据收集是否合法未达成一致意见，人民法院对证据收集的合法性有疑问的，应当在庭审中进行调查；人民法院对证据收集的合法性没有疑问，且没有新的线索或者材料表明可能存在非法取证的，可以决定不再进行调查。

第二十七条 被告人及其辩护人申请人民法院通知侦查人员或者其他人员出庭，人民法院认为现有证据材料不能证明证据收集的合法性，确有必要通知上述人员出庭作证或者说明情况的，可以通知上述人员出庭。

第二十八条 公诉人宣读起诉书后，法庭应当宣布开庭审理前对证据收集合法性的审查及处理情况。

第二十九条 被告人及其辩护人在开庭审理前未申请排除非法证据，在法庭审理过程中提出申请的，应当说明理由。

对前述情形，法庭经审查，对证据收集的合法性有疑问的，应当进行调查；没有疑问的，应当驳回申请。

法庭驳回排除非法证据申请后，被告人及其辩护人没有新的线索或者材料，以相同理由再次提出申请的，法庭不再审查。

第三十条 庭审期间，法庭决定对证据收集的合法性进行调查的，应当先行当庭调查。但为防止庭审过分迟延，也可以在法庭调查结束前进行调查。

第三十一条 公诉人对证据收集的合法性加以证明，可以出示讯问笔录、提讯登记、体检记录、采取强制措施或者侦查措施的法律文书、侦查终结前对讯问合法性的核查材料等证据材料，有针对性地播放讯问录音录像，提请法庭通知侦查人员或者其他人员出庭说明情况。

被告人及其辩护人可以出示相关线索或者材料，并申请法庭播放特定时段的讯问录音录像。

侦查人员或者其他人员出庭，应当向法庭说明证据收集过程，并就相关情况接受发问。对发问方式不当或者内容与证据收集的合法性无关的，法庭应当制止。

公诉人、被告人及其辩护人可以对证据收集的合法性进行质证、辩论。

第三十二条 法庭对控辩双方提供的证据有疑问的，可以宣布休庭，对证据进行调查核实。必要时，可以通知公诉人、辩护人到场。

第三十三条 法庭对证据收集的合法性进行调查后，应当当庭作出是否排除有关证据的决定。必要时，可以宣布休庭，由合议庭评议或者提交审判委员会讨论，再次开庭时宣布决定。

在法庭作出是否排除有关证据的决定前，不得对有关证据宣读、质证。

第三十四条 经法庭审理，确认存在本规定所规定的以非法方法收集证据情形的，对有关证据应当予以排除。法庭根据相关线索或者材料对证据收集的合法性有疑问，而人民检察院未提供证据或者提供的证据不能证明证据收集的合法性，不能排除存在本规定所规定的以非法方法收集证据情形的，对有关证据应当予以排除。

对依法予以排除的证据，不得宣读、质证，不得作为判决的根据。

第三十五条 人民法院排除非法证据后，案件事实清楚，证据确实、充分，依据法律认定被告人有罪的，应当作出有罪判决；证据不足，不能认定被告人有罪的，应当作出证据不足、指控的犯罪不能成立的无罪判决；案件部分事实清楚，证据确实、充分的，依法认定该部分事实。

第三十六条 人民法院对证据收集合法性的审查、调查结论，应当在裁判文书中写明，并说明理由。

第三十七条 人民法院对证人证言、被害人陈述等证据收集合法性的审查、调查，参照上述规定。

第三十八条 人民检察院、被告人及其法定代理人提出抗诉、上诉，对第一审人民法院有关证据收集合法性的审查、调查结论提出异议的，第二审人民法院应当审查。

被告人及其辩护人在第一审程序中未申请排除非法证据，在第二审程序中提出申请的，应当说明理由。第二审人民法院应当审查。

人民检察院在第一审程序中未出示证据证明证据收集的合法性，第一审人民法院依法排除有关证据的，人民检察院在第二审程序中不得出示之前未出示的证据，但在第一审程序后发现的除外。

第三十九条 第二审人民法院对证据收集合法性的调查，参照上述第一审程序的规定。

第四十条 第一审人民法院对被告人及其辩护人排除非法证据的申请未予审查，并以有关证据作为定案根据，可能影响公正审判的，第二审人民法院可以裁定撤销原判，发回原审人民法院重新审判。

第一审人民法院对依法应当排除的非法证据未予排除的，第二审人民法院可以依法排除非法证据。排除非法证据后，原判决认定事实和适用法律正确、量刑适当的，应当裁定驳回上诉或者抗诉，维持原判；原判决认定事实没有错误，但适用法律有错误，或者量刑不当的，应当改判；原判决事实不清楚或者证据不足的，可以裁定撤销原判，发回原审人民法院重新审判。

第四十一条 审判监督程序、死刑复核程序中对证据收集合法性的审查、调查，参照上述规定。

《人民法院办理刑事案件排除非法证据规程（试行）》（2018 年 1 月 1 日施行 法发〔2017〕31 号）

第一条 采用下列非法方法收集的被告人供述，应当予以排除：

（一）采用殴打、违法使用戒具等暴力方法或者变相肉刑的恶劣手段，使被告人遭受难以忍受的痛苦而违背意愿作出的供述；

（二）采用以暴力或者严重损害本人及其近亲属合法权益等进行威胁的方

法，使被告人遭受难以忍受的痛苦而违背意愿作出的供述；

（三）采用非法拘禁等非法限制人身自由的方法收集的被告人供述。

采用刑讯逼供方法使被告人作出供述，之后被告人受该刑讯逼供行为影响而作出的与该供述相同的重复性供述，应当一并排除，但下列情形除外：

（一）侦查期间，根据控告、举报或者自己发现等，侦查机关确认或者不能排除以非法方法收集证据而更换侦查人员，其他侦查人员再次讯问时告知诉讼权利和认罪的法律后果，被告人自愿供述的；

（二）审查逮捕、审查起诉和审判期间，检察人员、审判人员讯问时告知诉讼权利和认罪的法律后果，被告人自愿供述的。

第二条 采用暴力、威胁以及非法限制人身自由等非法方法收集的证人证言、被害人陈述，应当予以排除。

第三条 采用非法搜查、扣押等违反法定程序的方法收集物证、书证，可能严重影响司法公正的，应当予以补正或者作出合理解释；不能补正或者作出合理解释的，对有关证据应当予以排除。

第四条 依法予以排除的非法证据，不得宣读、质证，不得作为定案的根据。

第五条 被告人及其辩护人申请排除非法证据，应当提供相关线索或者材料。"线索"是指内容具体、指向明确的涉嫌非法取证的人员、时间、地点、方式等；"材料"是指能够反映非法取证的伤情照片、体检记录、医院病历、讯问笔录、讯问录音录像或者同监室人员的证言等。

被告人及其辩护人申请排除非法证据，应当向人民法院提交书面申请。被告人书写确有困难的，可以口头提出申请，但应当记录在案，并由被告人签名或者捺印。

第六条 证据收集合法性的举证责任由人民检察院承担。

人民检察院未提供证据，或者提供的证据不能证明证据收集的合法性，经过法庭审理，确认或者不能排除以非法方法收集证据情形的，对有关证据应当予以排除。

第七条 开庭审理前，承办法官应当阅卷，并对证据收集的合法性进行审查：

（一）被告人在侦查、审查起诉阶段是否提出排除非法证据申请；提出申请的，是否提供相关线索或者材料；

（二）侦查机关、人民检察院是否对证据收集的合法性进行调查核实；调查核实的，是否作出调查结论；

（三）对于重大案件，人民检察院驻看守所检察人员在侦查终结前是否核查讯问的合法性，是否对核查过程同步录音录像；进行核查的，是否作出核查结论；

（四）对于人民检察院在审查逮捕、审查起诉阶段排除的非法证据，是否随案移送并写明为依法排除的非法证据。

人民法院对证据收集的合法性进行审查后，认为需要补充证据材料的，应当通知人民检察院在三日内补送。

第八条 人民法院向被告人及其辩护人送达起诉书副本时，应当告知其有权在开庭审理前申请排除非法证据并同时提供相关线索或者材料。上述情况应当记录在案。

被告人申请排除非法证据，但没有辩护人的，人民法院应当通知法律援助机构指派律师为其提供辩护。

第九条 被告人及其辩护人申请排除非法证据，应当在开庭审理前提出，但在庭审期间发现相关线索或者材料等情形除外。

第十条 被告人及其辩护人申请排除非法证据，并提供相关线索或者材料的，人民法院应当召开庭前会议，并在召开庭前会议三日前将申请书和相关线索或者材料的复制件送交人民检察院。

被告人及其辩护人申请排除非法证据，未提供相关线索或者材料的，人民法院应当告知其补充提交。被告人及其辩护人未能补充的，人民法院对申请不予受理，并在开庭审理前告知被告人及其辩护人。上述情况应当记录在案。

第十一条 对于可能判处无期徒刑、死刑或者黑社会性质组织犯罪、严重毒品犯罪等重大案件，被告人在驻看守所检察人员对讯问的合法性进行核查询问时，明确表示侦查阶段没有刑讯逼供等非法取证情形，在审判阶段又提出排除非法证据申请的，应当说明理由。人民法院经审查对证据收集的合法性没有疑问的，可以驳回申请。

驻看守所检察人员在重大案件侦查终结前未对讯问的合法性进行核查询

问，或者未对核查询问过程全程同步录音录像，被告人及其辩护人在审判阶段提出排除非法证据申请，提供相关线索或者材料，人民法院对证据收集的合法性有疑问的，应当依法进行调查。

第十二条 在庭前会议中，人民法院对证据收集的合法性进行审查的，一般按照以下步骤进行：

（一）被告人及其辩护人说明排除非法证据的申请及相关线索或者材料；

（二）公诉人提供证明证据收集合法性的证据材料；

（三）控辩双方对证据收集的合法性发表意见；

（四）控辩双方对证据收集的合法性未达成一致意见的，审判人员归纳争议焦点。

第十三条 在庭前会议中，人民检察院应当通过出示有关证据材料等方式，有针对性地对证据收集的合法性作出说明。人民法院可以对有关材料进行核实，经控辩双方申请，可以有针对性地播放讯问录音录像。

第十四条 在庭前会议中，人民检察院可以撤回有关证据。撤回的证据，没有新的理由，不得在庭审中出示。

被告人及其辩护人可以撤回排除非法证据的申请。撤回申请后，没有新的线索或者材料，不得再次对有关证据提出排除申请。

第十五条 控辩双方在庭前会议中对证据收集的合法性达成一致意见的，法庭应当在庭审中向控辩双方核实并当庭予以确认。对于一方在庭审中反悔的，除有正当理由外，法庭一般不再进行审查。

控辩双方在庭前会议中对证据收集的合法性未达成一致意见，人民法院应当在庭审中进行调查，但公诉人提供的相关证据材料确实、充分，能够排除非法取证情形，且没有新的线索或者材料表明可能存在非法取证的，庭审调查举证、质证可以简化。

第十六条 审判人员应当在庭前会议报告中说明证据收集合法性的审查情况，主要包括控辩双方的争议焦点以及就相关事项达成的一致意见等内容。

第十七条 被告人及其辩护人在开庭审理前未申请排除非法证据，在庭审过程中提出申请的，应当说明理由。人民法院经审查，对证据收集的合法性有疑问的，应当进行调查；没有疑问的，应当驳回申请。

人民法院驳回排除非法证据的申请后，被告人及其辩护人没有新的线索或者材料，以相同理由再次提出申请的，人民法院不再审查。

第十八条 人民法院决定对证据收集的合法性进行法庭调查的，应当先行当庭调查。对于被申请排除的证据和其他犯罪事实没有关联等情形，为防止庭审过分迟延，可以先调查其他犯罪事实，再对证据收集的合法性进行调查。

在对证据收集合法性的法庭调查程序结束前，不得对有关证据宣读、质证。

第十九条 法庭决定对证据收集的合法性进行调查的，一般按照以下步骤进行：

（一）召开庭前会议的案件，法庭应当在宣读起诉书后，宣布庭前会议中对证据收集合法性的审查情况，以及控辩双方的争议焦点；

（二）被告人及其辩护人说明排除非法证据的申请及相关线索或者材料；

（三）公诉人出示证明证据收集合法性的证据材料，被告人及其辩护人可以对相关证据进行质证，经审判长准许，公诉人、辩护人可以向出庭的侦查人员或者其他人员发问；

（四）控辩双方对证据收集的合法性进行辩论。

第二十条 公诉人对证据收集的合法性加以证明，可以出示讯问笔录、提讯登记、体检记录、采取强制措施或者侦查措施的法律文书、侦查终结前对讯问合法性的核查材料等证据材料，也可以针对被告人及其辩护人提出异议的讯问时段播放讯问录音录像，提请法庭通知侦查人员或者其他人员出庭说明情况。不得以侦查人员签名并加盖公章的说明材料替代侦查人员出庭。

庭审中，公诉人当庭不能举证或者为提供新的证据需要补充侦查，建议延期审理的，法庭可以同意。

第二十一条 被告人及其辩护人可以出示相关线索或者材料，并申请法庭播放特定讯问时段的讯问录音录像。

被告人及其辩护人向人民法院申请调取侦查机关、人民检察院收集但未提交的讯问录音录像、体检记录等证据材料，人民法院经审查认为该证据材料与证据收集的合法性有关的，应当予以调取；认为与证据收集的合法性无关的，应当决定不予调取，并向被告人及其辩护人说明理由。

被告人及其辩护人申请人民法院通知侦查人员或者其他人员出庭说明情

况，人民法院认为确有必要的，可以通知上述人员出庭。

第二十二条 法庭对证据收集的合法性进行调查的，应当重视对讯问录音录像的审查，重点审查以下内容：

（一）讯问录音录像是否依法制作。对于可能判处无期徒刑、死刑的案件或者其他重大犯罪案件，是否对讯问过程进行录音录像；

（二）讯问录音录像是否完整。是否对每一次讯问过程录音录像，录音录像是否全程不间断进行，是否有选择性录制、剪接、删改等情形；

（三）讯问录音录像是否同步制作。录音录像是否自讯问开始时制作，至犯罪嫌疑人核对讯问笔录、签字确认后结束；讯问笔录记载的起止时间是否与讯问录音录像反映的起止时间一致；

（四）讯问录音录像与讯问笔录的内容是否存在差异。对与定罪量刑有关的内容，讯问笔录记载的内容与讯问录音录像是否存在实质性差异，存在实质性差异的，以讯问录音录像为准。

第二十三条 侦查人员或者其他人员出庭的，应当向法庭说明证据收集过程，并就相关情况接受发问。对发问方式不当或者内容与证据收集的合法性无关的，法庭应当制止。

经人民法院通知，侦查人员不出庭说明情况，不能排除以非法方法收集证据情形的，对有关证据应当予以排除。

第二十四条 人民法院对控辩双方提供的证据来源、内容等有疑问的，可以告知控辩双方补充证据或者作出说明；必要时，可以宣布休庭，对证据进行调查核实。法庭调查核实证据，可以通知控辩双方到场，并将核实过程记录在案。

对于控辩双方补充的和法庭庭外调查核实取得的证据，未经当庭出示、质证等法庭调查程序查证属实，不得作为证明证据收集合法性的根据。

第二十五条 人民法院对证据收集的合法性进行调查后，应当当庭作出是否排除有关证据的决定。必要时，可以宣布休庭，由合议庭评议或者提交审判委员会讨论，再次开庭时宣布决定。

第二十六条 经法庭审理，具有下列情形之一的，对有关证据应当予以排除：

（一）确认以非法方法收集证据的；

（二）应当对讯问过程录音录像的案件没有提供讯问录音录像，或者讯问录音录像存在选择性录制、剪接、删改等情形，现有证据不能排除以非法方法收集证据的；

（三）侦查机关除紧急情况外没有在规定的办案场所讯问，现有证据不能排除以非法方法收集证据的；

（四）驻看守所检察人员在重大案件侦查终结前未对讯问合法性进行核查，或者未对核查过程同步录音录像，或者录音录像存在选择性录制、剪接、删改等情形，现有证据不能排除以非法方法收集证据的；

（五）其他不能排除存在以非法方法收集证据的。

第二十七条 人民法院对证人证言、被害人陈述、物证、书证等证据收集合法性的审查、调查程序，参照上述规定。

第二十八条 人民法院对证据收集合法性的审查、调查结论，应当在裁判文书中写明，并说明理由。

第二十九条 人民检察院、被告人及其法定代理人提出抗诉、上诉，对第一审人民法院有关证据收集合法性的审查、调查结论提出异议的，第二审人民法院应当审查。

第三十条 被告人及其辩护人在第一审程序中未提出排除非法证据的申请，在第二审程序中提出申请，有下列情形之一的，第二审人民法院应当审查：

（一）第一审人民法院没有依法告知被告人申请排除非法证据的权利的；

（二）被告人及其辩护人在第一审庭审后发现涉嫌非法取证的相关线索或者材料的。

第三十一条 人民检察院应当在第一审程序中全面出示证明证据收集合法性的证据材料。

人民检察院在第一审程序中未出示证明证据收集合法性的证据，第一审人民法院依法排除有关证据的，人民检察院在第二审程序中不得出示之前未出示的证据，但在第一审程序后发现的除外。

第三十二条 第二审人民法院对证据收集合法性的调查，参照上述第一审程序的规定。

第三十三条 第一审人民法院对被告人及其辩护人排除非法证据的申请

未予审查，并以有关证据作为定案的根据，可能影响公正审判的，第二审人民法院应当裁定撤销原判，发回原审人民法院重新审判。

第三十四条　第一审人民法院对依法应当排除的非法证据未予排除的，第二审人民法院可以依法排除相关证据。排除非法证据后，应当按照下列情形分别作出处理：

（一）原判决认定事实和适用法律正确、量刑适当的，应当裁定驳回上诉或者抗诉，维持原判；

（二）原判决认定事实没有错误，但适用法律有错误，或者量刑不当的，应当改判；

（三）原判决事实不清或者证据不足的，可以在查清事实后改判；也可以裁定撤销原判，发回原审人民法院重新审判。

第三十五条　审判监督程序、死刑复核程序中对证据收集合法性的审查、调查，参照上述规定。

《最高人民法院、最高人民检察院、公安部、国家安全部、司法部、全国人大常委会法制工作委员会关于实施刑事诉讼法若干问题的规定》（2013 年 1 月 1 日施行）

11. 刑事诉讼法第五十六条①第一款规定："法庭审理过程中，审判人员认为可能存在本法第五十四条②规定的以非法方法收集证据情形的，应当对证据收集的合法性进行法庭调查。"法庭经对当事人及其辩护人、诉讼代理人提供的相关线索或者材料进行审查后，认为可能存在刑事诉讼法第五十四条规定的以非法方法收集证据情形的，应当对证据收集的合法性进行法庭调查。法庭调查的顺序由法庭根据案件审理情况确定。

【相关法律文书】

法庭笔录（申请排除非法证据庭前会议用）

---

① 编者注：现为第五十八条。
② 编者注：现为第五十六条，下同。

×××× 人民法院

法庭笔录

（申请排除非法证据庭前会议用）

案　　由：……

开庭时间：××××年××月××日××时××分至××时××分

开庭地点：……

审判人员：×××

书 记 员：×××

参加人员：×××

记录如下：

审判人员：查明到庭人员情况。

审判人员：宣布召开庭前会议讨论事项。

1. 是否提管辖异议。

2. 是否申请回避。

3. 是否申请调取新的证据、申请通知证人到庭、申请重新鉴定或者勘验等。

4. 是否申请排除非法证据。

5. 是否申请不公开审理。

6. 控辩双方证据展示。

7. 是否进行调解。

辩护人发表意见：……

检察人员发表意见：……

（申请排除非法证据）被告人发表意见：……

审判人员、书记员签名：×××、×××

其他到庭人员签名：×××

第十节　证据的综合审查与运用

【工作内容】

（一）一般规定

1. 对证据的真实性，应当综合全案证据进行审查。

2. 对证据的证明力，应当根据具体情况，从证据与案件事实的关联程度、证据之间的联系等方面进行审查判断。

3. 根据被告人的供述、指认提取到了隐蔽性很强的物证、书证，且被告人的供述与其他证明犯罪事实发生的证据相互印证，并排除串供、逼供、诱供等可能性的，可以认定被告人有罪。

4. 对监察机关、侦查机关出具的被告人到案经过、抓获经过等材料，应当审查是否有出具该说明材料的办案人员、办案机关的签名、盖章。

5. 对到案经过、抓获经过或者确定被告人有重大嫌疑的根据有疑问的，应当通知人民检察院补充说明。

6. 证明被告人自首、坦白、立功的证据材料，没有加盖接受被告人投案、坦白、检举揭发等的单位的印章，或者接受人员没有签名的，不得作为定案的根据。

7. 对被告人及其辩护人提出有自首、坦白、立功的事实和理由，有关机关未予认定，或者有关机关提出被告人有自首、坦白、立功表现，但证据材料不全的，人民法院应当要求有关机关提供证明材料，或者要求有关人员作证，并结合其他证据作出认定。

8. 证明被告人具有累犯、毒品再犯情节等的证据材料，应当包括前罪的裁判文书、释放证明等材料；材料不全的，应当通知人民检察院提供。

9. 审查被告人实施被指控的犯罪时或者审判时是否达到相应法定责任年龄，应当根据户籍证明、出生证明文件、学籍卡、人口普查登记、无利害关系人的证言等证据综合判断。

10. 证明被告人已满十二周岁、十四周岁、十六周岁、十八周岁或者不满七十五周岁的证据不足的，应当作出有利于被告人的认定。

（二）没有直接证据，但间接证据同时符合下列条件的，可以认定被告人有罪

（1）证据已经查证属实；（2）证据之间相互印证，不存在无法排除的矛盾和无法解释的疑问；（3）全案证据形成完整的证据链；（4）根据证据认定案件事实足以排除合理怀疑，结论具有唯一性；（5）运用证据进行的推理符合逻辑和经验。

（三）下列证据应当慎重使用，有其他证据印证的，可以采信

（1）生理上、精神上有缺陷，对案件事实的认知和表达存在一定困难，但尚未丧失正确认知、表达能力的被害人、证人和被告人所作的陈述、证言和供述；（2）与被告人有亲属关系或者其他密切关系的证人所作的有利于被告人的证言，或者与被告人有利害冲突的证人所作的不利于被告人的证言。

【常用法律、司法解释及相关规定】

《最高人民法院关于适用〈中华人民共和国刑事诉讼法〉的解释》（2021年3月1日施行 法释〔2021〕1号）

第一百三十九条 对证据的真实性，应当综合全案证据进行审查。

对证据的证明力，应当根据具体情况，从证据与案件事实的关联程度、证据之间的联系等方面进行审查判断。

第一百四十条 没有直接证据，但间接证据同时符合下列条件的，可以认定被告人有罪：

（一）证据已经查证属实；

（二）证据之间相互印证，不存在无法排除的矛盾和无法解释的疑问；

（三）全案证据形成完整的证据链；

（四）根据证据认定案件事实足以排除合理怀疑，结论具有唯一性；

（五）运用证据进行的推理符合逻辑和经验。

第一百四十一条 根据被告人的供述、指认提取到了隐蔽性很强的物证、书证，且被告人的供述与其他证明犯罪事实发生的证据相互印证，并排除串供、逼供、诱供等可能性的，可以认定被告人有罪。

第一百四十二条 对监察机关、侦查机关出具的被告人到案经过、抓获经过等材料，应当审查是否有出具该说明材料的办案人员、办案机关的签名、盖章。

对到案经过、抓获经过或者确定被告人有重大嫌疑的根据有疑问的，应当通知人民检察院补充说明。

第一百四十三条 下列证据应当慎重使用，有其他证据印证的，可以采信：

（一）生理上、精神上有缺陷，对案件事实的认知和表达存在一定困难，但尚未丧失正确认知、表达能力的被害人、证人和被告人所作的陈述、证言和供述；

（二）与被告人有亲属关系或者其他密切关系的证人所作的有利于被告人的证言，或者与被告人有利害冲突的证人所作的不利于被告人的证言。

第一百四十四条 证明被告人自首、坦白、立功的证据材料，没有加盖接受被告人投案、坦白、检举揭发等的单位的印章，或者接受人员没有签名的，不得作为定案的根据。

对被告人及其辩护人提出有自首、坦白、立功的事实和理由，有关机关未予认定，或者有关机关提出被告人有自首、坦白、立功表现，但证据材料不全的，人民法院应当要求有关机关提供证明材料，或者要求有关人员作证，并结合其他证据作出认定。

第一百四十五条 证明被告人具有累犯、毒品再犯情节等的证据材料，应当包括前罪的裁判文书、释放证明等材料；材料不全的，应当通知人民检察院提供。

第一百四十六条 审查被告人实施被指控的犯罪时或者审判时是否达到相应法定责任年龄，应当根据户籍证明、出生证明文件、学籍卡、人口普查登记、无利害关系人的证言等证据综合判断。

证明被告人已满十二周岁、十四周岁、十六周岁、十八周岁或者不满七十五周岁的证据不足的，应当作出有利于被告人的认定。

第五章 强制措施

【工作内容】

（一）一般规定

1. 人民法院根据案件情况，可以决定对被告人拘传、取保候审、监视居住或者逮捕。

2. 对被告人采取、撤销或者变更强制措施的，由院长决定；决定继续取保候审、监视居住的，可以由合议庭或者独任审判员决定。

3. 适用取保候审、监视居住、逮捕的强制措施，均由公安机关执行。

4. 人民检察院、公安机关已经对犯罪嫌疑人取保候审、监视居住，案件起诉至人民法院后，需要继续取保候审、监视居住或者变更强制措施的，人民法院应当在七日内作出决定，并通知人民检察院、公安机关。决定继续取保候审、监视居住的，应当重新办理手续，期限重新计算；继续使用保证金保证的，不再收取保证金。

5. 人民法院对被告人取保候审最长不得超过十二个月，监视居住最长不得超过六个月。

6. 在取保候审、监视居住期间，不得中断对案件的侦查、起诉和审理。对于发现不应当追究刑事责任或者取保候审、监视居住期限届满的，应当及时解除取保候审、监视居住。解除取保候审、监视居住，应当及时通知被取保候审、监视居住人和有关单位。

7. 被采取强制措施的被告人，被判处管制、缓刑的，在社区矫正开始后，强制措施自动解除；被单处附加刑的，在判决、裁定发生法律效力后，强制措施自动解除；被判处监禁刑的，在刑罚开始执行后，强制措施自动解除。

（二）拘传

1. 适用情形。对经依法传唤拒不到庭的被告人，或者根据案件情况有必要拘传的被告人，可以拘传。

2. 拘传的执行。拘传被告人，应当由院长签发拘传票，由司法警察执行，执行人员不得少于二人。拘传被告人，应当出示拘传票。对抗拒拘传的被告人，可以使用戒具。

3. 拘传的禁止性规定。（1）拘传被告人，持续的时间不得超过十二小时；案情特别重大、复杂，需要采取逮捕措施的，持续的时间不得超过二十四小时。（2）不得以连续拘传的形式变相拘禁被告人。应当保证被拘传人的饮食和必要的休息时间。

（三）取保候审

1. 适用情形。（1）可能判处管制、拘役或者独立适用附加刑的；（2）可能判处有期徒刑以上刑罚，采取取保候审不致发生社会危险性的；（3）患有严重疾病、生活不能自理，怀孕或者正在哺乳自己婴儿的妇女，采取取保候审不致发生社会危险性的；（4）羁押期限届满，案件尚未办结，需要采取取保候审的。

2. 取保候审的方式。人民法院决定对被告人取保候审，应当责令被告人提出保证人或者交纳保证金。不得同时使用保证人与保证金保证。

3. 保证人保证。

（1）对下列被告人决定取保候审的，可以责令其提出一至二名保证人：无力交纳保证金的；未成年或者已满七十五周岁的；不宜收取保证金的其他被告人。

（2）保证人需要满足下列条件：与本案无牵连；有能力履行保证义务；享有政治权利，人身自由未受到限制；有固定的住处和收入。

（3）保证人的义务：监督被保证人遵守取保候审的规定；发现被保证人可能发生或者已经发生违反取保候审规定行为的，应当及时向执行机关报告。

（4）对保证人不履行保证义务的处理：被告人被取保候审期间，保证人不愿继续履行保证义务或者丧失履行保证义务能力的，人民法院应当在收到保证人的申请或者公安机关的书面通知后三日内，责令被告人重新提出保证人或者交纳保证金，或者变更强制措施，并通知公安机关；人民法院发现保证人未履行保证义务的，应当书面通知公安机关依法处理；根据案件事实和法律规定，认为已经构成犯罪的被告人在取保候审期间逃匿的，如果系保证人协助被告人逃匿，或者保证人明知被告人藏匿地点但拒绝向司法机关提供，对保证人应当依法追究刑事责任；对取保候审保证人是否履行了保证义务，由公安机关认定，对保证人的罚款决定，也由公安机关作出。

（5）人民法院应当审查保证人是否符合法定条件。符合条件的，应当告知其必须履行的义务，以及不履行义务的法律后果，并由其出具保证书。

4. 保证金保证。

（1）保证金额的确定。人民法院应当综合考虑保证诉讼活动正常进行的需要，被取保候审人的社会危险性，案件的性质、情节，可能判处刑罚的轻重，被取保候审人的经济状况等情况，确定保证金的数额。采取保证金形式取保候审的，保证金的起点数额为一千元。保证金应当以人民币交纳。

（2）保证金的交纳。对决定取保候审的被告人使用保证金保证的，人民法院应当责令被告人或者为其提供保证金的单位、个人将保证金一次性存入公安机关指定银行的专门账户。

（3）保证金的处理。被告人在取保候审期间未违反取保候审规定的，取保候审结束的时候，凭解除取保候审的通知或者有关法律文书到银行领取退还的保证金。人民法院发现使用保证金保证的被取保候审人违反取保候审规定的，应当书面通知公安机关依法处理。人民法院收到公安机关已经没收保证金的书面通知或者变更强制措施的建议后，应当区别情形，在五日内责令被告人具结悔过，重新交纳保证金或者提出保证人，或者变更强制措施，并通知公安机关。人民法院决定对被依法没收保证金的被告人继续取保候审的，取保候审的期限连续计算。对被取保候审的被告人的判决、裁定生效后，如果保证金属于其个人财产，且需要用以退赔被害人、履行附带民事赔偿义务或者执行财产刑的，人民法院可以书面通知公安机关移交全部保证金，由人民法院作出处理，剩余部分退还被告人。被取保候审人没有违反取保候审的规定，但在取保候审期间涉嫌重新犯罪被司法机关立案侦查的，执行机关应当暂扣其交纳的保证金，待人民法院判决生效后，决定是否没收保证金。对故意重新犯罪的，应当没收保证金；对过失重新犯罪或者不构成犯罪的，应当退还保证金。保证金的收取、管理和没收应当严格按照《最高人民法院、最高人民检察院、公安部、国家安全部关于取保候审若干问题的规定》和国家的财经管理制度执行，任何单位和个人不得截留、坐支、私分、挪用或者以其他任何方式侵吞保证金。对违反规定的，应当依照有关规定给予行政处分；构成犯罪的，依法追究刑事责任。司法机关及其工作人员违反《最高人民法院、最高人民检察院、公安部、国家安全部关于取保候审若干问题的规定》，擅自收取、没收或者退还取保候审保证金的，依照有关法律和规定，追究直接负责的主管人员和其他直接责任人员的责任。没收取保候审保证金和对保证人罚款均系刑事司法行为，不能提起行政诉讼。当事人如不服复核决定，可以依法向有关机关提出申诉。

5. 被取保候审的被告人应遵守的规定。（1）未经执行机关批准不得离开所居住的市、县；（2）住址、工作单位和联系方式发生变动的，在二十四小时以内向执行机关报告；（3）在传讯的时候及时到案；（4）不得以任何形式干扰证人作证；（5）不得毁灭、伪造证据或者串供。

人民法院可以根据案件情况，责令被取保候审的被告人遵守以下一项或者多项规定：（1）不得进入特定的场所；（2）不得与特定的人员会见或者通信；（3）不得从事特定的活动；（4）将护照等出入境证件、驾驶证件交执行机关保存。

6. 对被取保候审的被告人应当决定逮捕的情形。（1）故意实施新的犯罪的；（2）企图自杀、逃跑的；（3）毁灭、伪造证据，干扰证人作证或者串供的；（4）打击报复、恐吓滋扰被害人、证人、鉴定人、举报人、控告人等的；（5）经传唤，无正当理由不到案，影响审判活动正常进行的；（6）擅自改变联系方式或者居住地，导致无法传唤，影响审判活动正常进行的；（7）未经批准，擅自离开所居住的市、县，影响审判活动正常进行，或者两次未经批准，擅自离开所居住的市、县的；（8）违反规定进入特定场所、与特定人员会见或者通信、从事特定活动，影响审判活动正常进行，或者两次违反有关规定的；（9）依法应当决定逮捕的其他情形。

7. 取保候审的执行。人民法院向被告人宣布取保候审决定后，应当将取保候审决定书等相关材料送交当地公安机关。对被告人使用保证金保证的，应当在核实保证金已经存入公安机关指定银行的专门账户后，将银行出具的收款凭证一并送交公安机关。

（四）监视居住

1. 适用情形。人民法院对符合逮捕条件，有下列情形之一的，可以监视居住：（1）患有严重疾病、生活不能自理的；（2）怀孕或者正在哺乳自己婴儿的妇女；（3）系生活不能自理的人的唯一扶养人；（4）因为案件的特殊情况或者办理案件的需要，采取监视居住措施更为适宜的；（5）羁押期限届满，案件尚未办结，需要采取监视居住措施的。

对符合取保候审条件，但犯罪嫌疑人、被告人不能提出保证人，也不交纳保证金的，可以监视居住。

2. 监视居住的执行。（1）一般在被告人的住处执行。（2）无固定住处的，可以在指定的居所执行。（3）对于涉嫌危害国家安全犯罪、恐怖活动犯罪，在住处执行可能有碍侦查的，经上一级公安机关批准，也可以在指定的居所执行。但是，不得在羁押场所、专门的办案场所执行。（4）人民法院向被告人宣布监视居住决定后，应当将监视居住决定书等相关材料送交被告人住处或者指定居所所在地的同级公安机关执行。（5）指定居所监视居住的，除无法通知的以外，应当在执行监视居住后二十四小时以内，通知被监视居住人的家属；确实无法通知的，应当记录在案。（6）指定居所监视居住的，不得要求被监视居住人支付费用。（7）被监视居住的被告人委托辩护人，适用《刑事诉讼法》第三十四条的规定。

3. 被监视居住人应遵守的规定。（1）未经执行机关批准不得离开执行监视居住的处所；（2）未经执行机关批准不得会见他人或者通信；（3）在传讯的时候及时到案；（4）不得以任何形式干扰证人作证；（5）不得毁灭、伪造证据或者串供；（6）将护照等出入境证件、身份证件、驾驶证件交执行机关保存。

4. 对被监视居住的被告人应当决定逮捕的情形。（1）具有《最高人民法院关于适用〈中华人民共和国刑事诉讼法〉的解释》第一百六十四条第一项至第五项规定情形之一的；（2）未经批准，擅自离开执行监视居住的处所，影响审判活动正常进行，或者两次未经批准，擅自离开执行监视居住的处所的；（3）未经批准，擅自会见他人或者通信，影响审判活动正常进行，或者两次未经批准，擅自会见他人或者通信的；（4）对因患有严重疾病、生活不能自理，或者因怀孕、正在哺乳自己婴儿而未予逮捕的被告人，疾病痊愈或者哺乳期已满的；（5）依法应当决定逮捕的其他情形。

（五）逮捕

1. 适用情形。对有证据证明有犯罪事实，可能判处徒刑以上刑罚的被告人，采取取保候审不足以防止发生下列社会危险性的，应当予以逮捕：（1）可能实施新的犯罪的；（2）有危害国家安全、公共安全或者社会秩序的现实危险的；（3）可能毁灭、伪造证据，干扰证人作证或者串供的；（4）可能对被害人、举报人、控告人实施打击报复的；（5）企图自杀或者逃跑的；（6）对有证据证明有犯罪事实，可能判处十年有期徒刑以上刑罚的，或者有证据证明有犯罪事实，可能判处徒刑以上刑罚，曾经故意犯罪或者身份不明的，应当予以逮捕；（7）被取保候审、监视居住的被告人违反取保候审、监视居住规定，情节严重的，可以予以逮捕。

批准或者决定逮捕，应当将被告人涉嫌犯罪的性质、情节，认罪认罚等情况，作为是否可能发生社会危险性的考虑因素。

2. 逮捕后的处理。人民法院作出逮捕决定后，应当将逮捕决定书等相关材料送交同级公安机关执行，并将逮捕决定书抄送人民检察院。逮捕被告人后，人民法院应当将逮捕的原因和羁押的处所，在二十四小时内通知其家属；确实无法通知的，应当记录在案。人民法院对决定逮捕的被告人，必须在逮捕后的二十四小时以内讯问。发现不应当逮捕的，应当立即释放，必要时，可以依法变更强制措施。

3. 可以变更强制措施的情形。（1）患有严重疾病、生活不能自理的；（2）怀孕或者正在哺乳自己婴儿的；（3）系生活不能自理的人的唯一扶养人。

4. 应当立即释放，必要时，可以变更强制措施的情形。（1）第一审人民法院判决被告人无罪、不负刑事责任或者免予刑事处罚的；（2）第一审人民法院判处管制、宣告缓刑、单独适用附加刑，判决尚未发生法律效力的；（3）被告人被羁押的时间已到第一审人民法院对其判处的刑期期限的；（4）案件不能在法律规定的期限内审结的。

5. 变更强制措施或者予以释放的处理。（1）人民法院决定释放被告人的，应当立即将释放通知书送交公安机关执行。（2）对人民法院决定逮捕的被告人，人民检察院建议释放或者变更强制措施的，人民法院应当在收到建议后十日内将处理情况通知人民检察院。（3）被告人及其法定代理人、近亲属或者辩护人申请变更、解除强制措施的，应当说明理由。人民法院收到申请后，应当在三日内作出决定。同意变更、解除强制措施的，应当依照《最高人民法院关于适用〈中华人民共和国刑事诉讼法〉的解释》规定处理；不同意的，应当告知申请人，并说明理由。（4）被采取强制措施的被告人，被判处管制、缓刑的，在社区矫正开始后，强制措施自动解除；被单处附加刑的，在判决、裁定发生法律效力后，强制措施自动解除；被判处监禁刑的，在刑罚开始执行后，强制措施自动解除。

（六）对人大代表、政协委员采取强制措施的规定

1. 县级以上的各级人民代表大会代表，非经本级人民代表大会主席团许可，在本级人民代表大会闭会期间，非经本级人民代表大会常务委员会许可，不受逮捕或者刑事审判。如果因为是现行犯被拘留，执行拘留的机关应当立即向该级人民代表大会主席团或者人民代表大会常务委员会报告。

2. 对县级以上的各级人民代表大会代表，如果采取法律规定的其他限制人身自由的措施，应当经该级人民代表大会主席团或者人民代表大会常务委员会许可。

3. 乡、民族乡、镇的人民代表大会代表，如果被逮捕、受刑事审判或者被采取法律规定的其他限制人身自由的措施，执行机关应当立即报告乡、民族乡、镇的人民代表大会。

4. 对政协委员采取强制措施前，应向该委员所在的政协党组通报情况；情况紧急的，可同时或事后及时通报。

【常用法律、司法解释及相关规定】

《刑事诉讼法》（2018 年 10 月 26 日修正）

第六十六条 人民法院、人民检察院和公安机关根据案件情况，对犯罪嫌疑人、被告人可以拘传、取保候审或者监视居住。

第六十七条 人民法院、人民检察院和公安机关对有下列情形之一的犯罪嫌疑人、被告人，可以取保候审：

（一）可能判处管制、拘役或者独立适用附加刑的；

（二）可能判处有期徒刑以上刑罚，采取取保候审不致发生社会危险性的；

（三）患有严重疾病、生活不能自理，怀孕或者正在哺乳自己婴儿的妇女，采取取保候审不致发生社会危险性的；

（四）羁押期限届满，案件尚未办结，需要采取取保候审的。

取保候审由公安机关执行。

第六十八条 人民法院、人民检察院和公安机关决定对犯罪嫌疑人、被告人取保候审，应当责令犯罪嫌疑人、被告人提出保证人或者交纳保证金。

第六十九条 保证人必须符合下列条件：

（一）与本案无牵连；

（二）有能力履行保证义务；

（三）享有政治权利，人身自由未受到限制；

（四）有固定的住处和收入。

第七十条 保证人应当履行以下义务：

（一）监督被保证人遵守本法第七十一条的规定；

（二）发现被保证人可能发生或者已经发生违反本法第七十一条规定的行为的，应当及时向执行机关报告。

被保证人有违反本法第七十一条规定的行为，保证人未履行保证义务的，对保证人处以罚款，构成犯罪的，依法追究刑事责任。

第七十一条 被取保候审的犯罪嫌疑人、被告人应当遵守以下规定：

（一）未经执行机关批准不得离开所居住的市、县；

（二）住址、工作单位和联系方式发生变动的，在二十四小时以内向执行机关报告；

（三）在传讯的时候及时到案；

（四）不得以任何形式干扰证人作证；

（五）不得毁灭、伪造证据或者串供。

人民法院、人民检察院和公安机关可以根据案件情况，责令被取保候审的犯罪嫌疑人、被告人遵守以下一项或者多项规定：

（一）不得进入特定的场所；

（二）不得与特定的人员会见或者通信；

（三）不得从事特定的活动；

（四）将护照等出入境证件、驾驶证件交执行机关保存。

被取保候审的犯罪嫌疑人、被告人违反前两款规定，已交纳保证金的，没收部分或者全部保证金，并且区别情形，责令犯罪嫌疑人、被告人具结悔过、重新交纳保证金、提出保证人，或者监视居住、予以逮捕。

对违反取保候审规定，需要予以逮捕的，可以对犯罪嫌疑人、被告人先行拘留。

第七十二条　取保候审的决定机关应当综合考虑保证诉讼活动正常进行的需要，被取保候审人的社会危险性，案件的性质、情节，可能判处刑罚的轻重，被取保候审人的经济状况等情况，确定保证金的数额。

提供保证金的人应当将保证金存入执行机关指定银行的专门账户。

第七十三条　犯罪嫌疑人、被告人在取保候审期间未违反本法第七十一条规定的，取保候审结束的时候，凭解除取保候审的通知或者有关法律文书到银行领取退还的保证金。

第七十四条　人民法院、人民检察院和公安机关对符合逮捕条件，有下列情形之一的犯罪嫌疑人、被告人，可以监视居住：

（一）患有严重疾病、生活不能自理的；

（二）怀孕或者正在哺乳自己婴儿的妇女；

（三）系生活不能自理的人的唯一扶养人；

（四）因为案件的特殊情况或者办理案件的需要，采取监视居住措施更为适宜的；

（五）羁押期限届满，案件尚未办结，需要采取监视居住措施的。

对符合取保候审条件，但犯罪嫌疑人、被告人不能提出保证人，也不交纳保证金的，可以监视居住。

监视居住由公安机关执行。

第七十五条　监视居住应当在犯罪嫌疑人、被告人的住处执行；无固定住处的，可以在指定的居所执行。对于涉嫌危害国家安全犯罪、恐怖活动犯罪，在住处执行可能有碍侦查的，经上一级公安机关批准，也可以在指定的居所执行。但是，不得在羁押场所、专门的办案场所执行。

指定居所监视居住的，除无法通知的以外，应当在执行监视居住后二十四小时以内，通知被监视居住人的家属。

被监视居住的犯罪嫌疑人、被告人委托辩护人，适用本法第三十四条的规定。

人民检察院对指定居所监视居住的决定和执行是否合法实行监督。

第七十六条　指定居所监视居住的期限应当折抵刑期。被判处管制的，监视居住一日折抵刑期一日；被判处拘役、有期徒刑的，监视居住二日折抵刑期一日。

第七十七条　被监视居住的犯罪嫌疑人、被告人应当遵守以下规定：

（一）未经执行机关批准不得离开执行监视居住的处所；

（二）未经执行机关批准不得会见他人或者通信；

（三）在传讯的时候及时到案；

（四）不得以任何形式干扰证人作证；

（五）不得毁灭、伪造证据或者串供；

（六）将护照等出入境证件、身份证件、驾驶证件交执行机关保存。

被监视居住的犯罪嫌疑人、被告人违反前款规定，情节严重的，可以予以逮捕；需要予以逮捕的，可以对犯罪嫌疑人、被告人先行拘留。

第七十八条　执行机关对被监视居住的犯罪嫌疑人、被告人，可以采取电子监控、不定期检查等监视方法对其遵守监视居住规定的情况进行监督；在侦查期间，可以对被监视居住的犯罪嫌疑人的通信进行监控。

第七十九条　人民法院、人民检察院和公安机关对犯罪嫌疑人、被告人取保候审最长不得超过十二个月，监视居住最长不得超过六个月。

在取保候审、监视居住期间，不得中断对案件的侦查、起诉和审理。对于发现不应当追究刑事责任或者取保候审、监视居住期限届满的，应当及时解除取保候审、监视居住。解除取保候审、监视居住，应当及时通知被取保候审、监视居住人和有关单位。

第八十条　逮捕犯罪嫌疑人、被告人，必须经过人民检察院批准或者人民法院决定，由公安机关执行。

第八十一条　对有证据证明有犯罪事实，可能判处徒刑以上刑罚的犯罪嫌疑人、被告人，采取取保候审尚不足以防止发生下列社会危险性的，应当予以逮捕：

（一）可能实施新的犯罪的；

（二）有危害国家安全、公共安全或者社会秩序的现实危险的；

（三）可能毁灭、伪造证据，干扰证人作证或者串供的；

（四）可能对被害人、举报人、控告人实施打击报复的；

（五）企图自杀或者逃跑的。

批准或者决定逮捕，应当将犯罪嫌疑人、被告人涉嫌犯罪的性质、情节，认罪认罚等情况，作为是否可能发生社会危险性的考虑因素。

对有证据证明有犯罪事实，可能判处十年有期徒刑以上刑罚的，或者有证据证明有犯罪事实，可能判处徒刑以上刑罚，曾经故意犯罪或者身份不明的，应当予以逮捕。

被取保候审、监视居住的犯罪嫌疑人、被告人违反取保候审、监视居住规定，情节严重的，可以予以逮捕。

第九十四条 人民法院、人民检察院对于各自决定逮捕的人，公安机关对于经人民检察院批准逮捕的人，都必须在逮捕后的二十四小时以内进行讯问。在发现不应当逮捕的时候，必须立即释放，发给释放证明。

第九十六条 人民法院、人民检察院和公安机关如果发现对犯罪嫌疑人、被告人采取强制措施不当的，应当及时撤销或者变更。公安机关释放被逮捕的人或者变更逮捕措施的，应当通知原批准的人民检察院。

第九十七条 犯罪嫌疑人、被告人及其法定代理人、近亲属或者辩护人有权申请变更强制措施。人民法院、人民检察院和公安机关收到申请后，应当在三日以内作出决定；不同意变更强制措施的，应当告知申请人，并说明不同意的理由。

第九十八条 犯罪嫌疑人、被告人被羁押的案件，不能在本法规定的侦查羁押、审查起诉、一审、二审期限内办结的，对犯罪嫌疑人、被告人应当予以释放；需要继续查证、审理的，对犯罪嫌疑人、被告人可以取保候审或者监视居住。

第九十九条 人民法院、人民检察院或者公安机关对被采取强制措施法定期限届满的犯罪嫌疑人、被告人，应当予以释放、解除取保候审、监视居住或者依法变更强制措施。犯罪嫌疑人、被告人及其法定代理人、近亲属或者辩护人对于人民法院、人民检察院或者公安机关采取强制措施法定期限届满的，有权要求解除强制措施。

第一百条 人民检察院在审查批准逮捕工作中，如果发现公安机关的侦查活动有违法情况，应当通知公安机关予以纠正，公安机关应当将纠正情况通知人民检察院。

《最高人民法院关于适用〈中华人民共和国刑事诉讼法〉的解释》（2021年3月1日施行　法释〔2021〕1号）

第一百四十七条　人民法院根据案件情况，可以决定对被告人拘传、取保候审、监视居住或者逮捕。

对被告人采取、撤销或者变更强制措施的，由院长决定；决定继续取保候审、监视居住的，可以由合议庭或者独任审判员决定。

第一百四十八条　对经依法传唤拒不到庭的被告人，或者根据案件情况有必要拘传的被告人，可以拘传。

拘传被告人，应当由院长签发拘传票，由司法警察执行，执行人员不得少于二人。

拘传被告人，应当出示拘传票。对抗拒拘传的被告人，可以使用戒具。

第一百四十九条　拘传被告人，持续的时间不得超过十二小时；案情特别重大、复杂，需要采取逮捕措施的，持续的时间不得超过二十四小时。不得以连续拘传的形式变相拘禁被告人。应当保证被拘传人的饮食和必要的休息时间。

第一百五十条　被告人具有刑事诉讼法第六十七条第一款规定情形之一的，人民法院可以决定取保候审。

对被告人决定取保候审的，应当责令其提出保证人或者交纳保证金，不得同时使用保证人保证与保证金保证。

第一百五十一条　对下列被告人决定取保候审的，可以责令其提出一至二名保证人：

（一）无力交纳保证金的；

（二）未成年或者已满七十五周岁的；

（三）不宜收取保证金的其他被告人。

第一百五十二条　人民法院应当审查保证人是否符合法定条件。符合条件的，应当告知其必须履行的保证义务，以及不履行义务的法律后果，并由其出具保证书。

第一百五十三条　对决定取保候审的被告人使用保证金保证的，应当依照刑事诉讼法第七十二条第一款的规定确定保证金的具体数额，并责令被告人或者为其提供保证金的单位、个人将保证金一次性存入公安机关指定银行的专门账户。

第一百五十四条 人民法院向被告人宣布取保候审决定后，应当将取保候审决定书等相关材料送交当地公安机关。

对被告人使用保证金保证的，应当在核实保证金已经存入公安机关指定银行的专门账户后，将银行出具的收款凭证一并送交公安机关。

第一百五十五条 被告人被取保候审期间，保证人不愿继续履行保证义务或者丧失履行保证义务能力的，人民法院应当在收到保证人的申请或者公安机关的书面通知后三日以内，责令被告人重新提出保证人或者交纳保证金，或者变更强制措施，并通知公安机关。

第一百五十六条 人民法院发现保证人未履行保证义务的，应当书面通知公安机关依法处理。

第一百五十七条 根据案件事实和法律规定，认为已经构成犯罪的被告人在取保候审期间逃匿的，如果系保证人协助被告人逃匿，或者保证人明知被告人藏匿地点但拒绝向司法机关提供，对保证人应当依法追究责任。

第一百五十八条 人民法院发现使用保证金保证的被取保候审人违反刑事诉讼法第七十一条第一款、第二款规定的，应当书面通知公安机关依法处理。

人民法院收到公安机关已经没收保证金的书面通知或者变更强制措施的建议后，应当区别情形，在五日以内责令被告人具结悔过，重新交纳保证金或者提出保证人，或者变更强制措施，并通知公安机关。

人民法院决定对被依法没收保证金的被告人继续取保候审的，取保候审的期限连续计算。

第一百五十九条 对被取保候审的被告人的判决、裁定生效后，如果保证金属于其个人财产，且需要用以退赔被害人、履行附带民事赔偿义务或者执行财产刑的，人民法院可以书面通知公安机关移交全部保证金，由人民法院作出处理，剩余部分退还被告人。

第一百六十条 对具有刑事诉讼法第七十四条第一款、第二款规定情形的被告人，人民法院可以决定监视居住。

人民法院决定对被告人监视居住的，应当核实其住处；没有固定住处的，应当为其指定居所。

第一百六十一条 人民法院向被告人宣布监视居住决定后，应当将监视居住决定书等相关材料送交被告人住处或者指定居所所在地的公安机关执行。

对被告人指定居所监视居住后，人民法院应当在二十四小时以内，将监视居住的原因和处所通知其家属；确实无法通知的，应当记录在案。

第一百六十二条 人民检察院、公安机关已经对犯罪嫌疑人取保候审、监视居住，案件起诉至人民法院后，需要继续取保候审、监视居住或者变更强制措施的，人民法院应当在七日以内作出决定，并通知人民检察院、公安机关。

决定继续取保候审、监视居住的，应当重新办理手续，期限重新计算；继续使用保证金保证的，不再收取保证金。

第一百六十三条 对具有刑事诉讼法第八十一条第一款、第三款规定情形的被告人，人民法院应当决定逮捕。

第一百六十四条 被取保候审的被告人具有下列情形之一的，人民法院应当决定逮捕：

（一）故意实施新的犯罪的；

（二）企图自杀或者逃跑的；

（三）毁灭、伪造证据，干扰证人作证或者串供的；

（四）打击报复、恐吓滋扰被害人、证人、鉴定人、举报人、控告人等的；

（五）经传唤，无正当理由不到案，影响审判活动正常进行的；

（六）擅自改变联系方式或者居住地，导致无法传唤，影响审判活动正常进行的；

（七）未经批准，擅自离开所居住的市、县，影响审判活动正常进行，或者两次未经批准，擅自离开所居住的市、县的；

（八）违反规定进入特定场所、与特定人员会见或者通信、从事特定活动，影响审判活动正常进行，或者两次违反有关规定的；

（九）依法应当决定逮捕的其他情形。

第一百六十五条 被监视居住的被告人具有下列情形之一的，人民法院应当决定逮捕：

（一）具有前条第一项至第五项规定情形之一的；

（二）未经批准，擅自离开执行监视居住的处所，影响审判活动正常进行，或者两次未经批准，擅自离开执行监视居住的处所的；

（三）未经批准，擅自会见他人或者通信，影响审判活动正常进行，或者两次未经批准，擅自会见他人或者通信的；

（四）对因患有严重疾病、生活不能自理，或者因怀孕、正在哺乳自己婴儿而未予逮捕的被告人，疾病痊愈或者哺乳期已满的；

（五）依法应当决定逮捕的其他情形。

第一百六十六条　对可能判处徒刑以下刑罚的被告人，违反取保候审、监视居住规定，严重影响诉讼活动正常进行的，可以决定逮捕。

第一百六十七条　人民法院作出逮捕决定后，应当将逮捕决定书等相关材料送交公安机关执行，并将逮捕决定书抄送人民检察院。逮捕被告人后，人民法院应当将逮捕的原因和羁押的处所，在二十四小时以内通知其家属；确实无法通知的，应当记录在案。

第一百六十八条　人民法院对决定逮捕的被告人，应当在逮捕后二十四小时以内讯问。发现不应当逮捕的，应当立即释放。必要时，可以依法变更强制措施。

第一百六十九条　被逮捕的被告人具有下列情形之一的，人民法院可以变更强制措施：

（一）患有严重疾病、生活不能自理的；

（二）怀孕或者正在哺乳自己婴儿的；

（三）系生活不能自理的人的唯一扶养人。

第一百七十条　被逮捕的被告人具有下列情形之一的，人民法院应当立即释放；必要时，可以依法变更强制措施：

（一）第一审人民法院判决被告人无罪、不负刑事责任或者免予刑事处罚的；

（二）第一审人民法院判处管制、宣告缓刑、单独适用附加刑，判决尚未发生法律效力的；

（三）被告人被羁押的时间已到第一审人民法院对其判处的刑期期限的；

（四）案件不能在法律规定的期限内审结的。

第一百七十一条 人民法院决定释放被告人的，应当立即将释放通知书送交公安机关执行。

第一百七十二条 被采取强制措施的被告人，被判处管制、缓刑的，在社区矫正开始后，强制措施自动解除；被单处附加刑的，在判决、裁定发生法律效力后，强制措施自动解除；被判处监禁刑的，在刑罚开始执行后，强制措施自动解除。

第一百七十三条 对人民法院决定逮捕的被告人，人民检察院建议释放或者变更强制措施的，人民法院应当在收到建议后十日以内将处理情况通知人民检察院。

第一百七十四条 被告人及其法定代理人、近亲属或者辩护人申请变更、解除强制措施的，应当说明理由。人民法院收到申请后，应当在三日以内作出决定。同意变更、解除强制措施的，应当依照本解释规定处理；不同意的，应当告知申请人，并说明理由。

《最高人民法院、最高人民检察院、公安部、国家安全部、司法部、全国人大常委会法制工作委员会关于实施刑事诉讼法若干问题的规定》（2013 年 1 月 1 日施行）

13. 被取保候审、监视居住的犯罪嫌疑人、被告人无正当理由不得离开所居住的市、县或者执行监视居住的处所，有正当理由需要离开所居住的市、县或者执行监视居住的处所，应当经执行机关批准。如果取保候审、监视居住是由人民检察院、人民法院决定的，执行机关在批准犯罪嫌疑人、被告人离开所居住的市、县或者执行监视居住的处所前，应当征得决定机关同意。

14. 对取保候审保证人是否履行了保证义务，由公安机关认定，对保证人的罚款决定，也由公安机关作出。

15. 指定居所监视居住的，不得要求被监视居住人支付费用。

《最高人民法院、最高人民检察院、公安部、国家安全部关于取保候审若干问题的规定》（1999 年 8 月 4 日施行 公通字〔1999〕59 号）

第五条 采取保证金形式取保候审的，保证金的起点数额为一千元。

决定机关应当以保证被取保候审人不逃避、不妨碍刑事诉讼活动为原则，综合考虑犯罪嫌疑人、被告人的社会危险性，案件的情节、性质，可能判处刑罚的轻重，犯罪嫌疑人、被告人经济状况，当地的经济发展水平等情况，确定收取保证金的数额。

第七条 县级以上执行机关应当在其指定的银行设立取保候审保证金专户，委托银行代为收取和保管保证金，并将指定银行的名称通知人民检察院、人民法院。

保证金应当以人民币交纳。

第十二条 被取保候审人没有违反刑事诉讼法第五十六条的规定，但在取保候审期间涉嫌重新犯罪被司法机关立案侦查的，执行机关应当暂扣其交纳的保证金，待人民法院判决生效后，决定是否没收保证金。对故意重新犯罪的，应当没收保证金；对过失重新犯罪或者不构成犯罪的，应当退还保证金。

第十六条 采取保证人形式取保候审的，被取保候审人违反刑事诉讼法第五十六条的规定，保证人未及时报告的，经查证属实后，由县级以上执行机关对保证人处一千元以上二万元以下罚款，并将有关情况及时通知决定机关。

第十八条 没收取保候审保证金和对保证人罚款均系刑事司法行为，不能提起行政诉讼。当事人如不服复核决定，可以依法向有关机关提出申诉。

第二十六条 保证金的收取、管理和没收应当严格按照本规定和国家的财经管理制度执行，任何单位和个人不得截留、坐支、私分、挪用或者以其他任何方式侵吞保证金。对违反规定的，应当依照有关规定给予行政处分；构成犯罪的，依法追究刑事责任。

第二十七条 司法机关及其工作人员违反本规定，擅自收取、没收或者退还取保候审保证金的，依照有关法律和规定，追究直接负责的主管人员和其他直接责任人员的责任。

《全国人民代表大会和地方各级人民代表大会代表法》（2015 年 8 月 29 日修正）

第三十二条 县级以上的各级人民代表大会代表，非经本级人民代表大会主席团许可，在本级人民代表大会闭会期间，非经本级人民代表大会常务委员会许可，不受逮捕或者刑事审判。如果因为是现行犯被拘留，执行拘留的机关应当立即向该级人民代表大会主席团或者人民代表大会常务委员会报告。

对县级以上的各级人民代表大会代表，如果采取法律规定的其他限制人身自由的措施，应当经该级人民代表大会主席团或者人民代表大会常务委员会许可。

人民代表大会主席团或者常务委员会受理有关机关依照本条规定提请许可的申请，应当审查是否存在对代表在人民代表大会各种会议上的发言和表决进行法律追究，或者对代表提出建议、批评和意见等其他执行职务行为打击报复的情形，并据此作出决定。

乡、民族乡、镇的人民代表大会代表，如果被逮捕、受刑事审判、或者被采取法律规定的其他限制人身自由的措施，执行机关应当立即报告乡、民族乡、镇的人民代表大会。

【相关法律文书】

拘传票（刑事案件用）

取保候审决定书（刑事案件用）

解除取保候审决定书（刑事案件用）

监视居住决定书（刑事案件用）

解除监视居住决定书（刑事案件用）

逮捕决定书（自行决定逮捕用）

释放通知书（刑事案件用）

罚款决定书（刑事案件用）

拘留决定书（刑事案件用）

第一联

××××人民法院

拘传票（审批联）

（刑事案件用）

（××××）……刑×……号

被拘传人姓名		性别		出生日期	年 月 日
工作单位 或者住所					
应到时间		年 月 日		应到处所	
拘传原因和理由： 审判员： 年 月 日					
  批准人： 年 月 日					

本联存卷

第二联

×××× 人民法院

拘传票

（××××）……刑×……号

被拘传人姓名		性别		出生日期	年 月 日
工作单位 或者住所					
应到时间		年 月 日		应到处所	

执行人宣布：

　　依照《中华人民共和国刑事诉讼法》第六十六条的规定，本院决定对×××予以拘传。

年　　月　　日

（院印）

本拘传票已于××××年××月××日××时××分向被传人出示。

被拘传人：

执行拘传情况

执行人：

　　本联执行拘传后存卷

第一联

×××× 人民法院

取保候审决定书（审批联）

（刑事案件用）

（××××）……刑×……号

案由					
被告人	姓名		性别	出生年月日	年　月　日
	文化程度		工作单位		
	住址				
保证形式	交纳保证金数额				
	保证人姓名住址			与被告人关系	
	执行机关			取保候审期限	
取保候审原因				经办人： 年　月　日	
领导审批				批准人： 年　月　日	

本联存卷

第二联

×××× 人民法院

取保候审决定书

（××××）……刑……号

根据《中华人民共和国刑事诉讼法》第六十七条第一款的规定，决定对本院正在审理的……一案的被告人×××采取取保候审的强制措施。取保候审的期限为××个月。在取保候审期间，被告人应当遵守以下规定：

（一）未经执行的公安机关批准不得离开所居住的市、县；

（二）住址、工作单位和联系方式发生变动的，在二十四小时以内向执行机关报告；

（三）在传讯的时候及时到案；

（四）不得以任何形式干扰证人作证；

（五）不得毁灭、伪造证据或者串供。

人民法院、人民检察院和公安机关可以根据案件情况，责令被取保候审的犯罪嫌疑人、被告人遵守以下一项或者多项规定：

（一）不得进入特定的场所；

（二）不得与特定的人员会见或者通信；

（三）不得从事特定的活动；

（四）将护照等出入境证件、驾驶证件交执行机关保存。

如违反上述规定，按照《中华人民共和国刑事诉讼法》第六十九条第三款、第四款的规定处理。

本决定由××××公安局执行。

本决定应向被取保候审的被告人宣布，并由被告人在决定书上签名。

××××年××月××日

（院印）

向被告人宣布的时间：××××年××月××日××时

被告人签名：×××

第一联

×××人民法院

解除取保候审决定书（审批联）

（刑事案件用）

（××××）……刑×……号

	案由						
被告人	姓名		性别		出生年月日	年 月 日	
	文化程度		工作单位				
	住址						
	保证形式						
	执行机关			取保候审期限			
解除取保候审原因					经办人： 年 月 日		
领导审批					批准人： 年 月 日		

本联存卷

第二联

××××人民法院

解除取保候审决定书

（××××）……刑×……号

本院于××××年××月××日决定对被告人×××采取取保候审的强制措施。现因……（写明解除的原因），本院决定对被告人×××取保候审的强制措施予以解除。

××××年××月××日

（院印）

向被告人宣布的时间：××××年××月××日××时

被告人签名：×××

第一联

××××人民法院

监视居住决定书（审批联）

（刑事案件用）

（××××）……刑×……号

	案由					
被告人	姓名		性别		出生年月日	年 月 日
	文化程度		工作单位			
	住址					
	执行机关			监视居住期限		
监视居住原因					经办人： 年　月　日	
领导审批					批准人： 年　月　日	

本联存卷

第二联

××××人民法院

监视居住决定书

（××××）……刑×……号

根据《中华人民共和国刑事诉讼法》第七十四条第一款的规定，决定对本院正在审理的……一案的被告人×××采取监视居住的强制措施。监视居住的期限为×个月。在监视居住期间，被告人应当遵守以下规定：

（一）未经执行机关批准不得离开执行监视居住的处所；

（二）未经执行机关批准不得会见他人或者通信；

（三）在传讯的时候及时到案；

（四）不得以任何形式干扰证人作证；

（五）不得毁灭、伪造证据或者串供；

（六）将护照等出入境证件、身份证件、驾驶证件交执行机关保存。

本决定由×××公安局执行。

本决定应向被监视居住的被告人宣布，并由被告人在决定书上签名。

××××年××月××日

（院印）

向被告人宣布的时间：××××年××月××日××时

被告人签名：×××

第一联

××××人民法院

解除监视居住决定书（审批联）

（刑事案件用）

（××××）……刑×……号

被告人	案由					
	姓名		性别		出生年月日	年 月 日
	文化程度		工作单位			
	住址					
	执行机关			监视居住期限		
解除监视居住原因				经办人： 年 月 日		
领导审批				批准人： 年 月 日		

本联存卷

第二联

××××人民法院
解除监视居住决定书

（××××）……刑×……号

  本院于××××年××月××日决定对被告人×××采取监视居住的强制措施。现因……（写明解除的原因），本院决定对被告人×××监视居住的强制措施予以解除。

××××年××月××日

（院印）

  向被告人宣布的时间：××××年××月××日××时

  被告人签名：×××

第一联

××××人民法院

逮捕决定书（审批联）

（自行决定逮捕用）

（××××）……刑×……号

案由					
被逮捕人	姓名		性别		出生年月日	年　月　日
	民族		出生地		文化程度	
	职业		工作单位			
	住址					
被逮捕人家属姓名			工作单位			
执行逮捕机关						
逮捕原因					经办人：　　　年　月　日	
审批决定					批准人：　　　年　月　日	

本联存卷

第二联

××××人民法院

逮捕决定书

（××××）……刑×……号

　　本院正在审理的被告人×××，有证据证明犯有×××罪，根据《中华人民共和国刑事诉讼法》第八十条和第八十一条的规定，决定予以逮捕，请予执行。

　　此致

　　××××公安局

××××年××月××日

（院印）

　　附：被逮捕人情况

	姓名		性别		出生年月日	年　月　日
被逮捕人	民族		出生地		文化程度	
	职业		工作单位			
	住址					
被逮捕人家属姓名			工作单位			

　　本联送达执行逮捕的公安机关

第三联

×××人民法院
逮捕决定书

（××××）……刑×……号

　　本院正在审理的被告人×××，有证据证明犯有×××罪，根据《中华人民共和国刑事诉讼法》第八十条和第八十一条的规定，决定予以逮捕，请予执行。

　　此致

　　××××公安局

××××年××月××日

（院印）

　　附：被逮捕人情况

被逮捕人	姓名		性别		出生年月日	年　月　日
	民族		出生地		文化程度	
	职业		工作单位			
	住址					
被逮捕人家属姓名			工作单位			

　　本联送达同级人民检察院

××××人民法院

逮捕决定书（回执）

（××××）……刑×……号

××××人民法院：

　　根据你院（××××）……刑×……号逮捕决定书，我局已于××××年××月××日将×××（性别×，××××年××月××日出生）逮捕，现羁押在××××。

××××年××月××日
（公章）

　　本联由执行逮捕的公安机关填写并加盖公章后退回法院

第一联

××××人民法院

释放通知书（存根）

（刑事案件用）

　　　　　　　　　　（××××）……刑×……号

×××：

　　本院羁押在你所的被告人×××，性别×，××××年××月××日出生，×族，×××人（籍贯），现因……（概述释放原因），决定予以释放，请立即执行，并发给释放证明书。

　　　　　　　　　　　　　　　　××××年××月××日

　　　　　　　　　　　　　　　　（院印）

　　签发人：×××　　经办人：×××

此联存卷

第二联

××××人民法院

释放通知书

（××××）……刑×……号

×××：

　　本院羁押在你所的被告人×××，性别×，××××年××月××日出生，×族，×××人（籍贯），现因……（概述释放原因），决定予以释放，请立即执行，并发给释放证明书。

××××年××月××日

（院印）

此联交羁押单位

第三联

××××人民法院

释放通知书（回执）

（××××）……刑×……号

××××人民法院：

　　根据你院（××××）……刑×……号释放通知书，我所已于××××年××月××日将×××释放，并已发给释放证明书。

××××年××月××日

（所印）

　　此联由羁押单位填写并加盖公章后退回法院

×××× 人民法院
罚款决定书
（刑事案件用）

（××××）……刑×……号

被罚款人……（写明姓名、性别、出生年月日、民族、出生地、文化程度、职业或者工作单位和职务、住址）。

本院在审判……（写明当事人姓名和案由）一案过程中，……（写明被罚款人妨害刑事诉讼的事实和应当予以罚款的理由）。依照《中华人民共和国刑事诉讼法》第一百九十九条第一款的规定，决定如下：

对×××罚款×××元，限在××××年××月××日前交纳。

如不服本决定，可以在收到决定书后向×××× 人民法院申请复议。复议期间不停止执行。

××××年××月××日
（院印）

×××× 人民法院
拘留决定书
（刑事案件用）

（××××）……刑×……号

被拘留人……（写明姓名、性别、出生年月日、民族、出生地、文化程度、职业或者工作单位和职务、住址）。

本院在审判……（写明当事人姓名和案由）一案过程中，……（写明被拘留人妨害刑事诉讼的事实和予以拘留的理由）。依照《中华人民共和国刑事诉讼法》第一百九十九条第一款的规定，决定如下：

对×××拘留××日。

如不服本决定，可以在收到决定书后向××××人民法院申请复议。复议期间不停止执行。

××××年××月××日

（院印）

第六章　刑事附带民事诉讼

【工作内容】

（一）附带民事诉讼的起诉条件

（1）起诉人符合法定条件；（2）有明确的被告人；（3）有请求赔偿的具体要求和事实、理由；（4）属于人民法院受理附带民事诉讼的范围。

（二）符合条件的附带民事诉讼原告人

（1）因人身权利受到犯罪侵犯或者财物被犯罪分子毁坏而遭受物质损失的被害人；（2）死亡或者丧失行为能力被害人的近亲属、法定代理人；（3）如果属于被害人（公民、法人和其他组织）遭受物质损失的，符合条件的原告主要指被害人（公民、法人和其他组织）、已死亡被害人的近亲属、无行为能力或者限制行为能力被害人的法定代理人；（4）如果是国家财产、集体财产遭受损失，受损失的单位未提起附带民事诉讼，可由人民检察院在提起公诉时代为提起附带民事诉讼。

（三）不予受理的情形

（1）因受到犯罪侵犯，提起附带民事诉讼或者单独提起民事诉讼要求赔偿精神损失的（一般不予受理）；（2）被告人非法占有、处置被害人财产的，应当依法予以追缴或者责令退赔，被害人提起附带民事诉讼的；（3）国家工作人员在行使职权时，侵犯他人人身、财产权利构成犯罪，被害人或者近亲属、法定代理人提起附带民事诉讼的，不予受理，但应告知可以申请国家赔偿；（4）侦查、审查起诉期间，有权提起附带民事诉讼的人提出赔偿要求，经公安机关、人民检察院调解，当事人双方已经达成协议并全部履行，又提起附带民事诉讼的，不予受理，但有证据证明调解违反自愿、合法原则的除外。

（四）提起附带民事诉讼的时间限制

附带民事诉讼应当在刑事诉讼立案后及时提起，人民法院应当在七日内决定是否立案，受理后，应当在五日内将刑事附带民事起诉状送达附带民事诉讼被告人（被告单位）及其法定代理人，并制作笔录。人民法院应当根据刑事案件的审理期限，确定被告人及其法定代理人的答辩准备时间。不符合条件的，应裁定不予受理。

（五）依法负有赔偿责任的人

（1）刑事被告人以及未被追究刑事责任的其他共同侵害人；（2）刑事被告人的监护人；（3）死刑罪犯的遗产继承人；（4）共同犯罪案件中，案件审结前死亡的被告人的遗产继承人；（5）对被害人的物质损失依法应当承担赔偿责任的其他单位和个人。

附带民事诉讼被告人的亲友自愿赔偿的，应当准许。

（六）附带民事诉讼的提起

1. 对在侦查、预审及审查起诉阶段，有权提起附带民事诉讼的人未向公安机关、人民检察院提出赔偿要求的，收案后应及时通知被害人有权提起刑事附带民事诉讼，若有无法通知或被害人表示放弃起诉的，应登记在卷；对决定提起附带民事诉讼的被害人应告知其在开庭前按被告人人数加一份的数量向法院提交刑事附带民事诉状，并向其送达起诉书副本及开庭传票各一份。

2. 仅对部分共同侵害人提起附带民事诉讼的，人民法院应当告知其可以对其他共同侵害人，包括没有被追究刑事责任的共同侵害人，一并提起附带民事诉讼，但共同犯罪案件中同案犯在逃的除外。

3. 放弃对其他共同侵害人的诉讼权利的，人民法院应当告知其相应法律后果，并在裁判文书中说明其放弃诉讼请求的情况。

4. 共同犯罪案件，同案犯在逃的，不应列为附带民事诉讼被告人。逃跑的同案犯到案后，被害人或者其法定代理人、近亲属可以对其提起附带民事诉讼，但已经从其他共同犯罪人处获得足额赔偿的除外。

5. 附带民事诉讼当事人对自己提出的主张，有责任提供证据。

（七）结案

1. 人民法院审理附带民事诉讼案件，可以根据自愿、合法的原则进行调解。经调解达成协议的，应当制作调解书。调解书经双方当事人签收后即具有法律效力。调解达成协议并即时履行完毕的，可以不制作调解书，但应当制作笔录，经双方当事人、审判人员、书记员签名后即发生法律效力。

2. 经调解无法达成协议或者调解书签收前当事人反悔的，附带民事诉讼应当同刑事诉讼一并判决，判决应当根据造成的物质损失，结合案件具体情况，确定被告人应当赔偿的数额：（1）犯罪行为造成被害人人身损害的，应当赔偿医疗费、护理费、交通费等为治疗和康复支付的合理费用，以及因误工减少的收入。（2）造成被害人残疾的，还应当赔偿残疾生活辅助器具费等费用；造成被害人死亡的，还应当赔偿丧葬费等费用。（3）驾驶机动车致人伤亡或者造成公私财产重大损失，构成犯罪的，依照《道路交通安全法》第七十六条的规定确定赔偿责任。当事人就民事赔偿问题达成调解、和解协议的，赔偿范围、数额不受上述规定的限制。

3. 人民检察院提起附带民事诉讼的，人民法院经审理，认为附带民事诉讼被告人依法应当承担赔偿责任的，应当判令附带民事诉讼被告人直接向遭受损失的单位作出赔偿；遭受损失的单位已经终止，有权利义务继受人的，应当判令其向继受人作出赔偿；没有权利义务继受人的，应当判令其向人民检察院交付赔偿款，由人民检察院上缴国库。

4. 审理刑事附带民事诉讼案件，人民法院应当结合被告人赔偿被害人物质损失的情况认定其悔罪表现，并在量刑时予以考虑。

5. 附带民事诉讼原告人经传唤，无正当理由拒不到庭，或者未经法庭许可中途退庭的，应当按撤诉处理。刑事被告人以外的附带民事诉讼被告人经传唤，无正当理由拒不到庭，或者未经法庭许可中途退庭的，附带民事部分可以缺席判决。刑事被告人以外的附带民事诉讼被告人下落不明，或者用公告送达以外的其他方式无法送达，可能导致刑事案件审判过分延迟的，可以不将其列为附带民事诉讼被告人，告知附带民事诉讼原告人另行提起民事诉讼。

6. 人民法院认定公诉案件被告人的行为不构成犯罪，对已经提起的附带民事诉讼，经调解不能达成协议的，可以一并作出刑事附带民事判决，也可以告知附带民事原告人另行提起诉讼。

7. 人民法院准许人民检察院撤回起诉的公诉案件，对已经提起的附带民事诉讼，可以进行调解；不宜调解或者经调解不能达成协议的，应当裁定驳回起诉，并告知附带民事诉讼原告人可以另行提起民事诉讼。

8. 被害人或者其法定代理人、近亲属在刑事诉讼过程中未提起附带民事诉讼，另行提起民事诉讼的，人民法院可以进行调解，或者根据《最高人民法院关于适用〈中华人民共和国刑事诉讼法〉的解释》第一百九十二条第二款、第三款的规定作出判决。

（八）其他规定

1. 附带民事诉讼应当同刑事案件一并审判，只有为了防止刑事案件审判的过分迟延，才可以在刑事案件审判后，由同一审判组织继续审理附带民事诉讼；同一审判组织的成员确实不能继续参与审判的，可以更换。

2. 附带民事诉讼应当在刑事案件立案后一审判决宣告前提起，如果在此前没有提起的，不得再提起附带民事诉讼，但可以在刑事判决生效后另行提起民事诉讼。

3. 第一审期间未提起附带民事诉讼，在第二审期间提起的，第二审人民法院可以依法进行调解；调解不成的，告知当事人可以在刑事判决、裁定生效后另行提起民事诉讼。

4. 人民法院审理附带民事诉讼案件，除《刑法》《刑事诉讼法》以及刑事司法解释已有规定的以外，适用民事法律的有关规定。

5. 人民法院审理刑事附带民事诉讼案件，不收取诉讼费。

6. 诉讼中被告人与被害人方达成调解协议并实际履行的，可以动员被害人方撤回民事部分的请求，将民事部分剥离出去，专门就刑事部分进行审理。也可以不用被害人方撤回民事部分的请求，在裁判文书的查明事实部分写明民事部分已经调解，在论理部分要对达成调解协议可酌情从轻处罚进行论述。无论被害人方是否撤回民事部分的请求，都应将调解书、被害人方收到赔偿款的收条或银行转账凭据等入卷，被害人方出具谅解书的也要入卷。

【常用法律、司法解释及相关规定】

《刑事诉讼法》（2018 年 10 月 26 日修正）

第一百零一条 被害人由于被告人的犯罪行为而遭受物质损失的，在刑事诉讼过程中，有权提起附带民事诉讼。被害人死亡或者丧失行为能力的，被害人的法定代理人、近亲属有权提起附带民事诉讼。

如果是国家财产、集体财产遭受损失的，人民检察院在提起公诉的时候，可以提起附带民事诉讼。

第一百零二条 人民法院在必要的时候，可以采取保全措施，查封、扣押或者冻结被告人的财产。附带民事诉讼原告人或者人民检察院可以申请人民法院采取保全措施。人民法院采取保全措施，适用民事诉讼法的有关规定。

第一百零三条 人民法院审理附带民事诉讼案件，可以进行调解，或者根据物质损失情况作出判决、裁定。

第一百零四条 附带民事诉讼应当同刑事案件一并审判，只有为了防止刑事案件审判的过分迟延，才可以在刑事案件审判后，由同一审判组织继续审理附带民事诉讼。

《最高人民法院关于适用〈中华人民共和国刑事诉讼法〉的解释》（2021年3月1日施行 法释〔2021〕1号）

第一百七十五条 被害人因人身权利受到犯罪侵犯或者财物被犯罪分子毁坏而遭受物质损失的，有权在刑事诉讼过程中提起附带民事诉讼；被害人死亡或者丧失行为能力的，其法定代理人、近亲属有权提起附带民事诉讼。

因受到犯罪侵犯，提起附带民事诉讼或者单独提起民事诉讼要求赔偿精神损失的，人民法院一般不予受理。

第一百七十六条 被告人非法占有、处置被害人财产的，应当依法予以追缴或者责令退赔。被害人提起附带民事诉讼的，人民法院不予受理。追缴、退赔的情况，可以作为量刑情节考虑。

第一百七十七条 国家机关工作人员在行使职权时，侵犯他人人身、财产权利构成犯罪，被害人或者其法定代理人、近亲属提起附带民事诉讼的，人民法院不予受理，但应当告知其可以依法申请国家赔偿。

第一百七十八条 人民法院受理刑事案件后，对符合刑事诉讼法第一百零一条和本解释第一百七十五条第一款规定的，可以告知被害人或者其法定代理人、近亲属有权提起附带民事诉讼。

有权提起附带民事诉讼的人放弃诉讼权利的，应当准许，并记录在案。

第一百七十九条 国家财产、集体财产遭受损失，受损失的单位未提起附带民事诉讼，人民检察院在提起公诉时提起附带民事诉讼的，人民法院应当受理。

人民检察院提起附带民事诉讼的，应当列为附带民事诉讼原告人。

被告人非法占有、处置国家财产、集体财产的，依照本解释第一百七十六条的规定处理。

第一百八十条　附带民事诉讼中依法负有赔偿责任的人包括：

（一）刑事被告人以及未被追究刑事责任的其他共同侵害人；

（二）刑事被告人的监护人；

（三）死刑罪犯的遗产继承人；

（四）共同犯罪案件中，案件审结前死亡的被告人的遗产继承人；

（五）对被害人的物质损失依法应当承担赔偿责任的其他单位和个人。

附带民事诉讼被告人的亲友自愿代为赔偿的，可以准许。

第一百八十一条　被害人或者其法定代理人、近亲属仅对部分共同侵害人提起附带民事诉讼的，人民法院应当告知其可以对其他共同侵害人，包括没有被追究刑事责任的共同侵害人，一并提起附带民事诉讼，但共同犯罪案件中同案犯在逃的除外。

被害人或者其法定代理人、近亲属放弃对其他共同侵害人的诉讼权利的，人民法院应当告知其相应法律后果，并在裁判文书中说明其放弃诉讼请求的情况。

第一百八十二条　附带民事诉讼的起诉条件是：

（一）起诉人符合法定条件；

（二）有明确的被告人；

（三）有请求赔偿的具体要求和事实、理由；

（四）属于人民法院受理附带民事诉讼的范围。

第一百八十三条　共同犯罪案件，同案犯在逃的，不应列为附带民事诉讼被告人。逃跑的同案犯到案后，被害人或者其法定代理人、近亲属可以对其提起附带民事诉讼，但已经从其他共同犯罪人处获得足额赔偿的除外。

第一百八十四条　附带民事诉讼应当在刑事案件立案后及时提起。

提起附带民事诉讼应当提交附带民事起诉状。

第一百八十五条　侦查、审查起诉期间，有权提起附带民事诉讼的人提出赔偿要求，经公安机关、人民检察院调解，当事人双方已经达成协议并全部履行，被害人或者其法定代理人、近亲属又提起附带民事诉讼的，人民法院不予受理，但有证据证明调解违反自愿、合法原则的除外。

第一百八十六条 被害人或者其法定代理人、近亲属提起附带民事诉讼的，人民法院应当在七日以内决定是否受理。符合刑事诉讼法第一百零一条以及本解释有关规定的，应当受理；不符合的，裁定不予受理。

第一百八十七条 人民法院受理附带民事诉讼后，应当在五日以内将附带民事起诉状副本送达附带民事诉讼被告人及其法定代理人，或者将口头起诉的内容及时通知附带民事诉讼被告人及其法定代理人，并制作笔录。

人民法院送达附带民事起诉状副本时，应当根据刑事案件的审理期限，确定被告人及其法定代理人的答辩准备时间。

第一百八十八条 附带民事诉讼当事人对自己提出的主张，有责任提供证据。

第一百八十九条 人民法院对可能因被告人的行为或者其他原因，使附带民事判决难以执行的案件，根据附带民事诉讼原告人的申请，可以裁定采取保全措施，查封、扣押或者冻结被告人的财产；附带民事诉讼原告人未提出申请的，必要时，人民法院也可以采取保全措施。

有权提起附带民事诉讼的人因情况紧急，不立即申请保全将会使其合法权益受到难以弥补的损害的，可以在提起附带民事诉讼前，向被保全财产所在地、被申请人居住地或者对案件有管辖权的人民法院申请采取保全措施。申请人在人民法院受理刑事案件后十五日以内未提起附带民事诉讼的，人民法院应当解除保全措施。

人民法院采取保全措施，适用民事诉讼法第一百条至第一百零五条的有关规定，但民事诉讼法第一百零一条第三款的规定除外。

第一百九十条 人民法院审理附带民事诉讼案件，可以根据自愿、合法的原则进行调解。经调解达成协议的，应当制作调解书。调解书经双方当事人签收后即具有法律效力。

调解达成协议并即时履行完毕的，可以不制作调解书，但应当制作笔录，经双方当事人、审判人员、书记员签名后即发生法律效力。

第一百九十一条 调解未达成协议或者调解书签收前当事人反悔的，附带民事诉讼应当同刑事诉讼一并判决。

第一百九十二条 对附带民事诉讼作出判决，应当根据犯罪行为造成的物质损失，结合案件具体情况，确定被告人应当赔偿的数额。

犯罪行为造成被害人人身损害的，应当赔偿医疗费、护理费、交通费等为治疗和康复支付的合理费用，以及因误工减少的收入。造成被害人残疾的，还应当赔偿残疾生活辅助器具费等费用；造成被害人死亡的，还应当赔偿丧葬费等费用。

驾驶机动车致人伤亡或者造成公私财产重大损失，构成犯罪的，依照《中华人民共和国道路交通安全法》第七十六条的规定确定赔偿责任。

附带民事诉讼当事人就民事赔偿问题达成调解、和解协议的，赔偿范围、数额不受第二款、第三款规定的限制。

第一百九十三条　人民检察院提起附带民事诉讼的，人民法院经审理，认为附带民事诉讼被告人依法应当承担赔偿责任的，应当判令附带民事诉讼被告人直接向遭受损失的单位作出赔偿；遭受损失的单位已经终止，有权利义务继受人的，应当判令其向继受人作出赔偿；没有权利义务继受人的，应当判令其向人民检察院交付赔偿款，由人民检察院上缴国库。

第一百九十四条　审理刑事附带民事诉讼案件，人民法院应当结合被告人赔偿被害人物质损失的情况认定其悔罪表现，并在量刑时予以考虑。

第一百九十五条　附带民事诉讼原告人经传唤，无正当理由拒不到庭，或者未经法庭许可中途退庭的，应当按撤诉处理。

刑事被告人以外的附带民事诉讼被告人经传唤，无正当理由拒不到庭，或者未经法庭许可中途退庭的，附带民事部分可以缺席判决。

刑事被告人以外的附带民事诉讼被告人下落不明，或者用公告送达以外的其他方式无法送达，可能导致刑事案件审判过分迟延的，可以不将其列为附带民事诉讼被告人，告知附带民事诉讼原告人另行提起民事诉讼。

第一百九十六条　附带民事诉讼应当同刑事案件一并审判，只有为了防止刑事案件审判的过分迟延，才可以在刑事案件审判后，由同一审判组织继续审理附带民事诉讼；同一审判组织的成员确实不能继续参与审判的，可以更换。

第一百九十七条　人民法院认定公诉案件被告人的行为不构成犯罪，对已经提起的附带民事诉讼，经调解不能达成协议的，可以一并作出刑事附带民事判决，也可以告知附带民事原告人另行提起民事诉讼。

人民法院准许人民检察院撤回起诉的公诉案件，对已经提起的附带民事诉讼，可以进行调解；不宜调解或者经调解不能达成协议的，应当裁定驳回起诉，并告知附带民事诉讼原告人可以另行提起民事诉讼。

第一百九十八条 第一审期间未提起附带民事诉讼，在第二审期间提起的，第二审人民法院可以依法进行调解；调解不成的，告知当事人可以在刑事判决、裁定生效后另行提起民事诉讼。

第一百九十九条 人民法院审理附带民事诉讼案件，不收取诉讼费。

第二百条 被害人或者其法定代理人、近亲属在刑事诉讼过程中未提起附带民事诉讼，另行提起民事诉讼的，人民法院可以进行调解，或者根据本解释第一百九十二条第二款、第三款的规定作出判决。

第二百零一条 人民法院审理附带民事诉讼案件，除刑法、刑事诉讼法以及刑事司法解释已有规定的以外，适用民事法律的有关规定。

【相关法律文书】

刑事附带民事庭审笔录（第×次）（一审用）

刑事附带民事调解笔录（刑事附带民事诉讼案件用）

刑事附带民事判决书（一审公诉案件适用普通程序用）

刑事附带民事调解书（一审自诉案件用）

刑事附带民事判决书（二审改判用）

刑事附带民事裁定书（二审维持原判用）

刑事附带民事调解书（二审自诉案件用）

刑事附带民事裁定书（刑、民均上诉，二审维持原判用）

刑事附带民事裁定书（民事上诉、刑事生效，二审维持原判用）

刑事附带民事裁定书（二审准予撤回附带民事部分上诉用）

××××人民法院
刑事附带民事庭审笔录（第×次）
（一审用）

案　由：……

时　间：×××年××月××日××时××分至××时××分

地　点：……

是否公开审理：是／否　　　旁听人数：××人

审判人员：×××

法官助理：×××

书记员：×××

审判长（员）宣布开庭审理……（写明被告人姓名和案由，包括附带民事案件案由）一案。

记录如下：……

书记员核对当事人及到庭情况，并宣读法庭纪律。

审判长（员）：现在开庭，首先查明附带民事诉讼原告人身份、被告人身份（姓名、曾用名、出生年月日、民族、籍贯、文化程度、职业、家庭住址、拘留及逮捕时间、是否受过法律处分、是否收到起诉收副本、刑事附带民事起诉状及时间）。

被告人：……

（宣布审判人员、书记员、公诉人、辩护人、诉讼代理人、鉴定人和翻译人员的名单，告知当事人诉讼权利和义务，询问当事人是否申请回避等。）

被告人：……

辩护人：……

附带民事诉讼原告人：……

……（记录审判活动）

审判人员、书记员签名：×××、×××

刑事附带民事诉讼原告人、被告人签字捺手印：×××、×××

×××× 人民法院
刑事附带民事调解笔录
（刑事附带民事诉讼案件用）

时　间：××××年××月××日××时××分至××时××分

地　点：……

审判人员：×××　　　　　书记员：×××

被邀协助调解人员：×××

调解经过和结果：

（首先核对当事人，宣布案由，告知诉讼权利和义务等）

……

××××人民法院

刑事附带民事判决书

（一审公诉案件适用普通程序用）

（××××）……刑初……号

公诉机关××××人民检察院。

附带民事诉讼原告人……（写明姓名、性别、出生年月日、民族、出生地、文化程度、职业或者工作单位和职务、住址等）。

附带民事诉讼代理人……（写明姓名、工作单位和职务、住址等）。

被告人……（写明姓名、性别、出生年月日、民族、出生地、文化程度、职业或者工作单位和职务、住址等）。

辩护人……（写明姓名、工作单位和职务）。

××××人民检察院以××检××刑诉（××××）……号起诉书指控被告人×××犯××罪，于×××年××月××日向本院提起公诉。在诉讼过程中，附带民事诉讼原告人向本院提起附带民事诉讼。本院依法组成合议庭，公开（或者不公开）开庭进行了合并审理。××××人民检察院指派检察员×××出庭支持公诉，附带民事诉讼原告人×××及其法定（诉讼）代理人×××，被告人×××及其法定代理人×××、辩护人×××，证人×××，鉴定人×××，翻译人员×××等到庭参加诉讼。本案现已审理终结。

××××人民检察院指控……（概述人民检察院指控被告人犯罪的事实、证据和适用法律的意见）。

附带民事诉讼原告人诉称……（概述附带民事诉讼原告人的诉讼请求和有关证据）。

被告人×××辩称……（概述被告人对人民检察院指控的犯罪事实和附带民事诉讼原告人的诉讼请求予以供述、辩解、自行辩护的意见和有关证据）。

辩护人×××提出的辩护意见是……（概述辩护人的辩护意见和有关证据）。

经审理查明，……（首先写明经法庭审理查明的事实，概要写明经法庭查明的全部犯罪事实，又要写明由于被告人的从犯罪行为使被害人遭受经济损失的事实；其次写明据以定案的证据及其来源；最后对控辩双方有异议的事实、证据进行分析、认证）。

本院认为，……（根据查证属实的事实、证据和法律规定，论证公诉机关指控的犯罪是否成立，被告人的行为是否构成犯罪，犯的什么罪，应否追究刑事责任；论证被害人是否由于被告人的犯罪行为而遭受经济损失，被告人对被害人的经济损失应否负民事赔偿责任；应否从轻、减轻、免除处罚或者从重处罚。对于控辩双方关于适用法律方面的意见，应当有分析地表示是否予以采纳，并阐明理由）。依照……（写明判决的法律依据）的规定，判决如下：

……〔写明判决结果，分四种情况：

第一，定罪判刑并应当赔偿经济损失的，表述为：

"一、被告人×××犯××罪，判处……（写明主刑、附加刑）。

（刑期从判决执行之日起计算。判决执行以前先行羁押的，羁押一日折抵刑期一日，即自×××年××月××日起至×××年××月××日止）。

二、被告人×××赔偿附带民事诉讼原告人×××……（写明受偿人的姓名、赔偿的金额和支付的日期）。"

第二，定罪免刑并应当赔偿经济损失的，表述为：

"一、被告人×××犯××罪，免予刑事处罚；

二、被告人×××应于本判决生效之日起××日内，赔偿民事诉讼原告人×××……（写明受偿人的姓名、赔偿的金额和支付的日期）。"

第三，宣告无罪但应当赔偿经济损失的，表述为：

"一、被告人×××无罪；

二、被告人×××赔偿附带民事诉讼原告人×××……（写明受偿人的姓名、赔偿的金额和支付的日期）。"

第四，宣告无罪且不赔偿经济损失的，表述为：

"一、被告人×××无罪；

二、被告人×××不承担民事赔偿责任。"〕

如不服本判决，可在接到判决书的第二日起十日内，通过本院或者直接向×××人民法院提出上诉。书面上诉的，应当提交上诉状正本一份，副本×份。

审　判　长　×××

审　判　员　×××

审　判　员　×××

××××年××月××日

（院印）

本件与原本核对无异

书　记　员　×××

×××× 人民法院

刑事附带民事调解书

（一审自诉案件用）

（××××）……刑初……号

自诉人暨附带民事诉讼原告人……（写明姓名、性别、出生年月日、民族、出生地、文化程度、职业或工作单位和职务、住址等）。

被告人……（公民：写明姓名、性别、出生年月日、民族、出生地、文化程度、职业或工作单位和职务、住址等，采取何种强制措施及受过何种刑事处分；法人或其他组织：写明单位全称、法定代表人、住所、联系方式）。

自诉人×××以被告人×××犯××罪，并造成经济损失为由于×××年××月××日向本院提起控诉。本院受理后，依法实行独任审判（或者组成合议庭），公开（或者不公开）开庭进行了审理。

经审理查明，……（写明查明的事实）。

在本院主持调解下，……（写明对认定事实没有异议或基本没有异议，以及被告人愿承担赔偿责任和双方互相谅解的情况）。双方当事人自愿达成如下协议：

一、被告人×××向自诉人×××赔礼道歉；

二、自诉人×××自愿放弃对被告人×××的指控；

三、被告人×××赔偿自诉人×××……（写明具体内容）。

上述协议不违反有关法律规定，本院予以确认。

本调解书经双方当事人签收后即具有法律效力。

审　判　长　×××

审　判　员　×××

审　判　员　×××

××××年××月××日

（院印）

本件与原本核对无异

书　记　员　×××

××××人民法院
刑事附带民事判决书
（二审改判用）

（××××）……刑终……号

原公诉机关××××人民检察院。

上诉人（原审被告人）……（写明姓名、性别、出生年月日、民族、出生地、文化程度、职业或工作单位和职务、住址等，现羁押处所）。

辩护人……（写明姓名、工作单位和职务）。

原审附带民事诉讼原告人……（写明姓名、性别、出生年月日、民族、出生地、文化程度、职业或工作单位和职务、住址等）。

诉讼代理人……（写明姓名、工作单位和职务）。

××××人民法院审理附带民事诉讼原告人×××控诉被告人×××……（写明案由）一案，于××××年××月××日作出（××××）……刑初……号刑事附带民事判决。原审被告人×××不服，提出上诉。本院依法组成合议庭，公开（或不公开）开庭审理了本案。××××人民检察院检察员×××出庭执行职务。上诉人（原审被告人）×××及其辩护人×××、原审附带民事诉讼原告人×××及其诉讼代理人×××、证人×××等到庭参加诉讼。现已审理终结。

……（首先概述原判决认定的事实、证据、理由和判决结果，其次概述上诉、辩护的意见；最后概述人民检察院和原审附带民事诉讼原告人在二审中提出的新意见）。

经审理查明，……（首先写明经二审审理查明的事实；其次写明二审据以定案的证据；最后针对上诉理由中与原判认定的事实、证据有异议的问题进行分析、认证）。

本院认为，……（根据二审查明的事实、证据和有关法律规定，论证原审法院判决认定事实、证据和适用法律是否正确。对于上诉人、辩护人或者出庭履行职务的检察人员等在适用法律、定性处理和赔偿经济损失方面的意见，应当有分析地表示是否予以采纳，并阐明理由）。依照……（写明判决的法律依据）的规定，判决如下：

……〔写明判决结果。分两种情况：

第一，全部改判的，表述为：

"一、撤销×××人民法院（××××）……刑初……号刑事附带民事判决；

二、上诉人（原审被告人）×××……（写明改判的刑事和附带民事的内容）。"

第二，部分改判的，表述为：

"一、维持×××人民法院（××××）……刑初……号刑事附带民事判决的第×项，即……（写明维持的具体内容）；

二、撤销×××人民法院（××××）……刑初……号刑事附带民事判决的第×项，即……（写明撤销的具体内容）；

三、上诉人（原审被告人）×××……（写明部分改判的刑事和附带民事的具体内容）。"〕

本判决为终审判决。

审　判　长　×××

审　判　员　×××

审　判　员　×××

××××年××月××日

（院印）

本件与原本核对无异

书　记　员　×××

×××× 人民法院

刑事附带民事裁定书

（二审维持原判用）

（××××）……刑终……号

原公诉机关×××人民检察院。

上诉人（原审被告人）……（写明姓名、性别、出生年月日、民族、出生地、文化程度、职业或者工作单位和职务、住址和因本案所受强制措施情况等，现羁押处所）。

辩护人……（写明姓名、工作单位和职务）。

原审附带民事诉讼原告人……（写明姓名、性别、出生年月日、民族、出生地、文化程度、职业或者工作单位和职务、住址等）。

诉讼代理人……（写明姓名、工作单位和职务）。

××××人民法院审理×××人民检察院指控原审被告人×××犯××罪、原审附带民事诉讼原告人×××提起附带民事诉讼一案，于××××年××月××日作出（××××）……刑初……号刑事附带民事判决。原审被告人×××不服，提出上诉。本院依法组成合议庭，公开（或者不公开）开庭审理了本案。××××人民检察院指派检察员×××出庭履行职务。上诉人（原审被告人）×××及其辩护人×××、附带民事诉讼原告人×××及其诉讼代理人×××等到庭参加诉讼。现已审理终结。

……（首先概述原判决认定的事实、证据、理由和判处结果；其次概述上诉、辩护的意见；最后概述人民检察院和原审附带民事诉讼原告人在二审中提出的新意见）。

经审理查明，……（首先写明经二审审理查明的事实；其次写明二审据以定案的证据；最后针对上诉理由中与原判认定的事实、证据有异议的问题进行分析、认证）。

本院认为，……（根据二审查明的事实、证据和有关法律规定，论证原审法院认定事实、证据和适用法律包括判处被告人赔偿经济损失是正确的。对于上诉人、辩护人或者出庭履行职务的检察人员等在适用法律、定性处理方面的意见，应当逐一进行回答，说明不予采纳的理由）。依照……（写明裁定的法律依据）的规定，裁定如下：

驳回上诉，维持原判。

本裁定为终审裁定。

审　判　长　×××

审　判　员　×××

审　判　员　×××

×××年××月××日

（院印）

本件与原本核对无异

书　记　员　×××

××××人民法院
刑事附带民事调解书
（二审自诉案件用）

（××××）……刑终……号

上诉人（原审附带民事诉讼被告人）……（写明姓名、性别、出生年月日、民族、出生地、文化程度、职业或者工作单位和职务、住址等）。

原审自诉人暨附带民事诉讼原告人……（写明姓名、性别、出生年月日、民族、出生地、文化程度、职业或者工作单位和职务、住址等）。

××××人民法院审理自诉人暨附带民事诉讼原告人×××诉被告人×××犯××罪并赔偿经济损失一案，于××××年××月××日作出（××××）……刑初……号刑事附带民事判决。原审被告人×××不服，提出上诉（或者原审自诉人×××不服，提出上诉）。本院依法组成合议庭，公开（或者不公开）开庭审理了本案。

……（概述原审判决认定的事实，包括给被害人造成经济损失的事实、判处结果、上诉人的上诉理由、对方当事人的辩解等）。

经审理查明，……（首先写明经二审审理查明的事实，包括原审被告人给被害人造成经济损失的事实；其次写明双方当事人对此没有异议）。

经本院主持调解，……（写明被告人承认错误，愿意赔偿经济损失的态度和双方当事人互相谅解的简要情况）。双方当事人自愿达成如下协议：

一、原审自诉人×××自愿放弃对被告人×××刑事部分的指控；

二、上诉人（原审被告人或原审自诉人）×××自愿放弃上诉；

三、原审被告人×××赔偿原审自诉人×××……（写明赔偿金额、支付方式、给付期限）。

上述协议不违反有关法律规定，本院予以确认。

本调解书经双方当事人签收后，即具有法律效力。原审（××××）……刑初……号刑事附带民事判决自动撤销。

审　判　长　×××

审　判　员　×××

审　判　员　×××

××××年××月××日

（院印）

本件与原本核对无异

书　记　员　　×××

××××人民法院
刑事附带民事裁定书
（刑、民均上诉，二审维持原判用）

（××××）……刑终……号

原公诉机关××××人民检察院。

上诉人（原审附带民事诉讼原告人）……（写明姓名、性别、出生年月日、民族、出生地、文化程度、职业或者工作单位和职务、住址等）（如不是本案被害人，写明与被害人的关系）。

诉讼代理人……（写明姓名、工作单位和职务）。

上诉人（原审被告人）……（写明姓名、性别、出生年月日、民族、出生地、文化程度、职业或者工作单位和职务、户籍地、捕前住址和因本案所受强制措施情况，现羁押场所）。

辩护人（或指定辩护人）……（写明姓名、工作单位和职务）。

××××人民法院审理××××人民检察院指控原审被告人×××犯××罪，附带民事诉讼原告人×××提起附带民事诉讼一案，于××××年×月××日作出（××××）……刑初……号刑事判决。原审被告人×××对刑事部分判决不服，原审附带民事诉讼原告人×××对附带民事部分判决不服，分别上诉。本院依法组成合议庭，公开（或不公开）开庭审理了本案（如未开庭审理，则表述为，本院依法组成合议庭，经过阅卷、讯问上诉人，听取辩护人及附带民事诉讼原告人和诉讼代理人的意见，认为事实清楚，决定不开庭审理）。××××人民检察院指派检察员×××出庭履行职务。上诉人（原审被告人）×××及其辩护人×××、附带民事诉讼原告人×××及其诉讼代理人均到庭参加诉讼。现已审理终结。

……（首先概述原审判决认定的事实、证据、理由和判决结果；其次概述上诉、辩护意见及附带民事上诉意见；最后概述检察机关出庭意见）。

经审理查明，……（写明经二审审理查明的事实；其次写明二审据以定案的证据；最后针对上诉理由、检察机关出庭意见中与原判认定的事实、证据有异议的问题进行分析、认证）。

本院认为，……（写明对被告人的定罪情况、量刑情节情况、对上诉人、辩护人、附带民事诉讼原告人、诉讼代理人、检察机关的意见逐一回应，阐明采纳或不采纳的理由）。依照……（写明裁定的法律依据）的规定，裁定如下：

驳回上诉，维持原判。

本裁定为终审裁定。

审　判　长　×××

审　判　员　×××

审　判　员　×××

×××× 年 ×× 月 ×× 日

（院印）

本件与原本核对无异

书　记　员　×××

××××人民法院

刑事附带民事裁定书

（民事上诉、刑事生效，二审维持原判用）

（××××）……刑终……号

原公诉机关××××人民检察院。

上诉人（原审附带民事诉讼原告人）……，（写明姓名、性别、出生年月日、民族、出生地、文化程度、职业或者工作单位和职务、住址等）（如不是本案被害人，写明与被害人的关系）。

诉讼代理人……（写明姓名、工作单位和职务）。

上诉人（原审被告人）……（写明姓名、性别、出生年月日、民族、出生地、文化程度、职业或者工作单位和职务、户籍地、捕前住址和因本案所受强制措施情况，现羁押场所）。

辩护人（或指定辩护人）……（写明姓名、工作单位和职务）。

××××人民法院审理××××人民检察院指控被告人×××犯××罪，附带民事诉讼原告人×××提起刑事附带民事诉讼一案，于××年××月××日作出（××××）……刑初……号刑事附带民事判决，认定被告人×××犯××罪，判处……（写明原判刑罚情况）；被告人×××赔偿附带民事诉讼原告人×××……（写明民事赔偿情况）。宣判、送达后，检察机关及被告人×××未提出抗诉、上诉，本案刑事部分判决已经发生法律效力。原审附带民事诉讼原告人×××对民事部分判决不服，提出上诉。本院依法组成合议庭，经过阅卷，讯问被告人，听取附带民事诉讼原告人及诉讼代理人的意见，认为事实清楚，决定不开庭审理。现已审理终结。

经审理查明，……（写明经二审审理查明的事实）。

另查明，……（写明经审理查明的民事损失情况）。

……（简要写明民事上诉理由）。

……（简要写明认定事实的证据名称）。

本院认为，……（写明对被告人的定罪情况、量刑情节情况，对附带民事诉讼原告人、委托代理人的意见逐一回应，阐明采纳或不采纳的理由）。依照……（写明裁定的法律依据）的规定，裁定如下：

驳回上诉，维持原判。

本裁定为终审裁定。

审　判　长　×××

审　判　员　×××

审　判　员　×××

×××年××月××日

（院印）

本件与原本核对无异

书　记　员　×××

××××人民法院
刑事附带民事裁定书
（二审准予撤回附带民事部分上诉用）

（××××）……刑终……号

原公诉机关××××人民检察院。

上诉人（原审附带民事诉讼原告人）……，（写明姓名、性别、出生年月日、民族、出生地、文化程度、职业或者工作单位和职务、住址等）（如不是本案被害人，写明与被害人的关系）。

诉讼代理人……（写明姓名、工作单位和职务）。

上诉人（原审被告人）……（写明姓名、性别、出生年月日、民族、出生地、文化程度、职业或者工作单位和职务、户籍地、捕前住址和因本案所受强制措施情况，现羁押场所）。

辩护人……（写明姓名、工作单位和职务）。

××××人民法院审理××××人民检察院指控被告人×××犯××罪，附带民事诉讼原告人×××提起刑事附带民事诉讼一案，于××××年××月××日作出（××××）……刑初……号刑事附带民事判决，认定被告人×××犯××罪，判处……（写明原判刑罚情况）；被告人×××赔偿附带民事诉讼原告人×××……（写明民事赔偿情况）。宣判、送达后，检察机关及被告人×××未提出抗诉、上诉。原审附带民事诉讼原告人×××对民事部分判决不服，提出上诉。本院二审审理期间，上诉人（原审附带民事诉讼原告人）×××向本院申请撤回附带民事上诉。

本院认为，上诉人×××申请撤回附带民事上诉的请求，符合法律规定。依照……（写明裁定的法律依据）规定，裁定如下：

准许上诉人×××撤回附带民事上诉。

××××人民法院（××××）……刑初……号刑事附带民事判决的附带民事部分判决自本裁定送达之日起即发生法律效力。

本裁定为终审裁定。

审　判　长　×××

审　判　员　×××

审　判　员　×××

××××年××月××日

（院印）

本件与原本核对无异

书　记　员　×××

第七章　期间、送达

【工作内容】

（一）期间

1. 期间的计算。（1）期间以时、日、月计算。（2）期间开始的时和日不算在期间以内。（3）法定期间不包括路途上的时间，上诉状或者其他文件在期满前已经交邮的，不算过期。（4）期间的最后一日为节假日的，以节假日后的第一日为期满日期，但犯罪嫌疑人、被告人或者罪犯在押期间，应当至期满之日为止，不得因节假日而延长。（5）以月计算的期间，自本月某日至下月同日为一个月。期限起算日为本月最后一日的，至下月最后一日为一个月。下月同日不存在的，自本月某日至下月最后一日为一个月。半个月一律按十五日计算。（6）以年计算的刑期，自本年本月某日至次年同月同日的前一日为一年；次年同月同日不存在的，自本年本月某日至次年同月最后一日的前一日为一年。以月计算的刑期，自本月某日至下月同日的前一日为一个月；刑期起算日为本月最后一日的，至下月最后一日的前一日为一个月；下月同日不存在的，自本月某日至下月最后一日的前一日为一个月；半个月一律按十五日计算。

2. 期间的恢复。当事人由于不能抗拒的原因或者有其他正当理由而耽误期限的，在障碍消除后五日以内，可以申请继续进行应当在期满以前完成的诉讼活动。

（二）送达

1. 送达诉讼文书，应当由收件人签收。收件人不在的，可以由其成年家属或者所在单位负责收件的人员代收。收件人或者代收人在送达回证上签收的日期为送达日期。

2. 收件人或者代收人拒绝签收的，送达人可以邀请见证人到场，说明情况，在送达回证上注明拒收的事由和日期，由送达人、见证人签名或者盖章，将诉讼文书留在收件人、代收人的住处或者单位；也可以把诉讼文书留在受送达人的住处，并采用拍照、录像等方式记录送达过程，即视为送达。

3. 委托送达和邮寄送达。委托送达的，应当将委托函、委托送达的诉讼文书及送达回证寄送受托法院。受托法院收到后，应当登记，在十日内送达收件人，并将送达回证寄送委托法院；无法送达的，应当告知委托法院，并将诉讼文书及送达回证退回。直接送达诉讼文书有困难的，可以委托收件人所在地的人民法院代为送达或者邮寄送达。邮寄送达的，应当将诉讼文书、送达回证邮寄给收件人。签收日期为送达日期。

4. 特殊人员的送达。诉讼文书的收件人是军人的，可以通过其所在部队团级以上单位的政治部门转交。收件人正在服刑的，可以通过执行机关转交。收件人正在接受专门矫治教育等的，可以通过相关机构转交。由有关部门、单位代为转交诉讼文书的，应当请有关部门、单位收到后立即交收件人签收，并将送达回证及时寄送人民法院。

【常用法律、司法解释及相关规定】

《刑事诉讼法》（2018 年 10 月 26 日修正）

第一百零五条　期间以时、日、月计算。

期间开始的时和日不算在期间以内。

法定期间不包括路途上的时间。上诉状或者其他文件在期满前已经交邮的，不算过期。

期间的最后一日为节假日的，以节假日后的第一日为期满日期，但犯罪嫌疑人、被告人或者罪犯在押期间，应当至期满之日为止，不得因节假日而延长。

第一百零六条　当事人由于不能抗拒的原因或者有其他正当理由而耽误期限的，在障碍消除后五日以内，可以申请继续进行应当在期满以前完成的诉讼活动。

前款申请是否准许，由人民法院裁定。

第一百零七条　送达传票、通知书和其他诉讼文件应当交给收件人本人；

如果本人不在，可以交给他的成年家属或者所在单位的负责人员代收。

收件人本人或者代收人拒绝接收或者拒绝签名、盖章的时候，送达人可以邀请他的邻居或者其他见证人到场，说明情况，把文件留在他的住处，在送达证上记明拒绝的事由、送达的日期，由送达人签名，即认为已经送达。

《最高人民法院关于适用〈中华人民共和国刑事诉讼法〉的解释》（2021年3月1日施行　法释〔2021〕1号）

第二百零二条　以月计算的期间，自本月某日至下月同日为一个月；期限起算日为本月最后一日的，至下月最后一日为一个月；下月同日不存在的，自本月某日至下月最后一日为一个月；半个月一律按十五日计算。

以年计算的刑期，自本年本月某日至次年同月同日的前一日为一年；次年同月同日不存在的，自本年本月某日至次年同月最后一日的前一日为一年。以月计算的刑期，自本月某日至下月同日的前一日为一个月；刑期起算日为本月最后一日的，至下月最后一日的前一日为一个月；下月同日不存在的，自本月某日至下月最后一日的前一日为一个月；半个月一律按十五日计算。

第二百零三条　当事人由于不能抗拒的原因或者有其他正当理由而耽误期限，依法申请继续进行应当在期满前完成的诉讼活动的，人民法院查证属实后，应当裁定准许。

第二百零四条　送达诉讼文书，应当由收件人签收。收件人不在的，可以由其成年家属或者所在单位负责收件的人员代收。收件人或者代收人在送达回证上签收的日期为送达日期。

收件人或者代收人拒绝签收的，送达人可以邀请见证人到场，说明情况，在送达回证上注明拒收的事由和日期，由送达人、见证人签名或者盖章，将诉讼文书留在收件人、代收人的住处或者单位；也可以把诉讼文书留在受送达人的住处，并采用拍照、录像等方式记录送达过程，即视为送达。

第二百零五条　直接送达诉讼文书有困难的，可以委托收件人所在地的人民法院代为送达或者邮寄送达。

第二百零六条　委托送达的，应当将委托函、委托送达的诉讼文书及送达回证寄送受托法院。受托法院收到后，应当登记，在十日以内送达收件人，并将送达回证寄送委托法院；无法送达的，应当告知委托法院，并将诉讼文书及送达回证退回。

第二百零七条 邮寄送达的，应当将诉讼文书、送达回证邮寄给收件人。签收日期为送达日期。

第二百零八条 诉讼文书的收件人是军人的，可以通过其所在部队团级以上单位的政治部门转交。

收件人正在服刑的，可以通过执行机关转交。

收件人正在接受专门矫治教育等的，可以通过相关机构转交。

由有关部门、单位代为转交诉讼文书的，应当请有关部门、单位收到后立即交收件人签收，并将送达回证及时寄送人民法院。

【相关法律文书】

送达回证

××××人民法院
送达回证
（院印）

案由		案号			
受送达人的 姓名、地址					
送达地点					
送达的文件名称及 件数	受送达人签收	收到日期		代收人签收	送达人
		年　月　日　时			
		年　月　日　时			
		年　月　日　时			
		年　月　日　时			
备　注					

填发人：×××

第二编 立 案

【工作内容】

（一）一审公诉案件的审查和处理

1. 立案材料的审查。

对提起公诉的案件，人民法院应当在收到起诉书（一式八份，每增加一名被告人，增加起诉书五份）和案卷、证据后，指定审判人员审查以下内容：

（1）是否属于本院管辖。

（2）起诉书是否写明被告人的身份，是否受过或者正在接受刑事处罚、行政处罚、处分，被采取留置措施的情况，被采取强制措施的时间、种类、羁押地点，犯罪的时间、地点、手段、后果以及其他可能影响定罪量刑的情节，多起犯罪事实的，是否在起诉书中将事实分别列明。

（3）是否移送证明指控犯罪事实及影响量刑的证据材料，包括采取技术调查、侦查措施的法律文书和所收集的证据材料。

（4）是否查封、扣押、冻结被告人的违法所得或者其他涉案财物，查封、扣押、冻结是否逾期；是否随案移送涉案财物、附涉案财物清单；是否列明涉案财物权属情况；是否就涉案财物处理提供相关证据材料。

（5）是否列明被害人的姓名、住址、联系方式；是否附有证人、鉴定人名单；是否申请法庭通知证人、鉴定人、有专门知识的人出庭，并列明有关人员的姓名、性别、年龄、职业、住址、联系方式；是否附有需要保护的证人、鉴定人、被害人名单。

（6）当事人已委托辩护人、诉讼代理人，或者已接受法律援助的，是否列明辩护人、诉讼代理人的姓名、住址、联系方式。

（7）是否提起附带民事诉讼；提起附带民事诉讼的，是否列明附带民事诉讼当事人的姓名、住址、联系方式等，是否附有相关证据材料。

（8）监察调查、侦查、审查起诉程序的各种法律手续和诉讼文书是否齐全。

（9）被告人认罪认罚的，是否提出量刑建议、移送认罪认罚具结书等材料。

（10）有无《刑事诉讼法》第十六条第二项至第六项规定的不追究刑事责任的情形。

2. 公诉案件审查后的处理。

（1）属于告诉才处理的案件，应当退回人民检察院，并告知被害人有权提起自诉。

（2）不属于本院管辖的，应当退回人民检察院。

（3）不符合前述"立案材料的审查"第（2）项至第（9）项规定之一，需要补充材料的，应当通知人民检察院在三日内补送。

（4）依照《刑事诉讼法》第二百条第三项规定宣告被告人无罪后，人民检察院根据新的事实、证据重新起诉的，应当依法受理。

（5）依照《最高人民法院关于适用〈中华人民共和国刑事诉讼法〉的解释》第二百九十六条规定裁定准许撤诉的案件，没有新的影响定罪量刑的事实、证据，重新起诉的，应当退回人民检察院。

（6）符合《刑事诉讼法》第十六条第二项至第六项规定情形的，应当裁定终止审理或者退回人民检察院。

（7）被告人真实身份不明，但符合《刑事诉讼法》第一百六十条第二款规定的，应当依法受理。

（8）被告人不在案的，应当退回人民检察院；但是，对人民检察院按照缺席审判程序提起公诉的，应当依照《最高人民法院关于适用〈中华人民共和国刑事诉讼法〉的解释》第二十四章的规定作出处理。对公诉案件是否受理，应当在七日内审查完毕。

3. 关于并案和分案。

（1）对一案起诉的共同犯罪或者关联犯罪案件，被告人人数众多、案情复杂，人民法院经审查认为，分案审理更有利于保障庭审质量和效率的，可以分案审理。分案审理不得影响当事人质证权等诉讼权利的行使。

（2）对分案起诉的共同犯罪或者关联犯罪案件，人民法院经审查认为，合并审理更有利于查明案件事实、保障诉讼权利、准确定罪量刑的，可以并案审理。

4. 常见的不予受理情形。

（1）人民法院依照《最高人民法院关于适用〈中华人民共和国刑事诉讼法〉的解释》第二百九十六条规定裁定准许人民检察院撤诉的，人民检察院没有新的影响定罪量刑的事实、证据材料重新起诉的；（2）犯罪已过追诉时效期限的；（3）经特赦令免除刑罚的；（4）依照《刑法》告诉才处理的，没有告诉或撤诉的；（5）犯罪嫌疑人、被告人死亡的；（6）其他法律规定免予追究刑事责任的。

（二）自诉案件的审查和处理

1. 自诉案件范围。

（1）告诉才处理的案件。所谓告诉才处理的案件，指由被害人及其法定代理人、近亲属等提起诉讼，人民法院才予以受理的案件。具体包括以下几类：《刑法》第二百四十六条规定的侮辱、诽谤案，但是严重危害社会秩序和国家利益的除外；《刑法》第二百五十七条第一款规定的暴力干涉婚姻自由案；《刑法》第二百六十条第一款规定的虐待案，但被害人没有能力告诉或者因受到强制、威吓无法告诉的除外；《刑法》第二百七十条规定的侵占案。

（2）人民检察院没有提起公诉，但是被害人有证据证明的轻微刑事案件。所谓轻微刑事案件是指犯罪事实、情节较为轻微，可能判处三年以下有期徒刑以及拘役、管制等较轻刑罚的案件。具体包括以下八类：《刑法》第二百三十四条第一款规定的故意伤害案；《刑法》第二百四十五条规定的非法侵入住宅案；《刑法》第二百五十二条规定的侵犯通信自由案；《刑法》第二百五十八条规定的重婚案；《刑法》第二百六十一条规定的遗弃案；《刑法》分则第三章第一节规定的生产、销售伪劣商品案，但是严重危害社会秩序和国家利益的除外；《刑法》分则第三章第七节规定的侵犯知识产权案，但是严重危害社会秩序和国家利益除外；《刑法》分则第四章规定的侵犯公民人身权利、民主权利罪，第五章规定的侵犯财产罪，对被告人可能判处三年有期徒刑以下刑罚的案件。

以上八类案件，被害人直接向人民法院起诉的，人民法院应当依法受理。对于其中证据不足、可由公安机关受理的，或者认为对被告人可能判处三年有期徒刑以上刑罚的，应当移送公安机关立案侦查。伪证罪、拒不执行判决裁定罪由公安机关立案侦查，只有公安机关、人民检察院不受理的情况下，伪证罪、拒不执行判决裁定罪才能成为自诉案件。

（3）被害人有证据证明对被告人侵犯自己人身、财产权利的行为应当依法追究刑事责任，而公安机关或者人民检察院不予追究被告人刑事责任的案件。所谓公安机关或者人民检察院不予追究被告人刑事责任的案件，是指公安机关或人民检察院已作出不予追究的书面决定的案件。即公安机关、人民检察院已经作出不立案、撤销案件、不起诉等书面决定的案件。需要注意的是，《刑事诉讼法》第二百一十条第三项规定的案件不适用调解。即被害人有证据证明对被告人侵犯自己人身、财产权利的行为应当依法追究刑事责任，而公安机关或者人民检察院不予追究被告人刑事责任的案件。该类案件在人民法院受理刑事自诉案件后不适用调解，双方当事人可自行和解。例如，拒不执行判决、裁定罪刑事自诉案件。

（4）拒不执行判决、裁定案。根据自 2015 年 7 月 22 日起施行的《最高人民法院关于审理拒不执行判决、裁定刑事案件适用法律若干问题的解释》的规定，申请执行人有证据证明同时具有下列情形，人民法院认为符合《刑事诉讼法》第二百一十条第三项规定的，以自诉案件立案审理：负有执行义务的人拒不执行判决、裁定，侵犯了申请执行人的人身、财产权利，应当依法追究刑事责任的；申请执行人曾经提出控告，而公安机关或者人民检察院对负有执行义务的人不予追究刑事责任的。

2. 自诉案件立案材料的审查。

人民法院应当在收到自诉状或者口头告诉十五日内作出是否立案的决定。需审查内容如下：

（1）是否属于自诉案件范围；

（2）是否属于本院管辖；

（3）是否是刑事案件的被害人或者其法定代理人、近亲属告诉的，如果是代为告诉，是否提交授权委托书、代理人身份证明、代为告诉人身份证明等相关材料。如果自诉人是法人或者其他组织的，是否提交营业执照或者组织机构代码证复印件、法定代表人或者主要负责人身份证明书；法人或者其他组织不能提供组织机构代码的，应当提供组织机构被注销的情况说明。

（4）是否有明确的被告人、具体的诉讼请求和能证明被告人犯罪事实的证据。

（5）是否提交了自诉状，自诉状的副本是否与被告人及其他当事人人数相符。自诉状一般应当包括的内容：自诉人（代为告诉人）、被告人的姓名、性别、年龄、民族、出生地、文化程度、职业、工作单位、住址、联系方式；被告人实施犯罪的时间、地点、手段、情节和危害后果等；具体的诉讼请求；

致送的人民法院和具状时间；证据的名称、来源等；证人的姓名、住址、联系方式等。

（6）如果是法定代理人、近亲属告诉或者代为告诉，提交的材料中是否有与被害人关系的证明和被害人不能亲自告诉的原因的证明。

3. 自诉案件审查后的处理。

（1）符合受理条件的，应当决定立案，并书面通知自诉人或者代为告诉人；

（2）缺乏罪证的自诉案件，如果自诉人提不出补充证据，应当说服自诉人撤回自诉，或者裁定驳回。

4. 自诉案件不予受理的情形。

（1）裁定不予受理的情形。具有下列情形之一的，应当说服自诉人撤回起诉；自诉人不撤回起诉的，裁定不予受理：不符合《最高人民法院关于适用〈中华人民共和国刑事诉讼法〉的解释》第一条规定的；缺乏罪证的；犯罪已过追诉时效期限；被告人死亡的；被告人下落不明的；除因证据不足而撤诉的以外，自诉人撤诉后，就同一事实又告诉的；经人民法院调解结案后，自诉人反悔，就同一事实再行告诉的；属于《最高人民法院关于适用〈中华人民共和国刑事诉讼法〉的解释》第一条第二项规定的案件，公安机关正在立案侦查或者人民检察院正在审查起诉的；不服人民检察院对未成年犯罪嫌疑人作出的附条件不起诉决定或者附条件不起诉考验期满后作出的不起诉决定，向人民法院起诉的。

（2）自诉案件其他不予受理的情形：第一，自诉人明知侵害人是二人以上，但只对部分侵害人提出告诉的，人民法院应当受理，并视为对其他侵害人放弃告诉权利。判决宣告后又对其他共同侵害人就同一事实提起自诉的，人民法院不予受理。第二，共同被害人中只有部分人告诉的，人民法院应当通知其他被害人参加诉讼，并告知其不参加诉讼的法律后果。被通知人接到通知后表示不参加诉讼或不出庭的，即视为放弃告诉。第一审宣判后，被通知人就同一事实提出自诉的，人民法院不予受理。第三，根据《最高人民法院关于适用〈中华人民共和国刑事诉讼法〉的解释》第一条第三项的规定，被害人有证据证明对被告人侵犯自己人身、财产权利的行为应当依法追究刑事责任，且有证据证明曾经提出控告，而公安机关或者人民检察院不予追究被告人刑事责任的案件，被害人提起自诉的，应要求被害人提供相关的证据材料（必须包括不予受理决定书），否则，不予受理。

5. 反诉立案材料审查与处理。

（1）反诉的对象必须是本案自诉人；

（2）反诉的内容必须是与本案有关的行为；

（3）反诉的案件必须符合《最高人民法院关于适用〈中华人民共和国刑事诉讼法〉的解释》第一条第一项、第二项的规定。

（三）速裁案件的审查和处理

1. 基层法院速裁案件立案材料的审查。

（1）速裁案件适用的条件：一是基层人民法院管辖的可能判处三年有期徒刑以下刑罚的案件，案件事实清楚，证据确实、充分，被告人认罪认罚并同意适用速裁程序的，可以适用速裁程序，由审判员一人独任审判。二是人民检察院建议人民法院适用速裁程序的，人民法院可以适用速裁程序。

（2）不适用速裁程序的情形：被告人是盲、聋、哑人的；被告人是尚未完全丧失辨认或者控制自己行为能力的精神病人的；被告人是未成年人的；案件有重大社会影响的；共同犯罪案件中部分被告人对指控的犯罪事实、罪名、量刑建议或者适用速裁程序有异议的；被告人与被害人或者其法定代理人没有就附带民事诉讼赔偿等事项达成调解或者和解协议的；辩护人作无罪辩护的；其他不宜适用速裁程序审理的。

2. 速裁案件立案材料的审查处理。

决定适用速裁程序的，经立案审查部门或者专职的立案审查人员审查后，一日内将案卷材料及相关证据直接移送承办法官，并告知案件适用速裁程序。

（四）二审公诉案件的审查和处理

1. 对照移送上诉、抗诉案件函，核对案卷册数（包括移送函中单独列明的证据和其他移送的材料）；光盘；上诉状或抗诉书；第一审判决书、裁定书（八份，每增加一名被告人增加一份）及其电子文本；死刑案件综合报告（高级人民法院二审）；换押证。

2. 一审为刑事附带民事诉讼的，核对附带民事是否上诉，有无上诉状。

3. 核对送达、宣判手续是否完备。

（五）下级法院报请延长审限案件

1. 报最高人民法院延期审理：报送时限为审限届满前二十日。（1）基层人民法院报中级人民法院、中级人民法院报高级人民法院延期审理报告各五份；（2）延期审理呈批表五份；（3）起诉书复印件三份；（4）立案登记表复印件二份；（5）涉及审限中止、延期等材料；（6）多次报延审的，需附前次呈批表、延期审理决定书复印件各二份；（7）二审案件需附第一审判决书一份。

2. 报高级人民法院延期审理：审限届满前十五日。（1）申请延期审理报告三份；（2）延审呈批表五份，表格只能打印在正面一页上；（3）立案登记表复印件一份；（4）涉及审限中止、延期等材料。向高级人民法院报送延期审理案件的相关材料统一邮寄至高级人民法院对口业务庭，并严格按照报送时限的要求办理。

（六）下级法院报送请示案件

一是对照移送函核对案卷册数、光盘数量、请示报告五份。二是副卷内是否有审判委员会讨论记录。

（七）申诉案件的审查和处理

1. 立案审查材料（包括窗口立案和来信立案）：（1）申诉书（本人签字按手印），三份原件；（2）一审判决书、裁定书，三份复印件（复印清楚）；（3）二审判决书、裁定书，三份复印件（需复印清楚）；（4）驳回申诉通知书，三份复印件；（5）申诉人身份证复印件一份；（6）律师手续：授权委托书原件一份、律所函原件一份、律师证复印件一份；（7）如近亲属代为申诉需提供关系证明原件一份及身份证复印件一份；（8）以有新的证据证明原判决、裁定认定的事实确有错误为由申诉的，应当同时附有相关证据材料；申请人民法院调查取证的，应当附有相关线索或者材料。

2. 当事人填写材料登记表、送达地址确认书。

3. 刑事申诉登记排号、材料存柜。

4. 下发调卷函。

5. 对照下级院送卷函核对案卷册数、光盘数量，登记在册、存入卷柜。

6. 录入系统生成案号。

7. 与相关审判业务庭办理交接手续。

（八）抗诉案件的审查和处理

1. 接收、核对抗诉案件册数、刑事抗诉书、相关证据材料。

2. 下发调卷函、下发委托送达函或直接送达文书。

3. 对照送卷函核对卷宗数量及相关材料，接收送达回证。

4. 立案生成案号。

5. 流转业务庭室、办理交接手续。

（九）减刑、假释案件的审查和处理

1. 接收、核对材料：（1）减刑建议书；（2）终审法院的裁判文书、执行通知书、历次减刑裁定书的复印件；（3）证明罪犯确有悔改、立功或者重大立功表现具体事实的书面材料；（4）罪犯评审鉴定表、奖惩审批表等；（5）根据案件情况需要移送的其他材料。

2. 录入系统生成案号。

3. 流转业务庭室、办理交接手续。

（十）上级人民法院发回重审案件的审查和处理

1. 核对案卷、光盘数量及相关材料。

2. 录入系统生成案号。

3. 流转业务庭室、办理交接手续。

（十一）依院长监督程序提起再审案件的审查和处理

1. 发函调卷，调齐相关案卷。

2. 录入系统生成案号。

3. 流转业务庭室、办理交接手续。

（十二）指定管辖案件的审查和处理

1. 由检察机关提起的管辖案件，需提交商请管辖函。

2. 由下级法院提请的管辖案件，需提交指定管辖的报告。

3. 录入系统生成案号。

4. 交立案庭承办法官办理。

（十三）对立案的审查处理

1. 未附换押证的，及时联系补充。

2. 移送材料与移送函内容不一致的，做好记录，及时指出，并发函补充。

3. 申诉案件当事人缺少材料的，令其限时补交材料。申诉人对必要材料拒绝补充且无正当理由的，不予审查。

4. 对未经终审人民法院及其上一级人民法院审查处理，直接向上级人民法院申诉的，上级人民法院可以告知申诉人向下级人民法院提出。

5. 调卷函下发后未及时送卷的，联系该法院相关部门负责人并做好记录或下发催卷函。

6. 刑事抗诉案件无法联系被告人的，及时联系检察院，由其提供联系方式。

7. 对人民检察院依照审判监督程序提出抗诉的案件，人民法院应当在收到抗诉书后一个月内立案。但是，有下列情形之一的，应当区别情况处理：（1）对不属于本院管辖的，应当将案件退回人民检察院；（2）按照抗诉书提供的住址无法向被抗诉的原审被告人送达抗诉书的，应当通知人民检察院在三日内重新提供原审被告人的住址，逾期未提供的，将案件退回人民检察院；（3）以有新的证据为由提出抗诉，但未附相关证据材料或者有关证据不是指向原起诉事实的，应当通知人民检察院在三日内补送相关材料，逾期未补送的，将案件退回人民检察院。决定退回的抗诉案件，人民检察院经补充相关材料后再次抗诉，经审查符合受理条件的，人民法院应当受理。

（十四）立案后的办理流程

1. 将收案日期、主罪名、案件来源、诉讼性质、案件类型、原审信息、被告人的基本信息、诉讼地位、强制措施、审查人、审查日期、审批人、审批日期等信息录入办案系统，生成案号。

2. 登记在册，打印立案信息表。

3. 与相关审判业务庭办理交接手续。

【常用法律、司法解释及相关规定】

《刑事诉讼法》（2018 年 10 月 26 日修正）

第一百一十四条 对于自诉案件，被害人有权向人民法院直接起诉。被害人死亡或者丧失行为能力的，被害人的法定代理人、近亲属有权向人民法院起诉。人民法院应当依法受理。

第二百一十条 自诉案件包括下列案件：

（一）告诉才处理的案件；

（二）被害人有证据证明的轻微刑事案件；

（三）被害人有证据证明对被告人侵犯自己人身、财产权利的行为应当依法追究刑事责任，而公安机关或者人民检察院不予追究被告人刑事责任的案件。

第二百一十一条 人民法院对于自诉案件进行审查后，按照下列情形分别处理：

（一）犯罪事实清楚，有足够证据的案件，应当开庭审判；

（二）缺乏罪证的自诉案件，如果自诉人提不出补充证据，应当说服自诉人撤回自诉，或者裁定驳回。

自诉人经两次依法传唤，无正当理由拒不到庭的，或者未经法庭许可中途退庭的，按撤诉处理。

法庭审理过程中，审判人员对证据有疑问，需要调查核实的，适用本法第一百九十六条的规定。

第二百二十二条 基层人民法院管辖的可能判处三年有期徒刑以下刑罚的案件，案件事实清楚，证据确实、充分，被告人认罪认罚并同意适用速裁程序的，可以适用速裁程序，由审判员一人独任审判。

人民检察院在提起公诉的时候，可以建议人民法院适用速裁程序。

第二百二十三条 有下列情形之一的，不适用速裁程序：

（一）被告人是盲、聋、哑人，或者是尚未完全丧失辨认或者控制自己行为能力的精神病人的；

（二）被告人是未成年人的；

（三）案件有重大社会影响的；

（四）共同犯罪案件中部分被告人对指控的犯罪事实、罪名、量刑建议或者适用速裁程序有异议的；

（五）被告人与被害人或者其法定代理人没有就附带民事诉讼赔偿等事项达成调解或者和解协议的；

（六）其他不宜适用速裁程序审理的。

第二百二十六条 人民法院在审理过程中，发现有被告人的行为不构成犯罪或者不应当追究其刑事责任、被告人违背意愿认罪认罚、被告人否认指控的犯罪事实或者其他不宜适用速裁程序审理的情形的，应当按照本章第一节或者第三节的规定重新审理。

第二百五十二条 当事人及其法定代理人、近亲属，对已经发生法律效力的判决、裁定，可以向人民法院或者人民检察院提出申诉，但是不能停止判决、裁定的执行。

第二百五十三条 当事人及其法定代理人、近亲属的申诉符合下列情形之一的，人民法院应当重新审判：

（一）有新的证据证明原判决、裁定认定的事实确有错误，可能影响定罪量刑的；

（二）据以定罪量刑的证据不确实、不充分、依法应当予以排除，或者证明案件事实的主要证据之间存在矛盾的；

（三）原判决、裁定适用法律确有错误的；

（四）违反法律规定的诉讼程序，可能影响公正审判的；

（五）审判人员在审理该案件的时候，有贪污受贿，徇私舞弊，枉法裁判行为的。

第二百五十四条 各级人民法院院长对本院已经发生法律效力的判决和裁定，如果发现在认定事实上或者在适用法律上确有错误，必须提交审判委员会处理。

最高人民法院对各级人民法院已经发生法律效力的判决和裁定，上级人民法院对下级人民法院已经发生法律效力的判决和裁定，如果发现确有错误，有权提审或者指令下级人民法院再审。

最高人民检察院对各级人民法院已经发生法律效力的判决和裁定，上级人民检察院对下级人民法院已经发生法律效力的判决和裁定，如果发现确有错误，有权按照审判监督程序向同级人民法院提出抗诉。

人民检察院抗诉的案件，接受抗诉的人民法院应当组成合议庭重新审理，对于原判决事实不清楚或者证据不足的，可以指令下级人民法院再审。

第二百五十七条 人民法院决定再审的案件，需要对被告人采取强制措施的，由人民法院依法决定；人民检察院提出抗诉的再审案件，需要对被告人采取强制措施的，由人民检察院依法决定。

人民法院按照审判监督程序审判的案件，可以决定中止原判决、裁定的执行。

《最高人民法院关于适用〈中华人民共和国刑事诉讼法〉的解释》（2021年3月1日施行 法释〔2021〕1号）

第一条 人民法院直接受理的自诉案件包括：

（一）告诉才处理的案件：

1. 侮辱、诽谤案（刑法第二百四十六条规定的，但严重危害社会秩序和国家利益的除外）；

2. 暴力干涉婚姻自由案（刑法第二百五十七条第一款规定的）；

3. 虐待案（刑法第二百六十条第一款规定的，但被害人没有能力告诉或者因受到强制、威吓无法告诉的除外）；

4. 侵占案（刑法第二百七十条规定的）。

（二）人民检察院没有提起公诉，被害人有证据证明的轻微刑事案件：

1. 故意伤害案（刑法第二百三十四条第一款规定的）；

2. 非法侵入住宅案（刑法第二百四十五条规定的）；

3. 侵犯通信自由案（刑法第二百五十二条规定的）；

4. 重婚案（刑法第二百五十八条规定的）；

5. 遗弃案（刑法第二百六十一条规定的）；

6. 生产、销售伪劣商品案（刑法分则第三章第一节规定的，但严重危害社会秩序和国家利益的除外）；

7. 侵犯知识产权案（刑法分则第三章第七节规定的，但严重危害社会秩序和国家利益的除外）；

8. 刑法分则第四章、第五章规定的，可能判处三年有期徒刑以下刑罚的案件。

本项规定的案件，被害人直接向人民法院起诉的，人民法院应当依法受理。对其中证据不足，可以由公安机关受理的，或者认为对被告人可能判处三年有期徒刑以上刑罚的，应当告知被害人向公安机关报案，或者移送公安机关立案侦查。

（三）被害人有证据证明对被告人侵犯自己人身、财产权利的行为应当依法追究刑事责任，且有证据证明曾经提出控告，而公安机关或者人民检察院不予追究被告人刑事责任的案件。

第二百一十八条 对提起公诉的案件，人民法院应当在收到起诉书（一式八份，每增加一名被告人，增加起诉书五份）和案卷、证据后，审查以下内容：

（一）是否属于本院管辖；

（二）起诉书是否写明被告人的身份，是否受过或者正在接受刑事处罚、行政处罚、处分，被采取留置措施的情况，被采取强制措施的时间、种类、羁押地点，犯罪的时间、地点、手段、后果以及其他可能影响定罪量刑的情节；有多起犯罪事实的，是否在起诉书中将事实分别列明；

（三）是否移送证明指控犯罪事实及影响量刑的证据材料，包括采取技术调查、侦查措施的法律文书和所收集的证据材料；

（四）是否查封、扣押、冻结被告人的违法所得或者其他涉案财物，查封、扣押、冻结是否逾期；是否随案移送涉案财物、附涉案财物清单；是否列明涉案财物权属情况；是否就涉案财物处理提供相关证据材料；

（五）是否列明被害人的姓名、住址、联系方式；是否附有证人、鉴定人名单；是否申请法庭通知证人、鉴定人、有专门知识的人出庭，并列明有关人员的姓名、性别、年龄、职业、住址、联系方式；是否附有需要保护的证人、鉴定人、被害人名单；

（六）当事人已委托辩护人、诉讼代理人或者已接受法律援助的，是否列明辩护人、诉讼代理人的姓名、住址、联系方式；

（七）是否提起附带民事诉讼；提起附带民事诉讼的，是否列明附带民事诉讼当事人的姓名、住址、联系方式等，是否附有相关证据材料；

（八）监察调查、侦查、审查起诉程序的各种法律手续和诉讼文书是否齐全；

（九）被告人认罪认罚的，是否提出量刑建议、移送认罪认罚具结书等材料；

（十）有无刑事诉讼法第十六条第二项至第六项规定的不追究刑事责任的情形。

第二百一十九条 人民法院对提起公诉的案件审查后，应当按照下列情形分别处理：

（一）不属于本院管辖的，应当退回人民检察院；

（二）属于刑事诉讼法第十六条第二项至第六项规定情形的，应当退回人民检察院；属于告诉才处理的案件，应当同时告知被害人有权提起自诉；

（三）被告人不在案的，应当退回人民检察院；但是，对人民检察院按照缺席审判程序提起公诉的，应当依照本解释第二十四章的规定作出处理；

（四）不符合前条第二项至第九项规定之一，需要补充材料的，应当通知人民检察院在三日以内补送；

（五）依照刑事诉讼法第二百条第三项规定宣告被告人无罪后，人民检察院根据新的事实、证据重新起诉的，应当依法受理；

（六）依照本解释第二百九十六条规定裁定准许撤诉的案件，没有新的影响定罪量刑的事实、证据，重新起诉的，应当退回人民检察院；

（七）被告人真实身份不明，但符合刑事诉讼法第一百六十条第二款规定的，应当依法受理。

对公诉案件是否受理，应当在七日以内审查完毕。

第三百一十六条 人民法院受理自诉案件必须符合下列条件：

（一）符合刑事诉讼法第二百一十条、本解释第一条的规定；

（二）属于本院管辖；

（三）被害人告诉；

（四）有明确的被告人、具体的诉讼请求和证明被告人犯罪事实的证据。

第三百一十七条 本解释第一条规定的案件，如果被害人死亡、丧失行为能力或者因受强制、威吓等无法告诉，或者是限制行为能力人以及因年老、患病、盲、聋、哑等不能亲自告诉，其法定代理人、近亲属告诉或者代为告诉的，人民法院应当依法受理。

被害人的法定代理人、近亲属告诉或者代为告诉的，应当提供与被害人关系的证明和被害人不能亲自告诉的原因的证明。

第三百一十八条 提起自诉应当提交刑事自诉状；同时提起附带民事诉讼的，应当提交刑事附带民事自诉状。

第三百一十九条 自诉状一般应当包括以下内容：

（一）自诉人（代为告诉人）、被告人的姓名、性别、年龄、民族、出生地、文化程度、职业、工作单位、住址、联系方式；

（二）被告人实施犯罪的时间、地点、手段、情节和危害后果等；

（三）具体的诉讼请求；

（四）致送的人民法院和具状时间；

（五）证据的名称、来源等；

（六）证人的姓名、住址、联系方式等。

对两名以上被告人提出告诉的，应当按照被告人的人数提供自诉状副本。

第三百二十条　对自诉案件，人民法院应当在十五日以内审查完毕。经审查，符合受理条件的，应当决定立案，并书面通知自诉人或者代为告诉人。

具有下列情形之一的，应当说服自诉人撤回起诉；自诉人不撤回起诉的，裁定不予受理：

（一）不属于本解释第一条规定的案件的；

（二）缺乏罪证的；

（三）犯罪已过追诉时效期限的；

（四）被告人死亡的；

（五）被告人下落不明的；

（六）除因证据不足而撤诉的以外，自诉人撤诉后，就同一事实又告诉的；

（七）经人民法院调解结案后，自诉人反悔，就同一事实再行告诉的；

（八）属于本解释第一条第二项规定的案件，公安机关正在立案侦查或者人民检察院正在审查起诉的；

（九）不服人民检察院对未成年犯罪嫌疑人作出的附条件不起诉决定或者附条件不起诉考验期满后作出的不起诉决定，向人民法院起诉的。

第三百二十一条　对已经立案，经审查缺乏罪证的自诉案件，自诉人提不出补充证据的，人民法院应当说服其撤回起诉或者裁定驳回起诉；自诉人撤回起诉或者被驳回起诉后，又提出了新的足以证明被告人有罪的证据，再次提起自诉的，人民法院应当受理。

第三百二十二条　自诉人对不予受理或者驳回起诉的裁定不服的，可以提起上诉。

第二审人民法院查明第一审人民法院作出的不予受理裁定有错误的，应当在撤销原裁定的同时，指令第一审人民法院立案受理；查明第一审人民法院驳回起诉裁定有错误的，应当在撤销原裁定的同时，指令第一审人民法院进行审理。

第三百二十三条 自诉人明知有其他共同侵害人，但只对部分侵害人提起自诉的，人民法院应当受理，并告知其放弃告诉的法律后果；自诉人放弃告诉，判决宣告后又对其他共同侵害人就同一事实提起自诉的，人民法院不予受理。

共同被害人中只有部分人告诉的，人民法院应当通知其他被害人参加诉讼，并告知其不参加诉讼的法律后果。被通知人接到通知后表示不参加诉讼或者不出庭的，视为放弃告诉。第一审宣判后，被通知人就同一事实又提起自诉的，人民法院不予受理。但是，当事人另行提起民事诉讼的，不受本解释限制。

第三百六十九条 对人民检察院在提起公诉时建议适用速裁程序的案件，基层人民法院经审查认为案件事实清楚，证据确实、充分，可能判处三年有期徒刑以下刑罚的，在将起诉书副本送达被告人时，应当告知被告人适用速裁程序的法律规定，询问其是否同意适用速裁程序。被告人同意适用速裁程序的，可以决定适用速裁程序，并在开庭前通知人民检察院和辩护人。

对人民检察院未建议适用速裁程序的案件，人民法院经审查认为符合速裁程序适用条件的，可以决定适用速裁程序，并在开庭前通知人民检察院和辩护人。

被告人及其辩护人可以向人民法院提出适用速裁程序的申请。

第三百七十条 具有下列情形之一的，不适用速裁程序：

（一）被告人是盲、聋、哑人的；

（二）被告人是尚未完全丧失辨认或者控制自己行为能力的精神病人的；

（三）被告人是未成年人的；

（四）案件有重大社会影响的；

（五）共同犯罪案件中部分被告人对指控的犯罪事实、罪名、量刑建议或者适用速裁程序有异议的；

（六）被告人与被害人或者其法定代理人没有就附带民事诉讼赔偿等事项达成调解、和解协议的；

（七）辩护人作无罪辩护的；

（八）其他不宜适用速裁程序的情形。

第三百七十一条 适用速裁程序审理案件，人民法院应当在开庭前将开庭的时间、地点通知人民检察院、被告人、辩护人，也可以通知其他诉讼参与人。

通知可以采用简便方式，但应当记录在案。

第三百七十二条　适用速裁程序审理案件，可以集中开庭，逐案审理。公诉人简要宣读起诉书后，审判人员应当当庭询问被告人对指控事实、证据、量刑建议以及适用速裁程序的意见，核实具结书签署的自愿性、真实性、合法性，并核实附带民事诉讼赔偿等情况。

第三百七十三条　适用速裁程序审理案件，一般不进行法庭调查、法庭辩论，但在判决宣告前应当听取辩护人的意见和被告人的最后陈述。

第三百七十四条　适用速裁程序审理案件，裁判文书可以简化。

适用速裁程序审理案件，应当当庭宣判。

第三百七十五条　适用速裁程序审理案件，在法庭审理过程中，具有下列情形之一的，应当转为普通程序或者简易程序审理：

（一）被告人的行为可能不构成犯罪或者不应当追究刑事责任的；

（二）被告人违背意愿认罪认罚的；

（三）被告人否认指控的犯罪事实的；

（四）案件疑难、复杂或者对适用法律有重大争议的；

（五）其他不宜适用速裁程序的情形。

第三百七十六条　决定转为普通程序或者简易程序审理的案件，审理期限应当从作出决定之日起计算。

第三百七十七条　适用速裁程序审理的案件，第二审人民法院依照刑事诉讼法第二百三十六条第一款第三项的规定发回原审人民法院重新审判的，原审人民法院应当适用第一审普通程序重新审判。

第四百五十一条　当事人及其法定代理人、近亲属对已经发生法律效力的判决、裁定提出申诉的，人民法院应当审查处理。

案外人认为已经发生法律效力的判决、裁定侵害其合法权益，提出申诉的，人民法院应当审查处理。

申诉可以委托律师代为进行。

第四百五十二条　向人民法院申诉，应当提交以下材料：

（一）申诉状。应当写明当事人的基本情况、联系方式以及申诉的事实与理由；

（二）原一、二审判决书、裁定书等法律文书。经过人民法院复查或者再审的，应当附有驳回申诉通知书、再审决定书、再审判决书、裁定书；

（三）其他相关材料。以有新的证据证明原判决、裁定认定的事实确有错误为由申诉的，应当同时附有相关证据材料；申请人民法院调查取证的，应当附有相关线索或者材料。

申诉符合前款规定的，人民法院应当出具收到申诉材料的回执。申诉不符合前款规定的，人民法院应当告知申诉人补充材料；申诉人拒绝补充必要材料且无正当理由的，不予审查。

第四百五十三条 申诉由终审人民法院审查处理。但是，第二审人民法院裁定准许撤回上诉的案件，申诉人对第一审判决提出申诉的，可以由第一审人民法院审查处理。

上一级人民法院对未经终审人民法院审查处理的申诉，可以告知申诉人向终审人民法院提出申诉，或者直接交终审人民法院审查处理，并告知申诉人；案件疑难、复杂、重大的，也可以直接审查处理。

对未经终审人民法院及其上一级人民法院审查处理，直接向上级人民法院申诉的，上级人民法院应当告知申诉人向下级人民法院提出。

第四百五十七条 对立案审查的申诉案件，应当在三个月以内作出决定，至迟不得超过六个月。因案件疑难、复杂、重大或者其他特殊原因需要延长审查期限的，参照本解释第二百一十条的规定处理。

经审查，具有下列情形之一的，应当根据刑事诉讼法第二百五十三条的规定，决定重新审判：

（一）有新的证据证明原判决、裁定认定的事实确有错误，可能影响定罪量刑的；

（二）据以定罪量刑的证据不确实、不充分、依法应当排除的；

（三）证明案件事实的主要证据之间存在矛盾的；

（四）主要事实依据被依法变更或者撤销的；

（五）认定罪名错误的；

（六）量刑明显不当的；

（七）对违法所得或者其他涉案财物的处理确有明显错误的；

（八）违反法律关于溯及力规定的；

（九）违反法定诉讼程序，可能影响公正裁判的；

（十）审判人员在审理该案件时有贪污受贿、徇私舞弊、枉法裁判行为的。

申诉不具有上述情形的，应当说服申诉人撤回申诉；对仍然坚持申诉的，应当书面通知驳回。

第四百五十九条　申诉人对驳回申诉不服的，可以向上一级人民法院申诉。上一级人民法院经审查认为申诉不符合刑事诉讼法第二百五十三条和本解释第四百五十七条第二款规定的，应当说服申诉人撤回申诉；对仍然坚持申诉的，应当驳回或者通知不予重新审判。

第四百六十条　各级人民法院院长发现本院已经发生法律效力的判决、裁定确有错误的，应当提交审判委员会讨论决定是否再审。

第四百六十二条　对人民检察院依照审判监督程序提出抗诉的案件，人民法院应当在收到抗诉书后一个月以内立案。但是，有下列情形之一的，应当区别情况予以处理：

（一）不属于本院管辖的，应当将案件退回人民检察院；

（二）按照抗诉书提供的住址无法向被抗诉的原审被告人送达抗诉书的，应当通知人民检察院在三日以内重新提供原审被告人的住址；逾期未提供的，将案件退回人民检察院；

（三）以有新的证据为由提出抗诉，但未附相关证据材料或者有关证据不是指向原起诉事实的，应当通知人民检察院在三日以内补送相关材料；逾期未补送的，将案件退回人民检察院。

决定退回的抗诉案件，人民检察院经补充相关材料后再次抗诉，经审查符合受理条件的，人民法院应当受理。

《最高人民法院关于人民法院登记立案若干问题的规定》（2015 年 5 月 1 日施行　法释〔2015〕8 号）

第二条　对起诉、自诉，人民法院应当一律接收诉状，出具书面凭证并注明收到日期。

对符合法律规定的起诉、自诉，人民法院应当当场予以登记立案。

对不符合法律规定的起诉、自诉，人民法院应当予以释明。

第五条 刑事自诉状应当记明以下事项:

(一) 自诉人或者代为告诉人、被告人的姓名、性别、年龄、民族、文化程度、职业、工作单位、住址、联系方式;

(二) 被告人实施犯罪的时间、地点、手段、情节和危害后果等;

(三) 具体的诉讼请求;

(四) 致送的人民法院和具状时间;

(五) 证据的名称、来源等;

(六) 有证人的,载明证人的姓名、住所、联系方式等。

第六条 当事人提出起诉、自诉的,应当提交以下材料:

(一) 起诉人、自诉人是自然人的,提交身份证明复印件;起诉人、自诉人是法人或者其他组织的,提交营业执照或者组织机构代码证复印件、法定代表人或者主要负责人身份证明书;法人或者其他组织不能提供组织机构代码的,应当提供组织机构被注销的情况说明;

(二) 委托起诉或者代为告诉的,应当提交授权委托书、代理人身份证明、代为告诉人身份证明等相关材料;

(三) 具体明确的足以使被告或者被告人与他人相区别的姓名或者名称、住所等信息;

(四) 起诉状原本和与被告或者被告人及其他当事人人数相符的副本;

(五) 与诉请相关的证据或者证明材料。

第七条 当事人提交的诉状和材料不符合要求的,人民法院应当一次性书面告知在指定期限内补正。

当事人在指定期限内补正的,人民法院决定是否立案的期间,自收到补正材料之日起计算。

当事人在指定期限内没有补正的,退回诉状并记录在册;坚持起诉、自诉的,裁定或者决定不予受理、不予立案。

经补正仍不符合要求的,裁定或者决定不予受理、不予立案。

第八条 对当事人提出的起诉、自诉,人民法院当场不能判定是否符合法律规定的,应当作出以下处理:

(一) 对民事、行政起诉,应当在收到起诉状之日起七日内决定是否立案;

（二）对刑事自诉，应当在收到自诉状次日起十五日内决定是否立案；

（三）对第三人撤销之诉，应当在收到起诉状之日起三十日内决定是否立案；

（四）对执行异议之诉，应当在收到起诉状之日起十五日内决定是否立案。

人民法院在法定期间内不能判定起诉、自诉是否符合法律规定的，应当先行立案。

第九条 人民法院对起诉、自诉不予受理或者不予立案的，应当出具书面裁定或者决定，并载明理由。

第十条 人民法院对下列起诉、自诉不予登记立案：

（一）违法起诉或者不符合法律规定的；

（二）涉及危害国家主权和领土完整的；

（三）危害国家安全的；

（四）破坏国家统一和民族团结的；

（五）破坏国家宗教政策的；

（六）所诉事项不属于人民法院主管的。

第十二条 登记立案后，人民法院立案庭应当及时将案件移送审判庭审理。

第十三条 对立案工作中存在的不接收诉状、接收诉状后不出具书面凭证，不一次性告知当事人补正诉状内容，以及有案不立、拖延立案、干扰立案、既不立案又不作出裁定或者决定等违法违纪情形，当事人可以向受诉人民法院或者上级人民法院投诉。

人民法院应当在受理投诉之日起十五日内，查明事实，并将情况反馈当事人。发现违法违纪行为的，依法依纪追究相关人员责任；构成犯罪的，依法追究刑事责任。

《最高人民法院关于审理拒不执行判决、裁定刑事案件适用法律若干问题的解释》（2020 年 12 月 23 日修正）

第三条 申请执行人有证据证明同时具有下列情形，人民法院认为符合刑事诉讼法第二百一十条第三项规定的，以自诉案件立案审理：

（一）负有执行义务的人拒不执行判决、裁定，侵犯了申请执行人的人身、财产权利，应当依法追究刑事责任的；

（二）申请执行人曾经提出控告，而公安机关或者人民检察院对负有执行义务的人不予追究刑事责任的。

《最高人民法院、最高人民检察院、公安部、国家安全部、司法部、全国人大常委会法制工作委员会关于实施刑事诉讼法若干问题的规定》（2013 年 1 月 1 日施行）

25. 刑事诉讼法第一百八十一条①规定："人民法院对提起公诉的案件进行审查后，对于起诉书中有明确的指控犯罪事实的，应当决定开庭审判。"对于人民检察院提起公诉的案件，人民法院都应当受理。人民法院对提起公诉的案件进行审查后，对于起诉书中有明确的指控犯罪事实并且附有案卷材料、证据的，应当决定开庭审判，不得以上述材料不充足为由而不开庭审判。如果人民检察院移送的材料中缺少上述材料的，人民法院可以通知人民检察院补充材料，人民检察院应当自收到通知之日起三日内补送。

人民法院对提起公诉的案件进行审查的期限计入人民法院的审理期限。

《全国部分法院审理黑社会性质组织犯罪案件工作座谈会纪要》（2015 年 9 月 17 日施行　法〔2015〕291 号）

为便宜诉讼，提高审判效率，防止因法庭审理过于拖延而损害当事人的合法权益，对于被告人人数众多，合并审理难以保证庭审质量和庭审效率的黑社会性质组织犯罪案件，可分案进行审理。分案应当遵循有利于案件顺利审判、有利于查明案件事实、有利于公正定罪量刑的基本原则，确保有效质证、事实统一、准确定罪、均衡量刑。对于被作为组织者、领导者、积极参加者起诉的被告人，以及黑社会性质组织重大犯罪的共同作案人，分案审理影响庭审调查的，一般不宜分案审理。

【相关法律文书】

立案登记表（公诉案件用）

立案登记表（二审案件用）

立案通知书（自诉案件用）

---

①　编者注：现为第一百八十六条。

应诉通知书（自诉案件用）

送卷函（一审用）

退卷函（二审用）

再审决定书

驳回申诉通知书

查阅案卷通知书（二审公诉案件用）

证据收据

×××××人民法院
立案登记表
（公诉案件用）

公诉机关			起诉书编号	（××××）检……诉（××××）……号
案　由			收到起诉书日期	年　月　日
被告人姓名	性别	出生日期	住址或羁押处所	
		年　月　日		
		年　月　日		
审查意见		审查人（签名）： 　　　　　年　月　日		
审批意见		审批人（签名）： 　　　　　年　月　日		
立案时间：　年　月　日		案件编号：（××××）……刑×……号		
移交审判庭日期及接收人： 　　　　　年　月　日		备　注：		

××××人民法院
立案登记表
（二审案件用）

一审法院			一审案号	（××××）……刑初……号	
案 由			收到卷宗日期	年 月 日	
当事人称谓或抗诉机关名称	姓名	性别	出生日期	住所或羁押处所	
审查意见				审查人（签名）： 年 月 日	
审批意见				审批人（签名）： 年 月 日	
立案时间： 年 月 日			案件编号：（××××）……刑终……号		
移交审判庭日期及接收人： 年 月 日			备 注：		

××××人民法院
立案通知书
（自诉案件用）

（××××）……刑初……号

×××（自诉人姓名）：

你诉……（概述自诉案件名称）一案的自诉状已收到。经审查，起诉符合法定受理条件，本院决定立案审理。现将有关事项通知如下：

一、在诉讼过程中，当事人必须依法行使诉讼权利，履行诉讼义务，遵守诉讼秩序。自诉人经两次依法传唤，无正当理由拒不到庭的，或者未经法庭许可中途退庭的，按撤诉处理。

二、在诉讼中，自诉人承担举证责任。对于缺乏证据，自诉人提不出补充证据的，自诉人应当撤回自诉，否则本院将裁定驳回起诉。

三、你有权利委托诉讼代理人，并将由被代理人签名或者盖章的授权委托书递交本院。

××××年××月××日

（院印）

×××× 人民法院

应诉通知书

（自诉案件用）

（××××）……刑初……号

××× （被告人姓名）：

本院受理××× （自诉人姓名）诉你……（案由）一案，现随文发送自诉状副本一份，并将有关应诉事项通知如下：

一、在诉讼过程中，当事人必须依法行使诉讼权利，履行诉讼义务，遵守诉讼秩序。

二、在收到自诉状副本后×日内，将申请出庭的证人名单和当庭宣读、出示的证据复印件、照片连同提出的答辩状（正本一份，副本×份），一并递交本院×××庭。

三、你可以委托辩护人，并将由委托人签名或盖章的辩护委托书递交本院。

×××× 年 ×× 月 ×× 日

（院印）

第一联

××××人民法院

送卷函（稿）

（一审用）

（××××）……刑初……号

××××人民法院：

你院××××年××月××日（××××）……刑初……号调卷函收到。现检送……（写明当事人姓名或名称和案由）一案的全部案卷材料，请查收。

附件：案卷×宗

××××年××月××日

（院印）

签发人：×××　　经办人：×××

本联存卷

第二联

×××× 人民法院
送卷函
（一审用）

（××××）……刑初……号

×××× 人民法院：

　　你院 ×××× 年 ×× 月 ×× 日（××××）……刑初……号调卷函收到。现检送……（写明当事人姓名或名称和案由）一案的全部案卷材料，请查收。

　　附件：案卷 × 宗

×××× 年 ×× 月 ×× 日
（院印）

第一联

××××人民法院

退卷函（稿）

（二审用）

（××××）……刑终……号

××××人民法院：

关于……一案，已经审理终结，现将原卷发还你院，请查收。同时，附发本院……号（刑事判决书或裁定书），请代为送达后，务将送达回证退回本院。

附：刑事××书×份，送达回证×件，原卷×宗，光盘×张，证物×袋（件）

××××年××月××日

（院印）

签发人：×××　　经办人：×××

此联附卷

第二联

×××× 人民法院

退卷函

（二审用）

（××××）……刑终……号

×××× 人民法院：

关于……一案，已经审理终结，现将原卷发还你院，请查收。同时，附发本院……号（刑事判决书或裁定书），请代为送达后，务将送达回证退回本院。

附：刑事 ×× 书 × 份，送达回证 × 件，原卷 × 宗，光盘 × 张，证物 × 袋（件）

×××× 年 ×× 月 ×× 日

（院印）

××××人民法院

再审决定书

（××××）……刑申……号

原审被告人……（写明姓名和案由）一案，××××人民法院于×××
×年××月××日以（××××）……刑×……号刑事判决（裁定），认定
被告人×××犯××罪，判处……（写明判处内容）。判决（裁定）已经发
生法律效力。……（简述再审提起的根据或者由来）。

本院认为，……（写明根据本院进一步的调查所得到的新证据和新事实，
论证通过再审查清事实，纠正错误，保障当事人合法权益的必要性）。据此，
依照……（写明决定的法律依据）的规定，决定如下（分三种情况）：

第一，本院决定再审的，写："本案由本院另行组成合议庭进行审理"；

第二，本院决定提审的，写："本案由本院进行提审"；

第三，指令下级人民法院再审的，写："指令××××人民法院另行组成
合议庭对本案进行再审"。

本案在再审期间不停止原判决（裁定）的执行。

××××年××月××日
（院印）

××××人民法院

驳回申诉通知书

（××××）……刑监……号

×××（申诉人姓名或名称）：

你为……（写明案件名称）一案，对××××人民法院（或者本院）（××××）……刑×……号刑事判决（或者裁定）不服，以……（概述申诉的主要理由）为理由，向××××人民法院（或本院）提出申诉。

本院经审查，……（写明查明的事实等）。

综上，本院认为，你对该案的申诉理由不能成立，申诉不符合《中华人民共和国刑事诉讼法》第二百五十三条规定的再审条件，原判决（或者裁定）应予维持。

特此通知。

××××年××月××日

（院印）

抄至：××××

××××人民法院
查阅案卷通知书
（二审公诉案件用）

（××××）……刑终……号

××××人民检察院：

　　××××人民检察院指控被告人×××犯××罪一案，经××××人民法院审理判决后，被告人×××不服，提出上诉（或××××人民检察院提出抗诉），我院决定近期开庭审理。依照《中华人民共和国刑事诉讼法》第二百三十五条之规定，请派员来我院查阅卷宗，并准备出庭履行职务。

××××年××月××日
（院印）

××××人民法院
证据收据

（××××）……刑×……号

序号	证据名称	是否原件	件数	页数	备注

提供上列证据的人的姓名或单位名称：

收到上列证据的书记员或审判员签名：

收到上列证据的时间： 年 月 日

第三编　审　判

第一章　审判组织

第一节　合议庭组成

【工作内容】

(一)　审判组织

1. 合议庭的组成：基层人民法院、中级人民法院审判第一审案件，应当由审判员三人或者由审判员和人民陪审员共三人或者七人组成合议庭进行。高级人民法院审判第一审案件，应当由审判员三人至七人或者由审判员和人民陪审员共三人或者七人组成合议庭进行。最高人民法院审判第一审案件，应当由审判员三人至七人组成合议庭进行。人民法院审判上诉和抗诉案件，由审判员三人或者五人组成合议庭进行。合议庭的成员应当是单数。

2. 简易程序：可能判处三年以下有期徒刑的案件，可以由审判员一人独任审判，也可以组成合议庭进行审判，可能判处三年以上有期徒刑的案件，应当组成合议庭进行审理。

3. 速裁程序：由审判员一人独任审判。

4. 合议庭由审判员担任审判长。院长或者庭长参加审理案件时，由其本人担任审判长。

(二)　关于人民陪审员的相关规定

1. 人民陪审员在人民法院执行职务，同审判员有同等的权利。

2. 人民陪审员和法官组成合议庭审判案件，由法官担任审判长，可以组成三人合议庭，也可以由三名法官与四名人民陪审员组成七人合议庭。

3. 人民法院审判第一审刑事案件，有下列情形之一的，由人民陪审员和法官组成合议庭进行：（1）涉及群体利益、公共利益的；（2）人民群众广泛关注或者其他社会影响较大的；（3）案情复杂或者有其他情形，需要由人民陪审员参加审判的。人民法院审判以上规定的案件，法律规定由法官独任审理或者由法官组成合议庭审理的，从其规定。

4. 人民法院审判下列第一审刑事案件，由人民陪审员和法官组成七人合议庭进行：（1）可能判处十年以上有期徒刑、无期徒刑、死刑，且社会影响重大的刑事案件；（2）涉及征地拆迁、生态环境保护、食品药品安全，且社会影响重大的案件；（3）其他社会影响重大的案件。

5. 第一审刑事案件被告人申请由人民陪审员参加合议庭审判的，人民法院可以决定由人民陪审员和法官组成合议庭审判。

6. 人民陪审员参加三人合议庭审判案件，对事实认定、法律适用，独立发表意见，行使表决权。

7. 人民陪审员参加七人合议庭审判案件，对事实认定，独立发表意见，并与法官共同表决；对法律适用，可以发表意见，但不参加表决。

8. 人民法院对提起公诉的案件进行审查后，对于起诉书中有明确的指控犯罪事实并且附有案卷材料、证据的，应当决定开庭审判。

（三）公开与不公开审理

1. 人民法院审判第一审案件应当公开进行，但是有关国家秘密或者个人隐私的案件，不公开审理；涉及商业秘密的案件，当事人申请不公开审理的，可以不公开审理。

2. 不公开审理的案件，应当当庭宣布不公开审理的理由。

3. 依法不公开审理的案件，任何人不得旁听，但在审判的时候被告人不满十八周岁的案件，经未成年被告人及其法定代理人同意，未成年被告人所在学校和未成年人保护组织可以派代表到场。

4. 依法有可能封存犯罪记录的庭审活动，任何单位或个人不得组织人员旁听。

【常用法律、司法解释及相关规定】

《刑事诉讼法》（2018 年 10 月 26 日修正）

第一百八十三条 基层人民法院、中级人民法院审判第一审案件，应当由审判员三人或者由审判员和人民陪审员共三人或者七人组成合议庭进行，但是基层人民法院适用简易程序、速裁程序的案件可以由审判员一人独任审判。

高级人民法院审判第一审案件，应当由审判员三人至七人或者由审判员和人民陪审员共三人或者七人组成合议庭进行。

最高人民法院审判第一审案件，应当由审判员三人至七人组成合议庭进行。

人民法院审判上诉和抗诉案件，由审判员三人或者五人组成合议庭进行。

合议庭的成员人数应当是单数。

第一百八十六条 人民法院对提起公诉的案件进行审查后，对于起诉书中有明确的指控犯罪事实的，应当决定开庭审判。

第一百八十八条 人民法院审判第一审案件应当公开进行。但是有关国家秘密或者个人隐私的案件，不公开审理；涉及商业秘密的案件，当事人申请不公开审理的，可以不公开审理。

不公开审理的案件，应当当庭宣布不公开审理的理由。

第二百八十五条 审判的时候被告人不满十八周岁的案件，不公开审理。但是，经未成年被告人及其法定代理人同意，未成年被告人所在学校和未成年人保护组织可以派代表到场。

《最高人民法院关于适用〈中华人民共和国刑事诉讼法〉的解释》（2021年 3 月 1 日施行 法释〔2021〕1 号）

第二百一十二条 合议庭由审判员担任审判长。院长或者庭长参加审理案件时，由其本人担任审判长。

审判员依法独任审判时，行使与审判长相同的职权。

第二百一十三条 基层人民法院、中级人民法院、高级人民法院审判下列第一审刑事案件，由审判员和人民陪审员组成合议庭进行：

（一）涉及群体利益、公共利益的；

（二）人民群众广泛关注或者其他社会影响较大的；

（三）案情复杂或者有其他情形，需要由人民陪审员参加审判的。

基层人民法院、中级人民法院、高级人民法院审判下列第一审刑事案件，由审判员和人民陪审员组成七人合议庭进行：

（一）可能判处十年以上有期徒刑、无期徒刑、死刑，且社会影响重大的；

（二）涉及征地拆迁、生态环境保护、食品药品安全，且社会影响重大的；

（三）其他社会影响重大的。

第二百二十二条 审判案件应当公开进行。

案件涉及国家秘密或者个人隐私的，不公开审理；涉及商业秘密，当事人提出申请的，法庭可以决定不公开审理。

不公开审理的案件，任何人不得旁听，但具有刑事诉讼法第二百八十五条规定情形的除外。

《人民陪审员法》（2018 年 4 月 27 日施行）

第十四条 人民陪审员和法官组成合议庭审判案件，由法官担任审判长，可以组成三人合议庭，也可以由法官三人与人民陪审员四人组成七人合议庭。

第十五条 人民法院审判第一审刑事、民事、行政案件，有下列情形之一的，由人民陪审员和法官组成合议庭进行：

（一）涉及群体利益、公共利益的；

（二）人民群众广泛关注或者其他社会影响较大的；

（三）案情复杂或者有其他情形，需要由人民陪审员参加审判的。

人民法院审判前款规定的案件，法律规定由法官独任审理或者由法官组成合议庭审理的，从其规定。

第十六条 人民法院审判下列第一审案件，由人民陪审员和法官组成七人合议庭进行：

（一）可能判处十年以上有期徒刑、无期徒刑、死刑，社会影响重大的刑事案件；

（二）根据民事诉讼法、行政诉讼法提起的公益诉讼案件；

（三）涉及征地拆迁、生态环境保护、食品药品安全，社会影响重大的案件；

（四）其他社会影响重大的案件。

第十七条 第一审刑事案件被告人、民事案件原告或者被告、行政案件原告申请由人民陪审员参加合议庭审判的，人民法院可以决定由人民陪审员和法官组成合议庭审判。

第十八条 人民陪审员的回避，适用审判人员回避的法律规定。

第十九条 基层人民法院审判案件需要由人民陪审员参加合议庭审判的，应当在人民陪审员名单中随机抽取确定。

中级人民法院、高级人民法院审判案件需要由人民陪审员参加合议庭审判的，在其辖区内的基层人民法院的人民陪审员名单中随机抽取确定。

第二十一条 人民陪审员参加三人合议庭审判案件，对事实认定、法律适用，独立发表意见，行使表决权。

第二十二条 人民陪审员参加七人合议庭审判案件，对事实认定，独立发表意见，并与法官共同表决；对法律适用，可以发表意见，但不参加表决。

《最高人民法院关于适用〈中华人民共和国人民陪审员法〉若干问题的解释》（2019 年 5 月 1 日施行 法释〔2019〕5 号）

第一条 根据人民陪审员法第十五条、第十六条的规定，人民法院决定由人民陪审员和法官组成合议庭审判的，合议庭成员确定后，应当及时告知当事人。

第二条 对于人民陪审员法第十五条、第十六条规定之外的第一审普通程序案件，人民法院应当告知刑事案件被告人、民事案件原告和被告、行政案件原告，在收到通知五日内有权申请由人民陪审员参加合议庭审判案件。

人民法院接到当事人在规定期限内提交的申请后，经审查决定由人民陪审员和法官组成合议庭审判的，合议庭成员确定后，应当及时告知当事人。

第三条 人民法院应当在开庭七日前从人民陪审员名单中随机抽取确定人民陪审员。

人民法院可以根据案件审判需要，从人民陪审员名单中随机抽取一定数量的候补人民陪审员，并确定递补顺序，一并告知当事人。

因案件类型需要具有相应专业知识的人民陪审员参加合议庭审判的，可以根据具体案情，在符合专业需求的人民陪审员名单中随机抽取确定。

第四条 人民陪审员确定后，人民法院应当将参审案件案由、当事人姓名或名称、开庭地点、开庭时间等事项告知参审人民陪审员及候补人民陪审员。

必要时，人民法院可以将参加审判活动的时间、地点等事项书面通知人民陪审员所在单位。

第五条 人民陪审员不参加下列案件的审理：

（一）依照民事诉讼法适用特别程序、督促程序、公示催告程序审理的案件；

（二）申请承认外国法院离婚判决的案件；

（三）裁定不予受理或者不需要开庭审理的案件。

第六条 人民陪审员不得参与审理由其以人民调解员身份先行调解的案件。

第七条 当事人依法有权申请人民陪审员回避。人民陪审员的回避，适用审判人员回避的法律规定。

人民陪审员回避事由经审查成立的，人民法院应当及时确定递补人选。

第八条 人民法院应当在开庭前，将相关权利和义务告知人民陪审员，并为其阅卷提供便利条件。

第九条 七人合议庭开庭前，应当制作事实认定问题清单，根据案件具体情况，区分事实认定问题与法律适用问题，对争议事实问题逐项列举，供人民陪审员在庭审时参考。事实认定问题和法律适用问题难以区分的，视为事实认定问题。

第十条 案件审判过程中，人民陪审员依法有权参加案件调查和调解工作。

第十一条 庭审过程中，人民陪审员依法有权向诉讼参加人发问，审判长应当提示人民陪审员围绕案件争议焦点进行发问。

第十二条 合议庭评议案件时，先由承办法官介绍案件涉及的相关法律、证据规则，然后由人民陪审员和法官依次发表意见，审判长最后发表意见并总结合议庭意见。

第十三条 七人合议庭评议时，审判长应当归纳和介绍需要通过评议讨论决定的案件事实认定问题，并列出案件事实问题清单。

人民陪审员全程参加合议庭评议，对于事实认定问题，由人民陪审员和法官在共同评议的基础上进行表决。对于法律适用问题，人民陪审员不参加表决，但可以发表意见，并记录在卷。

第十四条 人民陪审员应当认真阅读评议笔录，确认无误后签名。

第十五条 人民陪审员列席审判委员会讨论其参加审理的案件时，可以发表意见。

第十六条 案件审结后，人民法院应将裁判文书副本及时送交参加该案审判的人民陪审员。

第十七条 中级、基层人民法院应当保障人民陪审员均衡参审，结合本院实际情况，一般在不超过30件的范围内合理确定每名人民陪审员年度参加审判案件的数量上限，报高级人民法院备案，并向社会公告。

第十八条 人民法院应当依法规范和保障人民陪审员参加审判活动，不得安排人民陪审员从事与履行法定审判职责无关的工作。

第二节 合议庭评议

【工作内容】

（一）合议庭组成

1. 合议庭的成员人数应当是单数。合议庭的审判长由符合审判长任职条件的法官担任。院长或者庭长参加审理案件时，由自己担任审判长。

2. 审判长主持庭审、组织评议案件，评议案件时与合议庭其他成员权利平等。

（二）合议庭职责

（1）根据当事人的申请或者案件的具体情况，可以作出财产保全、证据保全、先予执行等裁定；（2）确定案件委托评估、委托鉴定等事项；（3）依法开庭审理案件；（4）评议案件；（5）提请院长决定将案件提交审判委员会讨论决定；（6）按照权限对案件及其有关程序性事项作出裁判或者提出裁判意见；（7）制作裁判文书；（8）执行审判委员会决定；（9）办理有关审判的其他事项。

（三）审判长职责

（1）指导和安排审判辅助人员做好庭前调解、庭前准备及其他审判业务辅助性工作；（2）确定案件审理方案、庭审提纲、协调合议庭成员的庭审分工以及做好其他必要的庭审准备工作；（3）主持庭审活动；（4）主持合议庭对案件进行评议；（5）依照有关规定，提请院长决定将案件提交审判委员会讨论决定；（6）制作裁判文书，审核合议庭其他成员制作的裁判文书；（7）依照规定权限签发法律文书；（8）根据院长或者庭长的建议主持合议庭对案件复议；（9）对合议庭遵守案件审理期限制度的情况负责；（10）办理有关审判的其他事项。

（四）合议庭评议内容

1. 证据采信与事实认定。首先，应全面考量证据的客观性、关联性与合法性，重点评断证据材料是否由合法人员通过合法的程序和方式收集或者提供，是否具有合法的形式和来源。其次，考量证据对案件事实是否具有证明作用和证明作用的大小，是否排除了其他合理怀疑，对被告人或辩护人对证据提出的质疑应逐一进行评议并说明理由。最后，在证据评定的基础上，对案件事实的认定也要表述心证过程并说明理由。

2. 定性分析。评议时应围绕犯罪构成要件展开，重点评议犯罪主体是否适格、侵犯了何种法益、主观方面以及客观方面四要素。在定性存有争议的情况下，还应评议此罪与彼罪的界限。

3. 刑罚适用。重点分析被告人的人身危险性和行为的社会危害性，并综合考量被告人有无累犯、未遂、从犯、自首、立功等法定量刑情节或被告人是否认罪悔罪、被害人有无过错等酌定量刑情节。对于被害人或被害人亲属的态度及赔偿等影响量刑的情况也应一并评议。说明确定刑罚适用的依据。

4. 法律适用。明确对被告人定罪量刑的法律依据，对于案件法律适用的前提与规范选择的理由应予以阐明。在证据认定和事实认定的基础上，评议法律适用。

5. 对赃款赃物及犯罪工具的处理。如果存在随案移送至法院的赃款赃物或犯罪工具，在评议时对赃款赃物及犯罪工具的处理也应予以评议，不能遗漏。

6. 附带民事诉讼。评议时，注意把握附带民事诉讼与普通民事诉讼的相同点与差异，重点评议案件是否属于附带民事诉讼的范围，附带民事诉讼原告人主体是否适格，是否存在遗漏，赔偿的依据、标准、金额与方式等。

（五）评议方法

1. 合议庭评议案件在审判长的主持下秘密进行，参与人员应限于合议庭成员与书记员，且参与人员均应对评议意见保守秘密，即便在案件公开宣判后，亦不得泄露合议庭评议意见。合议庭评议笔录装订入副卷，对外不予借阅，不得查阅、摘抄、复制。

2. 合议庭评议案件时，先由承办法官（承办法官不是审判长的情况下）对认定案件事实、证据是否确实、充分以及适用法律等发表意见，审判长最后发表意见。审判长应当根据评议情况总结合议庭评议的结论性意见。

3. 合议庭成员进行评议的时候，应当认真负责，充分陈述意见，独立行使表决权，不得拒绝陈述意见或者仅作同意与否的简单表态。同意他人意见的，也应当提出事实根据和法律依据，进行分析论证。

4. 合议庭成员对评议结果的表决，以口头表决的形式进行。

5. 合议庭评议案件要确保及时性，一般进行一次，特殊情况下可以多次评议。评议后应及时作出裁判。

6. 合议庭评议实行少数服从多数原则，多数人意见即合议庭的意见，合议庭成员可以保留个人意见，但应当说明理由。合议庭评议案件后，作出决议。

7. 合议庭成员应针对案件的相关问题充分发表意见，即使对案件存有不同的意见，也不要发表两种意见，应提出倾向性意见。书记员应客观、如实地记录整个评议过程，对于合议庭成员的少数意见也应如实记入笔录。合议庭评议结束后，合议庭成员及书记员应当仔细阅看、核对合议庭评议笔录，记录有误的可要求补正，记录无误后签字确认。

8. 各合议庭成员对案件具有平等的发表意见的权利，在他人发表意见后，如发现自己的观点确有瑕疵，可以修正或改变。每一位成员对案件发表的最终评议意见具有同等的决定权。合议庭评议不受其他组织、机构或个人的干涉。

9. 对下列案件，合议庭应当提请院长决定提交审判委员会讨论决定：（1）高级人民法院、中级人民法院拟判处死刑立即执行的案件，以及中级人民法院拟判处死刑缓期执行的案件；（2）本院已经发生法律效力的判决、裁定确有错误需要再审的案件；（3）人民检察院依照审判监督程序提出抗诉的案件。

10. 对合议庭成员意见有重大分歧的案件、新类型案件、社会影响重大的案件以及其他疑难、复杂、重大的案件，合议庭认为难以作出决定的，可以提请院长决定提交审判委员会讨论决定。人民陪审员可以要求合议庭将案件提请院长决定提交审判委员会讨论决定的案件，院长认为不必要的，可以建议合议庭复议一次。独任审判的案件，审判员认为有必要的，也可以提请院长决定提交审判委员会讨论决定。

11. 审判委员会的决定，合议庭、独任审判员应当执行；有不同意见的，可以建议院长提交审判委员会复议。

（六）裁判文书制作

1. 合议庭一般应当在作出评议结论或者审判委员会作出决定后的五个工作日内制作裁判文书。

2. 裁判文书由承办法官制作，对制作的裁判文书，合议庭成员应当共同审核，确认无误后签名。

（七）合议庭成员不承担责任的情形

合议庭组成人员存在违法审判行为的，应当按照相关规定追究相应责任。但有下列情形之一的，不追究合议庭成员责任：（1）因对法律理解和认识上的偏差而导致案件被改判或者发回重审的；（2）因对案件事实和证据认识上的偏差而导致案件被改判或者发回重审的；（3）因新的证据而导致案件被改判或者发回重审的；（4）因法律修订或者政策调整而导致案件被改判或者发回重审的；（5）因裁判所依据的其他法律文书被撤销或变更而导致案件被改判或者发回重审的；（6）其他依法履行审判职责不应当承担责任的情形。

【常用法律、司法解释及相关规定】

《**刑事诉讼法**》（2018 年 10 月 26 日修正）

第一百八十三条 基层人民法院、中级人民法院审判第一审案件，应当由审判员三人或者由审判员和人民陪审员共三人或者七人组成合议庭进行，但是基层人民法院适用简易程序、速裁程序的案件可以由审判员一人独任审判。

高级人民法院审判第一审案件，应当由审判员三人至七人或者由审判员和人民陪审员共三人或者七人组成合议庭进行。

最高人民法院审判第一审案件，应当由审判员三人至七人组成合议庭进行。

人民法院审判上诉和抗诉案件，由审判员三人或者五人组成合议庭进行。

合议庭的成员人数应当是单数。

第一百八十四条　合议庭进行评议的时候，如果意见分歧，应当按多数人的意见作出决定，但是少数人的意见应当写入笔录。评议笔录由合议庭的组成人员签名。

第一百八十五条　合议庭开庭审理并且评议后，应当作出判决。对于疑难、复杂、重大的案件，合议庭认为难以作出决定的，由合议庭提请院长决定提交审判委员会讨论决定。审判委员会的决定，合议庭应当执行。

《人民法院组织法》（2019年1月1日施行）

第三十条　合议庭由法官组成，或者由法官和人民陪审员组成，成员为三人以上单数。

合议庭由一名法官担任审判长。院长或者庭长参加审理案件时，由自己担任审判长。

审判长主持庭审、组织评议案件，评议案件时与合议庭其他成员权利平等。

第三十一条　合议庭评议案件应当按照多数人的意见作出决定，少数人的意见应当记入笔录。评议案件笔录由合议庭全体组成人员签名。

第三十二条　合议庭或者法官独任审理案件形成的裁判文书，经合议庭组成人员或者独任法官签署，由人民法院发布。

第三十三条　合议庭审理案件，法官对案件的事实认定和法律适用负责；法官独任审理案件，独任法官对案件的事实认定和法律适用负责。

人民法院应当加强内部监督，审判活动有违法情形的，应当及时调查核实，并根据违法情形依法处理。

第三十四条　人民陪审员依照法律规定参加合议庭审理案件。

《最高人民法院关于适用〈中华人民共和国刑事诉讼法〉的解释》 (2021年3月1日施行 法释〔2021〕1号)

第二百一十四条 开庭审理和评议案件，应当由同一合议庭进行。合议庭成员在评议案件时，应当独立发表意见并说明理由。意见分歧的，应当按多数意见作出决定，但少数意见应当记入笔录。评议笔录由合议庭的组成人员在审阅确认无误后签名。评议情况应当保密。

第二百一十六条 合议庭审理、评议后，应当及时作出判决、裁定。

对下列案件，合议庭应当提请院长决定提交审判委员会讨论决定：

（一）高级人民法院、中级人民法院拟判处死刑立即执行的案件，以及中级人民法院拟判处死刑缓期执行的案件；

（二）本院已经发生法律效力的判决、裁定确有错误需要再审的案件；

（三）人民检察院依照审判监督程序提出抗诉的案件。

对合议庭成员意见有重大分歧的案件、新类型案件、社会影响重大的案件以及其他疑难、复杂、重大的案件，合议庭认为难以作出决定的，可以提请院长决定提交审判委员会讨论决定。

人民陪审员可以要求合议庭将案件提请院长决定是否提交审判委员会讨论决定。

对提请院长决定提交审判委员会讨论决定的案件，院长认为不必要的，可以建议合议庭复议一次。

独任审判的案件，审判员认为有必要的，也可以提请院长决定提交审判委员会讨论决定。

第二百一十七条 审判委员会的决定，合议庭、独任审判员应当执行；有不同意见的，可以建议院长提交审判委员会复议。

《最高人民法院关于进一步加强合议庭职责的若干规定》 (2010年2月1日施行 法释〔2010〕1号)

第一条 合议庭是人民法院的基本审判组织。合议庭全体成员平等参与案件的审理、评议和裁判，依法履行审判职责。

第二条 合议庭由审判员、助理审判员或者人民陪审员随机组成。合议庭成员相对固定的，应当定期交流。人民陪审员参加合议庭的，应当从人民陪审员名单中随机抽取确定。

第三条 承办法官履行下列职责：

（一）主持或者指导审判辅助人员进行庭前调解、证据交换等庭前准备工作；

（二）拟定庭审提纲，制作阅卷笔录；

（三）协助审判长组织法庭审理活动；

（四）在规定期限内及时制作审理报告；

（五）案件需要提交审判委员会讨论的，受审判长指派向审判委员会汇报案件；

（六）制作裁判文书提交合议庭审核；

（七）办理有关审判的其他事项。

第五条 开庭审理时，合议庭全体成员应当共同参加，不得缺席、中途退庭或者从事与该庭审无关的活动。合议庭成员未参加庭审、中途退庭或者从事与该庭审无关的活动，当事人提出异议的，应当纠正。合议庭仍不纠正的，当事人可以要求休庭，并将有关情况记入庭审笔录。

第六条 合议庭全体成员均应当参加案件评议。评议案件时，合议庭成员应当针对案件的证据采信、事实认定、法律适用、裁判结果以及诉讼程序等问题充分发表意见。必要时，合议庭成员还可提交书面评议意见。

合议庭成员评议时发表意见不受追究。

第七条 除提交审判委员会讨论的案件外，合议庭对评议意见一致或者形成多数意见的案件，依法作出判决或者裁定。下列案件可以由审判长提请院长或者庭长决定组织相关审判人员共同讨论，合议庭成员应当参加：

（一）重大、疑难、复杂或者新类型的案件；

（二）合议庭在事实认定或法律适用上有重大分歧的案件；

（三）合议庭意见与本院或上级法院以往同类型案件的裁判有可能不一致的案件；

（四）当事人反映强烈的群体性纠纷案件；

（五）经审判长提请且院长或者庭长认为确有必要讨论的其他案件。

上述案件的讨论意见供合议庭参考，不影响合议庭依法作出裁判。

第八条 各级人民法院的院长、副院长、庭长、副庭长应当参加合议庭审理案件，并逐步增加审理案件的数量。

第九条 各级人民法院应当建立合议制落实情况的考评机制，并将考评结果纳入岗位绩效考评体系。考评可采取抽查卷宗、案件评查、检查庭审情况、回访当事人等方式。考评包括以下内容：

（一）合议庭全体成员参加庭审的情况；

（二）院长、庭长参加合议庭庭审的情况；

（三）审判委员会委员参加合议庭庭审的情况；

（四）承办法官制作阅卷笔录、审理报告以及裁判文书的情况；

（五）合议庭其他成员提交阅卷意见、发表评议意见的情况；

（六）其他应当考核的事项。

第十条 合议庭组成人员存在违法审判行为的，应当按照《人民法院审判人员违法审判责任追究办法（试行）》等规定追究相应责任。合议庭审理案件有下列情形之一的，合议庭成员不承担责任：

（一）因对法律理解和认识上的偏差而导致案件被改判或者发回重审的；

（二）因对案件事实和证据认识上的偏差而导致案件被改判或者发回重审的；

（三）因新的证据而导致案件被改判或者发回重审的；

（四）因法律修订或者政策调整而导致案件被改判或者发回重审的；

（五）因裁判所依据的其他法律文书被撤销或变更而导致案件被改判或者发回重审的；

（六）其他依法履行审判职责不应当承担责任的情形。

《最高人民法院关于人民法院合议庭工作的若干规定》（2002 年 8 月 17 日施行　法释〔2002〕25 号）

第一条 人民法院实行合议制审判第一审案件，由法官或者由法官和人民陪审员组成合议庭进行；人民法院实行合议制审判第二审案件和其他应当组成合议庭审判的案件，由法官组成合议庭进行。

人民陪审员在人民法院执行职务期间，除不能担任审判长外，同法官有同等的权利义务。

第二条 合议庭的审判长由符合审判长任职条件的法官担任。

院长或者庭长参加合议庭审判案件的时候，自己担任审判长。

第三条 合议庭组成人员确定后，除因回避或者其他特殊情况，不能继续参加案件审理的之外，不得在案件审理过程中更换。更换合议庭成员，应当报请院长或者庭长决定。合议庭成员的更换情况应当及时通知诉讼当事人。

第四条 合议庭的审判活动由审判长主持，全体成员平等参与案件的审理、评议、裁判，共同对案件认定事实和适用法律负责。

第五条 合议庭承担下列职责：

（一）根据当事人的申请或者案件的具体情况，可以作出财产保全、证据保全、先予执行等裁定；

（二）确定案件委托评估、委托鉴定等事项；

（三）依法开庭审理第一审、第二审和再审案件；

（四）评议案件；

（五）提请院长决定将案件提交审判委员会讨论决定；

（六）按照权限对案件及其有关程序性事项作出裁判或者提出裁判意见；

（七）制作裁判文书；

（八）执行审判委员会决定；

（九）办理有关审判的其他事项。

第六条 审判长履行下列职责：

（一）指导和安排审判辅助人员做好庭前调解、庭前准备及其他审判业务辅助性工作；

（二）确定案件审理方案、庭审提纲、协调合议庭成员的庭审分工以及做好其他必要的庭审准备工作；

（三）主持庭审活动；

（四）主持合议庭对案件进行评议；

（五）依照有关规定，提请院长决定将案件提交审判委员会讨论决定；

（六）制作裁判文书，审核合议庭其他成员制作的裁判文书；

（七）依照规定权限签发法律文书；

（八）根据院长或者庭长的建议主持合议庭对案件复议；

（九）对合议庭遵守案件审理期限制度的情况负责；

（十）办理有关审判的其他事项。

第七条 合议庭接受案件后，应当根据有关规定确定案件承办法官，或者由审判长指定案件承办法官。

第八条 在案件开庭审理过程中，合议庭成员必须认真履行法定职责，遵守《中华人民共和国法官职业道德基本准则》中有关司法礼仪的要求。

第九条 合议庭评议案件应当在庭审结束后五个工作日内进行。

第十条 合议庭评议案件时，先由承办法官对认定案件事实、证据是否确实、充分以及适用法律等发表意见，审判长最后发表意见；审判长作为承办法官的，由审判长最后发表意见。对案件的裁判结果进行评议时，由审判长最后发表意见。审判长应当根据评议情况总结合议庭评议的结论性意见。

合议庭成员进行评议的时候，应当认真负责，充分陈述意见，独立行使表决权，不得拒绝陈述意见或者仅作同意与否的简单表态。同意他人意见的，也应当提出事实根据和法律依据，进行分析论证。

合议庭成员对评议结果的表决，以口头表决的形式进行。

第十一条 合议庭进行评议的时候，如果意见分歧，应当按多数人的意见作出决定，但是少数人的意见应当写入笔录。

评议笔录由书记员制作，由合议庭的组成人员签名。

第十四条 合议庭一般应当在作出评议结论或者审判委员会作出决定后的五个工作日内制作出裁判文书。

第十五条 裁判文书一般由审判长或者承办法官制作。但是审判长或者承办法官的评议意见与合议庭评议结论或者审判委员会的决定有明显分歧的，也可以由其他合议庭成员制作裁判文书。

对制作的裁判文书，合议庭成员应当共同审核，确认无误后签名。

第十六条 院长、庭长可以对合议庭的评议意见和制作的裁判文书进行审核，但是不得改变合议庭的评议结论。

第十七条 院长、庭长在审核合议庭的评议意见和裁判文书过程中，对评议结论有异议的，可以建议合议庭复议，同时应当对要求复议的问题及理由提出书面意见。

合议庭复议后，庭长仍有异议的，可以将案件提请院长审核，院长可以提交审判委员会讨论决定。

第十八条 合议庭应当严格执行案件审理期限的有关规定。遇有特殊情况需要延长审理期限的，应当在审限届满前按规定的时限报请审批。

《最高人民法院关于完善院长、副院长、庭长、副庭长参加合议庭审理案件制度的若干意见》（2007 年 3 月 30 日施行　法发〔2007〕14 号）

第一条　各级人民法院院长、副院长、庭长、副庭长除参加审判委员会审理案件以外，每年都应当参加合议庭或者担任独任法官审理案件。

第二条　院长、副院长、庭长、副庭长参加合议庭审理下列案件：

（一）疑难、复杂、重大案件；

（二）新类型案件；

（三）在法律适用方面具有普遍意义的案件；

（四）认为应当由自己参加合议庭审理的案件。

第三条　最高人民法院的院长、副院长、庭长、副庭长办理案件的数量标准，由最高人民法院规定。

地方各级人民法院的院长、副院长、庭长、副庭长办理案件的数量标准，由本级人民法院根据本地实际情况规定。中级人民法院、基层人民法院规定的办案数量应当报高级人民法院备案。

院长、副院长、庭长、副庭长应当选择一定数量的案件，亲自担任承办人办理。

第四条　院长、副院长、庭长、副庭长办理案件，应当起到示范作用。同时注意总结审判工作经验，规范指导审判工作。

第五条　院长、副院长、庭长、副庭长参加合议庭审理案件，依法担任审判长，与其他合议庭成员享有平等的表决权。

院长、副院长参加合议庭评议时，多数人的意见与院长、副院长的意见不一致的，院长、副院长可以决定将案件提交审判委员会讨论。合议庭成员中的非审判委员会委员应当列席审判委员会。

第六条　院长、副院长、庭长、副庭长办理案件，开庭时间一经确定，不得随意变动。

第七条　院长、副院长、庭长、副庭长参加合议庭审理案件，应当作为履行审判职责的一项重要工作，纳入对其工作的考评和监督范围。

第三节　其他相关规定

【工作内容】

（一）旁听的相关规定

1. 不得参加旁听的人员：（1）精神病人、醉酒的人或其他精神状态异常的人；（2）未经人民法院批准的未成年人；（3）拒绝接受安全检查的人；（4）证人、鉴定人以及准备出庭的有专门知识的人；（5）其他有可能危害法庭安全或妨害法庭秩序的人。

2. 被害人人数众多，且案件不属于附带民事诉讼范围的，被害人可以推选若干代表人参加庭审。

3. 在庭审活动中不得对被告人使用戒具，但认为其人身危险性大，可能危害法庭安全的除外。

（三）着装的相关规定

（1）出庭履行职务的人员，按照职业着装规定着装。但是有没有职业着装规定、侦查人员出庭作证、所在单位系案件当事人着正装；（2）非履行职务的出庭人员及旁听人员，应当文明着装；（3）刑事在押被告人出庭受审时，着正装或便装，不着监管机构的识别服。

（四）司法礼仪

法官应当尊重当事人和其他诉讼参与人的人格尊严，并做到：（1）认真、耐心地听取当事人和其他诉讼参与人发表意见；（2）使用规范、准确、文明的语言，不得对当事人或其他诉讼参与人有任何不公的训诫和不恰当的言辞；（3）按照有关规定穿着法官袍或者法官制服、佩戴徽章，并保持整洁；（4）准时出庭，不缺席、迟到、早退，不随意出进；（5）集中精力，专注庭审，不做与审判活动无关的事。

（五）出庭支持公诉

1. 人民法院审判公诉案件，人民检察院应当派员出席法庭支持公诉。

2. 人民检察院认为人民法院审理案件违反法定程序，在庭审后提出书面纠正意见，人民法院认为正确的，应当采纳。

（六）对违反法庭秩序的处理

1. 法庭审理过程中，诉讼参与人或者旁听人员扰乱法庭秩序的，审判长应当按照下列情形分别处理：（1）情节较轻的，应当警告制止；根据具体情况，也可以进行训诫。（2）训诫无效的，责令退出法庭；拒不退出的，指令法警强行带出法庭。（3）未经许可录音、录像、摄影或者通过邮件、博客、微博客等方式传播庭审情况的，可以暂扣存储介质或者相关设备，删除相关内容。（4）行为人实施危及法庭安全或扰乱法庭秩序的行为（非法携带枪支、弹药、管制刀具或者爆炸性、易燃性、放射性、毒害性、腐蚀性物品及传染病病原体进入法庭，聚众哄闹、冲击法庭，侮辱、诽谤、威胁、殴打司法工作人员或者诉讼参与人，毁坏法庭设施，抢夺、损毁诉讼文书、证据，或其他危害法庭或扰乱法庭秩序的行为）的，报经院长批准后，可以对行为人处一千元以下的罚款或者十五日以下的拘留；构成犯罪的，依法追究刑事责任。

2. 有关人员对罚款、拘留的决定不服的，可以直接向上一级人民法院申请复议，也可以通过决定罚款、拘留的人民法院向上一级人民法院申请复议。通过决定罚款、拘留的人民法院申请复议的，该人民法院应当自收到复议申请之日起三日内，将复议申请、罚款或者拘留决定书和有关事实、证据材料一并报上一级人民法院复议。复议期间，不停止决定的执行。

3. 法警依照审判长或独任审判员的指令维持法庭秩序。出现危及法庭内人员人身安全或者严重扰乱法庭秩序等紧急情况时，司法警察可以直接采取必要的处置措施。人民法院依法对违反法庭纪律的人采取的扣押物品、强行带出法庭以及罚款、拘留等强制措施，由法警执行。

4. 辩护人、诉讼代理人违反法庭秩序的处理。（1）担任辩护人、诉讼代理人的律师严重扰乱法庭秩序，被责令退出法庭、强行带出法庭或者被处以罚款、拘留的，人民法院应当通报司法行政机关，并可以建议依法给予相应处罚。（2）辩护人严重扰乱法庭秩序，被强行带出法庭或者被处以罚款、拘留，被告人自行辩护的，庭审继续进行；被告人要求另行委托辩护人，或者被告人属于应当提供法律援助情形的，应当宣布休庭。（3）辩护人、诉讼代理人被责令退出法庭、强行带出法庭或者被处以罚款后，具结保证书，保证服从法庭指挥、不再扰乱法庭秩序的，经法庭许可，可以继续担任辩护人、诉讼代理人。（4）辩护人、诉讼代理人具有下列情形之一的，不得继续担任同一案件的辩护人、诉讼代理人：擅自退庭的；无正当理由不出庭或者不按时出庭，严重影响审判顺利进行的；被拘留或者具结保证书后再次被责令退出法庭、强行带出法庭的。

（七）拒绝辩护的处理

1. 被告人拒绝辩护的处理：（1）被告人在一个审判程序中更换辩护人一般不得超过两次。（2）被告人当庭拒绝辩护人辩护，要求另行委托辩护人或者指派律师的，合议庭应当准许。被告人拒绝辩护人辩护后，没有辩护人的，应当宣布休庭；仍有辩护人的，庭审可以继续进行。（3）有多名被告人的案件，部分被告人拒绝辩护人辩护后，没有辩护人的，根据案件情况，可以对该部分被告人另案处理，对其他被告人的庭审继续进行。重新开庭后，被告人再次当庭拒绝辩护人辩护的，可以准许，但被告人不得再次另行委托辩护人或者要求另行指派律师，由其自行辩护。被告人属于应当提供法律援助的情形，重新开庭后再次当庭拒绝辩护人辩护的，不予准许。

2. 辩护人拒绝辩护的处理：法庭审理过程中，辩护人拒绝为被告人辩护，有正当理由的，应当准许；是否继续庭审，参照适用被告人拒绝辩护的规定处理。

3. 另行委托辩护人或指派律师：（1）依照《最高人民法院关于适用〈中华人民共和国刑事诉讼法〉的解释》第三百一十一条、第三百一十二条另行委托辩护人或者通知法律援助机构指派律师的，自案件宣布休庭之日起至第十五日止，由辩护人准备辩护，但被告人及其辩护人自愿缩短时间的除外。（2）庭审结束后、判决宣告前另行委托辩护人的，可以不重新开庭；辩护人提交书面辩护意见的，应当接受。

【常用法律、司法解释及相关规定】

《**刑事诉讼法**》（2018 年 10 月 26 日修正）

第一百九十九条 在法庭审判过程中，如果诉讼参与人或者旁听人员违反法庭秩序，审判长应当警告制止。对不听制止的，可以强行带出法庭；情节严重的，处以一千元以下的罚款或者十五日以下的拘留。罚款、拘留必须经院长批准。被处罚人对罚款、拘留的决定不服的，可以向上一级人民法院申请复议。复议期间不停止执行。

对聚众哄闹、冲击法庭或者侮辱、诽谤、威胁、殴打司法工作人员或者诉讼参与人，严重扰乱法庭秩序，构成犯罪的，依法追究刑事责任。

《最高人民法院关于适用〈中华人民共和国刑事诉讼法〉的解释》（2021年3月1日施行　法释〔2021〕1号）

第二百二十三条　精神病人、醉酒的人、未经人民法院批准的未成年人以及其他不宜旁听的人不得旁听案件审理。

第二百二十四条　被害人人数众多，且案件不属于附带民事诉讼范围的，被害人可以推选若干代表人参加庭审。

第三百零六条　庭审期间，全体人员应当服从法庭指挥，遵守法庭纪律，尊重司法礼仪，不得实施下列行为：

（一）鼓掌、喧哗、随意走动；

（二）吸烟、进食；

（三）拨打、接听电话，或者使用即时通讯工具；

（四）对庭审活动进行录音、录像、拍照或者使用即时通讯工具等传播庭审活动；

（五）其他危害法庭安全或者扰乱法庭秩序的行为。

旁听人员不得进入审判活动区，不得随意站立、走动，不得发言和提问。

记者经许可实施第一款第四项规定的行为，应当在指定的时间及区域进行，不得干扰庭审活动。

第三百零七条　有关人员危害法庭安全或者扰乱法庭秩序的，审判长应当按照下列情形分别处理：

（一）情节较轻的，应当警告制止；根据具体情况，也可以进行训诫；

（二）训诫无效的，责令退出法庭；拒不退出的，指令法警强行带出法庭；

（三）情节严重的，报经院长批准后，可以对行为人处一千元以下的罚款或者十五日以下的拘留。

未经许可对庭审活动进行录音、录像、拍照或者使用即时通讯工具等传播庭审活动的，可以暂扣相关设备及存储介质，删除相关内容。

有关人员对罚款、拘留的决定不服的，可以直接向上一级人民法院申请复议，也可以通过决定罚款、拘留的人民法院向上一级人民法院申请复议。通过决定罚款、拘留的人民法院申请复议的，该人民法院应当自收到复议申请之日起三日以内，将复议申请、罚款或者拘留决定书和有关事实、证据材料一并报上一级人民法院复议。复议期间，不停止决定的执行。

第三百零八条 担任辩护人、诉讼代理人的律师严重扰乱法庭秩序，被强行带出法庭或者被处以罚款、拘留的，人民法院应当通报司法行政机关，并可以建议依法给予相应处罚。

第三百零九条 实施下列行为之一，危害法庭安全或者扰乱法庭秩序，构成犯罪的，依法追究刑事责任：

（一）非法携带枪支、弹药、管制刀具或者爆炸性、易燃性、毒害性、放射性以及传染病病原体等危险物质进入法庭；

（二）哄闹、冲击法庭；

（三）侮辱、诽谤、威胁、殴打司法工作人员或者诉讼参与人；

（四）毁坏法庭设施，抢夺、损毁诉讼文书、证据；

（五）其他危害法庭安全或者扰乱法庭秩序的行为。

第三百一十条 辩护人严重扰乱法庭秩序，被责令退出法庭、强行带出法庭或者被处以罚款、拘留，被告人自行辩护的，庭审继续进行；被告人要求另行委托辩护人，或者被告人属于应当提供法律援助情形的，应当宣布休庭。

辩护人、诉讼代理人被责令退出法庭、强行带出法庭或者被处以罚款后，具结保证书，保证服从法庭指挥、不再扰乱法庭秩序的，经法庭许可，可以继续担任辩护人、诉讼代理人。

辩护人、诉讼代理人具有下列情形之一的，不得继续担任同一案件的辩护人、诉讼代理人：

（一）擅自退庭的；

（二）无正当理由不出庭或者不按时出庭，严重影响审判顺利进行的；

（三）被拘留或者具结保证书后再次被责令退出法庭、强行带出法庭的。

第三百一十一条 被告人在一个审判程序中更换辩护人一般不得超过两次。

被告人当庭拒绝辩护人辩护，要求另行委托辩护人或者指派律师的，合议庭应当准许。被告人拒绝辩护人辩护后，没有辩护人的，应当宣布休庭；仍有辩护人的，庭审可以继续进行。

有多名被告人的案件，部分被告人拒绝辩护人辩护后，没有辩护人的，根据案件情况，可以对该部分被告人另案处理，对其他被告人的庭审继续进行。

重新开庭后，被告人再次当庭拒绝辩护人辩护的，可以准许，但被告人不得再次另行委托辩护人或者要求另行指派律师，由其自行辩护。

被告人属于应当提供法律援助的情形，重新开庭后再次当庭拒绝辩护人辩护的，不予准许。

第三百一十二条　法庭审理过程中，辩护人拒绝为被告人辩护，有正当理由的，应当准许；是否继续庭审，参照适用前条规定。

第三百一十三条　依照前两条规定另行委托辩护人或者通知法律援助机构指派律师的，自案件宣布休庭之日起至第十五日止，由辩护人准备辩护，但被告人及其辩护人自愿缩短时间的除外。

庭审结束后、判决宣告前另行委托辩护人的，可以不重新开庭；辩护人提交书面辩护意见的，应当接受。

庭审结束后、判决宣告前另行委托辩护人的，可以不重新开庭；辩护人提交书面辩护意见的，应当接受。

第三百一十五条　人民检察院认为人民法院审理案件违反法定程序，在庭审后提出书面纠正意见，人民法院认为正确的，应当采纳。

《人民法院法庭规则》（2016 年 5 月 1 日施行　法释〔2016〕7 号）

第九条　公开的庭审活动，公民可以旁听。

旁听席位不能满足需要时，人民法院可以根据申请的先后顺序或者通过抽签、摇号等方式发放旁听证，但应当优先安排当事人的近亲属或其他与案件有利害关系的人旁听。

下列人员不得旁听：

（一）证人、鉴定人以及准备出庭提出意见的有专门知识的人；

（二）未获得人民法院批准的未成年人；

（三）拒绝接受安全检查的人；

（四）醉酒的人、精神病人或其他精神状态异常的人；

（五）其他有可能危害法庭安全或妨害法庭秩序的人。

依法有可能封存犯罪记录的公开庭审活动，任何单位或个人不得组织人员旁听。

依法不公开的庭审活动，除法律另有规定外，任何人不得旁听。

第十二条 出庭履行职务的人员，按照职业着装规定着装。但是，具有下列情形之一的，着正装：

（一）没有职业着装规定；

（二）侦查人员出庭作证；

（三）所在单位系案件当事人。

非履行职务的出庭人员及旁听人员，应当文明着装。

第十三条 刑事在押被告人或上诉人出庭受审时，着正装或便装，不着监管机构的识别服。

人民法院在庭审活动中不得对被告人或上诉人使用戒具，但认为其人身危险性大，可能危害法庭安全的除外。

第十七条 全体人员在庭审活动中应当服从审判长或独任审判员的指挥，尊重司法礼仪，遵守法庭纪律，不得实施下列行为：

（一）鼓掌、喧哗；

（二）吸烟、进食；

（三）拨打或接听电话；

（四）对庭审活动进行录音、录像、拍照或使用移动通信工具等传播庭审活动；

（五）其他危害法庭安全或妨害法庭秩序的行为。

检察人员、诉讼参与人发言或提问，应当经审判长或独任审判员许可。

旁听人员不得进入审判活动区，不得随意站立、走动，不得发言和提问。

媒体记者经许可实施第一款第四项规定的行为，应当在指定的时间及区域进行，不得影响或干扰庭审活动。

第十九条 审判长或独任审判员对违反法庭纪律的人员应当予以警告；对不听警告的，予以训诫；对训诫无效的，责令其退出法庭；对拒不退出法庭的，指令司法警察将其强行带出法庭。

行为人违反本规则第十七条第一款第四项规定的，人民法院可以暂扣其使用的设备及存储介质，删除相关内容。

第二十条　行为人实施下列行为之一，危及法庭安全或扰乱法庭秩序的，根据相关法律规定，予以罚款、拘留；构成犯罪的，依法追究其刑事责任：

（一）非法携带枪支、弹药、管制刀具或者爆炸性、易燃性、放射性、毒害性、腐蚀性物品以及传染病病原体进入法庭；

（二）哄闹、冲击法庭；

（三）侮辱、诽谤、威胁、殴打司法工作人员或诉讼参与人；

（四）毁坏法庭设施，抢夺、损毁诉讼文书、证据；

（五）其他危害法庭安全或扰乱法庭秩序的行为。

第二十一条　司法警察依照审判长或独任审判员的指令维持法庭秩序。

出现危及法庭内人员人身安全或者严重扰乱法庭秩序等紧急情况时，司法警察可以直接采取必要的处置措施。

人民法院依法对违反法庭纪律的人采取的扣押物品、强行带出法庭以及罚款、拘留等强制措施，由司法警察执行。

《法官职业道德基本准则》（2010 年 12 月 6 日施行　法发〔2010〕53 号）

第二十二条　尊重当事人和其他诉讼参与人的人格尊严，避免盛气凌人、"冷硬横推"等不良作风；尊重律师，依法保障律师参与诉讼活动的权利。

第二十四条　坚持文明司法，遵守司法礼仪，在履行职责过程中行为规范、着装得体、语言文明、态度平和，保持良好的职业修养和司法作风。

《律师法》（2017 年 9 月 1 日修正）

第三十七条　律师在执业活动中的人身权利不受侵犯。

律师在法庭上发表的代理、辩护意见不受法律追究。但是，发表危害国家安全、恶意诽谤他人、严重扰乱法庭秩序的言论除外。

律师在参与诉讼活动中涉嫌犯罪的，侦查机关应当及时通知其所在的律师事务所或者所属的律师协会；被依法拘留、逮捕的，侦查机关应当依照刑事诉讼法的规定通知该律师的家属。

第四十条　律师在执业活动中不得有下列行为：

·········

（八）扰乱法庭、仲裁庭秩序，干扰诉讼、仲裁活动的正常进行。

第四十九条 律师有下列行为之一的，由设区的市级或者直辖市的区人民政府司法行政部门给予停止执业六个月以上一年以下的处罚，可以处五万元以下的罚款；有违法所得的，没收违法所得；情节严重的，由省、自治区、直辖市人民政府司法行政部门吊销其律师执业证书；构成犯罪的，依法追究刑事责任：

………

（六）扰乱法庭、仲裁庭秩序，干扰诉讼、仲裁活动的正常进行的；

………

律师因故意犯罪受到刑事处罚的，由省、自治区、直辖市人民政府司法行政部门吊销其律师执业证书。

第五十一条 律师因违反本法规定，在受到警告处罚后一年内又发生应当给予警告处罚情形的，由设区的市级或者直辖市的区人民政府司法行政部门给予停止执业三个月以上一年以下的处罚；在受到停止执业处罚期满后二年内又发生应当给予停止执业处罚情形的，由省、自治区、直辖市人民政府司法行政部门吊销其律师执业证书。

律师事务所因违反本法规定，在受到停业整顿处罚期满后二年内又发生应当给予停业整顿处罚情形的，由省、自治区、直辖市人民政府司法行政部门吊销律师事务所执业证书。

第二章　一审程序

第一节　公诉案件

【工作内容】

（一）开庭前的准备

1. 决定开庭审判后，应当确定合议庭组成人员，将人民检察院的起诉书副本至迟在开庭十日以前送达被告人及其辩护人。

2. 在向被告人送达起诉书副本时，一并送达刑事诉讼权利义务告知书。

3. 通知当事人、法定代理人、辩护人、诉讼代理人在开庭五日前提供证人、鉴定人名单，以及拟当庭出示的证据；申请证人、鉴定人、有专门知识的人出庭的，应当列明有关人员的姓名、性别、年龄、职业、住址、联系方式。

4. 人民法院在确定开庭日期后，应当将开庭时间、地点通知人民检察院，传唤当事人，通知辩护人、诉讼代理人、证人、鉴定人和翻译人员，传票和通知书至迟在开庭三日以前送达。通知有关人员出庭，也可以采取电话、短信、传真、电子邮件、即时通讯等能够确认对方收悉的方式。对被害人人数众多的涉众型犯罪案件，可以通过互联网公布相关文书，通知有关人员出庭。

5. 书记员工作：（1）受审判长委托，查明公诉人、当事人、证人及其他诉讼参与人是否到庭；（2）核实旁听人员中是否有证人、鉴定人、有专门知识的人；（3）宣读法庭规则；（4）请公诉人、辩护人、诉讼代理人及其他诉讼参与人入庭；（5）请审判长、审判员、人民陪审员入庭；（6）审判人员就座后，向审判长报告开庭前的准备工作已经就绪。

6. 被害人、诉讼代理人经传唤或者通知未到庭，不影响开庭审理的，人民法院可以开庭审理。辩护人经通知未到庭，被告人同意的，人民法院可以开庭审理，但被告人属于应当提供法律援助情形的除外。

（二）庭审

1. 审判长宣布开庭后，首先查明被告人的下列情况：（1）姓名、出生日期、民族、出生地、文化程度、职业、住址，或者被告单位的名称、住所地、法定代表人、实际控制人、诉讼代表人的姓名、职务；（2）是否受过刑事处罚、行政处罚、处分及其种类、时间；（3）是否被采取留置措施及留置的时间，是否被采取强制措施及强制措施的种类、时间；（4）收到起诉书副本的日期；有附带民事诉讼的，附带民事诉讼被告人收到附带民事起诉状的日期。被告人较多的，可以在开庭前查明上述情况，但开庭时审判长应当作出说明。

2. 审判长宣布案件来源、案由，宣布合议庭的组成人员、法官助理、书记员、公诉人、辩护人、诉讼代理人、鉴定人和翻译人员的名单。

3. 审判长告知诉讼参与人的诉讼权利（如在开庭前已送达权利义务告知书，则只需询问当事人是否收到刑事诉讼权利义务告知书，不需要详细宣读诉讼权利，只需询问是否对相关人员申请回避即可）。

4. 公诉人在法庭上宣读起诉书后，审判长应当询问被告人对起诉书指控的犯罪事实和罪名有无异议。有附带民事诉讼的，公诉人宣读起诉书后，由附带民事诉讼原告人或者其法定代理人、诉讼代理人宣读附带民事起诉状。在审判长主持下，被告人、被害人可以就起诉书指控的犯罪进行陈述，公诉人可以讯问被告人。根据案件情况，就证据问题对被告人的讯问、发问可以在举证、质证环节进行。被害人、附带民事诉讼的原告人和辩护人、诉讼代理人，经审判长许可，可以向被告人发问。必要时，审判人员可以讯问被告人，也可以向被害人、附带民事诉讼当事人发问。讯问被告人应当分别进行。必要时，可传唤同案被告人等到庭对质。

5. 公诉人、辩护人应当向法庭出示物证，让当事人辨认，对未到庭的证人的证言笔录、鉴定人的鉴定意见、勘验笔录和其他作为证据的文书，应当当庭宣读。审判人员应当听取公诉人、当事人和辩护人、诉讼代理人的意见。

举证方当庭出示证据后，由对方发表质证意见。当庭出示的证据，尚未移送人民法院的，应当在质证后当庭移交。

6. 法庭对证据有疑问的，可以告知公诉人、当事人及其法定代理人、辩护人、诉讼代理人补充证据或者作出说明；必要时，可以宣布休庭，对证据进行调查核实。人民法院调查核实证据，可以进行勘验、检查、查封、扣押、鉴定和查询、冻结。对公诉人、当事人及其法定代理人、辩护人、诉讼代理人补充的和法庭庭外调查核实取得的证据，应当经过当庭质证才能作为定案的根据。但是，对不影响定罪量刑的非关键证据、有利于被告人的量刑证据以及认定被告人有犯罪前科的裁判文书等证据，经庭外征求意见，控辩双方没有异议的除外。有关情况，应当记录在案。

7. 公诉人申请出示开庭前未移送或者提交人民法院的证据，辩护方提出异议的，审判长应当要求公诉人说明理由；理由成立并确有出示必要的，应当准许。辩护方提出需要对新的证据作辩护准备的，法庭可以宣布休庭，并确定准备辩护的时间。辩护方申请出示开庭前未提交的证据，参照适用前述规定。

8. 法庭辩论。合议庭认为案件事实已经调查清楚的，应当由审判长宣布法庭调查结束，开始就定罪、量刑、涉案财物处理的事实、证据、适用法律等问题进行法庭辩论。（1）法庭辩论的顺序：公诉人发言，被害人及其诉讼代理人发言，被告人自行辩护，辩护人辩护，控辩双方进行辩论。（2）其他相关规定：第一，对被告人认罪的案件，法庭辩论时，应当指引控辩双方主要围绕量刑和其他有争议的问题进行。第二，对被告人不认罪或者辩护人作无罪辩护的案件，法庭辩论时，可以指引控辩双方先辩论定罪问题，后辩论量刑问题和其他问题。第三，法庭辩论过程中，审判长应当充分听取控辩双方的意见，对控辩双方与案件无关、重复或者指责对方的发言应当提醒、制止。第四，法庭辩论过程中，合议庭发现与定罪、量刑有关的新的事实，有必要调查的，审判长可以宣布恢复法庭调查，在对新的事实调查后，继续法庭辩论。

9. 最后陈述。（1）法庭辩论终结后，合议庭应当保证被告人充分行使最后陈述的权利。被告人在最后陈述中多次重复自己的意见的，审判长可以制止。陈述内容蔑视法庭、公诉人，损害他人及社会公共利益，或者与本案无关的，应当制止。在公开审理的案件中，被告人最后陈述的内容涉及国家秘密、个人隐私或者商业秘密的，应当制止；（2）被告人在最后陈述中提出新的事实、证据，合议庭认为可能影响正确裁判的，应当恢复法庭调查；被告人提出新的辩解理由，合议庭认为可能影响正确裁判的，应当恢复法庭辩论。

10. 法庭审判的全部活动，应当由书记员写成笔录，经审判长审阅后，由审判长和书记员签名。

【常用法律、司法解释及相关规定】

《刑事诉讼法》（2018 年 10 月 26 日修正）

第一百八十七条　人民法院决定开庭审判后，应当确定合议庭的组成人员，将人民检察院的起诉书副本至迟在开庭十日以前送达被告人及其辩护人。

在开庭以前，审判人员可以召集公诉人、当事人和辩护人、诉讼代理人，对回避、出庭证人名单、非法证据排除等与审判相关的问题，了解情况，听取意见。

人民法院确定开庭日期后，应当将开庭的时间、地点通知人民检察院，传唤当事人，通知辩护人、诉讼代理人、证人、鉴定人和翻译人员，传票和通知书至迟在开庭三日以前送达。公开审判的案件，应当在开庭三日以前先期公布案由、被告人姓名、开庭时间和地点。

上述活动情形应当写入笔录，由审判人员和书记员签名。

第一百九十八条　法庭审理过程中，对与定罪、量刑有关的事实、证据都应当进行调查、辩论。

经审判长许可，公诉人、当事人和辩护人、诉讼代理人可以对证据和案件情况发表意见并且可以互相辩论。

审判长在宣布辩论终结后，被告人有最后陈述的权利。

第二百零七条　法庭审判的全部活动，应当由书记员写成笔录，经审判长审阅后，由审判长和书记员签名。

法庭笔录中的证人证言部分，应当当庭宣读或者交给证人阅读。证人在承认没有错误后，应当签名或者盖章。

法庭笔录应当交给当事人阅读或者向他宣读。当事人认为记载有遗漏或者差错的，可以请求补充或者改正。当事人承认没有错误后，应当签名或者盖章。

《最高人民法院关于适用〈中华人民共和国刑事诉讼法〉的解释》（2021
年3月1日施行　法释〔2021〕1号）

第二百二十一条　开庭审理前，人民法院应当进行下列工作：

（一）确定审判长及合议庭组成人员；

（二）开庭十日以前将起诉书副本送达被告人、辩护人；

（三）通知当事人、法定代理人、辩护人、诉讼代理人在开庭五日以前提
供证人、鉴定人名单，以及拟当庭出示的证据；申请证人、鉴定人、有专门
知识的人出庭的，应当列明有关人员的姓名、性别、年龄、职业、住址、联
系方式；

（四）开庭三日以前将开庭的时间、地点通知人民检察院；

（五）开庭三日以前将传唤当事人的传票和通知辩护人、诉讼代理人、法
定代理人、证人、鉴定人等出庭的通知书送达；通知有关人员出庭，也可以
采取电话、短信、传真、电子邮件、即时通讯等能够确认对方收悉的方式；
对被害人人数众多的涉众型犯罪案件，可以通过互联网公布相关文书，通知
有关人员出庭；

（六）公开审理的案件，在开庭三日以前公布案由、被告人姓名、开庭时
间和地点。

上述工作情况应当记录在案。

第二百二十五条　被害人、诉讼代理人经传唤或者通知未到庭，不影响
开庭审理的，人民法院可以开庭审理。

辩护人经通知未到庭，被告人同意的，人民法院可以开庭审理，但被告
人属于应当提供法律援助情形的除外。

第二百三十四条　开庭审理前，书记员应当依次进行下列工作：

（一）受审判长委托，查明公诉人、当事人、辩护人、诉讼代理人、证人
及其他诉讼参与人是否到庭；

（二）核实旁听人员中是否有证人、鉴定人、有专门知识的人；

（三）请公诉人、辩护人、诉讼代理人及其他诉讼参与人入庭；

（四）宣读法庭规则；

（五）请审判长、审判员、人民陪审员入庭；

（六）审判人员就座后，向审判长报告开庭前的准备工作已经就绪。

第二百三十五条 审判长宣布开庭，传被告人到庭后，应当查明被告人的下列情况：

（一）姓名、出生日期、民族、出生地、文化程度、职业、住址，或者被告单位的名称、住所地、法定代表人、实际控制人以及诉讼代表人的姓名、职务；

（二）是否受过刑事处罚、行政处罚、处分及其种类、时间；

（三）是否被采取留置措施及留置的时间，是否被采取强制措施及强制措施的种类、时间；

（四）收到起诉书副本的日期；有附带民事诉讼的，附带民事诉讼被告人收到附带民事起诉状的日期。

被告人较多的，可以在开庭前查明上述情况，但开庭时审判长应当作出说明。

第二百三十六条 审判长宣布案件的来源、起诉的案由、附带民事诉讼当事人的姓名及是否公开审理；不公开审理的，应当宣布理由。

第二百三十七条 审判长宣布合议庭组成人员、法官助理、书记员、公诉人的名单，以及辩护人、诉讼代理人、鉴定人、翻译人员等诉讼参与人的名单。

第二百三十八条 审判长应当告知当事人及其法定代理人、辩护人、诉讼代理人在法庭审理过程中依法享有下列诉讼权利：

（一）可以申请合议庭组成人员、法官助理、书记员、公诉人、鉴定人和翻译人员回避；

（二）可以提出证据，申请通知新的证人到庭、调取新的证据，申请重新鉴定或者勘验；

（三）被告人可以自行辩护；

（四）被告人可以在法庭辩论终结后作最后陈述。

第二百四十条 审判长宣布法庭调查开始后，应当先由公诉人宣读起诉书；公诉人宣读起诉书后，审判长应当询问被告人对起诉书指控的犯罪事实和罪名有无异议。

有附带民事诉讼的，公诉人宣读起诉书后，由附带民事诉讼原告人或者其法定代理人、诉讼代理人宣读附带民事起诉状。

第二百四十一条 在审判长主持下，被告人、被害人可以就起诉书指控的犯罪事实分别陈述。

第二百四十二条 在审判长主持下，公诉人可以就起诉书指控的犯罪事实讯问被告人。

经审判长准许，被害人及其法定代理人、诉讼代理人可以就公诉人讯问的犯罪事实补充发问；附带民事诉讼原告人及其法定代理人、诉讼代理人可以就附带民事部分的事实向被告人发问；被告人的法定代理人、辩护人，附带民事诉讼被告人及其法定代理人、诉讼代理人可以在控诉方、附带民事诉讼原告方就某一问题讯问、发问完毕后向被告人发问。

根据案件情况，就证据问题对被告人的讯问、发问可以在举证、质证环节进行。

第二百四十三条 讯问同案审理的被告人，应当分别进行。

第二百四十四条 经审判长准许，控辩双方可以向被害人、附带民事诉讼原告人发问。

第二百四十五条 必要时，审判人员可以讯问被告人，也可以向被害人、附带民事诉讼当事人发问。

第二百四十六条 公诉人可以提请法庭通知证人、鉴定人、有专门知识的人、调查人员、侦查人员或者其他人员出庭，或者出示证据。被害人及其法定代理人、诉讼代理人，附带民事诉讼原告人及其诉讼代理人也可以提出申请。

在控诉方举证后，被告人及其法定代理人、辩护人可以提请法庭通知证人、鉴定人、有专门知识的人、调查人员、侦查人员或者其他人员出庭，或者出示证据。

第二百六十七条 举证方当庭出示证据后，由对方发表质证意见。

第二百六十八条 对可能影响定罪量刑的关键证据和控辩双方存在争议的证据，一般应当单独举证、质证，充分听取质证意见。

控辩双方无异议的非关键证据，举证方可以仅就证据的名称及拟证明的事实作出说明。

召开庭前会议的案件，举证、质证可以按照庭前会议确定的方式进行。

根据案件和庭审情况，法庭可以对控辩双方的举证、质证方式进行必要的指引。

第二百六十九条 审理过程中，法庭认为有必要的，可以传唤同案被告人、分案审理的共同犯罪或者关联犯罪案件的被告人等到庭对质。

第二百七十条 当庭出示的证据，尚未移送人民法院的，应当在质证后当庭移交。

第二百七十一条 法庭对证据有疑问的，可以告知公诉人、当事人及其法定代理人、辩护人、诉讼代理人补充证据或者作出说明；必要时，可以宣布休庭，对证据进行调查核实。

对公诉人、当事人及其法定代理人、辩护人、诉讼代理人补充的和审判人员庭外调查核实取得的证据，应当经过当庭质证才能作为定案的根据。但是，对不影响定罪量刑的非关键证据、有利于被告人的量刑证据以及认定被告人有犯罪前科的裁判文书等证据，经庭外征求意见，控辩双方没有异议的除外。

有关情况，应当记录在案。

第二百七十二条 公诉人申请出示开庭前未移送或者提交人民法院的证据，辩护方提出异议的，审判长应当要求公诉人说明理由；理由成立并确有出示必要的，应当准许。

辩护方提出需要对新的证据作辩护准备的，法庭可以宣布休庭，并确定准备辩护的时间。

辩护方申请出示开庭前未提交的证据，参照适用前两款规定。

第二百七十三条 法庭审理过程中，控辩双方申请通知新的证人到庭，调取新的证据，申请重新鉴定或者勘验的，应当提供证人的基本信息、证据的存放地点，说明拟证明的事项，申请重新鉴定或者勘验的理由。法庭认为有必要的，应当同意，并宣布休庭；根据案件情况，可以决定延期审理。

人民法院决定重新鉴定的，应当及时委托鉴定，并将鉴定意见告知人民检察院、当事人及其辩护人、诉讼代理人。

第二百七十五条 人民法院向人民检察院调取需要调查核实的证据材料，或者根据被告人、辩护人的申请，向人民检察院调取在调查、侦查、审查起诉期间收集的有关被告人无罪或者罪轻的证据材料，应当通知人民检察院在收到调取证据材料决定书后三日以内移交。

第二百七十六条　法庭审理过程中，对与量刑有关的事实、证据，应当进行调查。

人民法院除应当审查被告人是否具有法定量刑情节外，还应当根据案件情况审查以下影响量刑的情节：

（一）案件起因；

（二）被害人有无过错及过错程度，是否对矛盾激化负有责任及责任大小；

（三）被告人的近亲属是否协助抓获被告人；

（四）被告人平时表现，有无悔罪态度；

（五）退赃、退赔及赔偿情况；

（六）被告人是否取得被害人或者其近亲属谅解；

（七）影响量刑的其他情节。

第二百七十七条　审判期间，合议庭发现被告人可能有自首、坦白、立功等法定量刑情节，而人民检察院移送的案卷中没有相关证据材料的，应当通知人民检察院在指定时间内移送。

审判期间，被告人提出新的立功线索的，人民法院可以建议人民检察院补充侦查。

第二百八十条　合议庭认为案件事实已经调查清楚的，应当由审判长宣布法庭调查结束，开始就定罪、量刑、涉案财物处理的事实、证据、适用法律等问题进行法庭辩论。

第二百八十一条　法庭辩论应当在审判长的主持下，按照下列顺序进行：

（一）公诉人发言；

（二）被害人及其诉讼代理人发言；

（三）被告人自行辩护；

（四）辩护人辩护；

（五）控辩双方进行辩论。

第二百八十二条　人民检察院可以提出量刑建议并说明理由；建议判处管制、宣告缓刑的，一般应当附有调查评估报告，或者附有委托调查函。

当事人及其辩护人、诉讼代理人可以对量刑提出意见并说明理由。

第二百八十三条 对被告人认罪的案件，法庭辩论时，应当指引控辩双方主要围绕量刑和其他有争议的问题进行。

对被告人不认罪或者辩护人作无罪辩护的案件，法庭辩论时，可以指引控辩双方先辩论定罪问题，后辩论量刑和其他问题。

第二百八十五条 法庭辩论过程中，审判长应当充分听取控辩双方的意见，对控辩双方与案件无关、重复或者指责对方的发言应当提醒、制止。

第二百八十六条 法庭辩论过程中，合议庭发现与定罪、量刑有关的新的事实，有必要调查的，审判长可以宣布恢复法庭调查，在对新的事实调查后，继续法庭辩论。

第二百八十七条 审判长宣布法庭辩论终结后，合议庭应当保证被告人充分行使最后陈述的权利。

被告人在最后陈述中多次重复自己的意见的，法庭可以制止；陈述内容蔑视法庭、公诉人，损害他人及社会公共利益，或者与本案无关的，应当制止。

在公开审理的案件中，被告人最后陈述的内容涉及国家秘密、个人隐私或者商业秘密的，应当制止。

第二百八十八条 被告人在最后陈述中提出新的事实、证据，合议庭认为可能影响正确裁判的，应当恢复法庭调查；被告人提出新的辩解理由，合议庭认为可能影响正确裁判的，应当恢复法庭辩论。

《最高人民法院、最高人民检察院、公安部、国家安全部、司法部、全国人大常委会法制工作委员会关于实施刑事诉讼法若干问题的规定》（2013 年 1 月 1 日施行）

26. 人民法院开庭审理公诉案件时，出庭的检察人员和辩护人需要出示、宣读、播放已移交人民法院的证据的，可以申请法庭出示、宣读、播放。

27. 刑事诉讼法第三十九条①规定："辩护人认为在侦查、审查起诉期间公安机关、人民检察院收集的证明犯罪嫌疑人、被告人无罪或者罪轻的证据材料未提交的，有权申请人民检察院、人民法院调取。"第一百九十一条②第

---

① 编者注：现为第四十一条。
② 编者注：现为第一百九十六条。

一款规定："法庭审理过程中，合议庭对证据有疑问的，可以宣布休庭，对证据进行调查核实。"第一百九十二条①第一款规定："法庭审理过程中，当事人和辩护人、诉讼代理人有权申请通知新的证人到庭，调取新的物证，申请重新鉴定或者勘验。"根据上述规定，自案件移送审查起诉之日起，人民检察院可以根据辩护人的申请，向公安机关调取未提交的证明犯罪嫌疑人、被告人无罪或者罪轻的证据材料。在法庭审理过程中，人民法院可以根据辩护人的申请，向人民检察院调取未提交的证明被告人无罪或者罪轻的证据材料，也可以向人民检察院调取需要调查核实的证据材料。公安机关、人民检察院应当自收到要求调取证据材料决定书后三日内移交。

28. 人民法院依法通知证人、鉴定人出庭作证的，应当同时将证人、鉴定人出庭通知书送交控辩双方，控辩双方应当予以配合。

29. 刑事诉讼法第一百八十七条②第三款规定："公诉人、当事人或者辩护人、诉讼代理人对鉴定意见有异议，人民法院认为鉴定人有必要出庭的，鉴定人应当出庭作证。经人民法院通知，鉴定人拒不出庭作证的，鉴定意见不得作为定案的根据。"根据上述规定，依法应当出庭的鉴定人经人民法院通知未出庭作证的，鉴定意见不得作为定案的根据。鉴定人由于不能抗拒的原因或者有其他正当理由无法出庭的，人民法院可以根据案件审理情况决定延期审理。

30. 人民法院审理公诉案件，发现有新的事实，可能影响定罪的，人民检察院可以要求补充起诉或者变更起诉，人民法院可以建议人民检察院补充起诉或者变更起诉。人民法院建议人民检察院补充起诉或者变更起诉的，人民检察院应当在七日以内回复意见。

31. 法庭审理过程中，被告人揭发他人犯罪行为或者提供重要线索，人民检察院认为需要进行查证的，可以建议补充侦查。

【相关法律文书】

刑事判决书（一审公诉案件适用普通程序用）

---

① 编者注：现为第一百九十七条。
② 编者注：现为第一百九十二条。

送达起诉书副本笔录（公诉案件用）

刑事裁定书（准许撤诉或按撤诉处理用）

刑事裁定书（终止审理用）

刑事裁定书（补正裁判文书失误用）

刑事裁定书（减、免罚金用）

补充材料函（刑事案件用）

法庭笔录（第×次）（一审用）

提讯提解证

××××人民法院
刑事判决书
（一审公诉案件适用普通程序用）

（××××）……刑初……号

公诉机关××××人民检察院。

被告人……（写明姓名、性别、年龄、民族、出生地、文化程度、工作单位和职务、住址和因本案所受强制措施情况等）。

辩护人……（写明姓名、工作单位和职务）。

××××人民检察院以××检××刑诉（××××）××号起诉书指控被告人×××犯××罪，于××××年××月××日向本院提起公诉。本院依法组成合议庭，公开（或者不公开）开庭审理了本案。××××人民检察院指派检察员×××出庭支持公诉，被害人×××及其法定代理人×××、诉讼代理人×××，被告人×××及其法定代理人×××、辩护人×××，证人×××，鉴定人×××，翻译人员×××等到庭参加诉讼。本案现已审理终结。

××××人民检察院指控……（概述人民检察院指控被告人犯罪的事实、证据和适用法律的意见）。

被告人×××辩称……（概述被告人对指控的犯罪事实予以供述、辩解、自行辩护的意见和有关证据）。辩护人×××提出的辩护意见是……（概述辩护人的辩护意见和有关证据）。

经审理查明，……（首先写明经庭审查明的事实；其次写明经举证、质证定案的证据及其来源；最后对控辩双方有异议的事实、证据进行分析、认证）。

本院认为，……（根据查证属实的事实、证据和有关法律规定，论证公诉机关指控的犯罪是否成立，被告人的行为是否构成犯罪，犯什么罪，应否从轻、减轻、免除处罚或者从重处罚。对于控辩双方关于适用法律方面的意见，应当有分析地表示是否予以采纳，并阐明理由）。依照（写明判决的法律依据）的规定，判决如下：

……〔写明判决结果，分三种情况：

第一，定罪判刑的，表述为：

"被告人×××犯××罪，判处……（写明主刑、附加刑）。

（刑期从判决执行之日起计算。判决执行以前先行羁押的，羁押一日折抵刑期一日，即自×××年××月××日起至×××年××月××日止。）

二、被告人×××……（写明决定追缴、退赔或者发还被害人没收财物的名称、种类和数额）。"

第二，定罪免刑的，表述为：

"被告人×××犯××罪，免予刑事处罚（如有追缴、退赔或者没收财物的，续写第二项）。"

第三，宣告无罪的，无论是适用《中华人民共和国刑事诉讼法》第二百条第（二）项还是第（三）项，均应表述为：

"被告人×××无罪"。〕

如不服本判决，可在接到判决书的第二日起十日内，通过本院或者直接向×××人民法院提出上诉。书面上诉的，应当提交上诉状正本一份，副本×份。

审　判　长　×××

审　判　员　×××

审　判　员　×××

×××年××月××日

（院印）

本件与原本核对无异

书　记　员　×××

××××人民法院
送达起诉书副本笔录
（公诉案件用）

时　间：××××年××月××日××时

地　点：……

送达人：×××　记录人：×××

送达人核对被告人姓名、性别、出生年月日、民族、出生地、文化程度等情况：……

问：你何时被拘留？何时被逮捕？

答：……

告知：××××人民检察院指控你犯有××罪向本院提起公诉，我院已经受理。根据《中华人民共和国刑事诉讼法》第一百八十二条第一款，现将××××人民检察院以××检××刑诉（××××）××号起诉书副本送达给你。我院即将开庭审理。除你自己行使辩护权外，还可以委托律师等辩护人为你辩护。

问：你听清了吗？有什么要说的？

答：……

（被告人认为记录无误后，应当签名或者盖章。送达人和记录人应当在笔录上签名。）

××××人民法院
刑事裁定书
（准许撤诉或按撤诉处理用）

（××××）……刑初……号

公诉机关××××人民检察院。

或者自诉人……（写明姓名、性别、出生年月日、民族、出生地、职业或工作单位和职务、住址等）。

被告人……（写明姓名、性别、出生年月日、民族、出生地、职业或工作单位和职务、住址等）。

××××人民检察院以××检××刑诉〔××××〕××号起诉书指控被告人×××涉嫌××罪（或者自诉人以被告人×××犯××罪），于×××年××月××日向本院提起公诉（或控诉）。本院受理后，在诉讼过程中……（简述人民检察院要求撤回起诉、自诉人申请撤诉或者法院按撤诉处理的理由）。

本院认为，……（简写是否准许撤诉或者按撤诉处理的理由）。依照……（写明裁定所依据的法律规范）的规定，裁定如下：

……〔写明裁定内容，分三种情况：

第一，准许人民检察院要求撤回起诉的，表述为：

"准许××××人民检察院撤诉。驳回自诉人×××对被告人×××的控诉。"

第二，准许自诉人申请撤诉的，表述为：

"准许自诉人×××撤诉。"

第三，按撤诉处理的，表述为：

"对自诉人×××的控诉按撤诉处理。"〕

如不服本裁定，可在接到裁定书的第二日起五日内，通过本院或者直接向×××人民法院提出上诉。书面上诉的，应交上诉状正本一份，副本×份。

审　判　员　×××

××××年××月××日

（院印）

本件与原本核对无异

书　记　员　×××

××××人民法院
刑事裁定书
（终止审理用）

（××××）……刑×……号

公诉机关××××人民检察院。

被告人……（写明姓名、性别、出生年月日、民族、出生地、职业或工作单位和职务、住址等）。

××××人民检察院于××××年××月××日以××检××刑诉（×××）××号起诉书，指控被告人×××犯××罪，向本院提起公诉。本院在审理过程中，被告人×××于××××年××月××日死亡（或者犯罪已过追诉时效期限，并且不是必须追诉或者经特赦令免除刑罚的）。依照……（写明裁定的法律依据）的规定，裁定如下：

本案终止审理。

本裁定送达后即发生法律效力。

审　判　长　×××

审　判　员　×××

审　判　员　×××

××××年××月××日

（院印）

本件与原本核对无异

书　记　员　×××

××××人民法院
刑事裁定书
（补正裁判文书失误用）

（××××）……刑×……号

被告人……（写明姓名与案由）一案，经本院审理，于××××年××月××日作出（××××）……刑×……号刑事判决书（裁定书或调解书）。现发现其中有错误（遗漏）字句，特此补充裁定如下：

原××书……（写明错误或遗漏的原文及所在页次、行数）；

现更正为……（写明改正、补充的字句）。

本裁定书与被补正的×××书同时发生法律效力。

审 判 长 ×××

审 判 员 ×××

审 判 员 ×××

××××年××月××日

（院印）

本件与原本核对无异

书 记 员 ×××

××××人民法院

刑事裁定书

（减、免罚金用）

（××××）……刑执……号

　　罪犯×××……（写明姓名和案由）一案，本院于××××年××月××日作出（××××）……刑×……号刑事判决（或裁定），其中对罪犯×××判处罚金人民币……（写明具体数额）。在执行期间，罪犯×××……（写明罪犯申请减、免罚金的事由和罚金数额）。本院经查证，罪犯×××……（扼要写明查证的事实），缴纳罚金确有困难。依照……（写明裁定的法律依据），裁定如下：

　　……（写明对罪犯×××减少罚金的数额和"余额继续追缴"或免除罚金的具体数额）。

　　本裁定送达后即发生法律效力。

审　判　长　×××
审　判　员　×××
审　判　员　×××
××××年××月××日
（院印）

本件与原本核对无异

书　记　员　×××

××××人民法院

补充材料函

（刑事案件用）

（××××）……刑×……号

××××人民检察院：

　　你院××××年××月××日提起公诉的被告人×××……（写明姓名或者案由）一案，经审查，缺少部分材料。根据《最高人民法院关于适用〈中华人民共和国刑事诉讼法〉的解释》第二百一十九条的规定，请你院在收到本函的次日起三日内，补充以下材料，送交本院。

　　一、……

　　二、……

　　三、……

　　（列明所需材料）

××××年××月××日

（院印）

×××人民法院

法庭笔录（第×次）

（一审用）

案　　由：……

时　　间：×××年××月××日××时××分至××时××分

地　　点：……

是否公开审理：是/否　　旁听人数：……

审判人员：×××

法官助理：×××

书记员：×××

审判长（员）宣布开庭审理……（写明被告人姓名和案由）一审。

记录如下：

书记员核对当事人及到庭情况，并宣读法庭纪律。

审判长（员）：现在开庭，首先查明被告人身份（姓名、曾用名、出生年月日、民族、出生地、文化程度、职位、家庭住址、拘留及逮捕时间、是否受过法律处分、是否收到起诉收副本及时间）。

被告人：……

（宣布审判人员、书记员、公诉人、辩护人、诉讼代理人、鉴定人和翻译人员的名单，告知当事人诉讼权利和义务，询问当事人是否申请回避等。）

被告人：……

辩护人：……

（记录审判活动）

审判人员、书记员签名：×××、×××

自诉人、刑事附带民事诉讼原告人、被告人签字捺手印：

编号：

×××× 人民法院
提讯提解证

看守所提讯专用章

发证日期 年 月 日

犯罪嫌疑人、被告人姓名		性别		出生日期	年 月 日
法定羁押起止时间	自 年 月 日至 年 月 日				
羁押期限变更情况	变更原因				
	新的起止时间	自 年 月 日至 年 月 日 填写人：			
	变更原因				
	新的起止时间	自 年 月 日至 年 月 日 填写人：			
	变更原因				
	新的起止时间	自 年 月 日至 年 月 日 填写人：			

提讯、提解时间	提讯、提解人员	收监或回所时间	看守所值班民警签名	备注
年 月 日 时 分		年 月 日 时 分		
年 月 日 时 分		年 月 日 时 分		
年 月 日 时 分		年 月 日 时 分		
年 月 日 时 分		年 月 日 时 分		

注：1. 办案机关办理送押或者换押手续时，将此证交由看守所填写并加盖提讯专用章；

2. 对超过《提讯提解证》上注明的法定羁押起止时间提讯、提解的，看守所应当拒绝；

3. 属于提解出所情形的，须在"备注"中注明；

4. 办案机关未改变的，提讯提解记录栏目可复印使用。

第二节 自诉案件

【工作内容】

（一）自诉的合并审理

被告人实施两个以上犯罪行为，分别属于公诉案件和自诉案件，人民法院可以一并审理。对自诉部分的处理，适用自诉案件的有关规定。

（二）自诉的撤诉及调解

1. 自诉人经两次依法传唤，无正当理由拒不到庭的，或者未经法庭许可中途退庭的，按撤诉处理。由书记员就此情况制作笔录，由合议庭或主审法官及被告人签名，然后制作撤诉裁定书。

2. 对被害人有证据证明对被告人侵犯自己人身、财产权利的行为应当依法追究刑事责任，而公安机关或者人民检察院不予追究被告人刑事责任的案件以外的自诉案件，人民法院在审理的过程中可以进行调解。

3. 调解达成协议的，人民法院应当制作刑事自诉案件调解书，由审判人员、法官助理、书记员署名，并加盖人民法院印章。调解书经双方当事人签收后即发生法律效力。调解没有达成协议或者调解书签收前当事人反悔的，人民法院应当进行判决。

4. 自诉人在人民法院宣告判决前，亦可以同被告人自行和解或者撤回自诉。

5. 人民法院经审查，认为和解、撤回自诉确属自愿的，应当裁定准许；认为系被强迫、威吓等，并非出于自愿的，不予准许。

6. 人民法院裁定准许自诉人撤诉或者当事人自行和解的案件，被告人被采取强制措施的，应当立即予以解除。

（三）自诉的判决

对自诉案件，应当依照《刑事诉讼法》第二百条和《最高人民法院关于适用〈中华人民共和国刑事诉讼法〉的解释》第二百九十五条的有关规定作出判决，对依法宣告无罪的案件，附带民事部分应当依法进行调解或者一并作出判决。

【常用法律、司法解释及相关规定】

《刑事诉讼法》（2018 年 10 月 26 日修正）

第二百一十二条 人民法院对自诉案件，可以进行调解；自诉人在宣告判决前，可以同被告人自行和解或者撤回自诉。本法第二百一十条第三项规定的案件不适用调解。

人民法院审理自诉案件的期限，被告人被羁押的，适用本法第二百零八条第一款、第二款的规定；未被羁押的，应当在受理后六个月以内宣判。

第二百一十三条 自诉案件的被告人在诉讼过程中，可以对自诉人提起反诉。反诉适用自诉的规定。

《最高人民法院关于适用〈中华人民共和国刑事诉讼法〉的解释》（2021年 3 月 1 日施行　法释〔2021〕1 号）

第三百二十四条 被告人实施两个以上犯罪行为，分别属于公诉案件和自诉案件，人民法院可以一并审理。对自诉部分的审理，适用本章的规定。

第三百二十五条 自诉案件当事人因客观原因不能取得的证据，申请人民法院调取的，应当说明理由，并提供相关线索或者材料。人民法院认为有必要的，应当及时调取。

对通过信息网络实施的侮辱、诽谤行为，被害人向人民法院告诉，但提供证据确有困难的，人民法院可以要求公安机关提供协助。

第三百二十六条 对犯罪事实清楚，有足够证据的自诉案件，应当开庭审理。

第三百二十七条 自诉案件符合简易程序适用条件的，可以适用简易程序审理。

不适用简易程序审理的自诉案件，参照适用公诉案件第一审普通程序的有关规定。

第三百二十八条 人民法院审理自诉案件，可以在查明事实、分清是非的基础上，根据自愿、合法的原则进行调解。调解达成协议的，应当制作刑事调解书，由审判人员、法官助理、书记员署名，并加盖人民法院印章。调解书经双方当事人签收后，即具有法律效力。调解没有达成协议，或者调解书签收前当事人反悔的，应当及时作出判决。

刑事诉讼法第二百一十条第三项规定的案件不适用调解。

第三百二十九条　判决宣告前，自诉案件的当事人可以自行和解，自诉人可以撤回自诉。

人民法院经审查，认为和解、撤回自诉确属自愿的，应当裁定准许；认为系被强迫、威吓等，并非自愿的，不予准许。

第三百三十条　裁定准许撤诉的自诉案件，被告人被采取强制措施的，人民法院应当立即解除。

第三百三十一条　自诉人经两次传唤，无正当理由拒不到庭，或者未经法庭准许中途退庭的，人民法院应当裁定按撤诉处理。

部分自诉人撤诉或者被裁定按撤诉处理的，不影响案件的继续审理。

第三百三十二条　被告人在自诉案件审判期间下落不明的，人民法院可以裁定中止审理；符合条件的，可以对被告人依法决定逮捕。

第三百三十三条　对自诉案件，应当参照刑事诉讼法第二百条和本解释第二百九十五条的有关规定作出判决。对依法宣告无罪的案件，有附带民事诉讼的，其附带民事部分可以依法进行调解或者一并作出判决，也可以告知附带民事诉讼原告人另行提起民事诉讼。

第三百三十四条　告诉才处理和被害人有证据证明的轻微刑事案件的被告人或者其法定代理人在诉讼过程中，可以对自诉人提起反诉。反诉必须符合下列条件：

（一）反诉的对象必须是本案自诉人；

（二）反诉的内容必须是与本案有关的行为；

（三）反诉的案件必须符合本解释第一条第一项、第二项的规定。

反诉案件适用自诉案件的规定，应当与自诉案件一并审理。自诉人撤诉的，不影响反诉案件的继续审理。

【相关法律文书】

刑事判决书（一审自诉、反诉案件并案审理用）

刑事附带民事判决书（一审自诉案件适用普通程序用）

刑事裁定书（驳回自诉用）

××××人民法院
刑事判决书
（一审自诉、反诉并案审理用）

（××××）……刑初……号

自诉人（反诉被告人）……（写明姓名、性别、出生年月日、民族、出生地、文化程度、职业或者工作单位和职务、住址等）。

诉讼代理人（辩护人）……（写明姓名、工作单位和职务）。

被告人（反诉自诉人）……（写明姓名、性别、出生年月日、民族、出生地、文化程度、职业或者工作单位和职务、住址等）。

辩护人（诉讼代理人）……（写明姓名、工作单位和职务）。

自诉人×××以被告人×××犯××罪，于××××年××月××日向本院提起控诉。被告人×××于××××年××月××日以自诉人××犯××罪提起反诉。本院于××××年××月××日受理后，依法组成合议庭（或者实行独任审判），公开（或者不公开）开庭进行了合并审理。自诉人（反诉被告人）×××及其诉讼代理人（辩护人）×××、被告人（反诉自诉人）×××及其辩护人（诉讼代理人）×××等到庭参加诉讼。现已审理终结。

自诉人×××诉称……（概述自诉人指控被告人犯罪的事实、证据和诉讼请求）。

被告人×××辩称……（概述被告人对自诉人的指控予以辩解、自行辩护的意见和有关证据）。辩护人×××提出的辩护意见是，……（概述辩护人的辩护意见和有关证据）。

反诉自诉人×××诉称……（概述反诉自诉人指控反诉被告人犯罪的事实、证据和诉讼请求）。

反诉被告人×××辩称……（概述反诉被告人对反诉自诉人的指控予以供述、辩解、自行辩护的意见和有关证据）。辩护人×××提出的辩护意见是……（概述辩护人的辩护意见和有关证据）。

经审理查明，……（首先写明经法庭审理查明的事实；其次写明据以定案的证据及其来源；最后对自诉、反诉各方有异议的事实、证据进行分析、认证）。

本院认为，……（写明根据查证属实的事实、证据和有关法律规定，论证自诉人、反诉自诉人的指控是否成立，被告人或者反诉被告人或者双方的行为是否构成犯罪，犯什么罪，应当如何处罚。对于控辩双方有关适用法律方面的意见，应当有分析地表示是否予以采纳，并阐明理由）。依照……（写明判决的法律依据）的规定，判决如下：

……〔写明判决结果。分四种情况：

第一，被告人构成犯罪，反诉被告人无罪的，表述为：

"一、被告人×××犯××罪，……（写明判决结果）；

二、反诉被告人×××无罪。"

第二，被告人无罪，反诉被告人构成犯罪的，表述为：

一、被告人×××无罪；

二、反诉被告人×××犯××罪，……（写明判决结果）。

第三，双方都构成犯罪的，表述为：

一、被告人×××犯××罪，……（写明判决结果）；

二、反诉被告人×××犯××罪，……（写明判决结果）。"

第四，双方都不构成犯罪的，表述为：

"一、被告人×××无罪；

二、反诉被告人×××无罪。"〕

如不服本判决，可在接到判决书的第二日起十日内，通过本院或者直接向×××人民法院提出上诉。书面上诉的，应当提交上诉状正本一份，副本×份。

审 判 长 ×××

审 判 员 ×××

审 判 员 ×××

×××年××月××日

（院印）

本件与原本核对无异

书 记 员 ×××

×××××人民法院

刑事附带民事判决书

（一审自诉案件适用普通程序用）

（××××）……刑初……号

自诉人（附带民事诉讼原告人）……（写明姓名、性别、出生年月日、民族、出生地、文化程度、职业或者工作单位和职务、住址等）。

诉讼代理人……（写明姓名、工作单位和职务等）。

被告人……（写明姓名、性别、出生年月日、民族、出生地、文化程度、职业或者工作单位和职务、住址等）。

辩护人……（写明姓名、工作单位和职务）。

自诉人×××以被告人×××犯××罪，并由此造成经济损失为由，于××××年××月××日向本院提起控诉。本院于××××年××月××日受理后，依法实行独任审判（或组成合议庭），公开（或者不公开）开庭审理了本案。自诉人×××及其诉讼代理人×××，被告人×××及其辩护人×××等到庭参加诉讼。现已审理终结。

自诉人×××诉称……（概述自诉人指控被告人犯罪和由此造成经济损失的事实、证据和诉讼请求）。

被告人×××辩称……（概述被告人对自诉人的指控予以辩解、自行辩护的意见和有关证据）。辩护人×××提出的辩护意见是……（概述辩护人的辩护意见和有关证据）。

经审理查明，……（首先写明经法庭审理查明的被告人的犯罪事实，包括由此造成被害人遭受经济损失的事实；其次写明据以定案的证据及其来源；最后对控辩双方有异议的事实、证据进行分析、认证）。

本院认为，……（根据查证属实的事实、证据和法律规定，论证自诉人暨附带民事诉讼原告人的指控是否成立，被告人的行为是否构成犯罪，犯什么罪，应如何处罚；被告人的行为是否给被害人造成经济损失和应否负民事赔偿责任。对于控辩双方关于适用法律方面的意见，应当有分析地表示是否予以采纳，并阐明理由）。依照……（写明判决的法律依据）的规定，判决如下：

……〔写明判决结果。分四种情况：

第一，定罪判刑并应当赔偿经济损失的，表述为：

被告人×××犯××罪，判处……（写明判处的刑罚）；

（刑期从判决执行之日起计算。判决执行以前先行羁押的，羁押一日折抵刑期一日，即自××××年××月××日起至××××年××月××日止。）

二、被告人×××赔偿自诉人……（写明赔偿的金额和支付的日期）。"

第二，定罪免刑并应当赔偿经济损失的，表述为：

一、被告人×××犯××罪，免予刑事处罚；

二、被告人×××赔偿自诉人……（写明赔偿的金额和支付的日期）。"

第三，宣告无罪但应当赔偿经济损失的，表述为：

一、被告人×××无罪；

二、被告人×××赔偿自诉人……（写明赔偿的金额和支付的日期）。"

第四，宣告无罪且不赔偿经济损失的，表述为：

一、被告人×××无罪；

二、被告人×××不承担民事赔偿责任。"〕

如不服本判决，可在接到判决书的第二日起十日内，通过本院或者直接向××××人民法院提出上诉。书面上诉的，应当提交上诉状正本一份，副本×份。

审　判　长　×××

审　判　员　×××

审　判　员　×××

××××年××月××日

（院印）

本件与原本核对无异

书　记　员　×××

××××人民法院

刑事裁定书

（驳回自诉用）

（××××）……刑初……号

自诉人……（写明姓名、性别、出生年月日、民族、出生地、职业或工作单位和职务、住址等）。

被告人……（写明姓名、性别、出生年月日、民族、出生地、职业或工作单位和职务、住址等）。

自诉人×××于××××年××月××日以被告人×××犯××罪，向本院提起控诉。

本院审查认为，……（简写驳回自诉的理由）。依照……（写明裁定的法律依据）的规定，裁定如下：

驳回自诉人×××对被告人×××的控诉。

如不服本裁定，可在接到裁定书的次日起五日内，通过本院或者直接向××××人民法院提出上诉。书面上诉的，应交上诉状正本一份，副本×份。

审　判　员　×××

××××年××月××日

（院印）

本件与原本核对无异

书　记　员　×××

第三节　简易程序

【工作内容】

（一）适用简易程序的情形

（1）案件事实清楚、证据充分的；（2）被告人承认自己所犯罪行，对指控的犯罪事实没有异议的；（3）被告人对适用简易程序没有异议的。

（二）不适用简易程序的情形

（1）被告人是盲、聋、哑人的；（2）被告人是尚未完全丧失辨认或者控制自己行为能力的精神病人的；（3）有重大社会影响的；（4）共同犯罪案件中部分被告人不认罪或者对适用简易程序有异议的；（5）辩护人作无罪辩护的；（6）被告人认罪但经审查认为可能不构成犯罪的；（7）其他不宜适用简易程序审理的。

（三）简易程序的提起

1. 法院提起：基层人民法院受理公诉案件后，经审查认为案件事实清楚，证据确实、充分的，在将起诉书副本送达被告人时，应当询问被告人对指控的犯罪事实的意见，告知其适用简易程序的法律规定；被告人对指控的犯罪事实没有异议并同意适用简易程序的，可以决定适用简易程序，并在开庭前通知人民检察院和辩护人。

2. 检察院提起：人民检察院建议适用简易程序审理的案件，人民法院经审查认为案件事实清楚，证据确实、充分的，被告人对指控的犯罪事实没有异议且同意适用简易程序的，依照适用简易程序的情形处理；不符合简易程序适用条件的，应当通知人民检察院。

3. 被告人及其辩护人提起：被告人及其辩护人申请适用简易程序审理的案件，人民法院经审查认为案件事实清楚，证据确实、充分的，被告人对指控的犯罪事实没有异议且同意适用简易程序的，依照适用简易程序的情形处理；不符合简易程序适用条件的，应当通知被告人及其辩护人。

（四）开庭前的准备

（1）对符合法律援助情形的，人民法院应当告知被告人及其近亲属可以申请法律援助。（2）人民法院应当在开庭前，将开庭时间、地点通知人民检察院、自诉人、被告人、辩护人，也可以通知其他诉讼参与人。通知可以采用简便方式，但应当记录在案。（3）被告人有辩护人的，应当通知其出庭。

（五）庭审

1. 在开庭时，审判人员应当告知被告人适用简易程序的法律规定，询问被告人对指控事实的意见，确认其是否同意适用简易程序。

2. 适用简易程序审理案件，不受《刑事诉讼法》第二章第一节关于送达期限、讯问被告人、询问证人、鉴定人、出示证据、法庭辩论程序规定的限制，并可以对庭审作如下简化：（1）公诉人可以摘要宣读起诉书。（2）公诉人、辩护人、审判人员对被告人的讯问、发问可以简化或者省略。（3）对控辩双方无异议的证据，可以仅就证据的名称及所证明的事项作出说明；对控辩双方有异议，或者法庭认为有必要调查核实的证据，应当出示，并进行质证。（4）控辩双方对与定罪量刑有关的事实、证据没有异议的，法庭审理可以直接围绕罪名确定和量刑问题进行。（5）判决宣告前应当听取被告人的最后陈述意见。

3. 在独任审判过程中，发现被告人可能被判处三年以上有期徒刑的，应当转由合议庭审理。

（六）如发现不适用简易程序审理的情形，应当转为普通程序审理

应当转为普通程序审理的情形：（1）被告人的行为可能不构成犯罪的；（2）被告人可能不负刑事责任的；（3）被告人当庭对起诉指控的犯罪事实予以否认的；（4）案件事实不清、证据不足的；（5）不应当或者不宜适用简易程序的其他情形。

转为普通程序审理的案件，应当在办案系统中填写程序转换内容，并填写普通程序转化审批表，由分管领导签字。决定转为普通程序审理的案件，审理期限应当从作出决定之日起计算。

【常用法律、司法解释及相关规定】

《**刑事诉讼法**》（2018 年 10 月 26 日修正）

第二百一十四条 基层人民法院管辖的案件，符合下列条件的，可以适用简易程序审判：

（一）案件事实清楚、证据充分的；

（二）被告人承认自己所犯罪行，对指控的犯罪事实没有异议的；

（三）被告人对适用简易程序没有异议的。

人民检察院在提起公诉的时候，可以建议人民法院适用简易程序。

第二百一十五条 有下列情形之一的，不适用简易程序：

（一）被告人是盲、聋、哑人，或者是尚未完全丧失辨认或者控制自己行为能力的精神病人的；

（二）有重大社会影响的；

（三）共同犯罪案件中部分被告人不认罪或者对适用简易程序有异议的；

（四）其他不宜适用简易程序审理的。

第二百一十七条 适用简易程序审理案件，审判人员应当询问被告人对指控的犯罪事实的意见，告知被告人适用简易程序审理的法律规定，确认被告人是否同意适用简易程序审理。

第二百一十八条 适用简易程序审理案件，经审判人员许可，被告人及其辩护人可以同公诉人、自诉人及其诉讼代理人互相辩论。

第二百一十九条 适用简易程序审理案件，不受本章第一节关于送达期限、讯问被告人、询问证人、鉴定人、出示证据、法庭辩论程序规定的限制。但在判决宣告前应当听取被告人的最后陈述意见。

第二百二十一条 人民法院在审理过程中，发现不宜适用简易程序的，应当按照本章第一节或者第二节的规定重新审理。

《最高人民法院关于适用〈中华人民共和国刑事诉讼法〉的解释》（2021年3月1日施行　法释〔2021〕1号）

第三百五十九条 基层人民法院受理公诉案件后，经审查认为案件事实清楚、证据充分的，在将起诉书副本送达被告人时，应当询问被告人对指控的犯罪事实的意见，告知其适用简易程序的法律规定。被告人对指控的犯罪事实没有异议并同意适用简易程序的，可以决定适用简易程序，并在开庭前通知人民检察院和辩护人。

对人民检察院建议或者被告人及其辩护人申请适用简易程序审理的案件，依照前款规定处理；不符合简易程序适用条件的，应当通知人民检察院或者被告人及其辩护人。

第三百六十条 具有下列情形之一的，不适用简易程序：

（一）被告人是盲、聋、哑人的；

（二）被告人是尚未完全丧失辨认或者控制自己行为能力的精神病人的；

（三）案件有重大社会影响的；

（四）共同犯罪案件中部分被告人不认罪或者对适用简易程序有异议的；

（五）辩护人作无罪辩护的；

（六）被告人认罪但经审查认为可能不构成犯罪的；

（七）不宜适用简易程序审理的其他情形。

第三百六十一条 适用简易程序审理的案件，符合刑事诉讼法第三十五条第一款规定的，人民法院应当告知被告人及其近亲属可以申请法律援助。

第三百六十二条 适用简易程序审理案件，人民法院应当在开庭前将开庭的时间、地点通知人民检察院、自诉人、被告人、辩护人，也可以通知其他诉讼参与人。

通知可以采用简便方式，但应当记录在案。

第三百六十三条 适用简易程序审理案件，被告人有辩护人的，应当通知其出庭。

第三百六十四条 适用简易程序审理案件，审判长或者独任审判员应当当庭询问被告人对指控的犯罪事实的意见，告知被告人适用简易程序审理的法律规定，确认被告人是否同意适用简易程序。

第三百六十五条 适用简易程序审理案件，可以对庭审作如下简化：

（一）公诉人可以摘要宣读起诉书；

（二）公诉人、辩护人、审判人员对被告人的讯问、发问可以简化或者省略；

（三）对控辩双方无异议的证据，可以仅就证据的名称及所证明的事项作出说明；对控辩双方有异议或者法庭认为有必要调查核实的证据，应当出示，并进行质证；

（四）控辩双方对与定罪量刑有关的事实、证据没有异议的，法庭审理可以直接围绕罪名确定和量刑问题进行。

适用简易程序审理案件，判决宣告前应当听取被告人的最后陈述。

第三百六十六条 适用简易程序独任审判过程中，发现对被告人可能判处的有期徒刑超过三年的，应当转由合议庭审理。

第三百六十七条 适用简易程序审理案件，裁判文书可以简化。

适用简易程序审理案件，一般应当当庭宣判。

第三百六十八条 适用简易程序审理案件，在法庭审理过程中，具有下列情形之一的，应当转为普通程序审理：

（一）被告人的行为可能不构成犯罪的；

（二）被告人可能不负刑事责任的；

（三）被告人当庭对起诉指控的犯罪事实予以否认的；

（四）案件事实不清、证据不足的；

（五）不应当或者不宜适用简易程序的其他情形。

决定转为普通程序审理的案件，审理期限应当从作出决定之日起计算。

【相关法律文书】

刑事判决书（一审公诉案件适用简易程序用）

××××人民法院

刑事判决书

（一审公诉案件适用简易程序用）

（××××）……刑初……号

公诉机关×××人民检察院。

被告人……（写明姓名、性别、出生年月日、民族、出生地、文化程度、职业或工作单位和职务、住址和因本案所受强制措施情况等）。

辩护人……（写明姓名、工作单位和职务）。

××××人民检察院以××检××刑诉（××××）××号起诉书指控被告人×××犯××罪，于××××年××月××日向本院提起公诉。本院依法适用简易程序，实行独任审判，公开（或不公开）审理了本案。××××人民检察院指派检察员×××出庭支持公诉，被告人×××及其辩护人×××等到庭参加诉讼。本案现已审理终结。

经审理查明，……（写明经法庭审理查明的被告人的犯罪事实）。

上述事实，被告人在开庭审理过程中亦无异议，并有……（列明具体证据名称）予以证实，足以认定。

本院认为，……（根据查证属实的事实、情节和法律规定论证被告人是否犯罪，犯什么罪，应否从宽或从严处理。对于控、辩双方关于适用法律方面的意见和理由，应当有分析地表示采纳或予以批驳）。依照……（写明判决的法律依据），判决如下：

被告人×××犯××罪，判处……（写明判处的具体内容）。

（刑期从判决生效之日起计算。判决执行以前先行羁押的，羁押刑期一日折抵刑期一日，即自××××年××月××日起至××××年××月××日止。）

如不服本判决，可在接到判决书的第二日起十日内，通过本院或者直接向×××中级人民法院提出上诉。书面上诉的，应当提交上诉状正本一份，副本×份。

审 判 员 ×××

××××年××月××日

（院印）

本件与原本核对无异

书 记 员 ×××

第四节　速裁程序

【工作内容】

1. 适用速裁程序审理的情形：（1）对于人民检察院建议适用速裁程序并且依照规定提交相关材料的案件，人民法院经审查认为事实清楚、证据确实、充分，可能判处三年有期徒刑以下刑罚的，人民检察院提出的量刑建议适当的，在将起诉书副本送达被告人时，应当告知被告人适用速裁程序的法律规定，询问其是否同意适用速裁程序。被告人同意适用速裁程序的，可以决定适用速裁程序，并在开庭前通知人民检察院和辩护人。（2）对人民检察院未建议适用速裁程序的案件，人民法院经审查认为符合速裁程序适用条件的，可以决定适用速裁程序，并在开庭前通知人民检察院和辩护人。（3）被告人及其辩护人可以向人民法院提出适用速裁程序的申请。

2. 不适用速裁程序的情形：（1）被告人是盲、聋、哑人的；（2）被告人是尚未完全丧失辨认或者控制自己行为能力的精神病人的；（3）被告人是未成年人的；（4）案件有重大社会影响的；（5）共同犯罪案件中部分被告人对指控的犯罪事实、罪名、量刑建议或者适用速裁程序有异议的；（6）被告人与被害人或者其法定代理人没有就附带民事诉讼赔偿等事项达成调解、和解协议的；（7）辩护人作无罪辩护的；（8）其他不宜适用速裁程序的情形。

3. 适用速裁程序审理案件，人民法院应当在开庭前将开庭的时间、地点通知人民检察院、被告人、辩护人，也可以通知其他诉讼参与人。通知可以采用简便方式，但应当记录在案。

4. 适用速裁程序审理案件，应当简化办案流程，及时受理，及时移送，及时审结，可以集中开庭，逐案审理。（1）对于集中开庭审理的案件，可以在庭前核对当事人身份信息，简化庭审流程；（2）庭审过程中，公诉人简要宣读起诉书后，审判人员应当当庭讯问被告人对指控的犯罪事实、证据、罪名、量刑建议及适用速裁程序的意见，核实具结书签署的自愿性、真实性、合法性，并核实附带民事诉讼赔偿等情况，听取公诉人、辩护人、被害人及其诉讼代理人的意见；（3）适用速裁程序审理案件，一般不进行法庭调查、法庭辩论，但在判决宣告前应当听取辩护人的意见和被告人的最后陈述。

5. 适用速裁程序审理案件，对于符合取保候审、监视居住条件的犯罪嫌疑人、被告人，应当取保候审、监视居住。犯罪嫌疑人、被告人违反取保候审、监视居住规定，严重影响诉讼活动正常进行的，应当及时予以逮捕。

6. 适用速裁程序审理案件，对被告人自愿认罪，收、退缴赃款赃物、积极赔偿损失、赔礼道歉，取得被害人或者近亲属谅解的，应当依据量刑规范化在规定幅度内依法最大限度从宽处罚。

7. 适用速裁程序审理案件，不受普通程序规定的送达期限的限制，一般不进行法庭调查、法庭辩论，但在判决宣告前应当听取辩护人的意见和被告人的最后陈述意见。

8. 适用速裁程序审理案件，裁判文书可以简化，应当当庭宣判。

9. 适用速裁程序审理案件，在法庭审理过程中，具有下列情形之一的，应当转为普通程序或者简易程序审理：（1）被告人的行为可能不构成犯罪或者不应当追究刑事责任的；（2）被告人违背意愿认罪认罚的；（3）被告人否认指控的犯罪事实的；（4）案件疑难、复杂或者对适用法律有重大争议的；（5）其他不宜适用速裁程序的情形。

10. 决定转为普通程序或者简易程序审理的案件，审理期限应当从作出决定之日起计算。

11. 适用速裁程序审理的案件，第二审人民法院依照《刑事诉讼法》第二百三十六条第一款第三项的规定发回原审人民法院重新审判的，原审人民法院应当适用第一审普通程序重新审判。

【常用法律、司法解释及相关规定】

《刑事诉讼法》（2018 年 10 月 26 日修正）

第二百二十四条 适用速裁程序审理案件，不受本章第一节规定的送达期限的限制，一般不进行法庭调查、法庭辩论，但在判决宣告前应当听取辩护人的意见和被告人的最后陈述意见。

适用速裁程序审理案件，应当当庭宣判。

第二百二十六条 人民法院在审理过程中，发现有被告人的行为不构成犯罪或者不应当追究其刑事责任、被告人违背意愿认罪认罚、被告人否认指控的犯罪事实或者其他不宜适用速裁程序审理的情形的，应当按照本章第一节或者第三节的规定重新审理。

《最高人民法院关于适用〈中华人民共和国刑事诉讼法〉的解释》（2021年3月1日施行　法释〔2021〕1号）

第三百六十九条　对人民检察院在提起公诉时建议适用速裁程序的案件，基层人民法院经审查认为案件事实清楚，证据确实、充分，可能判处三年有期徒刑以下刑罚的，在将起诉书副本送达被告人时，应当告知被告人适用速裁程序的法律规定，询问其是否同意适用速裁程序。被告人同意适用速裁程序的，可以决定适用速裁程序，并在开庭前通知人民检察院和辩护人。

对人民检察院未建议适用速裁程序的案件，人民法院经审查认为符合速裁程序适用条件的，可以决定适用速裁程序，并在开庭前通知人民检察院和辩护人。

被告人及其辩护人可以向人民法院提出适用速裁程序的申请。

第三百七十条　具有下列情形之一的，不适用速裁程序：

（一）被告人是盲、聋、哑人的；

（二）被告人是尚未完全丧失辨认或者控制自己行为能力的精神病人的；

（三）被告人是未成年人的；

（四）案件有重大社会影响的；

（五）共同犯罪案件中部分被告人对指控的犯罪事实、罪名、量刑建议或者适用速裁程序有异议的；

（六）被告人与被害人或者其法定代理人没有就附带民事诉讼赔偿等事项达成调解、和解协议的；

（七）辩护人作无罪辩护的；

（八）其他不宜适用速裁程序的情形。

第三百七十一条　适用速裁程序审理案件，人民法院应当在开庭前将开庭的时间、地点通知人民检察院、被告人、辩护人，也可以通知其他诉讼参与人。

通知可以采用简便方式，但应当记录在案。

第三百七十二条　适用速裁程序审理案件，可以集中开庭，逐案审理。公诉人简要宣读起诉书后，审判人员应当当庭询问被告人对指控事实、证据、量刑建议以及适用速裁程序的意见，核实具结书签署的自愿性、真实性、合法性，并核实附带民事诉讼赔偿等情况。

第三百七十三条 适用速裁程序审理案件，一般不进行法庭调查、法庭辩论，但在判决宣告前应当听取辩护人的意见和被告人的最后陈述。

第三百七十四条 适用速裁程序审理案件，裁判文书可以简化。

适用速裁程序审理案件，应当当庭宣判。

第三百七十五条 适用速裁程序审理案件，在法庭审理过程中，具有下列情形之一的，应当转为普通程序或者简易程序审理：

（一）被告人的行为可能不构成犯罪或者不应当追究刑事责任的；

（二）被告人违背意愿认罪认罚的；

（三）被告人否认指控的犯罪事实的；

（四）案件疑难、复杂或者对适用法律有重大争议的；

（五）其他不宜适用速裁程序的情形。

第三百七十六条 决定转为普通程序或者简易程序审理的案件，审理期限应当从作出决定之日起计算。

第三百七十七条 适用速裁程序审理的案件，第二审人民法院依照刑事诉讼法第二百三十六条第一款第三项的规定发回原审人民法院重新审判的，原审人民法院应当适用第一审普通程序重新审判。

【相关法律文书】

刑事判决书（一审公诉案件适用速裁程序用令状式）

刑事判决书（一审公诉案件适用速裁程序用表格式）

×××人民法院

刑事判决书

（一审公诉案件适用速裁程序用令状式）

（××××）……刑初……号

公诉机关×××人民检察院。

被告人……（写明姓名、性别、出生年月日、民族、出生地、文化程度、职业或工作单位和职务、住址和因本案所受强制措施情况等）。

公诉机关以×××号起诉书指控被告人×××犯××罪。本院适用速裁程序，公开开庭审理了本案。

公诉机关指控……，认为被告×××具有……的处罚情节，建议判处……，（并处罚金人民币……元）。

被告人×××对指控事实、罪名及量刑建议没有异议且签字具结，在开庭审理过程中亦无异议。

本院认为，公诉机关指控被告人×××犯××罪的事实清楚，证据确实、充分，指控罪名成立，量刑建议适当，应予采纳。（对被告人×××适用缓刑应不致再危害社会，可适用缓刑。）依照……（写明判决的法律依据），判决如下：

被告人×××犯××罪，判处……，（缓刑……），并处罚金人民币……元。

（刑期自判决执行之日起计算。罚金于判决生效后十日内交清。）

（缓刑考验期限，自判决确定之日起计算。罚金已交清。）

如不服本判决，可在接到判决书的第二日起十日内，通过本院或者直接向通辽市中级人民法院提出上诉。书面上诉的，应当提交上诉状正本一份、副本二份。

审　判　员　×××

××××年××月××日

（院印）

本件与原件核对无异

书　记　员　×××

×××人民法院
刑事判决书
（一审公诉案件适用速裁程序用表格式）

（××××）……刑初……号

公诉机关	×××人民检察院
被告人基本情况	被告人×××，……（写明姓名、性别、出生年月日、民族、工作单位和职务、住址、因本案所受强制措施情况等，现羁押处所）。
辩护人	×××，××××律师事务所律师。
公诉机关指控情况	起诉书文号	
被告人及辩护人意见	被告人×××对指控事实、罪名及量刑建议没有异议，同意适用速裁程序且签字具结，在开庭审理过程中亦无异议。
判决理由	公诉机关指控被告人×××犯××罪罪名成立，量刑建议适当，应予采纳。被告人认罪认罚，且具有……情节，对其可以从轻（减轻）处罚。（依次叙述被告人具有的从重、减轻、从轻等法定和酌定情节）
法律依据	《中华人民共和国刑法》第××条。
判决结果	被告人×××犯××罪，判处…… （刑期从判决执行之日起计算、判决执行以前先行羁押的，羁押一日折抵刑期一日、即自×××年××月××日起至×××年××月××日止。）
权利告知	如不服本判决，可于接到判决书的第二日起十日内，通过本院或者直接向×××中级人民法院提起上诉。书面上诉的，应当提交上诉状正本一份、副本二份。

续表

	审 判 员 ×××
	××××年××月××日
	（院印）
本件与原本核对无异	
	书 记 员 ×××

第五节　审理期限

【工作内容】

（一）一般规定

1. 一审普通程序：应当在受理后二个月以内宣判，至迟不得超过三个月。对于可能判处死刑的案件或者附带民事诉讼的案件，以及有《刑事诉讼法》第一百五十八条规定情形之一的，经上一级人民法院批准，可以延长三个月；因特殊情况还需要延长的，报请最高人民法院批准。申请上级人民法院批准延长审理期限，应当在期限届满十五日前层报。有权决定的人民法院不同意延长的，应当在审理期限届满五日前作出决定。

2. 简易程序：应当在受理后二十日以内审结；对可能判处的有期徒刑超过三年的，可以延长至一个半月。

3. 速裁程序：一般应当在十日内审结；对可能判处的有期徒刑超过一年的，可以延长至十五日。

4. 自诉案件：被告人被羁押的，适用《刑事诉讼法》第二百零八条第一款、第二款的规定；未被羁押的，应当在受理后六个月以内宣判。

5. 二审案件：第二审人民法院受理上诉、抗诉案件，应当在二个月以内审结。对于可能判处死刑的案件或者附带民事诉讼的案件，以及有《刑事诉讼法》第一百五十八条规定情形之一的，经省、自治区、直辖市高级人民法院批准或者决定，可以延长二个月；因特殊情况还需要延长的，报请最高人民法院批准。

6. 再审案件：人民法院按照审判监督程序重新审判、接受抗诉的人民法院按照审判监督程序审判抗诉的案件，应当在作出再审决定之日起三个月以内审结，需要延长期限的，不得超过六个月。对需要指令下级人民法院再审的，应当自接受抗诉之日起一个月以内作出决定，下级人民法院审理案件的期限适用前款规定。

（二）审限的计算

1. 人民法院改变管辖的案件，从改变后的人民法院收到案件之日起计算审理期限。

2. 审理期间，公诉人发现案件需要补充侦查，建议延期审理的，合议庭应当同意，但建议延期审理不得超过两次。人民检察院补充侦查完毕将案件移送人民法院后，人民法院重新计算审理期限。

3. 法庭审理过程中，控辩双方申请通知新的证人到庭，调取新的证据，申请重新鉴定或者勘验的，应当提供证人的基本信息、证据的存放地点，说明拟证明的事项，申请重新鉴定或者勘验的理由。法庭认为有必要的，应当同意，并宣布休庭；根据案件情况，可以决定延期审理。人民法院决定重新鉴定的，应当及时委托鉴定，并将鉴定意见告知人民检察院、当事人及其辩护人、诉讼代理人。

4. 审判期间，对被告人作精神病鉴定的时间不计入审理期限。

5. 其他鉴定期间都应当计入办案期限。对于因鉴定时间较长，办案期限届满仍不能终结的案件，自期限届满之日起，应当对被羁押的犯罪嫌疑人、被告人变更强制措施，改为取保候审或者监视居住。

6. 简易程序转为普通程序审理的案件，审理期限应当从决定转为普通程序之日起计算。

7. 人民法院对提起公诉的案件进行审查的期限计入人民法院的审理期限。

8. 当事人由于不能抗拒的原因或者有其他正当理由而耽误期限，依法申请继续进行应当在期满前完成的诉讼活动的，人民法院查证属实后，应当裁定准许。

9. 指定管辖案件的审理期限，自被指定管辖的人民法院收到指定管辖决定书和案卷、证据材料之日起计算。

（三）延长审理期限

1. 对可能判处死刑的案件或者附带民事诉讼的案件，以及有《刑事诉讼法》第一百五十八条规定情形之一的案件，上一级人民法院可以批准延长审理期限一次，期限为三个月。因特殊情况还需要延长的，应当报请最高人民法院批准。

2. 申请批准延长审理期限的，应当在期限届满十五日以前层报。有权决定的人民法院不同意的，应当在审理期限届满五日以前作出决定。

3. 因特殊情况报请最高人民法院批准延长审理期限，最高人民法院经审查，予以批准的，可以延长审理期限一至三个月。期限届满案件仍然不能审结的，可以再次提出申请。

（三）中止审理的情形

（1）被告人患有严重疾病，无法出庭的；（2）被告人脱逃的；（3）自诉人患有严重疾病，无法出庭，未委托诉讼代理人出庭的；（4）被告人在自诉期间下落不明的；（5）由于不能抗拒的原因。中止审理的原因消失后，应当恢复审理。中止审理的期间不计入审理期限。有多名被告人的案件，部分被告人具有《刑事诉讼法》第二百零六条第一款规定情形的，人民法院可以对全案中止审理；根据案件情况，也可以对该部分被告人中止审理，对其他被告人继续审理。对中止审理的部分被告人，可以根据案件情况另案处理。

【常用法律、司法解释及相关规定】

《刑事诉讼法》（2018 年 10 月 26 日修正）

第二百零四条 在法庭审判过程中，遇有下列情形之一，影响审判进行的，可以延期审理：

（一）需要通知新的证人到庭，调取新的物证，重新鉴定或者勘验的；

（二）检察人员发现提起公诉的案件需要补充侦查，提出建议的；

（三）由于申请回避而不能进行审判的。

第二百零五条 依照本法第二百零四条第二项的规定延期审理的案件，人民检察院应当在一个月以内补充侦查完毕。

第二百零六条 在审判过程中，有下列情形之一，致使案件在较长时间内无法继续审理的，可以中止审理：

（一）被告人患有严重疾病，无法出庭的；

（二）被告人脱逃的；

（三）自诉人患有严重疾病，无法出庭，未委托诉讼代理人出庭的；

（四）由于不能抗拒的原因。

中止审理的原因消失后，应当恢复审理。中止审理的期间不计入审理期限。

第二百零八条 人民法院审理公诉案件，应当在受理后二个月以内宣判，至迟不得超过三个月。对于可能判处死刑的案件或者附带民事诉讼的案件，以及有本法第一百五十八条规定情形之一的，经上一级人民法院批准，可以延长三个月；因特殊情况还需要延长的，报请最高人民法院批准。

人民法院改变管辖的案件，从改变后的人民法院收到案件之日起计算审理期限。

人民检察院补充侦查的案件，补充侦查完毕移送人民法院后，人民法院重新计算审理期限。

第二百一十二条 人民法院对自诉案件，可以进行调解；自诉人在宣告判决前，可以同被告人自行和解或者撤回自诉。本法第二百一十条第三项规定的案件不适用调解。

人民法院审理自诉案件的期限，被告人被羁押的，适用本法第二百零八条第一款、第二款的规定；未被羁押的，应当在受理后六个月以内宣判。

第二百二十条 基层人民法院管辖的可能判处三年有期徒刑以下刑罚的案件，案件事实清楚，证据确实、充分，被告人认罪认罚并同意适用速裁程序的，可以适用速裁程序，由审判员一人独任审判。

人民检察院在提起公诉的时候，可以建议人民法院适用速裁程序。

第二百二十五条 适用速裁程序审理案件，人民法院应当在受理后十日以内审结；对可能判处的有期徒刑超过一年的，可以延长至十五日。

第二百四十一条 第二审人民法院发回原审人民法院重新审判的案件，原审人民法院从收到发回的案件之日起，重新计算审理期限。

第二百四十三条 第二审人民法院受理上诉、抗诉案件，应当在二个月以内审结。对于可能判处死刑的案件或者附带民事诉讼的案件，以及有本法第一百五十八条规定情形之一的，经省、自治区、直辖市高级人民法院批准或者决定，可以延长二个月；因特殊情况还需要延长的，报请最高人民法院批准。

最高人民法院受理上诉、抗诉案件的审理期限，由最高人民法院决定。

第二百五十八条 人民法院按照审判监督程序重新审判的案件，应当在作出提审、再审决定之日起三个月以内审结，需要延长期限的，不得超过六个月。

接受抗诉的人民法院按照审判监督程序审判抗诉的案件，审理期限适用前款规定；对需要指令下级人民法院再审的，应当自接受抗诉之日起一个月以内作出决定，下级人民法院审理案件的期限适用前款规定。

《最高人民法院关于适用〈中华人民共和国刑事诉讼法〉的解释》（2021年3月1日施行 法释〔2021〕1号）

第二百零二条 以月计算的期间，自本月某日至下月同日为一个月；期限起算日为本月最后一日的，至下月最后一日为一个月；下月同日不存在的，自本月某日至下月最后一日为一个月；半个月一律按十五日计算。

以年计算的刑期，自本年本月某日至次年同月同日的前一日为一年；次年同月同日不存在的，自本年本月某日至次年同月最后一日的前一日为一年。以月计算的刑期，自本月某日至下月同日的前一日为一个月；刑期起算日为本月最后一日的，至下月最后一日的前一日为一个月；下月同日不存在的，自本月某日至下月最后一日的前一日为一个月；半个月一律按十五日计算。

第二百零三条 当事人由于不能抗拒的原因或者有其他正当理由而耽误期限，依法申请继续进行应当在期满前完成的诉讼活动的，人民法院查证属实后，应当裁定准许。

第二百零九条 指定管辖案件的审理期限，自被指定管辖的人民法院收到指定管辖决定书和案卷、证据材料之日起计算。

第二百一十条 对可能判处死刑的案件或者附带民事诉讼的案件，以及有刑事诉讼法第一百五十八条规定情形之一的案件，上一级人民法院可以批准延长审理期限一次，期限为三个月。因特殊情况还需要延长的，应当报请最高人民法院批准。

申请批准延长审理期限的，应当在期限届满十五日以前层报。有权决定的人民法院不同意的，应当在审理期限届满五日以前作出决定。

因特殊情况报请最高人民法院批准延长审理期限，最高人民法院经审查，予以批准的，可以延长审理期限一至三个月。期限届满案件仍然不能审结的，可以再次提出申请。

第二百一十一条 审判期间，对被告人作精神病鉴定的时间不计入审理期限。

第二百七十三条 法庭审理过程中，控辩双方申请通知新的证人到庭，调取新的证据，申请重新鉴定或者勘验的，应当提供证人的基本信息、证据的存放地点，说明拟证明的事项，申请重新鉴定或者勘验的理由。法庭认为有必要的，应当同意，并宣布休庭；根据案件情况，可以决定延期审理。

人民法院决定重新鉴定的，应当及时委托鉴定，并将鉴定意见告知人民检察院、当事人及其辩护人、诉讼代理人。

第二百七十四条 审判期间，公诉人发现案件需要补充侦查，建议延期审理的，合议庭可以同意，但建议延期审理不得超过两次。

人民检察院将补充收集的证据移送人民法院的，人民法院应当通知辩护人、诉讼代理人查阅、摘抄、复制。

补充侦查期限届满后，人民检察院未将补充的证据材料移送人民法院的，人民法院可以根据在案证据作出判决、裁定。

第三百一十四条 有多名被告人的案件，部分被告人具有刑事诉讼法第二百零六条第一款规定情形的，人民法院可以对全案中止审理；根据案件情况，也可以对该部分被告人中止审理，对其他被告人继续审理。

对中止审理的部分被告人，可以根据案件情况另案处理。

第三百三十二条 被告人在自诉案件审判期间下落不明的，人民法院可以裁定中止审理；符合条件的，可以对被告人依法决定逮捕。

《最高人民法院、最高人民检察院、公安部、国家安全部、司法部、全国人大常委会法制工作委员会关于实施刑事诉讼法若干问题的规定》（2013 年 1 月 1 日施行）

25. 刑事诉讼法第一百八十一条①规定："人民法院对提起公诉的案件进行审查后，对于起诉书中有明确的指控犯罪事实的，应当决定开庭审判。"对于人民检察院提起公诉的案件，人民法院都应当受理。人民法院对提起公诉的案件进行审查后，对于起诉书中有明确的指控犯罪事实并且附有案卷材料、证据的，应当决定开庭审判，不得以上述材料不充足为由而不开庭审判。如果人民检察院移送的材料中缺少上述材料的，人民法院可以通知人民检察院补充材料，人民检察院应当自收到通知之日起三日内补送。

人民法院对提起公诉的案件进行审查的期限计入人民法院的审理期限。

40. 刑事诉讼法第一百四十七条②规定："对犯罪嫌疑人作精神病鉴定的期间不计入办案期限。"根据上述规定，犯罪嫌疑人、被告人在押的案件，除对犯罪嫌疑人、被告人的精神病鉴定期间不计入办案期限外，其他鉴定期间

---

① 编者注：现为第一百八十六条。

② 编者注：现为第一百四十九条。

都应当计入办案期限。对于因鉴定时间较长，办案期限届满仍不能终结的案件，自期限届满之日起，应当对被羁押的犯罪嫌疑人、被告人变更强制措施，改为取保候审或者监视居住。

【相关法律文书】

延期审理决定书（公诉案件用）

刑事裁定书（中止审理用）

刑事裁定书（恢复审理用）

延长审限呈批表（第一次延审用）

延长审限呈批表（第二次延审用）

刑事案件简易程序转普通程序变更审批表

××××人民法院
延期审理决定书
（公诉案件用）

（××××）……刑初……号

××××人民检察院：

你院××××年××月××日以××检××刑诉（××××）××号起诉书指控被告人×××犯××罪，向本院提起公诉。本院审理期间，你院提出……（写明检察院提出的理由）需要补充侦查，建议对该案延期审理。根据《中华人民共和国刑事诉讼法》第二百零四条第（二）项、《最高人民法院关于适用〈中华人民共和国刑事诉讼法〉的解释》第二百七十四条的规定，决定：

对被告人×××犯××罪一案延期审理。

××××年××月××日

（院印）

××××人民法院
刑事裁定书
（中止审理用）

（××××）……刑×……号

公诉机关××××人民检察院。

被告人……（写明姓名、性别、出生年月日、民族、出生地、文化程度、职业或工作单位和职务、住址等）。

××××人民检察院于××××年××月××日以××检××刑诉（×××）××号起诉书，指控被告人×××犯××罪，向本院提起公诉。

本院在审理过程中，因……（写明中止审理的原因）。依照……（写明裁定的法律依据）的规定，裁定如下：

本案中止审理。

审 判 长 ×××

审 判 员 ×××

审 判 员 ×××

××××年××月××日

（院印）

本件与原本核对无异

书 记 员 ×××

××××人民法院
刑事裁定书
（恢复审理用）

（××××）……刑×……号

公诉机关××××人民检察院。

被告人……（写明姓名、性别、出生年月日、民族、出生地、文化程度、职业或工作单位和职务、住址等）。

本院于××××年××月××日以（××××）……刑×……号刑事裁定，对××××人民检察院提起公诉的被告人×××……（写明案由）一案中止审理。

经查……（写明中止审理原因消失的具体情形）。依照……（写明裁定的法律依据）的规定，裁定如下：

本案恢复审理。

审　判　长　×××
审　判　员　×××
审　判　员　×××
××××年××月××日
（院印）

本件与原本核对无异

书　记　员　×××

××××人民法院
延长审限呈批表
（第一次延审用）

案 由				案号		
公诉机关				自诉人		
被告人	姓名		性别	出生日期		民族
	出生地		工作单位		职务或职业	
收案日期	年 月 日		审限届满日期		年 月 日	

简要案情及延长审限理由：

报告机关意见： 申请延长审限自 年 月 日至 年 月 日止 年 月 日	审批机关意见： 年 月 日

××××人民法院
延长审限呈批表
（第二次延审用）

案　由		案号	
公诉机关		自诉人	

被告人	姓名		性别		出生日期		民族	
	出生地		工作单位			职务或职业		

收案日期	年　月　日	审限届满日期	年　月　日

简要案情及延长审限理由：

报告机关意见： 申请延长审限自　年　月　日至　年　月　日止 　　　　　　　　年　月　日	审批机关意见： 　　　　　　　　年　月　日
审批机关意见： 　　　　　　　　年　月　日	审批机关意见： 　　　　　　　　年　月　日

××××人民法院
刑事案件简易程序转普通程序变更审批表

案件案由		案号	（× × × ×）…… 刑初 ……号
收案日期	年 月 日	立案程序	简易程序
在审理过程中，发现不宜适用简易程序的情形			
转为普通程序的时间		年 月 日	
申请变更承办人			
庭室负责人			
备注			

第六节　宣　判

【工作内容】

1. 对刑事案件，根据已经查明的事实，应当分别作出以下判决：（1）起诉指控的事实清楚，证据确实、充分，依据法律认定指控被告人的罪名成立的，应当作出有罪判决；（2）起诉指控的事实清楚，证据确实、充分，但指控的罪名不当的，应当按照审理认定的罪名作出有罪判决；（3）案件事实清楚，证据确实、充分，依据法律认定被告人无罪的，应当判决宣告被告人无罪；（4）证据不足，不能认定被告人有罪的，应当以证据不足、指控的犯罪不能成立，判决宣告被告人无罪；（5）案件部分事实清楚，证据确实、充分的，应当作出有罪或者无罪的判决；对事实不清、证据不足部分，不予认定；（6）被告人因未达到刑事责任年龄，不予刑事处罚的，应当判决宣告被告人不负刑事责任；（7）被告人是精神病人，在不能辨认或者不能控制自己行为时造成危害结果，不予刑事处罚的，应当判决宣告被告人不负刑事责任；被告人符合强制医疗条件的，应当依照《最高人民法院关于适用〈中华人民共和国刑事诉讼法〉的解释》第二十六章的规定进行审理并作出判决；（8）犯罪已过追诉时效期限且不是必须追诉，或者经特赦令免除刑罚的，应当裁定终止审理；（9）属于告诉才处理的案件，应当裁定终止审理，并告知被害人有权提起自诉；（10）被告人死亡的，应当裁定终止审理；但有证据证明被告人无罪，经缺席审理确认无罪的，应当判决宣告被告人无罪。具有第（2）项规定情形的，人民法院应当在判决前听取控辩双方的意见，保障被告人、辩护人充分行使辩护权。必要时，可以再次开庭，组织控辩双方围绕被告人的行为构成何罪及如何量刑进行辩论。人民法院对判处管制、宣告缓刑的被告人宣告禁止令的，应当在裁判文书主文部分单独作为一项予以宣告。对涉案财物，人民法院应当根据审理查明的情况，依照《最高人民法院关于适用〈中华人民共和国刑事诉讼法〉的解释》第十八章的规定作出处理。

2. 对于认罪认罚案件，人民法院依法作出判决时，一般应当采纳人民检察院指控的罪名和量刑建议，但有下列情形的除外：（1）被告人的行为不构成犯罪或者不应当追究其刑事责任的；（2）被告人违背意愿认罪认罚的；（3）被告人否认指控的犯罪事实的；（4）起诉指控的罪名与审理认定的罪名不一致的；（5）其他可能影响公正审判的情形。人民法院经审理认为量刑建议明显不当，或者被告人、辩护人对量刑建议提出异议的，人民检察院可以调整量刑建议。人民检察院不调整量刑建议或者调整量刑建议后仍然明显不当的，人民法院应当依法作出判决。

3. 宣判。（1）宣判一律公开进行。公诉人、辩护人、诉讼代理人、被害人、自诉人或者附带民事诉讼原告人未到庭的，不影响宣判的进行。宣告判决结果时，法庭内全体人员应当起立。（2）当庭宣判的在五日以内将判决书送达当事人和提起公诉的人民检察院；定期宣告判决的，在宣告后立即将判决书送达当事人和提起公诉的人民检察院。判决书应当同时送达辩护人、诉讼代理人，可以送达被告人近亲属。被害人死亡，其近亲属申请领取判决书的，人民法院应当及时提供。判决生效后，还应当送达被告人的所在单位或者原户籍地的公安派出所，或者被告单位的注册登记机关。被告人系外国人，且在境内有居住地的，应当送达居住地的公安派出所。（3）审判当庭宣判的案件在向被告人送达判决书时仅需让被告人在送达回证上签名确认已送达，不需要制作宣判笔录；非当庭宣判的案件在向被告人送达判决书时不仅要让被告人在送达回证上签名确认已送达，还需制作宣判笔录，并在宣判笔录中注明被告人是否表示上诉。（4）判决书应当由审判人员和书记员署名，并且写明上诉的期限和上诉的法院。

【常用法律、司法解释及相关规定】

《刑事诉讼法》（2018 年 10 月 26 日修正）

第一百零七条 送达传票、通知书和其他诉讼文件应当交给收件人本人；如果本人不在，可以交给他的成年家属或者所在单位的负责人员代收。

收件人本人或者代收人拒绝接收或者拒绝签名、盖章的时候，送达人可以邀请他的邻居或者其他见证人到场，说明情况，把文件留在他的住处，在送达证上记明拒绝的事由、送达的日期，由送达人签名，即认为已经送达。

第二百条 在被告人最后陈述后，审判长宣布休庭，合议庭进行评议，根据已经查明的事实、证据和有关的法律规定，分别作出以下判决：

（一）案件事实清楚，证据确实、充分，依据法律认定被告人有罪的，应当作出有罪判决；

（二）依据法律认定被告人无罪的，应当作出无罪判决；

（三）证据不足，不能认定被告人有罪的，应当作出证据不足、指控的犯罪不能成立的无罪判决。

第二百零一条　对于认罪认罚案件，人民法院依法作出判决时，一般应当采纳人民检察院指控的罪名和量刑建议，但有下列情形的除外：

（一）被告人的行为不构成犯罪或者不应当追究其刑事责任的；

（二）被告人违背意愿认罪认罚的；

（三）被告人否认指控的犯罪事实的；

（四）起诉指控的罪名与审理认定的罪名不一致的；

（五）其他可能影响公正审判的情形。

人民法院经审理认为量刑建议明显不当，或者被告人、辩护人对量刑建议提出异议的，人民检察院可以调整量刑建议。人民检察院不调整量刑建议或者调整量刑建议后仍然明显不当的，人民法院应当依法作出判决。

第二百零二条　宣告判决，一律公开进行。

当庭宣告判决的，应当在五日以内将判决书送达当事人和提起公诉的人民检察院；定期宣告判决的，应当在宣告后立即将判决书送达当事人和提起公诉的人民检察院。判决书应当同时送达辩护人、诉讼代理人。

第二百零三条　判决书应当由审判人员和书记员署名，并且写明上诉的期限和上诉的法院。

《最高人民法院关于适用〈中华人民共和国刑事诉讼法〉的解释》（2021年3月1日施行　法释〔2021〕1号）

第二百九十四条　合议庭评议案件，应当根据已经查明的事实、证据和有关法律规定，在充分考虑控辩双方意见的基础上，确定被告人是否有罪、构成何罪，有无从重、从轻、减轻或者免除处罚情节，应否处以刑罚、判处何种刑罚，附带民事诉讼如何解决，查封、扣押、冻结的财物及其孳息如何处理等，并依法作出判决、裁定。

第二百九十五条　对第一审公诉案件，人民法院审理后，应当按照下列情形分别作出判决、裁定：

（一）起诉指控的事实清楚，证据确实、充分，依据法律认定指控被告人的罪名成立的，应当作出有罪判决；

（二）起诉指控的事实清楚，证据确实、充分，但指控的罪名不当的，应当依据法律和审理认定的事实作出有罪判决；

（三）案件事实清楚，证据确实、充分，依据法律认定被告人无罪的，应当判决宣告被告人无罪；

（四）证据不足，不能认定被告人有罪的，应当以证据不足、指控的犯罪不能成立，判决宣告被告人无罪；

（五）案件部分事实清楚，证据确实、充分的，应当作出有罪或者无罪的判决；对事实不清、证据不足部分，不予认定；

（六）被告人因未达到刑事责任年龄，不予刑事处罚的，应当判决宣告被告人不负刑事责任；

（七）被告人是精神病人，在不能辨认或者不能控制自己行为时造成危害结果，不予刑事处罚的，应当判决宣告被告人不负刑事责任；被告人符合强制医疗条件的，应当依照本解释第二十六章的规定进行审理并作出判决；

（八）犯罪已过追诉时效期限且不是必须追诉，或者经特赦令免除刑罚的，应当裁定终止审理；

（九）属于告诉才处理的案件，应当裁定终止审理，并告知被害人有权提起自诉；

（十）被告人死亡的，应当裁定终止审理；但有证据证明被告人无罪，经缺席审理确认无罪的，应当判决宣告被告人无罪。

对涉案财物，人民法院应当根据审理查明的情况，依照本解释第十八章的规定作出处理。

具有第一款第二项规定情形的，人民法院应当在判决前听取控辩双方的意见，保障被告人、辩护人充分行使辩护权。必要时，可以再次开庭，组织控辩双方围绕被告人的行为构成何罪及如何量刑进行辩论。

第二百九十七条　审判期间，人民法院发现新的事实，可能影响定罪量刑的，或者需要补查补证的，应当通知人民检察院，由其决定是否补充、变更、追加起诉或者补充侦查。

人民检察院不同意或者在指定时间内未回复书面意见的，人民法院应当就起诉指控的事实，依照本解释第二百九十五条的规定作出判决、裁定。

第三百零二条 当庭宣告判决的，应当在五日以内送达判决书。定期宣告判决的，应当在宣判前，先期公告宣判的时间和地点，传唤当事人并通知公诉人、法定代理人、辩护人和诉讼代理人；判决宣告后，应当立即送达判决书。

第三百零三条 判决书应当送达人民检察院、当事人、法定代理人、辩护人、诉讼代理人，并可以送达被告人的近亲属。被害人死亡，其近亲属申请领取判决书的，人民法院应当及时提供。

判决生效后，还应当送达被告人的所在单位或者户籍地的公安派出所，或者被告单位的注册登记机关。被告人系外国人，且在境内有居住地的，应当送达居住地的公安派出所。

第三百零四条 宣告判决，一律公开进行。宣告判决结果时，法庭内全体人员应当起立。

公诉人、辩护人、诉讼代理人、被害人、自诉人或者附带民事诉讼原告人未到庭的，不影响宣判的进行。

《最高人民法院关于加强人民法院审判公开工作的若干意见》（2007年6月4日施行　法发〔2007〕20号）

14. 要逐步提高当庭宣判比率，规范定期宣判、委托宣判。人民法院审理案件，能够当庭宣判的，应当当庭宣判。定期宣判、委托宣判的，应当在裁判文书签发或者收到委托函后及时进行，宣判前应当通知当事人和其他诉讼参与人。宣判时允许旁听，宣判后应当立即送达法律文书。

《最高人民法院、最高人民检察院、公安部、司法部关于对判处管制、宣告缓刑的犯罪分子适用禁止令有关问题的规定（试行）》（2011年5月1日施行　法发〔2011〕9号）

第八条 人民法院对判处管制、宣告缓刑的被告人宣告禁止令的，应当在裁判文书主文部分单独作为一项予以宣告。

《最高人民法院关于定期宣判的案件人民陪审员因故不能参加宣判时可否由审判员开庭宣判问题的批复》（1981 年 8 月 4 日施行　〔81〕法研字第 23 号）

关于定期宣判的案件人民陪审员因故不能参加宣判可否由审判员开庭宣判的问题，本院 1957 年 2 月 15 日法研字第 3417 号批复曾规定："定期宣判的案件，人民陪审员因故不能参加宣判，在不改变原来评议时所作的决定的情况下，可以由原来审判本案的审判员独自开庭宣判；判决书上仍应署审判本案的审判员和人民陪审员的姓名。"我们认为，现在仍可按照这一规定办理，即：当合议庭组成人员中某一人民陪审员因故不能参加宣判时，可由审判员和其他人民陪审员开庭宣判；人民陪审员都因故不能参加宣判时，可由审判员独自开庭宣判。判决书仍应由合议庭全体组成人员署名。

【相关法律文书】

宣判笔录

委托宣判函（各类案件用）

送达回证

××××人民法院

宣判笔录

时间：××××年××月××日××时××分

地点：……

审判长：×××　　　审判员（人民陪审员）：×××

书记员：×××

到庭的公诉人：×××

当庭的当事人和其他诉讼参与人：×××和×××

记录如下：

审判长（员）×××宣读××××人民法院××××年××月××日（××××）……×……号刑事××书。

……

审判长（员）（签名）：×××　　　书记员（签名）：×××

当事人（签名）：×××

××××年××月××日

第一联

××××人民法院
委托宣判函
（各类案件用）

（××××）……刑×……号

××××人民法院：

我院受理……一案，现已审理终结。随函寄去本院（××××）……刑×……号××书×份，送达回证×件，请于收到后××日内代为宣判和送达，并将宣读笔录和送达回证尽快寄回我院。

附：原卷×宗、光盘×张

××××年××月××日
（院印）

签发人：×××　　经办人：×××

此联附卷

第二联

××××人民法院

委托宣判函

（各类案件用）

（××××）……刑×……号

××××人民法院：

我院受理……一案，现已审理终结。随函寄去本院（××××）……刑×……号××书×份，送达回证×件，请于收到后××日内代为宣判和送达，并将宣读笔录和送达回证尽快寄回我院。

附：原卷×宗、光盘×张

××××年××月××日

（院印）

××××人民法院
送达回证
（院印）

案由		案号			
受送达人					
送达地点					
送达的文件名称及件数	受送达人签收	收到日期		代收人签收	送达人
		年　月　日　时			
		年　月　日　时			
		年　月　日　时			
		年　月　日　时			
		年　月　日　时			
		年　月　日　时			
		年　月　日　时			
		年　月　日　时			
备　注					

第七节　上诉、抗诉

【工作内容】

1. 上诉的提起。（1）被告人、自诉人和他们的法定代理人。（2）被告人的辩护人和近亲属，经被告人同意，可以提出上诉。被告人的辩护人、近亲属经被告人同意提出上诉的，还应当写明其与被告人的关系，并应当以被告人作为上诉人。（3）附带民事诉讼的当事人和他们的法定代理人，可以对第一审的判决、裁定中的附带民事诉讼部分，提出上诉。上述人员是否提出上诉，以其在上诉期满前最后一次的意思表示为准。

2. 抗诉的提起。（1）地方各级人民检察院认为本级人民法院第一审的判决、裁定确有错误，应当向上一级人民法院提出抗诉。（2）被害人及其法定代理人不服地方各级人民法院第一审的判决的，自收到判决书后五日以内，有权请求人民检察院提出抗诉。人民检察院自收到被害人及其法定代理人的请求后五日以内，应当作出是否抗诉的决定并且答复请求人。

3. 上诉、抗诉的方式。（1）上诉状应有上诉状正本，并按对方当事人的人数提出副本，一般应当以书面形式提出，书写有困难的，可以口头提起，由工作人员记录在案，并向口述人宣读或者交其阅读。上诉状应当包括：第一审判决书、裁定书的文号和上诉人收到的时间；第一审人民法院的名称，上诉的请求和理由，提出上诉的时间。（2）地方各级人民检察院对同级人民法院第一审判决、裁定的抗诉，应当通过第一审人民法院提出抗诉书，并且将抗诉书抄送上一级人民检察院。

4. 上诉、抗诉期限。不服判决的上诉、抗诉的期限为十日；不服裁定的上诉、抗诉的期限为五日。上诉、抗诉的期限，从接到判决书、裁定书的第二日起计算。对附带民事判决、裁定的上诉、抗诉期限，应当按照刑事部分的上诉、抗诉期限确定。附带民事部分另行审判的，上诉期限也应当按照《刑事诉讼法》规定的期限确定。

5. 上诉、抗诉的移送。（1）上诉人通过第一审人民法院提出上诉的，第一审人民法院应当审查。上诉符合法律规定的，应当在上诉期满后三日内将上诉状连同案卷、证据移送上一级人民法院，并将上诉状副本送交同级人民检察院和对方当事人。（2）上诉人直接向第二审人民法院提出上诉的，第二审人民法院应当在收到上诉状后三日内将上诉状交第一审人民法院。第一审人民法院应当审查上诉是否符合法律规定。符合法律规定的，应当在接到上诉状后三日内将上诉的相关材料移送上一级人民法院，并将上诉状副本送交同级人民检察院和对方当事人。（3）地方各级人民检察院对同级人民法院第一审判决、裁定的抗诉，应当通过原审人民法院提出抗诉书，并且将抗诉书抄送上一级人民检察院。第一审人民法院应当在抗诉期满后三日内将抗诉书连同案卷、证据移送上一级人民法院，并将抗诉书副本送交当事人。（4）第一审人民法院移送的上诉、抗诉案卷、证据应当包括：移送上诉、抗诉案件函；上诉、抗诉书；第一审判决书、裁定书八份（每增加一名被告人增加一份）及其电子文本；全部案卷、证据，包括案件审理报告和其他应当移送的材料。

6. 对上诉、抗诉撤回的处理。（1）在上诉、抗诉期满前撤回上诉、抗诉的，第一审判决、裁定在上诉期满之日起生效。在上诉、抗诉期满后要求撤回上诉、抗诉，第二审人民法院裁定准许的，第一审判决、裁定应当自第二审裁定书送达上诉人之日起生效。（2）刑事附带民事诉讼案件，只有附带民事诉讼当事人及其法定代理人上诉的，第一审刑事部分的判决在上诉期满后即发生法律效力。（3）人民检察院在抗诉期限内撤回抗诉的，第一审人民法院不再向上一级人民法院移送案件。

【常用法律、司法解释及相关规定】

《刑事诉讼法》（2018 年 10 月 26 日修正）

第二百二十七条　被告人、自诉人和他们的法定代理人，不服地方各级人民法院第一审的判决、裁定，有权用书状或者口头向上一级人民法院上诉。被告人的辩护人和近亲属，经被告人同意，可以提出上诉。

附带民事诉讼的当事人和他们的法定代理人，可以对地方各级人民法院第一审的判决、裁定中的附带民事诉讼部分，提出上诉。

对被告人的上诉权，不得以任何借口加以剥夺。

第二百二十八条 地方各级人民检察院认为本级人民法院第一审的判决、裁定确有错误的时候，应当向上一级人民法院提出抗诉。

第二百二十九条 被害人及其法定代理人不服地方各级人民法院第一审的判决的，自收到判决书后五日以内，有权请求人民检察院提出抗诉。人民检察院自收到被害人及其法定代理人的请求后五日以内，应当作出是否抗诉的决定并且答复请求人。

第二百三十条 不服判决的上诉和抗诉的期限为十日，不服裁定的上诉和抗诉的期限为五日，从接到判决书、裁定书的第二日起算。

第二百三十一条 被告人、自诉人、附带民事诉讼的原告人和被告人通过原审人民法院提出上诉的，原审人民法院应当在三日以内将上诉状连同案卷、证据移送上一级人民法院，同时将上诉状副本送交同级人民检察院和对方当事人。

被告人、自诉人、附带民事诉讼的原告人和被告人直接向第二审人民法院提出上诉的，第二审人民法院应当在三日以内将上诉状交原审人民法院送交同级人民检察院和对方当事人。

第二百三十二条 地方各级人民检察院对同级人民法院第一审判决、裁定的抗诉，应当通过原审人民法院提出抗诉书，并且将抗诉书抄送上一级人民检察院。原审人民法院应当将抗诉书连同案卷、证据移送上一级人民法院，并且将抗诉书副本送交当事人。

上级人民检察院如果认为抗诉不当，可以向同级人民法院撤回抗诉，并且通知下级人民检察院。

《最高人民法院关于适用〈中华人民共和国刑事诉讼法〉的解释》（2021年3月1日施行　法释〔2021〕1号）

第三百七十九条 人民法院受理的上诉案件，一般应当有上诉状正本及副本。

上诉状内容一般包括：第一审判决书、裁定书的文号和上诉人收到的时间，第一审人民法院的名称，上诉的请求和理由，提出上诉的时间。被告人的辩护人、近亲属经被告人同意提出上诉的，还应当写明其与被告人的关系，并应当以被告人作为上诉人。

第三百八十条 上诉、抗诉必须在法定期限内提出。不服判决的上诉、抗诉的期限为十日；不服裁定的上诉、抗诉的期限为五日。上诉、抗诉的期限，从接到判决书、裁定书的第二日起计算。

对附带民事判决、裁定的上诉、抗诉期限，应当按照刑事部分的上诉、抗诉期限确定。附带民事部分另行审判的，上诉期限也应当按照刑事诉讼法规定的期限确定。

第三百八十一条　上诉人通过第一审人民法院提出上诉的，第一审人民法院应当审查。上诉符合法律规定的，应当在上诉期满后三日以内将上诉状连同案卷、证据移送上一级人民法院，并将上诉状副本送交同级人民检察院和对方当事人。

第三百八十二条　上诉人直接向第二审人民法院提出上诉的，第二审人民法院应当在收到上诉状后三日以内将上诉状交第一审人民法院。第一审人民法院应当审查上诉是否符合法律规定。符合法律规定的，应当在接到上诉状后三日以内将上诉状连同案卷、证据移送上一级人民法院，并将上诉状副本送交同级人民检察院和对方当事人。

第三百八十三条　上诉人在上诉期限内要求撤回上诉的，人民法院应当准许。

上诉人在上诉期满后要求撤回上诉的，第二审人民法院经审查，认为原判认定事实和适用法律正确，量刑适当的，应当裁定准许；认为原判确有错误的，应当不予准许，继续按照上诉案件审理。

被判处死刑立即执行的被告人提出上诉，在第二审开庭后宣告裁判前申请撤回上诉的，应当不予准许，继续按照上诉案件审理。

第三百八十四条　地方各级人民检察院对同级人民法院第一审判决、裁定的抗诉，应当通过第一审人民法院提交抗诉书。第一审人民法院应当在抗诉期满后三日以内将抗诉书连同案卷、证据移送上一级人民法院，并将抗诉书副本送交当事人。

第三百八十五条　人民检察院在抗诉期限内要求撤回抗诉的，人民法院应当准许。

人民检察院在抗诉期满后要求撤回抗诉的，第二审人民法院可以裁定准许，但是认为原判存在将无罪判为有罪、轻罪重判等情形的，应当不予准许，继续审理。

上级人民检察院认为下级人民检察院抗诉不当，向第二审人民法院要求撤回抗诉的，适用前两款规定。

第三百八十六条 在上诉、抗诉期满前撤回上诉、抗诉的，第一审判决、裁定在上诉、抗诉期满之日起生效。在上诉、抗诉期满后要求撤回上诉、抗诉，第二审人民法院裁定准许的，第一审判决、裁定应当自第二审裁定书送达上诉人或者抗诉机关之日起生效。

第三百八十七条 第二审人民法院对第一审人民法院移送的上诉、抗诉案卷、证据，应当审查是否包括下列内容：

（一）移送上诉、抗诉案件函；

（二）上诉状或者抗诉书；

（三）第一审判决书、裁定书八份（每增加一名被告人增加一份）及其电子文本；

（四）全部案卷、证据，包括案件审理报告和其他应当移送的材料。

前款所列材料齐全的，第二审人民法院应当收案；材料不全的，应当通知第一审人民法院及时补送。

第四百零八条 刑事附带民事诉讼案件，只有附带民事诉讼当事人及其法定代理人上诉的，第一审刑事部分的判决在上诉期满后即发生法律效力。

应当送监执行的第一审刑事被告人是第二审附带民事诉讼被告人的，在第二审附带民事诉讼案件审结前，可以暂缓送监执行。

第六百五十一条 向人民法院提出自诉、上诉、申诉、申请等的，应当以书面形式提出。书写有困难的，除另有规定的以外，可以口头提出，由人民法院工作人员制作笔录或者记录在案，并向口述人宣读或者交其阅读。

【相关法律文书】

案件移送函（一审用）

××××人民法院
案件移送函
（一审用）

（××××）……刑初……号

××××（受移送机关名称）：

关于……（写明当事人姓名或者名称和案由）一案，因……（写明移送的原因和理由）。根据……（写明有关法律、法规、司法解释和其他规范性文件的规定），现将该案移送你处，请查收。

附件：……

××××年××月××日

（院印）

第三章　二审程序

【工作内容】

（一）审查范围

就第一审判决认定的事实和适用法律进行全面审查，不受上诉或者抗诉范围的限制。共同犯罪的案件只有部分被告人上诉的，对全案进行审查，一并处理。（1）既要审查事实认定是否清楚、正确，证据是否确实、充分，又要审查法律适用是否有误。（2）既要对上诉或者抗诉部分进行审查，又要对未上诉或抗诉的部分进行审查。（3）在共同犯罪案件中，只有部分被告人上诉的，或者人民检察院只对部分被告人的判决提出抗诉的，要对全案进行审查，一并处理。（4）对于附带民事诉讼的上诉、抗诉案件，对全案进行审查，不仅审查附带民事诉讼部分，还要审查刑事部分。如果一审对刑事部分并无不当，二审只需就附带民事部分作出处理。

（二）审查内容

（1）第一审判决认定的事实是否清楚，证据是否确实、充分；（2）第一审判决适用法律是否正确，量刑是否适当；（3）在侦查、审查起诉、第一审程序中，有无违反法定诉讼程序的情形；（4）上诉、抗诉是否提出新的事实、证据；（5）被告人的供述和辩解情况；（6）辩护人的辩护意见及采纳情况；（7）附带民事部分的判决、裁定是否合法、适当；（8）第一审人民法院合议庭、审判委员会讨论的意见。

（三）审理方式

二审审理方式包括开庭审理方式及阅卷与调查相结合的调查讯问审理方式。

1. 开庭审理。（1）开庭范围：被告人、自诉人及其法定代理人对第一审认定的事实、证据提出异议，可能影响定罪量刑的上诉案件；被告人被判处死刑的上诉案件；人民检察院抗诉的案件；应当开庭审理的其他案件。被判处死刑的被告人没有上诉，同案的其他被告人上诉的案件，第二审人民法院应当开庭审理。（2）开庭审理程序：第一，开庭审理上诉、抗诉案件，除参照适用第一审程序的有关规定外，应当按照下列规定进行：法庭调查阶段，审判人员宣读第一审判决书、裁定书后，上诉案件由上诉人或者辩护人先宣读上诉状或者陈述上诉理由，抗诉案件由检察员先宣读抗诉书；既有上诉又有抗诉的案件，先由检察员宣读抗诉书，再由上诉人或者辩护人宣读上诉状或者陈述上诉理由；法庭辩论阶段，上诉案件，先由上诉人、辩护人发言，后由检察员、诉讼代理人发言；抗诉案件，先由检察员、诉讼代理人发言，后由被告人、辩护人发言；既有上诉又有抗诉的案件，先由检察员、诉讼代理人发言，后由上诉人、辩护人发言。第二，开庭审理上诉、抗诉案件，可以重点围绕对第一审判决、裁定有争议的问题或者有疑问的部分进行。根据案件情况，可以按照下列方式审理：宣读第一审判决书，可以只宣读案由、主要事实、证据名称和判决主文等；法庭调查应当重点围绕对第一审判决提出异议的事实、证据以及新的证据等进行；对没有异议的事实、证据和情节，可以直接确认；对同案审理案件中未上诉的被告人，未被申请出庭或者人民法院认为没有必要到庭的，可以不再传唤到庭；被告人犯有数罪的案件，对其中事实清楚且无异议的犯罪，可以不在庭审时审理。同案审理的案件，未提出上诉、人民检察院也未对其判决提出抗诉的被告人要求出庭的，应当准许。出庭的被告人可以参加法庭调查和辩论。

2. 不开庭审理：（1）合议庭全体成员应当阅卷，必要时应当提交书面阅卷意见；（2）应当讯问被告人，听取其供述和辩解以及对一审判决的意见；（3）听取其他当事人、辩护人、诉讼代理人的意见。

（四）上（抗）诉的撤回

（1）上诉人在上诉期限内要求撤回上诉的，人民法院应当准许。上诉人在上诉期满后要求撤回上诉的，第二审人民法院经审查，认为原判认定事实和适用法律正确，量刑适当的，应当裁定准许；认为原判确有错误的，应当不予准许，继续按照上诉案件审理。被判处死刑立即执行的被告人提出上诉，在第二审开庭后宣告裁判前申请撤回上诉的，应当不予准许，继续按照上诉案件审理。（2）人民检察院在抗诉期限内要求撤回抗诉的，人民法院应当准许。人民检察院在抗诉期满后要求撤回抗诉的，第二审人民法院可以裁定准许，但是认为原判存在将无罪判为有罪、轻罪重判等情形的，应当不予准许，继续审理。上级人民检察院认为下级人民检察院抗诉不当，向第二审人民法院要求撤回抗诉的，适用以上规定。

（五）二审审理后的处理

1. 审理被告人或者其法定代理人、辩护人、近亲属提出上诉的案件，不得对被告人的刑罚作出实质不利的改判，并应当执行下列规定：（1）同案审理的案件，只有部分被告人上诉的，既不得加重上诉人的刑罚，也不得加重其他同案被告人的刑罚；（2）原判认定的罪名不当的，可以改变罪名，但不得加重刑罚或者对刑罚执行产生不利影响；（3）原判认定的罪数不当的，可以改变罪数，并调整刑罚，但不得加重决定执行的刑罚或者对刑罚执行产生不利影响；（4）原判对被告人宣告缓刑的，不得撤销缓刑或者延长缓刑考验期；（5）原判没有宣告职业禁止、禁止令的，不得增加宣告；原判宣告职业禁止、禁止令的，不得增加内容、延长期限；（6）原判对被告人判处死刑缓期执行没有限制减刑、决定终身监禁的，不得限制减刑、决定终身监禁；（7）原判判处的刑罚不当、应当适用附加刑而没有适用的，不得直接加重刑罚、适用附加刑。原判判处的刑罚畸轻，必须依法改判的，应当在第二审判决、裁定生效后，依照审判监督程序重新审判。人民检察院抗诉或者自诉人上诉的案件，不受以上规定的限制。

2. 人民检察院只对部分被告人的判决提出抗诉，或者自诉人只对部分被告人的判决提出上诉的，第二审人民法院不得对其他同案被告人加重刑罚。

3. 被告人或者其法定代理人、辩护人、近亲属提出上诉，人民检察院未提出抗诉的案件，第二审人民法院发回重新审判后，除有新的犯罪事实且人民检察院补充起诉的以外，原审人民法院不得加重被告人的刑罚。对上述规定的案件，原审人民法院对上诉发回重新审判的案件依法作出判决后，人民检察院抗诉的，第二审人民法院不得改判为重于原审人民法院第一次判处的刑罚。

4. 第二审人民法院认为第一审判决事实不清、证据不足的，可以在查清事实后改判，也可以裁定撤销原判，发回原审人民法院重新审判。有多名被告人的案件，部分被告人的犯罪事实不清、证据不足或者有新的犯罪事实需要追诉，且有关犯罪与其他同案被告人没有关联的，第二审人民法院根据案件情况，可以对该部分被告人分案处理，将该部分被告人发回原审人民法院重新审判。原审人民法院重新作出判决后，被告人上诉或者人民检察院抗诉，其他被告人的案件尚未作出第二审判决、裁定的，第二审人民法院可以并案审理。

5. 原判事实不清、证据不足，第二审人民法院发回重新审判的案件，原审人民法院重新作出判决后，被告人上诉或者人民检察院抗诉的，第二审人民法院应当依法作出判决、裁定，不得再发回重新审判。

6. 第二审人民法院发现原审人民法院在重新审判过程中，有《刑事诉讼法》第二百三十八条规定的情形之一，或者违反《刑事诉讼法》第二百三十九条规定的，应当裁定撤销原判，发回重新审判。

7. 附带民事诉讼二审的处理。（1）第二审人民法院审理对刑事部分提出上诉、抗诉，附带民事部分已经发生法律效力的案件，发现第一审判决、裁定中的附带民事部分确有错误的，应当依照审判监督程序对附带民事部分予以纠正。（2）刑事附带民事诉讼案件，只有附带民事诉讼当事人及其法定代理人上诉的，第一审刑事部分的判决在上诉期满后即发生法律效力。应当送监执行的第一审刑事被告人是第二审附带民事诉讼被告人的，在第二审附带民事诉讼案件审结前，可以暂缓送监执行。（3）第二审人民法院审理对附带民事部分提出上诉，刑事部分已经发生法律效力的案件，应当对全案进行审查，并按照下列情形分别处理：第一审判决的刑事部分并无不当的，只需就附带民事部分作出处理；第一审判决的刑事部分确有错误的，依照审判监督程序对刑事部分进行再审，并将附带民事部分与刑事部分一并审理。（4）第二审期间，第一审附带民事诉讼原告人增加独立的诉讼请求或者第一审附带民事诉讼被告人提出反诉的，第二审人民法院可以根据自愿、合法的原则进行调解；调解不成的，告知当事人另行起诉。

8. 自诉案件二审的处理。（1）对第二审自诉案件，必要时可以调解，当事人也可以自行和解。调解结案的，应当制作调解书，第一审判决、裁定视为自动撤销。当事人自行和解的，依照《最高人民法院关于适用〈中华人民共和国刑事诉讼法〉的解释》第三百二十九条的规定处理；裁定准许撤回自诉的，应当撤销第一审判决、裁定。（2）第二审期间，自诉案件的当事人提出反诉的，应当告知其另行起诉。

（六）委托宣判

1. 第二审人民法院可以委托第一审人民法院代为宣判，并向当事人送达第二审判决书、裁定书。第一审人民法院应当在代为宣判后五日以内将宣判笔录送交第二审人民法院，并在送达完毕后及时将送达回证送交第二审人民法院。

2. 委托宣判的，第二审人民法院应当直接向同级人民检察院送达第二审判决书、裁定书。

3. 第二审判决、裁定是终审的判决、裁定的，自宣告之日起发生法律效力。

【常用法律、司法解释及相关规定】

《刑事诉讼法》（2018 年 10 月 26 日修正）

第二百二十七条　被告人、自诉人和他们的法定代理人，不服地方各级人民法院第一审的判决、裁定，有权用书状或者口头向上一级人民法院上诉。被告人的辩护人和近亲属，经被告人同意，可以提出上诉。

附带民事诉讼的当事人和他们的法定代理人，可以对地方各级人民法院第一审的判决、裁定中的附带民事诉讼部分，提出上诉。

对被告人的上诉权，不得以任何借口加以剥夺。

第二百二十八条　地方各级人民检察院认为本级人民法院第一审的判决、裁定确有错误的时候，应当向上一级人民法院提出抗诉。

第二百二十九条　被害人及其法定代理人不服地方各级人民法院第一审的判决的，自收到判决书后五日以内，有权请求人民检察院提出抗诉。人民检察院自收到被害人及其法定代理人的请求后五日以内，应当作出是否抗诉的决定并且答复请求人。

第二百三十条　不服判决的上诉和抗诉的期限为十日，不服裁定的上诉和抗诉的期限为五日，从接到判决书、裁定书的第二日起算。

第二百三十一条　被告人、自诉人、附带民事诉讼的原告人和被告人通过原审人民法院提出上诉的，原审人民法院应当在三日以内将上诉状连同案卷、证据移送上一级人民法院，同时将上诉状副本送交同级人民检察院和对方当事人。

被告人、自诉人、附带民事诉讼的原告人和被告人直接向第二审人民法院提出上诉的，第二审人民法院应当在三日以内将上诉状交原审人民法院送交同级人民检察院和对方当事人。

第二百三十二条　地方各级人民检察院对同级人民法院第一审判决、裁定的抗诉，应当通过原审人民法院提出抗诉书，并且将抗诉书抄送上一级人民检察院。原审人民法院应当将抗诉书连同案卷、证据移送上一级人民法院，并且将抗诉书副本送交当事人。

上级人民检察院如果认为抗诉不当，可以向同级人民法院撤回抗诉，并且通知下级人民检察院。

第二百三十三条　第二审人民法院应当就第一审判决认定的事实和适用法律进行全面审查，不受上诉或者抗诉范围的限制。

共同犯罪的案件只有部分被告人上诉的，应当对全案进行审查，一并处理。

第二百三十四条　第二审人民法院对于下列案件，应当组成合议庭，开庭审理：

（一）被告人、自诉人及其法定代理人对第一审认定的事实、证据提出异议，可能影响定罪量刑的上诉案件；

（二）被告人被判处死刑的上诉案件；

（三）人民检察院抗诉的案件；

（四）其他应当开庭审理的案件。

第二审人民法院决定不开庭审理的，应当讯问被告人，听取其他当事人、辩护人、诉讼代理人的意见。

第二审人民法院开庭审理上诉、抗诉案件，可以到案件发生地或者原审人民法院所在地进行。

第二百三十五条　人民检察院提出抗诉的案件或者第二审人民法院开庭审理的公诉案件，同级人民检察院都应当派员出席法庭。第二审人民法院应当在决定开庭审理后及时通知人民检察院查阅案卷。人民检察院应当在一个月以内查阅完毕。人民检察院查阅案卷的时间不计入审理期限。

第二百三十六条 第二审人民法院对不服第一审判决的上诉、抗诉案件，经过审理后，应当按照下列情形分别处理：

（一）原判决认定事实和适用法律正确、量刑适当的，应当裁定驳回上诉或者抗诉，维持原判；

（二）原判决认定事实没有错误，但适用法律有错误，或者量刑不当的，应当改判；

（三）原判决事实不清楚或者证据不足的，可以在查清事实后改判；也可以裁定撤销原判，发回原审人民法院重新审判。

原审人民法院对于依照前款第三项规定发回重新审判的案件作出判决后，被告人提出上诉或者人民检察院提出抗诉的，第二审人民法院应当依法作出判决或者裁定，不得再发回原审人民法院重新审判。

第二百三十七条 第二审人民法院审理被告人或者他的法定代理人、辩护人、近亲属上诉的案件，不得加重被告人的刑罚。第二审人民法院发回原审人民法院重新审判的案件，除有新的犯罪事实，人民检察院补充起诉的以外，原审人民法院也不得加重被告人的刑罚。

人民检察院提出抗诉或者自诉人提出上诉的，不受前款规定的限制。

第二百三十八条 第二审人民法院发现第一审人民法院的审理有下列违反法律规定的诉讼程序的情形之一的，应当裁定撤销原判，发回原审人民法院重新审判：

（一）违反本法有关公开审判的规定的；

（二）违反回避制度的；

（三）剥夺或者限制了当事人的法定诉讼权利，可能影响公正审判的；

（四）审判组织的组成不合法的；

（五）其他违反法律规定的诉讼程序，可能影响公正审判的。

第二百三十九条 原审人民法院对于发回重新审判的案件，应当另行组成合议庭，依照第一审程序进行审判。对于重新审判后的判决，依照本法第二百二十七条、第二百二十八条、第二百二十九条的规定可以上诉、抗诉。

第二百四十条 第二审人民法院对不服第一审裁定的上诉或者抗诉，经过审查后，应当参照本法第二百三十六条、第二百三十八条和第二百三十九条的规定，分别情形用裁定驳回上诉、抗诉，或者撤销、变更原裁定。

第二百四十一条 第二审人民法院发回原审人民法院重新审判的案件，原审人民法院从收到发回的案件之日起，重新计算审理期限。

第二百四十二条 第二审人民法院审判上诉或者抗诉案件的程序，除本章已有规定的以外，参照第一审程序的规定进行。

第二百四十四条 第二审的判决、裁定和最高人民法院的判决、裁定，都是终审的判决、裁定。

《最高人民法院关于适用〈中华人民共和国刑事诉讼法〉的解释》（2021年3月1日施行 法释〔2021〕1号）

第三百七十八条 地方各级人民法院在宣告第一审判决、裁定时，应当告知被告人、自诉人及其法定代理人不服判决和准许撤回起诉、终止审理等裁定的，有权在法定期限内以书面或者口头形式，通过本院或者直接向上一级人民法院提出上诉；被告人的辩护人、近亲属经被告人同意，也可以提出上诉；附带民事诉讼当事人及其法定代理人，可以对判决、裁定中的附带民事部分提出上诉。

被告人、自诉人、附带民事诉讼当事人及其法定代理人是否提出上诉，以其在上诉期满前最后一次的意思表示为准。

第三百七十九条 人民法院受理的上诉案件，一般应当有上诉状正本及副本。

上诉状内容一般包括：第一审判决书、裁定书的文号和上诉人收到的时间，第一审人民法院的名称，上诉的请求和理由，提出上诉的时间。被告人的辩护人、近亲属经被告人同意提出上诉的，还应当写明其与被告人的关系，并应当以被告人作为上诉人。

第三百八十条 上诉、抗诉必须在法定期限内提出。不服判决的上诉、抗诉的期限为十日；不服裁定的上诉、抗诉的期限为五日。上诉、抗诉的期限，从接到判决书、裁定书的第二日起计算。

对附带民事判决、裁定的上诉、抗诉期限，应当按照刑事部分的上诉、抗诉期限确定。附带民事部分另行审判的，上诉期限也应当按照刑事诉讼法规定的期限确定。

第三百八十一条 上诉人通过第一审人民法院提出上诉的，第一审人民法院应当审查。上诉符合法律规定的，应当在上诉期满后三日以内将上诉状连同案卷、证据移送上一级人民法院，并将上诉状副本送交同级人民检察院和对方当事人。

第三百八十二条 上诉人直接向第二审人民法院提出上诉的，第二审人民法院应当在收到上诉状后三日以内将上诉状交第一审人民法院。第一审人民法院应当审查上诉是否符合法律规定。符合法律规定的，应当在接到上诉状后三日以内将上诉状连同案卷、证据移送上一级人民法院，并将上诉状副本送交同级人民检察院和对方当事人。

第三百八十三条 上诉人在上诉期限内要求撤回上诉的，人民法院应当准许。

上诉人在上诉期满后要求撤回上诉的，第二审人民法院经审查，认为原判认定事实和适用法律正确，量刑适当的，应当裁定准许；认为原判确有错误的，应当不予准许，继续按照上诉案件审理。

被判处死刑立即执行的被告人提出上诉，在第二审开庭后宣告裁判前申请撤回上诉的，应当不予准许，继续按照上诉案件审理。

第三百八十四条 地方各级人民检察院对同级人民法院第一审判决、裁定的抗诉，应当通过第一审人民法院提交抗诉书。第一审人民法院应当在抗诉期满后三日以内将抗诉书连同案卷、证据移送上一级人民法院，并将抗诉书副本送交当事人。

第三百八十五条 人民检察院在抗诉期限内要求撤回抗诉的，人民法院应当准许。

人民检察院在抗诉期满后要求撤回抗诉的，第二审人民法院可以裁定准许，但是认为原判存在将无罪判为有罪、轻罪重判等情形的，应当不予准许，继续审理。

上级人民检察院认为下级人民检察院抗诉不当，向第二审人民法院要求撤回抗诉的，适用前两款规定。

第三百八十六条 在上诉、抗诉期满前撤回上诉、抗诉的，第一审判决、裁定在上诉、抗诉期满之日起生效。在上诉、抗诉期满后要求撤回上诉、抗诉，第二审人民法院裁定准许的，第一审判决、裁定应当自第二审裁定书送达上诉人或者抗诉机关之日起生效。

第三百八十七条 第二审人民法院对第一审人民法院移送的上诉、抗诉案卷、证据，应当审查是否包括下列内容：

（一）移送上诉、抗诉案件函；

（二）上诉状或者抗诉书；

（三）第一审判决书、裁定书八份（每增加一名被告人增加一份）及其电子文本；

（四）全部案卷、证据，包括案件审理报告和其他应当移送的材料。

前款所列材料齐全的，第二审人民法院应当收案；材料不全的，应当通知第一审人民法院及时补送。

第三百八十八条　第二审人民法院审理上诉、抗诉案件，应当就第一审判决、裁定认定的事实和适用法律进行全面审查，不受上诉、抗诉范围的限制。

第三百八十九条　共同犯罪案件，只有部分被告人提出上诉，或者自诉人只对部分被告人的判决提出上诉，或者人民检察院只对部分被告人的判决提出抗诉的，第二审人民法院应当对全案进行审查，一并处理。

第三百九十条　共同犯罪案件，上诉的被告人死亡，其他被告人未上诉的，第二审人民法院应当对死亡的被告人终止审理；但有证据证明被告人无罪，经缺席审理确认无罪的，应当判决宣告被告人无罪。

具有前款规定的情形，第二审人民法院仍应对全案进行审查，对其他同案被告人作出判决、裁定。

第三百九十一条　对上诉、抗诉案件，应当着重审查下列内容：

（一）第一审判决认定的事实是否清楚，证据是否确实、充分；

（二）第一审判决适用法律是否正确，量刑是否适当；

（三）在调查、侦查、审查起诉、第一审程序中，有无违反法定程序的情形；

（四）上诉、抗诉是否提出新的事实、证据；

（五）被告人的供述和辩解情况；

（六）辩护人的辩护意见及采纳情况；

（七）附带民事部分的判决、裁定是否合法、适当；

（八）对涉案财物的处理是否正确；

（九）第一审人民法院合议庭、审判委员会讨论的意见。

第三百九十二条 第二审期间，被告人除自行辩护外，还可以继续委托第一审辩护人或者另行委托辩护人辩护。

共同犯罪案件，只有部分被告人提出上诉，或者自诉人只对部分被告人的判决提出上诉，或者人民检察院只对部分被告人的判决提出抗诉的，其他同案被告人也可以委托辩护人辩护。

第三百九十三条 下列案件，根据刑事诉讼法第二百三十四条的规定，应当开庭审理：

（一）被告人、自诉人及其法定代理人对第一审认定的事实、证据提出异议，可能影响定罪量刑的上诉案件；

（二）被告人被判处死刑的上诉案件；

（三）人民检察院抗诉的案件；

（四）应当开庭审理的其他案件。

被判处死刑的被告人没有上诉，同案的其他被告人上诉的案件，第二审人民法院应当开庭审理。

第三百九十四条 对上诉、抗诉案件，第二审人民法院经审查，认为原判事实不清、证据不足，或者具有刑事诉讼法第二百三十八条规定的违反法定诉讼程序情形，需要发回重新审判的，可以不开庭审理。

第三百九十五条 第二审期间，人民检察院或者被告人及其辩护人提交新证据的，人民法院应当及时通知对方查阅、摘抄或者复制。

第三百九十六条 开庭审理第二审公诉案件，应当在决定开庭审理后及时通知人民检察院查阅案卷。自通知后的第二日起，人民检察院查阅案卷的时间不计入审理期限。

第三百九十七条 开庭审理上诉、抗诉的公诉案件，应当通知同级人民检察院派员出庭。

抗诉案件，人民检察院接到开庭通知后不派员出庭，且未说明原因的，人民法院可以裁定按人民检察院撤回抗诉处理。

第三百九十八条 开庭审理上诉、抗诉案件，除参照适用第一审程序的有关规定外，应当按照下列规定进行：

（一）法庭调查阶段，审判人员宣读第一审判决书、裁定书后，上诉案件由上诉人或者辩护人先宣读上诉状或者陈述上诉理由，抗诉案件由检察员先宣读抗诉书；既有上诉又有抗诉的案件，先由检察员宣读抗诉书，再由上诉人或者辩护人宣读上诉状或者陈述上诉理由；

（二）法庭辩论阶段，上诉案件，先由上诉人、辩护人发言，后由检察员、诉讼代理人发言；抗诉案件，先由检察员、诉讼代理人发言，后由被告人、辩护人发言；既有上诉又有抗诉的案件，先由检察员、诉讼代理人发言，后由上诉人、辩护人发言。

第三百九十九条 开庭审理上诉、抗诉案件，可以重点围绕对第一审判决、裁定有争议的问题或者有疑问的部分进行。根据案件情况，可以按照下列方式审理：

（一）宣读第一审判决书，可以只宣读案由、主要事实、证据名称和判决主文等；

（二）法庭调查应当重点围绕对第一审判决提出异议的事实、证据以及新的证据等进行；对没有异议的事实、证据和情节，可以直接确认；

（三）对同案审理案件中未上诉的被告人，未被申请出庭或者人民法院认为没有必要到庭的，可以不再传唤到庭；

（四）被告人犯有数罪的案件，对其中事实清楚且无异议的犯罪，可以不在庭审时审理。

同案审理的案件，未提出上诉、人民检察院也未对其判决提出抗诉的被告人要求出庭的，应当准许。出庭的被告人可以参加法庭调查和辩论。

第四百条 第二审案件依法不开庭审理的，应当讯问被告人，听取其他当事人、辩护人、诉讼代理人的意见。合议庭全体成员应当阅卷，必要时应当提交书面阅卷意见。

第四百零一条 审理被告人或者其法定代理人、辩护人、近亲属提出上诉的案件，不得对被告人的刑罚作出实质不利的改判，并应当执行下列规定：

（一）同案审理的案件，只有部分被告人上诉的，既不得加重上诉人的刑罚，也不得加重其他同案被告人的刑罚；

（二）原判认定的罪名不当的，可以改变罪名，但不得加重刑罚或者对刑罚执行产生不利影响；

（三）原判认定的罪数不当的，可以改变罪数，并调整刑罚，但不得加重决定执行的刑罚或者对刑罚执行产生不利影响；

（四）原判对被告人宣告缓刑的，不得撤销缓刑或者延长缓刑考验期；

（五）原判没有宣告职业禁止、禁止令的，不得增加宣告；原判宣告职业禁止、禁止令的，不得增加内容、延长期限；

（六）原判对被告人判处死刑缓期执行没有限制减刑、决定终身监禁的，不得限制减刑、决定终身监禁；

（七）原判判处的刑罚不当、应当适用附加刑而没有适用的，不得直接加重刑罚、适用附加刑。原判判处的刑罚畸轻，必须依法改判的，应当在第二审判决、裁定生效后，依照审判监督程序重新审判。

人民检察院抗诉或者自诉人上诉的案件，不受前款规定的限制。

第四百零二条 人民检察院只对部分被告人的判决提出抗诉，或者自诉人只对部分被告人的判决提出上诉的，第二审人民法院不得对其他同案被告人加重刑罚。

第四百零三条 被告人或者其法定代理人、辩护人、近亲属提出上诉，人民检察院未提出抗诉的案件，第二审人民法院发回重新审判后，除有新的犯罪事实且人民检察院补充起诉的以外，原审人民法院不得加重被告人的刑罚。

对前款规定的案件，原审人民法院对上诉发回重新审判的案件依法作出判决后，人民检察院抗诉的，第二审人民法院不得改判为重于原审人民法院第一次判处的刑罚。

第四百零四条 第二审人民法院认为第一审判决事实不清、证据不足的，可以在查清事实后改判，也可以裁定撤销原判，发回原审人民法院重新审判。

有多名被告人的案件，部分被告人的犯罪事实不清、证据不足或者有新的犯罪事实需要追诉，且有关犯罪与其他同案被告人没有关联的，第二审人民法院根据案件情况，可以对该部分被告人分案处理，将该部分被告人发回原审人民法院重新审判。原审人民法院重新作出判决后，被告人上诉或者人民检察院抗诉，其他被告人的案件尚未作出第二审判决、裁定的，第二审人民法院可以并案审理。

第四百零五条 原判事实不清、证据不足，第二审人民法院发回重新审判的案件，原审人民法院重新作出判决后，被告人上诉或者人民检察院抗诉的，第二审人民法院应当依法作出判决、裁定，不得再发回重新审判。

第四百零六条 第二审人民法院发现原审人民法院在重新审判过程中，有刑事诉讼法第二百三十八条规定的情形之一，或者违反第二百三十九条规定的，应当裁定撤销原判，发回重新审判。

第四百零七条 第二审人民法院审理对刑事部分提出上诉、抗诉，附带民事部分已经发生法律效力的案件，发现第一审判决、裁定中的附带民事部分确有错误的，应当依照审判监督程序对附带民事部分予以纠正。

第四百零八条 刑事附带民事诉讼案件，只有附带民事诉讼当事人及其法定代理人上诉的，第一审刑事部分的判决在上诉期满后即发生法律效力。

应当送监执行的第一审刑事被告人是第二审附带民事诉讼被告人的，在第二审附带民事诉讼案件审结前，可以暂缓送监执行。

第四百零九条 第二审人民法院审理对附带民事部分提出上诉，刑事部分已经发生法律效力的案件，应当对全案进行审查，并按照下列情形分别处理：

（一）第一审判决的刑事部分并无不当的，只需就附带民事部分作出处理；

（二）第一审判决的刑事部分确有错误的，依照审判监督程序对刑事部分进行再审，并将附带民事部分与刑事部分一并审理。

第四百一十条 第二审期间，第一审附带民事诉讼原告人增加独立的诉讼请求或者第一审附带民事诉讼被告人提出反诉的，第二审人民法院可以根据自愿、合法的原则进行调解；调解不成的，告知当事人另行起诉。

第四百一十一条 对第二审自诉案件，必要时可以调解，当事人也可以自行和解。调解结案的，应当制作调解书，第一审判决、裁定视为自动撤销。当事人自行和解的，依照本解释第三百二十九条的规定处理；裁定准许撤回自诉的，应当撤销第一审判决、裁定。

第四百一十二条 第二审期间，自诉案件的当事人提出反诉的，应当告知其另行起诉。

第四百一十三条 第二审人民法院可以委托第一审人民法院代为宣判，并向当事人送达第二审判决书、裁定书。第一审人民法院应当在代为宣判后五日以内将宣判笔录送交第二审人民法院，并在送达完毕后及时将送达回证送交第二审人民法院。

委托宣判的，第二审人民法院应当直接向同级人民检察院送达第二审判决书、裁定书。

第二审判决、裁定是终审的判决、裁定的，自宣告之日起发生法律效力。

《最高人民法院研究室关于上诉发回重审案件重审判决后确需改判的应当通过何种程序进行的答复》（2014 年 2 月 24 日　法研〔2014〕26 号）

根据刑事诉讼法第二百二十六条①第一款规定，对被告人上诉、人民检察院未提出抗诉的案件，第二审人民法院发回原审人民法院重新审判的，只要人民检察院没有补充起诉新的犯罪事实，原审人民法院不得加重被告人的刑罚。原审人民法院对上诉发回重新审判的案件依法作出维持原判的判决后，人民检察院抗诉的，第二审人民法院也不得改判加重被告人的刑罚。

《最高人民法院关于适用刑事诉讼法第二百二十五条②第二款有关问题的批复》（2016 年 6 月 24 日施行　法释〔2016〕13 号）

一、对于最高人民法院依据《中华人民共和国刑事诉讼法》第二百三十九条③和《最高人民法院关于适用〈中华人民共和国刑事诉讼法〉的解释》第三百五十三条④裁定不予核准死刑，发回第二审人民法院重新审判的案件，无论此前第二审人民法院是否曾以原判决事实不清楚或者证据不足为由发回重新审判，原则上不得再发回第一审人民法院重新审判；有特殊情况确需发回第一审人民法院重新审判的，需报请最高人民法院批准。

二、对于最高人民法院裁定不予核准死刑，发回第二审人民法院重新审判的案件，第二审人民法院根据案件特殊情况，又发回第一审人民法院重新审判的，第一审人民法院作出判决后，被告人提出上诉或者人民检察院提出抗诉的，第二审人民法院应当依法作出判决或者裁定，不得再发回重新审判。

【相关法律文书】

刑事判决书（公诉案件全部改判用）

刑事判决书（公诉案件部分改判用）

---

① 编者注：现为第二百三十七条。
② 编者注：现为第二百三十六条。
③ 编者注：现为第二百五十条。
④ 编者注：现为第四百三十条。

刑事判决书（自诉案件全部改判用）

刑事判决书（自诉案件部分改判用）

刑事附带民事判决书（刑事附带民事案件全部改判用）

刑事附带民事判决书（刑事附带民事部分改判用）

刑事裁定书（准许撤回上诉用）

刑事裁定书（准许撤回抗诉用）

刑事裁定书（二审维持一审裁定用）

刑事裁定书（二审变更一审裁定用）

刑事裁定书（二审撤销一审裁定用）

刑事裁定书（上诉案件，二审维持原判用）

刑事裁定书（抗诉案件，二审维持原判用）

刑事裁定书（上诉案件，二审发回重审用）

刑事附带民事裁定书（二审维持原判用）

刑事裁定书（上诉、抗诉案件，二审维持原判用）

刑事裁定书（不核准法定刑以下判处刑罚用）

刑事附带民事裁定书（刑事、民事均上诉，二审维持原判用）

刑事附带民事裁定书（民事上诉、刑事生效，二审维持原判用）

刑事附带民事裁定书（二审准许撤回附带民事部分上诉）

××××人民法院
刑事判决书
（公诉案件全部改判用）

（××××）……刑终……号

原公诉机关××××人民检察院。

上诉人（原审被告人）……（写明姓名、性别、出生年月日、民族、出生地、文化程度、职业或工作单位和职务、住址和因本案所受强制措施情况、现羁押处所等）。

辩护人……（写明姓名、工作单位和职务）。

××××人民法院审理××××人民检察院指控原审被告人×××犯××罪一案，于××××年××月××日作出（××××）……刑初……号刑事判决。原审被告人×××不服，提出上诉（检察院抗诉的，写明检察院提起抗诉的事实和理由）。本院依法组成合议庭，公开（或者不公开）开庭审理了本案。××××人民检察院指派检察员×××出庭执行职务。上诉人（原审被告人）×××及其辩护人×××等到庭参加诉讼。现已审理终结。

……（首先概述原判决认定的事实、证据、理由和判决结果；其次概述上诉、辩护的意见；最后概述人民检察院在二审中提出的新意见）。

经审理查明，……（首先写明经二审审理查明的事实；其次写明二审据以定案的证据；最后针对上诉理由中与原判认定的事实、证据有异议的问题进行分析、认证）。

本院认为，……（根据二审查明的事实、证据和有关法律规定，论证原审法院判决认定事实、证据和适用法律是否正确。对于上诉人、辩护人或者出庭履行职务的检察人员等在适用法律、定性处理方面的意见，应当有分析地表示是否予以采纳，并阐明理由）。依照……（写明判决的法律依据）的规定，判决如下：

一、撤销××××人民法院（××××）……刑初……号刑事判决；

二、上诉人（原审被告人）……（写明改判的具体内容）。

本判决为终审判决。

审　判　长　×××

审　判　员　×××

审　判　员　×××

××××年××月××日

（院印）

本件与原本核对无异

书　记　员　×××

××××人民法院
刑事判决书
（公诉案件部分改判用）

（××××）……刑终……号

原公诉机关××××人民检察院。

上诉人（原审被告人）……（写明姓名、性别、出生年月日、民族、出生地、文化程度、职业或工作单位和职务、住址和因本案所受强制措施情况、现羁押处所等）。

辩护人……（写明姓名、工作单位和职务）。

××××人民法院审理×××人民检察院指控原审被告人×××犯××罪一案，于××××年××月××日作出（××××）……刑初……号刑事判决。原审被告人×××不服，提出上诉（检察院抗诉的，写明检察院提起抗诉的事实和理由）。本院依法组成合议庭，公开（或者不公开）开庭审理了本案。××××人民检察院指派检察员×××出庭执行职务。上诉人（原审被告人）×××及其辩护人×××等到庭参加诉讼。现已审理终结。

……（首先概述原判决认定的事实、证据、理由和判决结果；其次概述上诉、辩护的意见；最后概述人民检察院在二审中提出的新意见）。

经审理查明，……（首先写明经二审审理查明的事实；其次写明二审据以定案的证据；最后针对上诉理由中与原判认定的事实、证据有异议的问题进行分析、认证）。

本院认为，……（根据二审查明的事实、证据和有关法律规定，论证原审法院判决认定事实、证据和适用法律是否正确。对于上诉人、辩护人或者出庭履行职务的检察人员等在适用法律、定性处理方面的意见，应当有分析地表示是否予以采纳，并阐明理由）。依照……（写明判决的法律依据）的规定，判决如下：

一、维持×××人民法院（××××）……刑初……号刑事判决的第×项，即……（写明维持的具体内容）；

二、撤销×××人民法院（××××）……刑初……号刑事判决的第

×项，即……（写明撤销的具体内容）；

　　三、上诉人（原审被告人）……（写明部分改判的具体内容）。

　　本判决为终审判决。

审　判　长　×××

审　判　员　×××

审　判　员　×××

　

×××× 年 ×× 月 ×× 日

（院印）

本件与原本核对无异

书　记　员　×××

××××人民法院
刑事判决书
（自诉案件全部改判用）

（××××）……刑终……号

上诉人（原审自诉人）……（写明姓名、性别、出生年月日、民族、出生地、文化程度、职业或工作单位和职务、住址等）。

诉讼代理人……（写明姓名、工作单位和职务）。

上诉人（原审被告人）……（写明姓名、性别、出生年月日、民族、出生地、文化程度、职业或工作单位和职务、住址和因本案所受强制措施情况、现羁押处所等）。

辩护人……（写明姓名、工作单位和职务）。

××××人民法院审理自诉人×××起诉被告人×××犯××罪一案，于×××年××月××日作出（××××）……刑初……号刑事判决。自诉人×××、原审被告人×××均不服，分别提出上诉。本院依法组成合议庭，公开（或者不公开）开庭审理了本案。上诉人（原审自诉人）×××及其诉讼代理人，上诉人（原审被告人）×××及其辩护人×××等到庭参加诉讼。现已审理终结。

……（首先概述原判决认定的事实、证据、理由和判决结果；其次概述上诉、代理、辩护的意见）。

经审理查明，……（首先写明经二审审理查明的事实；其次写明二审据以定案的证据；最后针对上诉理由中与原判认定的事实、证据有异议的问题进行分析、认证。）

本院认为，……（根据二审查明的事实、证据和有关法律规定，论证原审法院判决认定事实、证据和适用法律是否正确。对于上诉人、诉讼代理人、辩护人等在适用法律、定性处理方面的意见，应当有分析地表示是否予以采纳，并阐明理由）。依照……（写明判决的法律依据）的规定，判决如下：

一、撤销×××人民法院（××××）……刑初……号刑事判决；

二、上诉人（原审被告人）……（写明改判的具体内容）。

本判决为终审判决。

审 判 长 ×××

审 判 员 ×××

审 判 员 ×××

××××年××月××日

（院印）

本件与原本核对无异

书 记 员 ×××

××××人民法院

刑事判决书

（自诉案件部分改判用）

（××××）……刑终……号

上诉人（原审自诉人）……（写明姓名、性别、出生年月日、民族、出生地、文化程度、职业或工作单位和职务、住址等）。

诉讼代理人……（写明姓名、工作单位和职务）。

上诉人（原审被告人）……（写明姓名、性别、出生年月日、民族、出生地、文化程度、职业或工作单位和职务、住址和因本案所受强制措施情况、现羁押处所等）。

辩护人……（写明姓名、工作单位和职务）。

××××人民法院审理自诉人×××起诉被告人×××犯××罪一案，于××××年××月××日作出（××××）……刑初……号刑事判决。自诉人×××、原审被告人×××均不服，分别提出上诉。本院依法组成合议庭，公开（或者不公开）开庭审理了本案。上诉人（原审自诉人）×××及其诉讼代理人，上诉人（原审被告人）×××及其辩护人×××等到庭参加诉讼。现已审理终结。

……（首先概述原判决认定的事实、证据、理由和判决结果；其次概述上诉、代理、辩护的意见）。

经审理查明，……（首先写明经二审审理查明的事实；其次写明二审据以定案的证据；最后针对上诉理由中与原判认定的事实、证据有异议的问题进行分析、认证）。

本院认为，……（根据二审查明的事实、证据和有关法律规定，论证原审法院判决认定事实、证据和适用法律是否正确。对于上诉人、诉讼代理人、辩护人等在适用法律、定性处理方面的意见，应当有分析地表示是否予以采纳，并阐明理由）。依照……（写明判决的法律依据）的规定，判决如下：

一、维持×××人民法院（××××）……刑初……号刑事判决的第×项，即……（写明维持的具体内容）；

二、撤销××××人民法院（××××）……刑初……号刑事判决的第×项，即……（写明撤销的具体内容）；

三、上诉人（原审被告人）……（写明部分改判的具体内容）。

本判决为终审判决。

审 判 长 ×××

审 判 员 ×××

审 判 员 ×××

××××年××月××日

（院印）

本件与原本核对无异

书 记 员 ×××

×××× 人民法院

刑事附带民事判决书

（刑事附带民事案件全部改判用）

（××××）……刑终……号

原公诉机关××××人民检察院。

上诉人（原审被告人）……（写明姓名、性别、出生年月日、民族、出生地、文化程度、职业或工作单位和职务、住址和因本案所受强制措施情况、现羁押处所等）。

辩护人……（写明姓名、工作单位和职务）。

原审附带民事诉讼原告人……（写明姓名、性别、出生年月日、民族、出生地、文化程度、职业或工作单位和职务、住址等）。

委托代理人……（写明姓名、工作单位和职务）。

××××人民法院审理附带民事诉讼原告人×××控诉被告人×××……（写明案由）一案，于××××年××月××日作出（××××）……刑初……号刑事附带民事判决。原审被告人×××对判决的刑事部分和附带民事部分均不服，提出上诉。本院依法组成合议庭，公开（或不公开）开庭审理了本案。××××人民检察院检察员×××出庭执行职务。上诉人（原审被告人）×××及其辩护人×××、原审附带民事诉讼原告人×××及其委托代理人×××、证人×××等到庭参加诉讼。本案现已审理终结。

……（首先概述原判决认定的事实、证据、理由和判决结果，其次概述上诉、辩护的意见；最后概述人民检察院在二审中提出的新意见）。

经审理查明，……（首先写明经二审审理查明的事实；其次写明二审据以定案的证据；最后针对上诉理由中与原判认定的事实、证据有异议的问题进行分析、认证）。

本院认为，……（根据二审查明的事实、证据和有关法律规定，论证原审法院判决认定事实、证据和适用法律是否正确。对于上诉人、辩护人或者出庭履行职务的检察人员等在适用法律、定性处理方面的意见，应当有分析地表示是否予以采纳，并阐明理由）。依照……（写明判决的法律依据）的规定，判决如下：

一、撤销××××人民法院（××××）……刑初……号刑事附带民事判决；

二、上诉人（原审被告人）……（写明改判的具体内容）。

本判决为终审判决。

审 判 长 ×××

审 判 员 ×××

审 判 员 ×××

××××年××月××日

（院印）

本件与原本核对无异

书 记 员 ×××

××××人民法院

刑事附带民事判决书

（刑事附带民事部分改判用）

（××××）……刑终……号

原公诉机关××××人民检察院。

上诉人（原审被告人）……（写明姓名、性别、出生年月日、民族、出生地、文化程度、职业或工作单位和职务、住址和因本案所受强制措施情况、现羁押处所等）。

辩护人……（写明姓名、工作单位和职务）。

原审附带民事诉讼原告人……（写明姓名、性别、出生年月日、民族、出生地、文化程度、职业或工作单位和职务、住址等）。

委托代理人……（写明姓名、工作单位和职务）。

××××人民法院审理附带民事诉讼原告人×××控诉被告人×××……（写明案由）一案，于××××年××月××日作出（××××）……刑初……号刑事附带民事判决。原审被告人×××对判决的刑事部分和附带民事部分均不服，提出上诉。本院依法组成合议庭，公开（或不公开）开庭审理了本案。××××人民检察院检察员×××出庭执行职务。上诉人（原审被告人）×××及其辩护人×××、原审附带民事诉讼原告人×××及其委托代理人×××、证人×××等到庭参加诉讼。本案现已审理终结。

……（首先概述原判决认定的事实、证据、理由和判决结果，其次概述上诉、辩护的意见；最后概述人民检察院在二审中提出的新意见）。

经审理查明，……（首先写明经二审审理查明的事实；其次写明二审据以定案的证据；最后针对上诉理由中与原判认定的事实、证据有异议的问题进行分析、认证）。

本院认为，……（根据二审查明的事实、证据和有关法律规定，论证原审法院判决认定事实、证据和适用法律是否正确。对于上诉人、辩护人或者出庭履行职务的检察人员等在适用法律、定性处理方面的意见，应当有分析地表示是否予以采纳，并阐明理由）。依照……（写明判决的法律依据）的规定，判决如下：

　　一、维持（××××）……刑初……号刑事附带民事判决的第×项，即……（写明维持的具体内容）；

　　二、撤销（××××）……刑初……号刑事附带民事判决的第×项，即……（写明撤销的具体内容）；

　　三、上诉人（原审被告人）……（写明部分改判的具体内容）。

　　本判决为终审判决。

审　判　长　×××

审　判　员　×××

审　判　员　×××

××××年××月××日

（院印）

本件与原本核对无异

书　记　员　×××

××××人民法院

刑事裁定书

（准许撤回上诉用）

（××××）……刑终……号

原公诉机关××××人民检察院。

上诉人（原审被告人）……（写明姓名、性别、出生年月日、民族、出生地、文化程度、职业或者工作单位和职务、住址和因本案所受强制措施情况、现羁押处所等）。

××××人民法院审理××××人民检察院指控原审被告人×××犯××罪一案，于××××年××月××日作出（××××）……刑初……号刑事判决，判处……（写明判处结果）。被告人×××不服，提出上诉。本院审理过程中，上诉人×××申请撤回上诉。

本院认为，……（写明准许撤回上诉的理由）。依照……（写明裁定的法律依据）的规定，裁定如下：

准许上诉人×××撤回上诉。

××××人民法院（××××）……刑初……号刑事判决自本裁定送达之日起发生法律效力。

本裁定为终审裁定。

审　判　长　×××

审　判　员　×××

审　判　员　×××

××××年××月××日

（院印）

本件与原本核对无异

书　记　员　×××

×××　×人民法院

刑事裁定书

（准许撤回抗诉用）

（××××）……刑终……号

抗诉机关××××人民检察院。

原审被告人……（写明姓名、性别、出生年月日、民族、出生地、文化程度、职业或者工作单位和职务、住址和因本案所受强制措施情况、现羁押处所等）。

××××人民法院审理××××人民检察院指控原审被告人×××犯××罪一案，于××××年××月××日作出（××××）……刑初……号刑事判决，判处……（写明判处结果）。××××人民检察院认为……，提出抗诉。本院审理过程中，××××人民检察院认为抗诉不当，向本院撤回抗诉。

本院认为，××××人民检察院撤回抗诉的要求，符合法律规定。依照……（写明裁定的法律依据）的规定，裁定如下：

准许×××人民检察院撤回抗诉。

××××人民法院（××××）……刑初……号刑事判决自本裁定送达之日起发生法律效力。

本裁定为终审裁定。

审　判　长　×××
审　判　员　×××
审　判　员　×××

××××年××月××日
（院印）

本件与原本核对无异

书　记　员　×××

×××人民法院

刑事裁定书

（二审维持一审裁定用）

（××××）……刑终……号

上诉人（原审自诉人）……（写明姓名、性别、出生年月日、民族、出生地、文化程度、职业或工作单位和职务、住址等）。

原审被告人……（写明姓名、性别、出生年月日、民族、出生地、文化程度、职业或工作单位和职务、住址，还应写明采取何种强制措施及受过何种刑事处分等）。

××××人民法院审理自诉人×××控诉被告人×××犯××罪一案，于××××年××月××日作出（××××）……刑初……号刑事裁定，驳回自诉人×××的控诉。自诉人×××不服，提出上诉。本院依法组成合议庭审理了本案，现已审理终结。

……（概述原裁定的基本内容等）。

经审理查明，……（写明二审法院查明的事实等）。

本院认为，……（应针对上诉人的主要理由进行分析论证，写明二审裁定维持一审法院裁定的理由）。依照……（写明裁定的法律依据）的规定，裁定如下：

驳回上诉，维持原裁定。

本裁定为终审裁定。

审　判　长　×××
审　判　员　×××
审　判　员　×××
××××年××月××日
（院印）

本件与原本核对无异

书　记　员　×××

×××× 人民法院
刑事裁定书
（二审变更一审裁定用）

（××××）……刑终……号

上诉人（原审自诉人）……（写明姓名、性别、出生年月日、民族、出生地、文化程度、职业或工作单位和职务、住址等）。

原审被告人……（写明姓名、性别、出生年月日、民族、出生地、文化程度、职业或工作单位和职务、住址，还应写明采取何种强制措施及受过何种刑事处分等）。

×××× 人民法院审理自诉人 ××× 控诉被告人 ××× 犯 ×× 罪一案，于 ×××× 年 ×× 月 ×× 日作出（××××）……刑初……号刑事裁定，驳回自诉人 ××× 的控诉。自诉人 ××× 不服，提出上诉。本院依法组成合议庭审理了本案，现已审理终结。

……（概述原裁定的基本内容等）。

经审理查明，……（写明二审法院查明的事实等）。

本院认为，……（应针对上诉人的主要理由进行分析论证，写明二审裁定变更一审法院裁定的理由）。依照……（写明裁定的法律依据）的规定，裁定如下：

撤销 ×××× 人民法院（××××）……刑初……号刑事裁定；

……（写明变更裁定的具体内容）。

本裁定为终审裁定。

审 判 长 ×××

审 判 员 ×××

审 判 员 ×××

×××× 年 ×× 月 ×× 日

（院印）

本件与原本核对无异

书 记 员 ×××

×××人民法院
刑事裁定书
（二审撤销一审裁定用）

（××××）……刑终……号

上诉人（原审自诉人）……（写明姓名、性别、出生年月日、民族、出生地、文化程度、职业或工作单位和职务、住址等）。

原审被告人……（写明姓名、性别、出生年月日、民族、出生地、文化程度、职业或工作单位和职务、住址，还应写明采取何种强制措施及受过何种刑事处分等）。

×××人民法院审理自诉人×××控诉被告人×××犯××罪一案，于××××年××月××日作出（××××）……刑初……号刑事裁定，驳回自诉人×××的控诉。自诉人×××不服，提出上诉。本院依法组成合议庭审理了本案，现已审理终结。

……（概述原裁定的基本内容等）。

经审理查明，……（写明二审法院查明的事实等）。

本院认为，……（应针对上诉人的主要理由进行分析论证，写明二审撤销一审法院裁定的理由）。依照……（写明裁定的法律依据）的规定，裁定如下：

一、撤销×××人民法院（××××）……刑初……号刑事裁定；

二、发回×××人民法院重新审判。

本裁定为终审裁定。

审　判　长　×××
审　判　员　×××
审　判　员　×××
××××年××月××日
（院印）

本件与原本核对无异

书　记　员　×××

××××人民法院
刑事裁定书
（上诉案件，二审维持原判用）

（××××）……刑终……号

原公诉机关××××人民检察院。

上诉人（原审被告人）……（写明姓名、性别、出生年月日、民族、出生地、文化程度、职业或者工作单位和职务、住址和因本案所受强制措施情况、现羁押处所等）。

辩护人……（写明姓名、工作单位和职务）。

××××人民法院审理××××人民检察院指控原审被告人×××犯××罪一案，于××××年××月××日作出（××××）……刑初……号刑事判决。原审被告人×××不服，提出上诉。本院依法组成合议庭，公开（或者不公开）开庭审理了本案。××××人民检察院指派检察员×××出庭履行职务。上诉人（原审被告人）×××及其辩护人×××等到庭参加诉讼。现已审理终结。

……（首先概述原判决认定的事实、证据、理由和判决结果；其次概述上诉、辩护的意见；最后概述人民检察院在二审中提出的新意见）。

经审理查明，……（首先写明经二审审理查明的事实；其次写明二审据以定案的证据；最后针对上诉理由中与原判认定的事实、证据有异议的问题进行分析、认证）。

本院认为，……（根据二审查明的事实、证据和有关法律规定，论证原审法院判决认定事实、证据和适用法律是正确的。对于上诉人、辩护人或者出庭履行职务的检察人员等在适用法律、定性处理方面的意见，应当逐一作出回答，阐明不予采纳的理由）。依照……（写明裁定的法律依据）的规定，裁定如下：

驳回上诉，维持原判。

本裁定为终审裁定。

审　判　长　×××
审　判　员　×××
审　判　员　×××

×××年××月××日
（院印）

本件与原本核对无异

书　记　员　×××

××××人民法院

刑事裁定书

（抗诉案件，二审维持原判用）

（××××）……刑终……号

抗诉机关××××人民检察院。

原审被告人……（写明姓名、性别、出生年月日、民族、出生地、文化程度、职业或者工作单位和职务、住址和因本案所受强制措施情况、现羁押处所等）。

辩护人……（写明姓名、工作单位和职务）。

××××人民法院审理××××人民检察院指控原审被告人×××犯××罪一案，于××××年××月××日作出（××××）……刑初……号刑事判决。原公诉机关认为……，提出抗诉。本院依法组成合议庭，公开（或者不公开）开庭审理了本案。××××人民检察院指派检察员×××出庭履行职务。原审被告人×××及其辩护人×××等到庭参加诉讼。现已审理终结。

……（首先概述原判决认定的事实、证据、理由和判决结果；其次概述抗诉、辩解、辩护意见；最后概述人民检察院在二审中提出的新意见）。

经审理查明，……（首先写明经二审审理查明的事实；其次写明二审据以定案的证据；最后针对抗诉意见中与原判认定的事实、证据有异议的问题进行分析、认证）。

本院认为，……（根据二审查明的事实、证据和有关法律规定，论证原审法院判决认定事实、证据和适用法律是正确的。对于原审被告人、辩护人及出庭履行职务的检察人员等在适用法律、定性处理方面的意见，应当逐一作出回答，阐明不予采纳的理由）。依照……（写明裁定的法律依据）的规定，裁定如下：

驳回抗诉，维持原判。

本裁定为终审裁定。

审　判　长　×××

审　判　员　×××

审　判　员　×××

××××年××月××日

（院印）

本件与原本核对无异

书　记　员　×××

×××× 人民法院

刑事裁定书

（上诉案件，二审发回重审用）

（××××）……刑终……号

原公诉机关×××× 人民检察院。

上诉人（原审被告人）……（写明姓名、性别、出生年月日、民族、出生地、职业或工作单位和职务、住址和因本案所受强制措施情况、现羁押何处等）。

辩护人……（写明姓名、工作单位和职务）。

×××× 人民法院审理被告人……（写明姓名和案由）一案，于××××年××月××日作出（××××）……刑初……号刑事判决，认定被告人×××犯××罪，判处……（简写判处结果）。被告人×××不服一审判决，以……（概述上诉的主要理由）为由，提出上诉。本院依法组成合议庭公开（或不公开）审理了本案（经过开庭审理的，应写明庭审形式和到庭参加诉的人员）。现已审理终结。

本院认为，……（具体写明原判事实不清、证据不足，或者严重违反法律程序的情况，阐明发回重审的理由）。依照……（写明裁定的法律依据）的规定，裁定如下：

一、撤销×××× 人民法院（××××）……刑初……号刑事判决；

二、发回×××× 人民法院重新审判。

本裁定为终审裁定。

审 判 长 ×××

审 判 员 ×××

审 判 员 ×××

××××年××月××日

（院印）

本件与原本核对无异

书 记 员 ×××

×××／人民法院

刑事附带民事裁定书

（二审维持原判用）

（××××）……刑终……号

原公诉机关××××人民检察院。

上诉人（原审被告人）……（写明姓名、性别、出生年月日、民族、出生地、文化程度、职业或者工作单位和职务、住址和因本案所受强制措施情况、现羁押处所等）。

辩护人……（写明姓名、工作单位和职务）。

原审附带民事诉讼原告人……（写明姓名、性别、出生年月日、民族、出生地、文化程度、职业或者工作单位和职务、住址等）。

诉讼代理人……（写明姓名、工作单位和职务）。

××××人民法院审理××××人民检察院指控原审被告人×××犯××罪、原审附带民事诉讼原告人×××提起附带民事诉讼一案，于××××年××月××日作出（××××）……刑初……号刑事附带民事判决。原审被告人×××不服，提出上诉。本院依法组成合议庭，公开（或者不公开）开庭审理了本案。××××人民检察院指派检察员×××出庭履行职务。上诉人（原审被告人）×××及其辩护人×××、附带民事诉讼原告人×××及其诉讼代理人×××等到庭参加诉讼。现已审理终结。

……（首先概述原判决认定的事实、证据、理由和判处结果；其次概述上诉、辩护的意见；最后概述人民检察院和原审附带民事诉讼原告人、诉讼代理人在二审中提出的新意见）。

经审理查明，……（首先写明经二审审理查明的事实；其次写明二审据以定案的证据；最后针对上诉理由中与原判认定的事实、证据有异议的问题进行分析、认证）。

本院认为，……（根据二审查明的事实、证据和有关法律规定，论证原审法院认定事实、证据和适用法律包括判处被告人赔偿经济损失是正确的。对于上诉人、辩护人或者出庭履行职务的检察人员等在适用法律、定性处理方面的意见，应当逐一进行回答，说明不予采纳的理由）。依照……（写明裁定的法律依据）的规定，裁定如下：

　　驳回上诉，维持原判。

　　本裁定为终审裁定。

审　判　长　×××

审　判　员　×××

审　判　员　×××

××××年××月××日

（院印）

本件与原本核对无异

书　记　员　×××

××××人民法院

刑事裁定书

（上诉、抗诉案件，二审维持原判用）

（××××）……刑终……号

抗诉机关××××人民检察院。

上诉人（原审被告人）……（写明姓名、性别、出生年月日、民族、出生地、文化程度、职业或者工作单位和职务、住址和因本案所受强制措施情况、现羁押处所等）。

辩护人……（写明姓名、工作单位和职务）。

××××人民法院审理×××人民检察院指控原审被告人×××犯故意××罪一案，于××××年××月××日作出（××××）……刑初……号刑事判决。原审被告人×××不服，提出上诉；原公诉机关认为……，提出抗诉。本院依法组成合议庭，公开（或不公开）开庭审理了本案。××××人民检察院指派检察员×××、×××出庭履行职务。上诉人（原审被告人）×××及其辩护人×××到庭参加诉讼。现已审理终结。

……（首先概述原审判决认定的事实、证据、理由和判决结果；其次概述上诉、辩护意见；最后概述抗诉、支持抗诉意见）。

经审理查明，……（写明经二审审理查明的事实；其次写明二审据以定案的证据；最后针对上诉、抗诉理由中与原判认定的事实、证据有异议的问题进行分析、认证）。

本院认为，……（写明对被告人的定罪情况、量刑情节情况、对上诉人、辩护人、检察机关的意见逐一回应，阐明采纳或不采纳的理由）。依照……（写明裁定的法律依据）的规定，裁定如下：

驳回上诉、抗诉，维持原判。

本裁定为终审裁定。

审　判　长　×××

审　判　员　×××

审　判　员　×××

××××年××月××日

（院印）

本件与原本核对无异

书　记　员　×××

××××人民法院

刑事裁定书

（不核准法定刑以下判处刑罚用）

（××××）……刑核……号

被告人……（写明姓名、性别、出生年月日、民族、出生地、文化程度、职业或者工作单位和职务、住址和因本案所受强制措施情况、现羁押处所等）。

辩护人……（写明姓名、工作单位和职务）。

××××人民法院审理××××人民检察院指控被告人×××犯××罪一案，于××××年××月××日作出（××××）……刑初……号刑事判决，认定被告人×××犯××罪，判处……（写明具体刑罚）。宣判后，……提出上诉。××××人民法院经依法审理，于××××年××月××日作出（××××）……刑终……号刑事判决，认定上诉人×××犯××罪，在法定刑以下判处……（写明判处刑罚情况）。并根据《最高人民法院关于适用〈中华人民共和国刑事诉讼法〉的解释》第三百三十六条之规定，报请本院复核。本院依法组成合议庭进行了复核，现已复核终结。

……（概述一、二审判决认定的事实、证据、理由和判决结果；其次概述上诉、辩护意见；最后概述检察机关意见）。

经复核查明，……（写明复核查明的事实、证据）。

本院认为，……（写明对被告人的定罪、量刑及法律适用情况）。依照……（写明裁定的法律依据）的规定，裁定如下：

一、不核准××××人民法院（××××）……刑终……号以被告人×××犯××罪在法定刑以下判处……（具体刑罚）的刑事判决。

二、发回××××人民法院重新审判。

审 判 长 ×××

审 判 员 ×××

审 判 员 ×××

××××年××月××日

（院印）

本件与原本核对无异

书 记 员 ×××

××××人民法院
刑事附带民事裁定书
（刑事、民事均上诉，二审维持原判用）

（××××）……刑终……号

原公诉机关××××人民检察院。

上诉人（原审被告人）……（写明姓名、性别、出生年月日、民族、出生地、文化程度、职业或者工作单位和职务、住址等）。

诉讼代理人……（写明姓名、工作单位和职务）。

上诉人（原审被告人）……（写明姓名、性别、出生年月日、民族、出生地、文化程度、职业或者工作单位和职务、住址和因本案所受强制措施情况、现羁押处所等）。

辩护人……（写明姓名、工作单位和职务）。

××××人民法院审理××××人民检察院指控原审被告人×××犯××罪，附带民事诉讼原告人×××提起附带民事诉讼一案，于××××年××月××日作出（××××）……刑初……号刑事判决。原审被告人×××对刑事部分判决不服，原审附带民事诉讼原告人×××对附带民事部分判决不服，分别上诉。本院依法组成合议庭，公开（或不公开）开庭审理了本案（如未开庭审理，则表述为：本院依法组成合议庭，经过阅卷、讯问上诉人，听取辩护人及附带民事诉讼原告人和委托代理人的意见，认为事实清楚，决定不开庭审理）。××××人民检察院指派检察员×××、×××出庭履行职务。上诉人（原审被告人）×××及其辩护人×××，附带民事诉讼原告人×××及其委托代理人均到庭参加诉讼。现已审理终结。

……（首先概述原审判决认定的事实、证据、理由和判决结果；其次概述上诉、辩护意见及附带民事上诉意见；最后检察机关出庭意见）。

经审理查明，……（首先写明经二审审理查明的事实；其次写明二审据以定案的证据；最后针对上诉理由、检察机关出庭意见中与原判认定的事实、证据有异议的问题进行分析、认证）。

本院认为，……（写明对被告人的定罪情况、量刑情节情况、对上诉人、辩护人、附带民事诉讼原告人、委托代理人、检察机关的意见逐一回应，阐明采纳或不采纳的理由）。依照……（写明裁定的法律依据）的规定，裁定如下：

驳回上诉，维持原判。

本裁定为终审裁定。

审 判 长 ×××

审 判 员 ×××

审 判 员 ×××

×××年××月××日

（院印）

本件与原本核对无异

书 记 员 ×××

×××× 人民法院

刑事附带民事裁定书

（民事上诉、刑事生效，二审维持原判用）

（××××）……刑终……号

原公诉机关×××人民检察院。

上诉人（原审附带民事诉讼原告人）……（写明姓名、性别、出生年月日、民族、出生地、文化程度、职业或者工作单位和职务、住址等）（如不是本案被害人，写明与被害人的关系）。

委托代理人……（写明姓名、工作单位和职务）。

被告人……（写明姓名、性别、出生年月日、民族、出生地、文化程度、职业或者工作单位和职务、住址和因本案所受强制措施情况、现羁押处所等）。

辩护人……（写明姓名、工作单位和职务）。

×××人民法院审理×××人民检察院指控被告人×××犯××罪，附带民事诉讼原告人×××提起刑事附带民事诉讼一案，于×××年××月××日作出（××××）……刑初……号刑事附带民事判决，认定被告人×××犯××罪，判处……（写明原判刑罚情况）；被告人×××赔偿附带民事诉讼原告人×××……（写明民事赔偿情况）。宣判、送达后，检察机关及被告人×××未提出抗诉、上诉，本案刑事部分判决已经发生法律效力。原审附带民事诉讼原告人×××对民事部分判决不服，提出上诉。本院依法组成合议庭，经过阅卷，讯问被告人，听取附带民事诉讼原告人及委托代理人的意见，认为事实清楚，决定不开庭审理。现已审理终结。

经审理查明，……（写明经二审审理查明的事实）。

另查明，……（写明经审理查明的民事损失情况）。……（简要写明民事上诉理由）。……（简要写明认定事实的证据名称）。

本院认为，……（写明对被告人的定罪情况、量刑情节情况、对附带民事诉讼原告人、委托代理人的意见逐一回应，阐明采纳或不采纳的理由）。依照……（写明裁定的法律依据）的规定，裁定如下：

驳回上诉，维持原判。

本裁定为终审裁定。

审　判　长　×××

审　判　员　×××

审　判　员　×××

××××年××月××日

（院印）

本件与原本核对无异

书　记　员　×××

×××× 人民法院

刑事附带民事裁定书

（二审准许撤回附带民事部分上诉）

（××××）……刑终……号

原公诉机关 ××× 人民检察院。

上诉人（原审附带民事诉讼原告人）……（写明姓名、性别、出生年月日、民族、出生地、文化程度、职业或者工作单位和职务、住址等）（如不是本案被害人，写明与被害人的关系）。

委托代理人……（写明姓名、工作单位和职务）。

被告人……（写明姓名、性别、出生年月日、民族、出生地、文化程度、职业或者工作单位和职务、住址和因本案所受强制措施情况、现羁押处所等）。

辩护人……（写明姓名、工作单位和职务）。

×××× 人民法院审理 ××× 人民检察院指控被告人 ××× 犯 ×× 罪，附带民事诉讼原告人 ××× 提起刑事附带民事诉讼一案，于 ×××× 年 ×× 月 ×× 日作出（××××）……刑初……号刑事附带民事判决，认定被告人 ××× 犯 ×× 罪，判处……（写明原判刑罚情况）；被告人 ××× 赔偿附带民事诉讼原告人 ×××……（写明民事赔偿情况）。宣判、送达后，检察机关及被告人 ××× 未提出抗诉、上诉。原审附带民事诉讼原告人 ××× 对民事部分判决不服，提出上诉。本院二审审理期间，上诉人（原审附带民事诉讼原告人）××× 向本院申请撤回附带民事上诉。

本院认为，上诉人 ××× 申请撤回附带民事上诉的请求，符合法律规定。依照……（写明裁定的法律依据）规定，裁定如下：

准许上诉人 ××× 撤回附带民事上诉。

×××× 人民法院（××××）……刑初……号刑事附带民事判决的附带民事部分判决自本裁定送达之日起即发生法律效力。

本裁定为终审裁定。

审　判　长　×××
审　判　员　×××
审　判　员　×××

××××年××月××日
（院印）

本件与原本核对无异

书　记　员　　×××

第四章　审判监督程序

第一节　刑事申诉案件

【工作内容】

（一）刑事申诉案件的审查

1. 刑事申诉案件的管辖。（1）对生效裁判申诉的，一般由终审人民法院管辖。（2）第二审人民法院裁定准许撤回上诉，对第一审判决提出申诉的，可以由第一审人民法院管辖。（3）未经终审人民法院审查处理的申诉，上一级人民法院可以告知申诉人向终审人民法院提出申诉，或者直接交终审人民法院审查处理，并告知申诉人；案件疑难、复杂、重大的，也可以直接审查处理。（4）未经终审人民法院及其上一级人民法院审查处理，直接向上级人民法院申诉的，上级人民法院可以告知申诉人向下级人民法院提出。（5）对死刑案件的申诉，可以由原核准的人民法院直接审查处理，也可以交由原审人民法院审查。原审人民法院应当写出审查报告，提出处理意见，层报原核准的人民法院审查处理。（6）对驳回申诉不服申诉的，由上一级人民法院管辖。

2. 提出申诉的主体。（1）当事人及其法定代理人、近亲属；（2）认为已经发生法律效力的裁判侵害其合法权益的案外人。申诉可以委托律师代为进行。

3. 申诉提交的材料。（1）申诉状。写明当事人的基本情况、联系方式以及申诉的事实与理由。（2）原一、二审判决书、裁定书等法律文书。经过人民法院复查或者再审的，应提交驳回通知书、再审决定书、再审判决书、裁定书。（3）其他相关材料。以有新的证据证明原判决、裁定认定的事实确有错误为由申诉的，应提交相关证据材料；申请人民法院调查取证的，应当提交相关线索或者材料。申诉符合前述规定的，人民法院应当出具收到申诉材料的回执。申诉提交的材料不符合上述前述规定要求的，告知申诉人补充材料。申诉人对必要材料拒绝补充且无正当理由的，不予审查。

4. 审查期限：三个月，至迟不得超过六个月。因案件疑难、复杂、重大或者其他特殊原因需要延长审查期限的，参照《最高人民法院关于适用〈中华人民共和国刑事诉讼法〉的解释》第二百一十条的规定处理。

5. 审查方式。对立案审查的申诉案件，人民法院可以听取当事人和原办案单位的意见，也可以对原判据以定罪量刑的证据和新的证据进行核实。必要时，可以进行听证。

6. 审查结果。（1）根据《最高人民法院关于适用〈中华人民共和国刑事诉讼法〉的解释》第四百五十七条第二款规定，具有下列情形的，决定依照审判监督程序重新审判，并制作再审决定书。再审期间不停止原判决、裁定的执行，但被告人可能经再审改判无罪，或者可能经再审减轻原判刑罚而致刑期届满的，可以决定中止原判决、裁定的执行，必要时，可以对被告人采取取保候审、监视居住措施。①有新的证据证明原判决、裁定认定的事实确有错误，可能影响定罪量刑的。新的证据指原判决、裁定生效后新发现的证据；原判决、裁定生效前已经发现，但未予收集的证据；原判决、裁定生效前已经收集，但未经质证的证据；原判决、裁定所依据的鉴定意见，勘验、检查等笔录被改变或者否定的，原判决、裁定所依据的被告人供述、证人证言等证据发生变化，影响定罪量刑，且有合理理由的。②据以定罪量刑的证据不确实、不充分、依法应当排除的。③证明案件事实的主要证据之间存在矛盾的。④主要事实依据被依法变更或者撤销的。⑤认定罪名错误的。⑥量刑明显不当的。⑦违反法律关于溯及力规定的。⑧违反法定诉讼程序，可能影响公正裁判的。⑨审判人员在审理该案件时有贪污受贿、徇私舞弊、枉法裁判行为的。⑩对违法所得或者其他涉案财物的处理确有明显错误的。（2）申诉不具有上述情形的，应当说服申诉人撤回申诉；仍然坚持申诉的，书面通知驳回。（3）对驳回申诉不服，向上一级人民法院申诉的，不具有《最高人民法院关于适用〈中华人民共和国刑事诉讼法〉的解释》第四百五十七条第二款规定的情形，说服申诉人撤回申诉，对仍然坚持申诉的，驳回或者通知不予重新审判。

7. 向当事人送达再审决定书、驳回通知书。

（二）刑事抗诉案件的审查

1. 立案时间：收到抗诉书后一个月内。

2. 案件退回人民检察院的情形：（1）不属于本院管辖的；（2）按照抗诉书提供的住址无法向被提出抗诉的原审被告人送达抗诉书的；（3）以有新证据为由提出抗诉，抗诉书未附有新的证据目录、证人名单和主要证据复印件或者照片的；（4）以有新证据为由提出抗诉，但该证据并不是指向原起诉事实的。（新证据是指具有下列情形之一，可能改变原判决、裁定据以定罪量刑的事实的证据：原判决、裁定生效后新发现的证据；原判决、裁定生效前已经发现，但由于客观原因未予收集的证据；原判决、裁定生效前已经收集，但庭审中未予质证、认证的证据；原生效判决、裁定所依据的鉴定意见，勘验、检查笔录或其他证据被改变或者否定的；原判决、裁定所依据的被告人供述、证人证言等证据发生变化，影响定罪量刑，且有合理理由的。）退回的抗诉案件，人民检察院经补充相关材料后再次抗诉，经审查符合受理条件的，予以受理。

3. 审查方式：组成合议庭。

4. 审查结果：（1）对人民检察院依照审判监督程序提出抗诉的案件，接受抗诉的人民法院组成合议庭审理。对决定依照审判监督程序重新审判的案件，制作再审决定书。（2）接受抗诉的人民法院可以指令下级人民法院再审。①情形：原判事实不清、证据不足，包括有新的证据证明原判可能有错误的。②期限：立案之日起一个月内。③方式：作出指令再审决定书。④送达：将指令再审决定书送达抗诉的人民检察院、当事人。⑤指令再审的法院：原审人民法院以外的下级人民法院；由原审人民法院审理更为适宜的，也可以指令原审人民法院审理。

5. 制作再审决定书：再审期间不停止原判决、裁定的执行，但被告人可能经再审改判无罪，或者可能经再审减轻原判刑罚而致刑期届满的，可以决定中止原判决、裁定的执行，必要时，可以对被告人采取取保候审、监视居住措施。

6. 送达：向抗诉的人民检察院、当事人送达指令再审决定书。

（三）法院依职权提起再审的情形

1. 各级人民法院院长对本院已经发生法律效力的判决和裁定，如果发现在认定事实上或者适用法律上确有错误，必须提交审判委员会处理。

2. 最高人民法院对各级人民法院已经发生法律效力的判决和裁定，上级人民法院对下级人民法院已经发生法律效力的判决和裁定，如果发现确有错误，有权提审或者指令下级人民法院再审。

3. 法院依职权决定依照审判监督程序重新审判的，制作再审决定书。再审期间不停止原判决、裁定的执行，但被告人可能经再审改判无罪，或者可能经再审减轻原判刑罚而致刑期届满的，可以决定中止原判决、裁定的执行，必要时，可以对被告人采取取保候审、监视居住措施。

【常用法律、司法解释及相关规定】

《刑事诉讼法》（2018 年 10 月 26 日修正）

第二百五十二条　当事人及其法定代理人、近亲属，对已经发生法律效力的判决、裁定，可以向人民法院或者人民检察院提出申诉，但是不能停止判决、裁定的执行。

第二百五十三条　当事人及其法定代理人、近亲属的申诉符合下列情形之一的，人民法院应当重新审判：

（一）有新的证据证明原判决、裁定认定的事实确有错误，可能影响定罪量刑的；

（二）据以定罪量刑的证据不确实、不充分、依法应当予以排除，或者证明案件事实的主要证据之间存在矛盾的；

（三）原判决、裁定适用法律确有错误的；

（四）违反法律规定的诉讼程序，可能影响公正审判的；

（五）审判人员在审理该案件的时候，有贪污受贿，徇私舞弊，枉法裁判行为的。

第二百五十四条　各级人民法院院长对本院已经发生法律效力的判决和裁定，如果发现在认定事实上或者在适用法律上确有错误，必须提交审判委员会处理。

最高人民法院对各级人民法院已经发生法律效力的判决和裁定，上级人民法院对下级人民法院已经发生法律效力的判决和裁定，如果发现确有错误，有权提审或者指令下级人民法院再审。

最高人民检察院对各级人民法院已经发生法律效力的判决和裁定，上级人民检察院对下级人民法院已经发生法律效力的判决和裁定，如果发现确有错误，有权按照审判监督程序向同级人民法院提出抗诉。

人民检察院抗诉的案件，接受抗诉的人民法院应当组成合议庭重新审理，对于原判决事实不清楚或者证据不足的，可以指令下级人民法院再审。

第二百五十五条 上级人民法院指令下级人民法院再审的，应当指令原审人民法院以外的下级人民法院审理；由原审人民法院审理更为适宜的，也可以指令原审人民法院审理。

第二百五十六条 人民法院按照审判监督程序重新审判的案件，由原审人民法院审理的，应当另行组成合议庭进行。如果原来是第一审案件，应当依照第一审程序进行审判，所作的判决、裁定，可以上诉、抗诉；如果原来是第二审案件，或者是上级人民法院提审的案件，应当依照第二审程序进行审判，所作的判决、裁定，是终审的判决、裁定。

人民法院开庭审理的再审案件，同级人民检察院应当派员出席法庭。

第二百五十七条 人民法院决定再审的案件，需要对被告人采取强制措施的，由人民法院依法决定；人民检察院提出抗诉的再审案件，需要对被告人采取强制措施的，由人民检察院依法决定。

人民法院按照审判监督程序审判的案件，可以决定中止原判决、裁定的执行。

第二百五十八条 人民法院按照审判监督程序重新审判的案件，应当在作出提审、再审决定之日起三个月以内审结，需要延长期限的，不得超过六个月。

接受抗诉的人民法院按照审判监督程序审判抗诉的案件，审理期限适用前款规定；对需要指令下级人民法院再审的，应当自接受抗诉之日起一个月以内作出决定，下级人民法院审理案件的期限适用前款规定。

《最高人民法院关于适用〈中华人民共和国刑事诉讼法〉的解释》（2021年3月1日施行　法释〔2021〕1号）

第四百五十一条　当事人及其法定代理人、近亲属对已经发生法律效力的判决、裁定提出申诉的，人民法院应当审查处理。

案外人认为已经发生法律效力的判决、裁定侵害其合法权益，提出申诉的，人民法院应当审查处理。

申诉可以委托律师代为进行。

第四百五十二条　向人民法院申诉，应当提交以下材料：

（一）申诉状。应当写明当事人的基本情况、联系方式以及申诉的事实与理由；

（二）原一、二审判决书、裁定书等法律文书。经过人民法院复查或者再审的，应当附有驳回申诉通知书、再审决定书、再审判决书、裁定书；

（三）其他相关材料。以有新的证据证明原判决、裁定认定的事实确有错误为由申诉的，应当同时附有相关证据材料；申请人民法院调查取证的，应当附有相关线索或者材料。

申诉符合前款规定的，人民法院应当出具收到申诉材料的回执。申诉不符合前款规定的，人民法院应当告知申诉人补充材料；申诉人拒绝补充必要材料且无正当理由的，不予审查。

第四百五十三条　申诉由终审人民法院审查处理。但是，第二审人民法院裁定准许撤回上诉的案件，申诉人对第一审判决提出申诉的，可以由第一审人民法院审查处理。

上一级人民法院对未经终审人民法院审查处理的申诉，可以告知申诉人向终审人民法院提出申诉，或者直接交终审人民法院审查处理，并告知申诉人；案件疑难、复杂、重大的，也可以直接审查处理。

对未经终审人民法院及其上一级人民法院审查处理，直接向上级人民法院申诉的，上级人民法院应当告知申诉人向下级人民法院提出。

第四百五十四条　最高人民法院或者上级人民法院可以指定终审人民法院以外的人民法院对申诉进行审查。被指定的人民法院审查后，应当制作审查报告，提出处理意见，层报最高人民法院或者上级人民法院审查处理。

第四百五十五条　对死刑案件的申诉，可以由原核准的人民法院直接审查处理，也可以交由原审人民法院审查。原审人民法院应当制作审查报告，提出处理意见，层报原核准的人民法院审查处理。

第四百五十六条 对立案审查的申诉案件，人民法院可以听取当事人和原办案单位的意见，也可以对原判据以定罪量刑的证据和新的证据进行核实。必要时，可以进行听证。

第四百五十七条 对立案审查的申诉案件，应当在三个月以内作出决定，至迟不得超过六个月。因案件疑难、复杂、重大或者其他特殊原因需要延长审查期限的，参照本解释第二百一十条的规定处理。

经审查，具有下列情形之一的，应当根据刑事诉讼法第二百五十三条的规定，决定重新审判：

（一）有新的证据证明原判决、裁定认定的事实确有错误，可能影响定罪量刑的；

（二）据以定罪量刑的证据不确实、不充分、依法应当排除的；

（三）证明案件事实的主要证据之间存在矛盾的；

（四）主要事实依据被依法变更或者撤销的；

（五）认定罪名错误的；

（六）量刑明显不当的；

（七）对违法所得或者其他涉案财物的处理确有明显错误的；

（八）违反法律关于溯及力规定的；

（九）违反法定诉讼程序，可能影响公正裁判的；

（十）审判人员在审理该案件时有贪污受贿、徇私舞弊、枉法裁判行为的。

申诉不具有上述情形的，应当说服申诉人撤回申诉；对仍然坚持申诉的，应当书面通知驳回。

第四百五十八条 具有下列情形之一，可能改变原判决、裁定据以定罪量刑的事实的证据，应当认定为刑事诉讼法第二百五十三条第一项规定的"新的证据"：

（一）原判决、裁定生效后新发现的证据；

（二）原判决、裁定生效前已经发现，但未予收集的证据；

（三）原判决、裁定生效前已经收集，但未经质证的证据；

（四）原判决、裁定所依据的鉴定意见，勘验、检查等笔录被改变或者否定的；

（五）原判决、裁定所依据的被告人供述、证人证言等证据发生变化，影响定罪量刑，且有合理理由的。

第四百五十九条　申诉人对驳回申诉不服的，可以向上一级人民法院申诉。上一级人民法院经审查认为申诉不符合刑事诉讼法第二百五十三条和本解释第四百五十七条第二款规定的，应当说服申诉人撤回申诉；对仍然坚持申诉的，应当驳回或者通知不予重新审判。

第四百六十条　各级人民法院院长发现本院已经发生法律效力的判决、裁定确有错误的，应当提交审判委员会讨论决定是否再审。

第四百六十一条　上级人民法院发现下级人民法院已经发生法律效力的判决、裁定确有错误的，可以指令下级人民法院再审；原判决、裁定认定事实正确但适用法律错误，或者案件疑难、复杂、重大，或者有不宜由原审人民法院审理情形的，也可以提审。

上级人民法院指令下级人民法院再审的，一般应当指令原审人民法院以外的下级人民法院审理；由原审人民法院审理更有利于查明案件事实、纠正裁判错误的，可以指令原审人民法院审理。

第四百六十二条　对人民检察院依照审判监督程序提出抗诉的案件，人民法院应当在收到抗诉书后一个月以内立案。但是，有下列情形之一的，应当区别情况予以处理：

（一）不属于本院管辖的，应当将案件退回人民检察院；

（二）按照抗诉书提供的住址无法向被抗诉的原审被告人送达抗诉书的，应当通知人民检察院在三日以内重新提供原审被告人的住址；逾期未提供的，将案件退回人民检察院；

（三）以有新的证据为由提出抗诉，但未附相关证据材料或者有关证据不是指向原起诉事实的，应当通知人民检察院在三日以内补送相关材料；逾期未补送的，将案件退回人民检察院。

决定退回的抗诉案件，人民检察院经补充相关材料后再次抗诉，经审查符合受理条件的，人民法院应当受理。

第四百六十三条　对人民检察院依照审判监督程序提出抗诉的案件，接受抗诉的人民法院应当组成合议庭审理。对原判事实不清、证据不足，包括有新的证据证明原判可能有错误，需要指令下级人民法院再审的，应当在立案之日起一个月以内作出决定，并将指令再审决定书送达抗诉的人民检察院。

第四百六十四条 对决定依照审判监督程序重新审判的案件，人民法院应当制作再审决定书。再审期间不停止原判决、裁定的执行，但被告人可能经再审改判无罪，或者可能经再审减轻原判刑罚而致刑期届满的，可以决定中止原判决、裁定的执行，必要时，可以对被告人采取取保候审、监视居住措施。

《最高人民法院关于审理人民检察院按照审判监督程序提出的刑事抗诉案件若干问题的规定》（2012 年 1 月 1 日施行　法释〔2011〕23 号）

第一条 人民法院收到人民检察院的抗诉书后，应在一个月内立案。经审查，具有下列情形之一的，应当决定退回人民检察院：

（一）不属于本院管辖的；

（二）按照抗诉书提供的住址无法向被提出抗诉的原审被告人送达抗诉书的；

（三）以有新证据为由提出抗诉，抗诉书未附有新的证据目录、证人名单和主要证据复印件或者照片的；

（四）以有新证据为由提出抗诉，但该证据并不是指向原起诉事实的。

人民法院决定退回的刑事抗诉案件，人民检察院经补充相关材料后再次提出抗诉，经审查符合受理条件的，人民法院应当予以受理。

第二条 人民检察院按照审判监督程序提出的刑事抗诉案件，接受抗诉的人民法院应当组成合议庭进行审理。涉及新证据需要指令下级人民法院再审的，接受抗诉的人民法院应当在接受抗诉之日起一个月以内作出决定，并将指令再审决定书送达提出抗诉的人民检察院。

第三条 本规定所指的新证据，是指具有下列情形之一，指向原起诉事实并可能改变原判决、裁定据以定罪量刑的事实的证据：

（一）原判决、裁定生效后新发现的证据；

（二）原判决、裁定生效前已经发现，但由于客观原因未予收集的证据；

（三）原判决、裁定生效前已经收集，但庭审中未予质证、认证的证据；

（四）原生效判决、裁定所依据的鉴定结论，勘验、检查笔录或其他证据被改变或者否定的。

【相关法律文书】

驳回申诉通知书

再审决定书

××××人民法院
驳回申诉通知书

（××××）……刑监……号

×××（申诉人姓名或名称）：

你为……一案，对××××人民法院（或者本院）（××××）……刑×……号刑事判决（或者裁定）不服，以……（概述申诉的主要理由）为理由，向××××人民法院（或本院）提出申诉。

本院经审查，……（写明查明的事实等）。

综上，本院认为，你对该案的申诉理由不能成立，申诉不符合《中华人民共和国刑事诉讼法》第二百五十三条规定的再审条件，原判决（或者裁定）应予维持。

特此通知。

××××年××月××日

（院印）

××××人民法院

再审决定书

（××××）……刑监字……号

原审被告人……（写明姓名和案由）一案，××××人民法院于××××年××月××日以（××××）……刑×……号刑事判决（裁定），认为被告人×××犯××罪，判处××罪。判决（裁定）已经发生法律效力。……（写明被告人提出申诉的事实和理由）。

本院经审查认为，……（写明根据本院进一步的调查所得到的新证据和新事实，论证通过再审查清事实，纠正错误，保障当事人合法权益的必要性）。据此，依照……（写明决定的法律依据）的规定，决定如下：

……（写明决定内容，分三种情况）：

第一，本院决定再审的，写："本案由本院另行组成合议庭进行审理"；

第二，本院决定提审的，写："本案由本院进行提审"；

第三，指令下级人民法院再审的，写："指令××××人民法院另行组成合议庭对本案进行审理"。

本案在再审期间不停止原判决（裁定）的执行。

××××年××月××日

（院印）

第二节　刑事再审案件审理

【工作内容】

1. 审理范围。重点针对申诉、抗诉和决定再审的理由进行审理。必要时，应当对原判决、裁定认定的事实、证据和适用法律进行全面审查。

2. 审理方式。

（1）合议庭的组成。参与过本案第一审、第二审、复核程序审判的合议庭组成人员，不得参与本案的再审程序的审判；原审人民法院审理依照审判监督程序重新审判的案件，应当另行组成合议庭。

（2）程序适用。原来是第一审案件，依照第一审程序进行审判；原来是第二审案件，或者是上级人民法院提审的案件，依照第二审程序进行审判。

（3）开庭审理的情形。依照第一审程序审理的；依照第二审程序需要对事实或者证据进行审理的；人民检察院按照审判监督程序提出抗诉的；可能对原审被告人（原审上诉人）加重刑罚的；有其他应当开庭审理情形的。

（4）可以不开庭审理的情形。①原判决、裁定认定事实清楚，证据确实、充分，但适用法律错误，量刑畸重的。②1979年《刑事诉讼法》施行以前裁判的。③原审被告人、原审自诉人已经死亡或者丧失行为能力的。④原审被告人（原审上诉人）在交通十分不便的边远地区监狱服刑，提押到庭确有困难的；但人民检察院提出抗诉的，人民法院应征得人民检察院的同意。⑤人民法院按照审判监督程序决定再审，将开庭的时间、地点在开庭七日以前通知人民检察院，经两次通知，人民检察院不派员出庭的。

（5）开庭审理的，再审决定书或者抗诉书只针对部分原审被告人，其他同案被告人不出庭不影响审理的，可以不出庭参加诉讼。

（6）缺席审判情形。因被告人患有严重疾病无法出庭，中止审理超过六个月，被告人仍无法出庭，被告人及其法定代理人、近亲属申请或者同意恢复审理的，人民法院可以在被告人不出庭的情况下缺席审理，依法作出判决。被告人死亡的，人民法院可以缺席审理，依法作出判决。

（7）关于并案或分案。对依照审判监督程序重新审判的案件，人民法院在依照第一审程序进行审判的过程中，发现原审被告人还有其他犯罪的，一般应当并案审理，但分案审理更为适宜的，可以分案审理。

3. 开庭审理前的工作。（1）确定合议庭的组成人员。（2）将再审决定书、申诉书副本至迟在开庭三十日前，重大、疑难案件至迟在开庭六十日前送达同级人民检察院并通知其查阅案卷和准备出庭。（3）将再审决定书或抗诉书副本至迟在开庭三十日以前送达原审被告人（原审上诉人），告知其可以委托辩护人或者依法为其指定承担法律援助义务的律师担任辩护人。（4）在开庭三十日前通知人民检察院、当事人或者辩护人查阅、复制双方提交的新证据目录及新证据复印件、照片。（5）在开庭十五日前通知控辩双方查阅、复制人民法院调取的新证据目录及新证据复印件、照片等证据。（6）至迟在开庭十五日前，重大、疑难案件至迟在开庭六十日前，通知辩护人查阅案卷和准备出庭。（7）将开庭的时间、地点在开庭七日以前通知人民检察院。（8）传唤当事人，通知辩护人、诉讼代理人、证人、鉴定人和翻译人员，传票和通知书至迟在开庭七日以前送达。（9）公开审判的案件，在开庭七日以前先期公布案由、原审被告人（原审上诉人）姓名、开庭时间和地点。（10）新证据的接纳。控辩双方收到再审决定书或抗诉书后，人民法院通知开庭之日前，可以提交新的证据。开庭后，除对原审被告人（原审上诉人）有利的外，人民法院不再接纳新证据。

4. 法庭审理程序。（1）开庭审理前，核实原审被告人（原审上诉人）何时因何案被人民法院依法裁判，在服刑中有无重新犯罪，有无减刑、假释，何时刑满释放等情形。（2）开庭审理前，原审被告人（原审上诉人）到达开庭地点后，合议庭应当查明原审被告人（原审上诉人）基本情况，告知原审被告人（原审上诉人）享有辩护权和最后陈述权，制作笔录后，分别由该合议庭成员和书记员签名。（3）开庭审理时，审判长宣布合议庭组成人员及书记员，公诉人、辩护人、鉴定人和翻译人员的名单，并告知当事人、法定代理人享有申请回避的权利。（4）人民法院决定再审的，由合议庭组成人员宣读再审决定书；人民检察院抗诉的，由检察人员宣读抗诉书；申诉人申诉的，由申诉人或者辩护人、诉讼代理人陈述申诉理由。（5）在审判长主持下，控辩双方应就案件的事实、证据和适用法律等问题分别进行陈述。（6）合议庭对控辩双方无争议和有争议的事实、证据及适用法律问题进行归纳，予以确认；就控辩双方有争议的问题，进行法庭调查和辩论；对提出的新证据或者有异议的原审据以定罪量刑的证据进行质证。（7）辩论阶段，原审被告人（原审上诉人）及其法定代理人、近亲属提出申诉的，先由原审被告人（原审上诉人）及其辩护人发表辩护意见，然后由检察人员发言，被害人及其代理人发言；被害人及其法定代理人、近亲属提出申诉的，先由被害人及其代理人发言，检察人员发言，然后由原审被告人（原审上诉人）及其辩护人发表辩护意见；人民检察院提出抗诉的，先由检察人员发言，被害人及其代理人发言，然后由原审被告人（原审上诉人）及其辩护人发表辩护意见；既有申诉又有抗诉的，先由检察人员发言，后由申诉方当事人及其代理人或者辩护人发言或者发表辩护意见，然后由对方当事人及其代理人或辩护人发言或者发表辩护意见。经审判长许可，检察人员、当事人和辩护人、诉讼代理人可以互相辩论。（8）合议庭根据控辩双方举证、质证和辩论情况，可以当庭宣布认证结果。

5. 期限。（1）在作出提审、再审决定之日起三个月以内审结，需要延长期限的，不得超过六个月。（2）下级人民法院接受指令再审的案件，自立案之日起三个月内审结，需要延长期限的，不得超过六个月。（3）审限的扣除。自接到阅卷通知后的第二日起，人民检察院查阅案卷超过七日后的期限，不计入再审审理期限。

6. 再审后的处理。（1）原判决、裁定认定事实和适用法律正确、量刑适当的，应当裁定驳回申诉或者抗诉，维持原判决、裁定。（2）原判决、裁定定罪准确、量刑适当，但在认定事实、适用法律等方面有瑕疵的，应当裁定纠正并维持原判决、裁定。（3）原判决、裁定认定事实没有错误，但适用法律错误，或者量刑不当的，应当撤销原判决、裁定，依法改判。（4）依照第二审程序审理的案件，原判决、裁定事实不清或者证据不足的，可以在查清事实后改判，也可以裁定撤销原判，发回原审人民法院重新审判。原判决、裁定事实不清或者证据不足，经审理事实已经查清的，应当根据查清的事实依法裁判；事实仍无法查清，证据不足，不能认定被告人有罪的，应当撤销原判决、裁定，判决宣告被告人无罪。（5）被提出抗诉的原审被告人已经死亡或者在审理过程中死亡的，裁定终止审理，但对能够查清事实，确认原审被告人无罪的案件，应当予以改判。（6）人民检察院抗诉的案件，经审理发现有新证据且超过《刑事诉讼法》规定的指令再审期限的，可以裁定撤销原判，发回原审人民法院重新审判。

7. 裁定的几种情形及处理。（1）人民检察院抗诉的再审案件，人民检察院在开庭审理前撤回抗诉的，裁定准许；人民检察院接到出庭通知后不派员出庭，且未说明原因的，可以裁定按撤回抗诉处理，并通知诉讼参与人。（2）人民法院审理申诉人申诉的再审案件，申诉人在再审期间撤回申诉的，裁定准许；但认为原判确有错误的，应当不予准许，继续按照再审案件审理。申诉人经依法通知无正当理由拒不到庭，或者未经法庭许可中途退庭的，裁定按撤回申诉处理，但申诉人不是原审当事人的除外。（3）原判决、裁定认定被告人姓名等身份信息有误，但认定事实和适用法律正确、量刑适当的，作出生效判决、裁定的人民法院可以通过裁定对有关信息予以更正。（4）原审被告人（原审上诉人）收到再审决定书或者抗诉书后下落不明或者收到抗诉书后未到庭的，应当中止审理；原审被告人（原审上诉人）到案后，恢复审理；如果超过二年仍查无下落的，应当裁定终止审理，并通知诉讼参与人。

8. 不得加重刑罚的情形。（1）除人民检察院抗诉的以外，一般不得加重原审被告人的刑罚。再审决定书或者抗诉书只针对部分原审被告人的，不得加重其他同案原审被告人的刑罚。（2）具有以下情形，不具备开庭条件，不开庭审理的，不得加重未出庭原审被告人（原审上诉人）的刑罚。①1979年《刑事诉讼法》施行以前裁判的。②原审被告人（原审上诉人）、原审自诉人已经死亡，或者丧失刑事责任能力的。③原审被告人（原审上诉人）在交通十分不便的边远地区监狱服刑，提押到庭确有困难的；但人民检察院提出抗诉的，人民法院应征得人民检察院的同意。④人民法院按照审判监督程序决定再审，将开庭的时间、地点在开庭七日以前通知人民检察院，经两次通知，人民检察院不派员出庭的。

9. 宣判及送达。（1）对人民检察院抗诉的案件，作出裁判当庭宣告判决的，应当在五日内将裁判文书送达当事人、法定代理人、诉讼代理人、提出抗诉的人民检察院、辩护人和原审被告人的近亲属；定期宣告判决的，应当在判决宣告后立即将裁判文书送达当事人、法定代理人、诉讼代理人、提出抗诉的人民检察院、辩护人和原审被告人的近亲属。（2）对改判宣告无罪并依法享有申请国家赔偿权利的当事人，宣判时，告知其在判决发生法律效力后可以依法申请国家赔偿。

【常用法律、司法解释及相关规定】

《刑事诉讼法》（2018 年 10 月 26 日修正）

第二百五十六条 人民法院按照审判监督程序重新审判的案件，由原审人民法院审理的，应当另行组成合议庭进行。如果原来是第一审案件，应当依照第一审程序进行审判，所作的判决、裁定，可以上诉、抗诉；如果原来是第二审案件，或者是上级人民法院提审的案件，应当依照第二审程序进行审判，所作的判决、裁定，是终审的判决、裁定。

人民法院开庭审理的再审案件，同级人民检察院应当派员出席法庭。

第二百五十八条 人民法院按照审判监督程序重新审判的案件，应当在作出提审、再审决定之日起三个月以内审结，需要延长期限的，不得超过六个月。

接受抗诉的人民法院按照审判监督程序审判抗诉的案件，审理期限适用前款规定；对需要指令下级人民法院再审的，应当自接受抗诉之日起一个月以内作出决定，下级人民法院审理案件的期限适用前款规定。

第二百九十六条 因被告人患有严重疾病无法出庭，中止审理超过六个月，被告人仍无法出庭，被告人及其法定代理人、近亲属申请或者同意恢复审理的，人民法院可以在被告人不出庭的情况下缺席审理，依法作出判决。

第二百九十七条 被告人死亡的，人民法院应当裁定终止审理，但有证据证明被告人无罪，人民法院经缺席审理确认无罪的，应当依法作出判决。

人民法院按照审判监督程序重新审判的案件，被告人死亡的，人民法院可以缺席审理，依法作出判决。

《最高人民法院关于适用〈中华人民共和国刑事诉讼法〉的解释》（2021年3月1日施行 法释〔2021〕1号）

第四百六十五条 依照审判监督程序重新审判的案件，人民法院应当重点针对申诉、抗诉和决定再审的理由进行审理。必要时，应当对原判决、裁定认定的事实、证据和适用法律进行全面审查。

第四百六十六条 原审人民法院审理依照审判监督程序重新审判的案件，

应当另行组成合议庭。

原来是第一审案件，应当依照第一审程序进行审判，所作的判决、裁定可以上诉、抗诉；原来是第二审案件，或者是上级人民法院提审的案件，应当依照第二审程序进行审判，所作的判决、裁定是终审的判决、裁定。

符合刑事诉讼法第二百九十六条、第二百九十七条规定的，可以缺席审判。

第四百六十七条 对依照审判监督程序重新审判的案件，人民法院在依照第一审程序进行审判的过程中，发现原审被告人还有其他犯罪的，一般应当并案审理，但分案审理更为适宜的，可以分案审理。

第四百六十八条 开庭审理再审案件，再审决定书或者抗诉书只针对部分原审被告人，其他同案原审被告人不出庭不影响审理的，可以不出庭参加诉讼。

第四百六十九条 除人民检察院抗诉的以外，再审一般不得加重原审被告人的刑罚。再审决定书或者抗诉书只针对部分原审被告人的，不得加重其他同案原审被告人的刑罚。

第四百七十条 人民法院审理人民检察院抗诉的再审案件，人民检察院在开庭审理前撤回抗诉的，应当裁定准许；人民检察院接到出庭通知后不派员出庭，且未说明原因的，可以裁定按撤回抗诉处理，并通知诉讼参与人。

人民法院审理申诉人申诉的再审案件，申诉人在再审期间撤回申诉的，可以裁定准许；但认为原判确有错误的，应当不予准许，继续按照再审案件审理。申诉人经依法通知无正当理由拒不到庭，或者未经法庭许可中途退庭的，可以裁定按撤回申诉处理，但申诉人不是原审当事人的除外。

第四百七十一条 开庭审理的再审案件，系人民法院决定再审的，由合议庭组成人员宣读再审决定书；系人民检察院抗诉的，由检察员宣读抗诉书；系申诉人申诉的，由申诉人或者其辩护人、诉讼代理人陈述申诉理由。

第四百七十二条 再审案件经过重新审理后，应当按照下列情形分别处理：

（一）原判决、裁定认定事实和适用法律正确、量刑适当的，应当裁定驳回申诉或者抗诉，维持原判决、裁定；

（二）原判决、裁定定罪准确、量刑适当，但在认定事实、适用法律等方面有瑕疵的，应当裁定纠正并维持原判决、裁定；

（三）原判决、裁定认定事实没有错误，但适用法律错误或者量刑不当的，应当撤销原判决、裁定，依法改判；

（四）依照第二审程序审理的案件，原判决、裁定事实不清、证据不足的，可以在查清事实后改判，也可以裁定撤销原判，发回原审人民法院重新审判。

原判决、裁定事实不清或者证据不足，经审理事实已经查清的，应当根据查清的事实依法裁判；事实仍无法查清，证据不足，不能认定被告人有罪的，应当撤销原判决、裁定，判决宣告被告人无罪。

第四百七十三条 原判决、裁定认定被告人姓名等身份信息有误，但认定事实和适用法律正确、量刑适当的，作出生效判决、裁定的人民法院可以通过裁定对有关信息予以更正。

第四百七十四条 对再审改判宣告无罪并依法享有申请国家赔偿权利的当事人，人民法院宣判时，应当告知其在判决发生法律效力后可以依法申请国家赔偿。

《最高人民法院关于刑事再审案件开庭审理程序的具体规定（试行）》
（2002 年 1 月 1 日施行　法释〔2001〕31 号）

第四条 参与过本案第一审、第二审、复核程序审判的合议庭组成人员，不得参与本案的再审程序的审判。

第五条 人民法院审理下列再审案件，应当依法开庭审理：

（一）依照第一审程序审理的；

（二）依照第二审程序需要对事实或者证据进行审理的；

（三）人民检察院按照审判监督程序提出抗诉的；

（四）可能对原审被告人（原审上诉人）加重刑罚的；

（五）有其他应当开庭审理情形的。

第六条 下列再审案件可以不开庭审理：

（一）原判决、裁定认定事实清楚，证据确实、充分，但适用法律错误，量刑畸重的；

（二）1979 年《中华人民共和国刑事诉讼法》施行以前裁判的；

（三）原审被告人（原审上诉人）、原审自诉人已经死亡、或者丧失刑事责任能力的；

（四）原审被告人（原审上诉人）在交通十分不便的边远地区监狱服刑，提押到庭确有困难的；但人民检察院提出抗诉的，人民法院应征得人民检察院的同意；

（五）人民法院按照审判监督程序决定再审，按本规定第九条第（五）项规定，经两次通知，人民检察院不派员出庭的。

第七条 人民法院审理共同犯罪再审案件，如果人民法院再审决定书或者人民检察院抗诉书只对部分同案原审被告人（同案原审上诉人）提起再审，其他未涉及的同案原审被告人（同案原审上诉人）不出庭不影响案件审理的，可以不出庭参与诉讼；

部分同案原审被告人（同案原审上诉人）具有本规定第六条第（三）、（四）项规定情形不能出庭的，不影响案件的开庭审理。

第八条 除人民检察院抗诉的以外，再审一般不得加重原审被告人（原审上诉人）的刑罚。

根据本规定第六条第（二）、（三）、（四）、（五）项、第七条的规定，不具备开庭条件可以不开庭审理的，或者可以不出庭参加诉讼的，不得加重未出庭原审被告人（原审上诉人）、同案原审被告人（同案原审上诉人）的刑罚。

第九条 人民法院在开庭审理前，应当进行下列工作：

（一）确定合议庭的组成人员；

（二）将再审决定书、申诉书副本至迟在开庭三十日前，重大、疑难案件至迟在开庭六十日前送达同级人民检察院，并通知其查阅案卷和准备出庭；

（三）将再审决定书或抗诉书副本至迟在开庭三十日以前送达原审被告人（原审上诉人），告知其可以委托辩护人，或者依法为其指定承担法律援助义务的律师担任辩护人；

（四）至迟在开庭十五日前，重大、疑难案件至迟在开庭六十日前，通知辩护人查阅案卷和准备出庭；

（五）将开庭的时间、地点在开庭七日以前通知人民检察院；

（六）传唤当事人，通知辩护人、诉讼代理人、证人、鉴定人和翻译人员，传票和通知书至迟在开庭七日以前送达；

（七）公开审判的案件，在开庭七日以前先期公布案由、原审被告人（原审上诉人）姓名、开庭时间和地点。

第十条 人民法院审理人民检察院提出抗诉的再审案件，对人民检察院接到出庭通知后未出庭的，应当裁定按人民检察院撤回抗诉处理，并通知诉讼参与人。

第十二条 原审被告人（原审上诉人）收到再审决定书或者抗诉书后下落不明或者收到抗诉书后未到庭的，人民法院应当中止审理；原审被告人（原审上诉人）到案后，恢复审理；如果超过二年仍查无下落的，应当裁终止审理。

第十三条 人民法院应当在开庭三十日前通知人民检察院、当事人或者辩护人查阅、复制双方提交的新证据目录及新证据复印件、照片。

人民法院应当在开庭十五日前通知控辩双方查阅、复制人民法院调取的新证据目录及新证据复印件、照片等证据。

第十四条 控辩双方收到再审决定书或抗诉书后，人民法院通知开庭之日前，可以提交新的证据。开庭后，除对原审被告人（原审上诉人）有利的外，人民法院不再接纳新证据。

第十五条 开庭审理前，合议庭应当核实原审被告人（原审上诉人）何时因何案被人民法院依法裁判，在服刑中有无重新犯罪，有无减刑、假释，何时刑满释放等情形。

第十六条 开庭审理前，原审被告人（原审上诉人）到达开庭地点后，合议庭应当查明原审被告人（原审上诉人）基本情况，告知原审被告人（原审上诉人）享有辩护权和最后陈述权，制作笔录后，分别由该合议庭成员和书记员签名。

第十七条 开庭审理时，审判长宣布合议庭组成人员及书记员，公诉人、辩护人、鉴定人和翻译人员的名单，并告知当事人、法定代理人享有申请回避的权利。

第十八条 人民法院决定再审的，由合议庭组成人员宣读再审决定书。

根据人民检察院提出抗诉进行再审的，由公诉人宣读抗诉书。

当事人及其法定代理人、近亲属提出申诉的，由原审被告人（原审上诉人）及其辩护人陈述申诉理由。

第十九条 在审判长主持下，控辩双方应就案件的事实、证据和适用法律等问题分别进行陈述。合议庭对控辩双方无争议和有争议的事实、证据及适用法律问题进行归纳，予以确认。

第二十条 在审判长主持下，就控辩双方有争议的问题，进行法庭调查和辩论。

第二十一条 在审判长主持下，控辩双方对提出的新证据或者有异议的原审据以定罪量刑的证据进行质证。

第二十二条 进入辩论阶段，原审被告人（原审上诉人）及其法定代理人、近亲属提出申诉的，先由原审被告人（原审上诉人）及其辩护人发表辩护意见，然后由公诉人发言，被害人及其代理人发言。

被害人及其法定代理人、近亲属提出申诉的，先由被害人及其代理人发言，公诉人发言，然后由原审被告人（原审上诉人）及其辩护人发表辩护意见。

人民检察院提出抗诉的，先由公诉人发言，被害人及其代理人发言，然后由原审被告人（原审上诉人）及其辩护人发表辩护意见。

既有申诉又有抗诉的，先由公诉人发言，后由申诉方当事人及其代理人或者辩护人发言或者发表辩护意见，然后由对方当事人及其代理人或辩护人发言或者发表辩护意见。

公诉人、当事人和辩护人、诉讼代理人经审判长许可，可以互相辩论。

第二十三条 合议庭根据控辩双方举证、质证和辩论情况，可以当庭宣布认证结果。

第二十四条 再审改判宣告无罪并依法享有申请国家赔偿权利的当事人，宣判时合议庭应当告知其该判决发生法律效力后即有申请国家赔偿的权利。

第二十五条 人民法院审理再审案件，应当在作出再审决定之日起三个月内审结。需要延长期限的，经本院院长批准，可以延长三个月。

自接到阅卷通知后的第二日起，人民检察院查阅案卷超过七日后的期限，不计入再审审理期限。

《最高人民法院关于审理人民检察院按照审判监督程序提出的刑事抗诉案件若干问题的规定》（2012 年 1 月 1 日施行　法释〔2011〕23 号）

第四条　对于原判决、裁定事实不清或者证据不足的案件，接受抗诉的人民法院进行重新审理后，应当按照下列情形分别处理：

（一）经审理能够查清事实的，应当在查清事实后依法裁判；

（二）经审理仍无法查清事实，证据不足，不能认定原审被告人有罪的，应当判决宣告原审被告人无罪；

（三）经审理发现有新证据且超过刑事诉讼法规定的指令再审期限的，可以裁定撤销原判，发回原审人民法院重新审判。

第六条　在开庭审理前，人民检察院撤回抗诉的，人民法院应当裁定准许。

第七条　在送达抗诉书后被提出抗诉的原审被告人未到案的，人民法院应当裁定中止审理；原审被告人到案后，恢复审理。

第八条　被提出抗诉的原审被告人已经死亡或者在审理过程中死亡的，人民法院应当裁定终止审理，但对能够查清事实，确认原审被告人无罪的案件，应当予以改判。

第九条　人民法院作出裁判后，当庭宣告判决的，应当在五日内将裁判文书送达当事人、法定代理人、诉讼代理人、提出抗诉的人民检察院、辩护人和原审被告人的近亲属；定期宣告判决的，应当在判决宣告后立即将裁判文书送达当事人、法定代理人、诉讼代理人、提出抗诉的人民检察院、辩护人和原审被告人的近亲属。

【相关法律文书】

刑事判决书（按一审程序再审全部改判用）

刑事判决书（按一审程序再审部分改判用）

刑事裁定书（按一审程序再审维持原判用）

刑事判决书（按二审程序再审改判用）

刑事判决书（指令一审法院再审改判用）

刑事裁定书（指令一审法院再审维持用）

刑事判决书（指令二审法院再审改判用）

刑事裁定书（指令二审法院再审维持用）
刑事判决书（二审法院决定再审改判用）
刑事裁定书（二审法院决定再审维持用）
刑事判决书（再审后的抗诉案件二审改判用）
刑事判决书（再审后的抗诉案件二审维持用）

××××人民法院

刑事判决书

（按一审程序再审全部改判用）

（××××）……刑再初……号

原公诉机关××××人民检察院。

原审被告人……（写明姓名、性别、出生年月日、民族、出生地、文化程度、职业或者工作单位和职务、住址等，现羁押处所）。

辩护人……（写明姓名、工作单位和职务）。

××××人民检察院指控原审被告人×××犯××罪一案，本院于××××年××月××日作出（××××）……刑初……号刑事判决。该判决发生法律效力后，……（写明提起再审的根据或再审案件的由来）。本院依法另行组成合议庭，公开（或者不公开）开庭审理了本案。××××人民检察院检察员×××出庭履行职务。被害人×××、原审被告人×××及其辩护人×××等到庭参加诉讼。现已审理终结。

……（概述原审判决认定的事实、证据、判决的理由和判决结果）。

……（概述再审中原审被告人的辩解和辩护人的辩护意见。对人民检察院在再审中提出的意见，应当一并写明）。

经再审查明，……（写明再审认定的事实和证据，并就诉讼双方对原判有异议的事实、证据作出分析、认证）。

本院认为，……（根据再审查明的事实、证据和有关法律规定，对原判和诉讼各方的主要意见作出分析，阐明改判的理由）。依照……（写明判决的法律依据）的规定，判决如下：

一、撤销本院（××××）……刑×……号刑事判决；

二、原审被告人×××……（写明改判的内容）。

如不服本判决，可在接到判决书的第二日起十日内，通过本院或者直接向××××人民法院提出上诉。书面上诉的，应当提交上诉状正本一份，副本×份。

审 判 长 ×××

审 判 员 ×××

审 判 员 ×××

××××年××月××日

（院印）

本件与原本核对无异

书 记 员 ×××

××××人民法院
刑事判决书
（按一审程序再审部分改判用）

（××××）……刑再初……号

原公诉机关××××人民检察院。

原审被告人……（写明姓名、性别、出生年月日、民族、出生地、文化程度、职业或者工作单位和职务、住址等，现羁押处所）。

辩护人……（写明姓名、工作单位和职务）。

××××人民检察院指控原审被告人×××犯××罪一案，本院于××××年××月××日作出（××××）……刑初……号刑事判决。该判决发生法律效力后，……（写明提起再审的根据或者再审案件的由来）。本院依法另行组成合议庭，公开（或者不公开）开庭审理了本案。××××人民检察院检察员×××出庭履行职务。被害人×××、原审被告人×××及其辩护人×××等到庭参加诉讼。现已审理终结。

……（概述原审判决认定的事实、证据、判决的理由和判决结果）。

……（概述再审中原审被告人的辩解和辩护人的辩护意见。对人民检察院在再审中提出的意见，应当一并写明）。

经再审查明，……（写明再审认定的事实和证据，并就诉讼双方对原判有异议的事实、证据作出分析、认证）。

本院认为，……（根据再审查明的事实、证据和有关法律规定，对原判和诉讼各方的主要意见作出分析，阐明改判的理由）。依照……（写明判决的法律依据）的规定，判决如下：

一、维持本院（××××）……刑×……号刑事判决的第×项，即……（写明维持的具体内容）；

二、撤销本院（××××）……刑×……号刑事判决的第×项，即……（写明撤销的具体内容）；

三、原审被告人×××……（写明部分改判的内容）。

如不服本判决，可在接到判决书的第二日起十日内，通过本院或者直接向××××人民法院提出上诉。书面上诉的，应当提交上诉状正本一份，副本×份。

审　判　长　×××

审　判　员　×××

审　判　员　×××

××××年××月××日

（院印）

本件与原本核对无异

书　记　员　×××

×××× 人民法院

刑事裁定书

（按一审程序再审维持原判用）

（××××）……刑再初……号

原公诉机关×××× 人民检察院。

原审被告人……（写明姓名、性别、出生年月日、民族、出生地、文化程度、职业或者工作单位和职务、住址等，现羁押处所）。

辩护人……（写明姓名、工作单位和职务）。

×××× 人民检察院指控原审被告人×××犯××罪一案，本院于××××年××月××日作出（××××）……刑初……号刑事判决。该判决发生法律效力后……（写明提起再审的根据或者再审案件的由来）。本院依法另行组成合议庭，公开（或者不公开）开庭审理了本案。×××× 人民检察院检察员×××出庭履行职务。被害人×××、原审被告人×××及其辩护人×××等到庭参加诉讼。现已审理终结。

……（概述原审判决认定的事实、证据、判决的理由和结果）。

……（概述再审中原审被告人的辩解和辩护人的辩护意见。对人民检察院在再审中提出的意见，应当一并写明）。

经再审查明，……（写明再审认定的事实和证据，并就诉讼双方对原判有异议的事实、证据作出分析、认证）。

本院认为，……（根据再审查明的事实、证据和有关法律规定，通过分析论证，具体写明原判定罪准确，量刑适当，应予维持，被告人的辩解和辩护人的辩护意见不予采纳的理由）。依照……（写明裁定的法律依据）的规定，裁定如下：

维持本院（××××）……刑×……号刑事判决。

如不服本裁定，可在接到裁定书的第二日起五日内，通过本院或者直接向×××× 人民法院提出上诉。书面上诉的，应当提交上诉状正本一份，副本×份。

审 判 长 ×××

审 判 员 ×××

审 判 员 ×××

××××年××月××日

（院印）

本件与原本核对无异

书 记 员 ×××

××××人民法院

刑事判决书

（按二审程序再审改判用）

（××××）……刑再终……号

原公诉机关××××人民检察院。

原审被告人……（写明姓名、性别、出生年月日、民族、出生地、文化程度、职业或者工作单位和职务、住址等，现羁押处所）。

辩护人……（写明姓名、工作单位和职务）。

×××（写明省、自治区、直辖市和市）人民法院审理×××人民检察院指控被告人×××犯××罪一案，于××××年××月××日作出（××××）……刑初……号刑事判决，认定×××犯××罪，判处……（写明主刑和附加刑）。宣判后，×××提出上诉。本院于××××年××月××日作出（××××）……刑终……号刑事判决（或者裁定）……（写明裁判结果）。上述裁判发生法律效力后，……（写明提起再审的根据或者再审案件的由来）。本院依法另行组成合议庭，公开（或者不公开）开庭审理了本案。××××人民检察院检察员×××出庭履行职务。被害人×××、原审被告人×××及其辩护人×××等到庭参加诉讼。现已审理终结。

……（概述原判认定的事实、证据、判决的理由和判决结果）。

……（概述再审中原审被告人的辩解和辩护人的辩护意见。对人民检察院在再审中提出的意见，应当一并写明）。

经再审查明，……（写明再审认定的事实和证据，并就诉讼双方对原判有异议的事实、证据作出分析、认证）。

本院认为，……（根据再审查明的事实、证据和有关法律规定，对原判和诉讼各方主要意见作出分析，阐明改判的理由）。依照……（写明判决的法律依据）的规定，判决如下：

……〔写明判决结果。分六种情况：

第一，原系一审，提审后全部改判的，表述为：

"一、撤销×××人民法院（××××）……刑初……号刑事判决；

二、被告人×××……（写明改判的内容）。"

第二，原系一审，提审后部分改判的，表述为：

"一、维持×××人民法院（××××）……刑初……号刑事判决的第×项，即……（写明维持的具体内容）；

"二、撤销×××人民法院（××××）……刑初……号刑事判决的第×项，即……（写明撤销的具体内容）；

三、被告人×××……（写明部分改判的内容）。"

第三，原系二审维持原判，再审后全部改判的，表述为：

"一、撤销本院（××××）……刑终……号刑事裁定和×××人民法院（××××）……刑初……号刑事判决；

二、被告人×××……（写明改判的内容）。"

第四，原系二审维持原判，再审后部分改判的，表述为：

"一、维持本院（××××）……刑终……号刑事裁定和×××人民法院（××××）……刑初……号刑事判决中……（写明维持的具体内容）；

二、撤销本院（××××）……刑终……号刑事裁定和×××人民法院（××××）……刑初……号刑事判决中……（写明撤销的具体内容）；

三、被告人×××……（写明部分改判的内容）。"

第五，原系二审改判，再审后全部改判的，表述为：

"一、撤销本院（××××）……刑终……号刑事判决和×××人民法院（××××）……刑初……号刑事判决；

二、被告人×××……（写明改判的内容）。"

第六，原系二审改判，再审后部分改判的，表述为：

"一、维持本院（××××）……刑终……号刑事判决的第×项，即……（写明维持的具体内容）；

二、撤销本院（××××）……刑终……号刑事判决的第×项，即……（写明撤销的具体内容）；

三、被告人×××……（写明改判的内容）。"〕

本判决为终审判决。

审　判　长　×××
审　判　员　×××
审　判　员　×××

××××年××月××日
（院印）

本件与原本核对无异

书　记　员　×××

×××× 人民法院

刑事判决书

（指令一审法院再审改判用）

（××××）……刑再初……号

原公诉机关×××× 人民检察院。

原审被告人……（写明姓名、性别、出生年月日、民族、出生地、文化程度、职业或者工作单位和职务、住址等，现羁押处所）。

辩护人……（写明姓名、工作单位和职务）。

×××× 人民检察院指控原审被告人××× 犯×× 罪一案，本院于×× ×× 年×× 月×× 日作出（××××）……刑初……号刑事判决。该判决发生法律效力后，×××× 人民法院于×××× 年×× 月×× 日作出（×× ×）……刑监……号再审裁定，指令本院对本案进行再审。本院依法另行组成合议庭，公开（或者不公开）开庭审理了本案。×××× 人民检察院检察员××× 出庭履行职务。被害人×××、原审被告人×× 及其辩护人×× × 等到庭参加诉讼。现已审理终结。

……（概述原审判决认定的事实、证据、判决的理由和判决结果）。

……（概述再审中原审被告人的辩解和辩护人的辩护意见。对人民检察院在再审中提出的意见，应当一并写明）。

经再审查明，……（写明再审认定的事实和证据，并就诉讼双方对原判有异议的事实、证据作出分析、认证）。

本院认为，……（根据再审查明的事实、证据和有关法律规定，对原判和诉讼各方的主要意见作出分析，阐明改判的理由）。依照……（写明判决的法律依据）的规定，判决如下：

一、撤销本院（××××）……刑……号刑事判决；

二、原审被告人×××……（写明改判的内容）。

如不服本判决，可在接到判决书的第二日起十日内，通过本院或者直接向×××× 人民法院提出上诉。书面上诉的，应当提交上诉状正本一份，副本× 份。

审　判　长　×××

审　判　员　×××

审　判　员　×××

××××年××月××日

（院印）

本件与原本核对无异

书　记　员　×××

××××人民法院
刑事裁定书
（指令一审法院再审维持用）

（××××）……刑再初……号

原公诉机关××××人民检察院。

原审被告人……（写明姓名、性别、出生年月日、民族、出生地、文化程度、职业或者工作单位和职务、住址等，现羁押处所）。

辩护人……（写明姓名、工作单位和职务）。

××××人民检察院指控原审被告人×××犯××罪一案，本院于××××年××月××日作出（××××）……刑初……号刑事判决。该判决发生法律效力后，××××人民法院于××××年××月××日作出（××××）……刑监……号再审裁定，指令本院对本案进行再审。本院依法另行组成合议庭，公开（或者不公开）开庭审理了本案。××××人民检察院检察员×××出庭履行职务。被害人×××、原审被告人×××及其辩护人×××等到庭参加诉讼。现已审理终结。

……（概述原审判决认定的事实、证据、判决的理由和结果）。

……（概述再审中原审被告人的辩解和辩护人的辩护意见。对人民检察院在再审中提出的意见，应当一并写明）。

经再审查明，……（写明再审认定的事实和证据，并就诉讼双方对原判有异议的事实、证据作出分析、认证）。

本院认为，……（根据再审查明的事实、证据和有关法律规定，通过分析论证，具体写明原判定罪准确，量刑适当，应予维持，被告人的辩解和辩护人的辩护意见不予采纳的理由）。依照……（写明裁定的法律依据）的规定，裁定如下：

维持本院（××××）……刑×……号刑事判决。

如不服本裁定，可在接到裁定书的第二日起五日内，通过本院或者直接向××××人民法院提出上诉。书面上诉的，应当提交上诉状正本一份，副本×份。

审　判　长　×××
审　判　员　×××
审　判　员　×××
××××年××月××日
（院印）

本件与原本核对无异

书　记　员　×××

××××人民法院

刑事判决书

（指令二审法院再审改判用）

（××××）……刑再终……号

原公诉机关××××人民检察院。

原审上诉人（原审被告人）……（写明姓名、性别、出生年月日、民族、出生地、文化程度、职业或者工作单位和职务、住址等，现羁押处所）。

辩护人……（写明姓名、工作单位和职务）。

××××人民检察院指控原审被告人×××犯××罪一案，××××人民法院于××××年××月××日作出（××××）……刑初……号刑事判决，本院于××××年××月××日作出（××××）……刑终……号刑事裁定。上述裁判发生法律效力后，××××人民法院于××××年××月××日作出（××××）……刑监……号再审裁定，指令本院对本案进行再审。本院依法另行组成合议庭，公开（或者不公开）开庭审理了本案。××××人民检察院检察员×××出庭履行职务。被害人×××、原审被告人×××及其辩护人×××等到庭参加诉讼。现已审理终结。

……（概述原审判决认定的事实、证据、判决的理由和判决结果）。

……（概述再审中原审被告人的辩解和辩护人的辩护意见。对人民检察院在再审中提出的意见，应当一并写明）。

经再审查明，……（写明再审认定的事实和证据，并就诉讼双方对原判有异议的事实、证据作出分析、认证）。

本院认为，……（根据再审查明的事实、证据和有关法律规定，对原判和诉讼各方的主要意见作出分析，阐明改判的理由）。依照……（写明判决的法律依据）的规定，判决如下：

一、撤销本院（××××）……刑终……号刑事裁定和×××人民法院（××××）……刑初……号刑事判决；

二、被告人×××……（写明改判的内容）。

本判决为终审判决。

审　判　长　×××

审　判　员　×××

审　判　员　×××

×××　年×× 月×× 日

（院印）

本件与原本核对无异

书　记　员　×××

××××人民法院

刑事裁定书

（指令二审法院再审维持用）

（××××）……刑再终……号

原公诉机关××××人民检察院。

原审上诉人（原审被告人）……（写明姓名、性别、出生年月日、民族、出生地、文化程度、职业或者工作单位和职务、住址等，现羁押处所）。

辩护人……（写明姓名、工作单位和职务）。

××××人民检察院指控原审被告人×××犯××罪一案，××××人民法院于××××年××月××日作出（××××）……刑初……号刑事判决，本院于××××年××月××日作出（××××）……刑终……号刑事裁定。上述裁判发生法律效力后，××××人民法院于××××年××月××日作出（××××）……刑监……号再审裁定，指令本院对本案进行再审。本院依法另行组成合议庭，公开（或者不公开）开庭审理了本案。××××人民检察院检察员×××出庭履行职务。被害人×××、原审被告人×××及其辩护人×××等到庭参加诉讼。现已审理终结。

……（概述原审判决认定的事实、证据、判决的理由和结果）。

……（概述再审中原审被告人的辩解和辩护人的辩护意见。对人民检察院在再审中提出的意见，应当一并写明）。

经再审查明，……（写明再审认定的事实和证据，并就诉讼双方对原判有异议的事实、证据作出分析、认证）。

本院认为，……（根据再审查明的事实、证据和有关法律规定，通过分析论证，具体写明原判定罪准确，量刑适当，应予维持，被告人的辩解和辩护人的辩护意见不予采纳的理由）。依照……（写明裁定的法律依据）。依照……（写明判决的法律依据）的规定，裁定如下：

维持本院（××××）……刑终……号刑事裁定和××××人民法院（××××）……刑初……号刑事判决。

本裁定为终审裁定。

审　判　长　×××

审　判　员　×××

审　判　员　×××

××××年××月××日

（院印）

本件与原本核对无异

书　记　员　×××

××××人民法院
刑事判决书
（二审法院决定再审改判用）

（××××）……刑再终……号

原公诉机关××××人民检察院。

原审上诉人（原审被告人）……（写明姓名、性别、出生年月日、民族、出生地、文化程度、职业或者工作单位和职务、住址等，现羁押处所）。

辩护人……（写明姓名、工作单位和职务）。

××××人民检察院指控原审被告人×××犯××罪一案，××××人民法院于××××年××月××日作出（××××）……刑初……号刑事判决，本院于××××年××月××日作出（××××）……刑终……号刑事裁定。上述裁判发生法律效力后，本院又于××××年××月××日作出（××××）……刑监……号再审裁定，对本案进行再审。本院依法另行组成合议庭，公开（或者不公开）开庭审理了本案。××××人民检察院检察员×××出庭履行职务。被害人×××、原审被告人×××及其辩护人×××等到庭参加诉讼。现已审理终结。

……（概述原审判决认定的事实、证据、判决的理由和判决结果）。

……（概述再审中原审被告人的辩解和辩护人的辩护意见。对人民检察院在再审中提出的意见，应当一并写明）。

经再审查明，……（写明再审认定的事实和证据，并就诉讼双方对原判有异议的事实、证据作出分析、认证）。

本院认为，……（根据再审查明的事实、证据和有关法律规定，对原判和诉讼各方的主要意见作出分析，阐明改判的理由）。依照……（写明判决的法律依据）的规定，判决如下：

一、撤销本院（××××）……刑终……号刑事裁定和×××人民法院（××××）……刑初……号刑事判决；

二、被告人×××……（写明改判的内容）。

本判决为终审判决。

审　判　长　×××

审　判　员　×××

审　判　员　×××

××××年××月××日

（院印）

本件与原本核对无异

书　记　员　×××

×××× 人民法院

刑事裁定书

（二审法院决定再审维持用）

（××××）……刑再终……号

原公诉机关×××× 人民检察院。

原审上诉人（原审被告人）……（写明姓名、性别、出生年月日、民族、出生地、文化程度、职业或者工作单位和职务、住址等，现羁押处所）。

辩护人……（写明姓名、工作单位和职务）。

×××× 人民检察院指控原审被告人×××犯××罪一案，×××× 人民法院于××××年××月××日作出（××××）……刑初……号刑事判决，本院于××××年××月××日作出（××××）……刑终……号刑事裁定。上述裁判发生法律效力后，本院又于××××年××月××日作出（××××）……刑监……号再审裁定，对本案进行再审。本院依法另行组成合议庭，公开（或者不公开）开庭审理了本案。×××× 人民检察院检察员×××出庭履行职务。被害人×××、原审被告人×××及其辩护人×××等到庭参加诉讼。现已审理终结。

……（概述原审判决认定的事实、证据、判决的理由和结果）。

……（概述再审中原审被告人的辩解和辩护人的辩护意见。对人民检察院在再审中提出的意见，应当一并写明）。

经再审查明，……（写明再审认定的事实和证据，并就诉讼双方对原判有异议的事实、证据作出分析、认证）。

本院认为，……（根据再审查明的事实、证据和有关法律规定，通过分析论证，具体写明原判定罪准确，量刑适当，应予维持，被告人的辩解和辩护人的辩护意见不予采纳的理由）。依照……（写明裁定的法律依据）。依照……（写明判决的法律依据）的规定，裁定如下：

维持本院（××××）……刑终……号刑事裁定和×××× 人民法院（××××）……刑初……号刑事判决。

本裁定为终审裁定。

审　判　长　×××
审　判　员　×××
审　判　员　×××

××××年××月××日
（院印）

本件与原本核对无异

书　记　员　×××

×××人民法院

刑事判决书

（再审后的抗诉案件二审改判用）

（××××）……刑再终……号

抗诉机关××××人民检察院。

原审被告人……（写明姓名、性别、出生年月日、民族、出生地、文化程度、职业或者工作单位和职务、住址等，现羁押处所）。

辩护人……（写明姓名、工作单位和职务）。

×××（写明省、自治区、直辖市和市）人民法院审理××××人民检察院指控被告人×××犯××罪一案，××××人民法院于××××年××月××日作出（××××）……刑再初……号刑事判决（或者裁定）……（写明裁判结果）。宣判后，××××人民检察院提出抗诉。本院依法组成合议庭，公开（或者不公开）开庭审理了本案。××××人民检察院检察员×××出庭履行职务。被害人×××、原审被告人×××及其辩护人×××等到庭参加诉讼。现已审理终结。

……〔概述一审法院的再审判决（或者裁定）认定的事实、证据、判决的理由和判决结果〕。

……（上诉、辩护的主要意见。对人民检察院在二审中提出的意思应当一并写明）。

经审理查明，……（写明二审认定的事实和证据，并就诉讼双方对原判有异议的事实、证据作出分析、认证）。

本院认为，……（根据二审查明的事实、证据和有关法律规定，对原判和诉讼各方的主要意见作出分析，阐明改判的理由）。依照……（写明判决的法律依据）的规定，判决如下：

一、撤销×××人民法院（××××）……刑再初……号刑事判决（或者裁定）和×××人民法院（××××）……刑初……号刑事判决（或者裁定）；

二、被告人×××……（写明改判的内容）。

本判决为终审判决。

审 判 长 ×××
审 判 员 ×××
审 判 员 ×××

××××年××月××日
（院印）

本件与原本核对无异

书 记 员 ×××

××××人民法院

刑事判决书

（再审后的抗诉案件二审维持用）

（××××）……刑再终……号

抗诉机关××××人民检察院。

上诉人（原审被告人）……（写明姓名、性别、出生年月日、民族、出生地、文化程度、职业或者工作单位和职务、住址等，现羁押处所）。

辩护人……（写明姓名、工作单位和职务）。

××××人民检察院指控被告人×××犯××罪一案，××××人民法院于××××年××月××日作出（××××）……刑再初……号刑事判决（或者裁定）。××××人民检察院提出抗诉。本院依法组成合议庭，公开（或者不公开）开庭审理了本案。××××人民检察院检察员×××出庭履行职务。被害人×××、原审被告人×××及其辩护人×××等到庭参加诉讼。现已审理终结。

……〔概述一审法院的再审判决（或者裁定）认定的事实、证据、判决的理由和判决结果〕。

……（概述人民检察院的抗诉意见及原审被告人的辩解和辩护人的辩护意见）。

经审理查明，……（写明二审法院认定的事实和证据，并就诉讼双方对原判有异议的事实、证据作出分析、认证）。

本院认为，……（根据二审查明的事实、证据和有关法律规定，通过分析论证，具体写明原判定罪准确，量刑适当，应予维持，被告人的辩解和辩护人的辩护意见不予采纳的理由）。依照……（写明判决的法律依据）的规定，裁定如下：

驳回上诉，维持××××人民法院（××××）……刑再初……号刑事判决（或者裁定）和××××人民法院（××××）……刑初……号刑事判决。

本裁定为终审裁定。

审　判　长　×××
审　判　员　×××
审　判　员　×××
××××年××月××日
（院印）

本件与原本核对无异

书　记　员　×××

第五章　庭前会议

【工作内容】

（一）适用范围

（1）证据材料较多、案情重大复杂的；（2）控辩双方对事实、证据存在较大争议的；（3）社会影响重大的；（4）需要召开庭前会议的其他情形。

（二）参加人员

1. 庭前会议由审判长主持，合议庭其他审判员也可以主持庭前会议。召开庭前会议应当通知公诉人、辩护人到场。庭前会议准备就非法证据排除了解情况、听取意见，或者准备询问控辩双方对证据材料的意见的，应当通知被告人到场。有多名被告人的案件，可以根据情况确定参加庭前会议的被告人。被告人申请排除非法证据，但没有辩护人的，人民法院应当通知法律援助机构指派律师为被告人提供帮助。庭前会议中进行附带民事调解的，人民法院应当通知附带民事诉讼当事人到场。

2. 被告人不参加庭前会议的，辩护人应当在召开庭前会议前就庭前会议处理事项听取被告人意见。

（三）启动

1. 控辩双方可以申请人民法院召开庭前会议，提出申请应当说明理由。人民法院经审查认为有必要的，应当召开庭前会议；决定不召开的，应当告知申请人。

2. 被告人及其辩护人在开庭审理前申请排除非法证据，并依照法律规定提供相关线索或者材料的，人民法院应当召开庭前会议。

（四）形式和内容

1. 庭前会议一般不公开进行。根据案件情况，庭前会议可以采用视频等方式进行。

2. 庭前会议可以多次召开。休庭后，为准备再次开庭，可以在再次开庭前召开庭前会议。

3. 庭前会议应当在法庭或者其他办案场所召开，有被羁押的被告人参加的，可以在看守所办案场所召开。被告人参加庭前会议，应当有法警在场。

4. 承办法官根据案件情况，综合控辩双方意见，确定庭前会议的主要内容。在召开庭前会议三日前，将会议的时间、地点、人员和主要内容等通知参加人员，通知情况应当记录在案。被告人及其辩护人在开庭审理前申请排除非法证据的，应当在召开庭前会议三日前，将申请书及相关线索或者材料的复制件送交检察院。

5. 庭前会议开始后，主持人应当核实参会人员情况，宣布庭前会议的主要内容和要求。有多名被告人的案件，审判人员可以根据案件情况确定参加庭前会议的被告人。有多名被告人参加庭前会议的，应当采取必要措施防止串供。

6. 庭前会议中，主持人可以就是否对案件管辖有异议、是否申请有关人员回避、是否申请不公开审理、是否申请排除非法证据、是否申请提供新的证据材料、是否申请重新鉴定或者勘验、是否申请收集、调取证明被告人无罪或者罪轻的证据材料、是否申请证人、鉴定人、有专门知识的人、调查人员、侦查人员或者其他人员出庭、是否对出庭人员名单有异议、是否对涉案财物的权属情况和人民检察院的处理建议有异议、附带民事部分是否有调解意向及与审判相关的其他问题向控辩双方了解情况、听取意见。

7. 审判人员在庭前会议中归纳控辩双方的争议焦点。对控辩双方没有争议或者达成一致意见的事项，可以在庭审中简化审理。可以组织控辩双方协商确定庭审的举证顺序、方式等事项，明确法庭调查的方式和重点。

8. 庭前会议情况应制作笔录，由参会人员核对后签名。

9. 对召开庭前会议的案件，可以在开庭时告知庭前会议情况。对庭前会议中达成一致意见的事项，法庭在向控辩双方核实后，可以当庭予以确认；未达成一致意见的事项，法庭可以归纳控辩双方争议焦点，听取控辩双方意见，依法作出处理。

（五）处理方式

1. 被告人及其辩护人对案件管辖提出异议，应当说明理由。经审查认为异议成立的，应当依法将案件退回检察院或者移送有管辖权的法院；认为本院不宜行使管辖权的，可以请求上一级法院处理。认为异议不成立的，依法驳回。

2. 被告人及其辩护人申请回避的，应当说明理由。经审查认为异议成立的，依法决定有关人员回避；认为不成立的，依法驳回。申请回避被驳回的，可以申请复议一次，但不属于《刑事诉讼法》第二十九条、第三十条规定情形的，回避申请被驳回后，不得申请复议。申请检察人员回避的，应当通知人民检察院。

3. 被告人及其辩护人申请不公开审理的，经审查属于涉及国家秘密或者个人隐私案件，应当准许；认为属于涉及商业秘密的案件，可以准许。

4. 被告人及其辩护人申请排除非法证据并提供相关线索或者材料的，人民检察院应当在庭前会议中通过出示有关证据材料等方式，有针对性地对证据收集的合法性作出说明。审判人员可以核实情况，听取意见。人民检察院可以撤回有关证据，撤回的证据，没有新的理由，不得在庭审中出示。被告人及其辩护人可以撤回排除非法证据的申请，撤回申请后，没有新的线索或材料，不得再次对有关证据提出排除申请。控辩双方在庭前会议中对证据收集是否合法未达成一致意见，人民法院对证据收集的合法性有疑问的，应当在庭审中进行调查；对证据收集的合法性没有疑问，且无新的线索或者材料表明可能存在非法取证的，可以决定不再进行调查并说明理由。

5. 控辩双方申请重新鉴定或者勘验，应当说明理由，经审查认为理由成立、有关证据材料可能影响定罪量刑且不能补正的，应当准许；认为有关证据材料与案件无关或者明显重复、没有必要的，可以不予准许。

6. 被告人及其辩护人申请调取在侦查、审查起诉期间公安机关、人民检察院收集但未随案移送的证明被告人无罪或者罪轻的证据材料，并提供相关线索或材料的，应当给予调取，并通知人民检察院在收到调取决定书后三日内移交。申请向证人或有关单位、个人收集、调取证据材料，应当说明理由，经审查认为有关材料可能影响定罪量刑的，应当准许；认为有关材料与案件无关或者明显重复、没有必要的，可以不予准许。

7. 控辩双方申请证人、鉴定人、调查人员、侦查人员、有专门知识的人出庭，应当说明理由，经审查认为理由成立的，应当通知有关人员出庭。对上列人员名单有异议的，经审查认为异议不成立的，应当驳回；认为异议成立的，应当依法作出处理。人民法院通知上列人员出庭后，应当告知控辩双方负责协助对本方诉讼主张有利的有关人员到庭。

8. 附带民事诉讼达成和解协议的，审查履行能力、履行方式，询问附带民事诉讼原告人是否对被告人进行谅解和量刑方面的意见等，协议履行后是否在开庭审理前撤回附带民事部分的起诉、上诉。

9. 对于被告人在庭前会议前不认罪，在庭前会议中又认罪的案件，人民法院核实被告人认罪的自愿性和真实性后，可以决定适用速裁程序或者简易程序审理。

10. 人民法院在庭前会议中听取控辩双方对案件事实、证据材料的意见后，对明显事实不清、证据不足的案件，可以建议人民检察院补充材料或者撤回起诉。建议撤回起诉的案件，人民检察院不同意的，开庭审理后，没有新的事实和理由，一般不准许撤回起诉。

11. 控辩双方在庭前会议中就有关事项达成一致意见，又在庭审中提出异议的，除有正当理由外，一般不再对有关事项进行处理。

【常用法律、司法解释及相关规定】

《刑事诉讼法》（2018 年 10 月 26 日修正）

第一百八十七条 人民法院决定开庭审判后，应当确定合议庭的组成人员，将人民检察院的起诉书副本至迟在开庭十日以前送达被告人及其辩护人。

在开庭以前，审判人员可以召集公诉人、当事人和辩护人、诉讼代理人，对回避、出庭证人名单、非法证据排除等与审判相关的问题，了解情况，听取意见。

人民法院确定开庭日期后，应当将开庭的时间、地点通知人民检察院，传唤当事人，通知辩护人、诉讼代理人、证人、鉴定人和翻译人员，传票和通知书至迟在开庭三日以前送达。公开审判的案件，应当在开庭三日以前先期公布案由、被告人姓名、开庭时间和地点。

上述活动情形应当写入笔录，由审判人员和书记员签名。

《最高人民法院关于适用〈中华人民共和国刑事诉讼法〉的解释》（2021年3月1日施行 法释〔2021〕1号）

第一百三十条 开庭审理前，人民法院可以召开庭前会议，就非法证据排除等问题了解情况，听取意见。

在庭前会议中，人民检察院可以通过出示有关证据材料等方式，对证据收集的合法性加以说明。必要时，可以通知调查人员、侦查人员或者其他人员参加庭前会议，说明情况。

第一百三十一条 在庭前会议中，人民检察院可以撤回有关证据。撤回的证据，没有新的理由，不得在庭审中出示。

当事人及其辩护人、诉讼代理人可以撤回排除非法证据的申请。撤回申请后，没有新的线索或者材料，不得再次对有关证据提出排除申请。

第一百三十三条 控辩双方在庭前会议中对证据收集是否合法未达成一致意见，人民法院对证据收集的合法性有疑问的，应当在庭审中进行调查；对证据收集的合法性没有疑问，且无新的线索或者材料表明可能存在非法取证的，可以决定不再进行调查并说明理由。

第二百二十六条 案件具有下列情形之一的，人民法院可以决定召开庭前会议：

（一）证据材料较多、案情重大复杂的；

（二）控辩双方对事实、证据存在较大争议的；

（三）社会影响重大的；

（四）需要召开庭前会议的其他情形。

第二百二十七条 控辩双方可以申请人民法院召开庭前会议，提出申请应当说明理由。人民法院经审查认为有必要的，应当召开庭前会议；决定不召开的，应当告知申请人。

第二百二十八条 庭前会议可以就下列事项向控辩双方了解情况，听取意见：

（一）是否对案件管辖有异议；

（二）是否申请有关人员回避；

（三）是否申请不公开审理；

（四）是否申请排除非法证据；

（五）是否提供新的证据材料；

（六）是否申请重新鉴定或者勘验；

（七）是否申请收集、调取证明被告人无罪或者罪轻的证据材料；

（八）是否申请证人、鉴定人、有专门知识的人、调查人员、侦查人员或者其他人员出庭，是否对出庭人员名单有异议；

（九）是否对涉案财物的权属情况和人民检察院的处理建议有异议；

（十）与审判相关的其他问题。

庭前会议中，人民法院可以开展附带民事调解。

对第一款规定中可能导致庭审中断的程序性事项，人民法院可以在庭前会议后依法作出处理，并在庭审中说明处理决定和理由。控辩双方没有新的理由，在庭审中再次提出有关申请或者异议的，法庭可以在说明庭前会议情况和处理决定理由后，依法予以驳回。

庭前会议情况应当制作笔录，由参会人员核对后签名。

第二百二十九条 庭前会议中，审判人员可以询问控辩双方对证据材料有无异议，对有异议的证据，应当在庭审时重点调查；无异议的，庭审时举证、质证可以简化。

第二百三十条 庭前会议由审判长主持，合议庭其他审判员也可以主持庭前会议。

召开庭前会议应当通知公诉人、辩护人到场。

庭前会议准备就非法证据排除了解情况、听取意见，或者准备询问控辩双方对证据材料的意见的，应当通知被告人到场。有多名被告人的案件，可以根据情况确定参加庭前会议的被告人。

第二百三十一条 庭前会议一般不公开进行。

根据案件情况，庭前会议可以采用视频等方式进行。

第二百三十二条 人民法院在庭前会议中听取控辩双方对案件事实、证据材料的意见后，对明显事实不清、证据不足的案件，可以建议人民检察院补充材料或者撤回起诉。建议撤回起诉的案件，人民检察院不同意的，开庭审理后，没有新的事实和理由，一般不准许撤回起诉。

第二百三十三条 对召开庭前会议的案件，可以在开庭时告知庭前会议情况。对庭前会议中达成一致意见的事项，法庭在向控辩双方核实后，可以当庭予以确认；未达成一致意见的事项，法庭可以归纳控辩双方争议焦点，听取控辩双方意见，依法作出处理。

控辩双方在庭前会议中就有关事项达成一致意见，在庭审中反悔的，除有正当理由外，法庭一般不再进行处理。

《人民法院办理刑事案件庭前会议规程（试行）》（2018 年 8 月 1 日施行法发〔2017〕31 号）

为贯彻落实最高人民法院、最高人民检察院、公安部、国家安全部、司法部《关于推进以审判为中心的刑事诉讼制度改革的意见》，完善庭前会议程序，确保法庭集中持续审理，提高庭审质量和效率，根据法律规定，结合司法实际，制定本规程。

第一条 人民法院适用普通程序审理刑事案件，对于证据材料较多、案情疑难复杂、社会影响重大或者控辩双方对事实证据存在较大争议等情形的，可以决定在开庭审理前召开庭前会议。

控辩双方可以申请人民法院召开庭前会议。申请召开庭前会议的，应当说明需要处理的事项。人民法院经审查认为有必要的，应当决定召开庭前会议；决定不召开庭前会议的，应当告知申请人。

被告人及其辩护人在开庭审理前申请排除非法证据，并依照法律规定提供相关线索或者材料的，人民法院应当召开庭前会议。

第二条 庭前会议中，人民法院可以就与审判相关的问题了解情况，听取意见，依法处理回避、出庭证人名单、非法证据排除等可能导致庭审中断的事项，组织控辩双方展示证据，归纳争议焦点，开展附带民事调解。

第三条 庭前会议由承办法官主持，其他合议庭成员也可以主持或者参加庭前会议。根据案件情况，承办法官可以指导法官助理主持庭前会议。

公诉人、辩护人应当参加庭前会议。根据案件情况，被告人可以参加庭前会议；被告人申请参加庭前会议或者申请排除非法证据等情形的，人民法院应当通知被告人到场；有多名被告人的案件，主持人可以根据案件情况确定参加庭前会议的被告人。

被告人申请排除非法证据，但没有辩护人的，人民法院应当通知法律援助机构指派律师为被告人提供帮助。

庭前会议中进行附带民事调解的，人民法院应当通知附带民事诉讼当事人到场。

第四条 被告人不参加庭前会议的，辩护人应当在召开庭前会议前就庭前会议处理事项听取被告人意见。

第五条 庭前会议一般不公开进行。

根据案件情况，庭前会议可以采用视频会议等方式进行。

第六条 根据案件情况，庭前会议可以在开庭审理前多次召开；休庭后，可以在再次开庭前召开庭前会议。

第七条 庭前会议应当在法庭或者其他办案场所召开。被羁押的被告人参加的，可以在看守所办案场所召开。

被告人参加庭前会议，应当有法警在场。

第八条 人民法院应当根据案件情况，综合控辩双方意见，确定庭前会议需要处理的事项，并在召开庭前会议三日前，将会议的时间、地点、人员和事项等通知参会人员。通知情况应当记录在案。

被告人及其辩护人在开庭审理前申请排除非法证据的，人民法院应当在召开庭前会议三日前，将申请书及相关线索或者材料的复制件送交人民检察院。

第九条 庭前会议开始后，主持人应当核实参会人员情况，宣布庭前会议需要处理的事项。有多名被告人参加庭前会议，涉及事实证据问题的，应当组织各被告人分别参加，防止串供。

第十条 庭前会议中，主持人可以就下列事项向控辩双方了解情况，听取意见：

（一）是否对案件管辖有异议；

（二）是否申请有关人员回避；

（三）是否申请不公开审理；

（四）是否申请排除非法证据；

（五）是否申请提供新的证据材料；

（六）是否申请重新鉴定或者勘验；

（七）是否申请调取在侦查、审查起诉期间公安机关、人民检察院收集但未随案移送的证明被告人无罪或者罪轻的证据材料；

（八）是否申请向证人或有关单位、个人收集、调取证据材料；

（九）是否申请证人、鉴定人、侦查人员、有专门知识的人出庭，是否对出庭人员名单有异议；

（十）与审判相关的其他问题。

对于前款规定中可能导致庭审中断的事项，人民法院应当依法作出处理，在开庭审理前告知处理决定，并说明理由。控辩双方没有新的理由，在庭审中再次提出有关申请或者异议的，法庭应当依法予以驳回。

第十一条　被告人及其辩护人对案件管辖提出异议，应当说明理由。人民法院经审查认为异议成立的，应当依法将案件退回人民检察院或者移送有管辖权的人民法院；认为本院不宜行使管辖权的，可以请求上一级人民法院处理。人民法院经审查认为异议不成立的，应当依法驳回异议。

第十二条　被告人及其辩护人申请审判人员、书记员、翻译人员、鉴定人回避，应当说明理由。人民法院经审查认为申请成立的，应当依法决定有关人员回避；认为申请不成立的，应当依法驳回申请。

被告人及其辩护人申请回避被驳回的，可以在接到决定时申请复议一次。对于不属于刑事诉讼法第二十八条、第二十九条规定情形的，回避申请被驳回后，不得申请复议。

被告人及其辩护人申请检察人员回避的，人民法院应当通知人民检察院。

第十三条　被告人及其辩护人申请不公开审理，人民法院经审查认为案件涉及国家秘密或者个人隐私的，应当准许；认为案件涉及商业秘密的，可以准许。

第十四条　被告人及其辩护人在开庭审理前申请排除非法证据，并依照法律规定提供相关线索或者材料的，人民检察院应当在庭前会议中通过出示有关证据材料等方式，有针对性地对证据收集的合法性作出说明。人民法院可以对有关证据材料进行核实；经控辩双方申请，可以有针对性地播放讯问录音录像。

人民检察院可以撤回有关证据，撤回的证据，没有新的理由，不得在庭审中出示。被告人及其辩护人可以撤回排除非法证据的申请，撤回申请后，没有新的线索或者材料，不得再次对有关证据提出排除申请。

控辩双方在庭前会议中对证据收集的合法性未达成一致意见，人民法院应当开展庭审调查，但公诉人提供的相关证据材料确实、充分，能够排除非法取证情形，且没有新的线索或者材料表明可能存在非法取证的，庭审调查举证、质证可以简化。

第十五条 控辩双方申请重新鉴定或者勘验，应当说明理由。人民法院经审查认为理由成立，有关证据材料可能影响定罪量刑且不能补正的，应当准许。

第十六条 被告人及其辩护人书面申请调取公安机关、人民检察院在侦查、审查起诉期间收集但未随案移送的证明被告人无罪或者罪轻的证据材料，并提供相关线索或者材料的，人民法院应当调取，并通知人民检察院在收到调取决定书后三日内移交。

被告人及其辩护人申请向证人或有关单位、个人收集、调取证据材料，应当说明理由。人民法院经审查认为有关证据材料可能影响定罪量刑的，应当准许；认为有关证据材料与案件无关或者明显重复、没有必要的，可以不予准许。

第十七条 控辩双方申请证人、鉴定人、侦查人员、有专门知识的人出庭，应当说明理由。人民法院经审查认为理由成立的，应当通知有关人员出庭。

控辩双方对出庭证人、鉴定人、侦查人员、有专门知识的人的名单有异议，人民法院经审查认为异议成立的，应当依法作出处理；认为异议不成立的，应当依法驳回。

人民法院通知证人、鉴定人、侦查人员、有专门知识的人等出庭后，应当告知控辩双方协助有关人员到庭。

第十八条 召开庭前会议前，人民检察院应当将全部证据材料移送人民法院。被告人及其辩护人应当将收集的有关被告人不在犯罪现场、未达到刑事责任年龄、属于依法不负刑事责任的精神病人等证明被告人无罪或者依法不负刑事责任的全部证据材料提交人民法院。

人民法院收到控辩双方移送或者提交的证据材料后，应当通知对方查阅、摘抄、复制。

第十九条 庭前会议中，对于控辩双方决定在庭审中出示的证据，人民法院可以组织展示有关证据，听取控辩双方对在案证据的意见，梳理存在争议的证据。

对于控辩双方在庭前会议中没有争议的证据材料，庭审时举证、质证可以简化。

人民法院组织展示证据的，一般应当通知被告人到场，听取被告人意见；

被告人不到场的，辩护人应当在召开庭前会议前听取被告人意见。

第二十条 人民法院可以在庭前会议中归纳控辩双方的争议焦点。对控辩双方没有争议或者达成一致意见的事项，可以在庭审中简化审理。

人民法院可以组织控辩双方协商确定庭审的举证顺序、方式等事项，明确法庭调查的方式和重点。协商不成的事项，由人民法院确定。

第二十一条 对于被告人在庭前会议前不认罪，在庭前会议中又认罪的案件，人民法院核实被告人认罪的自愿性和真实性后，可以依法适用速裁程序或者简易程序审理。

第二十二条 人民法院在庭前会议中听取控辩双方对案件事实证据的意见后，对于明显事实不清、证据不足的案件，可以建议人民检察院补充材料或者撤回起诉。建议撤回起诉的案件，人民检察院不同意的，人民法院开庭审理后，没有新的事实和理由，一般不准许撤回起诉。

第二十三条 庭前会议情况应当制作笔录，由参会人员核对后签名。

庭前会议结束后应当制作庭前会议报告，说明庭前会议的基本情况、与审判相关的问题的处理结果、控辩双方的争议焦点以及就相关事项达成的一致意见等。

第二十四条 对于召开庭前会议的案件，在宣读起诉书后，法庭应当宣布庭前会议报告的主要内容；有多起犯罪事实的案件，可以在有关犯罪事实的法庭调查开始前，分别宣布庭前会议报告的相关内容；对庭前会议处理管辖异议、申请回避、申请不公开审理等事项的，法庭可以在告知当事人诉讼权利后宣布庭前会议报告的相关内容。

第二十五条 宣布庭前会议报告后，对于庭前会议中达成一致意见的事项，法庭向控辩双方核实后当庭予以确认；对于未达成一致意见的事项，法庭可以归纳控辩双方争议焦点，听取控辩双方意见，依法作出处理。

控辩双方在庭前会议中就有关事项达成一致意见，在庭审中反悔的，除有正当理由外，法庭一般不再进行处理。

第二十六条 第二审人民法院召开庭前会议的，参照上述规定。

【相关法律文书】

法庭笔录（庭前会议用）

××××人民法院

法庭笔录

（庭前会议用）

案　　由：……

开庭时间：×××年××月××日××时××分至××时××分

开庭地点：……

审判人员：×××

书 记 员：×××

参加人员：×××

记录如下：

审判人员：……（查明到庭人员情况）。

审判人员：……（宣布召开庭前会议讨论事项：是否提管辖异议；是否申请回避；是否申请调取新的证据、申请通知证人到庭、申请重新鉴定或者勘验等；是否申请排除非法证据；是否申请不公开审理；控辩双方证据展示；是否进行调解）。

辩护人发表意见：……

检察人员发表意见：……

（申请排除非法证据）被告人发表意见：……

审判人员、书记员签名：×××、×××

其他到庭人员签名：×××

第六章　单位犯罪案件

【工作内容】

（一）立案审查

受理单位犯罪案件的审查，除依普通刑事案件有关规定进行审查外，还应当审查起诉书是否列明被告单位的名称、住所地、联系方式，法定代表人、实际控制人、主要负责人以及代表被告单位出庭的诉讼代表人的姓名、职务、联系方式。需要人民检察院补充材料的，应通知人民检察院在三日内补送。

（二）关于诉讼代表人的规定

1. 被告单位的诉讼代表人，应当是法定代表人、实际控制人或者主要负责人；法定代表人、实际控制人或者主要负责人被指控为单位犯罪直接责任人员或者因客观原因无法出庭的，应当由被告单位委托其他负责人或者职工作为诉讼代表人。但是，有关人员被指控为单位犯罪的其他直接责任人员或者知道案件情况、负有作证义务的除外。依据规定难以确定诉讼代表人的，可以由被告单位委托律师等单位以外的人员作为诉讼代表人。诉讼代表人不得同时担任被告单位或者被指控为单位犯罪直接责任人员的有关人员的辩护人。

2. 开庭审理单位犯罪案件，应当通知被告单位的诉讼代表人出庭；没有诉讼代表人参与诉讼的，应当要求人民检察院确定。

3. 被告单位的诉讼代表人不出庭的，应按照下列情形分别处理：（1）诉讼代表人系被告单位的法定代表人、实际控制人或者主要负责人，无正当理由拒不出庭的，可以拘传其到庭；因客观原因无法出庭，或者下落不明的，应当要求人民检察院另行确定诉讼代表人。（2）诉讼代表人系其他人员的，应当要求人民检察院另行确定诉讼代表人出庭。

4. 被告单位的诉讼代表人享有《刑事诉讼法》规定的有关被告人的诉讼权利。开庭时，诉讼代表人席位置于审判台前左侧，与辩护人席并列。

（三）对单位犯罪案件以自然人起诉的规定

对应当认定为单位犯罪的案件，人民检察院只作为自然人犯罪起诉的，人民法院应当建议人民检察院对犯罪单位追加起诉。人民检察院仍以自然人犯罪起诉的，人民法院应当依法审理，按照单位犯罪中的直接负责的主管人员或者其他直接责任人员追究刑事责任，并援引《刑法》分则关于追究单位犯罪中直接负责的主管人员和其他直接责任人员刑事责任的条款。

（四）对被告单位财产的保全

1. 被告单位的违法所得及其他涉案财物，尚未被依法追缴或者查封、扣押、冻结的，人民法院应当决定追缴或者查封、扣押、冻结。

2. 为保证判决的执行，人民法院可以先行查封、扣押、冻结被告单位的财产，或者由被告单位提出担保。

3. 采取查封、扣押、冻结等措施，应当严格依照法定程序进行，最大限度降低对被告单位正常生产经营活动的影响。

（五）被告单位变更后的处理

1. 审判期间，被告单位被吊销营业执照、宣告破产但尚未完成清算、注销登记的，应当继续审理；被告单位被撤销、注销的，对单位犯罪直接负责的主管人员和其他直接责任人员应当继续审理。

2. 被告单位合并、分立的，应当将原单位列为被告单位，并注明合并、分立情况。对被告单位所判处的罚金以其在新单位的财产及收益为限。

【常用法律、司法解释及相关规定】

《刑法》（2020 年 12 月 26 日修正）

第三十条　公司、企业、事业单位、机关、团体实施的危害社会的行为，法律规定为单位犯罪的，应当负刑事责任。

第三十一条　单位犯罪的，对单位判处罚金，并对其直接负责的主管人员和其他直接责任人员判处刑罚。本法分则和其他法律另有规定的，依照规定。

《最高人民法院关于适用〈中华人民共和国刑事诉讼法〉的解释》（2021年3月1日施行　法释〔2021〕1号）

第三百三十五条　人民法院受理单位犯罪案件，除依照本解释第二百一十八条的有关规定进行审查外，还应当审查起诉书是否列明被告单位的名称、住所地、联系方式，法定代表人、实际控制人、主要负责人以及代表被告单位出庭的诉讼代表人的姓名、职务、联系方式。需要人民检察院补充材料的，应当通知人民检察院在三日以内补送。

第三百三十六条　被告单位的诉讼代表人，应当是法定代表人、实际控制人或者主要负责人；法定代表人、实际控制人或者主要负责人被指控为单位犯罪直接责任人员或者因客观原因无法出庭的，应当由被告单位委托其他负责人或者职工作为诉讼代表人。但是，有关人员被指控为单位犯罪直接责任人员或者知道案件情况、负有作证义务的除外。

依据前款规定难以确定诉讼代表人的，可以由被告单位委托律师等单位以外的人员作为诉讼代表人。

诉讼代表人不得同时担任被告单位或者被指控为单位犯罪直接责任人员的有关人员的辩护人。

第三百三十七条　开庭审理单位犯罪案件，应当通知被告单位的诉讼代表人出庭；诉讼代表人不符合前条规定的，应当要求人民检察院另行确定。

被告单位的诉讼代表人不出庭的，应当按照下列情形分别处理：

（一）诉讼代表人系被告单位的法定代表人、实际控制人或者主要负责人，无正当理由拒不出庭的，可以拘传其到庭；因客观原因无法出庭，或者下落不明的，应当要求人民检察院另行确定诉讼代表人；

（二）诉讼代表人系其他人员的，应当要求人民检察院另行确定诉讼代表人。

第三百三十八条　被告单位的诉讼代表人享有刑事诉讼法规定的有关被告人的诉讼权利。开庭时，诉讼代表人席位置于审判台前左侧，与辩护人席并列。

第三百三十九条　被告单位委托辩护人的，参照适用本解释的有关规定。

第三百四十条　对应当认定为单位犯罪的案件，人民检察院只作为自然人犯罪起诉的，人民法院应当建议人民检察院对犯罪单位追加起诉。人民检察院仍以自然人犯罪起诉的，人民法院应当依法审理，按照单位犯罪直接负责的主管人员或者其他直接责任人员追究刑事责任，并援引刑法分则关于追究单位犯罪中直接负责的主管人员和其他直接责任人员刑事责任的条款。

第三百四十一条　被告单位的违法所得及其他涉案财物，尚未被依法追缴或者查封、扣押、冻结的，人民法院应当决定追缴或者查封、扣押、冻结。

第三百四十二条　为保证判决的执行，人民法院可以先行查封、扣押、冻结被告单位的财产，或者由被告单位提出担保。

第三百四十三条　采取查封、扣押、冻结等措施，应当严格依照法定程序进行，最大限度降低对被告单位正常生产经营活动的影响。

第三百四十四条　审判期间，被告单位被吊销营业执照、宣告破产但尚未完成清算、注销登记的，应当继续审理；被告单位被撤销、注销的，对单位犯罪直接负责的主管人员和其他直接责任人员应当继续审理。

第三百四十五条　审判期间，被告单位合并、分立的，应当将原单位列为被告单位，并注明合并、分立情况。对被告单位所判处的罚金以其在新单位的财产及收益为限。

第三百四十六条　审理单位犯罪案件，本章没有规定的，参照适用本解释的有关规定。

【相关法律文书】

刑事判决书（单位犯罪案件用）

××××人民法院

刑事判决书

（单位犯罪案件用）

（××××）……刑初……号

被告单位……（写明单位名称、住所地）。

诉讼代表人……（写明姓名、工作单位和职务）。

辩护人……（写明姓名、工作单位和职务）。

被告人……（写明直接负责的主管人员、其他直接责任人员的姓名、性别、出生年月目、民族、出生地、文化程度、职业或者工作单位和职务、住址以及因本案所受强制措施情况等）。

辩护人……（写明姓名、工作单位和职务）。

××××人民检察院以××检××刑诉第（××××）××号起诉书指控被告单位×××犯××罪，被告人×××犯××罪，于××××年××月××日向本院提起公诉。本院依法组成合议庭，公开（或者不公开）开庭审理了本案。××××人民检察院指派检察员×××出庭支持公诉，被害人×××及其法定代理人×××、诉讼代理人×××，被告单位的诉讼代表人×××及其辩护人×××，被告人×××及其辩护人×××，证人×××，鉴定人×××，翻译人员×××等到庭参加诉讼。本案现已审理终结。

××××人民检察院指控……（概述人民检察院指控被告单位和被告人犯罪的事实、证据和适用法律的意见）。

被告单位×××辩称……（概述被告单位对指控的犯罪事实予以供述、辩解、自行辩护的意见和有关证据）。

辩护人×××提出的辩护意见是……（概述辩护人的辩护意见和有关证据）。

被告人×××辩称……（概述被告人对指控的犯罪事实予以供述、辩解、自行辩护的意见和有关证据）。

辩护人×××提出的辩护意见是……（概述辩护人的辩护意见和主要证据）。

经审理查明，……（首先写明经法庭审理查明的有关被告单位犯罪的事实和被告人犯罪的事实；其次写明据以定案的证据及其来源；最后对控辩双方有异议的事实、证据进行分析、认证）。

本院认为，……（根据查证属实的事实、证据和法律规定，论证公诉机关指控的单位犯罪是否成立，被告单位及其直接负责的主管人员、其他直接责任人员的行为是否构成犯罪，犯什么罪，应否实行"双罚制"，应否从轻、减轻、免除处罚或者从重处罚。对于控辩双方关于适用法律方面的意见，应当有分析地表示是否予以采纳，并阐明理由）。依照……（写明判决的法律依据）的规定，判决如下：

……〔写明判决结果。分三种情况：

第一，定罪判刑的，表述为：

一、被告单位×××犯××罪，判处罚金×××元，……（写明缴纳期限）；

二、被告人×××犯××罪，判处……（写明主刑、附加刑）。

（刑期从判决执行之日起计算。判决执行以前先行羁押的，羁押一日折抵刑期一日，即自××××年××月××日起至××××年××月××日止）。

（如有追缴、退赔或者发还被害人、没收财物的，应在以上各项之后续项写明）。

第二，定罪免刑的，表述为：

"一、被告单位×××犯××罪，免予刑事处罚；

二、被告人×××犯××罪，免予刑事处罚。

（如有追缴、退赔或者发还被害人、没收财物的，应在以上各项之后续项写明）。

第三，宣告无罪的，无论是适用《中华人民共和国刑事诉讼法》第二百条第（二）项还是第（三）项，均应表述为：

一、被告单位×××无罪；

二、被告人×××无罪。"〕

如不服本判决，可在接到判决书的第二日起十日内，通过本院或者直接向×××人民法院提出上诉。书面上诉的，应当提交上诉状正本一份，副本×份。

审 判 长 ×××
审 判 员 ×××
审 判 员 ×××

××××年××月××日
（院印）

本件与原本核对无异

书 记 员 ×××

第七章　认罪认罚

【工作内容】

（一）认罪认罚案件审查内容

（1）人民检察院讯问犯罪嫌疑人时，是否告知其诉讼权利和认罪认罚的法律规定；（2）是否随案移送听取犯罪嫌疑人、辩护人或者值班律师、被害人及其诉讼代理人意见的笔录；（3）被告人与被害人达成调解、和解协议或者取得被害人谅解的，是否随案移送调解、和解协议、被害人谅解书等相关材料；（4）需要签署认罪认罚具结书的，是否随案移送具结书。

未随案移送以上规定的材料的，应当要求人民检察院补充。

（二）审理中的要求

（1）应当告知被告人享有的诉讼权利和认罪认罚的法律规定；（2）审查认罪认罚的自愿性和认罪认罚具结书内容的真实性、合法性。

（三）指控罪名不当的处理

对认罪认罚案件，人民检察院起诉指控的事实清楚，但指控的罪名与审理认定的罪名不一致的，人民法院应当听取人民检察院、被告人及其辩护人对审理认定罪名的意见，依法作出判决。

（四）量刑建议明显不当的审查

对量刑建议是否明显不当，应当根据审理认定的犯罪事实、认罪认罚的具体情况，结合相关犯罪的法定刑、类似案件的刑罚适用等作出审查判断。

（五）量刑建议不当的处理

（1）对认罪认罚案件，人民法院经审理认为量刑建议明显不当，或者被告人、辩护人对量刑建议提出异议的，人民检察院可以调整量刑建议。人民检察院不调整或者调整后仍然明显不当的，人民法院应当依法作出判决。（2）适用速裁程序审理认罪认罚案件，需要调整量刑建议的，应当在庭前或者当庭作出调整；调整量刑建议后，仍然符合速裁程序适用条件的，继续适用速裁程序审理。

（六）量刑建议的采纳及例外

对于认罪认罚案件，人民法院依法作出判决时，一般应当采纳人民检察院指控的罪名和量刑建议，但有下列情形的除外：（1）被告人的行为不构成犯罪或者不应当追究其刑事责任的；（2）被告人违背意愿认罪认罚的；（3）被告人否认指控的犯罪事实的；（4）起诉指控的罪名与审理认定的罪名不一致的；（5）其他可能影响公正审判的情形。

（七）从宽处罚的适用

（1）对认罪认罚案件，人民法院一般应当对被告人从轻处罚；符合非监禁刑适用条件的，应当适用非监禁刑；具有法定减轻处罚情节的，可以减轻处罚。（2）对认罪认罚案件，应当根据被告人认罪认罚的阶段早晚以及认罪认罚的主动性、稳定性、彻底性等，在从宽幅度上体现差异。（3）共同犯罪案件，部分被告人认罪认罚的，可以依法对该部分被告人从宽处罚，但应当注意全案的量刑平衡。

（八）提起公诉后一审阶段认罪认罚的处理

被告人在人民检察院提起公诉前未认罪认罚，在审判阶段认罪认罚的，人民法院可以不再通知人民检察院提出或者调整量刑建议。人民法院应当就定罪量刑听取控辩双方意见，根据《刑事诉讼法》第十五条和《最高人民法院关于适用〈中华人民共和国刑事诉讼法〉的解释》第三百五十五条的规定作出判决。

（九）二审阶段认罪认罚的处理

对被告人在第一审程序中未认罪认罚，在第二审程序中认罪认罚的案件，应当根据其认罪认罚的具体情况决定是否从宽，并依法作出裁判。确定从宽幅度时应当与第一审程序认罪认罚有所区别。

【常用法律、司法解释及相关规定】

《刑事诉讼法》（2018 年 10 月 26 日修正）

第一百九十条 开庭的时候，审判长查明当事人是否到庭，宣布案由；

宣布合议庭的组成人员、书记员、公诉人、辩护人、诉讼代理人、鉴定人和翻译人员的名单；告知当事人有权对合议庭组成人员、书记员、公诉人、鉴定人和翻译人员申请回避；告知被告人享有辩护权利。

被告人认罪认罚的，审判长应当告知被告人享有的诉讼权利和认罪认罚的法律规定，审查认罪认罚的自愿性和认罪认罚具结书内容的真实性、合法性。

第二百零一条 对于认罪认罚案件，人民法院依法作出判决时，一般应当采纳人民检察院指控的罪名和量刑建议，但有下列情形的除外：

（一）被告人的行为不构成犯罪或者不应当追究其刑事责任的；

（二）被告人违背意愿认罪认罚的；

（三）被告人否认指控的犯罪事实的；

（四）起诉指控的罪名与审理认定的罪名不一致的；

（五）其他可能影响公正审判的情形。

人民法院经审理认为量刑建议明显不当，或者被告人、辩护人对量刑建议提出异议的，人民检察院可以调整量刑建议。人民检察院不调整量刑建议或者调整量刑建议后仍然明显不当的，人民法院应当依法作出判决。

第二百二十六条 人民法院在审理过程中，发现有被告人的行为不构成犯罪或者不应当追究其刑事责任、被告人违背意愿认罪认罚、被告人否认指控的犯罪事实或者其他不宜适用速裁程序审理的情形的，应当按照本章第一节或者第三节的规定重新审理。

《最高人民法院关于适用〈中华人民共和国刑事诉讼法〉的解释》（2021年3月1日施行　法释〔2021〕1号）

第三百四十七条 刑事诉讼法第十五条规定的"认罪"，是指犯罪嫌疑人、被告人自愿如实供述自己的罪行，对指控的犯罪事实没有异议。

刑事诉讼法第十五条规定的"认罚"，是指犯罪嫌疑人、被告人真诚悔罪，愿意接受处罚。

被告人认罪认罚的，可以依照刑事诉讼法第十五条的规定，在程序上从简、实体上从宽处理。

第三百四十八条 对认罪认罚案件，应当根据案件情况，依法适用速裁程序、简易程序或者普通程序审理。

第三百四十九条 对人民检察院提起公诉的认罪认罚案件，人民法院应当重点审查以下内容：

（一）人民检察院讯问犯罪嫌疑人时，是否告知其诉讼权利和认罪认罚的法律规定；

（二）是否随案移送听取犯罪嫌疑人、辩护人或者值班律师、被害人及其诉讼代理人意见的笔录；

（三）被告人与被害人达成调解、和解协议或者取得被害人谅解的，是否随案移送调解、和解协议、被害人谅解书等相关材料；

（四）需要签署认罪认罚具结书的，是否随案移送具结书。

未随案移送前款规定的材料的，应当要求人民检察院补充。

第三百五十条 人民法院应当将被告人认罪认罚作为其是否具有社会危险性的重要考虑因素。被告人罪行较轻，采用非羁押性强制措施足以防止发生社会危险性的，应当依法适用非羁押性强制措施。

第三百五十一条 对认罪认罚案件，法庭审理时应当告知被告人享有的诉讼权利和认罪认罚的法律规定，审查认罪认罚的自愿性和认罪认罚具结书内容的真实性、合法性。

第三百五十二条 对认罪认罚案件，人民检察院起诉指控的事实清楚，但指控的罪名与审理认定的罪名不一致的，人民法院应当听取人民检察院、被告人及其辩护人对审理认定罪名的意见，依法作出判决。

第三百五十三条 对认罪认罚案件，人民法院经审理认为量刑建议明显不当，或者被告人、辩护人对量刑建议提出异议的，人民检察院可以调整量刑建议。人民检察院不调整或者调整后仍然明显不当的，人民法院应当依法作出判决。

适用速裁程序审理认罪认罚案件，需要调整量刑建议的，应当在庭前或者当庭作出调整；调整量刑建议后，仍然符合速裁程序适用条件的，继续适用速裁程序审理。

第三百五十四条 对量刑建议是否明显不当，应当根据审理认定的犯罪事实、认罪认罚的具体情况，结合相关犯罪的法定刑、类似案件的刑罚适用等作出审查判断。

第三百五十五条 对认罪认罚案件，人民法院一般应当对被告人从轻处罚；符合非监禁刑适用条件的，应当适用非监禁刑；具有法定减轻处罚情节的，可以减轻处罚。

对认罪认罚案件，应当根据被告人认罪认罚的阶段早晚以及认罪认罚的主动性、稳定性、彻底性等，在从宽幅度上体现差异。

共同犯罪案件，部分被告人认罪认罚的，可以依法对该部分被告人从宽处罚，但应当注意全案的量刑平衡。

第三百五十六条 被告人在人民检察院提起公诉前未认罪认罚，在审判阶段认罪认罚的，人民法院可以不再通知人民检察院提出或者调整量刑建议。

对前款规定的案件，人民法院应当就定罪量刑听取控辩双方意见，根据刑事诉讼法第十五条和本解释第三百五十五条的规定作出判决。

第三百五十七条 对被告人在第一审程序中未认罪认罚，在第二审程序中认罪认罚的案件，应当根据其认罪认罚的具体情况决定是否从宽，并依法作出裁判。确定从宽幅度时应当与第一审程序认罪认罚有所区别。

第三百五十八条 案件审理过程中，被告人不再认罪认罚的，人民法院应当根据审理查明的事实，依法作出裁判。需要转换程序的，依照本解释的相关规定处理。

《最高人民法院、最高人民检察院、公安部、国家安全部、司法部关于适用认罪认罚从宽制度的指导意见》（2019 年 10 月 24 日施行）

适用认罪认罚从宽制度，对准确及时惩罚犯罪、强化人权司法保障、推动刑事案件繁简分流、节约司法资源、化解社会矛盾、推动国家治理体系和治理能力现代化，具有重要意义。为贯彻落实修改后刑事诉讼法，确保认罪认罚从宽制度正确有效实施，根据法律和有关规定，结合司法工作实际，制定本意见。

一、基本原则

1. 贯彻宽严相济刑事政策。落实认罪认罚从宽制度，应当根据犯罪的具体情况，区分案件性质、情节和对社会的危害程度，实行区别对待，做到该宽则宽，当严则严，宽严相济，罚当其罪。对可能判处三年有期徒刑以下刑罚的认罪认罚案件，要尽量依法从简从快从宽办理，探索相适应的处理原则和办案方式；对因民间矛盾引发的犯罪，犯罪嫌疑人、被告人自愿认罪、真诚悔罪并取得谅解、达成和解、尚未严重影响人民群众安全感的，要积极适用认罪认罚从宽制度，特别是对其中社会危害不大的初犯、偶犯、过失犯、未成年犯，一般应当体现从宽；对严重危害国家安全、公共安全犯罪，严重暴力犯罪，以及社会普遍关注的重大敏感案件，应当慎重把握从宽，避免案件处理明显违背人民群众的公平正义观念。

2. 坚持罪责刑相适应原则。办理认罪认罚案件，既要考虑体现认罪认罚从宽，又要考虑其所犯罪行的轻重、应负刑事责任和人身危险性的大小，依照法律规定提出量刑建议，准确裁量刑罚，确保罚当其罪，避免罪刑失衡。特别是对于共同犯罪案件，主犯认罪认罚，从犯不认罪认罚的，人民法院、人民检察院应当注意两者之间的量刑平衡，防止因量刑失当严重偏离一般的司法认知。

3. 坚持证据裁判原则。办理认罪认罚案件，应当以事实为根据，以法律为准绳，严格按照证据裁判要求，全面收集、固定、审查和认定证据。坚持法定证明标准，侦查终结、提起公诉、作出有罪裁判应当做到犯罪事实清楚，证据确实、充分，防止因犯罪嫌疑人、被告人认罪而降低证据要求和证明标准。对犯罪嫌疑人、被告人认罪认罚，但证据不足，不能认定其有罪的，依法作出撤销案件、不起诉决定或者宣告无罪。

4. 坚持公检法三机关配合制约原则。办理认罪认罚案件，公、检、法三机关应当分工负责、互相配合、互相制约，保证犯罪嫌疑人、被告人自愿认罪认罚，依法推进从宽落实。要严格执法、公正司法，强化对自身执法司法办案活动的监督，防止产生"权权交易"、"权钱交易"等司法腐败问题。

二、适用范围和适用条件

5. 适用阶段和适用案件范围。认罪认罚从宽制度贯穿刑事诉讼全过程，适用于侦查、起诉、审判各个阶段。

认罪认罚从宽制度没有适用罪名和可能判处刑罚的限定，所有刑事案件都可以适用，不能因罪轻、罪重或者罪名特殊等原因而剥夺犯罪嫌疑人、被告人自愿认罪认罚获得从宽处理的机会。但"可以"适用不是一律适用，犯罪嫌疑人、被告人认罪认罚后是否从宽，由司法机关根据案件具体情况决定。

6. "认罪"的把握。认罪认罚从宽制度中的"认罪"，是指犯罪嫌疑人、被告人自愿如实供述自己的罪行，对指控的犯罪事实没有异议。承认指控的主要犯罪事实，仅对个别事实情节提出异议，或者虽然对行为性质提出辩解但表示接受司法机关认定意见的，不影响"认罪"的认定。犯罪嫌疑人、被告人犯数罪，仅如实供述其中一罪或部分罪名事实的，全案不作"认罪"的认定，不适用认罪认罚从宽制度，但对如实供述的部分，人民检察院可以提出从宽处罚的建议，人民法院可以从宽处罚。

7. "认罚"的把握。认罪认罚从宽制度中的"认罚"，是指犯罪嫌疑人、被告人真诚悔罪，愿意接受处罚。"认罚"，在侦查阶段表现为表示愿意接受处罚；在审查起诉阶段表现为接受人民检察院拟作出的起诉或不起诉决定，认可人民检察院的量刑建议，签署认罪认罚具结书；在审判阶段表现为当庭确认自愿签署具结书，愿意接受刑罚处罚。

"认罚"考察的重点是犯罪嫌疑人、被告人的悔罪态度和悔罪表现，应当结合退赃退赔、赔偿损失、赔礼道歉等因素来考量。犯罪嫌疑人、被告人虽然表示"认罚"，却暗中串供、干扰证人作证、毁灭、伪造证据或者隐匿、转移财产，有赔偿能力而不赔偿损失，则不能适用认罪认罚从宽制度。犯罪嫌疑人、被告人享有程序选择权，不同意适用速裁程序、简易程序的，不影响"认罚"的认定。

三、认罪认罚后"从宽"的把握

8. "从宽"的理解。从宽处理既包括实体上从宽处罚，也包括程序上从简处理。"可以从宽"，是指一般应当体现法律规定和政策精神，予以从宽处理。但可以从宽不是一律从宽，对犯罪性质和危害后果特别严重、犯罪手段特别残忍、社会影响特别恶劣的犯罪嫌疑人、被告人，认罪认罚不足以从轻处罚的，依法不予从宽处罚。

办理认罪认罚案件，应当依照刑法、刑事诉讼法的基本原则，根据犯罪的事实、性质、情节和对社会的危害程度，结合法定、酌定的量刑情节，综合考虑认罪认罚的具体情况，依法决定是否从宽、如何从宽。对于减轻、免除处罚，应当于法有据；不具备减轻处罚情节的，应当在法定幅度以内提出从轻处罚的量刑建议和量刑；对其中犯罪情节轻微不需要判处刑罚的，可以依法作出不起诉决定或者判决免予刑事处罚。

9. 从宽幅度的把握。办理认罪认罚案件，应当区别认罪认罚的不同诉讼阶段、对查明案件事实的价值和意义、是否确有悔罪表现，以及罪行严重程度等，综合考量确定从宽的限度和幅度。在刑罚评价上，主动认罪优于被动认罪，早认罪优于晚认罪，彻底认罪优于不彻底认罪，稳定认罪优于不稳定认罪。

认罪认罚的从宽幅度一般应当大于仅有坦白，或者虽认罪但不认罚的从宽幅度。对犯罪嫌疑人、被告人具有自首、坦白情节，同时认罪认罚的，应当在法定刑幅度内给予相对更大的从宽幅度。认罪认罚与自首、坦白不作重复评价。

对罪行较轻、人身危险性较小的，特别是初犯、偶犯，从宽幅度可以大一些；罪行较重、人身危险性较大的，以及累犯、再犯，从宽幅度应当从严把握。

四、犯罪嫌疑人、被告人辩护权保障

10. 获得法律帮助权。人民法院、人民检察院、公安机关办理认罪认罚案件，应当保障犯罪嫌疑人、被告人获得有效法律帮助，确保其了解认罪认罚的性质和法律后果，自愿认罪认罚。

犯罪嫌疑人、被告人自愿认罪认罚，没有辩护人的，人民法院、人民检察院、公安机关（看守所）应当通知值班律师为其提供法律咨询、程序选择建议、申请变更强制措施等法律帮助。符合通知辩护条件的，应当依法通知法律援助机构指派律师为其提供辩护。

人民法院、人民检察院、公安机关（看守所）应当告知犯罪嫌疑人、被告人有权约见值班律师，获得法律帮助，并为其约见值班律师提供便利。犯罪嫌疑人、被告人及其近亲属提出法律帮助请求的，人民法院、人民检察院、公安机关（看守所）应当通知值班律师为其提供法律帮助。

11. 派驻值班律师。法律援助机构可以在人民法院、人民检察院、看守所派驻值班律师。人民法院、人民检察院、看守所应当为派驻值班律师提供必要办公场所和设施。

法律援助机构应当根据人民法院、人民检察院、看守所的法律帮助需求和当地法律服务资源，合理安排值班律师。值班律师可以定期值班或轮流值班，律师资源短缺的地区可以通过探索现场值班和电话、网络值班相结合，在人民法院、人民检察院毗邻设置联合工作站，省内和市内统筹调配律师资源，以及建立政府购买值班律师服务机制等方式，保障法律援助值班律师工作有序开展。

12. 值班律师的职责。值班律师应当维护犯罪嫌疑人、被告人的合法权益，确保犯罪嫌疑人、被告人在充分了解认罪认罚性质和法律后果的情况下，自愿认罪认罚。值班律师应当为认罪认罚的犯罪嫌疑人、被告人提供下列法律帮助：

（一）提供法律咨询，包括告知涉嫌或指控的罪名、相关法律规定，认罪认罚的性质和法律后果等；

（二）提出程序适用的建议；

（三）帮助申请变更强制措施；

（四）对人民检察院认定罪名、量刑建议提出意见；

（五）就案件处理，向人民法院、人民检察院、公安机关提出意见；

（六）引导、帮助犯罪嫌疑人、被告人及其近亲属申请法律援助；

（七）法律法规规定的其他事项。

值班律师可以会见犯罪嫌疑人、被告人，看守所应当为值班律师会见提供便利。危害国家安全犯罪、恐怖活动犯罪案件，侦查期间值班律师会见在押犯罪嫌疑人的，应当经侦查机关许可。自人民检察院对案件审查起诉之日起，值班律师可以查阅案卷材料、了解案情。人民法院、人民检察院应当为值班律师查阅案卷材料提供便利。

值班律师提供法律咨询、查阅案卷材料、会见犯罪嫌疑人或者被告人、提出书面意见等法律帮助活动的相关情况应当记录在案，并随案移送。

13. 法律帮助的衔接。对于被羁押的犯罪嫌疑人、被告人，在不同诉讼阶段，可以由派驻看守所的同一值班律师提供法律帮助。对于未被羁押的犯罪嫌疑人、被告人，前一诉讼阶段的值班律师可以在后续诉讼阶段继续为犯罪嫌疑人、被告人提供法律帮助。

14. 拒绝法律帮助的处理。犯罪嫌疑人、被告人自愿认罪认罚，没有委托辩护人，拒绝值班律师帮助的，人民法院、人民检察院、公安机关应当允许，记录在案并随案移送。但是审查起诉阶段签署认罪认罚具结书时，人民检察院应当通知值班律师到场。

15. 辩护人职责。认罪认罚案件犯罪嫌疑人、被告人委托辩护人或者法律援助机构指派律师为其辩护的，辩护律师在侦查、审查起诉和审判阶段，应当与犯罪嫌疑人、被告人就是否认罪认罚进行沟通，提供法律咨询和帮助，并就定罪量刑、诉讼程序适用等向办案机关提出意见。

五、被害方权益保障

16. 听取意见。办理认罪认罚案件，应当听取被害人及其诉讼代理人的意见，并将犯罪嫌疑人、被告人是否与被害方达成和解协议、调解协议或者赔偿被害方损失，取得被害方谅解，作为从宽处罚的重要考虑因素。人民检察院、公安机关听取意见情况应当记录在案并随案移送。

17. 促进和解谅解。对符合当事人和解程序适用条件的公诉案件，犯罪嫌疑人、被告人认罪认罚的，人民法院、人民检察院、公安机关应当积极促进当事人自愿达成和解。对其他认罪认罚案件，人民法院、人民检察院、公安机关可以促进犯罪嫌疑人、被告人通过向被害方赔偿损失、赔礼道歉等方式获得谅解，被害方出具的谅解意见应当随案移送。

人民法院、人民检察院、公安机关在促进当事人和解谅解过程中，应当向被害方释明认罪认罚从宽、公诉案件当事人和解适用程序等具体法律规定，充分听取被害方意见，符合司法救助条件的，应当积极协调办理。

18. 被害方异议的处理。被害人及其诉讼代理人不同意对认罪认罚的犯罪嫌疑人、被告人从宽处理的，不影响认罪认罚从宽制度的适用。犯罪嫌疑人、被告人认罪认罚，但没有退赃退赔、赔偿损失，未能与被害方达成调解或者和解协议的，从宽时应当予以酌减。犯罪嫌疑人、被告人自愿认罪并且愿意积极赔偿损失，但由于被害方赔偿请求明显不合理，未能达成调解或者和解协议的，一般不影响对犯罪嫌疑人、被告人从宽处理。

六、强制措施的适用

19. 社会危险性评估。人民法院、人民检察院、公安机关应当将犯罪嫌疑人、被告人认罪认罚作为其是否具有社会危险性的重要考虑因素。对于罪行较轻、采用非羁押性强制措施足以防止发生刑事诉讼法第八十一条第一款规定的社会危险性的犯罪嫌疑人、被告人，根据犯罪性质及可能判处的刑罚，依法可不适用羁押性强制措施。

20. 逮捕的适用。犯罪嫌疑人认罪认罚，公安机关认为罪行较轻、没有社会危险性的，应当不再提请人民检察院审查逮捕。对提请逮捕的，人民检察院认为没有社会危险性不需要逮捕的，应当作出不批准逮捕的决定。

21. 逮捕的变更。已经逮捕的犯罪嫌疑人、被告人认罪认罚的，人民法院、人民检察院应当及时审查羁押的必要性，经审查认为没有继续羁押必要的，应当变更为取保候审或者监视居住。

七、侦查机关的职责

22. 权利告知和听取意见。公安机关在侦查过程中，应当告知犯罪嫌疑人享有的诉讼权利、如实供述罪行可以从宽处理和认罪认罚的法律规定，听取犯罪嫌疑人及其辩护人或者值班律师的意见，记录在案并随案移送。

对在非讯问时间、办案人员不在场情况下，犯罪嫌疑人向看守所工作人员或者辩护人、值班律师表示愿意认罪认罚的，有关人员应当及时告知办案单位。

23. 认罪教育。公安机关在侦查阶段应当同步开展认罪教育工作，但不得强迫犯罪嫌疑人认罪，不得作出具体的从宽承诺。犯罪嫌疑人自愿认罪，愿意接受司法机关处罚的，应当记录在案并附卷。

24. 起诉意见。对移送审查起诉的案件，公安机关应当在起诉意见书中写明犯罪嫌疑人自愿认罪认罚情况。认为案件符合速裁程序适用条件的，可以在起诉意见书中建议人民检察院适用速裁程序办理，并简要说明理由。

对可能适用速裁程序的案件，公安机关应当快速办理，对犯罪嫌疑人未被羁押的，可以集中移送审查起诉，但不得为集中移送拖延案件办理。

对人民检察院在审查逮捕期间或者重大案件听取意见中提出的开展认罪认罚工作的意见或建议，公安机关应当认真听取，积极开展相关工作。

25. 执法办案管理中心建设。加快推进公安机关执法办案管理中心建设，探索在执法办案管理中心设置速裁法庭，对适用速裁程序的案件进行快速办理。

八、审查起诉阶段人民检察院的职责

26. 权利告知。案件移送审查起诉后，人民检察院应当告知犯罪嫌疑人享有的诉讼权利和认罪认罚的法律规定，保障犯罪嫌疑人的程序选择权。告知应当采取书面形式，必要时应当充分释明。

27. 听取意见。犯罪嫌疑人认罪认罚的，人民检察院应当就下列事项听取犯罪嫌疑人、辩护人或者值班律师的意见，记录在案并附卷：

（一）涉嫌的犯罪事实、罪名及适用的法律规定；

（二）从轻、减轻或者免除处罚等从宽处罚的建议；

（三）认罪认罚后案件审理适用的程序；

（四）其他需要听取意见的情形。

人民检察院未采纳辩护人、值班律师意见的，应当说明理由。

28. 自愿性、合法性审查。对侦查阶段认罪认罚的案件，人民检察院应当重点审查以下内容：

（一）犯罪嫌疑人是否自愿认罪认罚，有无因受到暴力、威胁、引诱而违背意愿认罪认罚；

（二）犯罪嫌疑人认罪认罚时的认知能力和精神状态是否正常；

（三）犯罪嫌疑人是否理解认罪认罚的性质和可能导致的法律后果；

（四）侦查机关是否告知犯罪嫌疑人享有的诉讼权利，如实供述自己罪行可以从宽处理和认罪认罚的法律规定，并听取意见；

（五）起诉意见书中是否写明犯罪嫌疑人认罪认罚情况；

（六）犯罪嫌疑人是否真诚悔罪，是否向被害人赔礼道歉。

经审查，犯罪嫌疑人违背意愿认罪认罚的，人民检察院可以重新开展认罪认罚工作。存在刑讯逼供等非法取证行为的，依照法律规定处理。

29. 证据开示。人民检察院可以针对案件具体情况，探索证据开示制度，保障犯罪嫌疑人的知情权和认罪认罚的真实性及自愿性。

30. 不起诉的适用。完善起诉裁量权，充分发挥不起诉的审前分流和过滤作用，逐步扩大相对不起诉在认罪认罚案件中的适用。对认罪认罚后没有争议，不需要判处刑罚的轻微刑事案件，人民检察院可以依法作出不起诉决定。人民检察院应当加强对案件量刑的预判，对其中可能判处免刑的轻微刑事案件，可以依法作出不起诉决定。

对认罪认罚后案件事实不清、证据不足的案件，应当依法作出不起诉决定。

31. 签署具结书。犯罪嫌疑人自愿认罪，同意量刑建议和程序适用的，应当在辩护人或者值班律师在场的情况下签署认罪认罚具结书。犯罪嫌疑人被羁押的，看守所应当为签署具结书提供场所。具结书应当包括犯罪嫌疑人如实供述罪行、同意量刑建议、程序适用等内容，由犯罪嫌疑人、辩护人或者值班律师签名。

犯罪嫌疑人认罪认罚，有下列情形之一的，不需要签署认罪认罚具结书：

（一）犯罪嫌疑人是盲、聋、哑人，或者是尚未完全丧失辨认或者控制自己行为能力的精神病人的；

（二）未成年犯罪嫌疑人的法定代理人、辩护人对未成年人认罪认罚有异议的；

（三）其他不需要签署认罪认罚具结书的情形。

上述情形犯罪嫌疑人未签署认罪认罚具结书的，不影响认罪认罚从宽制度的适用。

32. 提起公诉。人民检察院向人民法院提起公诉的，应当在起诉书中写明被告人认罪认罚情况，提出量刑建议，并移送认罪认罚具结书等材料。量刑建议书可以另行制作，也可以在起诉书中写明。

33. 量刑建议的提出。犯罪嫌疑人认罪认罚的，人民检察院应当就主刑、附加刑、是否适用缓刑等提出量刑建议。人民检察院提出量刑建议前，应当充分听取犯罪嫌疑人、辩护人或者值班律师的意见，尽量协商一致。

办理认罪认罚案件，人民检察院一般应当提出确定刑量刑建议。对新类型、不常见犯罪案件，量刑情节复杂的重罪案件等，也可以提出幅度刑量刑建议。提出量刑建议，应当说明理由和依据。

犯罪嫌疑人认罪认罚没有其他法定量刑情节的，人民检察院可以根据犯罪的事实、性质等，在基准刑基础上适当减让提出确定刑量刑建议。有其他法定量刑情节的，人民检察院应当综合认罪认罚和其他法定量刑情节，参照相关量刑规范提出确定刑量刑建议。

犯罪嫌疑人在侦查阶段认罪认罚的，主刑从宽的幅度可以在前款基础上适当放宽；被告人在审判阶段认罪认罚的，在前款基础上可以适当缩减。建议判处罚金刑的，参照主刑的从宽幅度提出确定的数额。

34. 速裁程序的办案期限。犯罪嫌疑人认罪认罚，人民检察院经审查，认为符合速裁程序适用条件的，应当在十日以内作出是否提起公诉的决定；对可能判处的有期徒刑超过一年的，可以在十五日以内作出是否提起公诉的决定。

九、社会调查评估

35. 侦查阶段的社会调查。犯罪嫌疑人认罪认罚，可能判处管制、宣告缓刑的，公安机关可以委托犯罪嫌疑人居住地的社区矫正机构进行调查评估。

公安机关在侦查阶段委托社区矫正机构进行调查评估，社区矫正机构在公安机关移送审查起诉后完成调查评估的，应当及时将评估意见提交受理案件的人民检察院或者人民法院，并抄送公安机关。

36. 审查起诉阶段的社会调查。犯罪嫌疑人认罪认罚，人民检察院拟提出缓刑或者管制量刑建议的，可以及时委托犯罪嫌疑人居住地的社区矫正机构进行调查评估，也可以自行调查评估。人民检察院提起公诉时，已收到调查材料的，应当将材料一并移送，未收到调查材料的，应当将委托文书随案移送；在提起公诉后收到调查材料的，应当及时移送人民法院。

37. 审判阶段的社会调查。被告人认罪认罚，人民法院拟判处管制或者宣告缓刑的，可以及时委托被告人居住地的社区矫正机构进行调查评估，也可以自行调查评估。

社区矫正机构出具的调查评估意见，是人民法院判处管制、宣告缓刑的重要参考。对没有委托社区矫正机构进行调查评估或者判决前未收到社区矫正机构调查评估报告的认罪认罚案件，人民法院经审理认为被告人符合管制、缓刑适用条件的，可以判处管制、宣告缓刑。

38. 司法行政机关的职责。受委托的社区矫正机构应当根据委托机关的要求，对犯罪嫌疑人、被告人的居所情况、家庭和社会关系、一贯表现、犯罪行为的后果和影响、居住地村（居）民委员会和被害人意见、拟禁止的事项等进行调查了解，形成评估意见，及时提交委托机关。

十、审判程序和人民法院的职责

39. 审判阶段认罪认罚自愿性、合法性审查。办理认罪认罚案件，人民法院应当告知被告人享有的诉讼权利和认罪认罚的法律规定，听取被告人及其辩护人或者值班律师的意见。庭审中应当对认罪认罚的自愿性、具结书内容的真实性和合法性进行审查核实，重点核实以下内容：

（一）被告人是否自愿认罪认罚，有无因受到暴力、威胁、引诱而违背意愿认罪认罚；

（二）被告人认罪认罚时的认知能力和精神状态是否正常；

（三）被告人是否理解认罪认罚的性质和可能导致的法律后果；

（四）人民检察院、公安机关是否履行告知义务并听取意见；

（五）值班律师或者辩护人是否与人民检察院进行沟通，提供了有效法律帮助或者辩护，并在场见证认罪认罚具结书的签署。

庭审中审判人员可以根据具体案情，围绕定罪量刑的关键事实，对被告人认罪认罚的自愿性、真实性等进行发问，确认被告人是否实施犯罪，是否真诚悔罪。

被告人违背意愿认罪认罚，或者认罪认罚后又反悔，依法需要转换程序的，应当按照普通程序对案件重新审理。发现存在刑讯逼供等非法取证行为的，依照法律规定处理。

40. 量刑建议的采纳。对于人民检察院提出的量刑建议，人民法院应当依法进行审查。对于事实清楚，证据确实、充分，指控的罪名准确，量刑建议适当的，人民法院应当采纳。具有下列情形之一的，不予采纳：

（一）被告人的行为不构成犯罪或者不应当追究刑事责任的；

（二）被告人违背意愿认罪认罚的；

（三）被告人否认指控的犯罪事实的；

（四）起诉指控的罪名与审理认定的罪名不一致的；

（五）其他可能影响公正审判的情形。

对于人民检察院起诉指控的事实清楚，量刑建议适当，但指控的罪名与审理认定的罪名不一致的，人民法院可以听取人民检察院、被告人及其辩护人对审理认定罪名的意见，依法作出裁判。

人民法院不采纳人民检察院量刑建议的，应当说明理由和依据。

41. 量刑建议的调整。人民法院经审理，认为量刑建议明显不当，或者被告人、辩护人对量刑建议有异议且有理有据的，人民法院应当告知人民检察院，人民检察院可以调整量刑建议。人民法院认为调整后的量刑建议适当的，应当予以采纳；人民检察院不调整量刑建议或者调整后仍然明显不当的，人民法院应当依法作出判决。

适用速裁程序审理的，人民检察院调整量刑建议应当在庭前或者当庭提出。调整量刑建议后，被告人同意继续适用速裁程序的，不需要转换程序处理。

42. 速裁程序的适用条件。基层人民法院管辖的可能判处三年有期徒刑以下刑罚的案件，案件事实清楚，证据确实、充分，被告人认罪认罚并同意适用速裁程序的，可以适用速裁程序，由审判员一人独任审判。人民检察院提起公诉时，可以建议人民法院适用速裁程序。

有下列情形之一的，不适用速裁程序办理：

（一）被告人是盲、聋、哑人，或者是尚未完全丧失辨认或者控制自己行为能力的精神病人的；

（二）被告人是未成年人的；

（三）案件有重大社会影响的；

（四）共同犯罪案件中部分被告人对指控的犯罪事实、罪名、量刑建议或者适用速裁程序有异议的；

（五）被告人与被害人或者其法定代理人没有就附带民事诉讼赔偿等事项达成调解或者和解协议的；

（六）其他不宜适用速裁程序办理的案件。

43. 速裁程序的审理期限。适用速裁程序审理案件，人民法院应当在受理后十日以内审结；对可能判处的有期徒刑超过一年的，应当在十五日以内审结。

44. 速裁案件的审理程序。适用速裁程序审理案件，不受刑事诉讼法规定的送达期限的限制，一般不进行法庭调查、法庭辩论，但在判决宣告前应当听取辩护人的意见和被告人的最后陈述意见。

人民法院适用速裁程序审理案件，可以在向被告人送达起诉书时一并送达权利义务告知书、开庭传票，并核实被告人自然信息等情况。根据需要，可以集中送达。

人民法院适用速裁程序审理案件，可以集中开庭，逐案审理。人民检察院可以指派公诉人集中出庭支持公诉。公诉人简要宣读起诉书后，审判人员应当当庭询问被告人对指控事实、证据、量刑建议以及适用速裁程序的意见，核实具结书签署的自愿性、真实性、合法性，并核实附带民事诉讼赔偿等情况。

适用速裁程序审理案件，应当当庭宣判。集中审理的，可以集中当庭宣判。宣判时，根据案件需要，可以由审判员进行法庭教育。裁判文书可以简化。

45. 速裁案件的二审程序。被告人不服适用速裁程序作出的第一审判决提出上诉的案件，可以不开庭审理。第二审人民法院审查后，按照下列情形分别处理：

（一）发现被告人以事实不清、证据不足为由提出上诉的，应当裁定撤销原判，发回原审人民法院适用普通程序重新审理，不再按认罪认罚案件从宽处罚；

（二）发现被告人以量刑不当为由提出上诉的，原判量刑适当的，应当裁定驳回上诉，维持原判；原判量刑不当的，经审理后依法改判。

46. 简易程序的适用。基层人民法院管辖的被告人认罪认罚案件，事实清楚、证据充分，被告人对适用简易程序没有异议的，可以适用简易程序审判。

适用简易程序审理认罪认罚案件，公诉人可以简要宣读起诉书，审判人员当庭询问被告人对指控的犯罪事实、证据、量刑建议及适用简易程序的意见，核实具结书签署的自愿性、真实性、合法性。法庭调查可以简化，但对有争议的事实和证据应当进行调查、质证，法庭辩论可以仅围绕有争议的问题进行。裁判文书可以简化。

47. 普通程序的适用。适用普通程序办理认罪认罚案件，可以适当简化法庭调查、辩论程序。公诉人宣读起诉书后，合议庭当庭询问被告人对指控的犯罪事实、证据及量刑建议的意见，核实具结书签署的自愿性、真实性、合法性。公诉人、辩护人、审判人员对被告人的讯问、发问可以简化。对控辩双方无异议的证据，可以仅就证据名称及证明内容进行说明；对控辩双方有异议，或者法庭认为有必要调查核实的证据，应当出示并进行质证。法庭辩论主要围绕有争议的问题进行，裁判文书可以适当简化。

48. 程序转换。人民法院在适用速裁程序审理过程中，发现有被告人的行为不构成犯罪或者不应当追究刑事责任、被告人违背意愿认罪认罚、被告人否认指控的犯罪事实情形的，应当转为普通程序审理。发现其他不宜适用速裁程序但符合简易程序适用条件的，应当转为简易程序重新审理。

发现有不宜适用简易程序审理情形的，应当转为普通程序审理。

人民检察院在人民法院适用速裁程序审理案件过程中，发现有不宜适用速裁程序审理情形的，应当建议人民法院转为普通程序或者简易程序重新审理；发现有不宜适用简易程序审理情形的，应当建议人民法院转为普通程序重新审理。

49. 被告人当庭认罪认罚案件的处理。被告人在侦查、审查起诉阶段没有认罪认罚，但当庭认罪，愿意接受处罚的，人民法院应当根据审理查明的事实，就定罪和量刑听取控辩双方意见，依法作出裁判。

50. 第二审程序中被告人认罪认罚案件的处理。被告人在第一审程序中未认罪认罚，在第二审程序中认罪认罚的，审理程序依照刑事诉讼法规定的第二审程序进行。第二审人民法院应当根据其认罪认罚的价值、作用决定是否从宽，并依法作出裁判。确定从宽幅度时应当与第一审程序认罪认罚有所区别。

十一、认罪认罚的反悔和撤回

51. 不起诉后反悔的处理。因犯罪嫌疑人认罪认罚，人民检察院依照刑事诉讼法第一百七十七条第二款作出不起诉决定后，犯罪嫌疑人否认指控的犯罪事实或者不积极履行赔礼道歉、退赃退赔、赔偿损失等义务的，人民检察院应当进行审查，区分下列情形依法作出处理：

（一）发现犯罪嫌疑人没有犯罪事实，或者符合刑事诉讼法第十六条规定的情形之一的，应当撤销原不起诉决定，依法重新作出不起诉决定；

（二）认为犯罪嫌疑人仍属于犯罪情节轻微，依照刑法规定不需要判处刑罚或者免除刑罚的，可以维持原不起诉决定；

（三）排除认罪认罚因素后，符合起诉条件的，应当根据案件具体情况撤销原不起诉决定，依法提起公诉。

52. 起诉前反悔的处理。犯罪嫌疑人认罪认罚，签署认罪认罚具结书，在人民检察院提起公诉前反悔的，具结书失效，人民检察院应当在全面审查事实证据的基础上，依法提起公诉。

53. 审判阶段反悔的处理。案件审理过程中，被告人反悔不再认罪认罚的，人民法院应当根据审理查明的事实，依法作出裁判。需要转换程序的，依照本意见的相关规定处理。

54. 人民检察院的法律监督。完善人民检察院对侦查活动和刑事审判活动的监督机制，加强对认罪认罚案件办理全过程的监督，规范认罪认罚案件的抗诉工作，确保无罪的人不受刑事追究、有罪的人受到公正处罚。

十二、未成年人认罪认罚案件的办理

55. 听取意见。人民法院、人民检察院办理未成年人认罪认罚案件，应当听取未成年犯罪嫌疑人、被告人的法定代理人的意见，法定代理人无法到场的，应当听取合适成年人的意见，但受案时犯罪嫌疑人已经成年的除外。

56. 具结书签署。未成年犯罪嫌疑人签署认罪认罚具结书时，其法定代理人应当到场并签字确认。法定代理人无法到场的，合适成年人应当到场签字确认。法定代理人、辩护人对未成年人认罪认罚有异议的，不需要签署认罪认罚具结书。

57. 程序适用。未成年人认罪认罚案件，不适用速裁程序，但应当贯彻教育、感化、挽救的方针，坚持从快从宽原则，确保案件及时办理，最大限度保护未成年人合法权益。

58. 法治教育。办理未成年人认罪认罚案件，应当做好未成年犯罪嫌疑人、被告人的认罪服法、悔过教育工作，实现惩教结合目的。

十三、附则

59. 国家安全机关、军队保卫部门、中国海警局、监狱办理刑事案件，适用本意见的有关规定。

60. 本指导意见由会签单位协商解释，自发布之日起施行。

第八章　刑事裁判文书制作

【工作内容】

（一）刑事判决书制作要点

1. 首部。

（1）审判主体。即审判刑事案件的人民法院，应写明全称，不能简写，与院印保持一致，涉外刑事案件还应标明"中华人民共和国"国名。

（2）刑事裁判文书类别。注意是刑事判决书（裁定书）还是刑事附带民事判决书（裁定书）。需注意的是：对于附带民事诉讼案件，无论刑事案件是否与民事案件一并审理，裁判文书的类别均应当是刑事附带民事诉讼判决书。

（3）案号。应标明立案年度、审判主体、案件性质、审级及案件排序编号，与办案系统及立案审批表上的案号要一致。

（4）控方基本情况。公诉机关、检察机关应写明全称，刑事自诉案件的自诉人如果提起附带民事诉讼的，应标明"自诉人暨附带民事诉讼原告人"。

（5）被告人的基本情况。被告人为自然人的，应依序写明被告人的姓名、性别、出生年月日、出生地、民族、居民身份证号码、文化程度、工作单位、职业、户籍地、捕前住所、前科与刑满释日期、被采取强制措施情况以及羁押场所。被告人如果为外国人的，还应在其中文译名后用括号标注其外文姓名，另需写明护照号码以及国籍情况。为保护涉及个人隐私案件的被害人的隐私和名誉，在裁判文书中对被害人应只写姓，不写真实名字，名字用"某某"代替。

（6）法定代理人。未成年被告人的法定代理人应参加诉讼，在相关刑事判决书中应列明法定代理人的姓名、与被告人的关系、住址、工作单位以及职务等情况。未成年被告人的法定代理人无法出庭或者确实不宜出庭的，在裁判文书首部中仍应列明法定代理人，但是在审理阶段出庭人员中应表述为"被告人×××的法定代理人×××经法庭通知未出庭"或者"被告人×××的法定代理人×××因特殊原因未出庭"等内容。如果未成年被告人没有法定代理人或无法查到法定代理人的，可以不写法定代理人。被告人犯罪时未成年，但是在开庭审理时已成年的，在裁判文书中则不列法定代理人。

（7）辩护人。辩护人是律师的，写明辩护人的姓名、工作单位和职务；如系指定的辩护人，写明"指定辩护人"；辩护人为普通公民的，写明姓名、性别、出生日期、民族、文化程度、住址、工作单位、职业以及与被告人的关系。

（8）翻译人员。如有翻译人员出庭的，则在裁判文书中写明翻译人员的姓名、性别和工作单位等信息。翻译人员的信息情况一般排列在所有诉讼参与人的最后面。

（9）审判经过情况。写明人民法院审理人民检察院指控被告人犯罪情况，附带民事诉讼情况，开庭审理日期，是否存在延期审理、指定管辖和简易程序转入普通程序等情形，是否存在附带民事诉讼撤诉情形等。依法不公开审理的案件，写明不公开审理的理由。

2. 正文。

（1）公诉机关的指控。内容主要包括公诉机关指控被告人的犯罪事实、依据的证据材料、对被告人定罪量刑的意见、理由及法律适用依据等。

（2）被告人的供述、辩解及辩护人的辩护意见。为体现控辩双方对抗和司法中立原则，该部分内容的概括归纳要客观、全面。

（3）证据认定与事实认定。裁判文书中认定的事实是一种根据证据推断出来的"法律事实"，应尽力完整再现举证、质证和认证的过程，对裁判文书中事实的撰写（主要是针对"经审理查明"部分）一定要与证据材料相印证。证据要进行梳理，前后按照一定的逻辑顺序排列，证人证言、被告人供述等要进行总结和归纳，所述内容与认定的事实和其他证据要相互印证。

（4）法院的裁判。主要由"本院认为"和判决主文两部分组成。其中"本院认为"部分主要是对案件的裁判进行说理和论证，写明对被告人认定什么罪，是否存在共同犯罪、数罪并罚、主从犯区分、各被告人的从轻从重处罚情节，对被告人辩解及辩护人辩护意见的回应，附带民事诉讼处理情况等。

在明确判决的法律依据时，既有法律规定又有司法解释规定的，应当先引用法律规定，再引用相关司法解释；同时适用修订前后《刑法》的，对修订前的《刑法》，应表述为"1979年《中华人民共和国刑法》"；对修订后的《刑法》，应表述为"《中华人民共和国刑法》"。引用法律条文时，先引用对被告人定罪的法律条文，再引用评价量刑情节的法律条文。

（5）尾部。包括三部分：一是告知被告人上诉权利与相关事宜，主要包括上诉期限、上诉方式以及上诉状正、副本的要求；二是审判组织与书记员的信息；三是日期及法院印章。

（6）相关技术规范。制作裁判文书应当规范、严谨，文书中的数字、计量单位以及标点符号的用法主要依据《出版物上数字用法的规定》和《标点符号用法》以及《中华人民共和国法定计量单位》的规定进行制作。

（二）写作要领

1. 对于适用简易程序审理的案件或者被告人对案件事实以及证据没有异议，仅对定性量刑存有异议的案件均可以在如实反映案件基本发展脉络的基础上简写裁判文书。但简写也应简而有序，即被告人权利、义务与刑事责任的宣告，有基本的逻辑结构与秩序；简而不漏，即确保案件事实认定与论证清晰，不遗漏主要内容。对事实的概述应能够反映案件发生的时间、地点、动机、手段、实施行为的过程、危害结果以及被告人认罪、悔罪态度等。对证据的分析以能够如实反映案件的全部证据材料为限。必须包含案件的事实及论证、影响对被告人刑罚适用的各种法定量刑情节和酌定量刑情节、裁判意见、法律适用依据等内容。

2. 事实论证要做到结构严谨、逻辑严密、条理清晰、用语规范。

3. 对控辩双方意见的阐述要完整、准确、精练，对控辩双方意见要充分回应。

4. 所有证据必须查证属实，才能作为定案的证据。对于案件事实清楚，证据确实、充分且被告人对证据材料均无异议的案件，可以整体概括分析证据，集中表述。对于案情复杂或者被告人或辩护人对部分证据材料有异议的案件以及一人犯数罪的案件，对证据材料要进行逐项分析认证。对于共同犯罪的案件，还可以逐人逐罪概述分析证据。

5. 裁判文书说明要全面、有针对性，围绕刑事法律逻辑的内在要求展开，说理要透彻。

第九章　法定刑以下判处刑罚报请核准程序

【工作内容】

1. 被告人未上诉、人民检察院未抗诉的，在上诉、抗诉期满后三日以内报请上一级人民法院复核。上级人民法院同意原判的，应当书面层报最高人民法院核准；不同意的，应当裁定发回重新审判，或者按照第二审程序提审。

2. 被告人上诉或者人民检察院抗诉的，上一级人民法院维持原判，或者改判后仍在法定刑以下判处刑罚的，应当依照前述要求层报最高人民法院核准。

3. 对符合《刑法》第六十三条第二款规定的案件，第一审人民法院未在法定刑以下判处刑罚的，第二审人民法院可以在法定刑以下判处刑罚，并层报最高人民法院核准。

4. 报请最高人民法院核准在法定刑以下判处刑罚的案件，应当报送判决书、报请核准的报告各五份，以及全案卷宗、证据。

5. 依照规定发回第二审人民法院重新审判的案件，第二审人民法院可以直接改判；必须通过开庭查清事实、核实证据或者纠正原审程序违法的，应当开庭审理。

6. 复核在法定刑以下判处刑罚案件的审理期限，参照第二审程序的审理期限。

【常用法律、司法解释及相关规定】

《刑法》（2020 年 12 月 26 日修正）

第六十三条第二款　犯罪分子虽然不具有本法规定的减轻处罚情节，但是根据案件的特殊情况，经最高人民法院核准，也可以在法定刑以下判处刑罚。

《最高人民法院关于适用〈中华人民共和国刑事诉讼法〉的解释》（2021年3月1日施行 法释〔2021〕1号）

第四百一十四条 报请最高人民法院核准在法定刑以下判处刑罚的案件，应当按照下列情形分别处理：

（一）被告人未上诉、人民检察院未抗诉的，在上诉、抗诉期满后三日以内报请上一级人民法院复核。上级人民法院同意原判的，应当书面层报最高人民法院核准；不同意的，应当裁定发回重新审判，或者按照第二审程序提审；

（二）被告人上诉或者人民检察院抗诉的，上一级人民法院维持原判，或者改判后仍在法定刑以下判处刑罚的，应当依照前项规定层报最高人民法院核准。

第四百一十五条 对符合刑法第六十三条第二款规定的案件，第一审人民法院未在法定刑以下判处刑罚的，第二审人民法院可以在法定刑以下判处刑罚，并层报最高人民法院核准。

第四百一十六条 报请最高人民法院核准在法定刑以下判处刑罚的案件，应当报送判决书、报请核准的报告各五份，以及全部案卷、证据。

第四百一十七条 对在法定刑以下判处刑罚的案件，最高人民法院予以核准的，应当作出核准裁定书；不予核准的，应当作出不核准裁定书，并撤销原判决、裁定，发回原审人民法院重新审判或者指定其他下级人民法院重新审判。

第四百一十八条 依照本解释第四百一十四条、第四百一十七条规定发回第二审人民法院重新审判的案件，第二审人民法院可以直接改判；必须通过开庭查清事实、核实证据或者纠正原审程序违法的，应当开庭审理。

第四百一十九条 最高人民法院和上级人民法院复核在法定刑以下判处刑罚案件的审理期限，参照适用刑事诉讼法第二百四十三条的规定。

《最高人民法院研究室关于如何理解"在法定刑以下判处刑罚"问题的答复》（2012年5月30日施行 法研〔2012〕67号）

刑法第六十三条第一款规定的"在法定刑以下判处刑罚"，是指在法定量刑幅度的最低刑以下判处刑罚。刑法分则中规定的"处十年以上有期徒刑、无期徒刑或者死刑"，是一个量刑幅度，而不是"十年以上有期徒刑"、"无期徒刑"和"死刑"三个量刑幅度。

【相关法律文书】

刑事裁定书（法定刑以下判处刑罚报核，二审发回重审用）

报请核准在法定刑以下判处刑罚的报告

××××人民法院
刑事裁定书
（法定刑以下判处刑罚报核，二审发回重审用）

（××××）……刑核……号

原公诉机关××××人民检察院。

原审被告人……（写明姓名、性别、出生年月日、民族、出生地、文化程度、职业或者工作单位和职务、住址和因本案所受强制措施情况、现羁押处所等）。

辩护人……（写明姓名、工作单位和职务）。

××××人民法院审理××××人民检察院指控被告人×××犯××罪一案，于××××年××月××日作出（××××）……刑初……号刑事判决，认定被告人×××犯××罪，判处有期徒刑××年。宣判、送达后，检察机关未抗诉，原审被告人×××不服，提出上诉。经××××人民法院二审审理，于××××年××月××日作出（××××）……刑终……号刑事判决，认定上诉人×××犯××罪，在法定刑以下判处……（写明判处刑罚情况）。并依照……（写明判决的法律依据）之规定，报请本院复核。本院依法组成合议庭进行了复核，现已复核终结。

……（首先概述一、二审判决认定的事实、证据、理由和判决结果；其次概述上诉、辩护意见；最后概述检察机关意见）。

经复核查明，……（写明复核查明的事实、证据）。

本院认为，……（写明对被告人的定罪、量刑及法律适用情况）。依照……（写明裁定的法律依据）的规定，裁定如下：

一、撤销××××人民法院（××××）……刑终……号以上诉人×××犯××罪，在法定刑以下判处……（具体刑罚）的刑事判决；

二、发回××××人民法院重新审判。

审　判　长　×××

审　判　员　×××

审　判　员　×××

××××年××月××日

（院印）

本件与原本核对无异

书　记　员　×××

××××人民法院
报请核准在法定刑以下判处刑罚的报告

（××××）……刑×……号

××××人民法院：

　　××××人民检察院提起公诉的被告人×××……一案，本院（或××××人民法院）已于××××年××月××日作出（××××）……刑初……号刑事判决，以被告人×××犯××罪，在法定刑以下判处……（写明具体刑罚）。……（经过二审审理终结的，写明上诉、抗诉和第二审审理结果，或者经××××人民法院复核的经过和意见）。现将在法定刑以下判处刑罚的被告人×××……（写明案由）一案的审理报告、判决书各×份，以及全案诉讼案卷、证据一并送上，请予核准（或者复核）。

××××年××月××日

（院印）

第十章 涉外案件

【工作内容】

（一）受理范围

（1）在中华人民共和国领域内，外国人犯罪或者我国公民对外国、外国人犯罪的案件；（2）符合《刑法》第七条、第十条规定情形的我国公民在中华人民共和国领域外犯罪的案件；（3）符合《刑法》第八条、第十条规定情形的外国人犯罪的案件；（4）符合《刑法》第九条规定情形的中华人民共和国在所承担国际条约义务范围内行使管辖权的案件。对于享有外交特权和豁免权的外国人犯罪应当追究刑事责任的，通过外交途径解决。

（二）管辖

1. 第一审涉外刑事案件，除《刑事诉讼法》规定的中级人民法院、高级人民法院、最高人民法院管辖规定的以外，由基层人民法院管辖。必要时，中级人民法院可以指定辖区内若干基层人民法院集中管辖第一审涉外刑事案件，外国人犯罪案件较少的地区，也可以依照《刑事诉讼法》第二十四条的规定，审理基层人民法院管辖的第一审涉外刑事案件。辖区内集中管辖第一审外国人犯罪案件的基层人民法院，应当由中级人民法院同级人民检察院、公安局、国家安全局、司法局提出，分别报高级人民法院、省级人民检察院、公安厅（局）、国家安全厅（局）、司法厅（局）同意后确定，并报最高人民法院、最高人民检察院、公安部、国家安全部、司法部备案。对于遇到的法律适用等重大问题要及时层报最高人民法院。

2. 地域管辖。（1）在国际列车上的犯罪，根据我国与相关国家签订的协定确定管辖；没有协定的，由该列车始发或者前方停靠的中国车站所在地负责审判铁路运输刑事案件的人民法院管辖。（2）在中华人民共和国领域外的中国船舶内的犯罪，由该船舶最初停泊的中国口岸所在地或者被告人登陆地、入境地的人民法院管辖。（3）在中华人民共和国领域外的中国航空器内的犯罪，由该航空器在中国最初降落地的人民法院管辖。（4）中国公民在中国驻外使领馆内的犯罪，由其主管单位所在地或者原户籍地的人民法院管辖。（5）中国公民在中华人民共和国领域外的犯罪，由其登陆地、入境地、离境前居住地或者现居住地的人民法院管辖；被害人是中国公民的，也可以由被害人离境前居住地或者现居住地的人民法院管辖。（6）外国人在中华人民共和国领域外对中华人民共和国国家或者公民犯罪，根据《刑法》应当受处罚的，由该外国人登陆地、入境地或者入境后居住地的人民法院管辖，也可以由被害人离境前居住地或者现居住地的人民法院管辖。（7）对中华人民共和国缔结或者参加的国际条约所规定的罪行，中华人民共和国在所承担条约义务的范围内行使刑事管辖权的，由被告人被抓获地、登陆地或者入境地的人民法院管辖。

（三）国籍确认

外国人的国籍，根据其入境时的有效证件确认；国籍不明的，根据公安机关或者有关国家驻华使领馆出具的证明确认。国籍无法查明的，以无国籍人对待，适用《最高人民法院关于适用〈中华人民共和国刑事诉讼法〉的解释》的有关规定，在裁判文书中写明"国籍不明"。

（四）诉讼权利

1. 接受会见、通信、探视权。（1）人民法院受理案件后，应当告知在押的外国籍被告人享有与其国籍国驻华使领馆联系，与其监护人、近亲属会见、通信的权利。（2）审判期间，外国籍被告人在押，其国籍国驻华使、领馆官员要求探视的，可以向受理案件的人民法院所在地的高级人民法院提出。人民法院应当根据我国与被告人国籍国签订的双边领事条约规定的时限予以安排；没有条约规定的，应当尽快安排。必要时，可以请人民政府外事主管部门协助。（3）涉外刑事案件审判期间，外国籍被告人在押，其监护人、近亲属申请会见的，可以向受理案件的人民法院所在地的高级人民法院提出。除我国与该国之间有互免认证协定的外，同时应提供经所在国公证机关证明，所在国中央外交主管机关或者其授权机关认证，并经我国驻该国使、领馆认证的与被告人关系的证明。人民法院经审查认为不妨碍案件审判的，可以批准。（4）被告人拒绝接受探视、会见的，可以不予安排，但应当由其本人出具书面声明。拒绝出具书面声明的，应当记录在案；必要时，应当录音录像。探视、会见被告人应当遵守我国法律规定。（5）人民法院受理案件后在作出终审判决前的羁押期间，探视的有关事宜由审理案件的人民法院安排；人民法院将案件退回人民检察院，或者人民检察院将案件退回公安机关、国家安全机关补充侦查的羁押期间，探视的有关事宜由补充侦查的人民检察院、公安机关、国家安全机关安排；经人民法院判决后在监狱服刑期间，探视的有关事宜由司法行政机关安排。（6）主办机关需要就探视事宜同有关外国驻华使、领馆联系时，应当分别经过各省、自治区、直辖市高级人民法院进行。地方外事办公室或者外交部予以协助。（7）外国驻华外交、领事官员与其本国在华被监视居住、逮捕的本国公民往来信件，我主管部门应按有关领事条约及《维也纳领事关系公约》的规定迅速转交。

2. 翻译权。（1）受理案件后，应当告知在押的外国籍被告人享有请求人民法院提供翻译的权利。（2）人民法院审判涉外刑事案件，使用中华人民共和国通用的语言、文字，应当为外国籍当事人提供翻译。翻译人员应当在翻译文件上签名。（3）人民法院的诉讼文书为中文本。外国籍当事人不通晓中文的，应当附有外文译本，译本不加盖人民法院印章，以中文本为准。（4）外国籍当事人通晓中国语言、文字，拒绝他人翻译，或者不需要诉讼文书外文译本的，应当由其本人出具书面声明。拒绝出具书面声明的，应当记录在案；必要时，应当录音录像。

3. 辩护权。（1）外国籍被告人委托律师辩护，或者外国籍附带民事诉讼原告人委托律师代理诉讼的，应当委托具有中华人民共和国律师资格并依法取得执业证书的律师。外国籍被告人在押的，其监护人、近亲属或者其国籍国驻华使领馆可以代为委托辩护人。其监护人、近亲属代为委托的，应当提供与被告人关系的有效证明，不论其国籍如何，均应允许。外国籍当事人委托其监护人、近亲属担任辩护人、诉讼代理人的，被委托人应当提供与当事人关系的有效证明。经审查，符合《刑事诉讼法》、有关司法解释规定的，人民法院应当准许。外国籍被告人没有委托辩护人的，人民法院可以通知法律援助机构为其指派律师提供辩护。被告人拒绝辩护人辩护的，应当由其出具书面声明，或者将其口头声明记录在案；必要时，应当录音录像。被告人属于应当提供法律援助情形的，依照《最高人民法院关于适用〈中华人民共和国刑事诉讼法〉的解释》第五十条规定处理。（2）外国籍当事人从中华人民共和国领域外寄交或者托交给中国律师或者中国公民的委托书，必须经所在国公证机关证明，所在国中央外交主管机关或者其授权机关认证，并经我国驻该国使、领馆认证，但我国与该国之间有互免认证协定的除外。（3）对被告人亲属为被告人委托的律师，以及使、领馆官员代为被告人聘请的律师，核实其律师身份，不符合条件的，应予拒绝。

（五）案件的通报、通知

案件审判期间，人民法院应当将下列事项及时通报同级人民政府外事主管部门，并依照有关规定通知有关国家驻华使领馆：（1）人民法院决定对外国籍被告人采取强制措施的情况，包括外国籍当事人的姓名（包括译名）、性别、入境时间、护照或者证件号码、采取的强制措施及法律依据、羁押地点等；开庭的时间、地点、是否公开审理等事项。（2）宣判的时间、地点：①案件宣判后，应当及时将处理结果通报同级人民政府外事主管部门；②对外国籍被告人执行死刑的，死刑裁决下达后执行前，应当通知其国籍国驻华使领馆；③外国籍被告人在案件审理中死亡的，应当及时通报同级人民政府外事主管部门，并通知有关国家驻华使领馆。

（六）通知程序

需要向有关国家驻华使领馆通知有关事项的，应当层报高级人民法院，由高级人民法院按照下列规定通知：（1）外国籍当事人国籍国与我国签订有双边领事条约的，根据条约规定办理；未与我国签订双边领事条约，但参加《维也纳领事关系公约》的，根据公约规定办理；未与我国签订领事条约，也未参加《维也纳领事关系公约》，但与我国有外交关系的，可以根据外事主管部门的意见，按照互惠原则，根据有关规定和国际惯例办理。（2）在外国驻华领馆领区内发生的涉外刑事案件，通知有关外国驻该地区的领馆；在外国领馆领区外发生的涉外刑事案件，通知有关外国驻华使馆；与我国有外交关系，但未设使领馆的国家，可以通知其代管国家驻华使领馆；无代管国家或者代管国家不明的，可以不通知。（3）双边领事条约规定通知时限的，应当在规定的期限内通知；没有规定的，应当根据或者参照《维也纳领事关系公约》和国际惯例尽快通知，至迟不得超过七日。（4）双边领事条约没有规定必须通知，外国籍当事人要求不通知其国籍国驻华使领馆的，可以不通知，但应当由其本人出具书面声明。高级人民法院向外国驻华使领馆通知有关事项，必要时，可以请人民政府外事主管部门协助。

（七）公开审理

人民法院审理涉外刑事案件，应当公开进行，但依法不应公开审理的除外。公开审理的涉外刑事案件，外国籍当事人国籍国驻华使领馆官员要求旁听的，可以向受理案件的人民法院所在地的高级人民法院提出申请，人民法院应当安排。

（八）限制（暂缓）出境

（1）对涉外刑事案件的被告人，可以决定限制出境；对开庭审理案件时必须到庭的证人，可以要求暂缓出境。限制外国人出境的，应当同时通报同级人民政府外事主管部门和当事人国籍国驻华使领馆。（2）人民法院决定限制外国人和中国公民出境的，应当书面通知被限制出境的人在案件审理终结前不得离境，并可以采取扣留护照或者其他出入境证件的办法限制其出境；扣留证件的，应当履行必要手续，并发给本人扣留证件的证明。（3）需要对外国人和中国公民在口岸采取边控措施的，受理案件的人民法院应当按照规定制作边控对象通知书，并附有关法律文书，层报高级人民法院办理交控手续。紧急情况下，需要采取临时边控措施的，受理案件的人民法院可以先向有关口岸所在地出入境边防检查机关交控，但应当在七日以内按照规定层报高级人民法院办理手续。

（九）延长审限

涉外刑事案件，符合《刑事诉讼法》第二百零八条第一款、第二百四十三条规定的，经有关人民法院批准或者决定，可以延长审理期限。涉外刑事案件宣判后，外国籍当事人国籍国驻华使领馆要求提供裁判文书的，可以向受理案件的人民法院所在地的高级人民法院提出，人民法院可以提供。

（十）刑事司法协助

1. 请求和提供司法协助，应当依照《国际刑事司法协助法》，我国与有关国家、地区签订的刑事司法协助条约、移管被判刑人条约和有关法律规定进行。对请求书的签署机关、请求书及所附材料的语言文字、有关办理期限和具体程序等事项，在不违反中华人民共和国法律的基本原则的情况下，可以按照刑事司法协助条约规定或者双方协商办理。

2. 外国法院请求的事项有损中华人民共和国的主权、安全、社会公共利益以及违反中华人民共和国法律的基本原则的，人民法院不予协助；属于有关法律规定的可以拒绝提供刑事司法协助情形的，可以不予协助。

3. 人民法院请求外国提供司法协助的，应当层报最高人民法院，经最高人民法院审核同意后交由有关对外联系机关及时向外国提出请求。外国法院请求我国提供司法协助，有关对外联系机关认为属于人民法院职权范围的，经最高人民法院审核同意后转有关人民法院办理。

4. 人民法院请求外国提供司法协助的请求书，应当依照刑事司法协助条约的规定提出；没有条约或者条约没有规定的，应当载明法律规定的相关信息并附相关材料。请求书及其所附材料应当以中文制作，并附有被请求国官方文字的译本。外国请求我国法院提供司法协助的请求书，应当依照刑事司法协助条约的规定提出；没有条约或者条约没有规定的，应当载明我国法律规定的相关信息并附相关材料。请求书及所附材料应当附有中文译本。

（十一）送达文书方式

向在中华人民共和国领域外居住的当事人送达刑事诉讼文书，可以采用下列方式：（1）根据受送达人所在国与中华人民共和国缔结或者共同参加的国际条约规定的方式送达。（2）通过外交途径送达，所送达的文书应当经高级人民法院审查后报最高人民法院审核。最高人民法院认为可以发出的，由最高人民法院交外交部主管部门转递。（3）对中国籍当事人，所在国法律允许或者经所在国同意的，可以委托我国驻受送达人所在国的使领馆代为送达。（4）当事人是自诉案件的自诉人或者附带民事诉讼原告人的，可以向有权代其接受送达的诉讼代理人送达。（5）当事人是外国单位的，可以向其在中华人民共和国领域内设立的代表机构或者有权接受送达的分支机构、业务代办人送达。（6）受送达人所在国法律允许的，可以邮寄送达；自邮寄之日起满三个月，送达回证未退回，但根据各种情况足以认定已经送达的，视为送达。（7）受送达人所在国法律允许的，可以采用传真、电子邮件等能够确认受送达人收悉的方式送达。外国法院通过外交途径请求人民法院送达刑事诉讼文书的，由该国驻华使馆将法律文书交我国外交部主管部门转最高人民法院。最高人民法院审核后认为属于人民法院职权范围，且可以代为送达的，应当转有关人民法院办理。

【常用法律、司法解释及相关规定】

《刑事诉讼法》（2018 年 10 月 26 日修正）

第十七条 对于外国人犯罪应当追究刑事责任的，适用本法的规定。

对于享有外交特权和豁免权的外国人犯罪应当追究刑事责任的，通过外交途径解决。

第十八条 根据中华人民共和国缔结或者参加的国际条约，或者按照互惠原则，我国司法机关和外国司法机关可以相互请求刑事司法协助。

《最高人民法院关于适用〈中华人民共和国刑事诉讼法〉的解释》（2021 年 3 月 1 日施行 法释〔2021〕1 号）

第六条 在国际列车上的犯罪，根据我国与相关国家签订的协定确定管辖；没有协定的，由该列车始发或者前方停靠的中国车站所在地负责审判铁路运输刑事案件的人民法院管辖。

第七条 在中华人民共和国领域外的中国船舶内的犯罪，由该船舶最初停泊的中国口岸所在地或者被告人登陆地、入境地的人民法院管辖。

第八条 在中华人民共和国领域外的中国航空器内的犯罪，由该航空器在中国最初降落地的人民法院管辖。

第九条 中国公民在中国驻外使领馆内的犯罪，由其主管单位所在地或者原户籍地的人民法院管辖。

第十条 中国公民在中华人民共和国领域外的犯罪，由其登陆地、入境地、离境前居住地或者现居住地的人民法院管辖；被害人是中国公民的，也可以由被害人离境前居住地或者现居住地的人民法院管辖。

第十一条 外国人在中华人民共和国领域外对中华人民共和国国家或者公民犯罪，根据《中华人民共和国刑法》应当受处罚的，由该外国人登陆地、入境地或者入境后居住地的人民法院管辖，也可以由被害人离境前居住地或者现居住地的人民法院管辖。

第十二条 对中华人民共和国缔结或者参加的国际条约所规定的罪行，中华人民共和国在所承担条约义务的范围内行使刑事管辖权的，由被告人被抓获地、登陆地或者入境地的人民法院管辖。

第四百七十五条 本解释所称的涉外刑事案件是指：

（一）在中华人民共和国领域内，外国人犯罪或者我国公民对外国、外国人犯罪的案件；

（二）符合刑法第七条、第十条规定情形的我国公民在中华人民共和国领域外犯罪的案件；

（三）符合刑法第八条、第十条规定情形的外国人犯罪的案件；

（四）符合刑法第九条规定情形的中华人民共和国在所承担国际条约义务范围内行使管辖权的案件。

第四百七十六条 第一审涉外刑事案件，除刑事诉讼法第二十一条至第二十三条规定的以外，由基层人民法院管辖。必要时，中级人民法院可以指定辖区内若干基层人民法院集中管辖第一审涉外刑事案件，也可以依照刑事诉讼法第二十四条的规定，审理基层人民法院管辖的第一审涉外刑事案件。

第四百七十七条 外国人的国籍，根据其入境时持用的有效证件确认；国籍不明的，根据公安机关或者有关国家驻华使领馆出具的证明确认。

国籍无法查明的，以无国籍人对待，适用本章有关规定，在裁判文书中写明"国籍不明"。

第四百七十八条 在刑事诉讼中，外国籍当事人享有我国法律规定的诉讼权利并承担相应义务。

第四百七十九条 涉外刑事案件审判期间，人民法院应当将下列事项及时通报同级人民政府外事主管部门，并依照有关规定通知有关国家驻华使领馆：

（一）人民法院决定对外国籍被告人采取强制措施的情况，包括外国籍当事人的姓名（包括译名）、性别、入境时间、护照或者证件号码、采取的强制措施及法律依据、羁押地点等；

（二）开庭的时间、地点、是否公开审理等事项；

（三）宣判的时间、地点。

涉外刑事案件宣判后，应当将处理结果及时通报同级人民政府外事主管部门。

对外国籍被告人执行死刑的，死刑裁决下达后执行前，应当通知其国籍国驻华使领馆。

外国籍被告人在案件审理中死亡的，应当及时通报同级人民政府外事主管部门，并通知有关国家驻华使领馆。

第四百八十条 需要向有关国家驻华使领馆通知有关事项的，应当层报高级人民法院，由高级人民法院按照下列规定通知：

（一）外国籍当事人国籍国与我国签订有双边领事条约的，根据条约规定办理；未与我国签订双边领事条约，但参加《维也纳领事关系公约》的，根据公约规定办理；未与我国签订领事条约，也未参加《维也纳领事关系公约》，但与我国有外交关系的，可以根据外事主管部门的意见，按照互惠原则，根据有关规定和国际惯例办理；

（二）在外国驻华领馆领区内发生的涉外刑事案件，通知有关外国驻该地区的领馆；在外国领馆领区外发生的涉外刑事案件，通知有关外国驻华使馆；与我国有外交关系，但未设使领馆的国家，可以通知其代管国家驻华使领馆；无代管国家、代管国家不明的，可以不通知；

（三）双边领事条约规定通知时限的，应当在规定的期限内通知；没有规定的，应当根据或者参照《维也纳领事关系公约》和国际惯例尽快通知，至迟不得超过七日；

（四）双边领事条约没有规定必须通知，外国籍当事人要求不通知其国籍国驻华使领馆的，可以不通知，但应当由其本人出具书面声明。

高级人民法院向外国驻华使领馆通知有关事项，必要时，可以请人民政府外事主管部门协助。

第四百八十一条 人民法院受理涉外刑事案件后，应当告知在押的外国籍被告人享有与其国籍国驻华使领馆联系，与其监护人、近亲属会见、通信，以及请求人民法院提供翻译的权利。

第四百八十二条 涉外刑事案件审判期间，外国籍被告人在押，其国籍国驻华使领馆官员要求探视的，可以向受理案件的人民法院所在地的高级人民法院提出。人民法院应当根据我国与被告人国籍国签订的双边领事条约规定的时限予以安排；没有条约规定的，应当尽快安排。必要时，可以请人民政府外事主管部门协助。

涉外刑事案件审判期间，外国籍被告人在押，其监护人、近亲属申请会见的，可以向受理案件的人民法院所在地的高级人民法院提出，并依照本解释第四百八十六条的规定提供与被告人关系的证明。人民法院经审查认为不妨碍案件审判的，可以批准。

被告人拒绝接受探视、会见的，应当由其本人出具书面声明。拒绝出具书面声明的，应当记录在案；必要时，应当录音录像。

探视、会见被告人应当遵守我国法律规定。

第四百八十三条 人民法院审理涉外刑事案件，应当公开进行，但依法不应公开审理的除外。

公开审理的涉外刑事案件，外国籍当事人国籍国驻华使领馆官员要求旁听的，可以向受理案件的人民法院所在地的高级人民法院提出申请，人民法院应当安排。

第四百八十四条 人民法院审判涉外刑事案件，使用中华人民共和国通用的语言、文字，应当为外国籍当事人提供翻译。翻译人员应当在翻译文件上签名。

人民法院的诉讼文书为中文本。外国籍当事人不通晓中文的，应当附有外文译本，译本不加盖人民法院印章，以中文本为准。

外国籍当事人通晓中国语言、文字，拒绝他人翻译，或者不需要诉讼文书外文译本的，应当由其本人出具书面声明。拒绝出具书面声明的，应当记录在案；必要时，应当录音录像。

第四百八十五条 外国籍被告人委托律师辩护，或者外国籍附带民事诉讼原告人、自诉人委托律师代理诉讼的，应当委托具有中华人民共和国律师资格并依法取得执业证书的律师。

外国籍被告人在押的，其监护人、近亲属或者其国籍国驻华使领馆可以代为委托辩护人。其监护人、近亲属代为委托的，应当提供与被告人关系的有效证明。

外国籍当事人委托其监护人、近亲属担任辩护人、诉讼代理人的，被委托人应当提供与当事人关系的有效证明。经审查，符合刑事诉讼法、有关司法解释规定的，人民法院应当准许。

外国籍被告人没有委托辩护人的，人民法院可以通知法律援助机构为其指派律师提供辩护。被告人拒绝辩护人辩护的，应当由其出具书面声明，或者将其口头声明记录在案；必要时，应当录音录像。被告人属于应当提供法律援助情形的，依照本解释第五十条规定处理。

第四百八十六条 外国籍当事人从中华人民共和国领域外寄交或者托交给中国律师或者中国公民的委托书，以及外国籍当事人的监护人、近亲属提供的与当事人关系的证明，必须经所在国公证机关证明，所在国中央外交主管机关或者其授权机关认证，并经中华人民共和国驻该国使领馆认证，或者履行中华人民共和国与该所在国订立的有关条约中规定的证明手续，但我国与该国之间有互免认证协定的除外。

第四百八十七条 对涉外刑事案件的被告人，可以决定限制出境；对开庭审理案件时必须到庭的证人，可以要求暂缓出境。限制外国人出境的，应当通报同级人民政府外事主管部门和当事人国籍国驻华使领馆。

人民法院决定限制外国人和中国公民出境的，应当书面通知被限制出境的人在案件审理终结前不得离境，并可以采取扣留护照或者其他出入境证件的办法限制其出境；扣留证件的，应当履行必要手续，并发给本人扣留证件的证明。

需要对外国人和中国公民在口岸采取边控措施的，受理案件的人民法院应当按照规定制作边控对象通知书，并附有关法律文书，层报高级人民法院办理交控手续。紧急情况下，需要采取临时边控措施的，受理案件的人民法院可以先向有关口岸所在地出入境边防检查机关交控，但应当在七日以内按照规定层报高级人民法院办理手续。

第四百八十八条 涉外刑事案件，符合刑事诉讼法第二百零八条第一款、第二百四十三条规定的，经有关人民法院批准或者决定，可以延长审理期限。

第四百八十九条 涉外刑事案件宣判后，外国籍当事人国籍国驻华使领馆要求提供裁判文书的，可以向受理案件的人民法院所在地的高级人民法院提出，人民法院可以提供。

第四百九十条 涉外刑事案件审理过程中的其他事项，依照法律、司法解释和其他有关规定办理。

第四百九十一条 请求和提供司法协助，应当依照《中华人民共和国国际刑事司法协助法》、我国与有关国家、地区签订的刑事司法协助条约、移管被判刑人条约和有关法律规定进行。

对请求书的签署机关、请求书及所附材料的语言文字、有关办理期限和具体程序等事项，在不违反中华人民共和国法律的基本原则的情况下，可以按照刑事司法协助条约规定或者双方协商办理。

第四百九十二条 外国法院请求的事项有损中华人民共和国的主权、安全、社会公共利益以及违反中华人民共和国法律的基本原则的，人民法院不予协助；属于有关法律规定的可以拒绝提供刑事司法协助情形的，可以不予协助。

第四百九十三条 人民法院请求外国提供司法协助的，应当层报最高人民法院，经最高人民法院审核同意后交由有关对外联系机关及时向外国提出请求。

外国法院请求我国提供司法协助，有关对外联系机关认为属于人民法院职权范围的，经最高人民法院审核同意后转有关人民法院办理。

第四百九十四条 人民法院请求外国提供司法协助的请求书，应当依照刑事司法协助条约的规定提出；没有条约或者条约没有规定的，应当载明法律规定的相关信息并附相关材料。请求书及其所附材料应当以中文制作，并附有被请求国官方文字的译本。

外国请求我国法院提供司法协助的请求书，应当依照刑事司法协助条约的规定提出；没有条约或者条约没有规定的，应当载明我国法律规定的相关信息并附相关材料。请求书及所附材料应当附有中文译本。

第四百九十五条 人民法院向在中华人民共和国领域外居住的当事人送达刑事诉讼文书，可以采用下列方式：

（一）根据受送达人所在国与中华人民共和国缔结或者共同参加的国际条约规定的方式送达；

（二）通过外交途径送达；

（三）对中国籍当事人，所在国法律允许或者经所在国同意的，可以委托我国驻受送达人所在国的使领馆代为送达；

（四）当事人是自诉案件的自诉人或者附带民事诉讼原告人的，可以向有权代其接受送达的诉讼代理人送达；

（五）当事人是外国单位的，可以向其在中华人民共和国领域内设立的代表机构或者有权接受送达的分支机构、业务代办人送达；

（六）受送达人所在国法律允许的，可以邮寄送达；自邮寄之日起满三个月，送达回证未退回，但根据各种情况足以认定已经送达的，视为送达；

（七）受送达人所在国法律允许的，可以采用传真、电子邮件等能够确认受送达人收悉的方式送达。

第四百九十六条 人民法院通过外交途径向在中华人民共和国领域外居住的受送达人送达刑事诉讼文书的，所送达的文书应当经高级人民法院审查后报最高人民法院审核。最高人民法院认为可以发出的，由最高人民法院交外交部主管部门转递。

外国法院通过外交途径请求人民法院送达刑事诉讼文书的，由该国驻华使馆将法律文书交我国外交部主管部门转最高人民法院。最高人民法院审核后认为属于人民法院职权范围，且可以代为送达的，应当转有关人民法院办理。

《最高人民法院、最高人民检察院、公安部、国家安全部、司法部关于外国人犯罪案件管辖问题的通知》（2013 年 1 月 17 日施行　法发〔2013〕2 号）

一、第一审外国人犯罪案件，除刑事诉讼法第二十条①至第二十二条②规定的以外，由基层人民法院管辖。外国人犯罪案件较多的地区，中级人民法院可以指定辖区内一个或者几个基层人民法院集中管辖第一审外国人犯罪案件；外国人犯罪案件较少的地区，中级人民法院可以依照刑事诉讼法第二十三条③的规定，审理基层人民法院管辖的第一审外国人犯罪案件。

三、辖区内集中管辖第一审外国人犯罪案件的基层人民法院，应当由中级人民法院商同级人民检察院、公安局、国家安全局、司法局综合考虑办案质量、效率、工作衔接配合等因素提出，分别报高级人民法院、省级人民检察院、公安厅（局）、国家安全厅（局）、司法厅（局）同意后确定，并报最高人民法院、最高人民检察院、公安部、国家安全部、司法部备案。

各高级人民法院、省级人民检察院、公安厅（局）、国家安全厅（局）要切实加强对基层人民法院、人民检察院、公安机关、国家安全机关办理外国人犯罪案件工作的监督、指导。司法行政机关要加强对外国人犯罪案件中律师辩护、代理工作的指导、监督。对于遇到的法律适用等重大问题要及时层报最高人民法院、最高人民检察院、公安部、国家安全部、司法部。

---

① 编者注：现为第二十一条。

② 编者注：现为第二十三条。

③ 编者注：现为第二十四条。

第十一章 减刑、假释

【工作内容】

(一) 管辖

(1) 对被判处死刑缓期执行的罪犯的减刑，由罪犯服刑地的高级人民法院受理；(2) 对被判处无期徒刑的罪犯的减刑、假释，由罪犯服刑地的高级人民法院受理；(3) 对被判处有期徒刑和被减为有期徒刑以及被判处拘役、管制的罪犯的减刑、假释，由罪犯服刑地的中级人民法院受理。

(二) 立案

1. 执行机关移送的材料：(1) 减刑、假释建议书；(2) 原审法院的裁判文书、执行通知书、历次减刑裁定书的复制件；(3) 证明罪犯确有悔改、立功或者重大立功表现具体事实的书面材料；(4) 罪犯评审鉴定表、奖惩审批表等；(5) 罪犯假释后对所居住社区影响的调查评估报告；(6) 刑事裁判涉财产部分、附带民事裁判的执行、履行情况；(7) 根据案件情况需要移送的其他材料。人民检察院对报请减刑、假释案件提出意见的，执行机关应当一并移送受理减刑、假释案件的人民法院。

2. 审查后处理方式。(1) 执行机关移送的材料齐备的，予以立案；(2) 材料不齐的，通知执行机关在三日内补送，逾期未补送的，不予立案。

(三) 审理程序

1. 立案公示。(1) 时间及期限：在立案后五日内进行公示，公示期限为五日。(2) 方式：①在全国减刑、假释、暂予监外执行信息网上向社会公示。②罪犯服刑场所的公共区域。(3) 内容：①报请减刑、假释建议书等材料，应包括罪犯的姓名、性别等基本情况、原判认定的罪名和刑期、罪犯历次减刑情况、执行机关的建议及依据。②公示期限和提出意见的方式。

2. 合议庭组成。由审判员或者由审判员和人民陪审员组成合议庭。

3. 审理方式。可以采取开庭审理或者书面审理的方式。

（1）应当开庭审理的情形：因罪犯有重大立功表现提请减刑的；提请减刑的起始时间、间隔时间或者减刑幅度不符合一般规定的；被提请减刑、假释罪犯系职务犯罪罪犯，组织、领导、参加、包庇、纵容黑社会性质组织罪犯，破坏金融管理秩序罪犯或者金融诈骗罪犯的；社会影响重大或者社会关注度高的；公示期间收到不同意见的；人民检察院提出异议的；有必要开庭审理的其他案件。

（2）开庭审理。第一，庭前准备工作：在开庭三日前将开庭的时间、地点通知人民检察院、执行机关、被报请减刑、假释罪犯和有必要参加庭审的其他人员；三类犯罪案件开庭，应通知人大代表、政协委员。开庭三日前进行开庭公告，并在全国减刑、假释、暂予监外执行信息网上发布。根据需要，通知证明罪犯确有悔改表现或者立功、重大立功表现的证人，公示期间提出不同意见的人，以及鉴定人、翻译人员等其他人员参加庭审。

第二，开庭审理场所：罪犯刑罚执行场所或者人民法院确定的场所。在社区执行刑罚的罪犯因重大立功被报请减刑的，可以在罪犯服刑地或者居住地开庭审理。有条件的可以采取视频开庭的方式进行。

第三，庭审程序：由审判长主持，按照以下程序进行：审判长宣布开庭，核实被报请减刑、假释罪犯的基本情况（包括原判刑罚及历次减刑情况）；审判长宣布合议庭组成人员、检察人员、执行机关代表及其他庭审参加人；执行机关代表宣读减刑、假释建议书，并说明主要理由，出示证据；由被报请减刑、假释罪犯陈述其改造情况；检察人员发表检察意见；法庭对被报请减刑、假释罪犯确有悔改表现或立功表现、重大立功表现的事实、财产刑和附带民事裁判的执行情况、罪犯退赃、退赔情况以及其他影响减刑、假释的情况进行调查核实；由被报请减刑、假释罪犯的管教干警及其他服刑人员出庭作证；被报请减刑、假释罪犯作最后陈述；检察机关对庭审情况发表监督意见；审判长对庭审情况进行总结并宣布休庭评议。

第四，对报请减刑、假释理由及证据有疑问的处理：合议庭人员对报请理由有疑问的，可以向被报请减刑、假释罪犯、证人、执行机关代表、检察人员提问。检察人员对报请理由有疑问的，在经审判长许可后，可以出示证据，申请证人到庭，向被报请减刑、假释罪犯及证人提问并发表意见。被报请减刑、假释罪犯对报请理由有疑问的，在经审判长许可后，可以出示证据，申请证人到庭，向证人提问并发表意见。合议庭对证据有疑问需要进行调查核实，或者检察人员、执行机关代表提出申请的，可以宣布休庭。

第五，宣判。能够当庭宣判的，应当当庭宣判；不能当庭宣判的，可以择期宣判。

（3）书面审理的工作。可以就是否符合减刑、假释条件进行调查核实或听取有关方面意见；可以提讯被报请减刑罪犯；应当提讯被报请假释罪犯。

（4）期限。对被判处死刑缓期执行的罪犯的减刑，在收到同级监狱管理机关审核同意的减刑建议书后一个月以内作出裁定。对被判处无期徒刑的罪犯的减刑、假释，在收到同级监狱管理机关审核同意的减刑、假释建议书后一个月以内作出裁定，案情复杂或者情况特殊的，可以延长一个月。对被判处有期徒刑和被减为有期徒刑的罪犯的减刑、假释，在收到执行机关提出的减刑、假释建议书后一个月以内作出裁定，案情复杂或者情况特殊的，可以延长一个月。对被判处拘役、管制的罪犯的减刑，在收到同级执行机关审核同意的减刑、假释建议书后一个月内作出裁定。对社区矫正对象的减刑，由社区矫正执行地的中级以上人民法院在收到社区矫正机构减刑建议书后三十日以内作出裁定。

（四）审理结果

（1）符合法律规定的减刑、假释条件的，裁定予以减刑、假释；（2）符合法律规定的减刑条件，但执行机关报请的减刑幅度不适当的，对减刑幅度作出相应调整后，裁定予以减刑；（3）不符合法律规定的减刑、假释条件的，裁定不予减刑、假释；（4）对假释的罪犯，适用《最高人民法院关于适用〈中华人民共和国刑事诉讼法〉的解释》第五百一十九条的有关规定，依法实行社区矫正。

（五）申请撤回减刑、假释的处理

在作出减刑、假释裁定前，执行机关书面申请撤回减刑、假释建议的，是否准许，由人民法院决定。

（六）裁判文书的制作

裁定书应写明罪犯原判和历次减刑情况，确有悔改表现或者立功、重大立功表现的事实和理由，以及减刑、假释的法律依据；裁定减刑的，应当注明刑期的起止时间；裁定假释的，应当注明假释考验期的起止时间；裁定调整减刑幅度或者不予减刑、假释的，应当在裁定书中说明理由。

（七）裁判文书的送达及公布

1. 时间：作出减刑、假释裁定后，应当在七日内送达。

2. 被送达人：（1）减刑案件：报请减刑的执行机关、人民检察院、罪犯本人。（2）假释案件：报请假释的执行机关、人民检察院、社区矫正机构或者基层组织、罪犯本人。

3. 减刑、假释裁定书的公布：通过互联网在中国裁判文书网和全国减刑、假释、暂予监外执行信息网向社会公布。

（八）减刑、假释裁定不当、确有错误的处理

1. 人民检察院提出书面意见的。人民检察院认为人民法院减刑、假释的裁定不当，应当在收到裁定书副本后二十日以内，向人民法院提出书面纠正意见。人民法院应当在收到纠正意见后一个月以内重新组成合议庭进行审理，作出最终裁定。

2. 人民法院发现确有错误的。（1）人民法院发现本院已经生效的减刑、假释裁定确有错误的，应当依法重新组成合议庭进行审理并作出裁定。（2）上级人民法院发现下级人民法院已经生效的减刑、假释裁定确有错误的，应当指令下级人民法院另行组成合议庭审理，也可以自行依法组成合议庭进行审理并作出裁定。

（九）再审案件，原减刑、假释裁定的效力

1. 再审裁定维持原判决、裁定的，原减刑、假释裁定继续有效。

2. 再审裁判改变原判决、裁定的，原减刑、假释裁定自动失效，执行机关应当及时报请有管辖权的人民法院重新作出是否减刑、假释的裁定。重新作出减刑裁定时，不受《最高人民法院关于办理减刑、假释案件具体应用法律的规定》有关减刑起始时间、间隔时间和减刑幅度的限制。

3. 再审改判为死刑缓期执行或者无期徒刑的，在新判决减为有期徒刑之时，原判决已经实际执行的刑期一并扣减。

4. 再审裁判宣告无罪的，原减刑、假释裁定自动失效。

（十）刑罚执行期间重新犯罪或发现漏罪的处理

1. 罪犯被裁定减刑后，刑罚执行期间因故意犯罪而数罪并罚时，经减刑裁定减去的刑期不计入已经执行的刑期。原判死刑缓期执行减为无期徒刑、有期徒刑，或者无期徒刑减为有期徒刑的裁定继续有效。

2. 罪犯被裁定减刑后，刑罚执行期间因发现漏罪而数罪并罚的，原减刑裁定自动失效。如漏罪系罪犯主动交代的，对其原减去的刑期，由执行机关报请有管辖权的人民法院重新作出减刑裁定，予以确认；如漏罪系有关机关发现或者他人检举揭发的，由执行机关报请有管辖权的人民法院，在原减刑裁定减去的刑期总和之内，酌情重新裁定。

3. 被判处死刑缓期执行的罪犯，在死刑缓期执行期内被发现漏罪，依据《刑法》第七十条规定数罪并罚，决定执行死刑缓期执行的，死刑缓期执行期间自新判决确定之日起计算，已经执行的死刑缓期执行期间计入新判决的死刑缓期执行期间内，但漏罪被判处死刑缓期执行的除外。

4. 被判处死刑缓期执行的罪犯，在死刑缓期执行期满后被发现漏罪，依据《刑法》第七十条规定数罪并罚，决定执行死刑缓期执行的，交付执行时对罪犯实际执行无期徒刑，死缓考验期不再执行，但漏罪被判处死刑缓期执行的除外。

5. 在无期徒刑减为有期徒刑时，前罪死刑缓期执行减为无期徒刑之日起至新判决生效之日止已经实际执行的刑期，应当计算在减刑裁定决定执行的刑期以内。原减刑裁定减去的刑期，罪犯被裁定减刑后，刑罚执行期间因发现漏罪而数罪并罚的，原减刑裁定自动失效。如漏罪系罪犯主动交代的，对其原减去的刑期，由执行机关报请有管辖权的人民法院重新作出减刑裁定，予以确认；如漏罪系有关机关发现或者他人检举揭发的，由执行机关报请有管辖权的人民法院，在原减刑裁定减去的刑期总和之内，酌情重新裁定。

6. 被判处无期徒刑的罪犯在减为有期徒刑后因发现漏罪，依据《刑法》第七十条规定数罪并罚，决定执行无期徒刑的，前罪无期徒刑生效之日起至新判决生效之日止已经实际执行的刑期，应当在新判决的无期徒刑减为有期徒刑时，在减刑裁定决定执行的刑期内扣减。无期徒刑罪犯减为有期徒刑后因发现漏罪判处三年有期徒刑以下刑罚，数罪并罚决定执行无期徒刑的，在新判决生效后执行一年以上，符合减刑条件的，可以减为有期徒刑，减刑幅度依照《最高人民法院关于办理减刑、假释案件具体应用法律的规定》第八条、第九条的规定执行。原减刑裁定减去的刑期，罪犯被裁定减刑后，刑罚执行期间因发现漏罪而数罪并罚的，原减刑裁定自动失效。如漏罪系罪犯主动交代的，对其原减去的刑期，由执行机关报请有管辖权的人民法院重新作出减刑裁定，予以确认；如漏罪系有关机关发现或者他人检举揭发的，由执行机关报请有管辖权的人民法院，在原减刑裁定减去的刑期总和之内，酌情重新裁定。

（十一）特殊假释

1. 适用情形。被判处有期徒刑和无期徒刑的罪犯，如果有国家政治、国防、外交等方面特殊需要的情况，经最高人民法院核准，假释可以不受《刑法》第八十一条第一款对执行刑期的限制。

2. 报请复核。（1）时间：作出假释裁定后。（2）复核机关及复核结果。①中级人民法院作出假释裁定的，报高级人民法院复核。高级人民法院同意的，报请最高人民法院核准；不同意的，裁定撤销中级人民法院的假释裁定。②高级人民法院作出假释裁定的，报最高人民法院核准。（3）报请核准需报送的材料：报请核准报告五份；罪犯具有特殊情况的报告五份；假释裁定书五份；全部案卷。

（十二）假释的撤销

1. 提请的主体：报请假释的机关、检察机关、执行机关。

2. 管辖。（1）作出假释裁定的人民法院。罪犯在假释考验期内违反法律、行政法规或者国务院有关部门关于假释的监督管理规定的，由作出假释裁定的人民法院审查，根据审查结果，作出是否撤销假释的裁定。（2）审判新罪的人民法院。①罪犯假释考验期限内犯新罪，应当撤销假释的，由审判新罪的人民法院撤销原裁定宣告的假释。②罪犯假释考验期限内被发现在判决宣告前还有其他罪没有判决，应当撤销假释的，由审判新罪的人民法院撤销原裁定宣告的假释。

3. 应当撤销缓刑、假释的情形。（1）违反禁止令，情节严重的；（2）无正当理由不按规定时间报到或者接受社区矫正期间脱离监管，超过一个月的；（3）因违反监督管理规定受到治安管理处罚，仍不改正的；（4）受到执行机关三次警告仍不改正的；（5）违反有关法律、行政法规和监督管理规定，情节严重的其他情形。

4. 审查后处理。人民法院收到社区矫正机构的撤销缓刑建议书后，经审查，确认罪犯在缓刑考验期限内有应当撤销缓刑、假释的情形之一的，应当作出撤销缓刑的裁定。人民法院收到社区矫正机构的撤销假释建议书后，经审查，确认罪犯在假释考验期限内具有应当撤销缓刑、假释的情形中的第（2）项、第（4）项规定情形之一，或者有其他违反监督管理规定的行为，尚未构成新的犯罪的，应当作出撤销假释的裁定。被提请撤销假释的罪犯可能逃跑或者可能发生社会危险，社区矫正机构在提出撤销假释建议的同时，提请人民法院决定对其予以逮捕的，人民法院应当在四十八小时以内作出是否逮捕的决定。决定逮捕的，由公安机关执行。逮捕后的羁押期限不得超过三十日。

5. 审理期限。人民法院应当在收到社区矫正机构的撤销假释建议书后三十日以内作出裁定。

6. 撤销假释后的文书送达及通知义务。（1）审理新罪的人民法院撤销假释的，应书面通知原审人民法院和执行机关。将撤销假释裁定书送交罪犯居住地的县级司法行政机关，由其根据有关规定将罪犯交付执行。同时将撤销假释裁定书抄送罪犯居住地的同级人民检察院和公安机关。（2）作出假释裁定的人民法院撤销假释的，将撤销假释的裁定送达报请机关；将撤销假释裁定书送交罪犯居住地的县级司法行政机关，由其根据有关规定将罪犯交付执行。同时将撤销假释裁定书抄送人民检察院、公安机关和原刑罚执行机关。人民法院应当将撤销缓刑、假释裁定书送达社区矫正机构和公安机关，并抄送人民检察院，由公安机关将罪犯送交执行。

7. 撤销假释裁定的生效及法律后果。（1）撤销假释的裁定一经作出，立即生效。（2）罪犯在逃的，撤销假释裁定书可以作为对罪犯进行追捕的依据。（3）执行以前被逮捕的，羁押一日折抵刑期一日。

【常用法律、司法解释及相关规定】

《刑法》（2020 年 12 月 26 日修正）

第七十九条　对于犯罪分子的减刑，由执行机关向中级以上人民法院提出减刑建议书。人民法院应当组成合议庭进行审理，对确有悔改或者立功事实的，裁定予以减刑。非经法定程序不得减刑。

第八十一条　被判处有期徒刑的犯罪分子，执行原判刑期二分之一以上，被判处无期徒刑的犯罪分子，实际执行十三年以上，如果认真遵守监规，接受教育改造，确有悔改表现，没有再犯罪的危险的，可以假释。如果有特殊情况，经最高人民法院核准，可以不受上述执行刑期的限制。

对累犯以及因故意杀人、强奸、抢劫、绑架、放火、爆炸、投放危险物质或者有组织的暴力性犯罪被判处十年以上有期徒刑、无期徒刑的犯罪分子，不得假释。

对犯罪分子决定假释时，应当考虑其假释后对所居住社区的影响。

第八十二条 对于犯罪分子的假释，依照本法第七十九条规定的程序进行。非经法定程序不得假释。

《刑事诉讼法》（2018 年 10 月 26 日修正）

第二百六十九条 对被判处管制、宣告缓刑、假释或者暂予监外执行的罪犯，依法实行社区矫正，由社区矫正机构负责执行。

第二百七十三条 罪犯在服刑期间又犯罪的，或者发现了判决的时候所没有发现的罪行，由执行机关移送人民检察院处理。

被判处管制、拘役、有期徒刑或者无期徒刑的罪犯，在执行期间确有悔改或者立功表现，应当依法予以减刑、假释的时候，由执行机关提出建议书，报请人民法院审核裁定，并将建议书副本抄送人民检察院。人民检察院可以向人民法院提出书面意见。

《最高人民法院关于适用〈中华人民共和国刑事诉讼法〉的解释》（2021 年 3 月 1 日施行 法释〔2021〕1 号）

第四百二十条 报请最高人民法院核准因罪犯具有特殊情况，不受执行刑期限制的假释案件，应当按照下列情形分别处理：

（一）中级人民法院依法作出假释裁定后，应当报请高级人民法院复核。高级人民法院同意的，应当书面报请最高人民法院核准；不同意的，应当裁定撤销中级人民法院的假释裁定；

（二）高级人民法院依法作出假释裁定的，应当报请最高人民法院核准。

第四百二十一条 报请最高人民法院核准因罪犯具有特殊情况，不受执行刑期限制的假释案件，应当报送报请核准的报告、罪犯具有特殊情况的报告、假释裁定书各五份，以及全部案卷。

第五百三十四条 对减刑、假释案件，应当按照下列情形分别处理：

（一）对被判处死刑缓期执行的罪犯的减刑，由罪犯服刑地的高级人民法院在收到同级监狱管理机关审核同意的减刑建议书后一个月以内作出裁定；

（二）对被判处无期徒刑的罪犯的减刑、假释，由罪犯服刑地的高级人民法院在收到同级监狱管理机关审核同意的减刑、假释建议书后一个月以内作出裁定，案情复杂或者情况特殊的，可以延长一个月；

（三）对被判处有期徒刑和被减为有期徒刑的罪犯的减刑、假释，由罪犯服刑地的中级人民法院在收到执行机关提出的减刑、假释建议书后一个月以内作出裁定，案情复杂或者情况特殊的，可以延长一个月；

（四）对被判处管制、拘役的罪犯的减刑，由罪犯服刑地的中级人民法院在收到同级执行机关审核同意的减刑建议书后一个月以内作出裁定。

对社区矫正对象的减刑，由社区矫正执行地的中级以上人民法院在收到社区矫正机构减刑建议书后三十日以内作出裁定。

第五百三十五条 受理减刑、假释案件，应当审查执行机关移送的材料是否包括下列内容：

（一）减刑、假释建议书；

（二）原审法院的裁判文书、执行通知书、历次减刑裁定书的复制件；

（三）证明罪犯确有悔改、立功或者重大立功表现具体事实的书面材料；

（四）罪犯评审鉴定表、奖惩审批表等；

（五）罪犯假释后对所居住社区影响的调查评估报告；

（六）刑事裁判涉财产部分、附带民事裁判的执行、履行情况；

（七）根据案件情况需要移送的其他材料。

人民检察院对报请减刑、假释案件提出意见的，执行机关应当一并移送受理减刑、假释案件的人民法院。

经审查，材料不全的，应当通知提请减刑、假释的执行机关在三日以内补送；逾期未补送的，不予立案。

第五百三十七条 审理减刑、假释案件，应当在立案后五日以内对下列事项予以公示：

（一）罪犯的姓名、年龄等个人基本情况；

（二）原判认定的罪名和刑期；

（三）罪犯历次减刑情况；

（四）执行机关的减刑、假释建议和依据。

公示应当写明公示期限和提出意见的方式。

第五百三十八条 审理减刑、假释案件，应当组成合议庭，可以采用书面审理的方式，但下列案件应当开庭审理：

（一）因罪犯有重大立功表现提请减刑的；

（二）提请减刑的起始时间、间隔时间或者减刑幅度不符合一般规定的；

（三）被提请减刑、假释罪犯系职务犯罪罪犯，组织、领导、参加、包庇、纵容黑社会性质组织罪犯，破坏金融管理秩序罪犯或者金融诈骗罪犯的；

（四）社会影响重大或者社会关注度高的；

（五）公示期间收到不同意见的；

（六）人民检察院提出异议的；

（七）有必要开庭审理的其他案件。

第五百三十九条 人民法院作出减刑、假释裁定后，应当在七日以内送达提请减刑、假释的执行机关、同级人民检察院以及罪犯本人。人民检察院认为减刑、假释裁定不当，在法定期限内提出书面纠正意见的，人民法院应当在收到意见后另行组成合议庭审理，并在一个月以内作出裁定。

对假释的罪犯，适用本解释第五百一十九条的有关规定，依法实行社区矫正。

第五百四十条 减刑、假释裁定作出前，执行机关书面提请撤回减刑、假释建议的，人民法院可以决定是否准许。

第五百四十一条 人民法院发现本院已经生效的减刑、假释裁定确有错误的，应当另行组成合议庭审理；发现下级人民法院已经生效的减刑、假释裁定确有错误的，可以指令下级人民法院另行组成合议庭审理，也可以自行组成合议庭审理。

第五百四十二条 罪犯在缓刑、假释考验期限内犯新罪或者被发现在判决宣告前还有其他罪没有判决，应当撤销缓刑、假释的，由审判新罪的人民法院撤销原判决、裁定宣告的缓刑、假释，并书面通知原审人民法院和执行机关。

第五百四十三条 人民法院收到社区矫正机构的撤销缓刑建议书后，经审查，确认罪犯在缓刑考验期限内具有下列情形之一的，应当作出撤销缓刑的裁定：

（一）违反禁止令，情节严重的；

（二）无正当理由不按规定时间报到或者接受社区矫正期间脱离监管，超过一个月的；

（三）因违反监督管理规定受到治安管理处罚，仍不改正的；

（四）受到执行机关二次警告，仍不改正的；

（五）违反法律、行政法规和监督管理规定，情节严重的其他情形。

人民法院收到社区矫正机构的撤销假释建议书后，经审查，确认罪犯在假释考验期限内具有前款第二项、第四项规定情形之一，或者有其他违反监督管理规定的行为，尚未构成新的犯罪的，应当作出撤销假释的裁定。

第五百四十四条 被提请撤销缓刑、假释的罪犯可能逃跑或者可能发生社会危险，社区矫正机构在提出撤销缓刑、假释建议的同时，提请人民法院决定对其予以逮捕的，人民法院应当在四十八小时以内作出是否逮捕的决定。决定逮捕的，由公安机关执行。逮捕后的羁押期限不得超过三十日。

第五百四十五条 人民法院应当在收到社区矫正机构的撤销缓刑、假释建议书后三十日以内作出裁定。撤销缓刑、假释的裁定一经作出，立即生效。

人民法院应当将撤销缓刑、假释裁定书送达社区矫正机构和公安机关，并抄送人民检察院，由公安机关将罪犯送交执行。执行以前被逮捕的，羁押一日折抵刑期一日。

《最高人民法院关于办理减刑、假释案件具体应用法律的规定》（2017 年 1 月 1 日施行　法释〔2016〕23 号）

第二十四条 刑法第八十一条第一款规定的"特殊情况"，是指有国家政治、国防、外交等方面特殊需要的情况。

第二十九条 罪犯在假释考验期内违反法律、行政法规或者国务院有关部门关于假释的监督管理规定的，作出假释裁定的人民法院，应当在收到报请机关或者检察机关撤销假释建议书后及时审查，作出是否撤销假释的裁定，并送达报请机关，同时抄送人民检察院、公安机关和原刑罚执行机关。

罪犯在逃的，撤销假释裁定书可以作为对罪犯进行追捕的依据。

第三十二条 人民法院按照审判监督程序重新审理的案件，裁定维持原判决、裁定的，原减刑、假释裁定继续有效。

再审裁判改变原判决、裁定的，原减刑、假释裁定自动失效，执行机关应当及时报请有管辖权的人民法院重新作出是否减刑、假释的裁定。重新作出减刑裁定时，不受本规定有关减刑起始时间、间隔时间和减刑幅度的限制。重新裁定时应综合考虑各方面因素，减刑幅度不得超过原裁定减去的刑期总和。

再审改判为死刑缓期执行或者无期徒刑的，在新判决减为有期徒刑之时，原判决已经实际执行的刑期一并扣减。

再审裁判宣告无罪的，原减刑、假释裁定自动失效。

第三十三条 罪犯被裁定减刑后，刑罚执行期间因故意犯罪而数罪并罚时，经减刑裁定减去的刑期不计入已经执行的刑期。原判死刑缓期执行减为无期徒刑、有期徒刑，或者无期徒刑减为有期徒刑的裁定继续有效。

第三十四条 罪犯被裁定减刑后，刑罚执行期间因发现漏罪而数罪并罚的，原减刑裁定自动失效。如漏罪系罪犯主动交代的，对其原减去的刑期，由执行机关报请有管辖权的人民法院重新作出减刑裁定，予以确认；如漏罪系有关机关发现或者他人检举揭发的，由执行机关报请有管辖权的人民法院，在原减刑裁定减去的刑期总和之内，酌情重新裁定。

第三十五条 被判处死刑缓期执行的罪犯，在死刑缓期执行期内被发现漏罪，依据刑法第七十条规定数罪并罚，决定执行死刑缓期执行的，死刑缓期执行期间自新判决确定之日起计算，已经执行的死刑缓期执行期间计入新判决的死刑缓期执行期间内，但漏罪被判处死刑缓期执行的除外。

第三十六条 被判处死刑缓期执行的罪犯，在死刑缓期执行期满后被发现漏罪，依据刑法第七十条规定数罪并罚，决定执行死刑缓期执行的，交付执行时对罪犯实际执行无期徒刑，死缓考验期不再执行，但漏罪被判处死刑缓期执行的除外。

在无期徒刑减为有期徒刑时，前罪死刑缓期执行减为无期徒刑之日起至新判决生效之日止已经实际执行的刑期，应当计算在减刑裁定决定执行的刑期以内。

原减刑裁定减去的刑期依照本规定第三十四条处理。

第三十七条 被判处无期徒刑的罪犯在减为有期徒刑后因发现漏罪，依据刑法第七十条规定数罪并罚，决定执行无期徒刑的，前罪无期徒刑生效之日起至新判决生效之日止已经实际执行的刑期，应当在新判决的无期徒刑减为有期徒刑时，在减刑裁定决定执行的刑期内扣减。

无期徒刑罪犯减为有期徒刑后因发现漏罪判处三年有期徒刑以下刑罚，数罪并罚决定执行无期徒刑的，在新判决生效后执行一年以上，符合减刑条件的，可以减为有期徒刑，减刑幅度依照本规定第八条、第九条的规定执行。

原减刑裁定减去的刑期依照本规定第三十四条处理。

《最高人民法院关于减刑、假释案件审理程序的规定》（2014 年 6 月 1 日施行　法释〔2014〕5 号）

第一条　对减刑、假释案件，应当按照下列情形分别处理：

（一）对被判处死刑缓期执行的罪犯的减刑，由罪犯服刑地的高级人民法院在收到同级监狱管理机关审核同意的减刑建议书后一个月内作出裁定；

（二）对被判处无期徒刑的罪犯的减刑、假释，由罪犯服刑地的高级人民法院在收到同级监狱管理机关审核同意的减刑、假释建议书后一个月内作出裁定，案情复杂或者情况特殊的，可以延长一个月；

（三）对被判处有期徒刑和被减为有期徒刑的罪犯的减刑、假释，由罪犯服刑地的中级人民法院在收到执行机关提出的减刑、假释建议书后一个月内作出裁定，案情复杂或者情况特殊的，可以延长一个月；

（四）对被判处拘役、管制的罪犯的减刑，由罪犯服刑地中级人民法院在收到同级执行机关审核同意的减刑、假释建议书后一个月内作出裁定。

对暂予监外执行罪犯的减刑，应当根据情况，分别适用前款的有关规定。

第二条　人民法院受理减刑、假释案件，应当审查执行机关移送的下列材料：

（一）减刑或者假释建议书；

（二）终审法院裁判文书、执行通知书、历次减刑裁定书的复印件；

（三）罪犯确有悔改或者立功、重大立功表现的具体事实的书面证明材料；

（四）罪犯评审鉴定表、奖惩审批表等；

（五）其他根据案件审理需要应予移送的材料。

报请假释的，应当附有社区矫正机构或者基层组织关于罪犯假释后对所居住社区影响的调查评估报告。

人民检察院对报请减刑、假释案件提出检察意见的，执行机关应当一并移送受理减刑、假释案件的人民法院。

经审查，材料齐备的，应当立案；材料不齐的，应当通知执行机关在三日内补送，逾期未补送的，不予立案。

第三条　人民法院审理减刑、假释案件，应当在立案后五日内将执行机关报请减刑、假释的建议书等材料依法向社会公示。

公示内容应当包括罪犯的个人情况、原判认定的罪名和刑期、罪犯历次减刑情况、执行机关的建议及依据。

公示应当写明公示期限和提出意见的方式。公示期限为五日。

第四条　人民法院审理减刑、假释案件，应当依法由审判员或者由审判员和人民陪审员组成合议庭进行。

第五条　人民法院审理减刑、假释案件，除应当审查罪犯在执行期间的一贯表现外，还应当综合考虑犯罪的具体情节、原判刑罚情况、财产刑执行情况、附带民事裁判履行情况、罪犯退赃退赔等情况。

人民法院审理假释案件，除应当审查第一款所列情形外，还应当综合考虑罪犯的年龄、身体状况、性格特征、假释后生活来源以及监管条件等影响再犯罪的因素。

执行机关以罪犯有立功表现或重大立功表现为由提出减刑的，应当审查立功或重大立功表现是否属实。涉及发明创造、技术革新或者其他贡献的，应当审查该成果是否系罪犯在执行期间独立完成，并经有关主管机关确认。

第六条　人民法院审理减刑、假释案件，可以采取开庭审理或者书面审理的方式。但下列减刑、假释案件，应当开庭审理：

（一）因罪犯有重大立功表现报请减刑的；

（二）报请减刑的起始时间、间隔时间或者减刑幅度不符合司法解释一般规定的；

（三）公示期间收到不同意见的；

（四）人民检察院有异议的；

（五）被报请减刑、假释罪犯系职务犯罪罪犯，组织（领导、参加、包庇、纵容）黑社会性质组织犯罪罪犯，破坏金融管理秩序和金融诈骗犯罪罪犯及其他在社会上有重大影响或社会关注度高的；

（六）人民法院认为其他应当开庭审理的。

第七条　人民法院开庭审理减刑、假释案件，应当通知人民检察院、执行机关及被报请减刑、假释罪犯参加庭审。

人民法院根据需要，可以通知证明罪犯确有悔改表现或者立功、重大立功表现的证人，公示期间提出不同意见的人，以及鉴定人、翻译人员等其他人员参加庭审。

第八条　开庭审理应当在罪犯刑罚执行场所或者人民法院确定的场所进行。有条件的人民法院可以采取视频开庭的方式进行。

在社区执行刑罚的罪犯因重大立功被报请减刑的，可以在罪犯服刑地或者居住地开庭审理。

第九条　人民法院对于决定开庭审理的减刑、假释案件，应当在开庭三日前将开庭的时间、地点通知人民检察院、执行机关、被报请减刑、假释罪犯和有必要参加庭审的其他人员，并于开庭三日前进行公告。

第十条　减刑、假释案件的开庭审理由审判长主持，应当按照以下程序进行：

（一）审判长宣布开庭，核实被报请减刑、假释罪犯的基本情况；

（二）审判长宣布合议庭组成人员、检察人员、执行机关代表及其他庭审参加人；

（三）执行机关代表宣读减刑、假释建议书，并说明主要理由；

（四）检察人员发表检察意见；

（五）法庭对被报请减刑、假释罪犯确有悔改表现或立功表现、重大立功表现的事实以及其他影响减刑、假释的情况进行调查核实；

（六）被报请减刑、假释罪犯作最后陈述；

（七）审判长对庭审情况进行总结并宣布休庭评议。

第十一条　庭审过程中，合议庭人员对报请理由有疑问的，可以向被报请减刑、假释罪犯、证人、执行机关代表、检察人员提问。

庭审过程中，检察人员对报请理由有疑问的，在经审判长许可后，可以出示证据，申请证人到庭，向被报请减刑、假释罪犯及证人提问并发表意见。被报请减刑、假释罪犯对报请理由有疑问的，在经审判长许可后，可以出示证据，申请证人到庭，向证人提问并发表意见。

第十二条 庭审过程中，合议庭对证据有疑问需要进行调查核实，或者检察人员、执行机关代表提出申请的，可以宣布休庭。

第十三条 人民法院开庭审理减刑、假释案件，能够当庭宣判的应当当庭宣判；不能当庭宣判的，可以择期宣判。

第十四条 人民法院书面审理减刑、假释案件，可以就被报请减刑、假释罪犯是否符合减刑、假释条件进行调查核实或听取有关方面意见。

第十五条 人民法院书面审理减刑案件，可以提讯被报请减刑罪犯；书面审理假释案件，应当提讯被报请假释罪犯。

第十六条 人民法院审理减刑、假释案件，应当按照下列情形分别处理：

（一）被报请减刑、假释罪犯符合法律规定的减刑、假释条件的，作出予以减刑、假释的裁定；

（二）被报请减刑的罪犯符合法律规定的减刑条件，但执行机关报请的减刑幅度不适当的，对减刑幅度作出相应调整后作出予以减刑的裁定；

（三）被报请减刑、假释罪犯不符合法律规定的减刑、假释条件的，作出不予减刑、假释的裁定。

在人民法院作出减刑、假释裁定前，执行机关书面申请撤回减刑、假释建议的，是否准许，由人民法院决定。

第十七条 减刑、假释裁定书应当写明罪犯原判和历次减刑情况，确有悔改表现或者立功、重大立功表现的事实和理由，以及减刑、假释的法律依据。

裁定减刑的，应当注明刑期的起止时间；裁定假释的，应当注明假释考验期的起止时间。

裁定调整减刑幅度或者不予减刑、假释的，应当在裁定书中说明理由。

第十八条 人民法院作出减刑、假释裁定后，应当在七日内送达报请减刑、假释的执行机关、同级人民检察院以及罪犯本人。作出假释裁定的，还应当送达社区矫正机构或者基层组织。

第十九条 减刑、假释裁定书应当通过互联网依法向社会公布。

第二十条 人民检察院认为人民法院减刑、假释裁定不当，在法定期限内提出书面纠正意见的，人民法院应当在收到纠正意见后另行组成合议庭审理，并在一个月内作出裁定。

第二十一条　人民法院发现本院已经生效的减刑、假释裁定确有错误的，应当依法重新组成合议庭进行审理并作出裁定；上级人民法院发现下级人民法院已经生效的减刑、假释裁定确有错误的，应当指令下级人民法院另行组成合议庭审理，也可以自行依法组成合议庭进行审理并作出裁定。

【相关法律文书】

刑事裁定书（死缓减无期用）

刑事裁定书（无期减有期用）

刑事裁定书（开庭审理减刑案件用）

刑事裁定书（撤销减刑用）

刑事裁定书（开庭审理假释案件用）

刑事裁定书（维持假释用）

刑事裁定书（撤销假释用）

××××人民法院
刑事裁定书
（死缓减无期用）

（××××）……刑更……号

罪犯……（写明姓名、性别、出生年月日、民族、出生地、文化程度和现服刑监所）。

××××中级人民法院于××××年×月×日作出（××××）……刑×……号刑事判决，认定被告人×××犯××罪，判处死刑，缓期二年执行，剥夺政治权利终身。宣判后，被告人×××未上诉，检察机关未抗诉。经本院复核审理，于××××年××月××日作出（××××）……刑×……号刑事裁定，核准原判。××××年×月×日裁判发生法律效力后，于××××年××月××日交付刑罚执行机关执行刑罚。刑罚执行机关××××监狱于××××年××月××日提出减刑建议。经××××监狱管理局审核，于××××年××月××日报送本院审理。本院依法组成合议庭进行了审理，现已审理终结。

刑罚执行机关××××监狱以……为由，建议对罪犯×××减刑。

××××人民检察院于××××年××月××日提出减刑提请检察意见书，认为……。

经审理查明，罪犯×××因犯××罪被判处死刑，缓期二年执行，剥夺政治权利终身。现其死刑缓期二年执行期满。在死刑缓期二年执行期间，罪犯×××确无故意犯罪。有……（概述证据）在卷证实。

本院认为，罪犯×××在死刑缓期二年执行期间，没有故意犯罪，应予减刑。依照《中华人民共和国刑事诉讼法》第二百六十一条第二款、《中华人民共和国刑法》第五十条、第五十七条第一款之规定，裁定如下：

将罪犯×××死刑，缓期二年执行的刑罚，减为无期徒刑，剥夺政治权利终身（无期徒刑的刑期自××××年××月××日起计算）。

本裁定送达后即发生法律效力。

审　判　长　×××

审　判　员　×××

审　判　员　×××

××××年××月××日

（院印）

本件与原本核对无异

书　记　员　×××

××××人民法院
刑事裁定书
（无期减有期用）

（××××）……刑更……号

罪犯……（写明姓名、性别、出生年月日、民族、出生地、文化程度和现服刑监所）。

××××中级人民法院于××××年××月××日作出（××××）……刑初……号刑事判决，认定被告人×××犯××罪，判处无期徒刑，剥夺政治权利终身（有财产性判项的一并写明，并注明履行情况）。宣判后，被告人×××不服，提出上诉。经本院二审审理，于××××年××月××日作出（××××）……刑终……号刑事裁定，驳回上诉，维持原判。裁判发生法律效力后，于××××年××月××日交付刑罚执行机关执行刑罚。刑罚执行机关×××监狱于××××年××月××日提出减刑建议。经××××监狱管理局审核，于××××年××月××日报送本院审理。本院依法组成合议庭进行了审理，现已审理终结。

刑罚执行机关×××监狱认为……，建议对罪犯×××减刑。

××××人民检察院于××××年××月××日提出减刑提请检察意见书，认为……。

经审理查明，……（写明确认罪犯在服刑期间确有悔改或者立功表现的具体事实）。有……（概述证据）在卷证实。

本院认为，罪犯×××在无期徒刑服刑期间，……（写明应予减刑的理由），应予减刑。依照《中华人民共和国刑事诉讼法》第二百七十三条第二款、《中华人民共和国刑法》第七十八条、第八十条、第五十七条第二款、《最高人民法院关于办理减刑、假释案件具体应用法律的规定》第×条之规定，裁定如下：

将罪犯无期徒刑的刑罚，减为有期徒刑××年，剥夺政治权利终身改为××年（刑期从本裁定减刑之日起计算，即自××××年××月××日起至××××年××月××日止）。

本裁定送达后即发生法律效力。

审 判 长 ×××

审 判 员 ×××

审 判 员 ×××

××××年××月××日

（院印）

本件与原本核对无异

书 记 员 ×××

×××× 人民法院

刑事裁定书

（开庭审理减刑案件用）

（××××）……刑更……号

罪犯……（写明姓名、性别、出生年月日、民族、出生地、文化程度和现服刑监所）。

×××× 人民法院于××××年××月××日作出（××××）……刑初……号刑事判决，认定罪犯×××犯××罪，判处……（写明主刑的刑种、刑期和附剥夺政治权利及其刑期）。……（写明上诉、抗诉后二审法院的裁判结果）。判决发生法律效力后，于××××年××月××日交付执行。刑罚执行期间，……（写明刑罚执行期间的减刑情况）。刑罚执行机关×××以该犯在服刑中确有悔改表现为由，于××××年××月××日提出减刑×个月的建议，报送本院审理。本院于××××年××月××日立案，××月××日至××日予以公示。依法由审判长××、审判员×××、审判员××组成合议庭，于××××年××月××日开庭审理了本案。××××人民检察院指派检察员×××、×××出庭，××××监狱×××、×××代表刑罚执行机关出庭。本案现已审理终结。

执行机关……（简述执行机关所提罪犯确有悔改表现或者立功、重大立功表现的事实和证据）。

检察机关认为，监狱报请减刑符合法定条件，程序合法。

经审理查明，……（写明罪犯在服刑期间确有悔改表现或者立功、重大立功表现的具体事实和证据，财产性判项的履行情况、病残犯情况、老年犯情况等均在此写明）。以上事实有执行机关提请减刑建议书、罪犯减刑审核表、罪犯评审鉴定表、罪犯奖励审批表、（贫困证明、罚金缴纳收据、罪犯考核期内消费证明材料）、罪犯减刑检察意见书在卷证实。

另查明，在本院公示期间，没有收到投诉意见。

本院认为，……（写明应予减刑的理由，从宽、从严掌握的情形）。依照《中华人民共和国刑法》第七十八条第一款、《中华人民共和国刑事诉讼法》

第二百七十三条第二款、《最高人民法院关于办理减刑、假释案件具体应用法律的规定》第三条、第六条（如从严，则涉及第七条、第九条、第十条）规定，裁定如下：

对罪犯×××减去有期徒刑×个月，剥夺政治权利……。（减去罪犯×××剩余刑期，剥夺政治权利……）（刑期自××××年××月××日起至××××年××月××日止）。

本裁定送达后即发生法律效力。

审 判 长 ×××

审 判 员 ×××

审 判 员 ×××

××××年××月××日

（院印）

本件与原本核对无异

书 记 员 ×××

×××× 人民法院

刑事裁定书

（撤销减刑用）

（××××）……刑更……号

罪犯……（姓名、性别、年龄、民族、出生地、文化程度、现服刑监所或者住址）。

××××年××月××日，本院作出了（××××）……刑更……号刑事裁定对罪犯×××减去有期徒刑……。××××人民检察院认为对罪犯×××减刑的裁定不当，在法定期间向本院提出书面纠正意见。本院依法重新组成合议庭进行了审理。现已审理终结。

××××人民检察院认为……（写明认为减刑裁定不当的事实和理由）。

经审理查明，……（写明对人民检察院纠正意见中所列事实、证据查证的结果）。

本院认为，……（写明撤销减刑裁定的理由）。依照……（写明裁定的法律依据）的规定，裁定如下：

撤销本院××××年××月××日（××××）……刑更……号对罪犯×××减刑的刑事裁定。

本裁定为最终裁定。

审　判　长　×××
审　判　员　×××
审　判　员　×××

××××年××月××日

（院印）

本件与原本核对无异

书　记　员　×××

×××× 人民法院

刑事裁定书

（开庭审理假释案件用）

（××××）……刑更……号

罪犯……（写明姓名、性别、出生年月日、民族、出生地、文化程度和现服刑监所）。

×××× 人民法院于 ×××× 年 ×× 月 ×× 日作出（××××）……刑初……号刑事判决，认定罪犯 ××× 犯 ×× 罪，判处……（写明主刑的刑种、刑期和附剥夺政治权利及其刑期）。……（写明上诉、抗诉后二审法院的裁判结果）。判决发生法律效力后，于 ×××× 年 ×× 月 ×× 日交付执行。刑罚执行期间，……（写明刑罚执行期间的减刑情况）。刑罚执行机关 ××× 以该犯在服刑中确有悔改表现为由，于 ×××× 年 ×× 月 ×× 日提出假释建议，报送本院审理。本院于 ×××× 年 ×× 月 ×× 日立案，×× 月 ×× 日至 ×× 日予以公示。依法由审判长 ×××、审判员 ×××、审判员 ××× 组成合议庭，于 ×××× 年 ×× 月 ×× 日开庭审理了本案。×××× 人民检察院指派检察员 ×××、××× 出庭，×××× 监狱 ×××、××× 代表刑罚执行机关出庭。本案现已审理终结。

执行机关……（简述执行机关所提罪犯确有悔改表现，假释后不致再危害社会或者具有特殊情况）。

检察机关认为，监狱报请假释符合法定条件，程序合法。

经审理查明，……（写明罪犯在服刑期间确有悔改表现，假释后不致再危害社会或者具有特殊情况的具体事实和证据，财产性判项的履行情况、病残犯情况、老年犯情况等均在此写明）。以上事实有执行机关提请假释建议书、罪犯假释审核表、罪犯评审鉴定表、罪犯奖励审批表、（假释相关材料）、罪犯假释检察意见书在卷证实。

另查明，在本院公示期间，没有收到投诉意见。

本院认为，……（写明应予假释的理由）。依照《中华人民共和国刑法》第八十一条第一款、《中华人民共和国刑事诉讼法》第二百七十三条第二款、

《最高人民法院关于办理减刑、假释案件具体应用法律的规定》第二十二条、第二十三条第一款规定，裁定如下：

对罪犯×××予以假释。（假释考验期自××××年××月××日起至×××年××月××日止）。

本裁定送达后即发生法律效力。

审 判 长 ×××

审 判 员 ×××

审 判 员 ×××

××××年××月××日

（院印）

本件与原本核对无异

书 记 员 ×××

×××× 人民法院

刑事裁定书

（维持假释用）

（××××）……刑更……号

罪犯……（姓名、性别、年龄、民族、出生地、文化程度、现服刑监所或者住址）。

××××年××月××日，本院作出了（××××）……刑更……号刑事裁定对罪犯×××宣告假释。×××××人民检察院认为对罪犯×××假释的裁定不当，在法定期间向本院提出书面纠正意见。本院依法重新组成合议庭进行了审理。现已审理终结。

×××× 人民检察院认为……（写明认为假释裁定不当的事实和理由）。

经审理查明，……（写明对人民检察院纠正意见中所列事实、证据查证的结果）。

本院认为，……（写明维持假释裁定的理由）。依照……（写明裁定的法律依据）的规定，裁定如下：

维持本院×××年××月××日（××××）……刑更……号对罪犯×××予以假释的刑事裁定。

本裁定为最终裁定。

审 判 长 ×××
审 判 员 ×××
审 判 员 ×××

××××年××月××日
（院印）

本件与原本核对无异

书 记 员 ×××

×××人民法院

刑事裁定书

（撤销假释用）

（××××）……刑更……号

罪犯……（姓名、性别、年龄、民族、出生地、文化程度、现服刑监所或者住址）。

××××年××月××日，本院作出了（××××）……刑更……号刑事裁定对罪犯×××宣告假释。×××人民检察院认为对罪犯×××假释的裁定不当，在法定期间向本院提出书面纠正意见。本院依法重新组成合议庭进行了审理。现已审理终结。

×××人民检察院认为……（写明认为假释裁定不当的事实和理由）。

经审理查明，……（写明对人民检察院纠正意见中所列事实、证据查证的结果）。

本院认为，……（写明撤销假释裁定的理由）。依照……（写明裁定的法律依据）的规定，裁定如下：

一、撤销××××年××月××日（××××）……刑更……号对罪犯×××予以假释的刑事裁定；

二、对罪犯×××收监执行未执行完毕的刑罚（自××××年××月××日起至××××年××月××日止）。

本裁定为最终裁定。

审　判　长　×××
审　判　员　×××
审　判　员　×××

××××年××月××日

（院印）

本件与原本核对无异

书　记　员　×××

第四编 执 行

第一章 无罪、免予刑事处罚判决的执行

【工作内容】

法院审理后，依据法律认定被告人无罪的，应当作出无罪判决。证据不足，不能认定被告人有罪的，应当作出证据不足、指控的犯罪不能成立的无罪判决。判决被告人无罪以及免除刑事处罚的，如果被告人在押，宣判后应当立即释放。

【常用法律、司法解释及相关规定】

《刑事诉讼法》（2018 年 10 月 26 日修正）

第二百条 在被告人最后陈述后，审判长宣布休庭，合议庭进行评议，根据已经查明的事实、证据和有关的法律规定，分别作出以下判决：

（一）案件事实清楚，证据确实、充分，依据法律认定被告人有罪的，应当作出有罪判决；

（二）依据法律认定被告人无罪的，应当作出无罪判决；

（三）证据不足，不能认定被告人有罪的，应当作出证据不足、指控的犯罪不能成立的无罪判决。

第二百六十条 第一审人民法院判决被告人无罪、免除刑事处罚的，如果被告人在押，在宣判后应当立即释放。

《最高人民法院关于适用〈中华人民共和国刑事诉讼法〉的解释》（2021年 3 月 1 日施行 法释〔2021〕1 号）

第一百七十条第一项 被逮捕的被告人具有下列情形之一的，人民法院应当立即释放；必要时，可以依法变更强制措施：

（一）第一审人民法院判决被告人无罪、不负刑事责任或者免予刑事处

罚的；

【相关法律文书】

刑事判决书（宣告无罪用）

释放通知书（释放被告人用）

×××人民法院

刑事判决书

（宣告无罪用）

（××××）……刑初……号

公诉机关×××人民检察院。

被告人……（写明姓名、性别、出生年月日、民族、出生地、文化程度、职业或者工作单位和职务、住址和因本案所受强制措施情况、现羁押处所等）。

辩护人……（写明姓名、工作单位和职务）。

×××人民检察院以××检××刑诉（××××）××号起诉书指控被告人×××犯××罪，于××××年××月××日向本院提起公诉。本院依法组成合议庭，公开（或者不公开）开庭审理了本案。×××人民检察院指派检察员×××出庭支持公诉，被害人××及其法定代理人×××、诉讼代理人×××，被告人×××及其法定代理人×××、辩护人×××，证人×××，鉴定人×××，翻译人员×××等到庭参加诉讼。现已审理终结。

×××人民检察院指控……（概述人民检察院指控被告人犯罪的事实、证据和适用法律的意见）。

被告人×××辩称……（概述被告人对指控的犯罪事实予以供述、辩解、自行辩护的意见和有关证据）。辩护人×××提出的辩护意见是……（概述辩护人的辩护意见和有关证据）。

经审理查明，……（首先写明经庭审查明的事实；其次写明经举证、质证定案的证据及其来源；最后对控双方有异议的事实、证据进行分析、认证）。

本院认为，……（根据查证属实的事实、证据和有关法律规定，论证公诉机关指控的犯罪不能成立，被告人的行为不构成犯罪。对于控双方关于适用法律方面的意见，应当有分析地表示是否予以采纳，并阐明理由）。依照《中华人民共和国刑事诉讼法》第二百条第二项（或第三项）的规定，判决如下：

被告人×××无罪。

如不服本判决，可在接到判决书的第二日起十日内，通过本院或者直接向×××人民法院提出上诉。书面上诉的，应当提交上诉状正本一份，副本×份。

审　判　长　×××

审　判　员　×××

审　判　员　×××

（院印）

×××年××月××日

本件与原本核对无异

书　记　员　×××

第一联

××××人民法院

释放通知书

（释放被告人用）

（××××）……刑×……号

××××（羁押单位名称）：

本院羁押在你所的被告人×××，性别×，××××年××月××日出生，×××族，……人（籍贯），现因……（概述释放原因），决定予以释放，请立即执行，并发给释放证明书。

××××年××月××日

（院印）

此联交羁押单位

第二联

××××人民法院

释放通知书（存根）

（××××）……刑×……号

×××× （羁押单位名称）：

　　本院羁押在你所的被告人×××，性别×，××××年××月××日出生，×××族，……人（籍贯），现因……（概述释放原因），决定予以释放，请立即执行，并发给释放证明书。

××××年××月××日

（院印）

签发人：×××　　　　经办人：×××

此联存卷

第三联

××××人民法院

释放通知书（回执）

（××××）……刑×……号

××××人民法院：

　　根据你院（××××）……刑……号释放通知书，我所已于××××年××月××日将×××释放，并已发给释放证明书。

××××年××月××日

（公章）

　　此联由羁押单位填写并加盖公章后退回法院

第二章　缓刑的执行

【工作内容】

1. 对被宣告缓刑的罪犯，人民法院应当依法确定社区矫正执行地。社区矫正执行地为罪犯的居住地；罪犯在多个地方居住的，可以确定其经常居住地为执行地；罪犯的居住地、经常居住地无法确定或者不适宜执行社区矫正的，应当根据有利于罪犯接受矫正、更好地融入社会的原则，确定执行地。

2. 第一审人民法院判处拘役或者有期徒刑宣告缓刑的犯罪分子，判决尚未发生法律效力的，不能立即交付执行。如果被宣告缓刑的被告人在押，应当先行作出变更强制措施的决定，改为监视居住或者取保候审，并立即通知有关公安机关。

3. 对被宣告缓刑的罪犯，宣告缓刑前，需调查其对所居住社区影响的，可以委托其居住地县级司法行政机关调查评估。委托调查评估时，应发出调查评估委托函，并附起诉状。评估调查委托函应当包括被告人及其家属等有关人员的姓名、身份证号码、住址、联系方式、案由以及委托机关的联系人、联系方式等内容。评估调查委托函不得通过案件当事人、法定代理人、诉讼代理人或者其他利害关系人转交居住地县级司法行政机关。

4. 宣判时，应当告知罪犯自判决、裁定生效之日起十日以内到执行地社区矫正机构报到，以及不按期报到的后果。人民法院应当自判决、裁定生效之日起五日以内通知执行地社区矫正机构，并在十日以内将判决书、裁定书、执行通知书等法律文书送达执行地社区矫正机构，同时抄送人民检察院和执行地公安机关。人民法院与社区矫正执行地不在同一地方的，由执行地社区矫正机构将法律文书转送所在地的人民检察院和公安机关。

5. 对被宣告缓刑的罪犯，依法实行社区矫正，由社区矫正机构负责执行。

6. 执行通知书回执经执行机关盖章后，应当附卷备查。

7. 罪犯在缓刑考验期限内犯新罪或者被发现在判决宣告前还有其他罪没有判决，应当撤销缓刑的，由审判新罪的人民法院撤销原判决、裁定宣告的缓刑，并书面通知原审人民法院和执行机关。

8. 人民法院收到社区矫正机构的撤销缓刑建议书后，经审查，确认罪犯在缓刑考验期限内具有下列情形之一的，应当作出撤销缓刑的裁定：（1）违反禁止令，情节严重的；（2）无正当理由不按规定时间报到或者接受社区矫正期间脱离监管，超过一个月的；（3）因违反监督管理规定受到治安管理处罚，仍不改正的；（4）受到执行机关二次警告，仍不改正的；（5）违反法律、行政法规和监督管理规定，情节严重的其他情形。

9. 撤销缓刑裁定书应当在居住地社区矫正机构教育场所公示。属于未成年或者犯罪时不满十八周岁被判处五年有期徒刑以下刑罚的社区服刑人员除外。

【常用法律、司法解释及相关规定】

《刑事诉讼法》（2018 年 10 月 26 日修正）

第二百六十九条　对被判处管制、宣告缓刑、假释或者暂予监外执行的罪犯，依法实行社区矫正，由社区矫正机构负责执行。

《最高人民法院关于适用〈中华人民共和国刑事诉讼法〉的解释》（2021 年 3 月 1 日施行　法释〔2021〕1 号）

第一百七十条第一项　被逮捕的被告人具有下列情形之一的，人民法院应当立即释放；必要时，可以依法变更强制措施：

（一）第一审人民法院判决被告人无罪、不负刑事责任或者免予刑事处罚的；

第五百一十九条　对被判处管制、宣告缓刑的罪犯，人民法院应当依法确定社区矫正执行地。社区矫正执行地为罪犯的居住地；罪犯在多个地方居住的，可以确定其经常居住地为执行地；罪犯的居住地、经常居住地无法确定或者不适宜执行社区矫正的，应当根据有利于罪犯接受矫正、更好地融入社会的原则，确定执行地。

宣判时，应当告知罪犯自判决、裁定生效之日起十日以内到执行地社区矫正机构报到，以及不按期报到的后果。

人民法院应当自判决、裁定生效之日起五日以内通知执行地社区矫正机构，并在十日以内将判决书、裁定书、执行通知书等法律文书送达执行地社区矫正机构，同时抄送人民检察院和执行地公安机关。人民法院与社区矫正执行地不在同一地方的，由执行地社区矫正机构将法律文书转送所在地的人民检察院和公安机关。

第五百四十二条 罪犯在缓刑、假释考验期限内犯新罪或者被发现在判决宣告前还有其他罪没有判决，应当撤销缓刑、假释的，由审判新罪的人民法院撤销原判决、裁定宣告的缓刑、假释，并书面通知原审人民法院和执行机关。

第五百四十三条 人民法院收到社区矫正机构的撤销缓刑建议书后，经审查，确认罪犯在缓刑考验期限内具有下列情形之一的，应当作出撤销缓刑的裁定：

（一）违反禁止令，情节严重的；

（二）无正当理由不按规定时间报到或者接受社区矫正期间脱离监管，超过一个月的；

（三）因违反监督管理规定受到治安管理处罚，仍不改正的；

（四）受到执行机关二次警告，仍不改正的；

（五）违反法律、行政法规和监督管理规定，情节严重的其他情形。

人民法院收到社区矫正机构的撤销假释建议书后，经审查，确认罪犯在假释考验期限内具有前款第二项、第四项规定情形之一，或者有其他违反监督管理规定的行为，尚未构成新的犯罪的，应当作出撤销假释的裁定。

【相关法律文书】

执行通知书（宣告缓刑用）

委托调查评估函（社区矫正调查评估用）

结案登记表（送交执行机关执行用）

关于被告人×××财产刑执行情况的说明（判处财产刑移送执行用）

取保候审决定书

第一联

××× ×人民法院

执行通知书（存根）

（宣告缓刑用）

（××××）……刑×……号

×× × ×司法局：

被告人×××犯××罪，判处……，缓刑……。现判决已发生法律效力，现交付执行。依照《中华人民共和国刑事诉讼法》第二百六十九条的规定，请你局将该犯交社区矫正机构予以考察：

缓刑考验期间：自××××年××月××日起，至××××年××月××日止。

附执行根据：××××人民法院（××××）……刑×……号刑事判决书×份。

××××年××月×日

（院印）

第二联

×××× 人民法院

执行通知书

（××××）……刑×……号

×××× 司法局：

被告人 ××× 犯 ×× 罪，判处……，缓刑……。现判决已发生法律效力，现交付执行。依照《中华人民共和国刑事诉讼法》第二百六十九条的规定，请你局将该犯交社区矫正机构予以考察：

缓刑考验期间：自 ×××× 年 ×× 月 ×× 日起至 ×××× 年 ×× 月 ×× 日止。

附执行根据：×××× 人民法院（××××）……刑×……号刑事判决书 × 份。

×××× 年 ×× 月 ×× 日

（院印）

此联交接收机关

第三联

××××人民法院

执行通知书

（××××）……刑×……号

×××：

你犯××罪，经依法判处……，缓刑……。判决已发生法律效力，现交付执行。你在缓刑考验期间，根据《中华人民共和国刑法》第七十五条的规定，应当遵守下列规定：

（一）遵守法律、行政法规，服从监督；

（二）按照考察机关的规定报告自己的活动情况；

（三）遵守考察机关关于会客的规定；

（四）离开所居住的市、县或者迁居，应当报经考察机关批准。

如违反上述规定，依照《中华人民共和国刑法》第七十七条第二款的规定处理。

缓刑考验期间：自××××年××月××日起，至××××年××月××日止。

××××年××月××日

（院印）

此联发给罪犯本人收执

第四联

××××人民法院

执行通知书（回执）

（××××）……刑×……号

××××人民法院：

　　你院××××年××月××日（××××）……刑×……号执行通知书及所附执行根据……均已收到。

　　我局已于××××年××月××日将罪犯×××交……考察。

××××年××月××日

（公章）

　　此联由接收机关填写并加盖公章后退回法院入卷

××××人民法院

委托调查评估函

（社区矫正调查评估用）

（××××）……刑初……号

××××司法局：

　　我院审理的被告人×××犯××罪一案，根据其犯罪事实和情节可以考虑对其判处非监禁刑，现委托你局对×××对所居住社区影响的情况进行调查评估，向我院提出评估意见。

××××年××月××日

（院印）

被告人姓名		性别		民族		年　月　日	
身份证号码				户籍 地址			
现住址					文化程度		
工作单位				职务			
被采取强制措施				电话			
主要犯罪事实							

　　评估意见邮寄地址：……

　　邮政编码：××××××　　　电话：……

结案登记表

（送交执行机关执行用）

罪犯姓名：×××

审判机关：××××人民法院

被执行人姓名		曾用名		性别		出生年月日		民族	
出生地		文化程度		特长		捕前政治面貌			
捕前职业或工作单位和职务									
家庭住址									
罪名				主刑		剥夺政治权利期限			
过去违法犯罪和处理情况									
本案犯罪事实（时间、地点、动机、手段、结果等）									
证据									
罪犯的认罪态度和是否已经考虑从严或从宽判处等									
备考									

填表人：×××　　填表日期：××××年××月××日

×××× 人民法院

关于被告人×××财产刑执行情况的说明

（判处财产刑移送执行用）

×××× （执行机关名称）：

被告人×××犯××罪，××××人民法院于××××年××月××日作出（××××）……刑×……号刑事判决，判处被告人……（写明判处刑罚）。该判决现已发生法律效力。被告人×××的财产刑没有执行（或者已执行……，尚有……未执行）。

特此说明。

××××年××月××日

（院印）

第一联

××××人民法院

取保候审决定书 （审批联）

（××××）……刑×……号

	案由				
被告人	姓名		性别	出生年月日	
	文化程度		工作单位		
	住址				
保证形式	交纳保证金数额				
	保证人姓名住址			与被告人关系	
	执行机关			取保候审期限	
取保候审原因				经办人： ××××年××月××日	
领导审批				批准人： ××××年××月××日	

本联存卷

第二联

××××人民法院
取保候审决定书

（××××）……刑×……号

根据《中华人民共和国刑事诉讼法》第六十七条的规定，决定对本院正在审理的……一案的被告人×××采取取保候审的强制措施。取保候审的期限为×个月。在取保候审期间，被告人应当遵守以下规定：

（一）未经执行的公安机关批准不得离开所居住的市、县；

（二）住址、工作单位和联系方式发生变动的，在二十四小时以内向执行机关报告；

（三）在传讯的时候及时到案；

（四）不得以任何形式干扰证人作证；

（五）不得毁灭、伪造证据或者串供。

如违反上述规定，按照《中华人民共和国刑事诉讼法》第七十一条第三款、第四款的规定处理。

本决定由××××公安局执行。

本决定应向被取保候审的被告人宣布，并由被告人在决定书上签名。

××××年××月××日

（院印）

向被告人宣布的时间：××××年××月××日××时

被告人签名：×××

第三章　无期徒刑的执行

【工作内容】

1. 罪犯在押的,人民法院应当在判决、裁定生效后十日内,将判决书、裁定书、起诉书副本、自诉状复印件、执行通知书、结案登记表送达公安机关、监狱或者其他执行机关。上诉案件还应同时送达二审判决书或裁定书。

2. 罪犯需要收押执行刑罚,而判决、裁定生效前未被羁押的,人民法院应当根据生效的判决书、裁定书将罪犯交看守所羁押,并依照规定办理执行手续。

3. 执行通知书回执经看守所盖章后,应当附卷备查。对未成年犯应当在未成年犯管教所执行刑罚。执行机关应当将罪犯及时收押,并且通知罪犯家属。

【常用法律、司法解释及相关规定】

《刑事诉讼法》(2018 年 10 月 26 日修正)

第二百六十四条　罪犯被交付执行刑罚的时候,应当由交付执行的人民法院在判决生效后十日以内将有关的法律文书送达公安机关、监狱或者其他执行机关。

对被判处死刑缓期二年执行、无期徒刑、有期徒刑的罪犯,由公安机关依法将该罪犯送交监狱执行刑罚。

对未成年犯应当在未成年犯管教所执行刑罚。

执行机关应当将罪犯及时收押,并且通知罪犯家属。

《最高人民法院关于适用〈中华人民共和国刑事诉讼法〉的解释》（2021年3月1日施行 法释〔2021〕1号）

第五百一十一条 被判处死刑缓期执行、无期徒刑、有期徒刑、拘役的罪犯，交付执行时在押的，第一审人民法院应当在判决、裁定生效后十日内，将判决书、裁定书、起诉书副本、自诉状复印件、执行通知书、结案登记表送达公安机关、监狱或其他执行机关。

第五百一十三条 执行通知书回执经看守所盖章后，应当附卷备查。

【相关法律文书】

执行通知书（无期徒刑用）

结案登记表（送交执行机关执行用）

关于被告人×××财产刑执行情况的说明（判处财产刑移送执行用）

送达回证

第一联

××××人民法院

执行通知书（存根）

（无期徒刑用）

（××××）……刑×……号

××××（羁押单位名称）：

　　罪犯×××经依法判处刑罚，判决已发生法律效力，根据《中华人民共和国刑事诉讼法》第二百六十四条第二款的规定，请按照本通知交监狱执行。

姓名		性别		出生日期		民族	
家庭住址							
罪名							
主刑	无期徒刑						
起刑日期	年　　月　　日						
附加刑	剥夺政治权利终身						
执行根据	××××人民法院（××××）……刑×……号刑事判决书 ××××人民法院（××××）……刑×……号刑事裁定书						
备考							
签发人：　　　　经办人：					年　　月　　日 （院印）		

　　此联入卷

第二联

××××人民法院
执行通知书

（××××）……刑×……号

××××（羁押单位名称）：

罪犯×××经依法判处刑罚，判决已发生法律效力，根据《中华人民共和国刑事诉讼法》第二百六十四条第二款的规定，请按照本通知交监狱执行。

姓名		性别		出生日期	年 月 日	民族	
家庭住址							
罪名							
主刑			无期徒刑				
起刑日期			年 月 日				
附加刑			剥夺政治权利终身				
执行根据		×××人民法院（××××）……刑×……号刑事判决书 ×××人民法院（××××）……刑×……号刑事裁定书					
备考							

签发人： 经办人：

年 月 日

（院印）

此联送交罪犯羁押单位

第三联

××××人民法院

执行通知书（回执）

（××××）……刑×……号

××××人民法院：

你院××××年××月××日（××××）……刑×……号执行通知书已收到。

罪犯×××已于××××年××月××日送往……执行。

××××年××月××日

（公章）

此联由羁押单位填写并加盖公章后退回法院入卷

第四联

××××人民法院

执行通知书

（××××）……刑×……号

×××（被告人姓名）：

你犯××罪，经依法判处无期徒刑，并剥夺政治权利终身。现交付执行，并将有关事项通知如下：

主刑起刑日期：××××年××月××日。

附加刑：剥夺政治权利终身。

××××年××月××日

（院印）

此联发给被告人本人收执

结案登记表

（送交执行机关执行用）

罪犯姓名：×××

审判机关：××××人民法院

被执行人姓名		曾用名		性别		出生年月日		民族	
出生地		文化程度		特长		捕前政治面貌			
捕前职业或工作单位和职务									
家庭住址									
罪名				主刑		剥夺政治权利期限			
过去违法犯罪处理情况									
本案犯罪事实（时间、地点、动机、手段、结果等）									
证据									
罪犯的认罪态度和是否已经考虑从严或从宽判处等									
备考									

填表人：×××　　填表日期：××××年××月××日

××××人民法院
关于被告人×××财产刑执行情况的说明
（判处财产刑移送执行用）

××××（执行机关名称）：

被告人×××犯××罪，××××人民法院于××××年××月××日作出（××××）……刑×……号刑事判决，判处被告人……（写明判处刑罚）。该判决现已发生法律效力。被告人×××的财产刑没有执行（或者已执行……，尚有……未执行）。

特此说明。

××××年××月××日

（院印）

××××人民法院
送达回证
（院印）

案由		案号			
受送达人					
送达地点					
送达的文件名称及件数	受送达人签收	收到日期		代收人签收	送达人
		年　月　日　时			
		年　月　日　时			
		年　月　日　时			
		年　月　日　时			
		年　月　日　时			
		年　月　日　时			
		年　月　日　时			
备注					

第四章 有期徒刑的执行

【工作内容】

1. 被判处有期徒刑的罪犯，判决、裁定生效前已经羁押的，若一审判处的刑期已届满，应当及时取保候审；交付执行时在押且羁押期限未满的，人民法院应当在判决、裁定生效后十日内，将判决书、裁定书、起诉书副本、自诉状复印件、执行通知书、结案登记表送达公安机关、监狱或者其他执行机关。

2. 被判处有期徒刑的罪犯，第一审人民法院应当在判决、裁定生效后十日以内，将判决书、裁定书、起诉书副本、自诉状复印件、执行通知书、结案登记表送达公安机关、监狱或者其他执行机关。

3. 被判处有期徒刑的罪犯，交付执行时应填写执行通知书，由承办法官签发后加盖院章，与起诉书副本、判决书、结案登记表一同送达看守所，二审案件还应同时送达二审判决书或裁定书。

4. 判处有期徒刑的罪犯，交付执行时应填写执行通知书，由承办法官签发后加盖院章，与起诉书副本、判决书、结案登记表一同送达看守所，二审案件已生效的还应同时送达二审判决书或裁定书。

5. 执行通知书回执经看守所盖章后，应当附卷备查。对未成年犯应当在未成年犯管教所执行刑罚。执行机关应当将罪犯及时收押，并且通知罪犯家属。

【常用法律、司法解释及相关规定】

《刑事诉讼法》（2018 年 10 月 26 日修正）

第二百六十四条 罪犯被交付执行刑罚的时候，应当由交付执行的人民法院在判决生效后十日以内将有关的法律文书送达公安机关、监狱或者其他执行机关。

对被判处死刑缓期二年执行、无期徒刑、有期徒刑的罪犯，由公安机关依法将该罪犯送交监狱执行刑罚。对被判处有期徒刑的罪犯，在被交付执行刑罚前，剩余刑期在三个月以下的，由看守所代为执行。对被判处拘役的罪犯，由公安机关执行。

对未成年犯应当在未成年犯管教所执行刑罚。

执行机关应当将罪犯及时收押，并且通知罪犯家属。

判处有期徒刑、拘役的罪犯，执行期满，应当由执行机关发给释放证明书。

《最高人民法院关于适用〈中华人民共和国刑事诉讼法〉的解释》（2021年3月1日施行　法释〔2021〕1号）

第五百一十一条　被判处死刑缓期执行、无期徒刑、有期徒刑、拘役的罪犯，第一审人民法院应当在判决、裁定生效后十日以内，将判决书、裁定书、起诉书副本、自诉状复印件、执行通知书、结案登记表送达公安机关、监狱或者其他执行机关。

第五百一十三条　执行通知书回执经看守所盖章后，应当附卷备查。

【相关法律文书】

执行通知书（有期徒刑用）

结案登记表（送交执行机关执行用）

关于被告人×××财产刑执行情况的说明（判处财产刑移送执行用）

送达回证

第一联

××××人民法院

执行通知书（存根）

（有期徒刑用）

（××××）……刑×……号

××××（羁押单位名称）：

罪犯×××经依法判处刑罚，判决已发生法律效力，根据《中华人民共和国刑事诉讼法》第二百六十四条第二款的规定，请按照本通知交监狱执行。

姓名		性别		出生日期		民族	
家庭住址							
罪名							
主刑	有期徒刑						
起刑日期	年 月 日						
羁押抵刑	年 月 日		刑满日期		年 月 日		
附加刑							
执行根据	××××人民法院（××××）……刑×……号刑事判决书 ××××人民法院（××××）……刑×……号刑事裁定书						
备考							

签发人： 经办人：

年 月 日

（院印）

此联入卷

第二联

××××人民法院

执行通知书

（××××）……刑……号

××××（羁押单位名称）：

罪犯×××经依法判处刑罚，判决已发生法律效力，根据《中华人民共和国刑事诉讼法》第二百六十四条第二款的规定，请按照本通知交监狱执行。

姓名		性别		出生日期		民族	
家庭住址							
罪名							
主刑	有期徒刑						
起刑日期	年 月 日						
羁押抵刑	年 月 日		刑满日期		年 月 日		
附加刑							
执行根据	××××人民法院（××××）……刑×……号刑事判决书 ××××人民法院（××××）……刑×……号刑事裁定书						
备考							

签发人：　　　经办人：

年 月 日

（院印）

此联送交罪犯羁押单位

第三联

××××人民法院

执行通知书（回执）

（××××）……刑×……号

××××人民法院：

　　你院　××××年××月××日（××××）……刑×……号执行通知书已收到。

　　罪犯×××已于××××年××月××日送往……执行。

××××年××月××日

（公章）

此联由羁押单位填写并加盖公章后退回法院入卷

第四联

××××人民法院

执行通知书

（××××）……刑×……号

×××（被告人姓名）：

你犯××罪，经依法判处有期徒刑××年××月（如有附加刑一并在此表述）。现交付执行，并将有关事项通知如下：

主刑起刑日期：××××年××月××日。

羁押抵刑：××年××个月××日。

刑满日期：××××年××月××日。

附加刑：……

××××年××月××日

（院印）

此联发给被告人本人收执

结案登记表

（送交执行机关执行用）

罪犯姓名：×××

审判机关：××××人民法院

被执行人姓名		曾用名		性别		出生年月日		民族	
出生地		文化程度		特长		捕前政治面貌			
捕前职业或工作单位和职务									
家庭住址									
罪名				主刑		剥夺政治权利期限			
过去违法犯罪处理情况									
本案犯罪事实（时间、地点、动机、手段、结果等）									
证据									
罪犯的认罪态度和是否已经考虑从严或从宽判处等									
备考									

填表人：×××　　填表日期：××××年××月××日

×××ד人民法院

关于被告人×××财产刑执行情况的说明

（判处财产刑移送执行用）

××××（执行机关名称）：

被告人×××犯××罪，××××人民法院于××××年××月××日作出（××××）……刑×……号刑事判决，判处被告人……（写明判处刑罚）。该判决现已发生法律效力。被告人×××的财产刑没有执行（或者已执行……，尚有……未执行）。

特此说明。

××××年××月××日

（院印）

××××人民法院
送达回证

（院印）

案 由			案 号		
受送达人					
送达地点					
送达的文件名称及件数	受送达人签收	收到日期		代收人签收	送达人
		年　月　日　时			
		年　月　日　时			
		年　月　日　时			
		年　月　日　时			
		年　月　日　时			
		年　月　日　时			
		年　月　日　时			
备　注					

第五章　拘役的执行

【工作内容】

1. 被判处拘役的罪犯，判决、裁定生效前已经羁押的，若一审判处的刑期已届满，应当及时取保候审；交付执行时在押且羁押期限未满的，人民法院应当在判决、裁定生效后十日内，将一、二审判决书、裁定书、起诉书副本、自诉状复印件、执行通知书、结案登记表送达公安机关、监狱或者其他执行机关。

2. 被判处拘役的罪犯，第一审人民法院应当在判决、裁定生效后十日以内，将判决书、裁定书、起诉书副本、自诉状复印件、执行通知书、结案登记表送达公安机关、监狱或者其他执行机关。

3. 执行通知书回执经看守所盖章后，应当附卷备查。对未成年犯应当在未成年犯管教所执行刑罚。执行机关应当将罪犯及时收押，并且通知罪犯家属。

【常用法律、司法解释及相关规定】

《刑事诉讼法》（2018 年 10 月 26 日修正）

第二百六十四条　罪犯被交付执行刑罚的时候，应当由交付执行的人民法院在判决生效后十日以内将有关的法律文书送达公安机关、监狱或者其他执行机关。

对被判处死刑缓期二年执行、无期徒刑、有期徒刑的罪犯，由公安机关依法将该罪犯送交监狱执行刑罚。对被判处有期徒刑的罪犯，在被交付执行刑罚前，剩余刑期在三个月以下的，由看守所代为执行。对被判处拘役的罪犯，由公安机关执行。

对未成年犯应当在未成年犯管教所执行刑罚。

执行机关应当将罪犯及时收押，并且通知罪犯家属。

判处有期徒刑、拘役的罪犯，执行期满，应当由执行机关发给释放证明书。

《最高人民法院关于适用〈中华人民共和国刑事诉讼法〉的解释》（2021年3月1日施行　法释〔2021〕1号）

第五百一十一条　被判处死刑缓期执行、无期徒刑、有期徒刑、拘役的罪犯，第一审人民法院应当在判决、裁定生效后十日以内，将判决书、裁定书、起诉书副本、自诉状复印件、执行通知书、结案登记表送达公安机关、监狱或者其他执行机关。

第五百一十三条　执行通知书回执经看守所盖章后，应当附卷备查。

【相关法律文书】

执行通知书（拘役用）

结案登记表（送交执行机关执行用）

关于被告人×××财产刑执行情况的说明（判处财产刑移送执行用）

送达回证

第一联

××××人民法院

执行通知书（存根）

（拘役用）

（××××）……刑×……号

××××（羁押单位名称）：

　　罪犯×××经依法判处刑罚，判决已发生法律效力，根据《中华人民共和国刑事诉讼法》第二百六十四条第二款的规定，请按照本通知执行。

姓名		性别		出生日期		民族	
家庭住址							
罪名							
主刑	拘役						
起刑日期	年　月　日						
羁押抵刑	年　月　日		刑满日期		年　月　日		
附加刑							
执行根据	××××人民法院（××××）……刑×……号刑事判决书 ××××人民法院（××××）……刑×……号刑事裁定书						
备考							
签发人：　　　经办人：							
						年　月　日 （院印）	

　　此联入卷

第二联

×××××人民法院
执行通知书

（××××）……刑×……号

××××（羁押单位名称）：

罪犯×××经依法判处刑罚，判决已发生法律效力，根据《中华人民共和国刑事诉讼法》第二百六十四条第二款的规定，请按照本通知交监狱执行。

姓名		性别		出生日期		民族	
家庭住址							
罪名							
主刑			拘役				
起刑日期			年　月　日				
羁押抵刑	年　月　日		刑满日期		年　月　日		
附加刑							
执行根据	×××××人民法院（××××）……刑×……号刑事判决书 ×××××人民法院（××××）……刑×……号刑事裁定书						
备考							
签发人：　　　　经办人：							
					年　月　日		
					（院印）		

此联送交罪犯羁押单位

第三联

××××人民法院

执行通知书（回执）

（××××）……刑×……号

××××人民法院：

你院××××年××月××日（××××）……刑×……号执行通知书已收到。

罪犯×××已于××××年××月××日在……执行。

××××年××月××日

（公章）

此联由羁押单位填写并加盖公章后退回法院入卷

第四联

×××× 人民法院

执行通知书

（××××）……刑×……号

×××（被告人姓名）：

你犯××罪，经依法判处拘役（如有附加刑在此一并表述）。现交付执行，并将有关事项通知如下：

主刑起刑日期：××××年××月××日。

羁押抵刑：××年××个月××日。

刑满日期：××××年××月××日。

附加刑：……

××××年××月××日

（院印）

此联发给被告人本人收执

结案登记表

（送交执行机关执行用）

罪犯姓名：×××

审判机关：××××人民法院

被执行人姓名		曾用名		性别		出生年月日		民族	
出生地		文化程度		特长		捕前政治面貌			
捕前职业或工作单位和职务									
家庭住址									
罪名				主刑		剥夺政治权利期限			
过去违法犯罪处理情况									
本案犯罪事实（时间、地点、动机、手段、结果等）									
证据									
罪犯的认罪态度和是否已经考虑从严或从宽判处等									
备考									

填表人：×××　　填表日期：××××年××月××日

××××人民法院
关于被告人×××财产刑执行情况的说明
（判处财产刑移送执行用）

××××（执行机关名称）：

被告人×××犯××罪，××××人民法院于××××年××月××日作出（××××）……刑×……号刑事判决，判处被告人……（写明判处刑罚）。该判决现已发生法律效力。被告人×××的财产刑没有执行（或者已执行……，尚有……未执行）。

特此说明。

××××年××月××日

（院印）

××××人民法院
送达回证
（院印）

案由		案号			
受送达人					
送达地点					
送达的文件名称及件数	受送达人签收	收到日期		代收人签收	送达人
		年　月　日　　时			
		年　月　日　　时			
		年　月　日　　时			
		年　月　日　　时			
		年　月　日　　时			
		年　月　日　　时			
		年　月　日　　时			
备　注					

第六章　管制的执行

【工作内容】

1. 第一审人民法院判处管制的犯罪分子，判决尚未发生法律效力的，不能立即交付执行。如果被判处管制的被告人在押，应当先行作出变更强制措施的决定，改为监视居住或者取保候审，并立即通知有关公安机关。判决发生法律效力后，应当将法律文书送达当地公安机关。

2. 对被判处管制的罪犯，依法实行社区矫正，由社区矫正机构负责执行。

3. 对被判处管制的罪犯，人民法院应当依法确定社区矫正执行地。社区矫正执行地为罪犯的居住地；罪犯在多个地方居住的，可以确定其经常居住地为执行地；罪犯的居住地、经常居住地无法确定或者不适宜执行社区矫正的，应当根据有利于罪犯接受矫正、更好地融入社会的原则，确定执行地。

4. 宣判时，应当告知罪犯自判决、裁定生效之日起十日以内到执行地社区矫正机构报到，以及不按期报到的后果。

5. 人民法院应当自判决、裁定生效日起五日以内通知执行地社区矫正机构，并在十日以内将判决书、裁定书、执行通知书等法律文书送达执行地社区矫正机构，同时抄送人民检察院和执行地公安机关。人民法院与社区矫正执行地不在同一地方的，由执行地社区矫正机构将法律文书转送所在地的人民检察院和公安机关。

6. 执行通知书回执经执行机关盖章后，应当附卷备查。

7. 被判处管制的罪犯在服刑期间又犯罪的，或者发现了判决的时候所没有发现的罪行，由执行机关移送人民检察院处理。

【常用法律、司法解释及相关规定】

《刑事诉讼法》（2018年10月26日修正）

第二百六十九条 对被判处管制、宣告缓刑、假释或者暂予监外执行的罪犯，依法实行社区矫正，由社区矫正机构负责执行。

第二百七十三条第一款 罪犯在服刑期间又犯罪的，或者发现了判决的时候所没有发现的罪行，由执行机关移送人民检察院处理。

《最高人民法院关于适用〈中华人民共和国刑事诉讼法〉的解释》（2021年3月1日施行 法释〔2021〕1号）

第一百七十条 被逮捕的被告人具有下列情形之一的，人民法院应当立即释放；必要时，可以依法变更强制措施：

（一）第一审人民法院判决被告人无罪、不负刑事责任或者免予刑事处罚的；

（二）第一审人民法院判处管制、宣告缓刑、单独适用附加刑，判决尚未发生法律效力的；

（三）被告人被羁押的时间已到第一审人民法院对其判处的刑期期限的；

（四）案件不能在法律规定的期限内审结的。

第五百一十九条 对被判处管制、宣告缓刑的罪犯，人民法院应当依法确定社区矫正执行地。社区矫正执行地为罪犯的居住地；罪犯在多个地方居住的，可以确定其经常居住地为执行地；罪犯的居住地、经常居住地无法确定或者不适宜执行社区矫正的，应当根据有利于罪犯接受矫正、更好地融入社会的原则，确定执行地。

宣判时，应当告知罪犯自判决、裁定生效之日起十日以内到执行地社区矫正机构报到，以及不按期报到的后果。

人民法院应当自判决、裁定生效之日起五日以内通知执行地社区矫正机构，并在十日以内将判决书、裁定书、执行通知书等法律文书送达执行地社区矫正机构，同时抄送人民检察院和执行地公安机关。人民法院与社区矫正执行地不在同一地方的，由执行地社区矫正机构将法律文书转送所在地的人民检察院和公安机关。

【相关法律文书】

执行通知书（管制用）

结案登记表（送交执行机关执行用）

关于被告人×××财产刑执行情况的说明（判处财产刑移送执行用）

送达回证

第一联

××××人民法院

执行通知书（存根）

（管制用）

（××××）……刑×……号

××××（矫正机构名称）：

　　罪犯×××经依法判处刑罚，判决已发生法律效力，根据《中华人民共和国刑事诉讼法》第二百六十九条的规定，请按照本通知执行。

姓名		性别		出生日期		民族	
家庭住址							
罪名							
主刑	管制						
起刑日期	年 月 日						
羁押抵刑	年 月 日		刑满日期		年 月 日		
附加刑							
执行根据	××××人民法院（××××）……刑×……号刑事判决书 ××××人民法院（××××）……刑×……号刑事裁定书						
备考							
签发人：　　　　经办人： 　　　　　　　　　　　　　　　　　　　　年 月 日 　　　　　　　　　　　　　　　　　　　　（院印）							

　　此联入卷

第二联

×××× 人民法院

执行通知书

（××××）……刑 ×……号

×××× （矫正机构名称）：

罪犯 ××× 经依法判处刑罚，判决已发生法律效力，根据《中华人民共和国刑事诉讼法》第二百六十九条的规定，请按照本通知执行。

姓名		性别		出生日期	年　月　日	民族	
家庭住址							
罪名							
主刑			管制				
起刑日期			年　月　日				
羁押抵刑	年　月　日		刑满日期		年　月　日		
附加刑							
执行根据	×××× 人民法院（××××）……刑 ×……号刑事判决书 ×××× 人民法院（××××）……刑 ×……号刑事裁定书						
备考							
	年　月　日 （院印）						

此联送交社区矫正机构执行

第三联

××××人民法院

执行通知书（回执）

　　　　　　　　　　（××××）……刑×……号

××××人民法院：

　　你院××××年××月××日（××××）……刑×……号执行通知书已收到。

　　罪犯×××已于××××年××月××日交付……执行。

　　　　　　　　　　　　××××年××月××日

　　　　　　　　　　　　　　（公章）

此联由社区矫正机构填写并加盖公章后退回法院入卷

第四联

××××人民法院

执行通知书

（××××）……刑×……号

×××：

你犯××罪，经依法判处管制……。判决已发生法律效力，现交付……执行。依照《中华人民共和国刑法》第三十九条第一款的规定，你在管制期间，必须遵守下列规定：

（一）遵守法律、行政法规，服从监督；

（二）未经执行机关批准，不得行使言论、出版、集会、结社、游行、示威自由的权利；

（三）按照执行机关规定报告自己的活动情况；

（四）遵守执行机关关于会客的规定；

（五）离开所居住的市、县或者迁居，应当报经执行机关批准。

管制刑期：……，附加剥夺政治权利××年。

起刑日期：××××年××月××日。

羁押抵刑：××年××个月××日。

刑满日期：××××年××月××日。

××××年××月××日

（院印）

此联交给罪犯本人收执

结案登记表

（送交执行机关执行用）

罪犯姓名：×××

审判机关：××××人民法院

被执行人姓名		曾用名		性别		出生年月日		民族	
出生地		文化程度		特长		捕前政治面貌			
捕前职业或工作单位和职务									
家庭住址									
罪名				主刑		剥夺政治权利期限			
过去违法犯罪处理情况									
本案犯罪事实（时间、地点、动机、手段、结果等）									
证据									
罪犯的认罪态度和是否已经考虑从严或从宽判处等									
备考									

填表人：×××　　填表日期：××××年××月××日

×××× 人民法院

关于被告人 ××× 财产刑执行情况的说明

（判处财产刑移送执行用）

×××× （执行机关名称）：

被告人 ××× 犯 ×× 罪，×××× 人民法院于 ×××× 年 ×× 月 ×× 日作出（××××）……刑 ×……号刑事判决，判处被告人……（写明管制刑期）。该判决现已发生法律效力。被告人 ××× 的财产刑没有执行（或者已执行……，尚有……未执行）。

特此说明。

×××× 年 ×× 月 ×× 日

（院印）

××××人民法院
送达回证
（院印）

案由		案号		
受送达人				
送达地点				
送达的文件名称及件数	受送达人签收	收到日期	代收人签收	送达人
		年　月　日　时		
		年　月　日　时		
		年　月　日　时		
		年　月　日　时		
		年　月　日　时		
		年　月　日　时		
		年　月　日　时		
备　注				

第七章　剥夺政治权利的执行

【工作内容】

对被判处剥夺政治权利的罪犯，由公安机关执行。单处剥夺政治权利的罪犯，人民法院应当在判决、裁定生效后十日内，将判决书、裁定书、执行通知书等法律文书送达罪犯居住地的县级公安机关，并抄送罪犯居住地的县级人民检察院。上诉案件还应同时送达二审判决书或裁定书。执行通知书回执经看守所盖章后，应当附卷备查。

【常用法律、司法解释及相关规定】

《刑事诉讼法》（2018 年 10 月 26 日修正）

第二百七十条　对被判处剥夺政治权利的罪犯，由公安机关执行。执行期满，应当由执行机关书面通知本人及其所在单位、居住地基层组织。

《最高人民法院关于适用〈中华人民共和国刑事诉讼法〉的解释》（2021 年 3 月 1 日施行　法释〔2021〕1 号）

第五百二十条　对单处剥夺政治权利的罪犯，人民法院应当在判决、裁定生效后十日以内，将判决书、裁定书、执行通知书等法律文书送达罪犯居住地的县级公安机关，并抄送罪犯居住地的县级人民检察院。

【相关法律文书】

执行通知书（单处剥夺政治权利用）

结案登记表（送交执行机关执行用）

送达回证

第一联

××××人民法院

执行通知书（存根）

（单处剥夺政治权利用）

（××××）……刑×……号

××××公安局：

　　被告人×××因犯××罪，经依法判处剥夺政治权利……（写明刑期）。现判决已发生法律效力。依照《中华人民共和国刑事诉讼法》第二百七十条的规定，请你局执行。剥夺政治权利期满时，由执行机关及时通知本人，并向有关群众公开宣布恢复政治权利。

　　剥夺政治权利起刑日期：××××年××月××日。

　　刑满日期：××××年××月××日。

　　附执行根据：××××人民法院（××××）……刑×……号刑事判决书×份，××××人民法院（××××）……刑×……号刑事裁定书×份。

××××年××月××日

（院印）

　　签发人：×××　　　　经办人：×××

　　此联入卷

第二联

××××人民法院
执行通知书

（××××）……刑初……号

××××公安局：

　　被告人×××因犯××罪，经依法判处剥夺政治权利……（写明刑期）。现判决已发生法律效力。请你局执行。剥夺政治权利期满时，由执行机关及时通知本人，并向有关群众公开宣布恢复政治权利。

　　剥夺政治权利起刑日期：××××年××月××日。

　　刑满日期：××××年××月××日。

　　附执行根据：××××人民法院（××××）……刑×……号刑事判决书×份，××××人民法院（××××）……刑×……号刑事裁定书×份。

××××年××月××日

（院印）

此联交公安机关

第三联

××××人民法院

执行通知书（回执）

（××××）……刑×……号

××××人民法院：

你院××××年××月××日（××××）……刑×……号执行通知书和所附执行根据刑事判决书×份，刑事裁定书×份，均已收到。

我局已采取措施，对罪犯×××依法执行剥夺政治权利。

（公章）

年　月　日

此联由公安机关填写并加盖公章后退回法院入卷

第四联

××××人民法院

执行通知书

（××××）……刑初……号

×××（被告人姓名）：

你因犯××罪，经依法判处剥夺政治权利……（写明刑期）。现已发生法律效力，现交付执行。在执行期间，应当遵守法律、行政法规和国务院公安部门有关监督管理的规定，服从监督；不得行使《刑法》第五十四条规定的各项权利。

剥夺政治权利起刑日期：××××年××月××日。

刑满日期：××××年××月××日。

××××年××月××日

（院印）

此联交给被告人本人收执

结案登记表

（送交执行机关执行用）

罪犯姓名：×××

审判机关：××××人民法院

被执行人姓名		曾用名		性别		出生年月日		民族	
出生地		文化程度		特长		捕前政治面貌			
捕前职业或工作单位和职务									
家庭住址									
罪名				主刑		剥夺政治权利期限			
过去违法犯罪处理情况									
本案犯罪事实（时间、地点、动机、手段、结果等）									
证据									
罪犯的认罪态度和是否已经考虑从严或从宽判处等									
备考									

填表人：×××　　填表日期：××××年××月××日

××××人民法院
送达回证

（院印）

案由			案号			
受送达人						
送达地点						
送达的文件名称及件数	受送达人签收		收到日期		代收人签收	送达人
			年 月 日 时			
			年 月 日 时			
			年 月 日 时			
			年 月 日 时			
			年 月 日 时			
			年 月 日 时			
			年 月 日 时			
备 注						

第八章　罚金的执行

【工作内容】

1. 执行机关。由第一审人民法院的执行机构执行；被执行的财产在异地的，第一审人民法院可以委托财产所在地的同级人民法院代为执行。

2. 执行方式。罚金应当在判决规定的期限内一次或者分期缴纳。期满无故不缴纳或者未足额缴纳的，人民法院应当强制缴纳。经强制缴纳仍不能全部缴纳的，在任何时候，包括主刑执行完毕后，发现被执行人有可供执行的财产的，应当追缴。行政机关对被告人就同一事实已经处以罚款的，人民法院判处罚金时应当折抵，扣除行政处罚已执行的部分。因遭遇不能抗拒的灾祸缴纳罚金确有困难，被执行人申请延期缴纳、酌情减少或者免除罚金的，应当提交相关证明材料。人民法院应当在收到申请后一个月内作出裁定。符合法定减免条件的，应当准许；不符合条件的，驳回申请。被告人的亲属、朋友愿为被告人代为交纳罚金的，应予准许。

3. 执行程序。填写缴纳罚金通知书，待被告人或其亲属、朋友凭通知书到指定银行缴纳后，将银行出具的交款收据入卷存档。对于被告人及亲属不缴纳罚金和没收的财产或未足额缴纳的，将生效判决书、移送执行表交本院立案庭立执行案件后，由立案庭将立案手续、生效判决书副本、查封扣押手续的复印件、涉案财产的移交清单转本院执行局强制执行。具有下列情形之一的，人民法院应当裁定中止执行：（1）执行标的物系人民法院或仲裁机构正在审理案件的争议标的物，需等待该案件审理完毕确定权属的；（2）案外人对执行标的物提出异议的；（3）应当中止执行的其他情形。中止执行的原因消除后，应当恢复执行。执行财产刑过程中，具有下列情形之一的，人民法院应当裁定终结执行：（1）据以执行的判决、裁定被撤销的；（2）被执行人死亡或被执行死刑，且无财产可供执行的；（3）被判处罚金的单位终止，且无财产可供执行的；（4）依照《刑法》第五十三条规定免除罚金的；（5）应当终结执行的其他情形。裁定终结执行后，发现被执行人的财产有被隐匿、转移等情形的，应当追缴。财产刑全部或部分被撤销的，已经执行的财产应当全部或者部分返还被执行人；无法返还的，应当追缴。

4. 执行刑事裁判涉财产部分、附带民事裁判过程中，当事人、利害关系人认为执行行为违反法律规定，或者案外人对被执行标的书面提出异议的，人民法院应当参照《民事诉讼法》的有关规定处理。

【常用法律、司法解释及相关规定】

《刑事诉讼法》（2018 年 10 月 26 日修正）

第二百七十一条 被判处罚金的罪犯，期满不缴纳的，人民法院应当强制缴纳；如果由于遭遇不能抗拒的灾祸等原因缴纳确实有困难的，经人民法院裁定，可以延期缴纳、酌情减少或者免除。

《最高人民法院关于适用〈中华人民共和国刑事诉讼法〉的解释》（2021 年 3 月 1 日施行 法释〔2021〕1 号）

第五百二十二条 刑事裁判涉财产部分和附带民事裁判应当由人民法院执行的，由第一审人民法院负责裁判执行的机构执行。

第五百二十三条 罚金在判决规定的期限内一次或者分期缴纳。期满无故不缴纳或者未足额缴纳的，人民法院应当强制缴纳。经强制缴纳仍不能全部缴纳的，在任何时候，包括主刑执行完毕后，发现被执行人有可供执行的财产的，应当追缴。

行政机关对被告人就同一事实已经处以罚款的，人民法院判处罚金时应当折抵，扣除行政处罚已执行的部分。

第五百二十七条 被判处财产刑，同时又承担附带民事赔偿责任的被执行人，应当先履行民事赔偿责任。

第五百二十九条 执行刑事裁判涉财产部分、附带民事裁判过程中，具有下列情形之一的，人民法院应当裁定终结执行：

（一）据以执行的判决、裁定被撤销的；

（二）被执行人死亡或者被执行死刑，且无财产可供执行的；

（三）被判处罚金的单位终止，且无财产可供执行的；

（四）依照刑法第五十三条规定免除罚金的；

（五）应当终结执行的其他情形。

裁定终结执行后，发现被执行人的财产有被隐匿、转移等情形的，应当追缴。

第五百三十一条 刑事裁判涉财产部分、附带民事裁判全部或者部分被撤销的，已经执行的财产应当全部或者部分返还被执行人；无法返还的，应当依法赔偿。

第九章 没收财产的执行

【工作内容】

1. 执行机关。刑事裁判涉财产部分和附带民事裁判应当由人民法院执行的，由第一审人民法院负责裁判执行的机构执行；被执行的财产在异地的，第一审人民法院可以委托财产所在地的同级人民法院代为执行。

2. 执行方式。判处没收财产的，判决生效后，应当立即执行。没收财产在判决规定的期限内一次或者分期缴纳。填写没收财产通知书，待被告人或其亲属、委托人凭没收财产通知书到指定银行缴纳后，将银行出具的交款收据放入卷内作为归档材料予以保存。期满无故不缴纳或者未足额缴纳的，将生效判决书、移送执行表等材料交本院立案庭执行立案后，由立案庭转执行局强制执行。经强制缴纳仍不能全部缴纳的，在任何时候，包括主刑执行完毕后，发现被执行人有可供执行的财产的，应当追缴。被没收财产的，同时又承担附带民事赔偿责任的被执行人，应当先履行民事赔偿责任。执行财产刑，应当参照被扶养人住所地政府公布的上年度当地居民最低生活费标准，保留被执行人及其所扶养人的生活必需费用。已经查封的财产上缴国库。执行财产刑过程中，具有下列情形之一的，人民法院应当裁定终结执行：（1）据以执行的判决、裁定被撤销的；（2）被执行人死亡或被执行死刑，且无财产可供执行的；（3）被判处罚金的单位终止，且无财产可供执行的；（4）依照《刑法》第五十三条规定免除罚金的；（5）应当终结执行的其他情形。裁定终结执行后，发现被执行人的财产有被隐匿、转移等情形的，应当追缴。财产刑全部或部分被撤销的，已经执行的财产应当全部或者部分返还被执行人；无法返还的，应当依法赔偿。

3. 犯罪嫌疑人、被告人死亡案件的违法所得没收程序。犯罪嫌疑人、被告人死亡，依照《刑法》规定应当追缴其违法所得及其他涉案财产，人民检察院提出没收违法所得申请的，人民法院应当依法受理。

4. 执行刑事裁判涉财产部分、附带民事裁判过程中，当事人、利害关系人认为执行行为违反法律规定，或者案外人对被执行标的书面提出异议的，人民法院应当参照《民事诉讼法》的有关规定处理。

【常用法律、司法解释及相关规定】

《刑事诉讼法》（2018 年 10 月 26 日修正）

第二百七十二条 没收财产的判决，无论附加适用或者独立适用，都由人民法院执行；在必要的时候，可以会同公安机关执行。

《最高人民法院关于适用〈中华人民共和国刑事诉讼法〉的解释》（2021年 3 月 1 日施行 法释〔2021〕1 号）

第五百二十二条 刑事裁判涉财产部分和附带民事裁判应当由人民法院执行的，由第一审人民法院负责裁判执行的机构执行。

第五百二十七条 被判处财产刑，同时又承担附带民事赔偿责任的被执行人，应当先履行民事赔偿责任。

第五百二十九条 执行刑事裁判涉财产部分、附带民事裁判过程中，具有下列情形之一的，人民法院应当裁定终结执行：

（一）据以执行的判决、裁定被撤销的；

（二）被执行人死亡或者被执行死刑，且无财产可供执行的；

（三）被判处罚金的单位终止，且无财产可供执行的；

（四）依照刑法第五十三条规定免除罚金的；

（五）应当终结执行的其他情形。

裁定终结执行后，发现被执行人的财产有被隐匿、转移等情形的，应当追缴。

第五百三十一条 刑事裁判涉财产部分、附带民事裁判全部或者部分被撤销的，已经执行的财产应当全部或者部分返还被执行人；无法返还的，应当依法赔偿。

第六百一十一条 犯罪嫌疑人、被告人死亡，依照刑法规定应当追缴其违法所得及其他涉案财产，人民检察院提出没收违法所得申请的，人民法院应当依法受理。

第十章　附带民事裁判的执行

【工作内容】

1. 由第一审人民法院负责附带民事裁判的执行。

2. 由被害人或其代理人持已经生效的刑事判决书和执行申请书向一审法院立案庭提起执行立案申请，立案后转执行局执行。

3. 执行刑事附带民事裁判过程中，当事人、利害关系人认为执行行为违反法律规定，或者案外人对被执行标的书面提出异议的，人民法院应当参照《民事诉讼法》的有关规定处理。

4. 执行附带民事裁判过程中，具有下列情形之一的，人民法院应当裁定终结执行：（1）据以执行的判决、裁定被撤销的；（2）被执行人死亡或者被执行死刑，且无财产可供执行的；（3）被判处罚金的单位终止，且无财产可供执行的；（4）依照《刑法》第五十三条规定免除罚金的；（5）应当终结执行的其他情形。裁定终结执行后，发现被执行人的财产有被隐匿、转移等情形的，应当追缴。

5. 刑事附带民事裁判全部或者部分被撤销的，已经执行的财产应当全部或者部分返还被执行人；无法返还的，应当依法赔偿。

6. 刑事附带民事裁判的执行，《刑事诉讼法》及有关刑事司法解释没有规定的，参照适用民事执行的有关规定。

【常用法律、司法解释及相关规定】

《最高人民法院关于适用〈中华人民共和国刑事诉讼法〉的解释》（2021年3月1日施行　法释〔2021〕1号）

第五百二十二条　刑事裁判涉财产部分和附带民事裁判应当由人民法院

执行的，由第一审人民法院负责裁判执行的机构执行。

第五百二十七条　被判处财产刑，同时又承担附带民事赔偿责任的被执行人，应当先履行民事赔偿责任。

第五百二十九条　执行刑事裁判涉财产部分、附带民事裁判过程中，具有下列情形之一的，人民法院应当裁定终结执行：

（一）据以执行的判决、裁定被撤销的；

（二）被执行人死亡或者被执行死刑，且无财产可供执行的；

（三）被判处罚金的单位终止，且无财产可供执行的；

（四）依照刑法第五十三条规定免除罚金的；

（五）应当终结执行的其他情形。

裁定终结执行后，发现被执行人的财产有被隐匿、转移等情形的，应当追缴。

第五百三十一条　刑事裁判涉财产部分、附带民事裁判全部或者部分被撤销的，已经执行的财产应当全部或者部分返还被执行人；无法返还的，应当依法赔偿。

第十一章　暂予监外执行

【工作内容】

（一）决定机关

交付执行前，暂予监外执行由交付执行的人民法院决定。拟对在押的服刑人员监外执行的，由监狱提出书面意见，报省、自治区、直辖市监狱管理机关批准。人民法院在作出暂予监外执行决定前，应当征求人民检察院的意见。

（二）执行机关

由暂予监外执行的罪犯居住地的社区矫正机构负责执行。

（三）暂予监外执行的条件

1. 对被判处有期徒刑或者拘役的罪犯，有下列情形之一的，可以暂予监外执行：（1）有严重疾病需要保外就医的；（2）怀孕或者正在哺乳自己婴儿的妇女；（3）生活不能自理，适用暂予监外执行不致危害社会的。

2. 不得暂予监外执行的情形：（1）需要保外就医或者属于生活不能自理，但适用暂予监外执行可能有社会危险性，或者自伤自残，或者不配合治疗的罪犯；（2）职务犯罪、破坏金融管理秩序和金融诈骗犯罪、组织（领导、参加、包庇、纵容）黑社会性质组织犯罪的罪犯，患有高血压、糖尿病、心脏病等严重疾病，但经诊断在短期内不致危及生命的，或者不积极配合刑罚执行机关安排的治疗的，或者适用保外就医可能有社会危险性的，或者自伤自残的，一律不得保外就医。

3. 对在暂予监外执行期间因违法违规被收监执行或者因重新犯罪被判刑的罪犯，需要再次适用暂予监外执行的，应当从严审批。

4. 根据《暂予监外执行规定》第七条第一款的规定，对需要保外就医或者属于生活不能自理的累犯以及故意杀人、强奸、抢劫、绑架、放火、爆炸、投放危险物质或者有组织的暴力性犯罪的罪犯，原被判处死刑缓期二年执行或者无期徒刑的，应当在减为有期徒刑后执行有期徒刑七年以上方可适用暂予监外执行；原被判处十年以上有期徒刑的，应当执行原判刑期三分之一以上方可适用暂予监外执行。

5. 对未成年罪犯、六十五周岁以上的罪犯、残疾人罪犯，适用《暂予监外执行规定》第七条第一款规定可以适度从宽。

6. 对患有《保外就医严重疾病范围》规定的严重疾病，短期内有生命危险的罪犯，可以不受关于执行刑期的限制。

7. 对有关职务犯罪罪犯适用暂予监外执行，还应当依照有关规定逐案报请备案审查。

（四）暂予监外执行的程序

1. 罪犯依法提出暂予监外执行的申请。

2. 征求人民检察院意见：人民法院在作出暂予监外执行决定前，应当征求人民检察院意见，应当附罪犯的病情诊断、妊娠检查或者生活不能自理的鉴别意见等有关材料。人民检察院认为人民法院的暂予监外执行决定不当，在法定期限内提出书面意见的，人民法院应当立即对该决定重新核查，并在一个月以内作出决定。

3. 委托调查评估：人民法院在作出暂予监外执行决定前，对于需要调查其对所居住社区影响的，可以委托其居住地县级司法行政机关调查评估。委托调查评估时，应发出调查评估委托函，并附判决书、罪犯的病情诊断、妊娠检查或者生活不能自理的鉴别意见等有关材料。评估调查委托函应当包括被告人及其家属等有关人员的姓名、住址、联系方式、案由以及委托机关的联系人、联系方式等内容。评估调查委托函不得通过案件当事人、法定代理人、诉讼代理人或者其他利害关系人转交居住地县级司法行政机关。

4. 进行病情诊断：有关病情诊断、妊娠检查和生活不能自理的鉴别，由人民法院负责组织进行。对罪犯的病情诊断或者妊娠检查，应当委托省级人民政府指定的医院进行。医院出具的病情诊断或者检查证明文件，应当由两名具有副高以上专业技术职称的医师共同作出，经主管业务院长审核签名，加盖公章，并附化验单、影像学资料和病历等有关医疗文书复印件。对罪犯进行病情诊断、妊娠检查或者生活不能自理的鉴别，与罪犯有亲属关系或者其他利害关系的医师、人员应当回避。

5. 暂予监外执行申请书等材料公示：凡是暂予监外执行案件一律在立案后将暂予监外执行申请书等材料在全国法院减刑、假释、暂予监外执行信息网上依法向社会公示。

6. 制作暂予监外执行决定书应载明：罪犯基本情况、判决确定的罪名和刑罚、决定暂予监外执行的原因、依据（附带病情诊断、妊娠检查或者生活不能自理的鉴别意见等的复印件）等内容。

7. 暂予监外执行的交接：（1）人民法院决定暂予监外执行的社区矫正对象，由看守所或者执行取保候审、监视居住的公安机关自收到决定之日起十日内将社区矫正对象移送社区矫正机构；（2）罪犯在判决、裁定生效前未被羁押的，应当自判决、裁定生效之日起十日内到执行地社区矫正机构报到。社区矫正决定机关应当自判决、裁定或者决定生效之日起五日内通知执行地社区矫正机构，并在十日内送达有关法律文书，同时抄送人民检察院和执行地公安机关。社区矫正决定地与执行地不在同一地方的，由执行地社区矫正机构将法律文书转送所在地的人民检察院、公安机关。

8. 暂予监外执行决定书公开：凡是暂予监外执行的裁判文书一律在中国裁判文书网上依法公布。

9. 暂予监外执行的监督：人民检察院认为人民法院的暂予监外执行决定不当，在法定期限内提出书面意见的，人民法院应当立即对该决定重新核查，并在一个月内作出决定。

10. 社区矫正的解除：暂予监外执行罪犯刑期届满的，社区矫正机构应当及时解除社区矫正，向其发放解除社区矫正证明书，并将有关情况通报原判人民法院。

（五）暂予监外执行罪犯的收监

1. 暂予监外执行的罪犯具有下列情形之一的，原作出暂予监外执行决定的人民法院，应当在收到执行机关的收监执行建议书后，作出收监执行的决定：（1）不符合暂予监外执行条件的；（2）未经社区矫正机构批准擅自离开居住的市、县，经警告拒不改正，或者拒不报告行踪，脱离监管的；（3）因违反监督管理规定受到治安管理处罚，仍不改正的；（4）受到社区矫正机构两次警告的；（5）保外就医期间不按规定提交病情复查情况，经警告拒不改正的；（6）暂予监外执行的情形消失后，刑期未满的；（7）保证人丧失保证条件或者因不履行义务被取消保证人资格，不能在规定期限内提出新的保证人的；（8）违反法律、行政法规和监督管理规定，情节严重的其他情形。社区矫正机构一般向执行地社区矫正决定机关提出收监执行建议。如果原社区矫正决定机关与执行地县级社区矫正机构在同一省、自治区、直辖市的，可以向原社区矫正决定机关提出建议。

2. 人民法院应当在收到社区矫正机构的收监执行建议书后三十日以内作出决定。人民法院收监执行决定书，一经作出，立即生效。

3. 人民法院应当将收监执行决定书送达社区矫正机构和公安机关，并抄送人民检察院，由公安机关将罪犯交付执行。

4. 人民法院对暂予监外执行罪犯决定收监执行的，决定暂予监外执行时剩余刑期在三个月以下的，由居住地公安机关交看守所收监执行；剩余刑期在三个月以上的，由居住地公安机关送交监狱收监执行。监狱、看守所将罪犯收监执行后，应当将收监执行的情况报告决定或者批准机关，并告知罪犯居住地县级人民检察院和原判人民法院。

5. 不符合暂予监外执行条件的罪犯，通过贿赂等非法手段被暂予监外执行的，在监外执行的期间不计入执行刑期。罪犯在暂予监外执行期间脱逃的，脱逃的期间不计入执行刑期。被收监执行的罪犯有不计入执行刑期情形的，人民法院应当在作出收监决定时，确定不计入执行刑期的具体时间。被收监执行的罪犯有法律规定的不计入执行刑期情形的，社区矫正机构应当在收监执行建议书中说明情况，并附有关证明材料。批准机关进行审核后，应当及时通知监狱、看守所向所在地的中级人民法院提出不计入执行刑期的建议书。人民法院应当自收到建议书之日起一个月内依法对罪犯的刑期重新计算作出裁定。人民法院决定暂予监外执行的，在决定收监执行的同时应当确定不计入刑期的期间。人民法院应当将有关的法律文书送达监狱、看守所，同时抄送同级人民检察院。

6. 被决定收监执行的罪犯在逃的，由罪犯居住地县级公安机关负责追捕。公安机关将罪犯抓捕后，依法送交监狱、看守所执行刑罚。

7. 罪犯在暂予监外执行期间死亡的，执行机关应当及时通知监狱或者看守所。

8. 被收监执行的罪犯有不计入执行刑期情形的，人民法院应当在作出收监决定时，确定不计入执行刑期的具体时间。

【常用法律、司法解释及相关规定】

《刑事诉讼法》（2018 年 10 月 26 日修正）

第二百六十五条　对被判处有期徒刑或者拘役的罪犯，有下列情形之一的，可以暂予监外执行：

（一）有严重疾病需要保外就医的；

（二）怀孕或者正在哺乳自己婴儿的妇女；

（三）生活不能自理，适用暂予监外执行不致危害社会的。

对被判处无期徒刑的罪犯，有前款第二项规定情形的，可以暂予监外执行。

对适用保外就医可能有社会危险性的罪犯，或者自伤自残的罪犯，不得保外就医。

对罪犯确有严重疾病，必须保外就医的，由省级人民政府指定的医院诊断并开具证明文件。

在交付执行前，暂予监外执行由交付执行的人民法院决定；在交付执行后，暂予监外执行由监狱或者看守所提出书面意见，报省级以上监狱管理机关或者设区的市一级以上公安机关批准。

第二百六十七条　决定或者批准暂予监外执行的机关应当将暂予监外执行决定抄送人民检察院。人民检察院认为暂予监外执行不当的，应当自接到通知之日起一个月以内将书面意见送交决定或者批准暂予监外执行的机关，决定或者批准暂予监外执行的机关接到人民检察院的书面意见后，应当立即对该决定进行重新核查。

第二百六十八条　对暂予监外执行的罪犯，有下列情形之一的，应当及时收监：

（一）发现不符合暂予监外执行条件的；

（二）严重违反有关暂予监外执行监督管理规定的；

（三）暂予监外执行的情形消失后，罪犯刑期未满的。

对于人民法院决定暂予监外执行的罪犯应当予以收监的，由人民法院作出决定，将有关的法律文书送达公安机关、监狱或者其他执行机关。

不符合暂予监外执行条件的罪犯通过贿赂等非法手段被暂予监外执行的，在监外执行的期间不计入执行刑期。罪犯在暂予监外执行期间脱逃的，脱逃的期间不计入执行刑期。

罪犯在暂予监外执行期间死亡的，执行机关应当及时通知监狱或者看守所。

《最高人民法院关于适用〈中华人民共和国刑事诉讼法〉的解释》（2021年3月1日施行　法释〔2021〕1号）

第五百一十四条　罪犯在被交付执行前，因有严重疾病、怀孕或者正在哺乳自己婴儿的妇女、生活不能自理的原因，依法提出暂予监外执行的申请的，有关病情诊断、妊娠检查和生活不能自理的鉴别，由人民法院负责组织进行。

第五百一十五条　被判处无期徒刑、有期徒刑或者拘役的罪犯，符合刑事诉讼法第二百六十五条第一款、第二款的规定，人民法院决定暂予监外执行的，应当制作暂予监外执行决定书，写明罪犯基本情况、判决确定的罪名和刑罚、决定暂予监外执行的原因、依据等。

人民法院在作出暂予监外执行决定前，应当征求人民检察院的意见。

人民检察院认为人民法院的暂予监外执行决定不当，在法定期限内提出书面意见的，人民法院应当立即对该决定重新核查，并在一个月以内作出决定。

对暂予监外执行的罪犯，适用本解释第五百一十九条的有关规定，依法实行社区矫正。

人民法院决定暂予监外执行的，由看守所或者执行取保候审、监视居住的公安机关自收到决定之日起十日以内将罪犯移送社区矫正机构。

第五百一十六条　人民法院收到社区矫正机构的收监执行建议书后，经审查，确认暂予监外执行的罪犯具有下列情形之一的，应当作出收监执行的决定：

（一）不符合暂予监外执行条件的；

（二）未经批准离开所居住的市、县，经警告拒不改正，或者拒不报告行踪，脱离监管的；

（三）因违反监督管理规定受到治安管理处罚，仍不改正的；

（四）受到执行机关两次警告，仍不改正的；

（五）保外就医期间不按规定提交病情复查情况，经警告拒不改正的；

（六）暂予监外执行的情形消失后，刑期未满的；

（七）保证人丧失保证条件或者因不履行义务被取消保证人资格，不能在规定期限内提出新的保证人的；

（八）违反法律、行政法规和监督管理规定，情节严重的其他情形。

第五百一十七条 人民法院应当在收到社区矫正机构的收监执行建议书后三十日以内作出决定。收监执行决定书一经作出，立即生效。

人民法院应当将收监执行决定书送达社区矫正机构和公安机关，并抄送人民检察院，由公安机关将罪犯交付执行。

第五百一十八条 被收监执行的罪犯有不计入执行刑期情形的，人民法院应当在作出收监决定时，确定不计入执行刑期的具体时间。

《社区矫正法》（2020 年 7 月 1 日施行）

第二条第一款 对被判处管制、宣告缓刑、假释和暂予监外执行的罪犯，依法实行社区矫正。

第八条第一款 国务院司法行政部门主管全国的社区矫正工作。县级以上地方人民政府司法行政部门主管本行政区域内的社区矫正工作。

第十七条 社区矫正决定机关判处管制、宣告缓刑、裁定假释、决定或者批准暂予监外执行时应当确定社区矫正执行地。

社区矫正执行地为社区矫正对象的居住地。社区矫正对象在多个地方居住的，可以确定经常居住地为执行地。

社区矫正对象的居住地、经常居住地无法确定或者不适宜执行社区矫正的，社区矫正决定机关应当根据有利于社区矫正对象接受矫正、更好地融入社会的原则，确定执行地。

本法所称社区矫正决定机关，是指依法判处管制、宣告缓刑、裁定假释、决定暂予监外执行的人民法院和依法批准暂予监外执行的监狱管理机关、公安机关。

第二十条 社区矫正决定机关应当自判决、裁定或者决定生效之日起五日内通知执行地社区矫正机构，并在十日内送达有关法律文书，同时抄送人民检察院和执行地公安机关。社区矫正决定地与执行地不在同一地方的，由执行地社区矫正机构将法律文书转送所在地的人民检察院、公安机关。

第二十一条 人民法院判处管制、宣告缓刑、裁定假释的社区矫正对象，应当自判决、裁定生效之日起十日内到执行地社区矫正机构报到。

人民法院决定暂予监外执行的社区矫正对象，由看守所或者执行取保候审、监视居住的公安机关自收到决定之日起十日内将社区矫正对象移送社区矫正机构。

监狱管理机关、公安机关批准暂予监外执行的社区矫正对象，由监狱或者看守所自收到批准决定之日起十日内将社区矫正对象移送社区矫正机构。

第四十四条 社区矫正对象矫正期满或者被赦免的，社区矫正机构应当向社区矫正对象发放解除社区矫正证明书，并通知社区矫正决定机关、所在地的人民检察院、公安机关。

第四十五条 社区矫正对象被裁定撤销缓刑、假释，被决定收监执行，或者社区矫正对象死亡的，社区矫正终止。

第四十六条 社区矫正对象具有刑法规定的撤销缓刑、假释情形的，应当由人民法院撤销缓刑、假释。

对于在考验期限内犯新罪或者发现判决宣告以前还有其他罪没有判决的，应当由审理该案件的人民法院撤销缓刑、假释，并书面通知原审人民法院和执行地社区矫正机构。

对于有第二款规定以外的其他需要撤销缓刑、假释情形的，社区矫正机构应当向原审人民法院或者执行地人民法院提出撤销缓刑、假释建议，并将建议书抄送人民检察院。社区矫正机构提出撤销缓刑、假释建议时，应当说明理由，并提供有关证据材料。

第四十七条 被提请撤销缓刑、假释的社区矫正对象可能逃跑或者可能发生社会危险的，社区矫正机构可以在提出撤销缓刑、假释建议的同时，提请人民法院决定对其予以逮捕。

人民法院应当在四十八小时内作出是否逮捕的决定。决定逮捕的，由公安机关执行。逮捕后的羁押期限不得超过三十日。

第四十八条 人民法院应当在收到社区矫正机构撤销缓刑、假释建议书后三十日内作出裁定，将裁定书送达社区矫正机构和公安机关，并抄送人民检察院。

人民法院拟撤销缓刑、假释的，应当听取社区矫正对象的申辩及其委托的律师的意见。

人民法院裁定撤销缓刑、假释的，公安机关应当及时将社区矫正对象送交监狱或者看守所执行。执行以前被逮捕的，羁押一日折抵刑期一日。

人民法院裁定不予撤销缓刑、假释的，对被逮捕的社区矫正对象，公安机关应当立即予以释放。

第四十九条　暂予监外执行的社区矫正对象具有刑事诉讼法规定的应当予以收监情形的，社区矫正机构应当向执行地或者原社区矫正决定机关提出收监执行建议，并将建议书抄送人民检察院。

社区矫正决定机关应当在收到建议书后三十日内作出决定，将决定书送达社区矫正机构和公安机关，并抄送人民检察院。

人民法院、公安机关对暂予监外执行的社区矫正对象决定收监执行的，由公安机关立即将社区矫正对象送交监狱或者看守所收监执行。

监狱管理机关对暂予监外执行的社区矫正对象决定收监执行的，监狱应当立即将社区矫正对象收监执行。

第五十条　被裁定撤销缓刑、假释和被决定收监执行的社区矫正对象逃跑的，由公安机关追捕，社区矫正机构、有关单位和个人予以协助。

第五十一条　社区矫正对象在社区矫正期间死亡的，其监护人、家庭成员应当及时向社区矫正机构报告。社区矫正机构应当及时通知社区矫正决定机关、所在地的人民检察院、公安机关。

《最高人民法院、最高人民检察院、公安部、司法部关于印发〈中华人民共和国社区矫正法实施办法〉的通知》（2020 年 7 月 1 日施行　司发通〔2020〕59 号）

第五条　人民法院依法履行以下职责：

（一）拟判处管制、宣告缓刑、决定暂予监外执行的，可以委托社区矫正机构或者有关社会组织对被告人或者罪犯的社会危险性和对所居住社区的影响，进行调查评估，提出意见，供决定社区矫正时参考；

（二）对执行机关报请假释的，审查执行机关移送的罪犯假释后对所居住社区影响的调查评估意见；

（三）核实并确定社区矫正执行地；

（四）对被告人或者罪犯依法判处管制、宣告缓刑、裁定假释、决定暂予监外执行；

（五）对社区矫正对象进行教育，及时通知并送达法律文书；

（六）对符合撤销缓刑、撤销假释或者暂予监外执行收监执行条件的社区矫正对象，作出判决、裁定和决定；

（七）对社区矫正机构提请逮捕的，及时作出是否逮捕的决定；

（八）根据社区矫正机构提出的减刑建议作出裁定；

（九）其他依法应当履行的职责。

第三十一条第一款 同意变更执行地的，原执行地县级社区矫正机构应当在作出决定之日起五日内，将有关法律文书和档案材料移交新执行地县级社区矫正机构，并将有关法律文书抄送社区矫正决定机关和原执行地县级人民检察院、公安机关。新执行地县级社区矫正机构收到法律文书和档案材料后，在五日内送达回执，并将有关法律文书抄送所在地县级人民检察院、公安机关。

第四十条 发现社区矫正对象有违反监督管理规定或者人民法院禁止令等违法情形的，执行地县级社区矫正机构应当调查核实情况，收集有关证据材料，提出处理意见。

社区矫正机构发现社区矫正对象有撤销缓刑、撤销假释或者暂予监外执行收监执行的法定情形的，应当组织开展调查取证工作，依法向社区矫正决定机关提出撤销缓刑、撤销假释或者暂予监外执行收监执行建议，并将建议书抄送同级人民检察院。

第四十一条 社区矫正对象被依法决定行政拘留、司法拘留、强制隔离戒毒等或者因涉嫌犯新罪、发现判决宣告前还有其他罪没有判决被采取强制措施的，决定机关应当自作出决定之日起三日内将有关情况通知执行地县级社区矫正机构和执行地县级人民检察院。

第四十二条 社区矫正对象符合法定减刑条件的，由执行地县级社区矫正机构提出减刑建议书并附相关证据材料，报经地（市）社区矫正机构审核同意后，由地（市）社区矫正机构提请执行地的中级人民法院裁定。

依法应由高级人民法院裁定的减刑案件，由执行地县级社区矫正机构提出减刑建议书并附相关证据材料，逐级上报省级社区矫正机构审核同意后，由省级社区矫正机构提请执行地的高级人民法院裁定。

人民法院应当自收到减刑建议书和相关证据材料之日起三十日内依法裁定。

社区矫正机构减刑建议书和人民法院减刑裁定书副本，应当同时抄送社区矫正执行地同级人民检察院、公安机关及罪犯原服刑或者接收其档案的监狱。

第四十六条　社区矫正对象在缓刑考验期内，有下列情形之一的，由执行地同级社区矫正机构提出撤销缓刑建议：

（一）违反禁止令，情节严重的；

（二）无正当理由不按规定时间报到或者接受社区矫正期间脱离监管，超过一个月的；

（三）因违反监督管理规定受到治安管理处罚，仍不改正的；

（四）受到社区矫正机构两次警告，仍不改正的；

（五）其他违反有关法律、行政法规和监督管理规定，情节严重的情形。

社区矫正机构一般向原审人民法院提出撤销缓刑建议。如果原审人民法院与执行地同级社区矫正机构不在同一省、自治区、直辖市的，可以向执行地人民法院提出建议，执行地人民法院作出裁定的，裁定书同时抄送原审人民法院。

社区矫正机构撤销缓刑建议书和人民法院的裁定书副本同时抄送社区矫正执行地同级人民检察院。

第四十七条　社区矫正对象在假释考验期内，有下列情形之一的，由执行地同级社区矫正机构提出撤销假释建议：

（一）无正当理由不按规定时间报到或者接受社区矫正期间脱离监管，超过一个月的；

（二）受到社区矫正机构两次警告，仍不改正的；

（三）其他违反有关法律、行政法规和监督管理规定，尚未构成新的犯罪的。

社区矫正机构一般向原审人民法院提出撤销假释建议。如果原审人民法院与执行地同级社区矫正机构不在同一省、自治区、直辖市的，可以向执行地人民法院提出建议，执行地人民法院作出裁定的，裁定书同时抄送原审人民法院。

社区矫正机构撤销假释的建议书和人民法院的裁定书副本同时抄送社区矫正执行地同级人民检察院、公安机关、罪犯原服刑或者接收其档案的监狱。

第四十八条 被提请撤销缓刑、撤销假释的社区矫正对象具备下列情形之一的，社区矫正机构在提出撤销缓刑、撤销假释建议书的同时，提请人民法院决定对其予以逮捕：

（一）可能逃跑的；

（二）具有危害国家安全、公共安全、社会秩序或者他人人身安全现实危险的；

（三）可能对被害人、举报人、控告人或者社区矫正机构工作人员等实施报复行为的；

（四）可能实施新的犯罪的。

社区矫正机构提请人民法院决定逮捕社区矫正对象时，应当提供相应证据，移送人民法院审查决定。

社区矫正机构提请逮捕、人民法院作出是否逮捕决定的法律文书，应当同时抄送执行地县级人民检察院。

第四十九条 暂予监外执行的社区矫正对象有下列情形之一的，由执行地县级社区矫正机构提出收监执行建议：

（一）不符合暂予监外执行条件的；

（二）未经社区矫正机构批准擅自离开居住的市、县，经警告拒不改正，或者拒不报告行踪，脱离监管的；

（三）因违反监督管理规定受到治安管理处罚，仍不改正的；

（四）受到社区矫正机构两次警告的；

（五）保外就医期间不按规定提交病情复查情况，经警告拒不改正的；

（六）暂予监外执行的情形消失后，刑期未满的；

（七）保证人丧失保证条件或者因不履行义务被取消保证人资格，不能在规定期限内提出新的保证人的；

（八）其他违反有关法律、行政法规和监督管理规定，情节严重的情形。

社区矫正机构一般向执行地社区矫正决定机关提出收监执行建议。如果原社区矫正决定机关与执行地县级社区矫正机构在同一省、自治区、直辖市的，可以向原社区矫正决定机关提出建议。

社区矫正机构的收监执行建议书和决定机关的决定书，应当同时抄送执行地县级人民检察院。

第五十条　人民法院裁定撤销缓刑、撤销假释或者决定暂予监外执行收监执行的，由执行地县级公安机关本着就近、便利、安全的原则，送交社区矫正对象执行地所属的省、自治区、直辖市管辖范围内的看守所或者监狱执行刑罚。

公安机关决定暂予监外执行收监执行的，由执行地县级公安机关送交存放或者接收罪犯档案的看守所收监执行。

监狱管理机关决定暂予监外执行收监执行的，由存放或者接收罪犯档案的监狱收监执行。

第五十一条　撤销缓刑、撤销假释的裁定和收监执行的决定生效后，社区矫正对象下落不明的，应当认定为在逃。

被裁定撤销缓刑、撤销假释和被决定收监执行的社区矫正对象在逃的，由执行地县级公安机关负责追捕。撤销缓刑、撤销假释裁定书和对暂予监外执行罪犯收监执行决定书，可以作为公安机关追逃依据。

《最高人民法院、最高人民检察院、公安部、司法部关于进一步加强社区矫正工作衔接配合管理的意见》（2016 年 8 月 30 日施行　司发通〔2016〕88号）

1. 人民法院、人民检察院、公安机关、监狱对拟适用或者提请适用社区矫正的被告人、犯罪嫌疑人或者罪犯，需要调查其对所居住社区影响的，可以委托其居住地县级司法行政机关调查评估。对罪犯提请假释的，应当委托其居住地县级司法行政机关调查评估。对拟适用社区矫正的被告人或者罪犯，裁定或者决定机关应当核实其居住地。

委托调查评估时，委托机关应当发出调查评估委托函，并附下列材料：

（1）人民法院委托时，应当附带起诉书或者自诉状；

（2）人民检察院委托时，应当附带起诉意见书；

（3）看守所、监狱委托时，应当附带判决书、裁定书、执行通知书、减刑裁定书复印件以及罪犯在服刑期间表现情况材料。

4. 人民法院在作出暂予监外执行决定前征求人民检察院意见时，应当附罪犯的病情诊断、妊娠检查或者生活不能自理的鉴别意见等有关材料。

6. 人民法院决定暂予监外执行或者公安机关、监狱管理机关批准暂予监外执行的，交付时应当将罪犯的病情诊断、妊娠检查或者生活不能自理的鉴别意见等有关材料复印件一并送达居住地县级司法行政机关。

《最高人民法院、最高人民检察院、公安部、司法部、国家卫生计生委关于印发〈暂予监外执行规定〉的通知》（2014 年 12 月 1 日施行　司发通〔2014〕112 号）

第二条　对罪犯适用暂予监外执行，分别由下列机关决定或者批准：

（一）在交付执行前，由人民法院决定；

（二）在监狱服刑的，由监狱审查同意后提请省级以上监狱管理机关批准；

（三）在看守所服刑的，由看守所审查同意后提请设区的市一级以上公安机关批准。

对有关职务犯罪罪犯适用暂予监外执行，还应当依照有关规定逐案报请备案审查。

第三条　对暂予监外执行的罪犯，依法实行社区矫正，由其居住地的社区矫正机构负责执行。

第五条　对被判处有期徒刑、拘役或者已经减为有期徒刑的罪犯，有下列情形之一，可以暂予监外执行：

（一）患有属于本规定所附《保外就医严重疾病范围》的严重疾病，需要保外就医的；

（二）怀孕或者正在哺乳自己婴儿的妇女；

（三）生活不能自理的。

对被判处无期徒刑的罪犯，有前款第二项规定情形的，可以暂予监外执行。

第六条　对需要保外就医或者属于生活不能自理，但适用暂予监外执行可能有社会危险性，或者自伤自残，或者不配合治疗的罪犯，不得暂予监外执行。

对职务犯罪、破坏金融管理秩序和金融诈骗犯罪、组织（领导、参加、包庇、纵容）黑社会性质组织犯罪的罪犯适用保外就医应当从严审批，对患有高血压、糖尿病、心脏病等严重疾病，但经诊断短期内没有生命危险的，不得暂予监外执行。

对在暂予监外执行期间因违法违规被收监执行或者因重新犯罪被判刑的罪犯，需要再次适用暂予监外执行的，应当从严审批。

第七条 对需要保外就医或者属于生活不能自理的累犯以及故意杀人、强奸、抢劫、绑架、放火、爆炸、投放危险物质或者有组织的暴力性犯罪的罪犯，原被判处死刑缓期二年执行或者无期徒刑的，应当在减为有期徒刑后执行有期徒刑七年以上方可适用暂予监外执行；原被判处十年以上有期徒刑的，应当执行原判刑期三分之一以上方可适用暂予监外执行。

对未成年罪犯、六十五周岁以上的罪犯、残疾人罪犯，适用前款规定可以适度从宽。

对患有本规定所附《保外就医严重疾病范围》的严重疾病，短期内有生命危险的罪犯，可以不受本条第一款规定关于执行刑期的限制。

第九条 对罪犯的病情诊断或者妊娠检查，应当委托省级人民政府指定的医院进行。医院出具的病情诊断或者检查证明文件，应当由两名具有副高以上专业技术职称的医师共同作出，经主管业务院长审核签名，加盖公章，并附化验单、影像学资料和病历等有关医疗文书复印件。

对罪犯生活不能自理情况的鉴别，由监狱、看守所组织有医疗专业人员参加的鉴别小组进行。鉴别意见由组织鉴别的监狱、看守所出具，参与鉴别的人员应当签名，监狱、看守所的负责人应当签名并加盖公章。

对罪犯进行病情诊断、妊娠检查或者生活不能自理的鉴别，与罪犯有亲属关系或者其他利害关系的医师、人员应当回避。

第十七条 对符合暂予监外执行条件的，被告人及其辩护人有权向人民法院提出暂予监外执行的申请，看守所可以将有关情况通报人民法院。对被告人、罪犯的病情诊断、妊娠检查或者生活不能自理的鉴别，由人民法院依照本规定程序组织进行。

第十八条 人民法院应当在执行刑罚的有关法律文书依法送达前，作出是否暂予监外执行的决定。

人民法院决定暂予监外执行的，应当制作暂予监外执行决定书，写明罪犯基本情况、判决确定的罪名和刑罚、决定暂予监外执行的原因、依据等，在判决生效后七日以内将暂予监外执行决定书送达看守所或者执行取保候审、监视居住的公安机关和罪犯居住地社区矫正机构，并抄送同级人民检察院。

人民法院决定不予暂予监外执行的，应当在执行刑罚的有关法律文书依法送达前，通知看守所或者执行取保候审、监视居住的公安机关，并告知同级人民检察院。监狱、看守所应当依法接收罪犯，执行刑罚。

人民法院在作出暂予监外执行决定前，应当征求人民检察院的意见。

第十九条 人民法院决定暂予监外执行，罪犯被羁押的，应当通知罪犯居住地社区矫正机构，社区矫正机构应当派员持暂予监外执行决定书及时与看守所办理交接手续，接收罪犯档案；罪犯被取保候审、监视居住的，由社区矫正机构与执行取保候审、监视居住的公安机关办理交接手续。

第二十二条 罪犯在暂予监外执行期间因犯新罪或者发现判决宣告以前还有其他罪没有判决的，侦查机关应当在对罪犯采取强制措施后二十四小时以内，将有关情况通知罪犯居住地社区矫正机构；人民法院应当在判决、裁定生效后，及时将判决、裁定的结果通知罪犯居住地社区矫正机构和罪犯原服刑或者接收其档案的监狱、看守所。

罪犯按前款规定被判处监禁刑罚后，应当由原服刑的监狱、看守所收监执行；原服刑的监狱、看守所与接收其档案的监狱、看守所不一致的，应当由接收其档案的监狱、看守所收监执行。

第二十三条 社区矫正机构发现暂予监外执行罪犯依法应予收监执行的，应当提出收监执行的建议，经县级司法行政机关审核同意后，报决定或者批准机关。决定或者批准机关应当进行审查，作出收监执行决定的，将有关的法律文书送达罪犯居住地县级司法行政机关和原服刑或者接收其档案的监狱、看守所，并抄送同级人民检察院、公安机关和原判人民法院。

人民检察院发现暂予监外执行罪犯依法应予收监执行而未收监执行的，由决定或者批准机关同级的人民检察院向决定或者批准机关提出收监执行的检察建议。

第二十四条 人民法院对暂予监外执行罪犯决定收监执行的，决定暂予监外执行时剩余刑期在三个月以下的，由居住地公安机关送交看守所收监执行；决定暂予监外执行时剩余刑期在三个月以上的，由居住地公安机关送交监狱收监执行。

监狱管理机关对暂予监外执行罪犯决定收监执行的，原服刑或者接收其档案的监狱应当立即赴羁押地将罪犯收监执行。

公安机关对暂予监外执行罪犯决定收监执行的，由罪犯居住地看守所将罪犯收监执行。

监狱、看守所将罪犯收监执行后，应当将收监执行的情况报告决定或者批准机关，并告知罪犯居住地县级人民检察院和原判人民法院。

第二十五条 被决定收监执行的罪犯在逃的，由罪犯居住地县级公安机关负责追捕。公安机关将罪犯抓捕后，依法送交监狱、看守所执行刑罚。

第二十六条 被收监执行的罪犯有法律规定的不计入执行刑期情形的，社区矫正机构应当在收监执行建议书中说明情况，并附有关证明材料。批准机关进行审核后，应当及时通知监狱、看守所向所在地的中级人民法院提出不计入执行刑期的建议书。人民法院应当自收到建议书之日起一个月以内依法对罪犯的刑期重新计算作出裁定。

人民法院决定暂予监外执行的，在决定收监执行的同时应当确定不计入刑期的期间。

人民法院应当将有关的法律文书送达监狱、看守所，同时抄送同级人民检察院。

第二十七条 罪犯暂予监外执行后，刑期即将届满的，社区矫正机构应当在罪犯刑期届满前一个月以内，书面通知罪犯原服刑或者接收其档案的监狱、看守所按期办理刑满释放手续。

人民法院决定暂予监外执行罪犯刑期届满的，社区矫正机构应当及时解除社区矫正，向其发放解除社区矫正证明书，并将有关情况通报原判人民法院。

【相关法律文书】

暂予监外执行决定书
收监执行决定书

执行通知书（暂予监外执行用）

委托评估函（社区矫正调查评估用）

送达回证

×××× 人民法院
暂予监外执行决定书

（××××）……刑更……号

罪犯×××（写明姓名、年龄、性别、民族、文化程度、职业、住址，被羁押情况）。

××××年××月××日本院作出了（××××）……刑×……号刑事判决，以××罪判处罪犯×××（写明罪犯姓名和刑种、刑期）。现……（写明建议对罪犯暂予监外执行的机关名称）建议对罪犯×××暂予监外执行。

经查，罪犯×××确系……（写明存在监外执行的事实、理由），不宜收监执行。依照《中华人民共和国刑事诉讼法》第二百六十五条第一款第×项的规定，决定将罪犯×××暂予监外执行。

××××年××月××日

（院印）

×××× 人民法院

收监执行决定书

（××××）……刑更……号

罪犯……（写明姓名、性别、出生年月日、民族、出生地、文化程度，现羁押处所等）。

本院于××××年××月××日，作出（××××）……刑×……号刑事判决，以罪犯×××犯××罪，判处……（写明刑罚种类和刑期）。在交付执行中，××××监狱以……（写明监狱不收监执行的理由）为由，不予收监执行。本院依法进行了审理。

经查，罪犯×××……（写明罪犯应予收监执行的事实和理由）。依照《中华人民共和国刑事诉讼法》第二百六十八条第×款的规定，决定将罪犯××收监执行。

××××年××月××日

（院印）

第一联

××××人民法院

执行通知书（存根）

（暂予监外执行用）

（××××）……刑×……号

××××司法局：

罪犯×××经本院决定暂予监外执行，根据《中华人民共和国刑事诉讼法》第二百六十九条的规定，请按照本通知执行。

姓名		性别		出生日期		民族	
家庭住址							
罪 名				主 刑			
起刑日期							
羁押抵刑			刑满日期				
附加刑							
执行根据							
备 考							
签发人：		经办人：					
					年　月　日		

此联入卷

第二联

××××人民法院

执行通知书

（暂予监外执行用）

（××××）……刑×……号

××××司法局：

罪犯×××经本院决定暂予监外执行，根据《中华人民共和国刑事诉讼法》第二百六十九条的规定，请按照本通知执行。

姓名		性别		出生日期		民族	
家庭住址							
罪名				主刑			
起刑日期							
羁押抵刑			刑满日期				
附加刑							
执行根据							
备考							
签发人：　　　　经办人：							
					年　　月　　日		

此联送交执行单位

第三联

×××人民法院

执行通知书（回执）

（××××）……刑×……号

×××人民法院：

你院××××年××月××日（××××）……刑×……号执行通知书已收到。

罪犯×××已于××××年××月××日送往……执行。

××××年××月××日

（公章）

此联由社区矫正机构填写并加盖公章后退回法院入卷

第四联

××××人民法院

执行通知书

（××××）……刑×……号

罪犯×××：

你犯××罪，经依法判处，现交付执行，并将有关事项通知如下：

主刑起算日期：××××年××月××日。

羁押抵刑：××××年××月××日。

刑满日期：××××年××月××日。

附加剥夺政治权利……。

××××年××月××日

（院印）

此联发给罪犯本人收执

××××人民法院
委托调查评估函
（社区矫正调查评估用）

（××××）……刑×……号

××××司法局：

  我院审理的被告人×××犯××罪一案，根据其犯罪事实和情节可以考虑对其判处非监禁刑，现委托你局对×××所居住社区影响的情况进行调查评估，向我院提出评估意见。

××××年××月××日

（院印）

被告人姓名		性别		民族	汉		年 月 日	
身份证号码				户籍地址				
现住址						文化程度		
工作单位				职务				
被采取强制措施				电话				
主要犯罪事实								

  评估意见邮寄地址：……

  邮政编码：××××××   电话：……

××××人民法院
送达回证
（院印）

案由		案号	
受送达人			
送达地点			

送达的文件名称及件数	受送达人签收	收到日期		代收人签收	送达人
		年　月　日　时			
		年　月　日　时			
		年　月　日　时			
		年　月　日　时			
		年　月　日　时			
		年　月　日　时			
		年　月　日　时			
		年　月　日　时			
备　注					

第十二章 涉案财物的处理

【工作内容】

（一）涉案财物的审查、移送

1. 收到案卷后，应当依法审查案件中是否有涉案财物并且是否已被公安、监察、检察机关扣押、查封、冻结。

2. 审查移送物品清单上记载的物品与随案移送物品的名称、型号、颜色、数量、特征等是否一致。

3. 对作为证据使用的实物，包括作为物证的货币、有价证券等，应当随案移送。第一审判决、裁定宣告后，被告人上诉或者人民检察院抗诉的，应当将上述证据移送第二审人民法院。

4. 对实物未随案移送的，分别审查以下内容：（1）大宗的、不便搬运的物品，查封、扣押机关是否随案移送查封、扣押清单，并附原物照片和封存手续，注明存放地点等；（2）易腐烂、霉变和不易保管的物品，查封、扣押机关变卖处理后，是否随案移送原物照片、清单、变价处理的凭证（复印件）等；（3）枪支弹药、剧毒物品、易燃易爆物品以及其他违禁品、危险物品，查封、扣押机关根据有关规定处理后，是否随案移送原物照片和清单等。上述物品应当依法鉴定、估价的，还应当审查是否附有鉴定、估价意见。

5. 对查封、扣押的货币、有价证券等未移送的，应当审查是否附有原物照片、清单或者其他证明文件。

6. 经审查查明确实与案件无关的，应当在三日内予以解除相应措施，退还并通知有关当事人。

（二）涉案财物的查封、扣押、冻结措施

1. 立案之前不得查封、扣押、冻结财物，不得查封、扣押、冻结与案件

无关的财物。

2. 发现被告人可能隐匿、转移财产的，应当及时查封、扣押、冻结其相应财产。

3. 认为依法应当判处被告人财产刑的，可以在案件审理过程中，决定扣押或者冻结被告人的财产。

4. 对可能因被告人的行为或者其他原因，使附带民事判决难以执行的案件，根据附带民事诉讼原告人的申请，可以裁定采取保全措施，查封、扣押或者冻结被告人的财产；附带民事诉讼原告人未提出申请的，必要时，人民法院也可以采取保全措施。有权提起附带民事诉讼的人因情况紧急，不立即申请保全将会使其合法权益受到难以弥补的损害的，可以在提起附带民事诉讼前，向被保全财产所在地、被申请人居住地或者对案件有管辖权的人民法院申请采取保全措施。申请人在人民法院受理刑事案件后十五日内未提起附带民事诉讼的，人民法院应当解除保全措施。人民法院采取保全措施，适用《民事诉讼法》第一百条至第一百零五条。

5. 为保证判决的执行，人民法院可以先行查封、扣押、冻结被告单位的财产，或者由被告单位提出担保。

6. 查封、扣押、冻结涉案财物，应当为被告人及其所扶养的亲属保留必需的生活费用和物品。

7. 对于侦查机关已经采取的查封、扣押、冻结，应当在期限届满前及时续行查封、扣押、冻结。续行查封、扣押、冻结的顺位与侦查机关查封、扣押、冻结的顺位相同。

8. 作出无罪判决的，涉案财物除依法另行处理外，应当解除查封、扣押、冻结措施，需要返还当事人的应当及时返还。

9. 在查封、扣押、冻结涉案财物时，应当收集固定依法应当追缴的证据材料并随案移送。

（三）涉案财物的保管、登记

1. 查封、扣押、冻结的涉案财物及其孳息，应当妥善保管，并制作清单，附卷备查。

2. 查封不动产、车辆、船舶、航空器等财物，应当扣押其权利证书，经拍照或者录像后原地封存，或者交持有人、被告人的近亲属保管，登记并写明财物的名称、型号、权属、地址等详细情况，并通知有关财物的登记、管理部门办理查封登记手续。

3. 扣押物品，应当登记并写明物品名称、型号、规格、数量、重量、质量、成色、纯度、颜色、新旧程度、缺损特征和来源等。

4. 扣押货币、有价证券，应当登记并写明货币、有价证券的名称、数额、面额等，货币应当存入银行专门账户，并登记银行存款凭证的名称、内容。

5. 扣押文物、金银、珠宝、名贵字画等贵重物品以及违禁品，应当拍照，需要鉴定的，应当及时鉴定。对扣押的物品应当根据有关规定及时估价。

6. 冻结存款、汇款、债券、股票、基金份额等财产，应当登记并写明编号、种类、面值、张数、金额等。

（四）对涉案财物的法庭调查

可能判处被告人财产刑、责令退赔的，应当依法对被告人的财产状况进行调查；对查封、扣押、冻结的财物及其孳息，应当调查其权属情况，是否属于违法所得或者依法应当追缴的其他涉案财物。

（五）涉案财物的处理

1. 查封、扣押的涉案财产，依法不移送的，人民法院应当在判决生效后十日内，将判决书、裁定书送达查封、扣押机关，通知其上缴国库，并在一个月内将执行回单送回。财物中赔偿被害人损失、执行财产刑的部分应移送人民法院。

2. 冻结在金融机构的违法所得及其他涉案财产，第一审人民法院应当在判决生效后，将判决书、裁定书送达相关金融机构和财政部门，通知相关金融机构依法上缴国库并在接到执行通知书后十五日内，将上缴国库的凭证、执行回单送回。

3. 对于被扣押、冻结的债券、股票、基金份额等财产，在扣押、冻结期间权利人申请出售，经扣押、冻结机关审查，不损害国家利益、被害人利益，不影响诉讼正常进行的，以及扣押、冻结的汇票、本票、支票的有效期即将届满的，可以在判决生效前依法出售或者变现，所得价款由扣押、冻结机关保管，并及时告知当事人或者其近亲属。

4. 对不宜长期保存、易贬值或者市场价格波动较大的财产，或者有效期即将届满的票据等，经权利人申请或者同意，并经院长批准，可以依法先行处置，所得款项由人民法院保管，统一存入单位唯一合规账户，并及时告知当事人或者其近亲属。涉案财物先行处置应当依法、公开、公平。

5. 查封、扣押、冻结的财物及其孳息，经审查，确属违法所得或者依法应当追缴的其他涉案财物的，应当判决返还被害人，或者没收上缴国库，但法律另有规定的除外。

6. 对权属明确的被害人合法财产，凡返还不损害其他被害人或者利害关系人的利益、不影响诉讼正常进行的，应当依法及时返还，但须经拍照、鉴定、估价，并在案卷中注明返还的理由，将原物照片、清单和被害人的领取手续附卷备查；权属不明的，应当在人民法院判决、裁定生效后，按比例返还被害人，但已获退赔的部分应予扣除。

7. 判决返还被害人的涉案财物，应当通知被害人认领；无人认领的，应当公告通知；公告满三个月无人认领的，应当上缴国库；上缴国库后有人认领，经查证属实的，应当申请退库予以返还；原物已经拍卖、变卖的，应当返还价款。

8. 对侵犯国有财产的案件，被害单位已经终止且没有权利义务继受人，或者损失已经被核销的，查封、扣押、冻结的财物及其孳息应当上缴国库。

9. 查封、扣押、冻结的财物与本案无关但已列入清单的，应当由查封、扣押、冻结机关依法处理。

10. 查封、扣押、冻结的财物属于被告人合法所有的，应当在赔偿被害人损失、执行财产刑后及时返还被告人。

（六）裁判文书中对涉案财物的表述

1. 对查封、扣押、冻结的财物及其孳息，应当在判决书中写明名称、金额、数量、存放地点及其处理方式等。涉案财物或者被害人人数较多，不宜在判决主文中详细列明的，可以概括叙明并另附清单。

2. 判处没收部分财产的，应当明确没收的具体财物或者金额。

3. 判决追缴违法所得或者责令退赔的，应当写明追缴、退赔的金额或者财物的名称、数量等情况；已经发还的，应当在判决书中写明。对审判时尚未追缴到案或者尚未足额退赔的违法所得，应当判决继续追缴或者责令退赔，并在判决中明确追缴或者退赔的金额或财物的名称、数量等相关情况。

4. 对侦查机关查封、扣押、冻结的财产，人民法院执行中可以直接裁定处置，无须侦查机关出具解除手续，但裁定中应当指明侦查机关查封、扣押、冻结的事实。

（七）漏判涉案财物的处理规则

第二审期间，发现第一审判决未对随案移送的涉案财物及其孳息作出处理的，可以裁定撤销原判，发回原审人民法院重新审判，由原审人民法院依法对涉案财物及其孳息一并作出处理。判决生效后，发现原判未对随案移送的涉案财物及其孳息作出处理的，由原审人民法院依法对涉案财物及其孳息另行作出处理。

（八）涉案财物的移送执行

1. 执行范围是生效判决确定的下列事项：（1）罚金、没收财产；（2）责令退赔；（3）处置随案移送的赃款赃物；（4）没收随案移送的供犯罪所用本人财物；（5）其他应当由人民法院执行的相关事项。刑事附带民事裁判的执行，适用民事执行的有关规定。

2. 执行机关：（1）由第一审人民法院的执行机构执行；（2）第一审人民法院可以委托财产所在地的同级人民法院执行。

3. 移送执行程序。（1）刑事审判部门应当及时移送立案部门审查立案。移送立案应当提交生效裁判文书及其附件和其他相关材料，并填写《移送执行表》。《移送执行表》应当载明被执行人、被害人的基本信息、已查明的财产状况或者财产线索、随案移送的财产和已经处置财产的情况；查封、扣押、冻结财产的情况；移送执行的时间及其他需要说明的情况。（2）立案部门经审查，认为属于移送范围且移送材料齐全的，应当在七日内立案，并移送执行机构。

（九）涉黑恶势力案件中财产的处置

1. 黑恶势力财产的调查。人民法院在办理黑恶势力犯罪案件时，要全面调查黑恶势力组织及其成员的财产状况，依法对涉案财产采取查询、查封、扣押、冻结等措施，并根据查明的情况，依法作出处理。犯罪分子违法所得、违禁品、供犯罪所用的本人财物以及其他等值财产等依法追缴、没收，也包括对被害人的合法财产等依法返还。

2. 对黑恶势力财产采取的措施。对涉案财产采取措施，应当为犯罪嫌疑人、被告人及其所扶养的亲属保留必需的生活费用和物品。在保证诉讼活动正常进行的同时，可以允许有关人员继续合理使用有关涉案财产，并采取必要的保值保管措施，以减少案件办理对正常办公和合法生产经营的影响。对于组织者、领导者一般应当并处没收个人全部财产。

3. 对黑恶势力财产的评估、查封、处理等。人民法院对于公安机关委托评估、估算的数额有不同意见的，可以重新委托评估、估算。对于不宜查封、扣押、冻结的经营性财产，人民法院可以申请当地政府指定有关部门或者委托有关机构代管或者托管。人民法院作出的判决，除应当对随案移送的涉案财产作出处理外，还应当在判决书中写明需要继续追缴尚未被足额查封、扣押的其他违法所得；对随案移送财产进行处理时，应当列明相关财产的具体名称、数量、金额、处置情况等。涉案财产或者有关当事人人数较多，不宜在判决书正文中详细列明的，可以概括叙述并另附清单。

4. 对黑恶势力财产的追缴、没收。涉案财产符合下列情形之一的，应当依法追缴、没收：（1）黑恶势力组织及其成员通过违法犯罪活动或者其他不正当手段聚敛的财产及其孳息、收益；（2）黑恶势力组织成员通过个人实施违法犯罪活动聚敛的财产及其孳息、收益；（3）其他单位、组织、个人为支持该黑恶势力组织活动资助或者主动提供的财产；（4）黑恶势力组织及其成员通过合法的生产、经营活动获取的财产或者组织成员个人、家庭合法财产中，实际用于支持该组织活动的部分；（5）黑恶势力组织成员非法持有的违禁品以及供犯罪所用的本人财物；（6）其他单位、组织、个人利用黑恶势力组织及其成员违法犯罪活动获取的财产及其孳息、收益；（7）其他应当追缴、没收的财产。

应当追缴、没收的财产已用于清偿债务或者转让、或者设置其他权利负担，具有下列情形之一的，应当依法追缴：（1）第三人明知是违法犯罪所得而接受的；（2）第三人无偿或者以明显低于市场的价格取得涉案财物的；（3）第三人通过非法债务清偿或者违法犯罪活动取得涉案财物的；（4）第三人通过其他方式恶意取得涉案财物的。

5. 对黑恶势力财产的返还。涉案财产符合下列情形之一的，应当依法返还：（1）有证据证明确属被害人合法财产；（2）有证据证明确与黑恶势力及其违法犯罪活动无关。有关违法犯罪事实查证属实后，对于有证据证明权属明确且无争议的被害人、善意第三人或者其他人员合法财产及其孳息，凡返还不损害其他利害关系人的利益，不影响案件正常办理的，应当在登记、拍照或者录像后，依法及时返还。

【常用法律、司法解释及相关规定】

《刑事诉讼法》（2018 年 10 月 26 日修正）

第二百四十五条 公安机关、人民检察院和人民法院对查封、扣押、冻结的犯罪嫌疑人、被告人的财物及其孳息，应当妥善保管，以供核查，并制作清单，随案移送。任何单位和个人不得挪用或者自行处理。对被害人的合法财产，应当及时返还。对违禁品或者不宜长期保存的物品，应当依照国家有关规定处理。

对作为证据使用的实物应当随案移送，对不宜移送的，应当将其清单、照片或者其他证明文件随案移送。

人民法院作出的判决，应当对查封、扣押、冻结的财物及其孳息作出处理。

人民法院作出的判决生效以后，有关机关应当根据判决对查封、扣押、冻结的财物及其孳息进行处理。对查封、扣押、冻结的赃款赃物及其孳息，除依法返还被害人的以外，一律上缴国库。

司法工作人员贪污、挪用或者私自处理查封、扣押、冻结的财物及其孳息的，依法追究刑事责任；不构成犯罪的，给予处分。

《最高人民法院关于适用〈中华人民共和国刑事诉讼法〉的解释》（2021年 3 月 1 日施行 法释〔2021〕1 号）

第一百八十九条 人民法院对可能因被告人的行为或者其他原因，使附带民事判决难以执行的案件，根据附带民事诉讼原告人的申请，可以裁定采取保全措施，查封、扣押或者冻结被告人的财产；附带民事诉讼原告人未提出申请的，必要时，人民法院也可以采取保全措施。

有权提起附带民事诉讼的人因情况紧急，不立即申请保全将会使其合法权益受到难以弥补的损害的，可以在提起附带民事诉讼前，向被保全财产所在地、被申请人居住地或者对案件有管辖权的人民法院申请采取保全措施。申请人在人民法院受理刑事案件后十五日以内未提起附带民事诉讼的，人民法院应当解除保全措施。

人民法院采取保全措施，适用民事诉讼法第一百条至第一百零五条的有关规定，但民事诉讼法第一百零一条第三款的规定除外。

第三百四十二条 为保证判决的执行，人民法院可以先行查封、扣押、冻结被告单位的财产，或者由被告单位提出担保。

第四百三十七条 人民法院对查封、扣押、冻结的涉案财物及其孳息，应当妥善保管，并制作清单，附卷备查；对人民检察院随案移送的实物，应当根据清单核查后妥善保管。任何单位和个人不得挪用或者自行处理。

查封不动产、车辆、船舶、航空器等财物，应当扣押其权利证书，经拍照或者录像后原地封存，或者交持有人、被告人的近亲属保管，登记并写明财物的名称、型号、权属、地址等详细信息，并通知有关财物的登记、管理部门办理查封登记手续。

扣押物品，应当登记并写明物品名称、型号、规格、数量、重量、质量、成色、纯度、颜色、新旧程度、缺损特征和来源等。扣押货币、有价证券，应当登记并写明货币、有价证券的名称、数额、面额等，货币应当存入银行专门账户，并登记银行存款凭证的名称、内容。扣押文物、金银、珠宝、名贵字画等贵重物品以及违禁品，应当拍照，需要鉴定的，应当及时鉴定。对扣押的物品应当根据有关规定及时估价。

冻结存款、汇款、债券、股票、基金份额等财产，应当登记并写明编号、种类、面值、张数、金额等。

第四百三十八条 对被害人的合法财产，权属明确的，应当依法及时返还，但须经拍照、鉴定、估价，并在案卷中注明返还的理由，将原物照片、清单和被害人的领取手续附卷备查；权属不明的，应当在人民法院判决、裁定生效后，按比例返还被害人，但已获退赔的部分应予扣除。

第四百三十九条 审判期间，对不宜长期保存、易贬值或者市场价格波动大的财产，或者有效期即将届满的票据等，经权利人申请或者同意，并经院长批准，可以依法先行处置，所得款项由人民法院保管。

涉案财物先行处置应当依法、公开、公平。

第四百四十条 对作为证据使用的实物，应当随案移送。第一审判决、裁定宣告后，被告人上诉或者人民检察院抗诉的，第一审人民法院应当将上述证据移送第二审人民法院。

第四百四十一条 对实物未随案移送的，应当根据情况，分别审查以下内容：

（一）大宗的、不便搬运的物品，是否随案移送查封、扣押清单，并附原物照片和封存手续，注明存放地点等；

（二）易腐烂、霉变和不易保管的物品，查封、扣押机关变卖处理后，是否随案移送原物照片、清单、变价处理的凭证（复印件）等；

（三）枪支弹药、剧毒物品、易燃易爆物品以及其他违禁品、危险物品，查封、扣押机关根据有关规定处理后，是否随案移送原物照片和清单等。

上述未随案移送的实物，应当依法鉴定、估价的，还应当审查是否附有鉴定、估价意见。

对查封、扣押的货币、有价证券等，未移送实物的，应当审查是否附有原物照片、清单或者其他证明文件。

第四百四十二条 法庭审理过程中，应当依照本解释第二百七十九条的规定，依法对查封、扣押、冻结的财物及其孳息进行审查。

第四百四十四条 对查封、扣押、冻结的财物及其孳息，应当在判决书中写明名称、金额、数量、存放地点及其处理方式等。涉案财物较多，不宜在判决主文中详细列明的，可以附清单。

判决追缴违法所得或者责令退赔的，应当写明追缴、退赔的金额或者财物的名称、数量等情况；已经发还的，应当在判决书中写明。

第四百四十五条 查封、扣押、冻结的财物及其孳息，经审查，确属违法所得或者依法应当追缴的其他涉案财物的，应当判决返还被害人，或者没收上缴国库，但法律另有规定的除外。

对判决时尚未追缴到案或者尚未足额退赔的违法所得，应当判决继续追缴或者责令退赔。

判决返还被害人的涉案财物，应当通知被害人认领；无人认领的，应当公告通知；公告满一年无人认领的，应当上缴国库；上缴国库后有人认领，经查证属实的，应当申请退库予以返还；原物已经拍卖、变卖的，应当返还价款。

对侵犯国有财产的案件，被害单位已经终止且没有权利义务继受人，或者损失已经被核销的，查封、扣押、冻结的财物及其孳息应当上缴国库。

第四百四十六条 第二审期间，发现第一审判决未对随案移送的涉案财物及其孳息作出处理的，可以裁定撤销原判，发回原审人民法院重新审判，由原审人民法院依法对涉案财物及其孳息一并作出处理。

判决生效后，发现原判未对随案移送的涉案财物及其孳息作出处理的，由原审人民法院依法对涉案财物及其孳息另行作出处理。

第四百四十七条 随案移送的或者人民法院查封、扣押的财物及其孳息，由第一审人民法院在判决生效后负责处理。

实物未随案移送、由扣押机关保管的，人民法院应当在判决生效后十日以内，将判决书、裁定书送达扣押机关，并告知其在一个月以内将执行回单送回，确因客观原因无法按时完成的，应当说明原因。

第四百四十八条 对冻结的存款、汇款、债券、股票、基金份额等财产判决没收的，第一审人民法院应当在判决生效后，将判决书、裁定书送达相关金融机构和财政部门，通知相关金融机构依法上缴国库并在接到执行通知书后十五日以内，将上缴国库的凭证、执行回单送回。

第四百四十九条 查封、扣押、冻结的财物与本案无关但已列入清单的，应当由查封、扣押、冻结机关依法处理。

查封、扣押、冻结的财物属于被告人合法所有的，应当在赔偿被害人损失、执行财产刑后及时返还被告人。

第四百五十条 查封、扣押、冻结财物及其处理，本解释没有规定的，参照适用其他司法解释的有关规定。

《最高人民法院、最高人民检察院、公安部、国家安全部、司法部、全国人大常委会法制工作委员会关于实施刑事诉讼法若干问题的规定》（2013 年 1 月 1 日施行）

36. 对于依照刑法规定应当追缴的违法所得及其他涉案财产，除依法返还被害人的财物以及依法销毁的违禁品外，必须一律上缴国库。查封、扣押的涉案财产，依法不移送的，待人民法院作出生效判决、裁定后，由人民法院通知查封、扣押机关上缴国库，查封、扣押机关应当向人民法院送交执行回单；冻结在金融机构的违法所得及其他涉案财产，待人民法院作出生效判决、裁定后，由人民法院通知有关金融机构上缴国库，有关金融机构应当向人民法院送交执行回单。

对于被扣押、冻结的债券、股票、基金份额等财产，在扣押、冻结期间权利人申请出售，经扣押、冻结机关审查，不损害国家利益、被害人利益，不影响诉讼正常进行的，以及扣押、冻结的汇票、本票、支票的有效期即将届满的，可以在判决生效前依法出售或者变现，所得价款由扣押、冻结机关保管，并及时告知当事人或者其近亲属。

《中共中央办公厅、国务院办公厅印发关于进一步规范刑事诉讼涉案财物处置工作的意见》（2015 年 1 月 24 日施行　中办发〔2015〕7 号）

二、规范涉案财物查封、扣押、冻结程序。查封、扣押、冻结涉案财物，应当严格依照法定条件和程序进行。严禁在立案之前查封、扣押、冻结财物。不得查封、扣押、冻与案件无关的财物。凡查封、扣押、冻结的财物，都应当及时进行审查；经查明确实与案件无关的，应当在三日内予解除、退还，并通知有关当事人。

查封、扣押、冻结涉案财物，应当为犯罪嫌疑人、被告及其所扶养的亲属保留必需的生活费用和物品，减少对涉案单位正常办公、生产、经营等活动的影响。

公安机关、国家安全机关决定撤销案件或者终止侦查、人民检察院决定撤销案件或者不起诉、人民法院作出无罪判决的，涉案财物除依法另行处理外，应当解除查封、扣押、冻结措施，需要返还当事人的应当及时返还。

在查封、扣押、冻结涉案财物时，应当收集固定依法应当追缴的证据材料并随案移送。

三、建立办案部门与保管部门、办案人员与保管人员相互制约制度。涉案财物应当由公安机关、国家安全机关、人民检察院、人民法院指定本机关的一个部门或者专职人员统一保管，严禁由办案部门、办案人员自行保管。办案部门、保管部门截留、坐支、私分或者擅自处理涉案财物的，对其直接负责的主管人员和其他直接责任人员，按滥用职权等依法依纪追究责任；办案人员、保管人员调换、侵吞、窃取、挪用涉案财物的，按贪污等依法依纪追究责任。

四、规范涉案财物保管制度。对查封、扣押、冻结的财物，均应当制作详细清单。对扣押款项应当逐案设立明细账，在扣押后立即存入扣押机关唯一合规账户。对赃物特别是贵重物品实行分类保管，做到一案一账、一物一卡、账实相符。对作为证据使用的实物一般应当随案移送，如实登记，妥善保管，健全交接手续，防止损毁、丢失等。

五、探索建立跨部门的地方涉案财物集中管理信息平台。公安机关、人民检察院和人民法院查封、扣押、冻结、处理涉案财物，应当依照相关规定将财物清单及时录入信息台，实现信息共享，确保涉案财物管理规范、移送顺畅、处置及时。

六、完善涉案财物审前返还程序。对权属明确的被害人法财产，凡返还不损害其他被害人或者利害关系人的利益、不影响诉讼正常进行的，公安机关、国家安全机关、人检察院、人民法院都应当及时返还。权属有争议的，应当人民法院判决时一并处理。

七、完善涉案财物先行处置程序。对易损毁、灭失、变质等不宜长期保存的物品，易贬值的汽车、船艇等物品，或市场价格波动大的债券、股票、基金份额等财产，有效期将届满的汇票、本票、支票等，经权利人同意或者申请，经县级以上公安机关、国家安全机关、人民检察院或者人法院主要负责人批准，可以依法出售、变现或者先行变、拍卖。所得款项统一存入各单位唯一合规账户。

涉案财物先行处置应当做到公开、公平。

九、完善违法所得追缴、执行工作机制。对审判时尚未缴到案或者尚未足额退赔的违法所得，人民法院应当判决续追缴或者责令退赔，并由人民法院负责执行，人民检察院、公安机关、国家安全机关、司法行政机关等应当予以配合。

十、建立中央政法机关交办案件涉案财物上缴中央国库制度。凡由最高人民检察院、公安部立案或者由其指定地方异地查办的重特大案件，涉案财物应当纳入中央政法机关的涉案财物账户；判决生效后，涉案财物除依法返还被害人外，一律通过中央财政汇缴专户缴入中央国库。

建立中央政法机关交办案件办案经费安排制度。凡中央政法机关指定地方异地查办的重特大案件，办案经费由中央财政保障，必要时提前预拨办案经费。涉案财物上缴中央国库后，由中央政法委员会会同中央政法机关对承办案件单位办案经费提出安排意见，财政部通过转移支付及时核拨地方财政，并由地方财政部门将经费按实际支出拨付承办案件单位。

十五、进一步加强监督制约。人民法院、人民检察院、公安机关、国家安全机关应当对涉案财物处置工作进行相互监督。人民检察院应当加强法律监督。上级政法机关发现下级政法机关涉案财物处置工作确有错误的，应当依照法定程序要求限期纠正。

《最高人民法院关于刑事裁判涉财产部分执行的若干规定》（2014 年 11 月 6 日施行 法释〔2014〕13 号）

第一条 本规定所称刑事裁判涉财产部分的执行，是指发生法律效力的刑事裁判主文确定的下列事项的执行：

（一）罚金、没收财产；

（二）责令退赔；

（三）处置随案移送的赃款赃物；

（四）没收随案移送的供犯罪所用本人财物；

（五）其他应当由人民法院执行的相关事项。

刑事附带民事裁判的执行，适用民事执行的有关规定。

第二条 刑事裁判涉财产部分，由第一审人民法院执行。第一审人民法院可以委托财产所在地的同级人民法院执行。

第四条 人民法院刑事审判中可能判处被告人财产刑、责令退赔的，刑事审判部门应当依法对被告人的财产状况进行调查；发现可能隐匿、转移财产的，应当及时查封、扣押、冻结其相应财产。

第五条 刑事审判或者执行中，对于侦查机关已经采取的查封、扣押、冻结，人民法院应当在期限届满前及时续行查封、扣押、冻结。人民法院续行查封、扣押、冻结的顺位与侦查机关查封、扣押、冻结的顺位相同。

对侦查机关查封、扣押、冻结的财产，人民法院执行中可以直接裁定处置，无需侦查机关出具解除手续，但裁定中应当指明侦查机关查封、扣押、冻结的事实。

第六条 刑事裁判涉财产部分的裁判内容，应当明确、具体。涉案财物或者被害人人数较多，不宜在判决主文中详细列明的，可以概括叙明并另附清单。

判处没收部分财产的，应当明确没收的具体财物或者金额。

判处追缴或者责令退赔的，应当明确追缴或者退赔的金额或财物的名称、数量等相关情况。

第七条 由人民法院执行机构负责执行的刑事裁判涉财产部分,刑事审判部门应当及时移送立案部门审查立案。

移送立案应当提交生效裁判文书及其附件和其他相关材料,并填写《移送执行表》。《移送执行表》应当载明以下内容:

(一) 被执行人、被害人的基本信息;

(二) 已查明的财产状况或者财产线索;

(三) 随案移送的财产和已经处置财产的情况;

(四) 查封、扣押、冻结财产的情况;

(五) 移送执行的时间;

(六) 其他需要说明的情况。

人民法院立案部门经审查,认为属于移送范围且移送材料齐全的,应当在七日内立案,并移送执行机构。

第十条 对赃款赃物及其收益,人民法院应当一并追缴。

被执行人将赃款赃物投资或者置业,对因此形成的财产及其收益,人民法院应予追缴。

被执行人将赃款赃物与其他合法财产共同投资或者置业,对因此形成的财产中与赃款赃物对应的份额及其收益,人民法院应予追缴。

对于被害人的损失,应当按照刑事裁判认定的实际损失予以发还或者赔偿。

《最高人民法院关于适用财产刑若干问题的规定》 (2000 年 12 月 19 日施行法释〔2000〕45 号)

第九条 人民法院认为依法应当判处被告人财产刑的,可以在案件审理过程中,决定扣押或者冻结被告人的财产。

《最高人民法院、最高人民检察院、公安部、司法部关于办理黑恶势力刑事案件中财产处置若干问题的意见》 (2019 年 4 月 9 日施行)

1. 公安机关、人民检察院、人民法院在办理黑恶势力犯罪案件时,在查明黑恶势力组织违法犯罪事实并对黑恶势力成员依法定罪量刑的同时,要全面调查黑恶势力组织及其成员的财产状况,依法对涉案财产采取查询、查封、扣押、冻结等措施,并根据查明的情况,依法作出处理。

前款所称处理既包括对涉案财产中犯罪分子违法所得、违禁品、供犯罪所用的本人财物以及其他等值财产等依法追缴、没收，也包括对被害人的合法财产等依法返还。

3. 对涉案财产采取措施，应当为犯罪嫌疑人、被告人及其所扶养的亲属保留必需的生活费用和物品。

根据案件具体情况，在保证诉讼活动正常进行的同时，可以允许有关人员继续合理使用有关涉案财产，并采取必要的保值保管措施，以减少案件办理对正常办公和合法生产经营的影响。

4. 要彻底摧毁黑社会性质组织的经济基础，防止其死灰复燃。对于组织者、领导者一般应当并处没收个人全部财产。对于确属骨干成员或者为该组织转移、隐匿资产的积极参加者，可以并处没收个人全部财产。对于其他组织成员，应当根据所参与实施违法犯罪活动的次数、性质、地位、作用、违法所得数额以及造成损失的数额等情节，依法决定财产刑的适用。

9. 公安机关对应当依法追缴、没收的财产中黑恶势力组织及其成员聚敛的财产及其孳息、收益的数额，可以委托专门机构评估；确实无法准确计算的，可以根据有关法律规定及查明的事实、证据合理估算。

人民检察院、人民法院对于公安机关委托评估、估算的数额有不同意见的，可以重新委托评估、估算。

12. 对于不宜查封、扣押、冻结的经营性财产，公安机关、人民检察院、人民法院可以申请当地政府指定有关部门或者委托有关机构代管或者托管。

对易损毁、灭失、变质等不宜长期保存的物品，易贬值的汽车、船艇等物品，或者市场价格波动大的债券、股票、基金等财产，有效期即将届满的汇票、本票、支票等，经权利人同意或者申请，并经县级以上公安机关、人民检察院或者人民法院主要负责人批准，可以依法出售、变现或者先行变卖、拍卖，所得价款由扣押、冻结机关保管，并及时告知当事人或者其近亲属。

14. 人民法院作出的判决，除应当对随案移送的涉案财产作出处理外，还应当在判决书中写明需要继续追缴尚未被足额查封、扣押的其他违法所得；对随案移送财产进行处理时，应当列明相关财产的具体名称、数量、金额、处置情况等。涉案财产或者有关当事人人数较多，不宜在判决书正文中详细列明的，可以概括叙述并另附清单。

15. 涉案财产符合下列情形之一的，应当依法追缴、没收：

（1）黑恶势力组织及其成员通过违法犯罪活动或者其他不正当手段聚敛的财产及其孳息、收益；

（2）黑恶势力组织成员通过个人实施违法犯罪活动聚敛的财产及其孳息、收益；

（3）其他单位、组织、个人为支持该黑恶势力组织活动资助或者主动提供的财产；

（4）黑恶势力组织及其成员通过合法的生产、经营活动获取的财产或者组织成员个人、家庭合法财产中，实际用于支持该组织活动的部分；

（5）黑恶势力组织成员非法持有的违禁品以及供犯罪所用的本人财物；

（6）其他单位、组织、个人利用黑恶势力组织及其成员违法犯罪活动获取的财产及其孳息、收益；

（7）其他应当追缴、没收的财产。

16. 应当追缴、没收的财产已用于清偿债务或者转让、或者设置其他权利负担，具有下列情形之一的，应当依法追缴：

（1）第三人明知是违法犯罪所得而接受的；

（2）第三人无偿或者以明显低于市场的价格取得涉案财物的；

（3）第三人通过非法债务清偿或者违法犯罪活动取得涉案财物的；

（4）第三人通过其他方式恶意取得涉案财物的。

17. 涉案财产符合下列情形之一的，应当依法返还：

（1）有证据证明确属被害人合法财产；

（2）有证据证明确与黑恶势力及其违法犯罪活动无关。

18. 有关违法犯罪事实查证属实后，对于有证据证明权属明确且无争议的被害人、善意第三人或者其他人员合法财产及其孳息，凡返还不损害其他利害关系人的利益，不影响案件正常办理的，应当在登记、拍照或者录像后，依法及时返还。

【相关法律文书】

查封（扣押、冻结）令

解除查封（扣押、冻结）令

移送执行表

×××× 人民法院
查封（扣押、冻结）令

（××××）……刑 × ……号

本院根据……（写明适用的法律依据）的规定，特派……（写明执行人员的职务、姓名）等，对……（写明被查封或扣押财产或冻结存款的当事人的姓名或者单位名称）的……（写明应予查封、扣押或者冻结的财产所在地及其名称、数量等），予以查封（或者扣押、冻结）。

此令。

院 长 ×××

××××年××月××日

（院印）

××××人民法院

解除查封（扣押、冻结）令

（××××）……刑×……号

本院于××××年××月××日依法查封（扣押、冻结）……（写明被查封或扣押财产或冻结存款的当事人的姓名或者单位名称）的……（写明被查封、扣押或者冻结的财产的所在地及其名称、数量等），现决定予以解除查封（或者扣押、冻结）。

此令。

院　长　×××

××××年××月××日

（院印）

××××人民法院
移送执行表

移送单位		执行局收案人签收	
案由			
申请执行人姓名或名称		住址或所在地及联系方式	
被执行人姓名或名称		住址或所在地及联系方式	
执行依据	裁判文书	年　月　日（××××）……刑×……号	
	生效日期　年　月　日	履行义务期限　年　月　日前	
移送说明		年　月　日	

（本表供各审判庭向立案庭移送立案执行时使用）

第十三章　司法救助

【工作内容】

（一）司法救助的申请

1. 申请方式：（1）人民法院审判、执行部门认为案件当事人符合救助条件的，应当告知其有权提出国家司法救助申请。当事人提出申请的，审判、执行部门应当将相关材料及时移送立案部门。（2）当事人直接向人民法院立案部门提出国家司法救助申请，经审查确认符合救助申请条件的，应当予以立案。（3）国家司法救助申请应当以书面形式提出；救助申请人书面申请确有困难的，可以口头提出，人民法院应当制作笔录。

2. 申请材料：（1）救助申请书，救助申请书应当载明申请人的联系方式、申请救助的数额及理由；（2）一、二审裁判文书；（3）救助申请人的身份证明；（4）实际损失的证明；（5）救助申请人及其家庭成员生活困难的证明；（6）是否获得其他赔偿、救助等相关证明；（7）其他能够证明救助申请人需要救助的材料。

救助申请人确实不能提供完整材料的，应当说明理由。

（二）司法救助的条件

1. 应当予以救助的情形：（1）被害人受到犯罪侵害，造成重伤或者严重残疾，因加害人死亡或者没有赔偿能力，无法通过诉讼获得赔偿，陷入生活困难的；（2）被害人受到犯罪侵害危及生命，急需救治，无力承担医疗救治费用的；（3）被害人受到犯罪侵害而死亡，因加害人死亡或者没有赔偿能力，依靠被害人收入为主要生活来源的近亲属无法通过诉讼获得赔偿，陷入生活困难的；（4）被害人受到犯罪侵害，致使其财产遭受重大损失，因加害人死亡或者没有赔偿能力，无法通过诉讼获得赔偿，陷入生活困难的；（5）举报人、证人、鉴定人因举报、作证、鉴定受到打击报复，致使其人身受到伤害或财产受到重大损失，无法通过诉讼获得赔偿，陷入生活困难的；（6）人民法院根据实际情况，认为需要救助的其他人员；（7）涉诉信访人，其诉求具有一定合理性，但通过法律途径难以解决，且生活困难，愿意接受国家司法救助后息诉息访的，可以参照《最高人民法院关于加强和规范人民法院国家司法救助工作的意见》予以救助。

2. 一般不予救助的情形：（1）对案件发生有重大过错的；（2）无正当理由，拒绝配合查明案件事实的；（3）故意作虚伪陈述或者伪造证据，妨害诉讼的；（4）在审判、执行中主动放弃民事赔偿请求或者拒绝侵权责任人及其近亲属赔偿的；（5）生活困难非案件原因所导致的；（6）已经通过社会救助措施，得到合理补偿、救助的；（7）法人、其他组织提出救助申请的；（8）不应给予救助的其他情形。

3. 对同一案件的同一救助申请人只进行一次性国家司法救助。对于能够通过诉讼获得赔偿、补偿的，一般应当通过诉讼途径解决。

（三）救助法院

人民法院对符合救助条件的救助申请人，无论其户籍所在地是否属于受案人民法院辖区范围，均由案件管辖法院负责救助。在管辖地有重大影响且救助金额较大的国家司法救助案件，上下级人民法院可以进行联动救助。

（四）救助程序

1. 救助决定应当自立案之日起十个工作日内作出。案情复杂的救助案件，经院领导批准，可以适当延长。

2. 办理救助案件应当制作国家司法救助决定书，加盖人民法院印章。国家司法救助决定书应当及时送达。

3. 不符合救助条件或者具有不予救助情形的，应当将不予救助的决定及时告知救助申请人，并作好解释说明工作。

（五）救助金额的确定

1. 以案件管辖法院所在省、自治区、直辖市上一年度职工月平均工资为基准确定，一般不超过三十六个月的月平均工资总额。

2. 损失特别重大、生活特别困难，需适当突破救助限额的，应当严格审核控制，救助金额不得超过人民法院依法应当判决给付或者虽已判决但未执行到位的标的数额。

3. 具体数额的确定应当综合救助申请人实际遭受的损失、救助申请人本人有无过错以及过错程度、救助申请人及其家庭的经济状况、救助申请人维持其住所地基本生活水平所必需的最低支出、赔偿义务人实际赔偿情况等因素综合确定。

（六）救助金的发放

1. 决定救助的，应当在七个工作日内按照相关财务规定办理手续。在收到财政部门拨付的救助金后，应当在二个工作日内通知救助申请人领取救助金。

2. 对具有急需医疗救治等特殊情况的救助申请人，可以依据救助标准，先行垫付救助金，救助后及时补办审批手续。

3. 救助金一般应当一次性发放。情况特殊的，可以分批发放。

4. 发放救助金时，应当向救助申请人释明救助金的性质、准予救助的理由、骗取救助金的法律后果，同时制作笔录并由救助申请人签字。必要时，可以邀请救助申请人户籍所在地或者经常居住地村（居）民委员会或者所在单位的工作人员到场见证救助金发放过程。

5. 可以根据救助申请人的具体情况，委托民政部门、乡镇人民政府或者街道办事处、村（居）民委员会、救助申请人所在单位等组织发放救助金。

6. 救助申请人获得救助后，人民法院从被执行人处执行到赔偿款或者其他应当给付的执行款的，应当将已发放的救助金从执行款中扣除。

（七）救助金的追回

1. 救助申请人通过提供虚假材料等手段骗取救助金的，应当予以追回；构成犯罪的，应当依法追究刑事责任。

2. 涉诉信访救助申请人领取救助金后，违背息诉息访承诺的应当将救助金予以追回。

【常用法律、司法解释及相关规定】

《最高人民法院关于加强和规范人民法院国家司法救助工作的意见》

（2016 年 7 月 1 日施行　法发〔2016〕16 号）

第一条　人民法院在审判、执行工作中，对权利受到侵害无法获得有效赔偿的当事人，符合本意见规定情形的，可以采取一次性辅助救济措施，以解决其生活面临的急迫困难。

第二条　国家司法救助工作应当遵循公正、公开、及时原则，严格把握救助标准和条件。

对同一案件的同一救助申请人只进行一次性国家司法救助。对于能够通过诉讼获得赔偿、补偿的，一般应当通过诉讼途径解决。

人民法院对符合救助条件的救助申请人，无论其户籍所在地是否属于受案人民法院辖区范围，均由案件管辖法院负责救助。在管辖地有重大影响且救助金额较大的国家司法救助案件，上下级人民法院可以进行联动救助。

第三条　当事人因生活面临急迫困难提出国家司法救助申请，符合下列情形之一的，应当予以救助：

（一）刑事案件被害人受到犯罪侵害，造成重伤或者严重残疾，因加害人死亡或者没有赔偿能力，无法通过诉讼获得赔偿，陷入生活困难的；

（二）刑事案件被害人受到犯罪侵害危及生命，急需救治，无力承担医疗救治费用的；

（三）刑事案件被害人受到犯罪侵害而死亡，因加害人死亡或者没有赔偿能力，依靠被害人收入为主要生活来源的近亲属无法通过诉讼获得赔偿，陷入生活困难的；

（四）刑事案件被害人受到犯罪侵害，致使其财产遭受重大损失，因加害人死亡或者没有赔偿能力，无法通过诉讼获得赔偿，陷入生活困难的；

（五）举报人、证人、鉴定人因举报、作证、鉴定受到打击报复，致使其人身受到伤害或财产受到重大损失，无法通过诉讼获得赔偿，陷入生活困难的；

（六）追索赡养费、扶养费、抚育费等，因被执行人没有履行能力，申请执行人陷入生活困难的；

（七）因道路交通事故等民事侵权行为造成人身伤害，无法通过诉讼获得赔偿，受害人陷入生活困难的；

（八）人民法院根据实际情况，认为需要救助的其他人员。

涉诉信访人，其诉求具有一定合理性，但通过法律途径难以解决，且生活困难，愿意接受国家司法救助后息诉息访的，可以参照本意见予以救助。

第四条　救助申请人具有以下情形之一的，一般不予救助：

（一）对案件发生有重大过错的；

（二）无正当理由，拒绝配合查明案件事实的；

（三）故意作虚伪陈述或者伪造证据，妨害诉讼的；

（四）在审判、执行中主动放弃民事赔偿请求或者拒绝侵权责任人及其近亲属赔偿的；

（五）生活困难非案件原因所导致的；

（六）已经通过社会救助措施，得到合理补偿、救助的；

（七）法人、其他组织提出的救助申请；

（八）不应给予救助的其他情形。

第六条 救助金以案件管辖法院所在省、自治区、直辖市上一年度职工月平均工资为基准确定，一般不超过三十六个月的月平均工资总额。

损失特别重大、生活特别困难，需适当突破救助限额的，应当严格审核控制，救助金额不得超过人民法院依法应当判决给付或者虽已判决但未执行到位的标的数额。

第七条 救助金具体数额，应当综合以下因素确定：

（一）救助申请人实际遭受的损失；

（二）救助申请人本人有无过错以及过错程度；

（三）救助申请人及其家庭的经济状况；

（四）救助申请人维持其住所地基本生活水平所必需的最低支出；

（五）赔偿义务人实际赔偿情况。

第八条 人民法院审判、执行部门认为案件当事人符合救助条件的，应当告知其有权提出国家司法救助申请。当事人提出申请的，审判、执行部门应当将相关材料及时移送立案部门。

当事人直接向人民法院立案部门提出国家司法救助申请，经审查确认符合救助申请条件的，应当予以立案。

第九条 国家司法救助申请应当以书面形式提出；救助申请人书面申请确有困难的，可以口头提出，人民法院应当制作笔录。

救助申请人提出国家司法救助申请，一般应当提交以下材料：

（一）救助申请书，救助申请书应当载明申请救助的数额及理由；

（二）救助申请人的身份证明；

（三）实际损失的证明；

（四）救助申请人及其家庭成员生活困难的证明；

（五）是否获得其他赔偿、救助等相关证明；

（六）其他能够证明救助申请人需要救助的材料。

救助申请人确实不能提供完整材料的，应当说明理由。

第十条 救助申请人生活困难证明，主要是指救助申请人户籍所在地或者经常居住地村（居）民委员会或者所在单位出具的有关救助申请人的家庭人口、劳动能力、就业状况、家庭收入等情况的证明。

第十一条 人民法院成立由立案、刑事审判、民事审判、行政审判、审判监督、执行、国家赔偿及财务等部门组成的司法救助委员会，负责人民法院国家司法救助工作。司法救助委员会下设办公室，由人民法院赔偿委员会办公室行使其职能。

人民法院赔偿委员会办公室作为司法救助委员会的日常工作部门，负责牵头、协调和处理国家司法救助日常事务，执行司法救助委员会决议及办理国家司法救助案件。

基层人民法院由负责国家赔偿工作的职能机构承担司法救助委员会办公室工作职责。

第十二条 救助决定应当自立案之日起十个工作日内作出。案情复杂的救助案件，经院领导批准，可以适当延长。

办理救助案件应当制作国家司法救助决定书，加盖人民法院印章。国家司法救助决定书应当及时送达。

不符合救助条件或者具有不予救助情形的，应当将不予救助的决定及时告知救助申请人，并做好解释说明工作。

第十三条 决定救助的，应当在七个工作日内按照相关财务规定办理手续。在收到财政部门拨付的救助金后，应当在二个工作日内通知救助申请人领取救助金。

对具有急需医疗救治等特殊情况的救助申请人，可以依据救助标准，先行垫付救助金，救助后及时补办审批手续。

第十四条 救助金一般应当一次性发放。情况特殊的，可以分批发放。

发放救助金时，应当向救助申请人释明救助金的性质、准予救助的理由、骗取救助金的法律后果，同时制作笔录并由救助申请人签字。必要时，可以邀请救助申请人户籍所在地或者经常居住地村（居）民委员会或者所在单位的工作人员到场见证救助金发放过程。

人民法院可以根据救助申请人的具体情况，委托民政部门、乡镇人民政府或者街道办事处、村（居）民委员会、救助申请人所在单位等组织发放救助金。

第十五条 各级人民法院应当积极协调财政部门将国家司法救助资金列入预算，并会同财政部门建立国家司法救助资金动态调整机制。

对公民、法人和其他组织捐助的国家司法救助资金，人民法院应当严格、规范使用，及时公布救助的具体对象，并告知捐助人救助情况，确保救助资金使用的透明度和公正性。

第十六条 人民法院司法救助委员会应当在年度终了一个月内就本院上一年度司法救助情况提交书面报告，接受纪检、监察、审计部门和上级人民法院的监督，确保专款专用。

第十七条 人民法院应当加强国家司法救助工作信息化建设，将国家司法救助案件纳入审判管理信息系统，及时录入案件信息，实现四级法院信息共享，并积极探索建立与社会保障机构、其他相关救助机构的救助信息共享机制。

上级法院应当对下级法院的国家司法救助工作予以指导和监督，防止救助失衡和重复救助。

第十八条 人民法院工作人员有下列行为之一的，应当予以批评教育；构成违纪的，应当根据相关规定予以纪律处分；构成犯罪的，应当依法追究刑事责任：

（一）滥用职权，对明显不符合条件的救助申请人决定给予救助的；

（二）虚报、克扣救助申请人救助金的；

（三）贪污、挪用救助资金的；

（四）对符合救助条件的救助申请人不及时办理救助手续，造成严重后果的；

（五）违反本意见的其他行为。

第十九条 救助申请人所在单位或者基层组织等相关单位出具虚假证明，

使不符合救助条件的救助申请人获得救助的，人民法院应当建议相关单位或者其上级主管机关依法依纪对相关责任人予以处理。

　　第二十条　救助申请人获得救助后，人民法院从被执行人处执行到赔偿款或者其他应当给付的执行款的，应当将已发放的救助金从执行款中扣除。

　　救助申请人通过提供虚假材料等手段骗取救助金的，人民法院应当予以追回；构成犯罪的，应当依法追究刑事责任。

　　涉诉信访救助申请人领取救助金后，违背息诉息访承诺的，人民法院应当将救助金予以追回。

　　第二十一条　对未纳入国家司法救助范围或者获得国家司法救助后仍面临生活困难的救助申请人，符合社会救助条件的，人民法院通过国家司法救助与社会救助衔接机制，协调有关部门将其纳入社会救助范围。

【相关法律文书】

国家司法救助申请登记表

×××× 人民法院

国家司法救助申请登记表

登记法院	×××× 人民法院			
申请来源	□经原案件承办部门提出申请　　□未经告知提出申请			
申请人基本信息	姓名		职业	
	联系电话		公民身份证号码	
	□户籍地/□经常居住地			
	村（居）民委员会或单位联系人及联系电话			
代理人基本信息	姓名		与申请人关系	
	联系电话		公民身份证号码	
	现住址			
救助申请及相关材料	所涉领域	□刑事审判　□民事审判　□行政审判　□司法赔偿 □执行　□涉诉信访　□其他		
	申请金额	小写：　　　（元）　　大写：　　　（圆）		
	申请人或 其法定代 理人账户	户名		开户行	
		账号			
	申请事由	注：1. 本栏作用相当于《国家司法救助申请书》。 2. 此处可仅概括填写相关案件情况、申请事项及主要 理由，详情可另附页。		

（续表）

相关材料	□原案件相关法律文书 □申请人身份证明材料 □代理人身份证明材料、授权委托书＊ □实际损失（损害后果）证明材料 □申请人及家庭成员的收入和资产状况、生活困难证明材料 □是否已获得赔偿、补偿或其他救助的说明 □接受司法救助后息诉息访承诺书＊ □其他相关材料
	注：1. 本栏仅需根据材料准备情况作相应勾选即可，材料本身请以附件形式同时提交。2. 标＊号者为根据具体情况选择性提交的材料；但申请涉诉信访救助的，息诉息访承诺书为必须提交的材料。3. 申请人确因特殊困难不能取得相关证明材料的，应当说明理由；必要时，人民法院可以依申请或依职权调取。

注：以上内容，"登记法院"和"申请来源"由登记法院人员填写，其他内容由申请人填写；申请人书写有困难的，可由他人或登记法院人员代为填写（需备注以下内容由登记人员填写）

申请人承诺及签名	本人承诺，以上情况和材料属实；若有虚报或伪造，则按规定接受法律制裁，并退还所领救助金。 救助申请人（签名并由本人捺印）：　　　年　月　日			
原案件承办部门意见	收到本表及附件材料的时间		原案件承办人	
				年　月　日
立案部门意见	收到本表及附件材料的时间		登记人员	
	立案编号			
				年　月　日
备注				

第五编　特别程序

第一章　未成年人刑事案件诉讼程序

【工作内容】

（一）相关规定

1. 人民法院应当确定专门机构或者指定专门人员，负责审理未成年人刑事案件。参加审理未成年人刑事案件的人民陪审员，可以从熟悉未成年人身心特点、关心未成年人保护工作的人民陪审员名单中随机抽取确定。

2. 被告人实施被指控的犯罪时不满十八周岁、人民法院立案时不满二十周岁的案件，由未成年人案件审判组织审理。下列案件可以由未成年人案件审判组织审理：（1）人民法院立案时不满二十二周岁的在校学生犯罪案件；（2）强奸、猥亵、虐待、遗弃未成年人等侵害未成年人人身权利的犯罪案件；（3）由未成年人案件审判组织审理更为适宜的其他案件。

3. 共同犯罪案件有未成年被告人的或者其他涉及未成年人的刑事案件，是否由未成年人案件审判组织审理，由院长根据实际情况决定。

4. 对人民检察院提起公诉的未成年人刑事案件，人民法院对案卷材料除一般审查外，还应查明是否附有被告人年龄的有效证明材料，对于没有附送被告人年龄的有效证明材料的，应当通知人民检察院在三日内补送。

5. 对未成年被告人应当严格限制适用逮捕措施。人民法院决定逮捕的，应当讯问未成年被告人，听取辩护律师的意见。对被逮捕且没有完成义务教育的未成年被告人，人民法院应当与教育行政部门互相配合，保证其接受义务教育。对无固定住所、无法提供保证人的未成年被告人适用取保候审的，应当指定合适成年人作为保证人，必要时可以安排取保候审的被告人接受社会观护。

6. 对被拘留、逮捕和执行刑罚的未成年人与成年人应当分别关押、分别管理、分别教育。

7. 讯问女性未成年被告人，询问未成年被害人、证人，应当有女工作人员在场。

8. 审理未成年人刑事案件，不得向外界披露该未成年人的姓名、住所、照片以及可能推断出该未成年人身份的其他资料。

9. 查阅、摘抄、复制的未成年人刑事案件的案卷材料，不得公开和传播。

10. 被害人是未成年人的刑事案件，适用上述第8条、第9条的规定。

（二）开庭前的准备

1. 送达人员向未成年被告人送达起诉书副本时，应当向其讲明被指控的罪行和有关法律规定，并告知其审判程序和诉讼权利、义务。审判时（本处规定的"审判时"理解为"立案时"，只要人民法院受理案件时系未成年被告人的，就属于应当提供法律援助的情形，即使其开庭审理时已经成年）不满十八周岁的未成年被告人没有委托辩护人的，应当通知法律援助机构指派熟悉未成年身心特点的律师为其提供辩护；未成年被害人及其法定代理人因经济困难或者其他原因没有委托诉讼代理人的，应当帮助其申请法律援助。

2. 被告人实施被指控的犯罪时不满十八周岁，开庭时已满十八周岁、不满二十周岁的，人民法院开庭时，一般应当通知其近亲属到庭。经法庭同意，近亲属可以发表意见。近亲属无法通知、不能到场或者是共犯的，应当记录在案。

3. 对人民检察院移送的关于未成年被告人性格特点、家庭情况、社会交往、成长经历、犯罪原因、犯罪前后的表现、监护教育等情况的调查报告，以及辩护人提交的反映未成年被告人上述情况的书面材料，法庭应当接受。必要时，可以委托未成年被告人居住地的县级司法行政机关社区矫正机构、共青团、社会组织对未成年被告人的上述情况进行调查，或者自行调查。

4. 人民法院根据情况，可以对未成年被告人、被害人、证人进行心理疏导；根据实际需要并经未成年被告人及其法定代理人同意，可以对未成年被告人进行心理测评。心理疏导、心理测评可以委托专门机构、专业人员进行。心理测评报告可以作为办理案件和教育未成年人的参考。

5. 开庭前和休庭时，法庭根据情况，可以安排未成年被告人与其法定代理人或者合适成年人会见。

6. 审判时不满十八周岁的未成年被告人没有委托辩护人的，人民法院应当通知法律援助机构指派熟悉未成年人身心特点的律师为其提供辩护。

（三）审判

1. 人民法院审理未成年人刑事案件，在讯问和开庭时，应当通知未成年被告人的法定代理人到场。法定代理人无法通知、不能到场或者是共犯的，也可以通知合适成年人到场，并将有关情况记录在案。到场的法定代理人或者其他人员，除依法行使《刑事诉讼法》第二百八十一条第二款规定的权利外，经法庭同意，可以参与对未成年被告人的法庭教育等工作。适用简易程序审理未成年人刑事案件，适用上述规定。

2. 在开庭审理时被告人不满十八周岁的案件，一律不公开审理，但是，经未成年被告人及其法定代理人同意，未成年被告人所在学校和未成年人保护组织可以派代表到场。到场代表的人数和范围，由法庭决定。到场代表经法庭同意，可以参与对未成年被告人的法庭教育工作。有旁听人员的，应当告知其不得传播案件信息。

3. 到场的法定代理人或者其他人员认为办案人员在审判中侵犯未成年人合法权益的，可以提出意见。到场的其他人员，除依法行使《刑事诉讼法》第二百八十一条第二款规定的权利外，经法庭同意，可以参与对未成年被告人的法庭教育等工作。讯问笔录、法庭笔录应当交给到场的法定代理人或者其他人员阅读或者向他宣读。询问未成年被害人、证人，适用该规定。审理未成年人遭受性侵害或者暴力伤害案件，在询问未成年被害人、证人时，应当采取同步录音录像等措施，尽量一次完成；未成年被害人、证人是女性的，应当由女性工作人员进行。

4. 庭审书记员应当在辩护台靠近旁听区一侧为未成年被告人的法定代理人或者合适成年人设置席位。审理可能判处五年有期徒刑以下刑罚或者过失犯罪的未成年人刑事案件，可以采取适合未成年人特点的方式设置法庭席位。

5. 在法庭上不得对未成年被告人使用戒具，但被告人人身危险性大，可能妨碍庭审活动的除外；必须使用戒具的，在现实危险消除后，应当立即停止使用。

6. 未成年被告人或者其法定代理人当庭拒绝辩护人辩护的，要求另行委托辩护人或者指派律师的，合议庭应当准许。被告人拒绝辩护人辩护后，没有辩护人的,应当宣布休庭;仍有辩护人的,庭审可以继续进行。有多名被告人的案件,部分被告人拒绝辩护人辩护后,没有辩护人的,根据案件情况,可以对该被告人另案处理,对其他被告人的庭审继续进行。重新开庭后,未成年被告人或者其法定代理人再次当庭拒绝辩护人辩护的,不予准许。重新开庭时被告人已满十八周岁的,可以准许,但不得再另行委托辩护人或者要求另行指派律师,由其自行辩护。

7. 法庭审理过程中,审判人员应当根据未成年被告人的智力发育程度和心理状态,使用适合未成年人的语言表达方式;发现有对未成年被告人诱供、训斥、讽刺或者威胁等情形的,审判长应当制止。

8. 控辩双方提出对未成年被告人判处管制、宣告缓刑等量刑建议的,应当向法庭提供有关未成年被告人能够获得监护、帮教以及对所居住社区无重大不良影响的书面材料。对未成年被告人情况的调查报告,以及辩护人提交的有关未成年被告人情况的书面材料,法庭应当审查并听取控辩双方意见。上述报告和材料可以作为法庭教育和量刑的参考。人民法院可以通知作出调查报告的人员出庭说明情况,接受控辩双方和法庭的询问。

9. 法庭辩论结束后,法庭可以根据案件情况,对未成年被告人进行法治教育;判决未成年被告人有罪的,宣判后,应当对未成年被告人进行法治教育。关于法庭教育,可以在法庭调查和辩论结束后进行,但作出有罪判决进行法治教育必须在宣判后,实践中需要注意的是:(1)如果是在宣判前法庭教育的,宣判有罪后不必再行教育;如果宣判前没有进行教育,宣判有罪后必须进行教育。(2)被告人及其法定代理人、辩护人提出无罪辩护意见的,在庭审中不进行法庭教育,但是判决宣告有罪后仍然要进行教育。(3)对未成年被告人进行教育,其法定代理人以外的成年亲属或者教师、辅导员等参与有利于感化、挽救未成年人的,人民法院应当邀请其参加有关活动。(4)法庭教育,可以围绕违法行为对社会的危害和处罚的必要性、导致违法行为发生的主客观原因及应当吸取的教训、正确对待人民法院的裁判等内容进行。(5)适用简易程序的案件,也应当进行法庭教育。

10. 未成年被告人最后陈述后,法庭应当询问其法定代理人是否补充陈述。

11. 开庭审理涉及未成年人的刑事案件,未成年被害人、证人一般不出庭作证；必须出庭的，应当采取保护其隐私的技术手段和心理干预等保护措施。

12. 对未成年人刑事案件宣告判决应当公开进行，对依法应当封存犯罪记录的案件，宣判时，不得组织人员旁听；有旁听人员的，应当告知其不得传播案件信息。定期宣告判决的未成年人刑事案件，未成年被告人的法定代理人无法通知、不能到庭或者是共犯的，法庭可以通知合适成年人到庭，并在宣判后向未成年被告人的成年亲属送达判决书。

13. 人民法院发现有关单位未尽到未成年人教育、管理、救助、看护等保护职责的，应当向该单位提出司法建议。同时，应当结合实际，根据涉及未成年人刑事案件的特点，开展未成年人法治宣传教育工作。

（四）交付执行

1. 将未成年罪犯送监执行刑罚或者送交社区矫正时，应当将有关未成年罪犯的调查报告及其在案件审理中的表现材料，连同有关法律文书，一并送达执行机关。

2. 人民法院可以与未成年罪犯管教所等服刑场所建立联系，了解未成年罪犯的改造情况，协助做好帮教、改造工作，并可以对正在服刑的未成年罪犯进行回访考察。

3. 人民法院认为必要时，可以督促被收监服刑的未成年罪犯的父母或者其他监护人及时探视。

4. 对被判处管制、宣告缓刑、裁定假释、决定暂予监外执行的未成年罪犯，人民法院可以协助社区矫正机构制定帮教措施。

5. 人民法院可以适时走访被判处管制、宣告缓刑、免除刑事处罚、裁定假释、决定暂予监外执行等的未成年罪犯及其家庭，了解未成年罪犯的管理和教育情况，引导未成年罪犯的家庭承担管教责任，为未成年罪犯改过自新创造良好环境。

6. 被判处管制、宣告缓刑、免除刑事处罚、裁定假释、决定暂予监外执行等的未成年罪犯，具备就学、就业条件的，可以就其安置问题向有关部门提出司法建议，并附送必要的材料。

（五）犯罪记录封存

1. 应当封存未成年人犯罪记录的内容：（1）包括侦查、起诉、审判及刑事执行过程中形成的有关未成年人犯罪或者涉嫌犯罪的全部案卷材料与电子档案信息。（2）不予刑事处罚、不追究刑事责任、不起诉、采取刑事强制措施的记录，以及对涉罪未成年人进行社会调查、帮教考察、心理疏导、司法救助等工作的记录。

2. 应当封存未成年人犯罪记录的范围：（1）犯罪时不满十八周岁，被判处五年有期徒刑以下刑罚以及免予刑事处罚的未成年人。（2）对在年满十八周岁前后实施数个行为，构成一罪或者一并处理的数罪，主要犯罪行为是在年满十八岁周岁前实施的，被判处或者决定执行五年有期徒刑以下刑罚以及免予刑事处罚的未成年人犯罪记录，应当对全案依法予以封存。（3）对于分案办理的未成年人与成年人共同犯罪案件，在封存未成年人案卷材料和信息的同时，应当在未封存的成年人卷宗封面标注"含犯罪记录封存信息"等明显标识，并对相关信息采取必要保密措施；对于未分案办理的未成年人与成年人共同犯罪案件，应当在全案卷宗封面标注"含犯罪记录封存信息"等明显标识，并对相关信息采取必要保密措施。（4）其他刑事、民事、行政及公益诉讼案件，因办案需要使用了被封存的未成年人犯罪记录信息的，应当在相关卷宗封面标明"含犯罪记录封存信息"，并对相关信息采取必要保密措施。（5）未成年人因事实不清、证据不足被宣告无罪的案件，应当对涉罪记录予以封存；但未成年被告人及其法定代理人申请不予封存或者解除封存的，经人民法院同意，可以不予封存或者解除封存。

3. 未成年人犯罪记录封存的有关义务：（1）犯罪记录封存决定机关在作出案件处理决定时，应当同时向案件被告人或犯罪嫌疑人及其法定代理人或近亲属释明未成年人犯罪记录封存制度，并告知其相关权利义务。（2）未成年人犯罪记录封存应当贯彻及时、有效的原则。对于犯罪记录被封存的未成年人，在入伍、就业时免除犯罪记录的报告义务。（3）被封存犯罪记录的未成年人因涉嫌再次犯罪接受司法机关调查时，应当主动、如实地供述其犯罪记录情况，不得回避、隐瞒。（4）对于需要封存的未成年人犯罪记录，应当遵循《个人信息保护法》不予公开，并建立专门的未成年人犯罪档案库，执行严格的保管制度。（5）对于电子信息系统中需要封存的未成年人犯罪记录数据，应当加设封存标记，未经法定查询程序，不得进行信息查询、共享及复用。（6）封存的未成年人犯罪记录数据不得向外部平台提供或对接。（7）人民法院依法对犯罪时不满十八周岁的被告人判处五年有期徒刑以下刑罚以及免予刑事处罚的，判决生效后，应当将刑事裁判文书、《犯罪记录封存通知书》及时送达被告人，并同时送达同级人民检察院、公安机关，同级人民检察院、公安机关在收到上述文书后应当在三日内统筹相关各级检察机关、公安机关将涉案未成年人的犯罪记录整体封存。（8）人民检察院依法对犯罪时不满十八周岁的犯罪嫌疑人决定不起诉后，应当将《不起诉决定书》《犯罪记录封存通知书》及时送达被不起诉人，并同时送达同级公安机关，同级公安机关收到上述文书后应当在三日内将涉案未成年人的犯罪记录封存。（9）对于被判处管制、宣告缓刑、假释或者暂予监外执行的未成年罪犯，依法实行社区矫正，执行地社区矫正机构应当在刑事执行完毕后三日内将涉案未成年人的犯罪记录封存。（10）公安机关、人民检察院、人民法院和司法行政机关分别负责受理、审核和处理各自职权范围内有关犯罪记录的封存、查询工作。（11）被封存犯罪记录的未成年人本人或者其法定代理人申请为其出具无犯罪记录证明的，受理单位应当在三个工作日内出具无犯罪记录的证明。

4. 被封存的犯罪记录的查询：（1）司法机关为办案需要或者有关单位根据国家规定查询犯罪记录的，应当向封存犯罪记录的司法机关提出书面申请，列明查询理由、依据和使用范围等，查询人员应当出示单位公函和身份证明等材料。（2）经审核符合查询条件的，受理单位应当在三个工作日内开具有／无犯罪记录证明。许可查询的，查询后，档案管理部门应当登记相关查询情况，并按照档案管理规定将有关申请、审批材料、保密承诺书等一同存入卷宗归档保存；依法不许可查询的，应当在三个工作日内向查询单位出具不许可查询决定书，并说明理由。（3）对司法机关为办理案件、开展重新犯罪预防工作需要申请查询的，封存机关可以依法允许其查阅、摘抄、复制相关案卷材料和电子信息。（4）对司法机关以外的单位根据国家规定申请查询的，可以根据查询的用途、目的与实际需要告知被查询对象是否受过刑事处罚、被判处的罪名、刑期等信息，必要时，可以提供相关法律文书复印件。

5. 解除封存的情形：（1）在未成年时实施新的犯罪，且新罪与封存记录之罪数罪并罚后被决定执行刑罚超过五年有期徒刑的。（2）发现未成年时实施的漏罪，且漏罪与封存记录之罪数罪并罚后被决定执行刑罚超过五年有期徒刑的。（3）经审判监督程序改判五年有期徒刑以上刑罚的；被封存犯罪记录的未成年人，成年后又故意犯罪的，人民法院应当在裁判文书中载明其之前的犯罪记录。

符合解除封存条件的案件，自解除封存条件成立之日起，不再受未成年人犯罪记录封存相关规定的限制。

6. 违反犯罪记录封存规定的处理：（1）对于许可查询被封存的未成年人犯罪记录的，应当告知查询犯罪记录的单位及相关人员严格按照查询目的和使用范围使用有关信息，严格遵守保密义务，并要求其签署保密承诺书。不按规定使用所查询的犯罪记录或者违反规定泄露相关信息，情节严重或者造成严重后果的，应当依法追究相关人员的责任。（2）因工作原因获知未成年人封存信息的司法机关、教育行政部门、未成年人所在学校、社区等单位组织及其工作人员、诉讼参与人、社会调查员、合适成年人等，应当做好保密工作，不得泄露被封存的犯罪记录，不得向外界披露该未成年人的姓名、住所、照片，以及可能推断出该未成年人身份的其他资料。违反法律规定披露被封存信息的单位或个人，应当依法追究其法律责任。（3）承担犯罪记录封存以及保护未成年人隐私、信息工作的公职人员，不当泄漏未成年人犯罪记录或者隐私、信息的，应当予以处分；造成严重后果，给国家、个人造成重大损失或者恶劣影响的，依法追究刑事责任。（4）涉案未成年人应当封存的信息被不当公开，造成未成年人在就学、就业、生活保障等方面未受到同等待遇的，未成年人及其法定代理人可以向相关机关、单位提出封存申请，或者向人民检察院申请监督。（5）人民检察院对犯罪记录封存工作进行法律监督。对犯罪记录应当封存而未封存，或者封存不当，或者未成年人及其法定代理人提出异议的，人民检察院应当进行审查，对确实存在错误的，应当及时通知有关单位予以纠正。有关单位应当自收到人民检察院的纠正意见后及时审查处理。经审查无误的，应当向人民检察院说明理由；经审查确实有误的，应当及时纠正，并将纠正措施与结果告知人民检察院。

【常用法律、司法解释及相关规定】

《刑事诉讼法》（2018 年 10 月 26 日修正）

第二百七十七条 对犯罪的未成年人实行教育、感化、挽救的方针，坚持教育为主、惩罚为辅的原则。

人民法院、人民检察院和公安机关办理未成年人刑事案件，应当保障未成年人行使其诉讼权利，保障未成年人得到法律帮助，并由熟悉未成年人身心特点的审判人员、检察人员、侦查人员承办。

第二百七十八条 未成年犯罪嫌疑人、被告人没有委托辩护人的，人民法院、人民检察院、公安机关应当通知法律援助机构指派律师为其提供辩护。

第二百七十九条 公安机关、人民检察院、人民法院办理未成年人刑事案件，根据情况可以对未成年犯罪嫌疑人、被告人的成长经历、犯罪原因、监护教育等情况进行调查。

第二百八十条 对未成年犯罪嫌疑人、被告人应当严格限制适用逮捕措施。人民检察院审查批准逮捕和人民法院决定逮捕，应当讯问未成年犯罪嫌疑人、被告人，听取辩护律师的意见。

对被拘留、逮捕和执行刑罚的未成年人与成年人应当分别关押、分别管理、分别教育。

第二百八十一条 对于未成年人刑事案件，在讯问和审判的时候，应当通知未成年犯罪嫌疑人、被告人的法定代理人到场。无法通知、法定代理人不能到场或者法定代理人是共犯的，也可以通知未成年犯罪嫌疑人、被告人的其他成年亲属，所在学校、单位、居住地基层组织或者未成年人保护组织的代表到场，并将有关情况记录在案。到场的法定代理人可以代为行使未成年犯罪嫌疑人、被告人的诉讼权利。

到场的法定代理人或者其他人员认为办案人员在讯问、审判中侵犯未成年人合法权益的，可以提出意见。讯问笔录、法庭笔录应当交给到场的法定代理人或者其他人员阅读或者向他宣读。

讯问女性未成年犯罪嫌疑人，应当有女工作人员在场。

审判未成年人刑事案件，未成年被告人最后陈述后，其法定代理人可以进行补充陈述。

询问未成年被害人、证人，适用第一款、第二款、第三款的规定。

第二百八十五条 审判的时候被告人不满十八周岁的案件，不公开审理。但是，经未成年被告人及其法定代理人同意，未成年被告人所在学校和未成年人保护组织可以派代表到场。

第二百八十六条 犯罪的时候不满十八周岁，被判处五年有期徒刑以下刑罚的，应当对相关犯罪记录予以封存。

犯罪记录被封存的，不得向任何单位和个人提供，但司法机关为办案需要或者有关单位根据国家规定进行查询的除外。依法进行查询的单位，应当对被封存的犯罪记录的情况予以保密。

《最高人民法院关于适用〈中华人民共和国刑事诉讼法〉的解释》（2021年3月1日施行　法释〔2021〕1号）

第五百四十六条　人民法院审理未成年人刑事案件，应当贯彻教育、感化、挽救的方针，坚持教育为主、惩罚为辅的原则，加强对未成年人的特殊保护。

第五百四十七条　人民法院应当加强同政府有关部门、人民团体、社会组织等的配合，推动未成年人刑事案件人民陪审、情况调查、安置帮教等工作的开展，充分保障未成年人的合法权益，积极参与社会治安综合治理。

第五百四十八条　人民法院应当加强同政府有关部门、人民团体、社会组织等的配合，对遭受性侵害或者暴力伤害的未成年被害人及其家庭实施必要的心理干预、经济救助、法律援助、转学安置等保护措施。

第五百四十九条　人民法院应当确定专门机构或者指定专门人员，负责审理未成年人刑事案件。审理未成年人刑事案件的人员应当经过专门培训，熟悉未成年人身心特点、善于做未成年人思想教育工作。

参加审理未成年人刑事案件的人民陪审员，可以从熟悉未成年人身心特点、关心未成年人保护工作的人民陪审员名单中随机抽取确定。

第五百五十条　被告人实施被指控的犯罪时不满十八周岁、人民法院立案时不满二十周岁的案件，由未成年人案件审判组织审理。

下列案件可以由未成年人案件审判组织审理：

（一）人民法院立案时不满二十二周岁的在校学生犯罪案件；

（二）强奸、猥亵、虐待、遗弃未成年人等侵害未成年人人身权利的犯罪案件；

（三）由未成年人案件审判组织审理更为适宜的其他案件。

共同犯罪案件有未成年被告人的或者其他涉及未成年人的刑事案件，是否由未成年人案件审判组织审理，由院长根据实际情况决定。

第五百五十一条　对分案起诉至同一人民法院的未成年人与成年人共同犯罪案件，可以由同一个审判组织审理；不宜由同一个审判组织审理的，可以分别审理。

未成年人与成年人共同犯罪案件，由不同人民法院或者不同审判组织分别审理的，有关人民法院或者审判组织应当互相了解共同犯罪被告人的审判情况，注意全案的量刑平衡。

第五百五十二条　对未成年人刑事案件，必要时，上级人民法院可以根据刑事诉讼法第二十七条的规定，指定下级人民法院将案件移送其他人民法院审判。

第五百五十三条　对未成年被告人应当严格限制适用逮捕措施。

人民法院决定逮捕，应当讯问未成年被告人，听取辩护律师的意见。

对被逮捕且没有完成义务教育的未成年被告人，人民法院应当与教育行政部门互相配合，保证其接受义务教育。

第五百五十四条　人民法院对无固定住所、无法提供保证人的未成年被告人适用取保候审的，应当指定合适成年人作为保证人，必要时可以安排取保候审的被告人接受社会观护。

第五百五十五条　人民法院审理未成年人刑事案件，在讯问和开庭时，应当通知未成年被告人的法定代理人到场。法定代理人无法通知、不能到场或者是共犯的，也可以通知合适成年人到场，并将有关情况记录在案。

到场的法定代理人或者其他人员，除依法行使刑事诉讼法第二百八十一条第二款规定的权利外，经法庭同意，可以参与对未成年被告人的法庭教育等工作。

适用简易程序审理未成年人刑事案件，适用前两款规定。

第五百五十六条　询问未成年被害人、证人，适用前条规定。

审理未成年人遭受性侵害或者暴力伤害案件，在询问未成年被害人、证人时，应当采取同步录音录像等措施，尽量一次完成；未成年被害人、证人是女性的，应当由女性工作人员进行。

第五百五十七条　开庭审理时被告人不满十八周岁的案件，一律不公开审理。经未成年被告人及其法定代理人同意，未成年被告人所在学校和未成年人保护组织可以派代表到场。到场代表的人数和范围，由法庭决定。经法庭同意，到场代表可以参与对未成年被告人的法庭教育工作。

对依法公开审理，但可能需要封存犯罪记录的案件，不得组织人员旁听；

有旁听人员的，应当告知其不得传播案件信息。

第五百五十八条 开庭审理涉及未成年人的刑事案件，未成年被害人、证人一般不出庭作证；必须出庭的，应当采取保护其隐私的技术手段和心理干预等保护措施。

第五百五十九条 审理涉及未成年人的刑事案件，不得向外界披露未成年人的姓名、住所、照片以及可能推断出未成年人身份的其他资料。

查阅、摘抄、复制的案卷材料，涉及未成年人的，不得公开和传播。

第五百六十条 人民法院发现有关单位未尽到未成年人教育、管理、救助、看护等保护职责的，应当向该单位提出司法建议。

第五百六十一条 人民法院应当结合实际，根据涉及未成年人刑事案件的特点，开展未成年人法治宣传教育工作。

第五百六十三条 人民法院向未成年被告人送达起诉书副本时，应当向其讲明被指控的罪行和有关法律规定，并告知其审判程序和诉讼权利、义务。

第五百六十四条 审判时不满十八周岁的未成年被告人没有委托辩护人的，人民法院应当通知法律援助机构指派熟悉未成年人身心特点的律师为其提供辩护。

第五百六十五条 未成年被害人及其法定代理人因经济困难或者其他原因没有委托诉讼代理人的，人民法院应当帮助其申请法律援助。

第五百六十六条 对未成年人刑事案件，人民法院决定适用简易程序审理的，应当征求未成年被告人及其法定代理人、辩护人的意见。上述人员提出异议的，不适用简易程序。

第五百六十七条 被告人实施被指控的犯罪时不满十八周岁，开庭时已满十八周岁、不满二十周岁的，人民法院开庭时，一般应当通知其近亲属到庭。经法庭同意，近亲属可以发表意见。近亲属无法通知、不能到场或者是共犯的，应当记录在案。

第五百六十八条 对人民检察院移送的关于未成年被告人性格特点、家庭情况、社会交往、成长经历、犯罪原因、犯罪前后的表现、监护教育等情况的调查报告，以及辩护人提交的反映未成年被告人上述情况的书面材料，法庭应当接受。

必要时，人民法院可以委托社区矫正机构、共青团、社会组织等对未成年被告人的上述情况进行调查，或者自行调查。

第五百六十九条　人民法院根据情况，可以对未成年被告人、被害人、证人进行心理疏导；根据实际需要并经未成年被告人及其法定代理人同意，可以对未成年被告人进行心理测评。

心理疏导、心理测评可以委托专门机构、专业人员进行。

心理测评报告可以作为办理案件和教育未成年人的参考。

第五百七十条　开庭前和休庭时，法庭根据情况，可以安排未成年被告人与其法定代理人或者合适成年人会见。

第五百七十一条　人民法院应当在辩护台靠近旁听区一侧为未成年被告人的法定代理人或者合适成年人设置席位。

审理可能判处五年有期徒刑以下刑罚或者过失犯罪的未成年人刑事案件，可以采取适合未成年人特点的方式设置法庭席位。

第五百七十二条　未成年被告人或者其法定代理人当庭拒绝辩护人辩护的，适用本解释第三百一十一条第二款、第三款的规定。

重新开庭后，未成年被告人或者其法定代理人再次当庭拒绝辩护人辩护的，不予准许。重新开庭时被告人已满十八周岁的，可以准许，但不得再另行委托辩护人或者要求另行指派律师，由其自行辩护。

第五百七十三条　法庭审理过程中，审判人员应当根据未成年被告人的智力发育程度和心理状态，使用适合未成年人的语言表达方式。

发现有对未成年被告人威胁、训斥、诱供或者讽刺等情形的，审判长应当制止。

第五百七十四条　控辩双方提出对未成年被告人判处管制、宣告缓刑等量刑建议的，应当向法庭提供有关未成年被告人能够获得监护、帮教以及对所居住社区无重大不良影响的书面材料。

第五百七十五条　对未成年被告人情况的调查报告，以及辩护人提交的有关未成年被告人情况的书面材料，法庭应当审查并听取控辩双方意见。上述报告和材料可以作为办理案件和教育未成年人的参考。

人民法院可以通知作出调查报告的人员出庭说明情况，接受控辩双方和法庭的询问。

第五百七十六条　法庭辩论结束后，法庭可以根据未成年人的生理、心理特点和案件情况，对未成年被告人进行法治教育；判决未成年被告人有罪的，宣判后，应当对未成年被告人进行法治教育。

对未成年被告人进行教育，其法定代理人以外的成年亲属或者教师、辅导员等参与有利于感化、挽救未成年人的，人民法院应当邀请其参加有关活动。

适用简易程序审理的案件，对未成年被告人进行法庭教育，适用前两款规定。

第五百七十七条 未成年被告人最后陈述后，法庭应当询问其法定代理人是否补充陈述。

第五百七十八条 对未成年人刑事案件，宣告判决应当公开进行。

对依法应当封存犯罪记录的案件，宣判时，不得组织人员旁听；有旁听人员的，应当告知其不得传播案件信息。

第五百七十九条 定期宣告判决的未成年人刑事案件，未成年被告人的法定代理人无法通知、不能到场或者是共犯的，法庭可以通知合适成年人到庭，并在宣判后向未成年被告人的成年亲属送达判决书。

第五百八十一条 犯罪时不满十八周岁，被判处五年有期徒刑以下刑罚以及免予刑事处罚的未成年人的犯罪记录，应当封存。

司法机关或者有关单位向人民法院申请查询封存的犯罪记录的，应当提供查询的理由和依据。对查询申请，人民法院应当及时作出是否同意的决定。

第五百八十二条 人民法院可以与未成年犯管教所等服刑场所建立联系，了解未成年罪犯的改造情况，协助做好帮教、改造工作，并可以对正在服刑的未成年罪犯进行回访考察。

第五百八十三条 人民法院认为必要时，可以督促被收监服刑的未成年罪犯的父母或者其他监护人及时探视。

第五百八十四条 对被判处管制、宣告缓刑、裁定假释、决定暂予监外执行的未成年罪犯，人民法院可以协助社区矫正机构制定帮教措施。

第五百八十五条 人民法院可以适时走访被判处管制、宣告缓刑、免予刑事处罚、裁定假释、决定暂予监外执行等的未成年罪犯及其家庭，了解未成年罪犯的管理和教育情况，引导未成年罪犯的家庭承担管教责任，为未成年罪犯改过自新创造良好环境。

第五百八十六条　被判处管制、宣告缓刑、免予刑事处罚、裁定假释、决定暂予监外执行等的未成年罪犯，具备就学、就业条件的，人民法院可以就其安置问题向有关部门提出建议，并附送必要的材料。

《最高人民法院、最高人民检察院、公安部、司法部关于未成年人犯罪记录封存的实施办法》（2022 年 5 月 30 日施行）

第一条　为了贯彻对违法犯罪未成年人教育、感化、挽救的方针，加强对未成年人的特殊、优先保护，坚持最有利于未成年人原则，根据刑法、刑事诉讼法、未成年人保护法、预防未成年人犯罪法等有关法律规定，结合司法工作实际，制定本办法。

第二条　本办法所称未成年人犯罪记录，是指国家专门机关对未成年犯罪人员情况的客观记载。应当封存的未成年人犯罪记录，包括侦查、起诉、审判及刑事执行过程中形成的有关未成年人犯罪或者涉嫌犯罪的全部案卷材料与电子档案信息。

第三条　不予刑事处罚、不追究刑事责任、不起诉、采取刑事强制措施的记录，以及对涉罪未成年人进行社会调查、帮教考察、心理疏导、司法救助等工作的记录，按照本办法规定的内容和程序进行封存。

第四条　犯罪的时候不满十八周岁，被判处五年有期徒刑以下刑罚以及免予刑事处罚的未成年人犯罪记录，应当依法予以封存。

对在年满十八周岁前后实施数个行为，构成一罪或者一并处理的数罪，主要犯罪行为是在年满十八岁周岁前实施的，被判处或者决定执行五年有期徒刑以下刑罚以及免予刑事处罚的未成年人犯罪记录，应当对全案依法予以封存。

第五条　对于分案办理的未成年人与成年人共同犯罪案件，在封存未成年人案卷材料和信息的同时，应当在未封存的成年人卷宗封面标注"含犯罪记录封存信息"等明显标识，并对相关信息采取必要保密措施。对于未分案办理的未成年人与成年人共同犯罪案件，应当在全案卷宗封面标注"含犯罪记录封存信息"等明显标识，并对相关信息采取必要保密措施。

第六条　其他刑事、民事、行政及公益诉讼案件，因办案需要使用了被封存的未成年人犯罪记录信息的，应当在相关卷宗封面标明"含犯罪记录封存信息"，并对相关信息采取必要保密措施。

第七条 未成年人因事实不清、证据不足被宣告无罪的案件，应当对涉罪记录予以封存；但未成年被告人及其法定代理人申请不予封存或者解除封存的，经人民法院同意，可以不予封存或者解除封存。

第八条 犯罪记录封存决定机关在作出案件处理决定时，应当同时向案件被告人或犯罪嫌疑人及其法定代理人或近亲属释明未成年人犯罪记录封存制度，并告知其相关权利义务。

第九条 未成年人犯罪记录封存应当贯彻及时、有效的原则。对于犯罪记录被封存的未成年人，在入伍、就业时免除犯罪记录的报告义务。

被封存犯罪记录的未成年人因涉嫌再次犯罪接受司法机关调查时，应当主动、如实地供述其犯罪记录情况，不得回避、隐瞒。

第十条 对于需要封存的未成年人犯罪记录，应当遵循《中华人民共和国个人信息保护法》不予公开，并建立专门的未成年人犯罪档案库，执行严格的保管制度。

对于电子信息系统中需要封存的未成年人犯罪记录数据，应当加设封存标记，未经法定查询程序，不得进行信息查询、共享及复用。

封存的未成年人犯罪记录数据不得向外部平台提供或对接。

第十一条 人民法院依法对犯罪时不满十八周岁的被告人判处五年有期徒刑以下刑罚以及免予刑事处罚的，判决生效后，应当将刑事裁判文书、《犯罪记录封存通知书》及时送达被告人，并同时送达同级人民检察院、公安机关，同级人民检察院、公安机关在收到上述文书后应当在三日内统筹相关各级检察机关、公安机关将涉案未成年人的犯罪记录整体封存。

第十二条 人民检察院依法对犯罪时不满十八周岁的犯罪嫌疑人决定不起诉后，应当将《不起诉决定书》、《犯罪记录封存通知书》及时送达被不起诉人，并同时送达同级公安机关，同级公安机关收到上述文书后应当在三日内将涉案未成年人的犯罪记录封存。

第十三条 对于被判处管制、宣告缓刑、假释或者暂予监外执行的未成年罪犯，依法实行社区矫正，执行地社区矫正机构应当在刑事执行完毕后三日内将涉案未成年人的犯罪记录封存。

第十四条 公安机关、人民检察院、人民法院和司法行政机关分别负责受理、审核和处理各自职权范围内有关犯罪记录的封存、查询工作。

第十五条　被封存犯罪记录的未成年人本人或者其法定代理人申请为其出具无犯罪记录证明的，受理单位应当在三个工作日内出具无犯罪记录的证明。

第十六条　司法机关为办案需要或者有关单位根据国家规定查询犯罪记录的，应当向封存犯罪记录的司法机关提出书面申请，列明查询理由、依据和使用范围等，查询人员应当出示单位公函和身份证明等材料。

经审核符合查询条件的，受理单位应当在三个工作日内开具有／无犯罪记录证明。许可查询的，查询后，档案管理部门应当登记相关查询情况，并按照档案管理规定将有关申请、审批材料、保密承诺书等一同存入卷宗归档保存。依法不许可查询的，应当在三个工作日内向查询单位出具不许可查询决定书，并说明理由。

对司法机关为办理案件、开展重新犯罪预防工作需要申请查询的，封存机关可以依法允许其查阅、摘抄、复制相关案卷材料和电子信息。对司法机关以外的单位根据国家规定申请查询的，可以根据查询的用途、目的与实际需要告知被查询对象是否受过刑事处罚、被判处的罪名、刑期等信息，必要时，可以提供相关法律文书复印件。

第十七条　对于许可查询被封存的未成年人犯罪记录的，应当告知查询犯罪记录的单位及相关人员严格按照查询目的和使用范围使用有关信息，严格遵守保密义务，并要求其签署保密承诺书。不按规定使用所查询的犯罪记录或者违反规定泄露相关信息，情节严重或者造成严重后果的，应当依法追究相关人员的责任。

因工作原因获知未成年人封存信息的司法机关、教育行政部门、未成年人所在学校、社区等单位组织及其工作人员、诉讼参与人、社会调查员、合适成年人等，应当做好保密工作，不得泄露被封存的犯罪记录，不得向外界披露该未成年人的姓名、住所、照片，以及可能推断出该未成年人身份的其他资料。违反法律规定披露被封存信息的单位或个人，应当依法追究其法律责任。

第十八条　对被封存犯罪记录的未成年人，符合下列条件之一的，封存机关应当对其犯罪记录解除封存：

（一）在未成年时实施新的犯罪，且新罪与封存记录之罪数罪并罚后被决定执行刑罚超过五年有期徒刑的；

（二）发现未成年时实施的漏罪，且漏罪与封存记录之罪数罪并罚后被决定执行刑罚超过五年有期徒刑的；

（三）经审判监督程序改判五年有期徒刑以上刑罚的；

被封存犯罪记录的未成年人，成年后又故意犯罪的，人民法院应当在裁判文书中载明其之前的犯罪记录。

第十九条　符合解除封存条件的案件，自解除封存条件成立之日起，不再受未成年人犯罪记录封存相关规定的限制。

第二十条　承担犯罪记录封存以及保护未成年人隐私、信息工作的公职人员，不当泄漏未成年人犯罪记录或者隐私、信息的，应当予以处分；造成严重后果，给国家、个人造成重大损失或者恶劣影响的，依法追究刑事责任。

第二十一条　涉案未成年人应当封存的信息被不当公开，造成未成年人在就学、就业、生活保障等方面未受到同等待遇的，未成年人及其法定代理人可以向相关机关、单位提出封存申请，或者向人民检察院申请监督。

第二十二条　人民检察院对犯罪记录封存工作进行法律监督。对犯罪记录应当封存而未封存，或者封存不当，或者未成年人及其法定代理人提出异议的，人民检察院应当进行审查，对确实存在错误的，应当及时通知有关单位予以纠正。

有关单位应当自收到人民检察院的纠正意见后及时审查处理。经审查无误的，应当向人民检察院说明理由；经审查确实有误的，应当及时纠正，并将纠正措施与结果告知人民检察院。

第二十三条　对于2012年12月31日以前办结的案件符合犯罪记录封存条件的，应当按照本办法的规定予以封存。

第二十四条　本办法所称"五年有期徒刑以下"含本数。

第二十五条　本办法由最高人民法院、最高人民检察院、公安部、司法部共同负责解释。

第二十六条　本办法自2022年5月30日起施行。

【相关法律文书】

刑事判决书（未成年人公诉案件适用普通程序用）

刑事判决书（未成年人公诉案件适用简易程序用）

未成年人犯罪记录封存决定书

指定辩护人通知书

×××人民法院

刑事判决书

（未成年人公诉案件适用普通程序用）

（××××）……刑×……号

公诉机关×××人民检察院。

被告人……（写明姓名、性别、出生年月日、民族、出生地、文化程度、职业或者工作单位、学校、住址，所受强制措施情况、现羁押处所等）。

法定代理人……（写明姓名、与被告人的关系、工作单位和职务、住址等）。

指定辩护人（或者辩护人）……（写明姓名、工作单位和职务）。

×××人民检察院以……××检××刑诉（××××）××号起诉书指控被告人×××犯××罪，于××××年××月××日向本院提起公诉。本院于××××年××月××日立案，并依法组成合议庭。因本案被告人系未成年人（或者因本案涉及未成年被告人），依法不公开开庭审理了本案。×××人民检察院指派检察员×××出庭支持公诉，被害人×××及其法定代理人×××、诉讼代理人×××，被告人×××及其法定代理人×××、辩护人（或者指定辩护人）×××，证人×××，鉴定人×××，翻译人员×××等到庭参加诉讼。现已审理终结。

公诉机关（××××人民检察院）指控……（概述人民检察院指控被告人犯罪的事实、证据和适用法律的意见）。

被告人×××辩称……（概述被告人对指控的犯罪事实予以供述、辩解、自行辩护的意见和有关证据）。法定代理人×××……（概述对公诉机关指控被告人犯罪的意见、提供的有关证据）。辩护人×××提出的辩护意见是……（概述辩护人的辩护意见和有关证据）。

经审理查明，……（首先写明经庭审查明的事实；其次写明经举证、质证定案的证据及其来源；最后对控辩双方有异议的事实、证据进行分析、认证）。

根据《最高人民法院关于审理未成年人刑事案件具体应用法律若干问题的解释》的规定，在庭审过程中，本院了解到……（概述被告人的家庭情况、社会交往、成长经历、性格特点、平时表现等同被告人实施被指控犯罪密切相关的情况，以及实施被指控的犯罪前后的表现。如果可能判处被告人非监禁刑罚的，概述所具备的监护、帮教条件等情况）。

本院认为，……（根据查证属实的事实、证据和有关法律规定，论证公诉机关指控的犯罪是否成立，被告人的行为是否构成犯罪，犯什么罪，应否从轻、减轻、免除处罚或者从重处罚。对于控、辩双方关于适用法律方面的意见，应当有分析地表示是否予以采纳，并阐明理由。结合庭审查明的未成年被告人的成长轨迹，剖析未成年被告人走上犯罪道路的主客观方面的原因）。依照……（写明判决的法律依据）的规定，判决如下：

……〔判决结果。分三种情况：

第一、定罪判刑的，表述为：

"一、被告人×××犯××罪，判处……（写明主刑、附加刑）（刑期从判决执行之日起计算。判决执行以前先行羁押的，羁押一日折抵刑期一日，即自××××年××月××日起至××××年××月××日止）；

二，被告人×××……（写明决定追缴、退赔或者发还被害人、没收财物的名称、种类和数额）。"

第二，定罪免刑的，表述为：

"被告人×××犯××罪，免予刑事处罚（如有追缴、退赔或者没收财物的，续写第二项）。"

第三，宣告无罪的，不论是适用《中华人民共和国刑事诉讼法》第二百条第（二）项还是第（三）项，均应表述为：

"被告人×××无罪。"〕

如不服本判决，可在接到判决书的第二日起十日内，通过本院或者直接向×××人民法院提出上诉。书面上诉的，应当提交上诉状正本一份，副本×份。

审　判　长　×××

审　判　员　×××

审　判　员　×××

××××年××月××日

（院印）

本件与原本核对无异

书　记　员　×××

××××人民法院

刑事判决书

（未成年人公诉案件适用简易程序用）

（××××）……刑×……号

公诉机关××××人民检察院

被告人……（写明姓名、性别、出生年月日、民族、出生地、文化程度、职业或者工作单位、学校、住址，所受强制措施情况等，现羁押处所）。

法定代理人……（写明姓名、与被告人的关系、工作单位和职务、住址等）。

指定辩护人（或者辩护人）……（写明姓名、工作单位和职务）。

××××人民检察院以××检××刑诉（××××）××号起诉书指控被告人×××犯××罪，于××××年××月××日向本院提起公诉。本院依法适用简易程序，实现独任审判，因本案被告人系未成年人（或者因本案涉及未成年被告人），依法不公开开庭审理了本案。××××人民检察院指派检察员×××出庭支持公诉，被害人×××及其法定代理人×××、诉讼代理人×××，被告人×××及其法定代理人×××、辩护人（或者指定辩护人）×××，证人×××，鉴定人×××，翻译人员×××等到庭参加诉讼。现已审理终结。

公诉机关（××××人民检察院）指控……（简要概括起诉书指控犯罪事实内容）。

被告人×××的供述、辩解和辩护人×××的辩护意见……（予以概述）。

上述事实，被告人在开庭审理过程中亦无异议，并有物证……、证人×××证言、被害人×××陈述、××××公安局（或检察院）、书证、勘验、检查笔录和……鉴定结论予以证实，足以认定。

根据《最高人民法院关于审理未成年人刑事案件具体应用法律若干问题的解释》的规定，在庭审过程中，本院了解到……（概述被告人的家庭情况、社会交往、成长经历、性格特点、平时表现等同被告人实施被指控犯罪密切相关的情况，以及实施被指控的犯罪前后的表现。如果可能判处被告人非监禁刑罚的，概述所具备的监护、帮教条件等情况）。

本院认为，被告人×××的行为（具体）已构成××罪（对控辩双方争议的采纳或者驳斥理由，从轻、减轻或者免除处罚的理由，结合庭审查明的未成年被告人的成长轨迹，剖析未成年被告人走上犯罪道路的主客观方面的原因）。依照……（写明判决的法律依据）的规定，判决如下：

被告人×××犯××罪，判处……［写明判处的具体内容（主刑、附加刑）］（刑期从判决执行之日起计算。判决执行以前先行羁押的，羁押一日折抵刑期一日，即自××××年××月××日起至××××年××月××日止）。

如不服本判决，可在接到判决书的第二日起十日内，通过本院或者直接向×××人民法院提出上诉。书面上诉的，应当提交上诉状正本一份，副本×份。

审 判 员 ×××

××××年××月××日
（院印）

本件与原本核对无异

书 记 员 ×××

××××人民法院
未成年人犯罪记录封存决定书

（××××）……刑×……号

本院受理的××××人民检察院提起公诉的被告人×××犯××罪一案，于××××年××月××日作出（××××）……刑×……号刑事判决书，以××罪判处被告人×××……（写明主刑），并处……（写明附加刑）。该判决现已发生法律效力。

鉴于×××犯罪时未满十八周岁，且被判处五年有期徒刑以下刑罚，依据《中华人民共和国刑事诉讼法》第二百八十六条第一款、《最高人民法院关于适用〈中华人民共和国刑事诉讼法〉的解释》第五百八十一条第一款之规定，决定如下：

对×××的犯罪记录予以封存。

××××年××月××日
（院印）

××××人民法院
指定辩护人通知书

（××××）……刑×……号

××××（写明法律援助机构或者司法行政机关的名称）：

本院受理××××人民检察院提起公诉的被告人×××犯××罪一案，因被告人×××……（写明指定辩护人的事由），根据《中华人民共和国刑事诉讼法》第二百七十八条的规定，本院决定为其指定辩护人。请在收到本通知书三日内，指派承担法律援助义务的律师提供辩护，并于××××年××月××日前至本院××××审判庭查阅案卷，准备出庭辩护。

承办人：×××

联系方式：……

被告人监护人联系方式：……

附：××××人民检察院起诉书副本一份

××××年××月××日

（院印）

第二章　当事人和解的公诉案件诉讼程序

【工作内容】

（一）当事人和解的公诉案件诉讼程序适用范围

1. 下列公诉案件，被告人真诚悔罪，通过向被害人赔偿损失、赔礼道歉等方式获得被害人谅解，被害人自愿和解的，双方当事人可以和解：（1）因民间纠纷引起，涉嫌《刑法》分则第四章、第五章规定的犯罪案件，可能判处三年有期徒刑以下刑罚的；（2）除渎职犯罪以外的可能判处七年有期徒刑以下刑罚的过失犯罪案件。

2. 犯罪嫌疑人、被告人在五年以内曾经故意犯罪的，不适用当事人和解的公诉案件诉讼程序。

（二）和解程序的启动

1. 对于符合《刑事诉讼法》第二百八十八条规定的公诉案件，事实清楚、证据充分的，人民法院应当告知当事人可以自行和解。

2. 当事人提出申请的，人民法院可以主持双方当事人协商以达成和解。

3. 根据案件情况，人民法院可以邀请人民调解员、辩护人、诉讼代理人、当事人亲友等参与促成双方当事人和解。

（三）和解程序的参与人及其条件

1. 符合《刑事诉讼法》第二百八十八条规定的公诉案件，被害人死亡的，其近亲属可以与被告人和解。近亲属有多人的，达成和解协议，应当经处于最先继承顺序的所有近亲属同意。关于近亲属的范围，依照《刑事诉讼法》第一百零八条第六项的规定，包括夫、妻、父、母、子、女、同胞兄弟姊妹等，分别处于不同继承顺序。对于存在第一顺序继承人的情形，第一序位的近亲属未同意和解的，即使第二继承顺序的近亲属全部同意和解，也无权和被告人达成和解协议。

2. 被害人系无行为能力或者限制行为能力人的，其法定代理人、近亲属可以代为和解。

3. 被告人的近亲属经被告人同意，可以代为和解。

4. 被告人系限制行为能力人的，其法定代理人可以代为和解。

（四）和解协议书的审查、制作及履行等

1. 和解协议书的审查。（1）对公安机关、人民检察院主持制作的和解协议书，当事人提出异议的，承办法官应当审查。经审查，和解自愿、合法的，予以确认，无须重新制作和解协议书；和解不具有自愿性、合法性的，应当认定无效。和解协议被认定无效后，双方当事人重新达成和解的，人民法院应当主持制作新的和解协议书。（2）审判期间，双方当事人和解的，承办法官应当听取当事人及其法定代理人等有关人员的意见。双方当事人在庭外达成和解的，人民法院应当通知公诉人，并听取其意见。经审查，和解自愿、合法的，应当主持制作和解协议书。

2. 和解协议书的制作。（1）和解协议的内容：被告人承认自己所犯罪行，对犯罪事实没有异议，并真诚悔罪；被告人通过向被害人赔礼道歉、赔偿损失等方式获得被害人谅解；涉及赔偿损失的，应当写明赔偿的数额、方式等；提起附带民事诉讼的，由附带民事诉讼原告人撤回附带民事诉讼；被害人自愿和解，请求或者同意对被告人依法从宽处罚。（2）和解协议书应当由双方当事人和审判人员签名，但不加盖人民法院印章。（3）和解协议书一式三份，双方当事人各持一份，另一份交人民法院附卷备查。（4）对和解协议中的赔偿损失内容，双方当事人要求保密的，人民法院应当准许，并采取相应的保密措施。

3. 和解协议书的履行。（1）和解协议约定的赔偿损失内容，被告人应当在协议签署后即时履行。和解协议已经全部履行，当事人反悔的，人民法院不予支持，但有证据证明和解违反自愿、合法原则的除外。（2）被害人或者其法定代理人、近亲属提起附带民事诉讼后，双方愿意和解，但被告人不能即时履行全部赔偿义务的，人民法院应当制作刑事附带民事调解书。（3）被告人的法定代理人、近亲属代为和解的，和解协议约定的赔礼道歉等事项，应由被告人本人履行。

4. 达成和解协议的案件的处理。（1）人民法院应当对被告人从轻处罚；符合非监禁刑适用条件的，应当适用非监禁刑；判处法定最低刑仍然过重的，可以减轻处罚；综合全案认为犯罪情节轻微不需要判处刑罚的，可以免除刑事处罚。（2）共同犯罪案件，部分被告人与被害人达成和解协议的，可以依法对该部分被告人从宽处罚，但应当注意全案的量刑平衡。（3）达成和解协议的，裁判文书应当叙明，并援引《刑事诉讼法》的相关条文。（4）双方当事人在侦查、审查起诉期间已经达成和解协议并全部履行，被害人或者其法定代理人、近亲属又提起附带民事诉讼的，应作出不予受理裁定，但有证据证明和解违反自愿、合法原则的除外。

【常用法律、司法解释及相关规定】

《刑事诉讼法》（2018 年 10 月 26 日修正）

第一百零八条 本法下列用语的含意是：

（一）"侦查"是指公安机关、人民检察院对于刑事案件，依照法律进行的收集证据、查明案情的工作和有关的强制性措施；

（二）"当事人"是指被害人、自诉人、犯罪嫌疑人、被告人、附带民事诉讼的原告人和被告人；

（三）"法定代理人"是指被代理人的父母、养父母、监护人和负有保护责任的机关、团体的代表；

（四）"诉讼参与人"是指当事人、法定代理人、诉讼代理人、辩护人、证人、鉴定人和翻译人员；

（五）"诉讼代理人"是指公诉案件的被害人及其法定代理人或者近亲属、自诉案件的自诉人及其法定代理人委托代为参加诉讼的人和附带民事诉讼的当事人及其法定代理人委托代为参加诉讼的人；

（六）"近亲属"是指夫、妻、父、母、子、女、同胞兄弟姊妹。

第二百八十八条 下列公诉案件，犯罪嫌疑人、被告人真诚悔罪，通过向被害人赔偿损失、赔礼道歉等方式获得被害人谅解，被害人自愿和解的，双方当事人可以和解：

（一）因民间纠纷引起，涉嫌刑法分则第四章、第五章规定的犯罪案件，可能判处三年有期徒刑以下刑罚的；

（二）除渎职犯罪以外的可能判处七年有期徒刑以下刑罚的过失犯罪案件。

犯罪嫌疑人、被告人在五年以内曾经故意犯罪的，不适用本章规定的程序。

第二百八十九条　双方当事人和解的，公安机关、人民检察院、人民法院应当听取当事人和其他有关人员的意见，对和解的自愿性、合法性进行审查，并主持制作和解协议书。

第二百九十条　对于达成和解协议的案件，公安机关可以向人民检察院提出从宽处理的建议。人民检察院可以向人民法院提出从宽处罚的建议；对于犯罪情节轻微，不需要判处刑罚的，可以作出不起诉的决定。人民法院可以依法对被告人从宽处罚。

《最高人民法院关于适用〈中华人民共和国刑事诉讼法〉的解释》（2021年3月1日施行　法释〔2021〕1号）

第五百八十七条　对符合刑事诉讼法第二百八十八条规定的公诉案件，事实清楚、证据充分的，人民法院应当告知当事人可以自行和解；当事人提出申请的，人民法院可以主持双方当事人协商以达成和解。

根据案件情况，人民法院可以邀请人民调解员、辩护人、诉讼代理人、当事人亲友等参与促成双方当事人和解。

第五百八十八条　符合刑事诉讼法第二百八十八条规定的公诉案件，被害人死亡的，其近亲属可以与被告人和解。近亲属有多人的，达成和解协议，应当经处于最先继承顺序的所有近亲属同意。

被害人系无行为能力或者限制行为能力人的，其法定代理人、近亲属可以代为和解。

第五百八十九条　被告人的近亲属经被告人同意，可以代为和解。

被告人系限制行为能力人的，其法定代理人可以代为和解。

被告人的法定代理人、近亲属依照前两款规定代为和解的，和解协议约定的赔礼道歉等事项，应当由被告人本人履行。

第五百九十条　对公安机关、人民检察院主持制作的和解协议书，当事人提出异议的，人民法院应当审查。经审查，和解自愿、合法的，予以确认，无需重新制作和解协议书；和解违反自愿、合法原则的，应当认定无效。和解协议被认定无效后，双方当事人重新达成和解的，人民法院应当主持制作新的和解协议书。

第五百九十一条 审判期间，双方当事人和解的，人民法院应当听取当事人及其法定代理人等有关人员的意见。双方当事人在庭外达成和解的，人民法院应当通知人民检察院，并听取其意见。经审查，和解自愿、合法的，应当主持制作和解协议书。

第五百九十二条 和解协议书应当包括以下内容：

（一）被告人承认自己所犯罪行，对犯罪事实没有异议，并真诚悔罪；

（二）被告人通过向被害人赔礼道歉、赔偿损失等方式获得被害人谅解；涉及赔偿损失的，应当写明赔偿的数额、方式等；提起附带民事诉讼的，由附带民事诉讼原告人撤回起诉；

（三）被害人自愿和解，请求或者同意对被告人依法从宽处罚。

和解协议书应当由双方当事人和审判人员签名，但不加盖人民法院印章。

和解协议书一式三份，双方当事人各持一份，另一份交人民法院附卷备查。

对和解协议中的赔偿损失内容，双方当事人要求保密的，人民法院应当准许，并采取相应的保密措施。

第五百九十三条 和解协议约定的赔偿损失内容，被告人应当在协议签署后即时履行。

和解协议已经全部履行，当事人反悔的，人民法院不予支持，但有证据证明和解违反自愿、合法原则的除外。

第五百九十四条 双方当事人在侦查、审查起诉期间已经达成和解协议并全部履行，被害人或者其法定代理人、近亲属又提起附带民事诉讼的，人民法院不予受理，但有证据证明和解违反自愿、合法原则的除外。

第五百九十五条 被害人或者其法定代理人、近亲属提起附带民事诉讼后，双方愿意和解，但被告人不能即时履行全部赔偿义务的，人民法院应当制作附带民事调解书。

第五百九十六条 对达成和解协议的案件，人民法院应当对被告人从轻处罚；符合非监禁刑适用条件的，应当适用非监禁刑；判处法定最低刑仍然过重的，可以减轻处罚；综合全案认为犯罪情节轻微不需要判处刑罚的，可以免予刑事处罚。

　　共同犯罪案件，部分被告人与被害人达成和解协议的，可以依法对该部分被告人从宽处罚，但应当注意全案的量刑平衡。

　　第五百九十七条　达成和解协议的，裁判文书应当叙明，并援引刑事诉讼法的相关条文。

第三章　缺席审判程序

【工作内容】

1. 对于贪污贿赂犯罪案件，以及需要及时进行审判，经最高人民检察院核准的严重危害国家安全犯罪、恐怖活动犯罪案件，犯罪嫌疑人、被告人在境外，监察机关、公安机关移送起诉，人民检察院认为犯罪事实已经查清，证据确实、充分，依法应当追究刑事责任的，向人民法院提起公诉，有明确的指控，犯罪事实符合缺席审判程序适用条件的，应当由犯罪地、被告人离境前居住地或者最高人民法院指定的中级人民法院组成合议庭进行审理。

2. 对于人民检察院依照缺席审判程序提起公诉的案件，人民法院应当进行实质审查。重点审查以下内容：（1）是否属于可以适用缺席审判程序的案件范围；（2）是否属于本院管辖；（3）是否写明被告人的基本情况，包括明确的境外居住地、联系方式等；（4）是否写明被告人涉嫌有关犯罪的主要事实，并附证据材料；（5）是否写明被告人有无近亲属以及近亲属的姓名、身份、住址、联系方式等情况；（6）是否列明违法所得及其他涉案财产的种类、数量、价值、所在地等，并附证据材料；（7）是否附有查封、扣押、冻结违法所得及其他涉案财产的清单和相关法律手续。规定的材料需要翻译件的，人民法院应当要求人民检察院一并移送。

3. 对人民检察院依照《刑事诉讼法》第二百九十一条第一款的规定提起公诉的案件，人民法院审查后，应当按照下列情形分别处理：（1）符合缺席审判程序适用条件，属于本院管辖，且材料齐全的，应当受理；（2）不属于可以适用缺席审判程序的案件范围、不属于本院管辖或者不符合缺席审判程序的其他适用条件的，应当退回人民检察院；（3）材料不全的，应当通知人民检察院在三十日以内补送；三十日以内不能补送的，应当退回人民检察院。

4. 人民法院应当通过有关国际条约规定的或者外交途径提出的司法协助方式，或者被告人所在地法律允许的其他方式将传票和人民检察院的起诉书副本、判决书等法律文书送达被告人，传票和起诉书副本送达后，被告人未按要求到案的，人民法院应当开庭审理，依法作出判决。

5. 对人民检察院依照《刑事诉讼法》第二百九十一条第一款的规定提起公诉的案件，人民法院立案后，应当将传票和起诉书副本送达被告人，传票应当载明被告人到案期限以及不按要求到案的法律后果等事项；应当将起诉书副本送达被告人近亲属，告知其有权代为委托辩护人，并通知其敦促被告人归案。

6. 人民法院审理人民检察院依照《刑事诉讼法》第二百九十一条第一款的规定提起公诉的案件，被告人有权委托或者由近亲属代为委托一至二名辩护人。委托律师担任辩护人的，应当委托具有中华人民共和国律师资格并依法取得执业证书的律师；在境外委托的，应当依照《最高人民法院关于适用〈中华人民共和国刑事诉讼法〉的解释》第四百八十六条的规定对授权委托进行公证、认证。被告人及其近亲属没有委托辩护人的，人民法院应当通知法律援助机构指派律师为被告人提供辩护。被告人及其近亲属拒绝法律援助机构指派的律师辩护的，依照《最高人民法院关于适用〈中华人民共和国刑事诉讼法〉的解释》第五十条第二款的规定处理。

7. 人民法院审理人民检察院依照《刑事诉讼法》第二百九十一条第一款的规定提起公诉的案件，被告人的近亲属申请参加诉讼的，应当在收到起诉书副本后、第一审开庭前提出，并提供与被告人关系的证明材料。有多名近亲属的，应当推选一至二人参加诉讼。对被告人的近亲属提出申请的，人民法院应当及时审查决定。

8. 人民法院审理人民检察院依照《刑事诉讼法》第二百九十一条第一款的规定提起公诉的案件，参照适用公诉案件第一审普通程序的有关规定。被告人的近亲属参加诉讼的，可以发表意见，出示证据，申请法庭通知证人、鉴定人等出庭，进行辩论。

9. 对人民检察院依照《刑事诉讼法》第二百九十一条第一款的规定提起公诉的案件，人民法院审理后应当参照《最高人民法院关于适用〈中华人民共和国刑事诉讼法〉的解释》第二百九十五条的规定作出判决、裁定。作出有罪判决的，应当达到证据确实、充分的证明标准。经审理认定的罪名不属于《刑事诉讼法》第二百九十一条第一款规定的罪名的，应当终止审理。适用缺席审判程序审理案件，可以对违法所得及其他涉案财产一并作出处理。

10. 人民法院应当将判决书送达被告人及其近亲属、辩护人。被告人或者其近亲属不服判决的，有权向上一级人民法院上诉。辩护人经被告人或者其近亲属同意，可以提出上诉。人民检察院认为人民法院的判决确有错误的，应当向上级人民法院提出抗诉。

11. 缺席审理过程中，被告人自动投案或者被抓获的，人民法院应当重新审理。罪犯在判决、裁定发生法律效力后到案的，人民法院应当将罪犯交付执行刑罚。交付执行刑罚前，人民法院应当告知罪犯有权对判决、裁定提出异议。罪犯对判决、裁定提出异议的，人民法院应当重新审理。依照生效判决、裁定对罪犯的财产进行的处理确有错误的，应当予以返还，赔偿。

12. 被告人患有严重疾病无法出庭，中止审理超过六个月，被告人仍无法出庭，被告人及其法定代理人、近亲属申请或者同意恢复审理的，人民法院可以在被告人不出庭的情况下缺席审理，依法作出判决。需要注意的是：（1）此处"患有严重疾病无法出庭"实际上是指没有受审能力，而不能作其他泛化解释，更不能将被告人因身体残疾不便到庭参加诉讼就理解为此处规定"患有严重疾病无法出庭"；（2）被告人缺乏受审能力，不少情况下无法表达意愿，应当允许其法定代理人、近亲属代为申请或者同意恢复审理。是否限定申请或同意恢复审理人员的顺序，实践中，如果绝大多数近亲属反对，只有个别近亲属申请或者同意恢复审理的，原则上不宜适用缺席审判程序，但是现有证据证明被告人无罪的，可能作出无罪判决的，也可以视具体情况考虑恢复审理。

13. 被告人死亡的，人民法院应当裁定终止审理。但有证据证明被告人无罪，人民法院经缺席审理，确认无罪的，应当依法作出判决。上述所称"有证据证明被告人无罪，经缺席审理确认无罪"，包括案件事实清楚，证据确实、充分，依据法律认定被告人无罪的情形，以及证据不足，不能认定被告人有罪的情形。

14. 人民法院按照审判监督程序重新审判的案件，被告人死亡的，人民法院可以缺席审理，有证据证明被告人无罪，经缺席审理确认被告人无罪的，应当判决宣告被告人无罪；虽然构成犯罪，但原判量刑畸重的，应当依法作出判决。对于被告人定罪量刑没有问题，但涉案财物处理确有错误的，涉及的财务价值又很巨大，即使被告人死亡，也应当依法纠正，不宜简单终止审理。

【常用法律、司法解释及相关规定】

《刑事诉讼法》（2018 年 10 月 26 日修正）

第二百九十一条　对于贪污贿赂犯罪案件，以及需要及时进行审判，经最高人民检察院核准的严重危害国家安全犯罪、恐怖活动犯罪案件，犯罪嫌疑人、被告人在境外，监察机关公安机关移送起诉，人民检察院认为犯罪事实已经查清，证据确实、充分，依法应当追究刑事责任的，可以向人民法院提起公诉。人民法院进行审查后，对于起诉书中有明确的指控，犯罪事实符合缺席审判程序适用条件的，应当决定开庭审判。

前款案件，由犯罪地、被告人离境前居住地或者最高人民法院指定的中级人民法院组成合议庭进行审理。

第二百九十二条　人民法院应当通过有关国际条约规定的或者外交途径提出的司法协助方式，或者被告人所在地法律允许的其他方式，将传票和人民检察院的起诉书副本送达被告人。传票和起诉书副本送达后，被告人未按要求到案的，人民法院应当开庭审理，依法作出判决，并对违法所得及其他涉案财产作出处理。

第二百九十三条　人民法院缺席审判案件，被告人有权委托辩护人，被告人的近亲属可以代为委托辩护人。被告人及其近亲属没有委托辩护人的，人民法院应当通知法律援助机构指派律师为其提供辩护。

第二百九十四条　人民法院应当将判决书送达被告人及其近亲属、辩护人。被告人或者其近亲属不服判决的，有权向上一级人民法院上诉。辩护人经被告人或者其近亲属同意，可以提出上诉。

人民检察院认为人民法院的判决确有错误的，应当向上一级人民法院提出抗诉。

第二百九十五条　在审理过程中，被告人自动投案或者被抓获的，人民法院应当重新审理。

罪犯在判决、裁定发生法律效力后到案的，人民法院应当将罪犯交付执行刑罚。交付执行刑罚前，人民法院应当告知罪犯有权对判决、裁定提出异议。罪犯对判决、裁定提出异议的，人民法院应当重新审理。

依照生效判决、裁定对罪犯的财产进行的处理确有错误的，应当予以返还、赔偿。

第二百九十六条 因被告人患有严重疾病无法出庭，中止审理超过六个月，被告人仍无法出庭，被告人及其法定代理人、近亲属申请或者同意恢复审理的，人民法院可以在被告人不出庭的情况下缺席审理，依法作出判决。

第二百九十七条 被告人死亡的，人民法院应当裁定终止审理，但有证据证明被告人无罪，人民法院经缺席审理确认无罪的，应当依法作出判决。

人民法院按照审判监督程序重新审判的案件，被告人死亡的，人民法院可以缺席审理，依法作出判决。

《最高人民法院关于适用〈中华人民共和国刑事诉讼法〉的解释》（2021年3月1日施行　法释〔2021〕1号）

第五百九十八条 对人民检察院依照刑事诉讼法第二百九十一条第一款的规定提起公诉的案件，人民法院应当重点审查以下内容：

（一）是否属于可以适用缺席审判程序的案件范围；

（二）是否属于本院管辖；

（三）是否写明被告人的基本情况，包括明确的境外居住地、联系方式等；

（四）是否写明被告人涉嫌有关犯罪的主要事实，并附证据材料；

（五）是否写明被告人有无近亲属以及近亲属的姓名、身份、住址、联系方式等情况；

（六）是否列明违法所得及其他涉案财产的种类、数量、价值、所在地等，并附证据材料；

（七）是否附有查封、扣押、冻结违法所得及其他涉案财产的清单和相关法律手续。

前款规定的材料需要翻译件的，人民法院应当要求人民检察院一并移送。

第五百九十九条 对人民检察院依照刑事诉讼法第二百九十一条第一款的规定提起公诉的案件，人民法院审查后，应当按照下列情形分别处理：

（一）符合缺席审判程序适用条件，属于本院管辖，且材料齐全的，应当受理；

（二）不属于可以适用缺席审判程序的案件范围、不属于本院管辖或者不符合缺席审判程序的其他适用条件的，应当退回人民检察院；

（三）材料不全的，应当通知人民检察院在三十日以内补送；三十日以内不能补送的，应当退回人民检察院。

第六百条　对人民检察院依照刑事诉讼法第二百九十一条第一款的规定提起公诉的案件，人民法院立案后，应当将传票和起诉书副本送达被告人，传票应当载明被告人到案期限以及不按要求到案的法律后果等事项；应当将起诉书副本送达被告人近亲属，告知其有权代为委托辩护人，并通知其敦促被告人归案。

第六百零一条　人民法院审理人民检察院依照刑事诉讼法第二百九十一条第一款的规定提起公诉的案件，被告人有权委托或者由近亲属代为委托一至二名辩护人。委托律师担任辩护人的，应当委托具有中华人民共和国律师资格并依法取得执业证书的律师；在境外委托的，应当依照本解释第四百八十六条的规定对授权委托进行公证、认证。

被告人及其近亲属没有委托辩护人的，人民法院应当通知法律援助机构指派律师为被告人提供辩护。

被告人及其近亲属拒绝法律援助机构指派的律师辩护的，依照本解释第五十条第二款的规定处理。

第六百零二条　人民法院审理人民检察院依照刑事诉讼法第二百九十一条第一款的规定提起公诉的案件，被告人的近亲属申请参加诉讼的，应当在收到起诉书副本后、第一审开庭前提出，并提供与被告人关系的证明材料。有多名近亲属的，应当推选一至二人参加诉讼。

对被告人的近亲属提出申请的，人民法院应当及时审查决定。

第六百零三条　人民法院审理人民检察院依照刑事诉讼法第二百九十一条第一款的规定提起公诉的案件，参照适用公诉案件第一审普通程序的有关规定。被告人的近亲属参加诉讼的，可以发表意见，出示证据，申请法庭通知证人、鉴定人等出庭，进行辩论。

第六百零四条　对人民检察院依照刑事诉讼法第二百九十一条第一款的

规定提起公诉的案件，人民法院审理后应当参照本解释第二百九十五条的规定作出判决、裁定。

作出有罪判决的，应当达到证据确实、充分的证明标准。

经审理认定的罪名不属于刑事诉讼法第二百九十一条第一款规定的罪名的，应当终止审理。

适用缺席审判程序审理案件，可以对违法所得及其他涉案财产一并作出处理。

第六百零五条 因被告人患有严重疾病导致缺乏受审能力，无法出庭受审，中止审理超过六个月，被告人仍无法出庭，被告人及其法定代理人、近亲属申请或者同意恢复审理的，人民法院可以根据刑事诉讼法第二百九十六条的规定缺席审判。

符合前款规定的情形，被告人无法表达意愿的，其法定代理人、近亲属可以代为申请或者同意恢复审理。

第六百零六条 人民法院受理案件后被告人死亡的，应当裁定终止审理；但有证据证明被告人无罪，经缺席审理确认无罪的，应当判决宣告被告人无罪。

前款所称"有证据证明被告人无罪，经缺席审理确认无罪"，包括案件事实清楚，证据确实、充分，依据法律认定被告人无罪的情形，以及证据不足，不能认定被告人有罪的情形。

第六百零七条 人民法院按照审判监督程序重新审判的案件，被告人死亡的，可以缺席审理。有证据证明被告人无罪，经缺席审理确认被告人无罪的，应当判决宣告被告人无罪；虽然构成犯罪，但原判量刑畸重的，应当依法作出判决。

第四章　犯罪嫌疑人、被告人逃匿、死亡案件违法所得的没收程序

【工作内容】

（一）适用条件

1. 案件范围。（1）贪污、挪用公款、巨额财产来源不明、隐瞒境外存款、私分国有资产、私分罚没财物犯罪案件。（2）受贿、单位受贿、利用影响力受贿、行贿、对有影响力的人行贿、对单位行贿、介绍贿赂、单位行贿犯罪案件。（3）失职渎职等职务犯罪案件。（4）组织、领导、参加恐怖组织，帮助恐怖活动，准备实施恐怖活动，宣扬恐怖主义、极端主义、煽动实施恐怖活动，利用极端主义破坏法律实施，强制穿戴宣扬恐怖主义、极端主义服饰、标志，非法持有宣扬恐怖主义、极端主义物品犯罪案件。（5）危害国家安全、走私、洗钱、金融诈骗、黑社会性质的组织、毒品犯罪案件。（6）电信诈骗、网络诈骗犯罪案件，依照上述规定的犯罪案件处理。（7）其他重大犯罪案件。犯罪嫌疑人、被告人逃匿，在通缉一年后不能到案，或者犯罪嫌疑人、被告人死亡，依照《刑法》规定应当追缴其违法所得及其他涉案财产的。

2. 认定标准。（1）重大犯罪案件：在省、自治区、直辖市或者全国范围内具有较大影响的犯罪案件，或者犯罪嫌疑人、被告人逃匿境外的犯罪案件。（2）逃匿：犯罪嫌疑人、被告人为逃避侦查和刑事追究潜逃、隐匿，或者在刑事诉讼过程中脱逃的；犯罪嫌疑人、被告人因意外事故下落不明满二年，或者因意外事故下落不明，经有关机关证明其不可能生存的。（3）通缉：公安机关发布通缉令或者公安部通过国际刑警组织发布红色国际通报。

3. 违法所得的范围。（1）通过实施犯罪直接或者间接产生、获得的任何

财产；（2）违法所得已经部分或者全部转变、转化为其他财产的，转变、转化后的财产；（3）来自违法所得转变、转化后的财产收益，或者来自已经与违法所得相混合财产中违法所得相应部分的收益；（4）被告人非法持有的违禁品、供犯罪所用的本人财物。

（二）没收违法所得程序的启动

1. 没收违法所得申请的提出。（1）犯罪嫌疑人、被告人潜逃，在通缉一年后（发布通缉令的第二日起，至人民检察院向人民法院提出没收违法所得申请之日止）不能到案，或者犯罪嫌疑人、被告人死亡的；单位实施前述犯罪后被撤销、注销，单位直接负责的主管人员和其他直接责任人员逃匿、死亡，导致案件无法适用刑事诉讼普通程序进行审理的，人民检察院可以向人民法院提出没收违法所得的申请。（2）审理案件过程中，被告人死亡的，应当裁定终止审理；被告人脱逃的，应当裁定中止审理。符合《刑事诉讼法》第二百九十八条第一款规定的，人民检察院可以向人民法院提出没收违法所得的申请；符合《刑事诉讼法》第二百九十一条第一款规定的，人民检察院可以按照缺席审判程序向人民法院提起公诉。人民检察院向原受理案件的人民法院提出申请的，可以由同一审判组织依照特别没收程序审理。（3）人民检察院向人民法院提出没收违法所得的申请，应当制作没收违法所得申请书，并载明以下内容：①犯罪嫌疑人、被告人的基本情况；②案由及案件来源；③犯罪嫌疑人、被告人涉嫌犯罪的事实及相关证据材料；④犯罪嫌疑人、被告人逃匿、被通缉、脱逃、下落不明、死亡的情况；⑤申请没收的财产的种类、数量、价值、所在地以及已查封、扣押、冻结财产清单和相关法律手续；⑥申请没收的财产属于违法所得及其他涉案财产的相关事实及证据材料；⑦提出没收违法所得申请的理由和法律依据；⑧有无利害关系人以及利害关系人的姓名、身份、住址、联系方式；⑨其他应当载明的内容。上述材料需要翻译件的，人民检察院应当将翻译件随没收违法所得申请书一并移送人民法院。

2. 对没收违法所得申请的审查。（1）审查内容：①是否属于可以适用违法所得没收程序的案件范围；②是否属于本院管辖；③是否写明犯罪嫌疑人、被告人基本情况，以及涉嫌有关犯罪的情况，并附证据材料；④是否写明犯罪嫌疑人、被告人逃匿、被通缉、脱逃、下落不明、死亡等情况，并附证据材料；⑤是否列明违法所得及其他涉案财产的种类、数量、价值、所在地等，并附证据材料；⑥是否附有查封、扣押、冻结违法所得及其他涉案财产的清单和法律手续；⑦是否写明犯罪嫌疑人、被告人有无利害关系人，利害关系人的姓名、身份、住址、联系方式及其要求等情况；⑧是否写明申请没收的理由和法律依据；⑨其他依法需要审查的内容和材料。上述材料需要翻译件的，人民法院应当要求人民检察院一并移送。（2）审查期限：应当在三十日内审查完毕。（3）审查后的处理：①属于没收违法所得申请受案范围和本院管辖，且材料齐全、有证据证明有犯罪事实的，应当受理；②不属于没收违法所得申请受案范围或者本院管辖的，应当退回人民检察院；③对于没收违法所得申请不符合"有证据证明有犯罪事实"（有证据证明发生了犯罪事实；有证据证明该犯罪事实是犯罪嫌疑人、被告人实施的；证明犯罪嫌疑人、被告人实施犯罪行为的证据真实、合法）标准要求的，应当通知人民检察院撤回申请，人民检察院应当撤回；④材料不全的，应当通知人民检察院在七日内补送，七日内不能补送的，应当退回人民检察院。

（三）特别没收程序案件的审理

1. 管辖。由犯罪地或者犯罪嫌疑人、被告人居住地的中级人民法院组成合议庭进行审理。

2. 公告。（1）公告期：应当在十五日内发布公告，公告期为六个月。公告期间不适用中止、中断、延长的规定。（2）公告内容：①案由、案件来源以及属于本院管辖；②犯罪嫌疑人、被告人的基本情况；③犯罪嫌疑人、被告人涉嫌犯罪的事实；④犯罪嫌疑人、被告人逃匿、被通缉、脱逃、下落不明、死亡的情况；⑤申请没收的财产的种类、数量、价值、所在地以及已查封、扣押、冻结财产的清单和相关法律手续；⑥申请没收的财产属于违法所得及其他涉案财产的相关事实；⑦申请没收的理由和法律依据；⑧利害关系人申请参加诉讼的期限、方式以及未按照该期限、方式申请参加诉讼可能承担的不利法律后果；⑨其他应当公告的情况。（3）公告方式。①公告应当在全国公开发行的报纸、信息网络媒体、最高人民法院的官方网站发布，并在人民法院公告栏发布。必要时，公告可以在犯罪地、犯罪嫌疑人、被告人居住地或者被申请没收财产所在地发布。最后发布公告的日期为公告日期。发布公告的，应当采取拍照、录像等方式记录发布过程。②掌握境内利害关系人联系方式的，应当直接送达含有公告内容的通知；直接送达有困难的，可以委托代为送达、邮寄送达。经受送达人同意的，可以采用传真、电子邮件等能够确认其收悉的方式告知公告内容，并记录在案。③掌握境外犯罪嫌疑人、被告人、利害关系人联系方式，经受送达人同意的，可以采用传真、电子邮件等能够确认其收悉的方式告知公告内容，并记录在案；受送达人未表示同意，或者人民法院未掌握境外犯罪嫌疑人、被告人、利害关系人联系方式，其所在国、地区的主管机关明确提出应当向受送达人送达含有公告内容的通知的，人民法院可以决定是否送达。决定送达的，应当依照《最高人民法院关于适用〈中华人民共和国刑事诉讼法〉的解释》第四百九十三条的规定请求所在国、地区提供司法协助。

3. 利害关系人参加诉讼。（1）利害关系人的范围：犯罪嫌疑人、被告人的近亲属和其他对申请没收的财产主张权利的自然人和单位。（2）犯罪嫌疑人、被告人的近亲属和其他利害关系人申请参加诉讼的，应当在公告期间内提出。（3）利害关系人申请参加诉讼的，应当提供与犯罪嫌疑人、被告人关系的证明材料或者证明其可以对违法所得及其他涉案财产主张权利的证据材料；利害关系人可以委托诉讼代理人参加诉讼。委托律师担任诉讼代理人的，应当委托具有中华人民共和国律师资格并依法取得执业证书的律师；在境外委托诉讼代理人的，应当委托具有中华人民共和国律师资格并依法取得执业证书的律师，依照《最高人民法院关于适用〈中华人民共和国刑事诉讼法〉的解释》第四百八十六条的规定对授权委托进行公证、认证。（4）利害关系人在公告期满后申请参加诉讼，能够合理说明理由的，人民法院应当准许。（5）利害关系人非因故意或者重大过失在第一审期间未参加诉讼，在第二审期间申请参加诉讼的，人民法院应当准许，并发回原审人民法院重新审判。

4. 人民检察院尚未查封、扣押、冻结申请没收的财产或者查封、扣押、冻结期限即将届满，涉案财产有被隐匿、转移或者毁损、灭失危险的，可以查封、扣押、冻结申请没收的财产。

5. 人民法院在公告期满后由合议庭对没收违法所得申请案件进行审理。

6. 审理方式。（1）书面审理。在犯罪嫌疑人、被告人的近亲属和其他利害关系人没有申请参加诉讼的情况下，原则上可采用书面审理方式进行。书面审理的，合议庭成员应当认真阅卷、审查全部证据材料，必要时可以进行调查，听取证人意见，查清事实后依法作出裁定。（2）开庭审理。①合议庭认为应当开庭审理的，可以开庭审理。②利害关系人申请参加及委托诉讼代理人参加诉讼的，人民法院应当开庭审理。③利害关系人及其诉讼代理人无正当理由拒不到庭，且无其他利害关系人和其他诉讼代理人参加诉讼的，可以不开庭审理。④人民法院对没收违法所得申请案件开庭审理的，人民检察院应当派员出席。

7. 人民法院确定开庭日期后，应当将开庭的时间、地点通知人民检察院、利害关系人及其诉讼代理人、证人、鉴定人员、翻译人员。通知书应当依照《最高人民法院、最高人民检察院关于适用犯罪嫌疑人、被告人逃匿、死亡案件违法所得没收程序若干问题的规定》第十二条第二款规定的方式至迟在开庭审理三日前送达；受送达人在境外的，至迟在开庭审理三十日前送达。

8. 庭审程序。（1）审判长宣布法庭调查开始后，先由检察员宣读申请书，后由利害关系人、诉讼代理人发表意见。（2）法庭应当依次就犯罪嫌疑人、被告人是否实施了贪污贿赂犯罪、恐怖活动犯罪等重大犯罪并已经通缉一年不能到案，或者是否已经死亡，以及申请没收的财产是否依法应当追缴进行调查；调查时，先由检察员就申请没收的财产属于违法所得及其他涉案财产等相关事实出示、宣读证据，对于确有必要出示但可能妨碍正在或者即将进行的刑事侦查的证据，针对该证据的法庭调查不公开进行，后由利害关系人及诉讼代理人发表意见、出示有关证据，并进行质证。（3）法庭辩论阶段，先由检察员发言，后由利害关系人及其诉讼代理人发言，并进行辩论。

9. 犯罪嫌疑人、被告人逃匿境外，委托诉讼代理人申请参加诉讼，且违法所得或者其他涉案财产所在地国（区）主管机关明确提出意见予以支持的，人民法院可以准许。人民法院准许参加诉讼的，犯罪嫌疑人、被告人的诉讼代理人依照《最高人民法院、最高人民检察院关于适用犯罪嫌疑人、被告人逃匿、死亡案件违法所得没收程序若干问题的规定》关于利害关系人的诉讼代理人的规定行使诉讼权利。

10. 裁定结果。（1）案件事实清楚，证据确定、充分，依法认定属于应当追缴的财产的，应当作出没收违法所得等涉案财产的裁定，对于其中属于应当返还被害人的财产，应当裁定予以返还。（2）依法认定不属于应当追缴的财产的，或者证据不足，不能认定属于应当追缴的财产的，应当裁定驳回申请，并解除查封、扣押、冻结措施。（3）部分财产依法认定属于违法所得，部分不属于的，或者证据不足的，依照前述规定分别裁定予以没收、返还或者驳回申请。

11. 审理期限。（1）参照公诉案件第一审普通程序和第二审程序的审理期限执行。（2）公告期间和请求刑事司法协助的时间不计入审限。

12. 二审程序。对没收违法所得或者驳回申请的裁定，犯罪嫌疑人、被告人的近亲属和其他利害关系人或者人民检察院可以在五日内提出上诉、抗诉。

（四）违法所得或者其他涉案财产在境外的处理

1. 负责立案侦查的公安机关、人民检察院等侦查机关向违法所得或者其他涉案财产所在地国（区）的主管机关请求协助执行时，被请求国（区）的主管机关提出，查封、扣押、冻结法律文书的制发主体必须是法院的，侦查机关可以向同级人民法院提出查封、扣押、冻结的申请，人民法院经审查同意后制作查封、扣押、冻结令以及协助执行查封、扣押、冻结令的请求函，层报最高人民法院，由最高人民法院依照刑事司法协助条约、多边公约，或者按照对等互惠原则，向违法所得或者其他涉案财产所在地国（区）的主管机关请求协助执行。

2. 违法所得或者其他涉案财产在境外，受理没收违法所得申请案件的人民法院经审理裁定没收的，应当制作没收令以及协助执行没收令的请求函，层报最高人民法院后，由最高人民法院依照刑事司法协助条约、多边公约，或者按照对等互惠原则，向违法所得或者其他涉案财产所在地国（区）的主管机关请求协助执行。

（五）犯罪嫌疑人、被告人到案后的处理

1. 审理过程中，在逃的犯罪嫌疑人、被告人到案的，应当裁定终止审理。人民检察院向原受理申请的人民法院提起公诉的，可以由同一审判组织审理。

2. 没收违法所得裁定生效后，犯罪嫌疑人、被告人到案并对没收裁定提出异议，人民检察院向原作出裁定的人民法院提起公诉的，可以由同一审判组织审理。人民法院经审理，应当按照下列情形分别处理：（1）原裁定正确的，予以维持，不再对涉案财产作出判决；（2）原裁定确有错误的，应当撤销原裁定，并在判决中对有关涉案财产一并作出处理。人民法院生效的没收裁定确有错误的，除以上两种情形外，应当依照审判监督程序予以纠正。已经没收的财产，应当及时返还；财产已经上缴国库的，由原没收机关从财政机关申请退库，予以返还；原物已经出卖、拍卖的，应当退还价款；造成犯罪嫌疑人、被告人以及利害关系人财产损失的，应当依法赔偿。

【常用法律、司法解释及相关规定】

《刑事诉讼法》（2018 年 10 月 26 日修正）

第二百九十八条　对于贪污贿赂犯罪、恐怖活动犯罪等重大犯罪案件，犯罪嫌疑人、被告人逃匿，在通缉一年后不能到案，或者犯罪嫌疑人、被告人死亡，依照刑法规定应当追缴其违法所得及其他涉案财产的，人民检察院可以向人民法院提出没收违法所得的申请。

公安机关认为有前款规定情形的，应当写出没收违法所得意见书，移送人民检察院。

没收违法所得的申请应当提供与犯罪事实、违法所得相关的证据材料，并列明财产的种类、数量、所在地及查封、扣押、冻结的情况。

人民法院在必要的时候，可以查封、扣押、冻结申请没收的财产。

第二百九十九条　没收违法所得的申请，由犯罪地或者犯罪嫌疑人、被告人居住地的中级人民法院组成合议庭进行审理。

人民法院受理没收违法所得的申请后，应当发出公告。公告期间为六个月。犯罪嫌疑人、被告人的近亲属和其他利害关系人有权申请参加诉讼，也可以委托诉讼代理人参加诉讼。

人民法院在公告期满后对没收违法所得的申请进行审理。利害关系人参加诉讼的，人民法院应当开庭审理。

第三百条　人民法院经审理，对经查证属于违法所得及其他涉案财产，除依法返还被害人的以外，应当裁定予以没收；对不属于应当追缴的财产的，应当裁定驳回申请，解除查封、扣押、冻结措施。

对于人民法院依照前款规定作出的裁定，犯罪嫌疑人、被告人的近亲属和其他利害关系人或者人民检察院可以提出上诉、抗诉。

第三百零一条　在审理过程中，在逃的犯罪嫌疑人、被告人自动投案或者被抓获的，人民法院应当终止审理。

没收犯罪嫌疑人、被告人财产确有错误的，应当予以返还、赔偿。

《监察法》（2018 年 3 月 20 日施行）

第四十八条 监察机关在调查贪污贿赂、失职渎职等职务犯罪案件过程中，被调查人逃匿或者死亡，有必要继续调查的，经省级以上监察机关批准，应当继续调查并作出结论。被调查人逃匿，在通缉一年后不能到案，或者死亡的，由监察机关提请人民检察院依照法定程序，向人民法院提出没收违法所得的申请。

《最高人民法院关于适用〈中华人民共和国刑事诉讼法〉的解释》（2021 年 3 月 1 日施行 法释〔2021〕1 号）

第六百零九条 刑事诉讼法第二百九十八条规定的"贪污贿赂犯罪、恐怖活动犯罪等"犯罪案件，是指下列案件：

（一）贪污贿赂、失职渎职等职务犯罪案件；

（二）刑法分则第二章规定的相关恐怖活动犯罪案件，以及恐怖活动组织、恐怖活动人员实施的杀人、爆炸、绑架等犯罪案件；

（三）危害国家安全、走私、洗钱、金融诈骗、黑社会性质组织、毒品犯罪案件；

（四）电信诈骗、网络诈骗犯罪案件。

第六百一十条 在省、自治区、直辖市或者全国范围内具有较大影响的犯罪案件，或者犯罪嫌疑人、被告人逃匿境外的犯罪案件，应当认定为刑事诉讼法第二百九十八条第一款规定的"重大犯罪案件"。

第六百一十一条 犯罪嫌疑人、被告人死亡，依照刑法规定应当追缴其违法所得及其他涉案财产，人民检察院提出没收违法所得申请的，人民法院应当依法受理。

第六百一十二条 对人民检察院提出的没收违法所得申请，人民法院应当审查以下内容：

（一）是否属于可以适用违法所得没收程序的案件范围；

（二）是否属于本院管辖；

（三）是否写明犯罪嫌疑人、被告人基本情况，以及涉嫌有关犯罪的情况，并附证据材料；

（四）是否写明犯罪嫌疑人、被告人逃匿、被通缉、脱逃、下落不明、死亡等情况，并附证据材料；

（五）是否列明违法所得及其他涉案财产的种类、数量、价值、所在地等，并附证据材料；

（六）是否附有查封、扣押、冻结违法所得及其他涉案财产的清单和法律手续；

（七）是否写明犯罪嫌疑人、被告人有无利害关系人，利害关系人的姓名、身份、住址、联系方式及其要求等情况；

（八）是否写明申请没收的理由和法律依据；

（九）其他依法需要审查的内容和材料。

前款规定的材料需要翻译件的，人民法院应当要求人民检察院一并移送。

第六百一十三条 对没收违法所得的申请，人民法院应当在三十日以内审查完毕，并按照下列情形分别处理：

（一）属于没收违法所得申请受案范围和本院管辖，且材料齐全、有证据证明有犯罪事实的，应当受理；

（二）不属于没收违法所得申请受案范围或者本院管辖的，应当退回人民检察院；

（三）没收违法所得申请不符合"有证据证明有犯罪事实"标准要求的，应当通知人民检察院撤回申请；

（四）材料不全的，应当通知人民检察院在七日以内补送；七日以内不能补送的，应当退回人民检察院。

人民检察院尚未查封、扣押、冻结申请没收的财产或者查封、扣押、冻结期限即将届满，涉案财产有被隐匿、转移或者毁损、灭失危险的，人民法院可以查封、扣押、冻结申请没收的财产。

第六百一十四条 人民法院受理没收违法所得的申请后，应当在十五日以内发布公告。公告应当载明以下内容：

（一）案由、案件来源；

（二）犯罪嫌疑人、被告人的基本情况；

（三）犯罪嫌疑人、被告人涉嫌犯罪的事实；

（四）犯罪嫌疑人、被告人逃匿、被通缉、脱逃、下落不明、死亡等情况；

（五）申请没收的财产的种类、数量、价值、所在地等以及已查封、扣

押、冻结财产的清单和法律手续;

（六）申请没收的财产属于违法所得及其他涉案财产的相关事实;

（七）申请没收的理由和法律依据;

（八）利害关系人申请参加诉讼的期限、方式以及未按照该期限、方式申请参加诉讼可能承担的不利法律后果;

（九）其他应当公告的情况。

公告期为六个月，公告期间不适用中止、中断、延长的规定。

第六百一十五条 公告应当在全国公开发行的报纸、信息网络媒体、最高人民法院的官方网站发布，并在人民法院公告栏发布。必要时，公告可以在犯罪地、犯罪嫌疑人、被告人居住地或者被申请没收财产所在地发布。最后发布的公告的日期为公告日期。发布公告的，应当采取拍照、录像等方式记录发布过程。

人民法院已经掌握境内利害关系人联系方式的，应当直接送达含有公告内容的通知;直接送达有困难的，可以委托代为送达、邮寄送达。经受送达人同意的，可以采用传真、电子邮件等能够确认其收悉的方式告知公告内容，并记录在案。

人民法院已经掌握境外犯罪嫌疑人、被告人、利害关系人联系方式，经受送达人同意的，可以采用传真、电子邮件等能够确认其收悉的方式告知公告内容，并记录在案;受送达人未表示同意，或者人民法院未掌握境外犯罪嫌疑人、被告人、利害关系人联系方式，其所在国、地区的主管机关明确提出应当向受送达人送达含有公告内容的通知的，人民法院可以决定是否送达。决定送达的，应当依照本解释第四百九十三条的规定请求所在国、地区提供司法协助。

第六百一十六条 刑事诉讼法第二百九十九条第二款、第三百条第二款规定的"其他利害关系人"，是指除犯罪嫌疑人、被告人的近亲属以外的，对申请没收的财产主张权利的自然人和单位。

第六百一十七条 犯罪嫌疑人、被告人的近亲属和其他利害关系人申请参加诉讼的，应当在公告期间内提出。犯罪嫌疑人、被告人的近亲属应当提供其与犯罪嫌疑人、被告人关系的证明材料，其他利害关系人应当提供证明其对违法所得及其他涉案财产主张权利的证据材料。

利害关系人可以委托诉讼代理人参加诉讼。委托律师担任诉讼代理人的，应当委托具有中华人民共和国律师资格并依法取得执业证书的律师；在境外委托的，应当依照本解释第四百八十六条的规定对授权委托进行公证、认证。

利害关系人在公告期满后申请参加诉讼，能够合理说明理由的，人民法院应当准许。

第六百一十八条　犯罪嫌疑人、被告人逃匿境外，委托诉讼代理人申请参加诉讼，且违法所得或者其他涉案财产所在国、地区主管机关明确提出意见予以支持的，人民法院可以准许。

人民法院准许参加诉讼的，犯罪嫌疑人、被告人的诉讼代理人依照本解释关于利害关系人的诉讼代理人的规定行使诉讼权利。

第六百一十九条　公告期满后，人民法院应当组成合议庭对申请没收违法所得的案件进行审理。

利害关系人申请参加或者委托诉讼代理人参加诉讼的，应当开庭审理。没有利害关系人申请参加诉讼的，或者利害关系人及其诉讼代理人无正当理由拒不到庭的，可以不开庭审理。

人民法院确定开庭日期后，应当将开庭的时间、地点通知人民检察院、利害关系人及其诉讼代理人、证人、鉴定人、翻译人员。通知书应当依照本解释第六百一十五条第二款、第三款规定的方式，至迟在开庭审理三日以前送达；受送达人在境外的，至迟在开庭审理三十日以前送达。

第六百二十条　开庭审理申请没收违法所得的案件，按照下列程序进行：

（一）审判长宣布法庭调查开始后，先由检察员宣读申请书，后由利害关系人、诉讼代理人发表意见；

（二）法庭应当依次就犯罪嫌疑人、被告人是否实施了贪污贿赂犯罪、恐怖活动犯罪等重大犯罪并已经通缉一年不能到案，或者是否已经死亡，以及申请没收的财产是否依法应当追缴进行调查；调查时，先由检察员出示证据，后由利害关系人、诉讼代理人出示证据，并进行质证；

（三）法庭辩论阶段，先由检察员发言，后由利害关系人、诉讼代理人发言，并进行辩论。

利害关系人接到通知后无正当理由拒不到庭，或者未经法庭许可中途退庭的，可以转为不开庭审理，但还有其他利害关系人参加诉讼的除外。

第六百二十一条 对申请没收违法所得的案件，人民法院审理后，应当按照下列情形分别处理：

（一）申请没收的财产属于违法所得及其他涉案财产的，除依法返还被害人的以外，应当裁定没收；

（二）不符合刑事诉讼法第二百九十八条第一款规定的条件的，应当裁定驳回申请，解除查封、扣押、冻结措施。

申请没收的财产具有高度可能属于违法所得及其他涉案财产的，应当认定为前款规定的"申请没收的财产属于违法所得及其他涉案财产"。巨额财产来源不明犯罪案件中，没有利害关系人对违法所得及其他涉案财产主张权利，或者利害关系人对违法所得及其他涉案财产虽然主张权利但提供的证据没有达到相应证明标准的，应当视为"申请没收的财产属于违法所得及其他涉案财产"。

第六百二十二条 对没收违法所得或者驳回申请的裁定，犯罪嫌疑人、被告人的近亲属和其他利害关系人或者人民检察院可以在五日以内提出上诉、抗诉。

第六百二十三条 对不服第一审没收违法所得或者驳回申请裁定的上诉、抗诉案件，第二审人民法院经审理，应当按照下列情形分别处理：

（一）第一审裁定认定事实清楚和适用法律正确的，应当驳回上诉或者抗诉，维持原裁定；

（二）第一审裁定认定事实清楚，但适用法律有错误的，应当改变原裁定；

（三）第一审裁定认定事实不清的，可以在查清事实后改变原裁定，也可以撤销原裁定，发回原审人民法院重新审判；

（四）第一审裁定违反法定诉讼程序，可能影响公正审判的，应当撤销原裁定，发回原审人民法院重新审判。

第一审人民法院对发回重新审判的案件作出裁定后，第二审人民法院对不服第一审人民法院裁定的上诉、抗诉，应当依法作出裁定，不得再发回原审人民法院重新审判；但是，第一审人民法院在重新审判过程中违反法定诉讼程序，可能影响公正审判的除外。

第六百二十四条 利害关系人非因故意或者重大过失在第一审期间未参

加诉讼，在第二审期间申请参加诉讼的，人民法院应当准许，并撤销原裁定，发回原审人民法院重新审判。

第六百二十五条 在审理申请没收违法所得的案件过程中，在逃的犯罪嫌疑人、被告人到案的，人民法院应当裁定终止审理。人民检察院向原受理申请的人民法院提起公诉的，可以由同一审判组织审理。

第六百二十六条 在审理案件过程中，被告人脱逃或者死亡，符合刑事诉讼法第二百九十八条第一款规定的，人民检察院可以向人民法院提出没收违法所得的申请；符合刑事诉讼法第二百九十一条第一款规定的，人民检察院可以按照缺席审判程序向人民法院提起公诉。

人民检察院向原受理案件的人民法院提出没收违法所得申请的，可以由同一审判组织审理。

第六百二十七条 审理申请没收违法所得案件的期限，参照公诉案件第一审普通程序和第二审程序的审理期限执行。

公告期间和请求刑事司法协助的时间不计入审理期限。

第六百二十八条 没收违法所得裁定生效后，犯罪嫌疑人、被告人到案并对没收裁定提出异议，人民检察院向原作出裁定的人民法院提起公诉的，可以由同一审判组织审理。

人民法院经审理，应当按照下列情形分别处理：

（一）原裁定正确的，予以维持，不再对涉案财产作出判决；

（二）原裁定确有错误的，应当撤销原裁定，并在判决中对有关涉案财产一并作出处理。

人民法院生效的没收裁定确有错误的，除第一款规定的情形外，应当依照审判监督程序予以纠正。

《最高人民法院、最高人民检察院关于适用犯罪嫌疑人、被告人逃匿、死亡案件违法所得没收程序若干问题的规定》（2017 年 1 月 5 日施行 法释〔2017〕1 号）

第一条 下列犯罪案件，应当认定为刑事诉讼法第二百八十条①第一款规定的"犯罪案件"：

---

① 编者注：现为第二百九十八条，下同。

（一）贪污、挪用公款、巨额财产来源不明、隐瞒境外存款、私分国有资产、私分罚没财物犯罪案件；

（二）受贿、单位受贿、利用影响力受贿、行贿、对有影响力的人行贿、对单位行贿、介绍贿赂、单位行贿犯罪案件；

（三）组织、领导、参加恐怖组织，帮助恐怖活动，准备实施恐怖活动，宣扬恐怖主义、极端主义、煽动实施恐怖活动，利用极端主义破坏法律实施，强制穿戴宣扬恐怖主义、极端主义服饰、标志，非法持有宣扬恐怖主义、极端主义物品犯罪案件；

（四）危害国家安全、走私、洗钱、金融诈骗、黑社会性质的组织、毒品犯罪案件。

电信诈骗、网络诈骗犯罪案件，依照前款规定的犯罪案件处理。

第二条 在省、自治区、直辖市或者全国范围内具有较大影响，或者犯罪嫌疑人、被告人逃匿境外的，应当认定为刑事诉讼法第二百八十条第一款规定的"重大"。

第三条 犯罪嫌疑人、被告人为逃避侦查和刑事追究潜逃、隐匿，或者在刑事诉讼过程中脱逃的，应当认定为刑事诉讼法第二百八十条第一款规定的"逃匿"。

犯罪嫌疑人、被告人因意外事故下落不明满二年，或者因意外事故下落不明，经有关机关证明其不可能生存的，依照前款规定处理。

第四条 犯罪嫌疑人、被告人死亡，依照刑法规定应当追缴其违法所得及其他涉案财产的，人民检察院可以向人民法院提出没收违法所得的申请。

第五条 公安机关发布通缉令或者公安部通过国际刑警组织发布红色国际通报，应当认定为刑事诉讼法第二百八十条第一款规定的"通缉"。

第六条 通过实施犯罪直接或者间接产生、获得的任何财产，应当认定为刑事诉讼法第二百八十条第一款规定的"违法所得"。

违法所得已经部分或者全部转变、转化为其他财产的，转变、转化后的财产应当视为前款规定的"违法所得"。

来自违法所得转变、转化后的财产收益，或者来自已经与违法所得相混合财产中违法所得相应部分的收益，应当视为第一款规定的"违法所得"。

第七条 刑事诉讼法第二百八十一条①第三款规定的"利害关系人"包括犯罪嫌疑人、被告人的近亲属和其他对申请没收的财产主张权利的自然人和单位。

刑事诉讼法第二百八十一条第二款、第二百八十二条②第二款规定的"其他利害关系人"是指前款规定的"其他对申请没收的财产主张权利的自然人和单位"。

第八条 人民检察院向人民法院提出没收违法所得的申请，应当制作没收违法所得申请书。

没收违法所得申请书应当载明以下内容：

（一）犯罪嫌疑人、被告人的基本情况；

（二）案由及案件来源；

（三）犯罪嫌疑人、被告人涉嫌犯罪的事实及相关证据材料；

（四）犯罪嫌疑人、被告人逃匿、被通缉、脱逃、下落不明、死亡的情况；

（五）申请没收的财产的种类、数量、价值、所在地以及已查封、扣押、冻结财产清单和相关法律手续；

（六）申请没收的财产属于违法所得及其他涉案财产的相关事实及证据材料；

（七）提出没收违法所得申请的理由和法律依据；

（八）有无利害关系人以及利害关系人的姓名、身份、住址、联系方式；

（九）其他应当载明的内容。

上述材料需要翻译件的，人民检察院应当将翻译件随没收违法所得申请书一并移送人民法院。

第九条 对于没收违法所得的申请，人民法院应当在三十日内审查完毕，并根据以下情形分别处理：

（一）属于没收违法所得申请受案范围和本院管辖，且材料齐全、有证据证明有犯罪事实的，应当受理；

---

① 编者注：现为第二百九十九条，下同。

② 编者注：现为第三百条。

（二）不属于没收违法所得申请受案范围或者本院管辖的，应当退回人民检察院；

（三）对于没收违法所得申请不符合"有证据证明有犯罪事实"标准要求的，应当通知人民检察院撤回申请，人民检察院应当撤回；

（四）材料不全的，应当通知人民检察院在七日内补送，七日内不能补送的，应当退回人民检察院。

第十条 同时具备以下情形的，应当认定为本规定第九条规定的"有证据证明有犯罪事实"：

（一）有证据证明发生了犯罪事实；

（二）有证据证明该犯罪事实是犯罪嫌疑人、被告人实施的；

（三）证明犯罪嫌疑人、被告人实施犯罪行为的证据真实、合法。

第十一条 人民法院受理没收违法所得的申请后，应当在十五日内发布公告，公告期为六个月。公告期间不适用中止、中断、延长的规定。

公告应当载明以下内容：

（一）案由、案件来源以及属于本院管辖；

（二）犯罪嫌疑人、被告人的基本情况；

（三）犯罪嫌疑人、被告人涉嫌犯罪的事实；

（四）犯罪嫌疑人、被告人逃匿、被通缉、脱逃、下落不明、死亡的情况；

（五）申请没收的财产的种类、数量、价值、所在地以及已查封、扣押、冻结财产的清单和相关法律手续；

（六）申请没收的财产属于违法所得及其他涉案财产的相关事实；

（七）申请没收的理由和法律依据；

（八）利害关系人申请参加诉讼的期限、方式以及未按照该期限、方式申请参加诉讼可能承担的不利法律后果；

（九）其他应当公告的情况。

第十二条 公告应当在全国公开发行的报纸、信息网络等媒体和最高人民法院的官方网站刊登、发布，并在人民法院公告栏张贴。必要时，公告可以在犯罪地、犯罪嫌疑人、被告人居住地或者被申请没收财产所在地张贴。公告最后被刊登、发布、张贴日期为公告日期。人民法院张贴公告的，应当采取拍照、录像等方式记录张贴过程。

人民法院已经掌握境内利害关系人联系方式的，应当直接送达含有公告内容的通知；直接送达有困难的，可以委托代为送达、邮寄送达。经受送达人同意的，可以采用传真、电子邮件等能够确认其收悉的方式告知其公告内容，并记录在案；人民法院已经掌握境外犯罪嫌疑人、被告人、利害关系人联系方式，经受送达人同意的，可以采用传真、电子邮件等能够确认其收悉的方式告知其公告内容，并记录在案；受送达人未作出同意意思表示，或者人民法院未掌握境外犯罪嫌疑人、被告人、利害关系人联系方式，其所在地国（区）主管机关明确提出应当向受送达人送达含有公告内容的通知的，受理没收违法所得申请案件的人民法院可以决定是否送达。决定送达的，应当将公告内容层报最高人民法院，由最高人民法院依照刑事司法协助条约、多边公约，或者按照对等互惠原则，请求受送达人所在地国（区）的主管机关协助送达。

第十三条　利害关系人申请参加诉讼的，应当在公告期间内提出，并提供与犯罪嫌疑人、被告人关系的证明材料或者证明其可以对违法所得及其他涉案财产主张权利的证据材料。

利害关系人可以委托诉讼代理人参加诉讼。利害关系人在境外委托的，应当委托具有中华人民共和国律师资格并依法取得执业证书的律师，依照《最高人民法院关于适用〈中华人民共和国刑事诉讼法〉的解释》第四百零三条①的规定对授权委托进行公证、认证。

利害关系人在公告期满后申请参加诉讼，能够合理说明理由的，人民法院应当准许。

第十四条　人民法院在公告期满后由合议庭对没收违法所得申请案件进行审理。

利害关系人申请参加及委托诉讼代理人参加诉讼的，人民法院应当开庭审理。利害关系人及其诉讼代理人无正当理由拒不到庭，且无其他利害关系人和其他诉讼代理人参加诉讼的，人民法院可以不开庭审理。

人民法院对没收违法所得申请案件开庭审理的，人民检察院应当派员

---

①　编者注：现为第四百八十六条。

出席。

人民法院确定开庭日期后，应当将开庭的时间、地点通知人民检察院、利害关系人及其诉讼代理人、证人、鉴定人员、翻译人员。通知书应当依照本规定第十二条第二款规定的方式至迟在开庭审理三日前送达；受送达人在境外的，至迟在开庭审理三十日前送达。

第十五条　出庭的检察人员应当宣读没收违法所得申请书，并在法庭调查阶段就申请没收的财产属于违法所得及其他涉案财产等相关事实出示、宣读证据。

对于确有必要出示但可能妨碍正在或者即将进行的刑事侦查的证据，针对该证据的法庭调查不公开进行。

利害关系人及其诉讼代理人对申请没收的财产属于违法所得及其他涉案财产等相关事实及证据有异议的，可以提出意见；对申请没收的财产主张权利的，应当出示相关证据。

第十六条　人民法院经审理认为，申请没收的财产属于违法所得及其他涉案财产的，除依法应当返还被害人的以外，应当予以没收；申请没收的财产不属于违法所得或者其他涉案财产的，应当裁定驳回申请，解除查封、扣押、冻结措施。

第十七条　申请没收的财产具有高度可能属于违法所得及其他涉案财产的，应当认定为本规定第十六条规定的"申请没收的财产属于违法所得及其他涉案财产"。

巨额财产来源不明犯罪案件中，没有利害关系人对违法所得及其他涉案财产主张权利，或者利害关系人对违法所得及其他涉案财产虽然主张权利但提供的相关证据没有达到相应证明标准的，应当视为本规定第十六条规定的"申请没收的财产属于违法所得及其他涉案财产"。

第十八条　利害关系人非因故意或者重大过失在第一审期间未参加诉讼，在第二审期间申请参加诉讼的，人民法院应当准许，并发回原审人民法院重新审判。

第十九条　犯罪嫌疑人、被告人逃匿境外，委托诉讼代理人申请参加诉讼，且违法所得或者其他涉案财产所在地国（区）主管机关明确提出意见予以支持的，人民法院可以准许。

人民法院准许参加诉讼的，犯罪嫌疑人、被告人的诉讼代理人依照本规定关于利害关系人的诉讼代理人的规定行使诉讼权利。

第二十条 人民检察院、利害关系人对第一审裁定认定的事实、证据没有争议的，第二审人民法院可以不开庭审理。

第二审人民法院决定开庭审理的，应当将开庭的时间、地点书面通知同级人民检察院和利害关系人。

第二审人民法院应当就上诉、抗诉请求的有关事实和适用法律进行审查。

第二十一条 第二审人民法院对不服第一审裁定的上诉、抗诉案件，经审理，应当按照下列情形分别处理：

（一）第一审裁定认定事实清楚和适用法律正确的，应当驳回上诉或者抗诉，维持原裁定；

（二）第一审裁定认定事实清楚，但适用法律有错误的，应当改变原裁定；

（三）第一审裁定认定事实不清的，可以在查清事实后改变原裁定，也可以撤销原裁定，发回原审人民法院重新审判；

（四）第一审裁定违反法定诉讼程序，可能影响公正审判的，应当撤销原裁定，发回原审人民法院重新审判。

第一审人民法院对于依照前款第三项规定发回重新审判的案件作出裁定后，第二审人民法院对不服第一审人民法院裁定的上诉、抗诉，应当依法作出裁定，不得再发回原审人民法院重新审判。

第二十二条 违法所得或者其他涉案财产在境外的，负责立案侦查的公安机关、人民检察院等侦查机关应当制作查封、扣押、冻结的法律文书以及协助执行查封、扣押、冻结的请求函，层报公安、检察院等各系统最高上级机关后，由公安、检察院等各系统最高上级机关依照刑事司法协助条约、多边公约，或者按照对等互惠原则，向违法所得或者其他涉案财产所在地国（区）的主管机关请求协助执行。

被请求国（区）的主管机关提出，查封、扣押、冻结法律文书的制发主体必须是法院的，负责立案侦查的公安机关、人民检察院等侦查机关可以向同级人民法院提出查封、扣押、冻结的申请，人民法院经审查同意后制作查封、扣押、冻结令以及协助执行查封、扣押、冻结令的请求函，层报最高人民法院后，由最高人民法院依照刑事司法协助条约、多边公约，或者按照对等互惠原则，向违法所得或者其他涉案财产所在地国（区）的主管机关请求协助执行。

请求函应当载明以下内容：

（一）案由以及查封、扣押、冻结法律文书的发布主体是否具有管辖权；

（二）犯罪嫌疑人、被告人涉嫌犯罪的事实及相关证据，但可能妨碍正在或者即将进行的刑事侦查的证据除外；

（三）已发布公告的，发布公告情况、通知利害关系人参加诉讼以及保障诉讼参与人依法行使诉讼权利等情况；

（四）请求查封、扣押、冻结的财产的种类、数量、价值、所在地等情况以及相关法律手续；

（五）请求查封、扣押、冻结的财产属于违法所得及其他涉案财产的相关事实及证据材料；

（六）请求查封、扣押、冻结财产的理由和法律依据；

（七）被请求国（区）要求载明的其他内容。

第二十三条 违法所得或者其他涉案财产在境外，受理没收违法所得申请案件的人民法院经审理裁定没收的，应当制作没收令以及协助执行没收令的请求函，层报最高人民法院后，由最高人民法院依照刑事司法协助条约、多边公约，或者按照对等互惠原则，向违法所得或者其他涉案财产所在地国（区）的主管机关请求协助执行。

请求函应当载明以下内容：

（一）案由以及没收令发布主体具有管辖权；

（二）属于生效裁定；

（三）犯罪嫌疑人、被告人涉嫌犯罪的事实及相关证据，但可能妨碍正在或者即将进行的刑事侦查的证据除外；

（四）犯罪嫌疑人、被告人逃匿、被通缉、脱逃、死亡的基本情况；

（五）发布公告情况、通知利害关系人参加诉讼以及保障诉讼参与人依法行使诉讼权利等情况；

（六）请求没收违法所得及其他涉案财产的种类、数量、价值、所在地等情况以及查封、扣押、冻结相关法律手续；

（七）请求没收的财产属于违法所得及其他涉案财产的相关事实及证据材料；

（八）请求没收财产的理由和法律依据；

（九）被请求国（区）要求载明的其他内容。

第二十四条 单位实施本规定第一条规定的犯罪后被撤销、注销，单位直接负责的主管人员和其他直接责任人员逃匿、死亡，导致案件无法适用刑事诉讼普通程序进行审理的，依照本规定第四条的规定处理。

《最高人民法院、最高人民检察院、公安部、国家安全部、司法部、全国人大常委会法制工作委员会关于实施刑事诉讼法若干问题的规定》（2013 年 1 月 1 日施行）

37. 刑事诉讼法第一百四十二条①第一款中规定："人民检察院、公安机关根据侦查犯罪的需要，可以依照规定查询、冻结犯罪嫌疑人的存款、汇款、债券、股票、基金份额等财产。"根据上述规定，人民检察院、公安机关不能扣划存款、汇款、债券、股票、基金份额等财产。对于犯罪嫌疑人、被告人死亡，依照刑法规定应当追缴其违法所得及其他涉案财产的，适用刑事诉讼法第五编第三章规定的程序，由人民检察院向人民法院提出没收违法所得的申请。

38. 犯罪嫌疑人、被告人死亡，现有证据证明存在违法所得及其他涉案财产应当予以没收的，公安机关、人民检察院可以进行调查。公安机关、人民检察院进行调查，可以依法进行查封、扣押、查询、冻结。

人民法院在审理案件过程中，被告人死亡的，应当裁定终止审理；被告人脱逃的，应当裁定中止审理。人民检察院可以依法另行向人民法院提出没收违法所得的申请。

39. 对于人民法院依法作出的没收违法所得的裁定，犯罪嫌疑人、被告人的近亲属和其他利害关系人或者人民检察院可以在五日内提出上诉、抗诉。

【相关法律文书】

查封（扣押、冻结）令

解除查封（扣押、冻结）令

---

① 编者注：现为第一百四十四条。

××××人民法院

查封（扣押、冻结）令

（××××）……刑×……号

本院根据……（写明适用的法律依据）的规定，特派……（写明执行人员的职务、姓名）等，对……（写明被查封或扣押财产或冻结存款的当事人的姓名或者单位名称）的……（写明应予查封、扣押或者冻结的财产所在地及其名称、数量等），予以查封（或者扣押、冻结）。

此令。

院　长　×××

××××年××月××日

（院印）

×××× 人民法院

解除查封（扣押、冻结）令

（××××）……刑×……号

　　本院于××××年××月××日依法查封（扣押、冻结）……（写明被查封或扣押财产或冻结存款的当事人的姓名或者单位名称）的……（写明被查封、扣押或者冻结的财产的所在地及其名称、数量等），现决定予以解除查封（或者扣押、冻结）。

　　此令。

院　长　×××

××××年××月××日

（院印）

第五章　依法不负刑事责任的精神病人强制医疗程序

【工作内容】

（一）审查立案

1. 实施暴力行为，危害公共安全或者严重危害公民人身安全，社会危害性已经达到犯罪程度，但经法定程序鉴定依法不负刑事责任的精神病人，有继续危害社会可能的，可以予以强制医疗。

2. 人民检察院申请对依法不负刑事责任的精神病人强制医疗的案件，由被申请人实施暴力行为所在地的基层人民法院管辖；由被申请人居住地的人民法院审判更为适宜的，可以由被申请人居住地的基层人民法院管辖。

3. 对人民检察院提出的强制医疗申请，人民法院应当审查以下内容：（1）是否属于本院管辖；（2）是否写明被申请人的身份，实施暴力行为的时间、地点、手段、所造成的损害等情况，并附相关证据材料；（3）是否附有法医精神病鉴定意见和其他证明被申请人属于依法不负刑事责任的精神病人的证据材料；（4）是否列明被申请人的法定代理人的姓名、住址、联系方式；（5）需要审查的其他事项。

4. 经审查，不属于本院管辖的，应在七日内通知并退回检察院。若发现人民检察院缺少材料案件，应书面通知人民检察院在三日内补足材料，三日以内不能补送的，应当退回人民检察院。

（二）案件审理

1. 审理强制医疗案件，应当通知被申请人或者被告人的法定代理人到场；被申请人或者被告人的法定代理人经通知未到场的，可以通知被申请人或者被告人的其他近亲属到场。被申请人或者被告人没有委托诉讼代理人的，应当自受理强制医疗申请或者发现被告人符合强制医疗条件之日起三日以内，通知法律援助机构指派律师担任其诉讼代理人，为其提供法律帮助。审理强制医疗案件，应当组成合议庭，开庭审理。但是，被申请人、被告人的法定代理人请求不开庭审理，并经人民法院审查同意的除外。审理人民检察院申请强制医疗的案件，应当会见被申请人，听取被害人及其法定代理人的意见。

2. 庭审程序。（1）审判长宣布法庭调查开始后，先由检察员宣读申请书，后由被申请人的法定代理人、诉讼代理人发表意见。（2）法庭依次就被申请人是否实施了危害公共安全或者严重危害公民人身安全的暴力行为、是否属于依法不负刑事责任的精神病人、是否有继续危害社会的可能进行调查；调查时，先由检察员出示有关证据，后由被申请人的法定代理人、诉讼代理人发表意见、出示证据，并进行质证；必要时，可以通知鉴定人出庭对鉴定意见作出说明（鉴定人无强制出庭义务）。（3）法庭辩论阶段，先由检察员发言，后由被申请人的法定代理人、诉讼代理人发言，并进行辩论。被申请人要求出庭，人民法院经审查其身体和精神状态，认为可以出庭的，应当准许。出庭的被申请人，在法庭调查、辩论阶段，可以发表意见。检察员宣读申请书后，被申请人的法定代理人、诉讼代理人无异议的，法庭调查可以简化。

3. 对申请强制医疗的案件，人民法院审理后，应当按照下列情形分别处理：（1）符合《刑事诉讼法》第三百零二条规定的强制医疗条件的，应当作出对被申请人强制医疗的决定。（2）被申请人属于依法不负刑事责任的精神病人，但不符合强制医疗条件的，应当作出驳回强制医疗申请的决定；被申请人已经造成危害结果的，应当同时责令其家属或者监护人严加看管和医疗。（3）被申请人具有完全或者部分刑事责任能力，依法应当追究刑事责任的，应当作出驳回强制医疗申请的决定，并退回人民检察院依法处理。

4. 第一审人民法院在审理案件过程中发现被告人可能符合强制医疗条件的，应当依照法定程序对被告人进行法医精神病鉴定。经鉴定，被告人属于依法不负刑事责任的精神病人的，应当适用强制医疗程序，对案件进行审理。开庭审理以上案件，应当先由合议庭组成人员宣读对被告人的法医精神病鉴定意见，说明被告人可能符合强制医疗的条件，后依次由公诉人和被告人的法定代理人、诉讼代理人发表意见。经审判长许可，公诉人和被告人的法定代理人、诉讼代理人可以进行辩论。人民法院审理后，应当按照下列情形分别处理：（1）被告人符合强制医疗条件的，应当判决宣告被告人不负刑事责任，同时作出对被告人强制医疗的决定。（2）被告人属于依法不负刑事责任的精神病人，但不符合强制医疗条件的，应当判决宣告被告人无罪或者不负刑事责任；被告人已经造成危害结果的，应当同时责令其家属或者监护人严加看管和医疗。（3）被告人具有完全或者部分刑事责任能力，依法应当追究刑事责任的，应当依照普通程序继续审理。

5. 人民法院经审理，对于被申请人或者被告人符合强制医疗条件的，应当在一个月以内作出强制医疗的决定。

（三）强制医疗程序的执行和救济

1. 人民法院决定强制医疗的，应当在作出决定后五日内，向公安机关送达强制医疗决定书和强制医疗执行通知书，由公安机关将被决定强制医疗的人送交强制医疗。

2. 被决定强制医疗的人、被害人及其法定代理人、近亲属对强制医疗决定不服的，可以自收到决定书第二日起五日内向上一级人民法院申请复议。复议期间不停止执行强制医疗的决定。

3. 人民检察院提出抗诉，同时被决定强制医疗的人、被害人及其法定代理人、近亲属申请复议的，上一级人民法院应当依照第二审程序一并处理。

（四）强制医疗程序的解除

1. 申请解除强制医疗的提出。（1）被强制医疗的人及其近亲属申请解除强制医疗的，应当向决定强制医疗的人民法院提出。被强制医疗的人及其近亲属提出的解除强制医疗申请被人民法院驳回，六个月后再次提出申请的，人民法院应当受理。（2）强制医疗机构应当定期对被强制医疗的人进行诊断评估。对于已不具有人身危险性，不需要继续强制医疗的，应当及时提出解除意见，报决定强制医疗的人民法院批准。

2. 解除强制医疗程序的程序。（1）强制医疗机构提出解除强制医疗意见，应附诊断评估报告。（2）被强制医疗的人及其近亲属向人民法院申请解除强制医疗，强制医疗机构未提供诊断评估报告的，申请人可以申请人民法院调取。（3）人民法院在必要时可以委托鉴定机构对被强制医疗的人进行鉴定。

3. 解除强制医疗程序的审查。（1）解除强制医疗的案件审查方式，应当根据案件具体情况确定，一般可采用书面方式审查，但应当询问被强制医疗的人及其近亲属，听取强制医疗机构、有精神病医学专门知识的人的意见；如有意见分歧的，特别是强制医疗机构提出解除申请，但经初步审查认为不符合解除条件，拟不予同意，或者被强制医疗的人及其近亲属提出解除申请，经初步审查认为符合申请，但强制医疗机构提出异议的，则应开庭审查。（2）强制医疗机构提出解除强制医疗意见，或者被强制医疗的人及其近亲属申请解除强制医疗的，人民法院应当组成合议庭进行审查，并在一个月内，按照下列情形分别处理：第一，被强制医疗的人已不具有人身危险性，不需要继续强制医疗的，应当作出解除强制医疗的决定，并可责令被强制医疗的人的家属严加看管和医疗；第二，被强制医疗的人仍具有人身危险性，需要继续强制医疗的，应当作出继续强制医疗的决定；第三，对前两种情形规定的案件，必要时，人民法院可以开庭审理，通知人民检察院派员出庭（人民检察院出庭，主要是听取其关于解除强制医疗的意见）。（3）人民法院应当在作出决定后五日内，将决定书送达强制医疗机构、申请解除强制医疗的人、被决定强制医疗的人和人民检察院。决定解除强制医疗的，应当通知强制医疗机构在收到决定书的当日解除强制医疗。

（五）对强制医疗程序的监督

人民检察院认为强制医疗决定或者解除强制医疗决定不当，在收到决定书后二十日内提出书面纠正意见的，人民法院应当另行组成合议庭审理，并在一个月内作出决定。

【常用法律、司法解释及相关规定】

《刑事诉讼法》（2018 年 10 月 26 日修正）

第三百零二条 实施暴力行为，危害公共安全或者严重危害公民人身安全，经法定程序鉴定依法不负刑事责任的精神病人，有继续危害社会可能的，可以予以强制医疗。

第三百零四条 人民法院受理强制医疗的申请后，应当组成合议庭进行审理。

人民法院审理强制医疗案件，应当通知被申请人或者被告人的法定代理人到场。被申请人或者被告人没有委托诉讼代理人的，人民法院应当通知法律援助机构指派律师为其提供法律帮助。

第三百零五条 人民法院经审理，对于被申请人或者被告人符合强制医疗条件的，应当在一个月以内作出强制医疗的决定。

被决定强制医疗的人、被害人及其法定代理人、近亲属对强制医疗决定不服的，可以向上一级人民法院申请复议。

第三百零六条 强制医疗机构应当定期对被强制医疗的人进行诊断评估。对于已不具有人身危险性，不需要继续强制医疗的，应当及时提出解除意见，报决定强制医疗的人民法院批准。

被强制医疗的人及其近亲属有权申请解除强制医疗。

《最高人民法院关于适用〈中华人民共和国刑事诉讼法〉的解释》（2021年3月1日施行　法释〔2021〕1号）

第六百三十条 实施暴力行为，危害公共安全或者严重危害公民人身安全，社会危害性已经达到犯罪程度，但经法定程序鉴定依法不负刑事责任的精神病人，有继续危害社会可能的，可以予以强制医疗。

第六百三十一条 人民检察院申请对依法不负刑事责任的精神病人强制医疗的案件，由被申请人实施暴力行为所在地的基层人民法院管辖；由被申请人居住地的人民法院审判更为适宜的，可以由被申请人居住地的基层人民法院管辖。

第六百三十二条 对人民检察院提出的强制医疗申请，人民法院应当审查以下内容：

（一）是否属于本院管辖；

（二）是否写明被申请人的身份，实施暴力行为的时间、地点、手段、所造成的损害等情况，并附证据材料；

（三）是否附有法医精神病鉴定意见和其他证明被申请人属于依法不负刑事责任的精神病人的证据材料；

（四）是否列明被申请人的法定代理人的姓名、住址、联系方式；

（五）需要审查的其他事项。

第六百三十三条 对人民检察院提出的强制医疗申请，人民法院应当在七日以内审查完毕，并按照下列情形分别处理：

（一）属于强制医疗程序受案范围和本院管辖，且材料齐全的，应当受理；

（二）不属于本院管辖的，应当退回人民检察院；

（三）材料不全的，应当通知人民检察院在三日以内补送；三日以内不能补送的，应当退回人民检察院。

第六百三十四条 审理强制医疗案件，应当通知被申请人或者被告人的法定代理人到场；被申请人或者被告人的法定代理人经通知未到场的，可以通知被申请人或者被告人的其他近亲属到场。

被申请人或者被告人没有委托诉讼代理人的，应当自受理强制医疗申请或者发现被告人符合强制医疗条件之日起三日以内，通知法律援助机构指派律师担任其诉讼代理人，为其提供法律帮助。

第六百三十五条 审理强制医疗案件，应当组成合议庭，开庭审理。但是，被申请人、被告人的法定代理人请求不开庭审理，并经人民法院审查同意的除外。

审理强制医疗案件，应当会见被申请人，听取被害人及其法定代理人的意见。

第六百三十六条 开庭审理申请强制医疗的案件，按照下列程序进行：

（一）审判长宣布法庭调查开始后，先由检察员宣读申请书，后由被申请人的法定代理人、诉讼代理人发表意见；

（二）法庭依次就被申请人是否实施了危害公共安全或者严重危害公民人身安全的暴力行为、是否属于依法不负刑事责任的精神病人、是否有继续危害社会的可能进行调查；调查时，先由检察员出示证据，后由被申请人的法定代理人、诉讼代理人出示证据，并进行质证；必要时，可以通知鉴定人出庭对鉴定意见作出说明；

（三）法庭辩论阶段，先由检察员发言，后由被申请人的法定代理人、诉讼代理人发言，并进行辩论。

被申请人要求出庭，人民法院经审查其身体和精神状态，认为可以出庭的，应当准许。出庭的被申请人，在法庭调查、辩论阶段，可以发表意见。

检察员宣读申请书后，被申请人的法定代理人、诉讼代理人无异议的，法庭调查可以简化。

第六百三十七条 对申请强制医疗的案件，人民法院审理后，应当按照下列情形分别处理：

（一）符合刑事诉讼法第三百零二条规定的强制医疗条件的，应当作出对被申请人强制医疗的决定；

（二）被申请人属于依法不负刑事责任的精神病人，但不符合强制医疗条件的，应当作出驳回强制医疗申请的决定；被申请人已经造成危害结果的，应当同时责令其家属或者监护人严加看管和医疗；

（三）被申请人具有完全或者部分刑事责任能力，依法应当追究刑事责任的，应当作出驳回强制医疗申请的决定，并退回人民检察院依法处理。

第六百三十八条 第一审人民法院在审理刑事案件过程中，发现被告人可能符合强制医疗条件的，应当依照法定程序对被告人进行法医精神病鉴定。经鉴定，被告人属于依法不负刑事责任的精神病人的，应当适用强制医疗程序，对案件进行审理。

开庭审理前款规定的案件，应当先由合议庭组成人员宣读对被告人的法医精神病鉴定意见，说明被告人可能符合强制医疗的条件，后依次由公诉人和被告人的法定代理人、诉讼代理人发表意见。经审判长许可，公诉人和被告人的法定代理人、诉讼代理人可以进行辩论。

第六百三十九条 对前条规定的案件，人民法院审理后，应当按照下列情形分别处理：

（一）被告人符合强制医疗条件的，应当判决宣告被告人不负刑事责任，同时作出对被告人强制医疗的决定；

（二）被告人属于依法不负刑事责任的精神病人，但不符合强制医疗条件的，应当判决宣告被告人无罪或者不负刑事责任；被告人已经造成危害结果的，应当同时责令其家属或者监护人严加看管和医疗；

（三）被告人具有完全或者部分刑事责任能力，依法应当追究刑事责任的，应当依照普通程序继续审理。

第六百四十条 第二审人民法院在审理刑事案件过程中，发现被告人可能符合强制医疗条件的，可以依照强制医疗程序对案件作出处理，也可以裁定发回原审人民法院重新审判。

第六百四十一条 人民法院决定强制医疗的，应当在作出决定后五日以内，向公安机关送达强制医疗决定书和强制医疗执行通知书，由公安机关将被决定强制医疗的人送交强制医疗。

第六百四十二条　被决定强制医疗的人、被害人及其法定代理人、近亲属对强制医疗决定不服的，可以自收到决定书第二日起五日以内向上一级人民法院申请复议。复议期间不停止执行强制医疗的决定。

第六百四十三条　对不服强制医疗决定的复议申请，上一级人民法院应当组成合议庭审理，并在一个月以内，按照下列情形分别作出复议决定：

（一）被决定强制医疗的人符合强制医疗条件的，应当驳回复议申请，维持原决定；

（二）被决定强制医疗的人不符合强制医疗条件的，应当撤销原决定；

（三）原审违反法定诉讼程序，可能影响公正审判的，应当撤销原决定，发回原审人民法院重新审判。

第六百四十四条　对本解释第六百三十九条第一项规定的判决、决定，人民检察院提出抗诉，同时被决定强制医疗的人、被害人及其法定代理人、近亲属申请复议的，上一级人民法院应当依照第二审程序一并处理。

第六百四十五条　被强制医疗的人及其近亲属申请解除强制医疗的，应当向决定强制医疗的人民法院提出。

被强制医疗的人及其近亲属提出的解除强制医疗申请被人民法院驳回，六个月后再次提出申请的，人民法院应当受理。

第六百四十六条　强制医疗机构提出解除强制医疗意见，或者被强制医疗的人及其近亲属申请解除强制医疗的，人民法院应当审查是否附有对被强制医疗的人的诊断评估报告。

强制医疗机构提出解除强制医疗意见，未附诊断评估报告的，人民法院应当要求其提供。

被强制医疗的人及其近亲属向人民法院申请解除强制医疗，强制医疗机构未提供诊断评估报告的，申请人可以申请人民法院调取。必要时，人民法院可以委托鉴定机构对被强制医疗的人进行鉴定。

第六百四十七条　强制医疗机构提出解除强制医疗意见，或者被强制医疗的人及其近亲属申请解除强制医疗的，人民法院应当组成合议庭进行审查，并在一个月以内，按照下列情形分别处理：

（一）被强制医疗的人已不具有人身危险性，不需要继续强制医疗的，应当作出解除强制医疗的决定，并可责令被强制医疗的人的家属严加看管和医疗；

（二）被强制医疗的人仍具有人身危险性，需要继续强制医疗的，应当作出继续强制医疗的决定。

对前款规定的案件，必要时，人民法院可以开庭审理，通知人民检察院派员出庭。

人民法院应当在作出决定后五日以内，将决定书送达强制医疗机构、申请解除强制医疗的人、被决定强制医疗的人和人民检察院。决定解除强制医疗的，应当通知强制医疗机构在收到决定书的当日解除强制医疗。

第六百四十八条　人民检察院认为强制医疗决定或者解除强制医疗决定不当，在收到决定书后二十日以内提出书面纠正意见的，人民法院应当另行组成合议庭审理，并在一个月以内作出决定。

【相关法律文书】

强制医疗决定书

×××× 人民法院
强制医疗决定书

（××××）……刑医……号

申请机关××××人民检察院。

被申请人……（写明姓名、性别、年龄、民族、文化程度、工作单位、住址及现住院情况等）。

法定代理人……（写明姓名、性别、年龄、工作单位、住址、与被申请人的关系等）。

诉讼代理人……（写明姓名、工作单位等）。

××××人民检察院以（××××）……公诉医申……号申请书，于×××× 年 ×× 月 ×× 日向本院申请对被申请人 ××× 强制医疗。本院于当日立案，依法组成合议庭，不公开开庭审理了本案。×××× 人民检察院指派检察员 ××× 出庭履行职务，被申请人的法定代理人 ×××、被申请人的诉讼代理人 ××× 到庭参加诉讼，本案现已审理终结。

××××人民检察院申请称……（写明具体申请事由、依据及适用法律的意见）。

被申请人及其法定代理人意见……。

被申请人的诉讼代理人称……。

经审理查明：……（写明查明的相关情况）。

上述事实，有申请机关提供的下列证据证实：……（写明认定事实的相关证据材料）。

上述证据经庭审出示、辨认、质证等法庭调查程序查证属实，本院予以确认。

本院认为，……（写明对申请人与被申请人双方适用法律方面的争议采纳或者不予采纳的理由）。依照《中华人民共和国刑法》第十八条第一款、《中华人民共和国刑事诉讼法》第三百零二条的规定，决定如下：

对被申请人 ××× 强制医疗。

如不服本决定，可在接到决定书的第二日起五日内，通过本院或者直接向××××人民法院申请复议。书面申请复议的，应当提交申请复议书正本一份，副本×份。复议期间不停止决定的执行。

审　判　长　×××

审　判　员　×××

审　判　员　×××

××××年××月××日

（院印）

本件与原本核对无异

书　记　员　×××